U0693683

图文珍藏版
周易
主编 马松源
綫裝書局

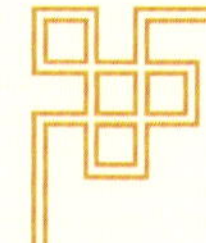

图书在版编目（CIP）数据
周易／马松源编．－北京：线装书局，2007.8
ISBN 978-7-80106-684-8
Ⅰ．周…　Ⅱ．马…　Ⅲ．周易　Ⅳ．B221
中国版本图书馆 CIP 数据核字（2007）第 096372 号

周　易

主　　编：马松源
责任编辑：冀　宁　　华　林
封面设计：博雅圣轩工作室
出版发行：线装书局
地　　址：北京市鼓楼西大街 41 号（100009）
电话：010-64045283
网址：www.xzhbc.com
印　　刷：北京彩虹伟业印刷有限公司
字　　数：2355 千字
开　　本：710×1040 毫米　1/16
印　　张：120.25
彩　　插：8
版　　次：2010 年 6 月第 2 版　2010 年 6 月第 2 次印刷
印　　数：1001 － 3000 套
书　　号：ISBN 978-7-80106-684-8

ISBN 978-7-80106-684-8
9 787801 066848 01

定　　价：598.00 元（全四卷）

总 序

·弘扬国学文化　点亮智慧人生·

中华文化源远流长，国学经典灿若星河，熠熠生辉的国学经典凝聚了前贤圣哲的大智大慧，浓缩了华夏文明的思想精粹，是中华文明和民族精神得以生发的深厚土壤。可以说，国学是中华民族优秀的传统文化的核心价值，是数千年来中国人思维方式、行为方式、生活方式的高度总结，浸润着每个中华儿女的血液和灵魂。中华民族因为自己博大精深的文化而存续，而骄傲，而伟大！

世界潮流，浩浩汤汤。二十一世纪是世界大变革、大转折、大发展的时代，中华民族迎来了千载难逢的大好机遇，正处在全面复兴的历史新起点。“弘扬先进文化，全面落实科学发展观”，“与时俱进，开拓创新，构建和谐社会”等等，都已成为时代发展的最强音。当然，伟大的复兴也需要伟大的文化，鉴于此，在国学大师、史界泰斗、专家学者的积极倡导下，我们精心组织完成了这一大型古籍文献整理出版工程——《国学经典文库》。

《国学经典文库》弥足珍贵，是家庭阅读和收藏的首选。我们知道，藏书既是社会进步和发展的标志，更是读书人成才立业所必备的重要条件，一代伟人毛泽东曾说“我一生最大的爱好就是读书”，“饭可以一日不吃，觉可以一日不睡，书不可一日不读。”已故国学大师季羡林先生生前曾再三强调读书、藏书之重要，认为“后一代的人必须读书，才能继承和发扬前人的智慧。”爱书、读书、惜书、藏书，是中华民族的光荣传统。《国学经典文库》收中华国学文化之精粹，集中国国学之大成，具有重要的文献参考价值、收藏鉴赏价值和馈赠实用价值。《国学经典文库》经过反复筛选、检索与研究，并且请教了有关权威专家学者，参以众多初印古本、皇家善本、私家秘本、民间孤本、海外珍稀本等，集思广益、择优而定，并保持原著固有的面貌及版本价值，力图将最经典、最精华的中华传统文化奉献给广大读者。

《国学经典文库》先期推出两辑：即《反经》、《十三经译注》、《四书五经》、《古文观止》、《汉书》、《后汉书》、《智囊全集》、《三国志》、《随园诗话》、《纲鉴易知录》、《菜根谭》、《唐宋八大家散文鉴赏》、《四大名著》、《资治通鉴》、《续资治通鉴》、《明通鉴》、《清通鉴》、《孙子兵法》、《三十六计》、《二十五史》、《处世秘典》、《私家秘藏》、《厚黑学全书》、《四库全书》、《周易》、《三言二拍》、《唐诗宋词元曲》、《处世绝学》、《中华传世家训》、《中华兵书大典》、《中华茶道》、《中华酒典》、《二十四史》、《史记》、《容斋随笔》、《中华国学智库》、《中华智谋全鉴》、《黄帝内经》、《本草纲目》、《中华养生秘笈》、《家庭医生》、《心理医生》、《家庭医疗养生保健百科全书》、《中华国医健康绝学》、《国学智慧大典》、《国学经典文库》、《中华王朝史》、《帝王将相全传》、《三希堂法帖》、《芥子园画传》、《中国书法鉴赏大典》、《中华传世墨宝》、《中国国粹艺术通鉴》、《中国通史》、《世界通史》、《中华名人大传》、《世界名人大传》、《周易全书》、《中华宫廷秘史》、《中国禁书文库》。荟萃了中华古代文明之精华，凝聚了五千年华夏智慧之经典，囊括了中国历史上最具思想性与收藏价值的古籍巨著。我们坚信，此类大型藏书的陆续出版，将为学术界、文化界、收藏界提供弥足珍贵的传世善本，便于我们对中华古代文化的研究、借鉴与继承，是一件造福子孙后代的善举。

《国学经典文库》耗时六余载，参与整理编辑人员近百人之多，并得到国内外众多专家学者、知名研究机构及著名馆藏单位等的大力支持和帮助，在此特表示由衷的谢意。另外，因资料范围广、精选难度高、编辑工作繁杂等诸多原因，书中难免存在疏漏与不足之处，恳请广大读者给予谅解和指正，以便我们及时修订。

《国学经典文库》编辑委员会

二〇一〇年六月于北京香山

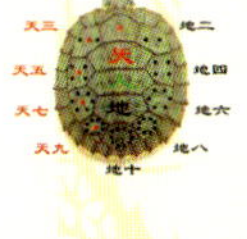

周文王雕像

周文王姬昌，生卒年不详，西周政权的奠基人。他被商朝封为西伯，又称昌伯，建国于岐山之下，积善行仁，政化大行。因纣王听信佞臣的谗言，将他囚禁羑里（今河南汤阴北）。被拘期间，周文王潜心研究天人之理，将八卦演化为六十四卦，并写了卦辞，流传于世。武则天改国号周时，追尊周文王为南周始祖文皇帝。

周易风水罗盘

罗盘，又称罗经，还有罗镜、经盘、罗经盘、子午盘、针盘、风水罗盘等别名，取包罗万象，经纬天地之义。是广泛运用于天文、地理、军事、航海和居屋、墓葬选址的重要仪器，是中国古代堪舆家从事堪舆活动必不可少的重要工具。作为哲学的《易经》，在民间与堪舆相结合，成为中华民族民俗文化的重要组成部分。

老子出关图

老子，姓李名耳，益曰聃，字伯阳。约生活于公元前571年至前471年之间。楚国苦县（今河南鹿邑县）人，曾作过周朝的守藏史。春秋时著名思想家，道家学派的创始人。著有《老子》，又名《道德经》。《道德经》上承《易经》之风，下启《易传》之理，以其独特的哲学思维方式，构建了与其“道”哲学相符合的民族精神。

刘伯温游华山图

刘伯温是明朝杰出的军事家、政治家，更是一个《周易》实践家。他将《周易》应用到军事上、管理上，并结合天文、历法等多种知识，积雄韬伟略于心中，以犀利的政治眼光，辅佐一代开国皇帝朱元璋。《黄金策》一书是刘伯温的著名易学著作，此书影响很大，至今广为流传，可以说是八卦预测学中的最精美之作。

李　斯

据传李斯年轻时跟随荀子学“帝王术”，对《周易》深有研究并由此深受启发，进而登上丞相之位。所以，他偏爱此书，当秦始皇“焚书坑儒”时，他便把《周易》悄悄地归入“医药卜筮”之列，使《周易》得以幸免，流传至今。

孔　子

《周易》名传天下，功在孔子。《史记·孔子世家》中记载：“孔子晚而喜易，序彖象、系象、说卦、文言。读易韦编三绝。”孔子为《周易》做的传，古称《十翼》，是讲解《周易》的最权威著作。

康　熙

康熙在位61年，执政期间，削三藩、统一台湾、平定葛尔丹叛乱、驱逐沙俄，是康乾盛世的开拓者。他是中国历史上少有的嗜书好学的帝王，一生如饥似渴地吸收汉文化，熟读《周易》，将儒家文化的精神灌输给广大的臣民，使清朝的天下最终在他的手中得以安定。

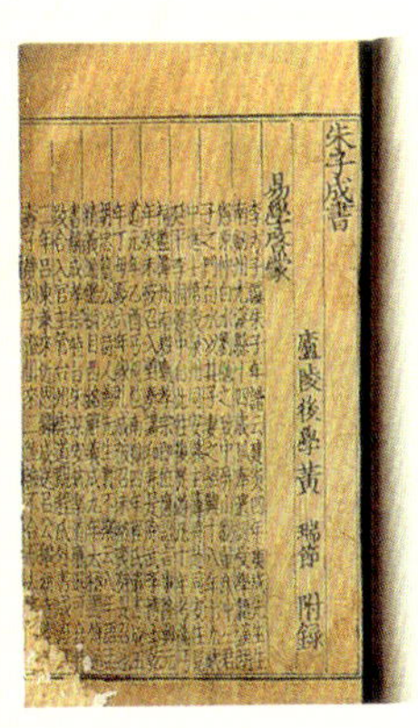

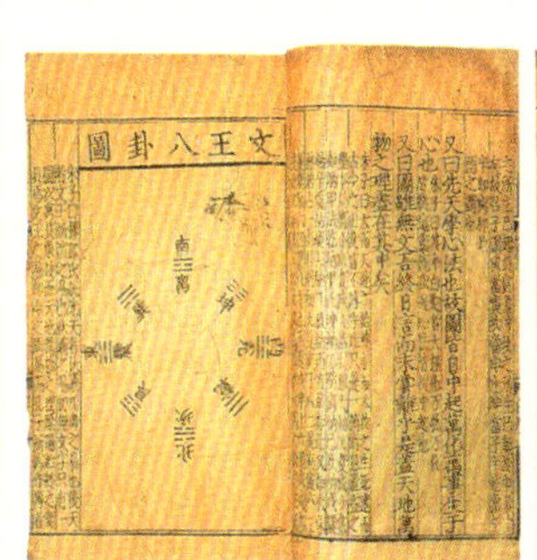

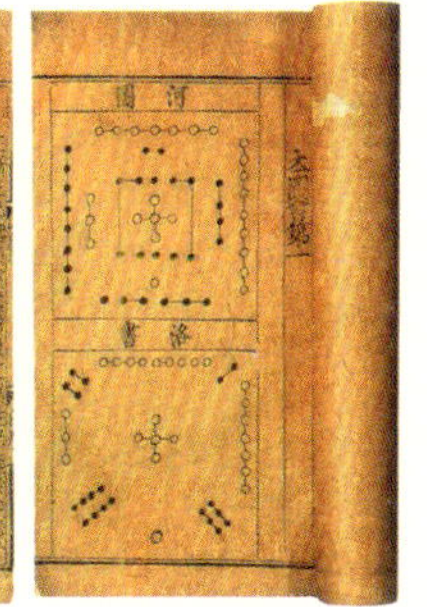

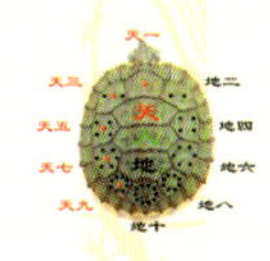

《朱子成书·易学启蒙》书影

元代黄瑞节辑，辑录朱熹《四书集注》之外的注释10种，其中包括《易学启蒙》、《周易参同契》、《太极图》等易学经典著作，是研究易经理论的重要资料之一。该书是元至正元年日新书堂刻印，刻印极佳，传世极少，弥足珍贵，该刻本曾在2005年嘉德春季拍卖会上拍出2310万元的天价。

伏羲演八卦图

伏羲，又称“宓牺”、“伏戏”、“包牺”。相传，6000年前生于成纪，葬于淮阳，为古代东夷族首领。《周易·系辞下》中说：“古者包牺氏之王天下也，仰以观象于天，俯则观法于地，观鸟兽之文，与地之宜，近取诸身，远取近物，于是始作八卦，以通神明之德，以类万物之情。”汉代司马迁在《史记·太史公自序》中说：“余闻之先人曰：‘伏羲至纯厚，作《易》八卦。’”据此可见，伏羲演八卦的说法在汉初就很流行了。

前　言

《周易》是周代筮占之书，约形成于西周初年，向来被称作“六经之首”。今见通行本《周易》有“易经”与“易传”两部分。《周易》穷万物之理，尽生灵之性，是我们中华民族文化之根，传统思想之本，民族精神之源，在五千年的中华民族发展史上具有广泛而深远的影响。自古以来，《周易》受到帝王将相、皇族贵胄，以及平民百姓的尊崇。

《周易》是中华传统文化的精髓，古老而又生机勃勃。《汉书艺文志》说：“易道深，人经三圣，世历三古。”正因其古奥玄微，故千百年来说《周易》之书汗牛充栋，大多给它蒙上一层层神秘的面纱，甚至在相当的长时间里，将它与封建迷信画等号，沦为迷信之道的工具。其实，《周易》虽是古老的哲学著作，却包含着大千世界、宇宙万物的至理，因此千百年来一直光芒闪耀、经久不衰，甚至任何高、精、尖科学都可以从中找到哲学根据。

《周易》实质上是一部卜辞汇编。它编排成书以后，保留了占筮的基本功能，同时也体现出编纂者的生活经验和哲学思想。《周易》思想渗透到国家政治、社会经济生活，各种学术思想以及风俗民情之中，几千年以来形成以《周易》思想为主干的中国传统文化。《周易》思想传入西方以后，引起全世界科学家的重视，特别是改革开放以来，西方文化的东渐，世界“周易热”的兴起，使《周易》这株东方文化的奇葩更加光彩绚丽，很多人被《周易》博大精深的内涵所深深吸引。

《周易》构成的哲学体系，其影响难以估量，成为中华传统文化的基础。本次出版的图文珍藏版的《周易》包括“易经”“易传”“周易典籍图示”“周易与中华学术”“周易研究及其历史”共五编内容，涵盖了儒、道、墨、法、兵、阴阳等诸子百家。从现代人眼光看，它涉及哲学思想、天文地理、军事计谋、思维方式、医学养生、信息预测等等，甚至现代的前沿科学，如计算机软件、遗传密码、混沌理论、耗散结构等等，也可以从中得到启示。《周易》六十四爻可以看作三百八十四种处境中可能发生的情况和对策。总之，《周易》在古代是士大夫必读之书，今天亦不失为引导人们适应各种复杂环境的行为指南。

目 录

第一编 易经

国学经典文库

第二编　易传

第三编　周易典籍图释

第四编　周易与中华学术

第五编　周易研究及其历史

国学经典文库

【图文珍藏版】

易经

第一编

马松源 主编

线装书局

一、《易经》概述

《周易》的定名

对于《周易》一书书名的解释，有许多种说法。

先说“周”字。“周”字的含义，自古以来有两种说法：其一，以“周”为“周普”“普遍”之说。最早持此说者是东汉的经学大师郑玄（康成）。他在释《周礼》“三易”之义时，将“周”字解释为“周普”。唐代孔颖达在《周易正义·序》中接受了郑玄对《周易》之名的解释。陆德明在《经典释文》中也说，“周”训为“至”“备”，取《周易》书名，其意义为“周普”。清代的姚配中也赞成郑玄的说法。其二，以“周”为周代。这种解释在汉代就已出现，如《易纬》上说“因代以名周也”。到唐代孔颖达又力主此说，他在《周易正义·序》中指出，周文王作《易》是为了题周以别于殷。宋代学者也多采用此说，如程颐的《周易程氏传》、朱熹的《周易本义》、朱震的《汉上易集传》，都认为“周”是代名，《周易》即周代之易。

铜卣

再说“易”字。对“易”字的解释，古今说法尤多。从“易”的本义考察，一说伏羲画八卦，或“远取诸物”，或“近取诸身”，“易”是飞鸟的形象；二则是东汉许慎在《说文解字》中所说：“易，蜥易、蝘蜓、守宫也。象形。”这是从象形方面加以解释，认为“易”是蜥蜴的象形字。所谓蜥蜴即壁虎类动物，其保护色能随环境不时地变化，从而假借为“变易”之易，以象征宇宙包罗万象的千变万化。孔颖达就指出“易”是“变化之总名，改换之殊称”（《周易正义·序》），人们取名《周易》，就是取变化的意思。此外，其他不同说法具代表性的有三种：其一，以“易”为日月、取阴阳之象。此说最早见于“秘书”，东汉许慎在《说文解字》中引“秘书”说：“日月为易，象阴阳也。”认为“易”是由日月两个字组成，日代表阳，月代表阴。东汉的魏伯阳、三国时的虞翻、清代姚配中等都力持此种观点。其二，“三义”说。汉代《周易乾凿度》说：“《易》一名而含三义：所谓简易也，变易也，不易也。”就是说“易”包含有“简易”“变易”“不变”的三层含义，后汉郑玄，唐代《周易正义》都沿袭了此说。其三，“五义”说。清初学者毛奇龄撰《仲氏易》一书，在总结前儒学说的基础上，提

出“易”兼有“变易”“交易”“反易”“对易”“移易”五层含义。综观众说，从“易”本义与后起之义合而考察，我们认为“周”为代名，“易”为变易的说法较为合理。

《易经》的基本观念——象、数、辞、义

在《易经》中含有许多特定的观念——象、数、辞、义。这些观念只是隐藏在卦爻象和卦爻辞中，还没有形成范畴，但有助于我们认清和把握《易经》的整体思想脉络。

(1)“象”观念

我们首先说“象”。何谓“象”？易传《系辞下》说：“象也者，像此者也。”象就是指形象、象征。象作为《周易》的观念，照后来的解释，其义有三：①指《易经》中的八卦、六十四卦卦形及三百八十六爻爻形，即所谓卦爻象，如☲、☱、䷘、䷞等为卦象，⚊，⚋为爻象；②指八卦所象征的事物，如乾卦☰象取物象为天、坎卦☵象取象为水等；③指卦爻辞中所说的具体事物，如乾卦爻辞中说的“龙”，坤卦辞中说的“牝马”等。以上三种含义，见于《周易》者，指卦爻象和卦爻辞中讲的物象，第二种含义为后来的解释。象的特征是可以感知，有形象可见，特别是卦爻的图象，乃《周易》一书的一大特征，被看成是吉凶的象征，进而被看成是一切事物的象征，形成一种符号系统的体系。

(2)“数”观念

《易经》中不仅有象，而且有数。所谓数，又称“易数”，是指《易经》和筮法中数的观念。数有三类：其一，占筮是通过数的计算来进行的，最后导出七、八、九、六之数，以定一爻之象。此种数被称为筮数。其二，为阴阳之数，即以奇数表示阳爻，以偶数表示阴爻；此即《易经》中阴爻称六，阳爻称九，六和九又来源于筮数。其三，为爻位之数，一卦六画由下向上数，初画称初，二画称二，三画称三，四画称四，五画称五，六画称上。

在占筮过程中，数起着重要的作用，通过揲筮方能得出一卦之象，依其象方能推测吉凶。不仅如此，数变还会引起爻变和卦变。总之，《易经》六十四卦、三百八十四爻，每卦、爻都可解释为数，每卦、爻都是由一个确定的数演变而成。

数和象有着密切的关系，二者不可分割。故后人又称《易经》为象数之书，进而将象和数看成是解释世界的重要范畴。

(3)“辞”观念

《易经》除了符号系统外，还有文字系统。而文字系统就是筮辞。“辞”的观念表现在以言辞表达所占之事的吉凶上。

无论是卦辞还是爻辞，都是用来解释或说明卦爻象的，是为了使卦爻象的象征意义更好地被人领悟，它给人们理解这个卦或爻限定了范围，指定了方向。例如，《讼》卦䷅，其卦辞说：“有孚、窒惕，中吉终凶。利见大人。不利涉大川。”“窒”借为“恎”，惧。“惕”，警惕。其意是说，占到此卦，战争中有所俘虏，但须戒惧警惕，防止俘虏逃跑，其过程是中段吉，终段凶；利于见大人，不利于渡大河。其初六爻辞说：“不永所事，小有言，终吉。”“永”，久。“不永所事”，指从事未久而中止。

"言",谴责。是说,占到此爻,所做的事件中止,将小受他人的谴责,但结果是吉利的。

由于《易经》卦、爻象是为了显示人事的吉凶休咎的,以此而推论,作为卦、爻象解说的卦辞和爻辞,其基本的功能和作用也是断占而辨析人事的吉凶。古时"辞"具有"断"的意思。后来《易传》解释说:"辨吉凶者,存乎辞。……是故,卦有小大,辞有险易。辞也者,各指其所之。"认为人事吉凶的辨别,完全可从卦辞和爻辞的文字中寻求,卦、爻辞的含义,有险有易,但都在指示各卦,爻象变化的趋向。

(4)"义"观念

《易经》中所谓"义",是指象、数、辞中所蕴含的意义和道理。就卦爻象说,乾☰之名为乾,照后来的解释,其义为刚健;坤☷之名为坤,其义为柔顺;乾象二爻为阳爻居阴位即偶数二位,又居下卦之中位,其义则为中正。就卦爻辞说,其所说的事和物象又有其内在的义理,如乾卦初九爻辞说"潜龙勿用",其中含有潜藏勿动之义理。象、卦辞都是有形有象的,而义是无形无象的,但通过象、数、辞表现出来。具体说,就是卦、爻象依赖于卦、爻符号的暗示,而卦、爻辞则借助于文字的描述,二者相互照应,共同来喻示诸卦诸爻的义理。此种关系,后人称之为象义和言义关系。探讨二者的关系,成为历代易学的重大问题之一。

象辞之间的关系

《易经》分为符号系统和卦、爻辞文字系统两大部分。符号系统是由阴爻("--")与阳爻("—")组成的六爻一卦的六十四卦象。它与卦名、卦爻辞之间有无逻辑的必然联系?历来有不同的说法。

传统的看法认为,卦象与卦名、卦爻辞之间有着必然的联系。例如,《乾》卦初九爻辞说"潜龙,勿用",意为龙处在潜伏阶段,还没有发挥作用。之所以这么说,是因为初九爻乃《乾》卦初画,又是阳爻("—")。"—"象征着阳物,以龙为喻;初画表示处于潜在的萌发状态。因此爻辞说"潜龙,勿用"。历代易学家,从春秋时代的筮者,到清朝时期的学者,他们都在努力探求卦爻象与卦名、卦爻辞间的内在联系,或者通过对卦象的各种阐释,或者通过对卦爻辞的注释,把卦爻象与卦爻辞结合和统一起来,以此论证《周易》不仅是神圣的典籍,而且是具有完整而奥妙无穷思想体系的圣人之书。即使是被人称作"扫象不谈"的王弼,其在《周易略例·明象篇》中也承认"寻象以观意","意以象尽,象以言著"。仍然主张以象来取义。历代每一家都想从文字、逻辑上把《周易》古经内容讲解通畅,从而在历史上形成了各种解易的流派,长期辩论不休。如果就解易学派而言,早在春秋时代的筮者,他们在解释占筮时,就已经大不相同,或只取卦象,或只取卦辞,或既取卦象又结合卦辞,或既取卦辞又结合卦象。这在《左传》《国语》中有大量的记载。选择和剖析一些古代占筮的记载,无疑有助于我们更清楚地知晓古人是如何探求卦爻象与卦爻辞之间关系的。下面举两个事例说明:

据《国语·晋语四》记载:"董因迎公于河,公问焉,曰:'吾其济乎?'对曰:'臣筮之,得泰☷之八,曰:是谓天地配,亨,小往大来。今及之矣,何不济之有?'"这里

是说，晋国公子重耳准备从避居之地秦国返回本国来夺取政权，董因便在黄河边迎接他，并为他演算了一卦，得《泰》䷊卦。董因便依据《泰》卦的卦象进行解说，认为此卦乾下坤上，乾为天，坤为时，意谓天气在上升，地气在下降，天地之气正好相交，是万物亨通的安泰景象；接着又根据《泰》卦卦辞“亨，小往大来”，说明时来运转，从而推断重耳受排挤迫害的流亡时代已经过去，万事亨通，施展抱负的时代已经到来。董因在这里是将卦象与卦辞结合起来，作为判断吉凶祸福的依据。又如《左传》僖公十五年记载：“秦伯伐晋。卜徒父筮之，吉。涉河，侯车败，诘之。对曰：‘乃大吉也，三败必获晋君。其卦遇蛊䷑，曰：千乘三去，三去之余，获其雄狐。夫狐蛊，必其君也。蛊之贞，风也；其悔，山也。岁云秋矣，我落其实，而取其材，所以克也。实落材亡，不败何待？’”这是说，秦穆公准备讨伐晋国之前，他让卜徒父占了一卦，得《蛊》䷑卦。《蛊》卦卦辞是“元亨，利涉大川，先甲三日，后甲三日。”卜徒父据此断定秦国出师大吉。而事实上，秦国出师不利，“涉河，侯车败”。为此，秦穆公责问卜徒父因由。卜徒父只好先用另一种《易经》版本上的卦辞“千乘三去，三去之余，获其雄狐”，来证实他所提出的“三败必获晋君”的判断确有根据；并结合卦象，给以说明。《蛊》卦䷑从卦象看，是巽☴下艮☶上，巽为风，艮为山，这象征风正在吹着山。从当时已经是秋天气候看，正是风起而山上树木的果实纷纷坠落下来的时候，给人们提供了便于砍伐木材的好机会。这也正象征秦国征伐晋国，犹如风吹山树，落叶萧萧，虽在征途之中有曲折，但最终必定能打败晋国。这是把卦辞同卦象结合起来，作为判断吉凶祸福的根据。

从上述古人对卦爻象与卦爻辞的分析看，他们是通过卦爻象所象征的物象，把卦爻象与卦爻辞联系起来分析和推测事物的吉凶，这样就把所取物象看成是卦爻象与卦爻辞之间联系的纽带，从而形成了卦爻象与卦爻辞是有必然联系的重要观点。如果我们考查《易传》对《易经》的解释，就会更清楚地看到这一方法的运用。《易传》中，讲象数，也讲义理，其目的就在于说明卦爻象与卦爻辞之间的内在关系。

近代许多学者则提出了与传统观点相反的看法，认为《易传》起源于卜筮之法，其卦爻辞原本是筮辞，某卦象系之于某种筮辞，是出于所占之事，而所占之事往往是多方面的，筮得同一卦象，是揲蓍的结果，如同后来抽签算命一样，出于偶然，因此，筮辞和卦象之间没有逻辑的联系。指出那种认为所占之事与卦象之间存在着必然联系正是受了筮法的蒙骗。再就《易经》的结构来说，有些卦爻辞的编排与其卦象可能有某种联系，如《乾》卦等，但这种联系是出于编者的安排，且在《易经》全书中所占的比例不大。同时，如果认为每一卦爻象与其卦爻辞之间都存在必然的逻辑联系，那么既无法解释有的爻辞重复的现象，又无法说明有些爻辞前后矛盾的问题。

因此，从总体上看，卦象和卦爻辞并没有必然的逻辑联系。但个别地看，也有些卦爻象与卦爻辞有着某种关系。例如，统观《易经》六十四卦、三百八十四爻，我们可以发现，凡是比拟以物时，初爻辞大都取象于物之下；反之，上爻之辞大都取象于物之上。如《乾》初九、《坤》初六、《履》初九、《泰》初九、《噬嗑》初九、《贲》初九、《遁》初六、《大过》初六、《坎》初六、《咸》初六，《遁》初六、《困》初六、《井》初六、《既济》初九等爻辞中，分别提到“潜”“履”“茅”“趾”“足”“籍”（垫）、“坎窞”（陷

入重坑)、“拇”“尾”“臀”“井泥”(井水泥浊)、“轮”等,就是取象于物之下者;而《乾》上九、《比》上六、《大有》上九、《噬嗑》上九、《大过》上六、《咸》上六、《晋》上九、《解》上六、《鼎》上九、《旅》上九等爻辞中,分别提到“亢”“首”“天”“耳”“顶”(头顶)、“辅”(腮帮子)、“角”“高墉”(城墙)、“铉”(鼎的两耳)、“巢”等,就是取象于物之上者。在《周易》经文中出现这种情况,恐怕绝非偶然的巧合。又如《易经》还有些卦象,虽说是取一物为象,但随着其爻位的变化,取象的部位是随之而变化的。如《咸》卦象䷞,下艮☶上兑☱,其义为伤,从初六、六二、九三、九四、九五、上六爻辞都讲身体受了伤,随着爻位由初六到上六的变化,其身体所伤部位的取象依次由人体之下而上排列,即从“拇”(足大指)→“腓”(腿肚子)→“股”(大腿)→“脢”(背肉)→“辅颊舌”(腮与舌);《乾》卦象䷀,下乾☰上乾☰,取象龙,从初九、九二、九三、九四、九五、上九,随着爻位由下而上的变化,取象龙的位置也由“潜”→“见”→“跃”“飞”→“亢”逐步上升。据此,我们认为《系辞》所指出“圣人设卦观象系辞焉”的说法,是有一定根据的。《易经》作者当初编撰卦爻辞时,或许正是通过现象之后,或“拟诸其形容”而出辞,或“象其物宜”而吐语。但这只是《易经》编者的意图或某种尝试,实际上并未将此种意图贯通于六十四卦和三百八十四爻之中。就乾卦爻辞说,九三爻取君子之象,未取龙象,即是一证。就咸卦九四爻辞说,未取人体之象,又为一证。正因为如此,关于象辞之间的关系,在易学史上展开了长期的辩论,形成象数学派和义理学派的对立,也由此形成调和两派的观点,企图解释象辞相应之理。有的提出各种解易的体例,作为补充,有的互相责难,起了促进易学繁荣的作用。

另外,就《易经》体系结构来说,编者借助于占筮的特殊结构,对筮辞进行了加工整理和安排,使筮辞按照六十四卦卦象,三百八十四爻爻象的体系编成了一个完整的系统。这样,编者不仅一方面将一些在内容上有某些关联,甚至将毫不相干的筮辞按照卦爻辞由下而上的顺序编排在一起,以便使人们将卦爻象与卦爻辞联系起来思考;另一方面,由于编排形式上的系统性带有宗教巫术性质,编者试图通过卦爻象和筮辞的某种组合,来预测鬼神所昭示的吉凶祸福,因此,就《易经》全书的逻辑结构来说,并未成为一严密的理论体系。

《易经》的注释和流传

《易经》是卜筮书,卜筮在殷周之际的国家政治生活中居于非常崇高的地位。据有关文献记载,处理国家大事,即使国君和卿大夫都同意,卜筮的结果说不该做,那么,原订的计划就要取消。反之,如卜筮的结果说某事该做,即使公卿大夫有不同意见,也必须按卜筮结果执行。

卜筮在国家政治生活中的作用,使卜筮者享有崇高的地位。从事卜筮的神职人员,往往就是国君,后来也往往是公卿宰相之类。

周代以后,特别是从春秋战国时代起,理性思潮兴起,传统的神学一步步破产,卜筮的地位也一步步降低。秦汉以后,公卿将相就不再从事卜筮,而从事卜筮的神职人员地位也逐渐降低,有的甚至流落民间。

在汉代，由于自然科学的发展，就出现许多用自然科学知识进行占卜的专职人员，比如用历法、测日影、候钟律，权土炭等等。他们和原来的卜筮职业者争地位。据说汉武帝有一次要娶亲，召来各种占卜专家，以求选个好日子，但众说纷纭，最后还是汉武帝自己拍板：以五行家为准。这件事也说明《易经》占筮，即在占卜领域，也不再居于崇高地位了。

到唐代，武则天下令，占卜职业者的官职，不得超过司膳寺诸署令。司膳寺不得和六部相比拟，诸署令更是官低职微，大约最多不过相当于今天一个处长。宋明以后，各州郡府县也还都配备一名专职占卜者，但“有职无禄”，事实上，和民间的算命先生没什么两样。上述事实说明，封建国家越来越不把占卜当作一回事了。

在这种情况下，殷周时代居于崇高地位的龟卜，汉唐以后就完全失传了。《易经》没有失传，原因是它适应时代的变化及时调整了自己的方向。

据朱熹研究，孔子及其以前，称作学问的有六种，叫作“六艺”。六艺不包括《易经》，因为《易经》不是一种学问，无法用它来教人。《易经》书中透露出来的，都是当时一些零零碎碎的、有关各种知识的只言片语。在《易传》中，讲了一个完整的世界观。而在《易经》中，连这完整的世界观也没有。因为它的目的是占卜，不是为了传授知识，也不以记载知识为目的。

适应社会和思想的发展，大约从春秋时代起，就提出“《易》不可以占险”（《左传》昭公十二年）的思想。当时的易学家，主要用《易》来借题发挥，作为分析国家和个人大事的理论依据。战国时代，荀子更进一步提出：“善《易》者不占”（《荀子·大略》）。依荀子的说法，用《易》进行占筮的，都是些不善为《易》的、蹩脚的易学家。正是在这样的形势下，逐步产生了《易传》，把《易》作为讲天人之道的哲学书。

历史地看来，此一时期大约是《易》由专门的占筮书到主要作为哲学书的转变时期。所以到秦朝焚书，才不烧《周易》，认为它是一本卜筮书。

由于思想家们把《周易》作为讲天人之道的书，并且由于它讲得好，讲得集中，所以许多子书都援引《周易》的道理，《管子》《吕氏春秋》，《庄子》《荀子》等等，都对《周易》有所介绍或阐述，或者是借用《周易》来讲述他们自己的哲学道理。

西汉建国不久，由于《周易》已被先进的思想家们当成讲天人之道的哲学书，而且《易传》又提供了一套完整的学说，这就可以当作知识用以教授学生了。所以西汉初年，《周易》就被国家列入学官，置博士，教授学生。

用一番道理去解释《易经》，《易传》已经开了一个头。汉代学者虽然把《周易》尊为经，认为《易传》是孔子所作。但在当时，被尊为经的还只是五经或六经。孔子的作品，如《论语》，虽认为很重要，但还不算经。因此，汉代初年，人们大约也未把《易传》看作经，所以他们才模仿《易传》，开始注释《易经》。

汉代易学家中，象数派居多数。留传至今的易学著作，有《易纬》七部，有《京房易传》《焦氏易林》等。魏晋时代，由于义理派兴起，几百年中，汉代的易学著作几乎丧失殆尽。到唐代，李鼎祚汇集了他能见到的汉代易学材料，才使濒于灭绝的汉代易学得以一脉绵延，清代，汉学家们更大规模地搜集汉代的易学材料。从他们的著作中，使我们得窥汉代易学的只鳞片爪。

汉代易学影响较大的思想，是卦气说，以及与之相伴或由它派生的纳甲、爻辰等说法。汉代炼丹术兴起，炼丹方士借用当时的易学理论，去说明丹药的化合过

程,这就是魏伯阳的《周易参同契》。现代不少人说这是一部内丹书,其实只是在唐代以后,当内丹术兴起的时候,道教才把它当作内丹书。说它一开始就是内丹书,不符合历史事实。

汉代从刘歆开始,把历法数据和易数相比较,认为历法数据都是从易数推出来的。刘歆和在他之前作卦气说的孟喜,可说是“科学易”的创始人。唐代天文学家一行继承刘歆的做法,把历数和易数相附会。他们都遭到后来天文学界的严正批评。

《周易》在汉代就成了五经之首,所以非常重要,但不是最重要的。最重要的儒经是《春秋》。汉代讲天人感应,《春秋·公羊传》是天人感应的经典。

魏晋玄学兴起,《周易》为“三玄”之一。然而由于王弼以老解易,所以玄学的实质乃是魏晋人所理解的老庄思想。

唐代在思想上多继承玄学,在易学上无大创造。宋代理学兴起,理学家们又以理学解易。其中最著名的是《周易程氏传》和朱熹的《周易本义》。这些著作后来都被作为标准教材,供士人们阅读、学习,并以此应科举、求官做。

北宋时代,出现了《河图》,《洛书》,《先天图》等等,作者们说是上天所赐,圣人所作,他们只是发现了这长期失传的秘密。从此以后,作图风起,明代以后的易学著作,几乎是无图不成书。

唐宋以后,《周易》的流传更加广泛,不仅儒家的著作几乎没有不谈《周易》的,《易传》中的穷理尽性以至于命成了理学家的口头禅,道教、佛教也广泛利用易学理论来阐述他们的教义。

清朝人编《四库全书》时,对以前易学的发展做了总结,他们说:“故易之为书,推天道以明人事者也。《左传》所记诸占,盖犹太卜之遗法。汉儒言象数,去古未远也。一变而为京、焦,人于机祥;再变而为陈、邵,务穷造化,易遂不切于民用。王弼尽黜象数,说以老庄,一变而胡瑗、程子,始阐明儒理,再变而李光、杨万里,又参证史事,易遂日启其论端。此两派、六宗,已互相攻驳。”(《四库全书总目·易类一》)

这是清代学者对《周易》注释和流传情况的概略描述。依据人们的描述,则历代易学的派别及流传是:

象数派:汉儒→京房、焦延寿→陈抟、邵雍;

义理派:王弼→胡瑗、程颐→李光、杨万里。

这个描述大体符合历史的实际,但不完全。

依据这个描述,在《左传》时代,《易经》主要是占卜书。到了秦朝,虽然《易传》已经出现,但当时占主导地位的社会意识仍然把《易经》仅看作占卜书,所以秦始皇焚书,才不焚《周易》。

汉代,易学发生了分化,派别众多。但总体上,则如清代学者所说,“汉儒”注重象数,他们通过象数,“推天道”,“明人事”,所以“切于民用”。在清代学者看来,这是易学的正统。京房、焦延寿等人,讲卦气,说机祥,主要从事于占卜,这就使谈学和占卜分家,即所谓“占、学分途”。到宋代陈抟、邵雍,是象数派发展的又一阶段。他们“务穷造化”,从天地开辟,讲到万物化生,对世界上的一切,都要穷究他们的来源,以确定他们在世界秩序中的地位。陈抟的易学难以详考,但所说邵雍的易学则大体符合事实。

但在清代学者看来,京房、焦延寿、陈抟、邵雍的易学“不切于民用”,不是“因事以寓教”“觉世牖民”,因而不合圣人之意。所以清代学者把《京房易传》、托句焦延寿的《焦氏易林》、邵雍的《皇极经世书》都逐出“易类”,而归入“术数类”。清代学者的易学观,大体上反映了历史的实际。

义理派的开创者是王弼。王弼的义理,主要是老庄;到宋代胡瑗、程颐,特别是程颐的《周易程氏传》,才“阐明儒理”。所谓“儒理”,就是理学或称道学之理。到南宋李光、杨万里,又援引历史事实来证明所讲的儒理。如李光解《蛊》卦,说天下蛊坏之时,必得能够继承大业的儿子,才能拯救天下。比如周宣王,就是这样能继承大业的儿子。《蛊》卦只讲父子,李光说,这是因为中兴大业不可尽付给大臣。这些解释与援引的史实,都是对宋高宗、秦桧而发。后来杨万里继续这种做法。遭到批评。说这样注易,只可供文人欣赏,没有学术价值。这就是所谓的“日启论端”。但《四库》的编者赞同李光、杨万里的说法,认为圣人作易,正是通过卜筮论人事。其他人的毛病,正在于舍人事而只讲天道。

清代学者所描述的易学变化,正反映了时代思潮的演进,反映了解易的时代特征。京房机祥,那是由于汉代是天人感应的时代,是个证明机祥的时代。汉儒重象数,那个由于整个天人感应都必须从现象出发去推测天意。

王弼易学,则深深渗入了玄学的、亦即以老庄为标志的思想。他注《易》主张“得意忘象”,“得象忘言”,把象意关系比做筌蹄和鱼兔关系,就是直接脱胎于庄子思想。在《周易注》中,他强调自然无为,把《彖传》“复见天地之心”解释为“返本”,而“返本”又是动息为静,明显是用老子归根曰静思想释《易》。

宋代程颐的《周易程氏传》,把天解释为道、帝、鬼神,与他在教诲学生时把天解释为理、帝、鬼神是完全一致的。“天者,理也”,是他的基本命题。而他全部哲学,归宿于存天理、灭人欲。他曾讲过,看一部《华严经》,不如看一艮卦。因此,他特别重视艮卦。艮是止。止,就是止于理。人们之所以不能止,就是因为被欲望牵制。所以,要止于理,必须做到无欲。这里贯穿的,完全是“存天理、灭人欲”的基本精神。

朱熹就是鉴于这些情况,才作了《周易本义》。在理论上,他是程颐的后继者,但他不满意他以前的学者们对《易》的注解,也不满意程颐。他认为历代所讲的那些易学道理,都不是圣人的本义。本义只是告诉人们吉凶悔吝,从而怎么去做,并不要讲什么道理。

“《四库全书》编者总结了易学的历史之后又说道:此两派六宋,已互相攻驳。又易道广大,无所不包。旁及天文、地理、乐律,兵法、韵学、算术,以逮方外之炉火,皆可援易以为说,故易说愈繁。”

这就是说,在中国古代,《周易》已被引人社会生活的各个方面,包括天文、地理、算术、炼丹术等自然科学领域。但《四库全书》编者认为,这些都仅是“易之一端”,“非基本”。所谓本,就是天道人事,即一般的哲学道理。《四库》编者慨叹这些说法繁杂不经,但未能做出进一步解释。只有到了近代,学者们用新的世界观看待《周易》,才使易学研究发生了根本转变。

各时代易学面貌的不同,还表现在对《周易》经传关系的看法上。司马迁当时,还把《易传》看作十翼。“翼”只是经的辅佐,大约不得称经。在形式上,经、传分开。一般是经分上下，传有十篇，共十二篇。后来，大约在西汉末，《易传》也被称作经。东汉郑玄，有人说甚至早在西汉费直，就把经传合在一起。到王弼，又进一步把《彖传》《象传》分属于每卦卦爻辞之下，把《文言传》分属乾、坤二卦，其他四传，则附于经后。在一个长时期里，王弼易学是正统易学，王弼传本也是正统的易学传本。直到今天，由于王弼传本被采入《十三经注疏》，所以影响深远，通行的仍是王弼本。

宋代，朱熹作《周易本义》。他既反对人们借易大讲道理，也反对人们以传附经。他的《周易本义》重新把《周易》经传分开，以体现他的伏羲是伏羲之易、文王是文王之易、孔子是孔子之易的思想。朱熹这个思想是正确的。他反对人们把自己说的道理算作《周易》的思想，也反对把《易传》的思想当作《易经》的思想，甚至也反对把《易经》中卦爻辞的思想当作卦爻本有的思想。他认为圣人画卦、爻时是不要讲什么道理的，卦爻辞是后来的圣人加的。

尽管朱熹的《周易本义》影响深远，但人们还是不理会朱熹的劝告，把自己的道理说成是《周易》的，把《易传》的道理说成是《易经》本来就有的。

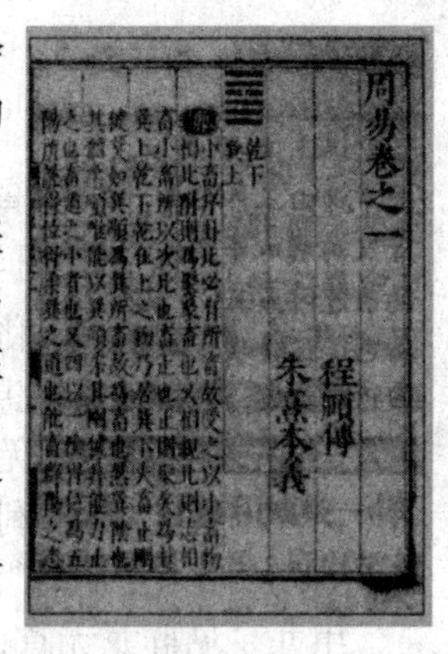
周易卷之一
程頤傳
朱熹本義

《周易》书影

（宋程颐传·朱熹本义）

清代，汉学兴起。汉学家首领惠栋整理《周易》，主张完全恢复汉易传统和汉易经传分开的格式。他的《周易述》，经的部分只讲经，《文言》《彖传》《象传》，都放在经后。

实际上，《彖传》《象传》与卦爻辞的联系确实比较紧密，把它们和经文放在一起，读起来确实很方便。我们认为，这是今天仍然通行王弼本的根本原因。

通行本卦序的编排，是乾、坤、屯、蒙……直到既济、未济。这是至少在战国时代就存在的编排。长沙马王堆汉墓出土的帛书本，则是另一种卦序编排。这足以证明，战国秦汉时代，《周易》的六十四卦，有着不同的排列方式。现在通行本的卦序排列，只是这不同排列方式之一罢了。

二、《易经》注译详解

上　经

乾卦第一 ䷀

【经文】

乾下乾上　乾①元亨，利贞②。

初九　潜龙，勿用③。

九二　见龙在田，利见大人④。

九三　君子终日乾乾，夕惕若，厉无咎⑤。

九四　或跃在渊，无咎⑥。

九五　飞龙在天，利见大人⑦。

上九　亢龙，有悔⑧。

用九　见群龙无首，吉⑨。

【注释】

①乾，卦名。通行本及马王堆出土汉墓帛书本皆为第一卦。

九三爻辞有“乾”字，故取以为卦名（犹《未济》六三爻辞有“未济”字，故取以为卦名）；然卦名《乾》字之义与九三“乾”字之义有别，卦名之《乾》用其本义，九三之“乾乾”用其引申义。

《说文》释“乾”为“上出也”，所从之“倝”释为“日始出光倝倝也”。日之升落表现为日出、日中、日昃，与六爻所取象的现龙、飞龙、亢龙、潜龙相同，《彖传》“大明终始”正与此相合。

古人以日为阳精之气所聚，日气、云气即是龙的创想来源之一。虹蜺也是日气、云气的一种，与龙同象。《乾》卦可能就是古人根据日光气的不同形状和亮度而占筮吉凶的筮辞记录，盖即《周礼·春官·宗伯·视祲》中的“占辉”一类。

“乾”字本为日之上出、光气升腾，因与“天”字音近，又因为“天乃积诸阳气而成”，所以后来说《易》者便有了“乾为天”的说法；又因为阳气所为之“龙”健行不息，周行环流，加之乾、健声近，说《易》者又有了“乾，健也”的说法，并且有的本子如帛本，索性把《乾》卦的卦名写成了“键”。

有人认为《周易》之《易》，其本义指日出（黄振华《论日出为易》，载《哲学年刊》第五辑，一九六八年十一月，台湾商务印书馆），此有一定道理，其与六十四卦

马王堆汉墓帛画

首卦的《乾》构成内在联系。

卦名《坤》本写作“川”，谓水流穿地而行。首卦《乾》《川》，一说上出，一说下注；上出者积阳成天，下注者积阴成地（坤）。日出可干燥万物，段玉裁《说文解字注》说“上出为干，下注则为湿，故干与湿相对”。上出之日气与下注之川水为对，亦是此理。

②元亨，利贞：经文中“元亨”“元吉”之“元”皆当从《彖传》训为“大”，谓大顺（“亨”，通顺）、大吉。经中之“贞”皆训为“占”，而《易传》中之“贞”皆释为“正”。“利贞”，占问有利。

③初九，潜龙，勿用：“初九”为爻题。《左传·哀公九年》（公元前四八六年）尚用“遇某之某”的方法表示所占之爻，则爻题之发明当在此后。“初”表示爻位，由下往上数，依次为初、二、三、四、五、上。“九”为爻数，表示爻性。“九”是老阳，为变数，代表阳爻；“六”是老阴，也是变数，代表阴爻。揲蓍求卦，经过多次揲数演算，最后所得不外乎六、七、八、九四个数。奇数七、九为阳数，如同今天所说的正数；偶数六、八为阴数，如同今天所说的负数。正七小于正九，所以正七称少阳，正九称老阳；负八小于负六，所以负八称少阴，负六称老阴。或者正数，或者负数，其由少至老皆不属于质变；而由正至负或者由负至正（即老阳至少阴或者老阴至少阳）皆为质变。阳爻以九为代表，阴爻以六为代表，即是这个原因。这四个数的变与不变，也是受四季递嬗的启发，即七九八六配以春夏秋冬。由七至九，犹如从春暖至夏热；由八至六，犹如从秋凉至冬寒，此皆不发生根本之变化。而由九至八，犹如从夏热至秋凉；由六至七，犹如从冬寒至春暖，此皆发生根本之变化。《周易》皆占变爻，所以阳爻皆称九，阴爻皆称六（可参读高亨《周易古经今注》）。“潜龙”谓龙潜伏于渊底（《恒》卦初六虞翻注说“《乾》初为渊”。此初九潜龙在渊与九五飞龙在天相对。《说文》谓龙“春分而登天，秋分而潜渊”，《管子·内业》“是故此气也，杲乎如登于天，杳乎如入于渊”，其相对例与此同）。“用”，为，作为。“勿用”谓不可有为。《周易》爻辞分两部分，前半部分为筮辞，后半部分为占验之辞。筮辞又可大致分为筮象之辞与述事之辞，如“潜龙”即是筮辞中筮象类，《坤》卦“括囊”即是筮辞中的述事类；而“勿用”“无咎”则为占验之辞。通常筮辞入韵而占辞不入韵。

④见龙在田，利见大人：“见”同“现”；“田”谓地。这是说龙已浮出渊池出现在地上。“利见大人”即见大人有利。“大人”犹后世算命先生所谓的“贵人”（《蹇》卦上六《小象》“利见大人，以从贵也”，即以贵人释大人）。“利见大人”于经文中屡见，皆是得贵人相助之义。

⑤君子终日乾乾，夕惕若，厉无咎：“君子”一词在《易》中习见，其与“小人”对举时，意思比较复杂（或指有德者，或指有位者），要看具体语言环境；而凡单言者，则都是指对方，即问卦者，犹言“君”“足下”，如“君子有攸往”“君子征凶”“君子几

不如舍”“利君子贞”等。“终日”犹“终朝”，整个白天。“乾乾”，勤勉的样子(《吕览·士容》注“乾乾，进不倦也”)。“惕”谓惕惧反省。“若”，语辞。“厉”，危。“咎”，害。“厉无咎”“凶无咎”“厉吉”“吉有悔”等为相反之占，它包含有开局不好(或好)而终局无害(或有害)、卦象不好(或好)而经过人为努力而无害(或有害)等多种含义。此句或句读为“君子终日乾乾，夕惕若厉，无咎”，两通。九三居下卦之终，故当有所惕惧。《诗·十月之交》“四方有羡，我独居忧；民莫不逸，我独不敢休”，《北山》“或王事鞅掌”“或惨惨畏咎”皆此“乾乾”“惕若”之谓。

⑥或跃在渊，无咎：“或”是将然之辞。“或跃”谓将欲跳跃而尚在犹疑。九四在上卦之初，故当有所犹疑；而既已入上体，理当跃跃欲试而有所图进。九三阳爻居刚位，故戒之以惕惧；九四阳爻居柔位，故有跳跃之志而又能犹疑三思。如此则可保前景无忧害。

⑦飞龙在天，利见大人：此君子显达之象。“利见大人”是有贵人相助之义，亦表示外部客观环境之有利。战国秦汉人所谓的阳气“登于天”“入于渊”(《管子·内业》)及龙之“登天”“潜渊”(《说文》)可能都与《乾》卦初九、九五爻辞相关。

⑧亢龙，有悔：“亢”，过(《小过》卦上六说“过之”，《象传》释为“已亢也”)。“亢龙”即龙飞得太高。“有悔”，有不好的事情(“悔”之言“晦气”之“晦”)。《小过》卦辞“飞鸟遗其音，不宜上，宜下”即此“亢龙有悔”。又“亢”当犹“颃”，谓高飞不下。《中孚》上九“翰音登于天，贞凶”与此爻同。《易》之三爻、上爻多言“悔”，与月终、年终之言“晦”同。

⑨用九，见群龙无首，吉：六十四卦每卦皆六爻，只《乾》《坤》两卦多出一爻，即“用九”“用六”，表示此两卦所筮得的六爻皆为可变之爻阳九(即老阳)或可变之爻阴六(即老阴)。“用九”“用六”之“用”字帛书作“迵”，有人认为“迵”为“用”之借字，或释“迵”为“同”。然《易》中“用”字、“同”字习见，帛书均如字作，可见“迵九”，“迵六”别有他义。“迵”即“通”(《太玄·摛》注“迵，通也”)，谓变、变通。就实际操作而言，演卦时，遇到通卦皆为可变的老阳、老阴时，则多设此一爻象，命其爻题为“通九”“通六”，筮占时即占此爻。就哲学内蕴而言，此多出的一爻置于《乾》《坤》的上九、上六之上，包含着“《易》终则变，通则久”的哲学底蕴。其他六十二卦虽无“通九”“通六”，但在观照其上九、上六时亦当做此理解。如《明夷》上六“初登于天，后入于地”即包含位至上爻，需要变通的意思。又如《升》卦上六“冥升，利于不息之贞”，“冥升”即沉迷于升进必有凶险，犹“亢龙有悔”；而“利于不息之贞”即犹《坤》卦通六的“利永贞”。“见”同“现”，谓群龙涌现不见上下首尾。此即所谓“始卒若环”，即老子“迎之不见其首，随之不见其后”，亢极知返，所以说“吉”。

【译文】

乾卦：乾卦象征天，是万物创始的根源，它通行无滞，利益众生，无所不正。

初九：龙潜藏在水中，耐心地等待时机。

九二：龙出现在田野上，开始利益众生。

九三：德才兼备之士的地位虽然上升，仍需从早到晚保持努力不懈的精神和谨

甘肃出土的东汉踏飞燕铜奔马

慎的心态,这样即使遇到什么灾难也能化险为夷。

九四:即使身处高位,也要保持如临深渊般的谨慎,这就不会发生过失与灾难。

九五:龙腾飞在天际,普降甘霖,恩及万民。

上九:龙腾飞在天空极处,渐生悔意。

用九:一群龙都不争强好胜,吉祥。

【解读】

任何事物都有一个潜藏、萌发、成长、茁壮、全盛,然后由盛而衰、由盈而亏返归原始的发展过程。人类的行为应当效法这一自然规律,在自强不息的同时把握时机,善知进退。当力量薄弱的时候,应该隐忍待机,切忌妄动;当可以出世而又羽翼未丰的时候,应该以诚待人,接近民众并积聚力量;在成长时期,一方面应该奋发有为、自强不息,同时也要戒骄戒躁、谨慎处事;当机会来临可以放手一搏的时候,应该把握最有利的时机一举成功;当主持大局、施展抱负的时候,应该一本初衷,造福于人民,使上下一心各得其所;当久居高位力所不逮的时候,应该居安思危,该退则退。只要把握了进退的原则,刚柔兼济,消除争强逞能之心,则民无不服,事无不成。

【经典实例】

以"龙"为喻,顺应天道

《易经》六十四卦,以乾为首,而乾卦全篇爻辞都在以"龙"为喻讲如何顺应天道,本卦中龙的进退变化寄寓了内涵丰富的人生和宇宙哲理。

几千年以来,中华民族一直深深地崇拜龙,就是因为在它的身上凝聚着我们民族对完美的追求与渴望。龙的形象不仅是各种具体优秀形象的最佳组合:鹿之角,是雄壮美丽的象征;马之头,是疾驰不疲的象征;蛇之身,是善于变化的象征;鱼龟之鳞甲,是自我保护的象征;鹰之爪,是凶猛飞翔的象征,而且,在龙的身上具备了和天道同一的自强不息、锐意进取、奋发有为的精神。

《乾卦》阐释了宇宙创始万物,大自然的法则至大、至刚、至中、至正,具备创始、亨通、祥和、坚贞的伟大功能,周而复始,无穷无尽,是人类至高无上的行为典范。大自然的运行过程,由潜藏酝酿生机,萌芽生长,奋发茁壮,欣欣向荣,经过不断的考验,到达开花结果的极盛时期,然后又由盈而亏,返回原始,重新开始,循环不已,以至于无穷。然而,大自然这一生生不息的伟大功能,则完全出乎自然,祥和而且执着于纯正。人类行为,应当效法大自然的运行规律,领悟由无而有、由盈而亏的法则,始能把握时机,知道进退。当潜伏时期,应当觉悟,无以发生力量,必须坚定信念,隐忍待机,不可妄动。当显现时期,羽毛未丰,应当施以诚信,接近民众,结合力量,始能获得立足之地。

在中华民族的历史上,自强不息,奋斗不止的例子层出不穷,不胜枚举。从古代的大禹治水、卧薪尝胆、苏武牧羊、马革裹尸、西行取经、精忠报国,到近现代的虎门销烟、全民抗日等,从古至今,这种刚健的自强不息的精神就被数不清的仁人志士、杰出人物乃至广大民众反复实践过,使我们中华民族虽饱经患难却仍然屹立在世界民族之林,成为世界上唯一一个文明延续了五千年仍然生机勃勃的大国。这是值得我们每一个中国人引以为自豪的。可以说,我们民族勤劳的美德、光辉的文化传统,从发轫时就被《易经》中"天行健,君子以自强不息"这一句饱含哲理的话语奠定了牢固基础。

凭借这种精神,中华民族拥有过当今世界任何民族都无法比拟的辉煌,我们还要凭借这种自强不息的精神,尽快改变现在还落后于人的局面,去争取不输给祖先前人的光辉成就。

如果说数十年前,我们的国家还处在"初九,潜龙勿用"的阶段;那么,现在应该如"九三,君子终日乾乾,夕惕若"那样,兢兢业业,奋发有为。

一个国家如此,一个团体,一个人也应该如此。《易经》在很多时候更像是在谈个人的修养。当一个人在成长时期,应当奋发,自强不息,充实力量;同时,更必须戒慎恐惧,以避免危险,招致毁损;当茁壮时期,应巩固群众基础,审慎把握最有利的时机,一举而获得成功;当抱负得以施展的极盛时期,应当一本初衷,选贤任能,造福群众,使其各安其位,各得其宜,始能安和乐利。乾卦还告诉我们,盛极而衰为大自然的常则,居安必须思危;物极必反,极端阳刚,必然产生反作用;唯有时

孔子讲学图

刻警惕、冷静、客观，不逞强，不冲动，不妄动，顺其自然，谨慎因应变化，善用刚与柔的法则，掌握进退存亡的关键，坚守纯正，始能确保祥和与安全。需要特别强调的是：《易经》更执着于纯正的重要性。

孔子对卦辞中的“元亨利贞”是这样解释的：“元是众善的魁首，亨是众美的集中，利是道义的统一，贞是事业的基干。”就是说，以龙自喻的“君子”应该是这四种美德的统一体。现在的时代已经远远不同于《易经》产生的时代了，但是贯穿其中的内涵则亘古未变。现在的君子，相当于不满足于在物质上占有更多财富，而渴望在人格上有所完善的人们。随着国家的国力渐渐富强，人民的生活渐渐富裕，相信这样的人会渐渐多起来。人如果不再被物质生活所限制，必然会产生完善自身人格的要求，那么，他应该认识到，人生之所以能够坚实可靠，就在于“自强不息”，应该以天作则，迈好孜孜进取的第一步。

姜子牙的处世之道

在商朝纣王统治的时期，有一个名叫姜子牙的人。姜子牙上山修炼，深得师傅教诲。他回来之后，便朝见纣王，希望能被任以要职，以施展自己的抱负。纣王得知姜子牙会法术，又懂得治国的道理，于是把他留下了，让他担任下大夫一职。纣王的宠妃妲己是狐狸精变的，她听说姜子牙会法术，怕他识破自己的身份，就想设计除掉他。纣王听信妲己的话，要修建以玛瑙作栏杆、栋梁里镶嵌着明珠的鹿台。他把这一任务交给了姜子牙去完成。

子牙接了命令，但想到这工程会劳民伤财，于是就请求纣王收回成命。

纣王大怒，命人捉拿子牙。子牙熟识水性，跳水而逃。回家之后，他妻子见他丢了差使，不愿跟他受苦，收拾了家中值钱的东西，离他而去。

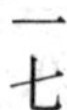

子牙没有办法，只好做起了小生意。可是他不谙此道，看到穷苦的老百姓生活

可怜,就把自己卖的食物或别的东西送给人家。这样做当然就没有什么钱可赚,他的生活日渐窘迫。

子牙有一个朋友,叫宋异人,他对子牙说:"你不要太烦心了,依你的才能,一定会有被重用的一天。"子牙也赋诗自励:"皇天生我在尘寰,虚度风光困世间。鹏翅有时腾万里,也须飞过万重山。"

后来,姜子牙离开都城朝歌,来到陕西渭水河边的一个比较偏僻的地方隐居。那里环境优美,泉水清澈,水中鱼儿清晰可见。姜子牙每日头戴斗笠,悠然垂钓,其中也不乏乐趣。他的钓法奇特,短竿长线,线系直钩,而且不用鱼饵。

一天,正当他一边垂竿、一边叹息作诗的时候,来了一个名叫武吉的打柴人,两人就聊了起来。武吉指着子牙没有鱼饵的直鱼钩说:"有志不在年高,无谋空活百年。像您这样钓鱼,别说三年,就是一百年,也钓不到一条鱼啊!"

姜子牙说:"你只知其一,不知其二。老夫在这里,名义上是钓鱼,但用意不在钓鱼,而是在等待飞黄腾达的时机。曲中取鱼,这不是大丈夫的作为!老夫宁愿在直中取,而不曲中求。老夫的鱼钩不是为了钓鱼,而是在钓王与侯,你岂知老夫的本意!"武吉听了,不但不相信,反而还讥笑他。

后来,西伯侯姬昌(即后来的周文王)打听到渭水河边垂钓的老翁是一个十分贤能的人,就斋食三日,沐浴更衣,抬着聘礼,亲自前往拜见,恳请子牙出山。姜子牙听说姬昌礼贤下士,又善养老人,愉快地接受了。后来,姜子牙辅佐周文王、武王(即文王的儿子)推翻了殷朝,建立了西周,可谓功勋不朽。他在隐世的时候能悠然自乐,在为官的时候,又有很大建树,实在是因为他能因应不同的时遇来为人处世,从而实现了自己的政治抱负。

光武中兴

东汉光武帝刘秀是个小心谨慎、自强不息的人。在率领军队南征北战时,常常身先士卒,冲锋在前。有时,为了一个最佳的战略布局,刘秀常常通宵达旦地和谋士们商讨揣摩,废寝忘食,很是勤奋。

汉光武帝刘秀像

起初,刘秀在刘玄的领导下带兵作战。刘玄是西汉的远支贵族,最初参加平林兵,被推举为更始将军,后合于绿林军。刘玄于新朝地皇四年(23年)称帝,年号更始。在夺取宛城和昆阳的战斗中,刘秀本来和长兄刘縯一同作战,立下了汗马功劳。但刘玄害怕刘縯和他争夺王位,就把他杀死了。刘秀得知消息,不露声色,他在刘玄面前也不夸口自己的功劳。好疑的刘玄便放松了对刘秀的警惕,封他为"破虏大将军"。

刘秀想离开刘玄,扩充自己的势力。不久,刘秀征得了刘玄的同意,来到了河北,在河北采

取了有效措施，争取到当地豪强地主的支持。刘秀在河北扩大了势力，于更始三年(25年)在河北鄗(今河北柏乡北)称帝，为光武帝，建立起了东汉政权。这年冬天，光武帝攻进了洛阳，在那里定都。经过长期的战争，到建武十六年(40年)，光武帝完成了国家的统一。

国家统一后，社会还不是很稳定，百姓生活穷苦。光武帝发现有许多国家大事需要自己去处理。他整天忙于国政，常和大臣们商讨如何治理天下的事情。光武帝认为，国家刚刚统一，经济凋敝。于是，他就花大力气恢复经济。他常对大臣们说："百姓的农业生产很重要，不让他们搞好生产，弄不好有人会把寡人从皇帝这个位子上请下去。"光武帝深知压榨百姓常常会引起百姓的反抗，便一心善待百姓。他看到了战争对老百姓的危害，即位好长一段时间，绝口不提战争的事。太子有一次向光武帝请教攻战的道理。光武帝微笑着说道："有一次，卫灵公问孔子如何攻战。孔子就说，祭祖和礼仪方面的事，我经常听人说起，至于率民作战的事，我却一点也不懂。孔子是大圣人，熟读诗书，他怎么不知作战的道理呢？他只是告诫我们要多加关心以仁义道德治理国家，你也应该这样，不要再去想有关战争的事了。"太子听了很受启发，潜心跟着父亲学习治国的道理。

光武帝常常让文武大臣指出自己为政的缺点和不足。他对大臣们说："寡人自己做得好的地方，寡人自己知道，你们就不用再说好话了。关键是你们要让寡人知道做得不对的地方，还没有做到的工作。疏漏太多，将会对国家不利啊！"大臣们都很佩服光武帝的精神，人人努力工作，为光武帝提出了不少治国的建议。

光武帝提倡节俭，注意整顿吏治，惩处贪官污吏，任命有能力的官员治理地方上的事务。他常说："寡人任命的官员就代表着寡人，若是他们表现出色，百姓必会安居乐业；若他们为非作歹，百姓也会起来反抗。"光武帝每天亲自处理朝政，十分辛苦，从上早朝开始工作，天黑了才回到寝宫休息。太子很关心父亲的身体。他见光武帝整日忙于朝政，就对光武帝说："父皇勤政为民，可以说是有了夏禹、成汤那样贤明的品格。儿臣希望您爱惜自己的身体，稍事休息，保养精神。"光武帝哈哈大笑，说："寡人愿意这样做，习惯了，也就不觉得累了。况且要保持天下稳定，岂是一件容易的事？只有每天勤于政事，防患于未然，才会取得国家的长治久安。"

光武帝兢兢业业地工作着，在他统治十几年后，全国出现了较为安定的局面。这段时期，历史上称为"光武中兴"。

李隆基的功与过

在唐代，李隆基是一个比较有特点的皇帝。他的政治生涯跌宕起伏，颇富传奇色彩。

李隆基的父亲是武则天的第四个儿子李旦。在武则天专权的那个时期，李旦的日子并不好过。在武则天的扶持下，李旦做了几天傀儡皇帝，但后来武则天把执政大权全部掌握在自己手中。李隆基是李旦的三王子，他非常聪明。虽然自小生在相王府，但是李隆基并没有沉迷于悠闲自在的王子的生活。他一心想从政，奔走于朝廷大臣之间，打通各方面的关系。

神龙元年(705年)，唐中宗复位，他的皇后韦皇后专擅朝政。唐隆元年(710

年)，韦皇后毒死了唐中宗，想学武则天那样当皇帝。李隆基趁此机会，联合陈玄礼、葛福顺等将军，发动兵变。李隆基命人杀光韦家所有的人，以灭绝其势力。

政变后，李隆基等人拥戴小皇帝唐殇宗登位。唐殇宗年幼无知，无法应付当时的混乱局面。太平公主深谋远虑，她召集满朝文武共商国事，决定由李旦来当皇帝，即唐睿宗。李旦即位后，就决定立太子。他觉得三个儿子中三王子李隆基智勇双全，而且在兵变中功劳很大，就决定打破常规，立李隆基为太子。其他二位王子一心玩乐，并不在意此事，三兄弟之间倒也相安无事。

两年之后，李旦厌倦朝中的政事，决心享受太上皇无忧无虑的生活，就把皇位传给了李隆基。李隆基即唐玄宗，年号为开元。

这时的统治集团内部争夺权力的斗争非常激烈。太平公主受其母亲武则天的影响，不断发展自己的势力，企图有一天能掌握国家大权，像武则天那样威风无比。她勾结大臣窦怀贞，极力提拔亲信，准备联合多方面的力量，扩充自己的势力。唐玄宗一开始比较尊敬她，对她提出的要求也一一答应。后来，唐玄宗得知了太平公主准备兵变时的消息，十分震惊，他决定抢先下手。他派宦官高力士率领兵士杀进宫中，把太平公主的势力消灭殆尽，最后太平公主也被逼自尽。

唐玄宗不愧是一个精明强干的人。他牢固地掌握了朝中大权后，就下力气采取各种措施发展经济、稳定政治、加强军事力量。唐玄宗下令从有才能的京官中选拔人才到地方上任刺史、都督。同时，提拔地方上政绩斐然的官员到朝廷任职。这样一来，刺激了官员的自觉性和积极性，许多官员都兢兢业业地工作着，唐朝终于结束了以前政治混乱的局面。他又采取了宰相姚崇的建议，下旨减轻税赋，加强法律约束，禁止再建造佛寺，皇亲国戚不得担任要职、干预朝政等，取得了显著的效果。按大唐律法，寺庙是不纳税的，许多人就钻国家税收的空子，把自己的田地挂到寺庙账上。这样一来，税收就减少，而不少老百姓就负担很重。姚崇在玄宗支持下，一气勒令三万多名和尚、尼姑还俗，并严禁所有官员和出家人来往，既抑制了寺院的势力，也打击了依赖寺院做违法之事的地方势力。

与此同时，唐玄宗还任命宋璟、张九龄出任宰相。在这许多贤臣的辅佐下，唐玄宗把经济治理得很好。再加上政治清明，军事强大，到了开元末年，社会上出现了前所未有的繁荣景象，史称“开元盛世”。

如果李隆基能一心地努力下去，“开元盛世”的时间会更长久一些。可是，或许人终归是有一些惰性的，李隆基看到了国家的繁荣景象，竟然心生骄傲之情。加上在宫中养尊处优，他慢慢地变得懒散起来，逆耳忠言听不得了，费脑筋的事儿干不得了，舒舒服服地过起了皇上的清闲日子。

天宝三年(744年)，唐玄宗最最宠爱的妃子武惠妃死了。没有了武惠妃的侍候，玄宗顿感宫中寂寞，就派人四处搜罗美女。当他听说武惠妃的儿子寿王李瑁的妃子杨玉环貌美无比，就想方设法把她弄到后宫，封为贵妃。杨贵妃一到宫中，就赢得了唐玄宗的万般宠幸。她若提出什么要求，玄宗就立刻满足她。于是，原本不算节俭的玄宗就更奢侈起来。为了讨得贵妃妩媚一笑，唐玄宗在每顿饭上就会变出许多花样，天南海北的山珍海味，应有尽有。为此，玄宗下令皇亲国戚源源不断地供应美味的食品。而娇贵的杨贵妃往往只是动几筷子就了事，许多饭菜都浪费了，而当时有些穷苦老百姓还吃不上饱饭呢。有一年夏天，杨贵妃告诉唐玄宗自己

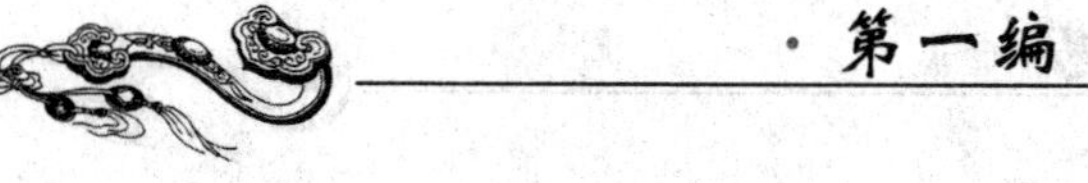

想吃鲜荔枝。唐玄宗便下令广东地区立即送鲜荔枝进京。由于当时的荔枝保鲜技术落后,刚摘下的荔枝过一天就变味了,所以要吃到鲜荔枝,必须争分夺秒。而荔枝产地距离长安好几千里,于是广东的官员便动用驿站的马,派人火速赶往京城。为了运送鲜荔枝,人累坏了多少、马累死了几匹都无法计数。那时,常有这样的场景:一人骑马飞驰,尘土飞扬,路上行人必须急急躲避,因为这样的马撞伤人是不负责任的。长安城里的百姓对此已司空见惯。这时人们便会说:"贵妃娘娘又要荔枝吃了。"所以到了皇宫,荔枝还是新鲜的,杨贵妃满意了,玄宗便高兴得不得了。

的确,人就怕有骄傲自满的情绪,唐玄宗也不例外。唐玄宗在打理了多年的国政后,觉得自己劳苦功高,应该过几天清闲日子,就把许多事情交给宰相去办。当时,有好几个宰相。后来,唐玄宗最大的失误就是任用了李林甫为宰相。李林甫一心讨好唐玄宗,极力巴结当时受宠的武惠妃和宦官高力士,通过多年努力,总算取得了唐玄宗的信任。

当时,张九龄是宰相中最有威望的人。唐玄宗有意提拔李林甫做宰相,就问张九龄的意见。张九龄为人正直,一心为国家着想。他上奏唐玄宗说:"李林甫为人心术不正,才疏学浅,若他身为宰相,势必给社稷江山带来灾难。"可是,唐玄宗的耳朵已经被武惠妃和高力士的好话给灌满了,竟然没有听进张九龄的忠告。于是,开元二十三年(735年),唐玄宗就提拔李林甫为宰相。李林甫一朝大权在握,就极力陷害张九龄,而昏庸的唐玄宗也相信了李林甫。后来张九龄被贬到荆州任长史,不久以后便病死在那里。

这样,李林甫排除了异己,可以一手遮天了。他又压制御史们听从自己的指派。御史们慑于李林甫的淫威,只得顺从他。而唐玄宗事事听从李林甫的意见,就导致了政治上的腐败,一些正直的官员被杀,奸官势力得逞。从此,大唐王朝江河日下,局势变得混乱起来,而唐玄宗依然沉迷于享乐,对此并不觉察。

本来,如果在李林甫死后,唐玄宗如果能够改革吏治,政治上的腐败能有所减轻。可是,唐玄宗又走错了一步棋,他又任用宠妃杨贵妃的堂兄杨国忠为宰相,替自己管理国家大事。

杨国忠不学无术,是当地有名的浪荡公子。杨贵妃见堂兄很是潦倒,就向唐玄宗推荐,以求谋个一官半职。唐玄宗见杨国忠能说会道,又懂得玩的学问,很是喜欢。于是,他一步步地提拔杨国忠,由金吾兵曹参军、京兆尹、御史大夫,一直到宰相,并对其听之任之。天宝十年(751年),关中地区先是遭了水灾,后来又逢旱灾,百姓几乎颗粒无收,当地的官员把情况禀告了唐玄宗,唐玄宗就询问杨国忠受灾的情况。杨国忠哪管百姓死活,他懒得去赈灾,就让人拿来几根长得还可以的禾苗,上奏玄宗说:"陛下,今年是有灾荒。可皇恩浩荡,使得灾情不算严重,您看,这禾苗长得还不错呢!"唐玄宗听了,也就放心了,就把这件事搁置下来了。

此后,杨国忠集各种权力于一身,胡作非为。而唐玄宗竟不管不问,更助长了他的嚣张气焰。而唐玄宗一心宠幸的亲信安禄山也叛变了。

安禄山是汉人与少数民族的混血儿,他生性残暴,喜好战争。他极力讨好唐玄宗,深得唐玄宗的信任。唐玄宗懈怠朝政后,奸臣当道,朝廷上下一片腐败,经济也衰退了,而军队士气也不高,大唐王朝危机四伏,岌岌可危。正是由于唐玄宗的昏庸腐朽,才招致了这一场大的动乱。

天宝十四年(755年)十月,安禄山以征讨杨国忠的名义,在范阳(今河北涿州)发动

叛乱。叛军一路上势如破竹，烧杀抢掠，无恶不作，后来侵占了洛阳，建立了政权。随后，史思明也起兵反叛。这两支队伍每攻打一个地方就滥杀无辜，激起了人们的愤怒。

唐玄宗这才从自己营造的“太平盛世”的梦中惊醒，但为时已晚。后来，在马嵬坡(今陕西兴平西)，他不得不赐死爱妃杨玉环，同时让位于太子李亨，过起了他太上皇清闲凄凉的日子。

安史之乱历时八年，虽然后来被镇压了下去，但大唐江山的兴盛一去不复返，国力亏虚，百姓的生活又处于水深火热之中。而这一切与唐玄宗决策的失误是离不开的，是他营造了“开元盛世”，也是他一手导致了“安史之乱”。这些错误和过失给他带来的又何止是遗憾，这是一生的悔恨啊！暮年的他只有在凄冷的宫中度过自己凄凄惨惨的余生，这岂不是一件很悲哀的事情？

苏秦胸怀大志建功业

战国时，洛阳有个叫苏秦的人，前去秦国游说秦王。一连上了十次书，都没有被秦王理睬。苏秦在秦国把黑色的貂皮袍子穿破了，随身携带的百两黄金也花光了。无可奈何，只好回家。

当他到家的时候，已经像个要饭的了。妻子正在织布，只用眼角的余光扫了他一下，又埋头干活了；嫂子连饭也不给他做，父母也不停地责备他。但是苏秦没有灰心，恨自己的学问太少，又开始发奋苦读，地上和桌上都堆满书，尤其对姜子牙的《太公兵法》中的“阴符”篇日夜钻研。

深夜读书，每当要瞌睡时，他就拿来锥子刺自己的大腿，直到鲜血淋漓。最后读有所成，他便去游说，主张“合纵”，联合六国抵抗秦国，六国高兴地接受了他的主张，还让他任相国，担任六国的纵约长。

当苏秦佩戴着六国丞相的印章，带着浩浩荡荡的仪仗队去报告赵王，中途经过家乡洛阳时，简直比国王出巡还要显赫。就连都城在洛阳的东周天子也命人打扫道路，并亲自出来欢迎。

苏秦的嫂子趴在地上迎接，头都不敢抬。苏秦笑着问嫂子：“你以前那么傲慢，而现在怎么如此恭敬呢？”嫂子像蛇一样趴在地上，脸贴着地面说：“现在您当了高官，又那么有钱，我哪里敢抬头看啊！”

苏秦在一开始时其实是很平凡的，但是他胸怀大志，自强不息，最后终于成功了。人处在困境之中，就应当在暂时忍辱负重的同时，积极努力。只要志坚不变，就一定能够建功立业。

对手成为宝洁公司的助跑手

宝洁公司创办有100多年了，在日用品行业奏了一曲又一曲的辉煌之歌，成了该行业的巨头，并大大推进了该行业的发展进程。

现在，许多竞争对手都模仿它的产品，对它发起了总进攻。以宝洁多年来所积聚的实力，击败那些竞争对手根本不在话下。但是，宝洁并没有这样做。因为他们认为，竞争对手使他们有了发展的动力。正因为有竞争对手的存在，宝洁公司才会

不断改正自己的产品,并不断创新,推出一系列的新产品,更重要的一点是,宝洁能改变原有的经营策略,实行产品专一化,使别的行业的竞争对手不敢轻易涉足日用品行业,在消费者心目中树立了良好的形象和不可替代的位置。

2000年,新CEO拉夫雷上任是宝洁历史上重要的一步棋。

这位新的CEO并不建议宝洁再去开拓新的业务市场,也不建议宝洁为了暂时的市场份额而与竞争对手展开厮杀,他认为那样只会造成两败俱伤的结果,同时,他把品牌建设提升到了一个举足轻重的位置。他的意图就在于把宝洁的品牌发扬光大,这样,有了过硬的品牌,在消费者心目中形成了固定的印象,还怕竞争对手的进攻不成?于是,“以不变应万变”成了宝洁的座右铭。

面对高露洁、联合利华等日用品生产厂家的崛起和不断发展,宝洁显然感到了重重的危机正在包围自己。但是,它并没有采取激进的策略来遏制这些竞争对手的成长和发展,而是开始专注于自身的发展,它更倾向于专一化的生产和经营策略。它把与自己的主流产品不相关的部门都统统剥离出去,最明显的例子就是它把自己旗下的IT部门转让给了惠普公司。同时,宝洁开始扩大产品的生产范围,不但致力于高档产品的研发和生产,而且也开始关注低档产品。这种产品范围的扩大,可以给宝洁带来更大的市场份额,也可以在不同档次的消费者中建立自己的品牌形象,从而可以潜在地夺回竞争对手占去的市场。

宝洁并不与竞争对手发生正面的冲突,它更多的是通过自己产品的创新和品牌地位的巩固来获取更多消费者的支持,以此获取竞争优势。它并不是通过击垮竞争对手,让消费者别无选择地来光顾自己的柜台,而是试图给消费者提供更满足其需求的产品和以自身所拥有的强大的品牌优势吸引消费者把目光转移到宝洁的柜台上来。这样,不但树立起了很好的企业形象,同时,占据了充足的市场份额。最重要的是,宝洁推动了日用品行业的发展,使其他行业人士无法涉足日用品行业。

这就是宝洁,把竞争对手当作自己前进的强有力的推动力。

小皇帝少年老成稳江山

中国的小皇帝大部分都因年幼无知而被叛贼夺了政权、而康熙皇帝即位时只有8岁,却不但稳住了自己的江山,还立下了不可磨灭的功勋,这是为什么呢?这与他的少年老成,遇事沉稳分不开。

他刚即位时,由索尼、苏克萨哈、遏必隆、鳌拜4位大臣辅政,康熙本身并没有多少实权。

特别是鳌拜,曾为清朝的建立立下汗马功劳,任辅政大臣以后,以功高自居,一点也不把年幼的康熙放在眼里。朝中文武官员,尽出自他的门下。他们结党营私,党同伐异,朝中大臣都不得不对鳌拜俯首帖耳。因为稍有不满,就招来杀身之祸。作为辅政大臣的苏克萨哈长期受鳌拜压抑,一直闷闷不乐,于是提出辞去辅政大臣之职。他这一举动惹恼了鳌拜。于是鳌拜先声夺人,罗列了苏克萨哈24条罪状,判处他死刑。康熙知道此案是鳌拜伙同他的党羽挟私陷害,坚决不同意。鳌拜竟然卷起袖子上前,连日厉声上奏,康熙在万般无

奈的情况下，同意按鳌拜的意思办理。甚至在朝中议事，大臣们稍有违背鳌拜的意愿之处，鳌拜就当着康熙的面大声呵斥这些大臣。

鳌拜的种种擅权恣肆行为，严重地威胁着皇权的稳固。康熙亲政后，一方面不断给辅政大臣加官晋爵从而稳住局势；另一方面采取各种措施在群臣中树立自己的威信。

鳌拜不甘心退出执掌权力的舞台，和康熙间的斗争越来越激烈。康熙八年，鳌拜托病不上朝，要康熙去他家里看他。康熙坦然去了。康熙的侍卫发现鳌拜神色有变，急奔至鳌拜床前，揭开席子，露出了一柄利刃。康熙笑道："刀不离身，乃满洲故俗，不足异也。"非常机智地将一触即发的斗争化解了。康熙回去后当机立断，下定决心要杀掉鳌拜。

鉴于鳌拜把持朝政，康熙决定智取。他在宫内挑选了十几个尚武有力的小太监，让他们整日在一起练习功夫。就是鳌拜有时入内奏事，康熙也不让他们避开，鳌拜对此不加防范，还以为是康熙年少好玩而这样做的。

一天鳌拜又入内奏事，康熙非常热情地请鳌拜坐下，提出自己训练了几个摔跤手想让鳌拜指教指教。鳌拜自认为武艺高强，想都没想就答应了。

没提防十几个小太监一拥而上，把他给捉住了。鳌拜使出浑身的力气也挣脱不出，只好束手就擒。康熙将鳌拜抓住以后，立即把他给杀了，随即封锁消息，将鳌拜的死党全部捉拿归案。由于事出突然，鳌拜集团来不及反叛就被一网打尽了。

康熙铲除鳌拜以后在政策上又进行了一系列调整，最终稳固了自己的统治，为清朝以后的稳定繁荣打下了坚实的基础。

试想想，如康熙不先对鳌拜的专横采取容忍的态度，能有日后的胜利吗？

刘氏兄弟的崛起

今天，如果给你1000元去创业，二十年之后，你想你能做成一个什么样的企业？不难想象，很多人都会怀疑，用1000元能创造出什么企业和奇迹来？

但是，就是在20世纪80年代的中国，有人这样去做了，他们是四兄弟，他们依靠自己凑起来的1000元钱，艰苦创业，二十年之后，他们打造出了整个中国最大的民营企业集团，他们的个人资产已达83亿元。这是一个令无数人惊奇的财富神话。他们就是刘永言、刘永行、刘永美（后过继改名为陈育新）、刘永好这四兄弟，白手起家，艰苦奋斗，靠养鹌鹑创业，接着做饲料，不仅生产出在全国响当当的"希望"牌饲料，更成立起了当今中国最大的民营企业集团——希望集团。

1982年，中国改革为知识分子创业提供了可能，刘永行四兄弟为摆脱贫困，变卖家产筹资1000元人民币，以过人的胆识相继辞去公职到农村创业。先是创建"育新良种场"，先后从事孵鸡、孵鹌鹑，带出了一个"鹌鹑王国"（四川新津县）和古家村这样一个改革开放早期的"亿元村"。同时刘永行同陈育新一起研制开发出生产饲料。1988年，他们开始将希望成功模式向全国复制，在全国各地办厂并取得成功。1995年，进行资产重组，分别成立了大陆希望集团、东方希望集团、新希望集团、华西希望集团，各自在相关领域发展。

到1999年底，希望集团已发展成为以饲料为主，涉足食品、高科技、金融、房地产、生物化工等行业，拥有140多个工厂的全国性集团公司，是国内最大民营企业之一。在此期间，"希望"品牌成为全国著名品牌，希望饲料先后获"国家星火科技成果二等"（行业最高奖）、"中国星火精品展示会金奖"，"首届中国农业博览会金奖"等奖项二十多项。希望集团先后被国家工商行政管理局等权威机构评为"中国500家最大私营企业第一名"；"全国民营科技企业技工贸收入百强第一名"；"中国最大私营制造企业百强第一名"；"国家级星火示范企业"。

希望集团在发展过程中，始终得到了党和政府的肯定、支持及社会的广泛赞誉。

刘永好说："我们提出了一句话作为企业发展的理念——'顺潮流事半功倍'。什么叫'顺潮流'呢？就是我们始终把产业定位在社会需求、政府倡导的领域。把社会需求、政府倡导作为我们企业发展的方向、目标，这样去做就会事半功倍，少冒风险。我们是四川成都郊县的普通市民，没有任何政府背景、经济背景。靠什么？靠党的好政策，靠我们自己的努力，靠艰苦创业。"

古人云："吃得苦中苦，方为人上人。"华人首富李嘉诚在总结自己的经验时说过，"创业阶段，财富完全来自一个人努力拼搏的结果"。这其实不光是李嘉诚一个人的体会，也是刘氏四兄弟的体会。许多人，在面对艰难处境时，便不战而退，他们天生只能在温暖的巢穴中度日，而根本吃不了一点苦。尤其是中国这一代年轻人，真正能吃苦的人少之又少。但是，如果你想创一番事业，那么，请投入到艰苦的奋斗中去吧！

十港元闯中国澳门

1921年11月11日，在中国香港麦当奴大道的一座豪华花园洋楼，何世光夫人生下一男婴。大家欢喜之际，突然惊呆了——婴儿的胎盘竟是白色！在中国古老的传说中：只有帝王的胎盘才是白色的。经医生指点，胎盘用药水浸着、当传家宝一直珍藏着。他就是何上舟，在日后虽然不像中国神话传说中所说的那样成为一个帝王，但是也成就了一番常人所无法想象的事业。

何上舟出身于豪门世家，他的童年无疑具有常人所无法想象的幸福。因为，在他出生之时，父亲何世光的事业正处鼎盛：地位显赫，财运亨通，豪华的洋房里时常高朋满座。而何上舟则聪明可爱，举止似与别的孩童迥异，人们都喜不自禁，认为他的前途远大。

但是，商场险恶，好景不长。在何上舟刚刚13岁那年，躺在金银窝里的他一觉醒来，家中财尽钱空——父亲何世光刹那间破产了。幼小的他永远也不明白究竟是怎么一回事，前几天，庆贺大捷才刚刚过去，但是曾经所拥有的一切全像肥皂泡沫一样破灭了。一朝暴富、一夜破产，这在何上舟幼小的心灵中留下了不可磨灭的痛苦记忆！

如果不是家道中落，何上舟肯定会被送到英国留学，然后继承父业，做洋行买办；又可能被港督赏识，委任为议员。如果这样，何上舟也就不会闯荡中国澳门，写下他富有传奇色彩的一生。

夜晚，当何上舟躺在硬板床上，看着母亲忧郁的神色、简陋的家庭用具，脑海里就会浮现出富丽堂皇的洋房、宽大餐桌上的美味佳肴。最不堪忍受的是原来那些亲戚见何家财大势大,见了何家人总是恭恭敬敬,颔首低眉。现在对何上舟却避而远之,甚至冷嘲热讽。家道中落,世态炎凉,13岁的何上舟不得不面对这冷酷的现实。

家穷促使他早熟,他明白穷人只有靠读书方可出头。他发愤苦读,到学期末,成绩居全班第一,这样的成绩即使在A班也能居中上。何上舟获得奖学金,开创了皇仁书院差班生获奖学金的记录。以后,他年年获奖学金。

在苦难当中,何上舟终于迎来了他18岁的生日。虽然现在的他再也不可能像他小时候那样开一个像样的生日PAPTY了!但是他已经长大成人——这是比其他任何事情都更加重要的。1939年,何上舟以优异的成绩考取中国香港名校香港大学,专修理科。

1941年太平洋战争爆发,新港督规定香港大学生都有义务参军。1941年12月8日,日军进攻中国香港。何上舟被分配到防空警报室做电话接线生。警报室设在他叔公何甘棠花园洋房的地下室里。

自从战争爆发,物价飞涨,母亲做工的积蓄应付不了昂贵的米价。母亲唉声叹气,不知日子怎么过,更为他的安全担忧。与母亲商量后,怀揣10元港币的何上舟正式地踏上了他的中国澳门创业之旅!在一天晚上,他搭一艘小船逃往澳门,加入联昌公司——中国澳门的最大公司之一,由葡、日、中三方合办。齐藤则是日方主管。联昌主要是借战争利用机船运送粮食货物供应市民而获取利润。

来澳没几天的何上舟,遇到来澳避难、声名显赫的何东爵士。他虽是何东的侄孙,在中国香港却很少有见他的机会,而在何上舟的心里,何东一直是高高在上的大人物。现在都是避难,爷孙俩见面格外亲切。而且何东勉励何上舟:"年轻人出来干活,要想成功,就记住两条:一是要勤奋、肯干;二是钱到手里要抓紧,不要乱花钱。"

此后,何上舟牢牢地记住何东的鼓励,他发誓要在中国澳门干出一番事业!他在联昌公司任秘书期间,还负责粮油棉纱生意。原有的中、英两种语言不够用,他就拼命学习日、葡萄牙两种语言。凭着语言天赋,没多久他就会使用简单的日常用语。

虽然何上舟在联昌公司只做了一年职员,但是他的成绩斐然,才干出众,最后被公司吸收为合伙人。此后,他主要职责是押船,即把货物运到海上,与贸易伙伴在海上交易。

他凭借着自己良好的作风与机敏的反应力,受到老板赏识。有一次押船,不是以货易货,是以钱易货。老板需要他身揣30万港元现金——相当于今日的几千万。

这是一次不容闪失的重要押运。当天午夜他的船开到交易海面,不见对方船只。天上没有月亮,海面一片漆黑。到凌晨4点,才听到马达声由远而近。为慎重起见,他叫胖水手过去验船。胖水手说:"对方吃水这么深,不会有诈。"话音刚落,机关枪就横扫过来,胖水手当场身亡。就在这时,从乌黑的海面上跳过来数个海盗,把船上的枪缴去。有几个凶神恶煞的家伙用枪顶着船员,叫道:"统统把衣服脱光!"

当何上舟把他的衣服脱光时,30 万巨款暴露出来。海盗们从未见过这么多钱,个个眼珠发绿。一个海盗忍不住扑到钱堆上,被海盗老大喝住。老大命令一个海盗守住他,把钱抱回海盗船。一盗贼抬起一脚,把何上舟踢到船舱底下去了!而船上的水手一丝不挂,被海风吹得瑟瑟发抖。

海盗数完钱,马上分赃,又吵又闹,拳脚相见。看守何上舟的海盗熬不住了,也跳上海盗船去抢钱。此时,海浪已把两艘船分开。何上舟下令水手开船逃跑。海盗船上的机枪猛扫过来,因联昌船是空载,速度很快,没多久就逃脱了。

经过昨夜的死里逃生,大家暗自庆幸得以活命。突然,他们看到日舰朝他们驶来,顿时慌了手脚。太阳旗被海盗踢进了海里,如果不马上悬挂太阳旗日军就会格杀勿论。

这时何上舟急中生智,找到一件破衫,用红漆画了一团红圈,擎于手上。当日本的舰队靠近时,又是何上舟流利的日语救了大家的性命。

与往常不同,这次出海花了将近一个多星期。联昌公司的老板,见船未准时回港,知道事情不妙,在码头从早晨一直等到了中午。

正当众人无奈要离开的时候,船终于回港了,只有何上舟与舵手穿着雨衣,其他水手皆赤身躲在舱里不敢出现。齐藤等抱着何上舟及其水手潸然泪下。

何上舟的出生入死,成为联昌公司赚钱的头号功臣。这一年,联昌公司给他分红,金额高达 100 万港元。这时,何上舟才 22 岁。一是为了考虑到家里人,二也是因为有一定积蓄,何上舟意欲改换一种工作。而这时,梁基浩邀请他去做澳府贸易局供应部主管,何上舟欣然同意了。

此外,何上舟充分利用战时千载难逢的机会。他看清了长期战乱,农田荒芜,粮食匮乏,中国澳门经常闹米荒,就召集一批人前往广州购米。广州的黑市米也非常昂贵,但是他凭着出色的外交才能,购到市政府囤积的官粮。数天之后,何上舟已经率领 4 艘满载大米的船队回澳,船抵码头,上千澳民站在岸边拍手欢呼。这时何上舟激动的不是那一打又一打白花花的钞票,而是他已经成为中国澳门人民的英雄!

战后,时局平稳,不少中国香港人乘船来中国澳门赌钱。何上舟不失时机创办了一间船务公司,购置了一艘载客 3000 人的客轮,为当时港澳航线上最大最先进的客轮。此后他不断将经营范围扩大至当时的各行各业。

何上舟应叶汉的邀请,决定到中国澳门独霸赌业。次年 3 月 30 日,他正式与中国澳门政府签订承办博彩业的新合约。

签约后的两个月,四人合组的中国澳门旅游娱乐有限公司正式成立。当时的霍英东任董事长,叶汉、叶德利任常务董事,何上舟则作为股东代表人和持牌人出任总经理,主管公司事务,因此实际上何上舟才是中国澳门赌业的真正掌门人。

自此以后,中国澳门的赌场生意蒸蒸日上,连东南亚的赌客都赶来中国澳门豪赌。1970 年,娱乐公司扩大赌场,斥资 6000 万澳元建起葡京酒店。至此,白手起家的何上舟终于成为澳门响当当的人物。

看了《乾》卦,再看何上舟的发家史,不知道你是不是也有了一股出海蛟龙的豪气和跃跃欲试的冲动。是金子就要发光,是龙就要行空,也许你现在很平凡,但是只要奋发进取、自强不息,弱小终会变得强大起来。这是一种指引人生方向的大

谋略。

同时，我们做任何事都必须认清客观形势。它包括两方面的内容，一是客观现实，二是客观规律。如果国家的法律和政策不允许，如果他不懂经营规律，只靠盲目的努力恐怕结果也未必如此。

徐云刚自强不息闯天下

任何事物，都有一个潜藏、萌发、成长、茁壮、全盛，然后由盛而衰的发展过程，人的行为应当效法这一自然规律，在自强不息的同时，把握时机，善知进退。当力量薄弱的时候，应该隐忍待机，切忌妄动；当可以出世而又羽毛未丰的时候，应该以诚待人，积聚力量；在成长时期，一方面应该奋发有为，同时也要戒骄戒躁，谨慎处事；当机会来临可以放手一搏的时候，应该把握最有利的时机，一举成功。

这里要说的是一个小人物发誓要做出个样子的故事。

1970 年 7 月，徐云刚出生于东北一个普通工人家庭。高考时，他没考上大学，就进了一所职业高中读酒店管理专业，可眼瞅着职高快毕业了，又因为打架被学校开除。徐云刚的母亲非常伤心失望，常常当面追问他："明年的今天你干什么？"

1988 年，徐云刚离开学校，开始闯荡社会。卖过菜、烤过羊肉串……他慢慢明白了生活的艰辛。1989 年 4 月，一家饭店公开招人，这是东北最好的五星级酒店之一。

经过几天的培训，徐云刚上岗了，当大厅服务员。可缺乏英语基础的他第一天就现了眼，把一个要上厕所的客人领到了咖啡厅。客人到值班经理处投诉，并用英语将他大骂了一通，徐云刚一句也听不懂。随即，徐云刚被降职到了行李员。1991 年秋天，中国香港富商李嘉诚下榻该饭店，徐云刚给李嘉诚拎包。饭店举行了一个隆重的欢迎仪式，一大群人前呼后拥着李嘉诚，他走在人群的最后一位。他清楚地记得那两只箱子特别重，人们簇拥着李嘉诚越走越快，他远远地被抛在了后面，气喘吁吁地将李行送到房间，人家随手给了他几块钱的小费。身为最下层的行李员，伺候的是最上流的客人，稍微敏感点儿的心，都能感受到反差和刺激。徐云刚既羡慕，又妒忌，但更多的是受到激励。"我就想看看，是什么样的人住这么好的饭店，为什么他们会住这么好的饭店，我们为什么不能？那些成功人士的气质和风度，深深地吸引着我，我告诉自己，必须成功。"

不久，徐云刚与同事为一个中国香港来的旅游团送行李，全团有 100 多件各式行李，要求 30 分钟内送到不同楼层的个人房间，他们俩人累坏了。徐云刚与那位行李员同事跑到饭店 14 层楼顶上吸烟，脚下是车水马龙的大街，楼房鳞次栉比，看着看着，徐云刚突然指着下边说："将来，这里会有我的一辆车，会有我的一栋房。"

"你没病吧？"同事不以为然。他认为徐云刚累病了。1991 年 11 月，徐云刚做了门童。门童往往是那些外国人来饭店认识的第一个中国人，他们常问徐云刚周围有什么好馆子，徐云刚把他们指到饭店隔壁的一家中餐馆。每个月，徐云刚都能给这家餐馆介绍过去两三万元的生意。餐馆的经理看上了徐云刚，请他过来当经理助理，月薪 800 元，而徐云刚在饭店的总收入有 3000 多块，但他仍旧毫不犹豫地选择了这份兼职。他看中的并非 800 元的薪水，而是想给自己一个机会。

为了这份兼职,徐云刚主动要求上夜班。那段时间,徐云刚在饭店上晚班要上到早晨6点,然后找个地方匆匆睡上一觉,餐馆营业时间一到,他就要西装笔挺地站在大堂上。几十号人,男女老少大大小小都归他管,一会儿都不能闲着,一直忙到晚上,他再从墙头爬过去回到王府饭店,换上工作服做门童,见人就哈腰,还要跟在一群群昂头挺胸的人后头,拎着包,颠颠地一路小跑。

这样的生活过了4个月,徐云刚的身体和精神都有些顶不住了。他知道鱼和熊掌不能兼得,他必须做出选择。

徐云刚在父母不解的眼光和叹息中辞职进了隔壁的餐馆,做一月才拿800块工资的经理助理。可事情并没有像当初想象的那么顺利,经理助理只干了5个月,徐云刚就失业了,餐馆的上级主管把餐馆转卖给了别人。

闲在家里,徐云刚不愿听家人的埋怨,经常出门看朋友、同学和老师。一天,他去看幼儿园的一位老师。老师向他诉苦:我们包出去的小饭馆,换了4个老板都赔钱,现在的老板也不想干了。徐云刚眼中一亮,忙不解地问:"怎么会不挣钱?那把它包给我吧。"

徐云刚用1000块钱起家,办起了饺子馆。

来吃饺子的人一天比一天多,最多的时候,一天营业额超过了5000块钱。为了进一步提高工作人员的积极性,徐云刚想出了一招,将每个星期六的营业额全部拿出来,当场分给大家。这样一来,大家每周有薪水,多的时候每月能拿到4000元,热情都很高。一年下来,徐云刚自己挣了10多万元。

徐云刚初获成功,他又寻思着更大的发展。1993年1月,他在火车站开了一家饺子分店。一个客人在上车前对他说:"哥们儿,不瞒您说,好长时间以来,今天在这儿吃的是第一顿饱饭。"当时徐云刚就想,为什么吃海鲜的人,宁愿去吃一顿家家都能做、打小就吃的饺子呢?川式的、粤式的、东北的、淮扬的、中国的、外国的,各种风味的菜都风光过一时,可最后常听人说的却是,真想吃我妈做的什么粥,烙的什么饼。人在小时候的经历会给一生留下深刻印象,吃也不例外。

一有这样的想法,他就着手实施,随即他终于领悟到了自己要开什么样的饭馆了。他要把饺子啦、炸酱面啦、烙饼啦,这些好吃的、别人想吃的东西搁在一家店里,他要开家大一些的饭店。

他以每年10万的租金包下了一个院子,在院里拴了几只鹅,从农村搜罗来了篱笆、井绳、辘轳、风车、风箱之类的东西,还砌了口灶。大杂院餐厅开张营业了。开业后的红火劲儿,是徐云刚始料不及的,徐云刚觉得成功来得太快了。300多平方米的大杂院只有100多个座位,来吃饭的人常常要在门口排队,等着发号,有时发的号有70多个,要等上很长一段时间才有空位子。大杂院不光吸引来了平头百姓,有头有脸的人也慕名而来,武侠小说大师金庸、中国台湾艺人凌峰等都到过大杂院吃饭。

后来,大杂院的红火已可用日进斗金来形容。每天从中午到深夜,客人没有断过,一天的营业流水在10万元以上。3年下来,有人估算,徐云刚挣了1000万。

胸怀大志是一个人发展必备的主观因素。是指引一个人在任何情况下都不会迷失方向的路标。但当你渴望成功时,不要忘记顺时而动。否则,只会空怀大志而无大业可成。

比尔·盖茨的未来之路

1977年初,微软公司的业务迅速扩大,租赁的四个房间已经无法容纳这个公司。他们决定搬家,选阿尔伯克基市双圆中央大楼八楼一套房间为公司新址。

这时,比尔·盖茨在哈佛办理了正式退学手续。他已经再也无法顾及两头,一边主持公司的工作,一边还不时回大学念书。他愈来愈有一种迫切感或者说一种警觉:在校园里多待一天,就会多一份悔恨;在校园里多待一天,就会少一个机会。就是在学校里,他也无时无刻不在为创办公司做知识上的准备。他如饥似渴地阅读营销管理方面的书籍,研究商法。在公司初创的时候,技术负责人、销售员、律师、谈判代表等一切工作,实际上都是他一个人包干。

他彻底告别了哈佛学府,在阿尔伯克基安下心来。

他们当时一共是六个人,面临的任务是进一步改进BASIC语言,使之能适应计算机市场上层出不穷的各种机型。

小伙子们夜以继日地埋头苦干,公司里总是笼罩着一片繁忙景象,有时甚至使人感到有些混乱。这时,他们不得不雇请一名女秘书卢宝来管理杂务。

比尔·盖茨虽然如此年轻,却非同凡响,具有一个杰出人物必备的优秀素质。他记忆力惊人,任何电话号码,他都能够立刻说出。他读书极快,对法律的了解十分深透,这当然与他在哈佛的学习和他父亲的影响有关。一些律师把经过仔细推敲的合同拿给他看的时候,他往往大加修改乃至重写。在同客户谈判时,他的气度与老于此道者毫无二致。他开起车来速度也不慢。

比尔·盖茨没有休息的概念,每周从星期一工作到星期日。他经常接连好几天待在办公室里不出门,夜里就在地板上睡一会儿。比尔·盖茨对吃饭也似乎没有概念,工作或会客时,他都常常忘了吃饭。

但是,不久以后卢宝就发现,美国不少赫赫有名的公司的老板,一个接一个衣冠楚楚地来到这家小公司,会见这个衣着随便的小伙子。他们来之前总要通过电话问卢宝,到了机场如何知道前来迎接的人中谁是比尔·盖茨,卢宝便千篇一律地回答说:“简单极了,如果你看见一个戴眼镜的金发孩子,模样只有十六岁左右,各方面都有点与众不同,那就是他!”比尔·盖茨乘飞机外出时也有点特别,总是在飞机起飞前几分钟才赶到机场,决不提前太多。比尔·盖茨这么做大概出于两个原因:一是他可以节省时间,好在登机前多干一会儿;另一个原因则是心理方面的,他曾说:“我喜欢在事情面临紧要关头时那种全力以赴的感觉。在这种情况下,你往往会有高水平的表现。”

比尔·盖茨的神话始于其那种从肉体和精神中流动出来的工作风格——狂放与忘我,而这一点绝非纸上谈兵、说说笑笑就能够完成的,它必须出自比尔·盖茨踏上未来时速之路的人格力量。

快速、加速、变速是这个信息时代的显著特征。这种特征只有每个敢于奋起直追的人才能真正地理解和把握。

这样做似乎没有必要。但是在那一个阶段,微软公司内部有一种狂热的工作气氛,这种气氛推动着所有的员工拼命工作。在这后面有一个叫作比尔·盖茨的魔头，他不断地催促说："快点！快点！"

微软公司实际上在做一次投机冒险。过去搞项目总是等机器出来，然后各路英雄一道冲杀上去，谁做得好做得快，谁就会成功。在同一条起跑线上，很难说谁就一定得第一。微软公司这一次的方法是抢跑。新的计算机做不出来，就算微软公司瞎眼了，白干了一场。但是，新型计算机做出来了，那谁也别和微软公司争了。微软公司一定是第一。

微软公司的这个决策得到了回报，它又一次挣到了钱。

现在，在阿尔伯克基的一切工作都做完了，微软公司将做一次战略转移。

为了永远记住在阿尔伯克基的日日夜夜，微软公司的各位英豪决定在11月7日这一天照一张集体相。

11月7日。

这一天是俄国革命的成功日，是日本偷袭珍珠港的纪念日。

在经营过程中的阳刚和进取是和自然界的阳刚进取完全相同的。只要妥善地把握和运用自己的力量便是经营决策的第一条，也是人生事业成功的关键。这就是乾卦的原则——阳刚的运行和发展规律。

当你创业初期要隐忍待机，积蓄力量，而不可轻举妄动。在力量不够强大时，要善于借助别人的力量，当事业顺利发展时，要兢兢业业，小心谨慎奋斗不已。到力量比较强大时，要懂得慎重，把握最好时机。

崔玄伯积才得势

前秦时期，苻融在冀州时，对崔玄伯十分敬重，奉为上宾，处处以礼相待，授任他为阳平公侍郎、冀州从事，主管征东记室。在外他总管处理日常事务；入内则是苻融的宾客好友。每日政务繁多，玄伯处理得井井有条，且处事果断，从不拖泥带水。虽战争仍频，兵荒马乱，玄伯仍专心致志刻苦攻读，也不在意家中财产多寡，妻子跟随他不免常遭受饥寒折磨。

魏太祖征讨慕容宝，驻扎在常山，崔玄伯弃城远奔海滨。太祖早就听说玄伯有奇才贤德，爱才心切，马上命人轻骑追赶，请回军中大营，立刻召见。与崔玄伯纵论天下大事，果然满腹经纶，应对如流，心中大喜，任命他为黄门侍郎，伴驾左右，协助处理机要大事，为朝廷制定法令礼俗。

太祖驾临邺地，召玄伯询问旧事，玄伯熟知历史，一一从容应对，有问必答，太祖非常满意。此后，任命玄伯为吏部尚书。大业初创，百业待兴，玄伯受命，督促各有关机构设置官职爵位，制定朝廷礼仪，颁定法令律条，明确各种规章制度，最后交由玄伯审查裁定，一旦确立，就作为今后长久的规范。

此时的玄伯，位权重名望高，可以说是要风得风，要雨得雨。人逢得势，最易忘乎所以，日渐奢侈，为所欲为，以致招致祸灾。但玄伯一向清醒，自律很严，不随同流俗。官越做越大，仍一如既往，洁身自好，俭朴清廉，从无分外之举。玄伯淡泊利禄，自己不经营产业，家徒四壁，清贫如洗。出门不乘车马，朝夕步行上下朝。老母七十高龄，每日也是粗茶淡饭，太祖久有耳闻，曾派人秘密察访，果然不错，因而对他更加器重，优厚赏赐。也有人讥笑玄伯这样清苦未免过分，他听后都泰然处之，

不因别人的议论以至嘲讽而改变初衷，反倒格外小心谨慎，清廉一贯。

太祖驾崩，太宗尚未继位，此时清河王拓跋绍听说朝中人心不稳，觉得有机可乘，使拿出大批钱财布帛馈赏朝臣，收买人心，只有玄伯知道他居心叵测，坚决不肯接受。太宗登朝，因玄伯拒受拓跋绍财物，有忠臣的节操，非常敬重，屈尊登门看望，特别赏赐丝帛二百匹，这令曾接受过拓跋绍馈赠的重臣长孙嵩等人愧疚不已。

身为下属者，刻苦好学，使自己腹有雄才，方能得人赏识；得势之后，谦谨奉身，低眉做人，公正清廉，方能上为领导所信，下为同僚所敬，将人做得圆圆满满，必使人无懈可击。而这就需要在平日里有意识地提高自己的思想、道德修养。

黄兰阶对症"下药"

清政府的官场中历来有靠后台，走后门，求人写推荐信的风气。无论什么人，只要有一封高官的推荐信，就可以如愿以偿地拜官做事了。

军机大臣左宗棠的知己有个儿子名叫黄兰阶，在福建候补知县多年也没有候到实缺。他见别人都有大官写推荐信，想到父亲生前与左宗棠很要好，就跑到北京寻求左宗棠的帮助。可是左宗棠却从来不给人写推荐信，他说："一个人只要有本事，自会有人用他。"一句话就将黄兰阶打发走了。

黄兰阶没有得到帮助，又气又恨，离开左相府，就闲踱到琉璃厂看书画散心。忽然，他见到一个小店老板学写左宗棠字体，十分逼真，心中一动，想出一条妙计。于是他让店主写柄扇子，落了款，得意扬扬地摇回福州。

这天是参见总督的日子，黄兰阶手摇纸扇，径直走到总督堂上，总督见了很奇怪，问："外面很热吗？都立秋了，老兄还拿扇子摇个不停。"

黄兰阶把扇子一晃："不瞒大帅说，外边天气并不太热，只是这柄扇，是我此次进京左宗棠大人亲送的，所以舍不得放手。"

总督吃了一惊，心想：我以为这姓黄的没有后台，所以候补几年也没任命他实缺，不想他却有这么个大的后台。左宗棠天天跟皇上见面，他若恨我，只消在皇上面前说个一句半句，我可就吃不住了，总督要过黄兰阶的扇子仔细察看，确系左宗棠笔迹，一点不差。他将扇子还与黄兰阶，闷闷不乐地回到后堂，找到师爷商议此事，第二天就给黄兰阶挂牌任了知县。

黄兰阶不几年就升到四品道台。总督一次进京，见了左宗棠，讨好地说："宗棠大人故友之子黄兰阶，如今在敝省当了道台了。"

左宗棠笑道："是嘛！那次他来找我，我就对他说：'只要有本事，自有识货人。'老兄就很识人才嘛！"

黄兰阶能够官拜道台，是以左宗棠这个大贵人为背景，让总督这个小一点的贵人给他升了官，实在是棋高一着的鬼点子。

我们暂且撇开清政府官场的腐败和黄兰阶欺世盗名的卑劣做法不谈，单从借力的角度来看，黄兰阶正是看准了清政府官场的特点而想出了求官的对策。真可谓对症"下药"，"药"到"病"除，达到了自己的目的。这里需要指出的是，寻找、依靠贵人并非走歪门邪道，而是要以自己的努力去赢取他人，尤其

关键人物对自己的支持。

在当今社会里,这种靠贵人之力而使自己的事业步步高升的现象同样值得我们借鉴。贵人的引荐和提拔往往是人生、事业发展的极好机遇,能够为自己赢得机会和广阔的舞台,充分地释放自己的才华,做到“怀才有遇”,从而为自己进一步实现人生价值奠定基础。

李经纬借力

1998年夏,正当健力宝公司的事业发展如日中天时,世界体操王子李宁卸甲退役,加盟健力宝集团,这一消息引起了社会的巨大震动。

健力宝公司总经理李经纬与体操王子李宁,一个是优秀企业家,一个是世界体育明星,早就有了交往。在李宁告别体坛之前,李经纬和他曾作过一次深谈,得知了李宁退役后的最大心愿是办体操学校,培育体操人才。而办学要钱,必须要靠实业才能实现这个理想。这使李经纬想起外国一个著名足球运动员退役后开办运动鞋厂的故事,李宁不也可以这样做吗?同时他深知,如果李宁的名字与健力宝联在一起,会给健力宝公司带来不可估量的精神效应和物质效应。

李经纬由此萌发了邀请李宁加盟健力宝创办李宁运动服装厂的念头。李宁也愉快地接受了健力宝的邀请,担任总经理特别助理,筹建李宁牌运动服装厂。随着亚运会的召开,李宁运动服也一炮打响。

1990年北京亚运会,“健力宝”在全国各企业中捐款名列第一。1992年,中国体育代表团出征巴塞罗那,“健力宝”是唯一的国内赞助单位。这一切都少不了李宁的作用力。健力宝集团看准了李宁身上所蕴含的巨大的商业价值,在他实业办学的同时宣传了自己的产品和企业,借李宁的力量树立了自己的形象,为自己的产品找到了靠山。

中国有句俗话,“一个人浑身是铁能捻几根钉?”诚然,凡事总想凭一己之力是很难成事的。很多人不是没有能力,不是不能吃苦,但最后仍然沦于平庸,回过头来总结一下,很大程度上是犯了“单打独斗”这一人生大忌。只有善于借用和依靠他人的力量,做事情才会事半功倍,才是人生舞台上的智者和强者。

人的一生不能没有“贵人”的相助。在努力上进的同时,获得贵人的帮助,不但能让自己早日迈向成功,更能让自己以一种积极的态度面对生活,也让自己的生命变得更加充实。当然还要在平日里,有意识地提高自己的道德修养和才能。才华外露被“贵人”看见和赏识的机会就会大大增加,是金子总会发光的。

吴越争霸

公元前494年,吴、越大战于五湖夫椒,越王勾践兵败会稽,濒于亡国。

伍子胥深谋远虑,主张一举灭越。但沽名钓誉的吴王夫差,利令智昏,骄傲轻敌,一心北进中原,争当盟主,听不进伍子胥不合己意的言论,又加上吴国小人太宰伯嚭的“今已服矣,又何求焉”的姑息之论,昏聩的夫差却亲嚭疏伍,近佞远贤(后来竟杀了伍子胥),非但未乘胜灭越扩大战果,反放勾践返国,使越国有了休养生

息、东山再起的良机。

吴王夫差的骄纵，为其灭亡埋下了祸根。从公元前494年越国战败濒亡，到公元前473年吴国由盛而衰以至灭亡，才短短二十余年。

吴越两国的兴衰消长、胜负之数、存亡之理，竟如斗转星移，天翻地覆。这个历史教训，令人深思。

商汤慧眼识贵人

伊尹是商汤的开国大臣，他帮助商汤打败暴君夏桀，为建立商朝立下汗马功劳。他原名叫阿衡，是有莘氏家的奴隶，虽然思谋精奇，才学宏深，却不为人知。

商汤像

有莘氏把女儿嫁给商汤时，阿衡作为陪嫁的奴隶到了商汤府中做厨子。一次上菜时，商汤偶然问起他有关烹调的事。阿衡恭恭敬敬，不卑不亢地谈起烹调的道理技艺。商汤见一个厨子把烹调之事讲得绘声绘色、有条有理，就没有打断他。

阿衡循循以进，口锋一转，不知不觉把话题滑向治理国家的道理，商汤越听越奇。到阿衡讲到王道与霸道同文火与爆炒的异同时，商汤肃然而起，喟然长叹：治理国家的人才，我却让他烧菜做饭！毅然决定把国家政事交给阿衡（伊尹）管理。

商汤死后，伊尹又辅佐帝外丙、帝太壬、帝太甲。太甲是商汤的孙子，当了三年皇帝后，开始胡作非为，乱成汤德政，失民心于天下。伊尹就把太甲放逐到桐宫悔过，自己行摄王政，让成汤德政重布于天下。

三年后，太甲悔过自新，向天下承认自己的错，伊尹又把政权还给太甲。太甲死后，伊尹又立其子沃丁为帝。这样，伊尹就成为成汤的五朝老臣。

伊尹如托孤老臣，忠心耿耿佐成汤治理天下。有这样的人才，国家何愁不富强，帝王何愁不成明君呢？现在摆在我们面前的问题是，如何去发现这种“贵人”？事实上，许多有能力的人确实就在我们身边，是从最瞧不起的打杂人堆里走出来的，问题是我们是否具有发现他们的眼力。

孙叔敖才学引来伯乐相马

孙叔敖是楚国忠臣司马贾的儿子,父亲被奸党杀害后,为躲避灾祸便侍奉母亲逃回家乡种田度日。

他自幼有胆有识,年纪稍大便奋发读书,研究文韬武略,为人所称道。当时楚国大臣虞邱正奉楚庄王之命四处查访,选贤任能,虞邱便将孙叔敖引荐给楚庄王。

庄王为了验证孙叔敖的才学,就向他请教治国之道,孙叔敖从容作答。君臣畅谈一天,越谈兴致越高。楚庄王兴奋地说:“论见识和韬略,朝廷大臣无人能与你匹敌!”说完,马上要拜孙叔敖为令尹。

孙叔敖推辞说:“我出身于田野农舍,骤然执掌令尹大权,怎么让众人信服呢?大王若有意用我,就把我排在众臣之后吧。”楚庄王却坚信自己的眼力:“我已经知道了你有这份才能,请不必推辞了!”孙叔敖见庄王如此信赖自己,感动得热泪盈眶,只好挑起了令尹的重担。

孙叔敖任职以后,大刀阔斧地改革制度,开垦荒地,挖掘渠道,发展生产。为了从根本上消除旱涝灾情,他组织和动员几十万百姓,兴建了楚国最大的水利工程——芍陂(今安徽省寿县南),使百万亩农田得到了灌溉。他还协助楚庄王训练军队,整修武备。终于楚庄王在公元前597年打败了晋国,成为中原霸主。

当初,楚国的大夫们对出身微贱的孙叔敖担任令尹很不放心。后来看到他办事井井有条,待人谦虚诚恳,无不佩服,称他是“子文再生”(子文是楚成王令尹,以贤能著称)。

孙叔敖凭借自己的一身才学,得到了接近贵人的机会,并得到了贵人的重用,为自己找到了个坚实的靠山。

由此看来,才华与能力是接近靠山的名片,只有具备了真才实学,才能在茫茫的人海中为自己找到可以依靠的贵人,成就自己的抱负。南郭先生滥竽充数的故事想必大家都听说过,他不学无术,虽然侥幸得到了贵人的引荐,成了一名宫廷乐师,却经不住真刀实枪的现场考验,最终只能灰溜溜地逃走了。纵观历史,那些深得帝王信任和重用的人,无一例不是才华横溢、能力杰出之辈。

李鸿章从失意客到座上宾

李鸿章早年屡试不第,“书剑飘零旧酒徒”,他一度郁闷失意。然而1859年他却受到了命运之神的眷顾,从一个潦倒失意客一跃而成为湘系首脑曾国藩的幕宾。从此,他的宦海生涯翻开了新的一页。

李鸿章拜访曾国藩,牵线搭桥的是其兄李瀚章。李瀚章是曾国藩的心腹,当时随曾国藩在安徽围剿太平军。有了这层关系,曾国藩把李鸿章留在幕府,“初掌书记,继司批稿奏稿”。李鸿章素有才气,善于握管行文,批阅公文、起草书牍、奏折甚为得体,深受曾的赏识。

有一次,曾国藩想要弹劾安徽巡抚翁同书,因为他在处理江北练首苗沛霖事件中决定不当,后来定远失守时又弃城逃跑,未尽封疆大吏守土之责。曾国藩愤而弹

劾，指示一个幕僚拟稿，总是拟不好，亲自拟稿也还是拟不妥当，觉得无法说服皇帝。因为翁同书的父亲翁心存是皇帝的老师，弟弟是状元翁同龢。翁氏一家在皇帝面前正是“圣眷”正隆的时候，而且翁门弟子布满朝野。怎样措辞才能让皇帝下决心破除情面、依法严办，又能使朝中大臣无法利用皇帝对翁氏的好感来说情呢？

曾国藩大费踌躇，最后决定这个稿子由李鸿章来拟。奏稿写完后，文义极其周密，而且有一段刚正的警句说：“臣职分在，例应纠参，不敢因翁同书之门第鼎盛，瞻顾迁就。”这一写，不但皇帝无法徇情，朝中大臣也无法袒护了。曾国藩不禁击节赞赏，就此入奏，朝廷将翁同书革职，发配新疆。

通过这件事，曾国藩更觉李鸿章此才可用。

一个人要想成大事，固然要靠实干，但有人一辈子实干也未必成功。这大约是缺少贵人相助。贵人可能是身居高位的人，也许是令掌权人物崇敬的人。这样的人经验、专长、知识、技能等在那个圈子里名头响，说话管用。让贵人扶上一把，有时可以省很多力。

艾布杜巧思妙用攀龙附凤

有位名叫艾布杜的阿拉伯人，本来穷困潦倒，身无分文，就是使用了攀龙附凤的手段，广求于天下，不但求来许多名人做朋友，还为自己求来了百万家财。

艾布杜到底是怎么做的呢？原来艾布杜先在他的签名簿里贴上许多世界名人的照片，再模仿名人的亲笔字签写在照片底下。艾布杜便带着这几本签名簿浪迹环宇，登门造访工商巨子和喜好名利的富翁。

“我是因仰慕您而千里迢迢从沙漠地阿拉伯前来拜访您的，请您贴一张玉照在这本《世界名人录》上，再请您签上大名，我们会加上简介，等它出版后，我会立即寄赠一册……”

被他拜访的富豪，一看到其中的照片和签名都是当代世界的名人时，会有什么反应呢？人都是好名的，尤其是有钱人更爱虚名。因此，多数的人都心甘情愿地签下大名，并提供照片。又由于这些人有的是钱，又喜欢摆阔，一想到能跟世界名人排名在一起便感到无限风光，这样一来，他们就会毫不吝惜地付给艾布杜一笔为数可观的金钱。

每本签名簿的出版成本不过是一两美元，而富人所给的报酬却往往超过上千元美金。艾布杜整整花了6年的时间，旅行96个国家，提供给他照片与签名的共有2万多人。给他的酬劳最多的2万美元，最少的也有50美元，总计收入大约500万美元。

在办事儿时，我们可以巧妙地利用人的攀龙附凤之心。当你身边实在没有合适的说客帮忙时，也可以从名人中拉一位，借用一下他的地位和声望充当你与被求者沟通的媒介。

攀龙附凤之心大部分世人都有，谁不希望有个声名显赫的朋友？一个明星，或者随便什么大人物？如果能跻身于他们的行列，自己也便沾上了荣耀，在别人眼里也就身价大增了。这里需要指出的是，寻找靠山、依靠贵人并非走歪门邪道，而是要以自己的努力去赢取他人，尤其关键人物对自己的支持。

一个人在努力上进的同时又能获得贵人的帮助，不但能早日迈向成功，更能让生命变得充实。通常贵人不会主动找上门来，既要善于抓机遇，又要广结善缘，多方营造关系，这样在人生关键时刻才会有贵人相助。

有人曾在很多公司中做过统计，发现90%的中高层领导有被贵人提拔的经历；80%的总经理要得贵人赏识才能坐上宝座；自行创业成功的老板100%受恩于贵人。职场中人的贵人也许就是此人的师傅、教练、顶头上司。不论在什么行业，把年轻人“扶上马再送一程”向来是传统，这种情况在体育界、演艺界、政界更是如此。没有背景来头，没有靠山撑腰，不是名门之后，凭自己崭露头角，谁认识你是谁啊？

当然自身的修养和才能必须过硬，能够赢得他人的肯定和赏识，让人愿意帮你。一个人一无所长是很难得到贵人赏识的，即使侥幸获得高位，也肯定有一堆人等着看笑话。贵人也会比较谨慎，选择一个“扶不起的阿斗”，那不明摆着往自己脸上抹黑吗？相马相出一个劣马，那可是天大的讽刺。

所以，做人刻苦好学、腹有雄才方能得人赏识；得势之后谦谨奉身、低眉做人，方能为领导所信，为同僚所敬。这就需要在平日里有意识地提高自己的思想、道德修养和才学。

冯道讲故事警示明宗

五代十国时期是中国历史上最为混乱的时期之一，王朝更替极为频繁。就在这动乱的年代里却出了一个官场不倒翁，这就是冯道。

很多人不屑冯道的为人，认为他见风转舵，没有人格尊严。其实，客观地说，冯道还是为民、为社会做了不少好事的：他长期作为一个中央的高级官员，至少在某种程度上保持了一些政策的延续性，这种延续性在动乱的年代显得更为可贵。另外，从一些细节也可以看出冯道的一些优良品质。

一天，后唐明宗问臣下年景怎么样，臣下们出于奉承心理，大多说了些粉饰太平的话，但冯道却给明宗讲了一个故事。

冯道说：“我当年在晋王府的时候，奉命到河北中山一带公干，途中要路过井陉。我早就听说过井陉是个很难走的地方，人马到了那里，经常发生被绊倒摔伤的事，我就十分小心平安地走过了井陉。没想到过了井陉，到了平地，我却被从马上摔了下来，差点摔死，我这才明白要处处小心，时时提防。我的事虽小却可以用来比喻大的事情，望陛下不要以为五谷丰登、河清海晏就可以高枕无忧了。要兢兢业业，不要放纵享乐，这是我们臣下所希望的呀！”

冯道的话不仅对明宗有警示作用，对我们也起着相同的作用。很多在大风大浪中挺过来的人，却往往在阴沟里翻了船，要是他们能够听取冯道的劝解，那么，这样的低级失误就完全可以避免了。

富兰克林每晚自我反省

美国前总统富兰克林每晚都自我反省。他说自己犯过十三项严重的错误，其中三项是：浪费时间、关心琐事及与人争论。睿智的富兰克林知道，不改正这些缺

点,是成不了大业的。所以,他一周订一个要改进的缺点做目标,并每天记录赢的是哪一边。下一周,他再努力改进另一个坏习惯,他一直与自己的缺点奋战,整整持续了两年。难怪富兰克林会成为受人爱戴、极具影响力的人物。

一个著名企业家的档案柜中有一个私人档案夹,标示着"我所做过的蠢事",夹中插着一些他做过的傻事的文字记录。他有时口述给他的秘书做记录,但有时这些事是非常私人的,而且愚蠢之极,没有脸面请他的秘书做记录,因此只好自己写下来。

每次这位企业家拿出那个"愚事录"的档案,重看一遍他对自己的批评,可以帮助他处理最难处理的问题——管理他自己。

企业家讲述他避免犯错误的秘诀时说:"几年来我一直有个记事本,登记一天中有哪些约会。家人从不指望我周末晚上会在家,因为他们知道,我常把周末晚上留作自我省察,评估我在这一周中的工作表现。晚餐后,我独自一人打开记事本,回顾一周来所有的面谈、讨论及会议过程。我自问:'我当时做错了什么'?'有什么是正确的?我还能干什么来改进自己的工作表现'?'我能从这次经验中吸取什么教训'?这种每周检讨有时弄得我很不开心,有时我几乎不敢相信自己的莽撞。当然,年事渐长,这种情况倒是越来越少,我一直保持这种自我分析的习惯,它对我的帮助非常大。"

一个人如果失去反省的能力,他就看不见自己的问题,更不能自救。假如一个人自己不常常反省或管理自己,便很容易把责任推给别人,犯上自以为是的错误。

反省让我们更清醒地认识自己。在安静的心灵状态下,我们可以看清事情,包括我们自己对问题应负的责任、做事情的新方法,以及我们挡住自己的方式。反省让我们察觉到自己所设下的限制,以及我们思考中的某些盲点。

身处嘈杂浮躁的世界里,往往会被许多表面现象所迷惑。你必须时刻保持清醒的头脑,静下心来不断反省和总结,从而不断地进步。一个人如果经常努力不断改变和完善自我,那么,收获的果实将更加甜美坚实。

清代易学家王心敬在其所撰易学著作《丰川易说》中,曾总结过《易经》的宗旨:"《易》之为道,总是忧勤惕厉之道;《易》之为学,总是忧勤惕厉之学。其人之为圣、为贤,亦不必一格,总之在忧勤惕厉之中而已。"所谓"忧勤惕厉",意思是要人们常怀忧患意识而心存戒惧。

《易经》是圣人在一种忧患的心境与精神的促动下写出来的,它展示着圣人对社会人生那理性、真挚而长远的关怀,凸显着它对人生的理性思考:人应当一生都刚健勤勉、奋发向上于外,而又敬畏忧患于内。刚健勤勉使人进取、追求,进取、追求会得到成功,心存戒惧就不会沉迷于成功的鲜花,这样才能有机会刚健勤勉地去奋斗。

人应该在刚健勤勉的同时,时时怀着一种如同身临险境或即将面临困难的大敬畏意识。这种大敬畏、大忧患的意识,使人在成功的时候清醒地看到还有很长的路要走,还有很多困难需要克服,成功的今天仅仅代表着今天,明天又必须继续前进;它也使人在失败的时候不会就地躺倒,一蹶不振,而是通过积极地反思自身行为及处事方法努力寻求解决之道。

邓通不知收敛遭厄运

《史记·佞幸列传》里记载一个叫邓通的人，他是汉文帝的宠臣，因为一个偶然的机会，深得汉文帝喜爱，从此命运发生了改变。文帝多次大量赏赐他钱财，还授予他上大夫的官职。

其实，邓通只是一个水手出身，并没有什么实际的才能。他的长处，不过是自己处事谨慎，对皇帝唯唯诺诺，既不能出谋划策，也不能推荐贤士，只是一味对文帝谄媚而已。

文帝还赐给邓通一座铜山，允许他自己铸钱。从此，邓通靠着铸钱发了大财，他铸造的铜钱遍布天下，人人都知道有“邓氏钱”。当时，他号称“产匹铜山，家藏金穴”，可见其在经济上的实力之大。

有一天，文帝背上生了一个疮，脓血流个不停。早已是文帝身边红人的邓通觉得这更是一个表现自己忠心的机会，如果表现得好，不但能够得到更多的赏赐，也许文帝心情好，还会封自己做王公。打定了这个主意，邓通便天天进宫去，用嘴巴替文帝吮吸脓血。

一天，文帝突然问邓通：“天下谁最爱我啊？”邓通恭顺地回答：“当然是太子了。”太子刘启来看望文帝的病情，文帝要他吮脓血。太子见疮口脓血模糊，腥臭难闻，禁不住一阵恶心，但又不敢违抗，只得硬着头皮吮吸，可是脸色很难看。后来，他听说邓通常为文帝吮吸脓血，这是做亲生儿子都无法做到的，便感到很惭愧。可是太子觉得邓通这样做未免有矫情的成分，也有邀功的嫌疑。更重要的是，邓通这样做，让身为太子的他非常难办，也因此而嫉恨邓通。

文帝死后，太子刘启即位，是为汉景帝。汉景帝对当年的事情耿耿于怀，便找了一个机会免去了邓通的官职。皇位易主，新主子不喜欢他，按道理说他应该警醒，收敛自己的言行。可是邓通为了冲淡自己在权力场上的失意情绪，竟然铤而走险，采取了牟取暴利的手段，大做钱币投机的买卖。他以为这样能够让自己富可敌国，纵然不能再做高官，也算是在财力上达到帝王的程度了。

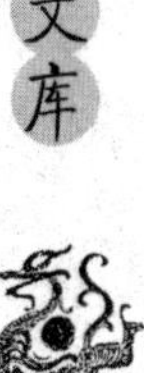

不久，邓通偷盗境外的铸钱牟取暴利的事情被人告发。景帝听到了这个消息，便借题发挥，派人调查后证实确有此事，于是便把邓通家的钱财全部没收。邓通最后穷困而死。

像邓通这样的人贪婪招祸最终倒台，那是咎由自取。古往今来，有很多人显赫一时，爬上权力或财富的顶峰，可就是收场收得不好，从顶峰跌了下来，给人生画上一个不完美的句号。

像周亚夫、檀道济这样的国家柱石，像王安石、张居正这样的改革中坚，最后的命运也不好，都没能善始善终。这是为什么呢？也许是因为中国古代是个人治的社会，一切全凭皇帝一个人的好恶，群臣都像在他眼皮底下走钢丝，风险太大，说不定什么时候就丢了帽子，丢了性命。还有没有别的出路呢？有。要像范蠡那样急流勇退，退出政治舞台。

毛泽东不主张当状元

1942 年 7 月，毛泽东在与客人的一次谈话中论及《易》的哲理。

毛泽东问："你学过《易》吗？"

客人答："学过，能背诵，但理解不深。"

"你会唱秦腔吗？"

"爱唱，唱不好。"

"考考你，你们秦腔的皇帝出场白，常常把他的登场说成是九五之位，这是什么意思？"

"那是根据《易》的阳刚则衰、阴极则损的忌讳之习。"

"说得对，其理何在？"

"阳刚为十，减一则九，阴极为六，减一则五，满招损，谦受益，阳极则衰，阴极则损。《孙子兵法》上说：'求万全者无一全，骄兵必败，哀兵必胜'。都是依据这一阴阳之道来发挥的。"

"对了。100 分给你减 5 分，算个 95 分的九五翰林。"毛泽东说。然后他又说道："极则必反，不要当状元，历史上的状元，许多当驸马，养尊处优，埋没人才，很少在事业上有所成就。"

客人在回答过程中非常谦虚，因为他深知"亢龙有悔"的道理。俗话说："人无千日好，花无百日红。"人的一生不可能总是春风得意，人生最风光、最美妙的际遇总是最短暂的，锦上添花固然精彩，适可而止却最明智。

刘备后园种菜

《三国演义》中有一段刘备与曹操"青梅煮酒论英雄"的故事，这是刘备使用韬晦之策而显示人生智慧的突出例证。

那时刘备被吕布击败，不得已投奔曹操。曹操"挟天子以令诸侯"，掌握朝廷的生杀大权，汉献帝实际上是傀儡。于是刘备常在自己住处的后园中种菜，以示"胸无大志"，甚至将他的结义兄弟关羽和张飞都瞒住了，关、张二人曾说："兄不留心天下大事，而学小人之事，何也？"

其实刘备用的是"潜龙，勿用"之计，以此来提防曹操看破而加以谋害。在曹操面前，刘备竭力装出无所事事的样子，每天在菜园中浇水种菜，锄地松土。因为刘备知道曹操是一世奸雄，不能容忍能与他竞争的英雄存在，只有表现出胸无大志的样子，才会不引起曹操的注意，以便积蓄力量，创建霸业。

曹操何等精明？他想刘备这样志向远大的英雄突然种起菜来了，一定有什么原因。于是派许褚、张辽引数十人入园中将刘备请至丞相府，"盘置青梅，一樽煮酒，二人对坐，开怀畅饮"，演出一段脍炙人口的历史戏剧。

当时，曹操几乎明知故问，要刘备承认自己本怀英雄之志。刘备则故意拉扯旁人，先抬出最让人看不起的袁术，曹操斥之为冢中枯骨。刘备又举出袁绍、刘表、孙策、刘璋等人，唯独不提参加了董承为首的讨曹联盟的马腾和他自己。

曹操自然不满意，干脆直言相告："今天下英雄，唯使君与操耳！"刘备所担心的是讨曹联盟之事暴露，听到曹操称自己为"英雄"，以为事情已经暴露，手中匙勺也掉在地上。为避免曹操进一步怀疑自己，只好推说是害怕雷声所致。

果然不出所料，曹操想，这样一个连雷声都害怕的人，也许根本不是什么"英雄"，反而将戒备的疑心放下。为后来刘备借讨伐袁术为名领兵出发，"撞破铁笼逃虎豹，顿开金锁走蛟龙"，奠定了成就大业的基础。

韬晦之策是精明人假装糊涂的一种策略，正确使用韬晦之策，实在是把握中国古代人生智慧的重要内容之一。在自己力量尚无法达到自己追求的目标时，为防止别人干扰、阻挠、破坏自己的行动计划，故意制造假象，虽然在表面上有许多退却忍让，却更显示人的韧性与忍辱负重的内在力量。由于极大的隐蔽性而具有极强的实效性，它往往攻其不备而出奇制胜，取得事半功倍的结果。

我们做人，要使自己立于不败之地，就要适应外界的变化，灵活地掩藏自己，观察时机，关键时刻再出手以赢得胜利。有时的退是为了进，有时的守是为了攻，有时的抱头藏尾，是为了适时勃发。人生处世，就要通权达变，因时进退，而不能固执迂腐，盲目进取。静水深流，藏锋剑锷，含而不露乃是全身避祸之妙诀。

智慧之人都善于将自己的行动建立在切实可行的客观条件基础上，当条件不具备、时机不成熟的时候，就耐心等待机会的到来。忍耐既是一种本领，也是一种修炼。古今中外，大凡成大事者，都善于忍耐，在忍耐中生长壮大，在忍耐中寻求机会。

没有积聚足够强大的势力，就不要贸然行事，要知道水不够深大船就不能行。我们应该有意识地去培养这种隐忍处世的意志力。为了获得健美的体格，我们要不停地进行体能训练；同样，为了获得并拥有更加成功的人生，我们必须做到谨慎做人、隐忍处世。

时机不成熟，不可强出头。"强"在这里有两个意思。第一个意思是"勉强"，自己的能力还不够就勉强去做某些事。固然勉强去做也有可能获得意外的成功，但这种可能性不高，通常的结果是：做失败了，折损了自己的壮志，也惹来一些嘲笑。在别人的眼中，你的失败却是"能力不足""自不量力"。第二个意思是"强力"，自己虽然有足够的能力，可是客观环境却还未成熟时去做事也不好。大环境的条件如果不合，以本身的能力强力而行，会多花很多力气；周围人对你支持的程度不够，想强力做事，必会遭到别人的打压排挤，也会伤害到别人，种下仇恨的种子，冤冤相报，没完没了。

所以，当客观环境对你不利，当你处于弱势时，就很难有施展自己的空间，仿佛困兽一般。在这种情形下你必须忍耐。有些人碰到这种情形，常常任凭自己的性情，顺着自己的情绪行事，如被人羞辱了，干脆就和他们干一架；被老板骂了，干脆就拍他桌子，丢他东西，然后自动走路！不敢说这么做就会毁了人的一生，因为人生的事很难说，有时甚至会"因祸得福""弄巧成拙"！但没有忍性，绝对会给你的事业造成负面的影响。

事实上不能忍的人"因祸得福"者并不多，大部分人都不甚如意，总是到了中年才会感叹地说："那时真是年轻气盛啊！"这里倒不是说不能忍的人命运不好，而是不能忍的人走到哪里都不能忍，不能忍气、忍苦、忍怨、忍骂。而总是要发作、要

逃避、要抗拒，可人性丛林中哪儿都有欺人之兽呀！所以常常形势还没好转他就垮了。

颜回从无二过

鲁国公问颜回："我听到你的老师孔子说，同类的错误你绝不犯第二回。这是真的吗？"

颜回说："这是我一生都在努力做到的。"

鲁国公又问："这是很难的事情啊。你是怎样做到的呢？"

颜回说："要想做到这一点并不难。我经常反省自己，看看自己哪些是对的，哪些是错的；做对的要坚持下去，做错的要引以为戒。这样坚持久了，就能够做到无二过。"

鲁国公赞叹地说："经常反思，从无二过，这可以说是圣人了。"

从来不犯错误的人是没有的，从来不犯过去曾犯过的错误的人也是不多见的。我们暂且不论人是不是犯过曾犯过的错误，颜回这种经常反思的精神是十分可贵的。

一个人应时时反省，检讨自己，惕厉自己，做到这些就会"虽有危而无咎矣。"其实，在每一个人的内心深处，多少都隐藏了一些不易察觉的弱点，这种内在的弱点常常会驱使一个人做出危及自己的行为。

譬如，生活漫无目标，整日无所事事，只会嫉妒别人的成就，自怨自艾为什么好运永远不会落在自己的头上；嗜酒如命、沉湎于药物、贪财成性、饮食不知节制、消费成癖、纵情声色等等，这些都是自身的弱点。如果我们对自己的缺点浑然不觉或者不知反省，结果就会把自己一步一步推向灾祸的境地。

"忧勤惕厉"是进取与反思的统一，是君子的护身之宝、立业之道。

企业家的蠢事档案夹

一个著名企业家的档案柜中有一个私人档案夹，标示着"我所做过的蠢事"，夹中插着一些他做过的傻事的文字记录。他有时口述给他的秘书做记录，但有时这些事是非常私人的，而且愚蠢之极，没有脸面请他的秘书做记录，因此只好自己写下来。

每次这位企业家拿出那个"愚事录"的档案，重看一遍他对自己的批评，可以帮助他处理最难处理的问题——管理他自己。

企业家讲述他避免犯错误的秘诀时说："几年来我一直有个记事本，登记一天中有哪些约会。家人从不指望我周末晚上会在家，因为他们知道，我常把周末晚上留作自我省察，评估我在这一周中的工作表现。晚餐后，我独自一人打开记事本，回顾一周来所有的面谈、讨论及会议过程。我自问：'我当时做错了什么'？'有什么是正确的？我还能干什么来改进自己的工作表现'？'我能从这次经验中吸取什么教训'？这种每周检讨有时弄得我很不开心，有时我几乎不敢相信自己的莽撞。当然，年事渐长，这种情况倒是越来越少，我一直保持这种自我分析的习惯，它对我的帮助非常大。”

一个人如果失去反省的能力,他就看不见自己的问题,更不能自救。假如一个人自己不常常反省或管理自己,便很容易把责任推给别人,犯上自以为是的错误。

反省让我们更清醒地认识自己。在安静的心灵状态下,我们可以看清事情,包括我们自己对问题应负的责任、做事情的新方法,以及我们挡住自己的方式。反省让我们察觉到自己所设下的限制,以及我们思考中的某些盲点。

总之,反省是最未被善用却最强而有力的制胜工具,反省让答案在你的眼前显现出来,通常你只要做一点努力,甚至完全不必费力。一个人如果经常努力不断改变和完善自我,那么,收获的果实将更加甜美坚实。

人应该在刚健勤勉的同时,时时怀着一种如同身临险境或即将面临困难的大敬畏意识。这种大敬畏、大忧患的意识,使人在成功的时候清醒地看到还有很长的路要走,还有很多困难需要克服,成功的今天仅仅代表着今天,明天又必须继续前进;它也使人在失败的时候不会就地躺倒,一蹶不振,而是通过积极地反思自身行为及处事方法努力寻求解决之道。

岳飞精忠报国

《乾卦》阐释了宇宙创始万物,大自然的法则至大、至刚、至中、至正,具备创始、亨通、祥和、坚贞的伟大功能,周而复始,无穷无尽,它是人类至高无上的行为典范。象辞中说“天行健,君子以自强不息”,这一句饱含哲理的箴言奠定了中华民族世代繁衍不息的牢固思想根基。在中华民族的历史上,自强不息、奋斗不止的例子层出不穷,不胜枚举。从古至今,这种刚健的自强不息的精神就被数不清的仁人志士反复实践过,使我们中华民族虽饱经患难却仍然屹立于世界民族之林,成为世界上唯一一个文明延续了五千年仍然生机勃勃的大国,这是值得我们每一个中国人引以为自豪的。民族英雄岳飞就是这种自强不息精神的实践者之一。

怒发冲冠,凭栏处、潇潇雨歇。
抬望眼、仰天长啸,壮怀激烈。
三十功名尘与土,八千里路云和月。
莫等闲白了少年头,空悲切。

靖康耻,犹未雪。
臣子恨,何时灭?
驾长车踏破贺兰山缺。
壮志饥餐胡虏肉,笑谈渴饮匈奴血。
待从头收拾旧山河,朝天阙。

这阕慷慨悲壮的《满江红》,正是出自这位顶天立地的血性男儿笔下。

岳飞,字鹏举,北宋崇宁二年二月十五日(公元1103年3月24日)生于相州汤阴县永和乡(今河南省汤阴县程岗村)。岳飞从小爱读《左氏春秋》《孙吴兵法》,天资聪悟,并立下了驰骋疆场、报效国家的宏图大志。政和三年(公元1113年),11岁的岳飞随武师陈广学武艺,成为一县无敌的武艺高手。当时的北宋王朝处于多

事之秋，内有盗寇横行，外有金兵进犯，这也为岳飞提供了决战疆场的广阔天地。

宣和三年（公元1121年），岳飞一边研读兵法，一边拜周同为师学射箭，练就了能挽弓300斤，左右开弓、箭无虚发的本领。第二年，岳飞首次从军入伍，带兵首战告捷，活捉贼首陶俊、贾进和，表现了非凡的军事指挥才能，因功补承信郎。正当岳飞“欲伸大义于天下”时，也就是这年年底，岳飞的父亲岳和病故，岳飞不得不解甲回乡，扶灵守孝。这期间，岳飞博览群书，深谙了历来兵家的治军要领，为日后统帅三军打下了坚实基础。

宣和六年（公元1124年），岳飞守孝期满，第二次从军，参加了保卫太原的战斗。靖康元年（公元1126年），岳飞因功被提为偏校，进义副尉。后因丢失“诰身”（任命文书）离开部队，此时，正值金兵入侵中原之际，其母姚氏再次送子参军，并在岳飞背上刺下“精忠报国”四字，这也成为岳飞恪守终身的信条。

同年十月，岳飞第三次从军到相州兵马大元帅赵构军中，带兵奇袭游寇获胜，一举招降了380名游寇，得到了赵构的赏识，补承信郎，接着在侍御林大败金兵，杀金军枭将，功勋卓著，升任保义郎。岳飞并不居功自傲，在滑州杀败金兵再立战功，继任秉义郎。

靖康二年（公元1127年），岳飞能征善战已经是举国皆知，于是被转入抗金力量最大的宗泽部，岳飞不负重任，在开德曹州（今山东菏泽）大破金兵，因功转武翼郎。同年七月，岳飞向皇帝上了一道奏章《南京上皇帝书》，主张驱除外侮，北上抗金。这一道奏章得罪了主张南逃的黄潜善、汪伯彦，岳飞被罢官离军。在回家的路上，碰上了河北招抚使张所招兵，立志报国的岳飞并不气馁，第四次从军，张所早就倾慕岳飞的军事才干，提拔岳飞为“准备将”。岳飞在参加收复新乡的战斗中，活捉金军千户阿里索，进战太行山，击垮了金军万户王索的反扑，致使金兵闻风丧胆，岳飞也因战功突出转武功郎。

建炎二年（公元1128年）春，岳飞离开新乡转入开封宗泽部，带兵汜水关、竹芦渡等地，接连克敌取胜，宗泽很器重岳飞灵活妙用兵书阵法的高超指挥艺术，提拔岳飞为统制官。但宗泽死后，接任宗泽的杜充治军无能，部下王善举兵数万叛乱，他无能平定，岳飞仅以2000兵力，平叛军于南熏门，转升武经大夫。后杜充假借勤王，率部进驻建康（今南京市）。第二年十一月杜充卖主求荣，带领3000亲兵北降金兵。逆臣贼子的所作所为丝毫没有动摇岳飞精忠报国的信念，为了保存抗金实力，遂带领余部进驻茅山（今江苏句容），在广德取得六战六捷的战绩，升任御使下都统制。

建炎四年（公元1130年）春，岳飞率部向宜兴移营，平定了太湖流寇郭吉、戚方，接着在常州阻击金军，活捉万户一人，取得四战四捷之战功，把宜兴人民从金兵的铁蹄和暴政下解放出来，宜兴的百姓为了感激岳飞的恩德，为他建了生祠祭祀。百姓的厚爱更加坚定了岳飞的报国雄心，事隔不久，清水亭一仗，岳飞杀得金兵横尸15里，斩获金军将首175颗，在建康南面的牛头山设下伏兵痛击金兵，斩首3000余，生俘300余，接着于当年六月收复了建康，并北渡长江，收复了泰州高邮等大片失地，岳家军从此威名大震，从苦难中解脱出来的百姓为了感恩岳飞，又在靖江为他建了生祠祭祀。一时间，金兵元气大伤，“移山易，撼岳家军难”的话传遍了金兵大营。自此，北宋内忧外患的局面缓解了，宋高宗对岳飞刮目相看，亲授岳飞武功大夫、忠州防御使，岳飞一跃成为南宋高级将领。

绍兴元年(公元1131年),岳飞与张俊会师进军洪州(今江西南昌),岳飞在九江战败马进,俘敌8000,因功提升为神武右军都统制。第二年,岳飞奉命到湖南桂岑平定了游寇曹成军,因功迁中卫大夫、武安军承宣使,镇守江州。绍兴三年(公元1133年)春,岳飞奉命到江西虔吉(今赣县、吉安县)平定了盗寇彭友,四处征战。岳家军不断壮大,这时岳家军已达18000人,分守在江州、虔州和广州三处。同年九月九日,高宗在临安召见岳飞父子,并赐"精忠岳飞"锦旗,授镇南军承宣使、江西沿江制置使、江南蕲州制置使、江州制置使司等官职,岳飞在江州写下了震烁千古的《满江红》词,抒发了奋发自强、壮心不已的报国情怀。

绍兴四年(公元1134年)五月,岳飞被任命为镇南军承宣使,率军北伐,两个多月时间,收复了金兵长期盘踞的郢州(今钟祥市)、隋州(今隋县)、新野、唐州、邓州、襄阳六州郡,岳飞被晋升为清远军节度使。第二年,高宗再次召见岳飞,并封为武昌郡开国侯。同年六月,岳飞奉高宗之命仅用八天时间平定了洞庭杨么,收编6万降军人岳家军,扩充了抗金力量,高宗嘉奖全军,并升岳飞为检校少保。绍兴六年(公元1136年),岳飞移军襄阳,任武胜定国军节度使、湖北京西路宣抚使。三月十六日,岳飞年近七旬的母亲姚太夫人病逝于鄂州军营,四月岳飞扶灵上庐山葬母,五月返回军营,七月底岳飞被任命为河东宣抚使,从襄阳北伐,直取中原,不到一个月时间,岳家军先后收复汝州、颍州、卢氏县、商州、虢州、伊阳、长水、业阳等大片金兵控制的土地。军事上的重大胜利进一步坚定了岳飞"收拾旧河山"的决心,但昏弱无能的高宗听信谗言,对岳飞并不支持,岳飞担心孤军无援,被迫撤军,气愤至极,便上庐山为母亲守丧去了。

绍兴七年(公元1137年),金国得知岳飞为母守丧的消息,派兵大举南下。高宗无奈,不得不派李若虚上庐山东林寺请岳飞下山,拜岳飞为太尉,升湖北京西宣抚使兼营田大使。绍兴八年十一月,岳飞用反间计废除了金人扶立的刘豫傀儡集团,为北伐做了战略准备。然而,以秦桧为首的投降派互为勾结,沆瀣一气,岳飞多次上书高宗反对议和、痛斥秦桧的投降伎俩,主张进兵北伐。高宗满足于苟且偷生的"和平"局势,未能接受岳飞的进谏。绍兴九年(1139年),岳飞被授予开府仪同三司(一品官)的最高官阶。绍兴十年(1140年)夏,金人撕毁和约南侵,岳飞奋起抗战,大破金兵于蔡州、陈州、颍州,郑州、西京、嵩州、许州、孟州、卫州、怀州、郾城等地,并在顺昌、郾城大捷中粉碎了金"拐子马""铁浮图"等不可战胜的神话。朱仙镇大捷,威震敌胆,金兵统帅金兀术叹呼"撼山易、撼岳家军难!"正当岳飞所向披靡,抗金取得节节胜利之际,宋高宗连下12道金牌,强令岳飞班师。绍兴十一年(1141年)四月二十四日,秦桧为剪除和谈障碍,指使万俟卨上章诬蔑一贯主战的岳飞"谋反",收买王俊做假证,十月将岳飞父子和部将张宪关进杭州大理寺。同年十二月二十九日(1142年1月28日),赵构、秦桧以"莫须有"的谋反罪名,将岳飞父子和张宪杀害。中国历史上著名的民族英雄、驰骋在抗金战场上的主帅岳飞,就这样被秦桧一伙奸臣夺去了年轻而宝贵的生命。

岳飞虽然被杀害了,但他自强不息的精神和精忠报国的业绩是不可磨灭的。正是他,表达了被压迫民族的要求,保持了崇高的民族气节,在处境危难的条件下,坚持了抗金的正义斗争,保存人民的抗金力量,联合抗金力量,维护南宋半壁河山,从而使高度发展的中国封建经济和文化得以继续向前发展。岳飞不愧是我国历史

上一位杰出的民族英雄，他的精神永远召唤着每一个中华儿女自强不息、精忠报国。

坤卦第二 ䷁

【经文】

坤下坤上　坤①元亨，利牝马之贞②。君子有攸往，先迷后得，主利③。西南得朋，东北丧朋④。安贞吉。⑤

初六　履霜，坚冰至。⑥

六二　直方大，不习无不利。⑦

六三　含章，可贞⑧。或从王事，无成有终。⑨

六四　括囊，无咎无誉。⑩

六五　黄裳，元吉。⑪

上六　龙战于野，其血玄黄。⑫

用六　利永贞。⑬

【注释】

①坤：卦名。通行本为第二卦，帛书本为第三十三卦。

“坤”字帛书作“川”。六十四卦所题卦名之字基本都见于卦爻辞，其卦名不见之于卦爻辞者，则是根据卦爻之义题之。《坤》卦卦爻辞与地及川水无明显联系，但卦爻辞的“攸往”“得朋”“丧朋”等与出行贸易有关，而水泉之性流通遍布，货币流通似之，所以《说卦》说“坤为布”（布，货币）；川水穿地而行，为阴，阴积而为地；故卦名之《川》后又作《坤》，指地；《归藏》作《㚇》，此字未明为何字，其音义盖与“舆”有关。坤为地，地方，车舆似之（《说卦》“坤为大舆”）。

《乾》谓日光上出，上出者积阴为天；《坤》谓水流下注，下注者积阴为地，两相对待。

②元亨，利牝马之贞：“牝马”，母马。经文“牝”字两见，《离》卦卦辞“畜牝牛吉”。下文说“君子有攸往”，谈出行之事，所以“利牝马之贞”是指占问出行乘驾母马有利。盖牝马性柔，又能生殖，取柔顺处世、和气生财之义。

③君子有攸往，先迷后得，主利：“君子”指问卦者，“有攸往”，有所行往。“先迷”，起初会迷路。“后得”，随后会找到正路。“主利”，出行主于吉利。术士常言之“主吉”“主凶”即此之类。《坤·文言》“后得主而有常”，《易之义》“先迷后得主，学人之谓也”，“主”字均属上读，与经文不同。

④西南得朋，东北丧朋：“朋”在《易》中有二义：一为“朋贝”（货币），二为

朋友。在此指货币、钱财(《说卦》也说“坤为布”,“布”即货币)。《蹇》卦、《解》卦说“利西南,不利东北”。西南方对人有利,所以能赚钱;东北方对人不利,所以会赔本。西南指代南方,东北指代北方。南为向阳之方,温暖和易,故古人尚之(《素问·异法方宜论》:“南方,天地所长养,阳之所盛处也”);北为背阳之方,寒冷肃杀(《诗·巷伯》毛传:“北方寒凉而不毛”。《后汉书·臧宫传》注:“人喜阳而恶阴,北方,幽阴之地,故军败者皆谓之北”。《诗·北门》“出其北门,忧心阴阴”,毛传:“北门,背明向阴”。古人出征作战,谓之“凿凶门以出”。“凶门”即北门)。所谓利西南,是泛指到平安的地方去做稳妥的事情;所谓不利东北,是泛指不宜到险阻的地方去做冒险的事情。后天图中《坤》在西南,为顺;《艮》在东北,为阻。便是这个意思。

⑤安贞吉:占问平安与否则吉利。《史记·龟策列传》记龟卜有“呈兆若横吉安”之语,可知卦兆与龟兆有密切联系(按:所谓“横吉安”者,盖其兆坼不仰不俯,平横而出,其象如“卜”字)。

⑥履霜,坚冰至:履践秋霜,知冬日坚冰将顺次而至。此谓初六当察事之几,依事之理,谨慎行事。《象传》《文言》所释甚确。

⑦直方大,不习无不利:“直方”,正直端方。“方”与霜、章、囊、裳、黄协阳部韵,《象传》《文言》亦不释“大”字,故有人认为是衍字,闻一多疑其涉“不”字而讹衍(按:可能“大”字形、义与“方”相近而衍。“方”有“大”义)。“习”,熟悉、娴熟。六二之爻位居中得正,能行中正之道,虽未娴熟于事,然亦无所不利,此所谓“不习”之事,经商、从宦等皆属之。

⑧含章,可贞:“含”,怀有。“章”,文采,指美德。“可贞”即宜贞、利贞,谓宜于占问、占问有利(《后汉书·皇甫规传》注“可犹宜也”。《谦》卦上六“可用行师”,《小象》释为“利用行师”)。

⑨或从王事,无成有终:“有终”,有好结果(《易》之“终”字皆指好结果,好结局)。内怀美德,占问经商之事有利;如或弃商从宦,虽无功业,亦能有好结果。

⑩括囊,无咎无誉:“括”,结扎、扎紧(《广雅·释诂》“括,结也”)。“囊”,大口袋(《诗·公刘》毛传“小曰橐,大曰囊”)。六四居上卦之初,当慎其行,故括其囊,含而不露(其指贸易所得之财货,亦指人之才德)。“无咎无誉”,没有过咎,亦无称誉,即《诗·斯干》“无非无仪”(“仪”,善)的意思。六四处上卦之下,阴居柔位,不求有誉,但求远害而已。

⑪黄裳,元吉:六五居中位,黄为中色,亦为华贵之象。“裳”,泛指衣裳(《诗·东方未明》孔疏“裳亦称衣也”)。此“黄裳”义犹《讼》卦上九的“或锡之鞶带”,喻升迁显贵。

⑫龙战于野,其血玄黄:“龙”,雌雄龙。“战”,交合(《小尔雅·广言》“战,交也”,《国语·郑语》:“夏之衰也,褒人之神化为二龙以同于王庭”,《论衡》将此说成“二龙战于庭”,而《史记·夏本纪》记此事说“夏后氏德衰,诸侯畔之,天降龙二,有雌雄”)。“血”,二龙交合后所遗下的精液,即《系辞》“男女构精”之“精”(《国语》记载“二龙同于王庭”时说“遗漦而去”,旧注释“漦”为血、为“津”、为“精气”)。“玄黄”,暗红色(《诗·七月》“八月载绩,载玄载黄;我朱孔阳,为公子裳”)。古人

以雌雄龙、雌雄蛇、雌雄虹之“昼合”“昼降”为凶兆，故上六虽只言象，而有悔之占已寓其中。

⑬用六，利永贞：“用六”帛书作“迥六”，即通六（说详《乾》卦）。“利永贞”，占问长远之事则吉利。“利”与“吉”同，《益》卦“永贞吉”与此同。“永”字本义为水流长远，正好施之于《坤》（《川》）卦之通六。《说文》“永，长也，象水巠理之长”，《尔雅·释诂》“永，远也”。《益》卦（下震上巽）互六二、六三、六四为《坤》，虞注“坤为永”，老子“大曰逝，逝曰远，远曰反”，以川水之性喻道，正与《坤》卦通六至极则反相合。另外，《乾》《坤》之用九、用六均不入韵，似乎反映出用九、用六可能是六十四卦在后来操作实践中最后补入的。《周礼·春官·宗伯·太祝》有“求永贞”，与此相联系。

【译文】

坤卦：坤卦象征地，也具有元、亨、利、贞四属性，但“贞”是如同柔顺的母马的那种贞。在前进过程中倘若领先独行，会迷失方向；唯有追随领袖之后，才会因执着正道而祥和有益。这就好比坤往西南虽可获得同类，往东北丧失同类，但因为顺应了阴阳相合万物滋生的自然规律，必然吉祥。

初六：当脚踩到秋霜时，冰冻的寒冬也将来临。

六二：具备了直率、方正、宽容的品质，无须学习也能畅通无阻。

六三：不炫耀才华，固守柔顺之德，即或辅佐君王，亦不居功而能善终。

六四：扎紧囊袋，因为不知里面装的是什么，所以既无贬语又无赞誉。

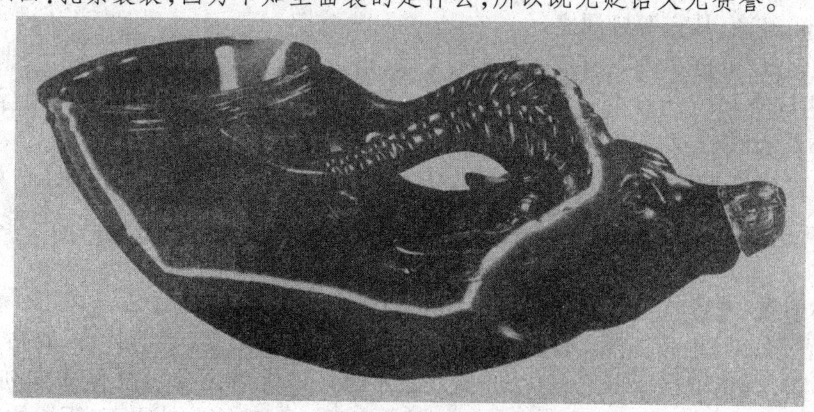

陕西出土的唐代镶金牛首玛瑙杯

六五：黄色的衣裳，代表着吉祥。

上六：两龙相战于野外，流淌出黑黄色的血。

用六：利于永远保持中正。

【解读】

从《乾》《坤》两卦中，可以看到传统文化中重阳抑阴的观念由来已久。处于从属地位的人，应该处处体现纯正宽容、谨慎谦虚的品德，坚贞不渝地追随正道。当然，柔顺也应适度，一旦柔顺走向极端，便会招致凶险。本卦告诫人们：应该认清主从关系，在坚持纯正的原则下，冷静观察，通权达变，掌握变化的尺度，则柔能克刚，逢凶化吉。

【经典实例】

艰难中彰显地之道

《坤》卦，阐释地的法则。在宇宙创始万物的过程中，天创生万物，地负载完成生命。地的法则，是安详与纯正，柔顺地遵循天的法则，而刚毅行动，安静地谨言慎行。行动方正，追随而不超越，包容而不排斥，具备至柔的性格，这正是为人的基本态度。

人们应该效法地，坚忍、方正、宽大，含蓄而不炫耀，收敛而言行谨慎，谦逊坚持中庸的原则。应当外柔而内刚，外圆而内方。然而，用柔的原则，也不可以极端，极端必然凶险。必须深切体会主从关系，坚持纯正，冷静客观，通权达变，掌握变化，柔而能刚，善用柔的法则，才能够逢凶化吉。

地之道常常在艰难的局面中彰显。唐朝灭亡后的五代十国时期，中国发生了长达80多年的动乱，少数民族入主北方，今天这个当皇帝，明天那个当皇帝，非常动荡。这时有一个叫冯道的人，每一个朝代变动，都要请他去辅政，曾事四姓，历相六帝，成了不倒翁。所以，后来宋朝的欧阳修在《新五代史》的《义儿冯道传》中骂他，说士大夫的气节都被他丧尽了。但是，观其言行，察其初衷，就会发现冯道实际上效仿了他的美德。

在那样一个艰难的岁月里，他能够做到忍辱负重，确实不容易。他在自己的诗作中表达出一种观念，这些皇帝都是虎狼之辈，入主中原，让他做臣子的去尽忠，他才不干呢！"我不是蛮夷胡虏，我是中国人啊！"所以他才在"狼虎丛中也立身"，从容镇静地度日。

冯道也不是个贪图安逸的人。他历事六朝，始终不倒，他的政敌们在私德上无法攻击他，这说明了他在品格修养方面即使没有达到炉火纯青的境地，至少也清廉自守，使人无懈可击。历史上，现实社会中，凡是被人攻击的，归纳起来，不外财、色两类，冯道这两种毛病都没有，这方面连痛恨他的欧阳修在史书上也未置一辞。

大地能够应天而动，不私其身，厚德广纳，有让的精神，故能成其大。曾国藩的事业能够在那样一个风雨飘摇的时局中延续了几十年，就因为他能够遵循地之道。与之对比，民国前后以袁世凯为代表的北洋军阀，每个人都有自己的小九九，相争相轧，在祸害国家的同时，自己也身败名裂。

在平凡的现实生活中，心怀傲慢与自大的人，当然不会把别人看在眼里，总以为自己很伟大，凡事都想和别人争论。要知道人外有人、天外有天，太过骄傲只会自取其辱，反而会受到大家的讨厌。

"一个人越少提及或夸耀自己的美德，越会被人尊敬与喜爱。"所以，一个有抱负的人应该像大地一样，收敛自己傲慢的个性，放下自大的心，才能寻回自在的心情，从而专心于自己的事业，法天效地，实现自己的抱负。

晋国由强沦衰

东周时的晋国是当时诸侯国力量比较强大的国家。晋献公励精图治，使得晋国政治清明，风调雨顺，国泰民安。但后来献公由于宠信美女骊姬，听其谗言，放纵其行，使晋国势力逐渐衰败，以至于发生严重的祸乱。

献公的夫人名叫齐姜，他们所生的儿子申生被立为太子。后宫宠姬狐姬和小戎分别生有重耳、夷吾。三兄弟感情笃深，亲密无间，十分融洽。如果这样发展下去的话，献公会创造出更大的政绩，国家会更加富强，人民生活会更加安定和美好。然而，一个女子走进了献公的生活，改变了晋国的命运。

那是在夫人齐姜去世不久，献公十五年（前662年）时，献公发兵攻打骊戎族（今陕西临潼一带）。骊戎不敢交兵，向晋求和，就把名叫骊姬和少姬的两名女子献给献公。献公很是高兴，他特别宠爱骊姬。骊姬生得貌美无比，但为人却极为狡诈。她极力讨好献公，开始参与朝政，博得献公的万般宠爱。

一年后，骊姬为献公生下一个可爱的儿子，取名奚齐。献公喜爱骊姬，对骊姬又给他添了一个儿子感到很高兴。他置自己曾与夫人齐姜的感情于不顾，打算立骊姬为夫人。但此事遭到朝中大臣强烈的反对。卜偃、史苏等人通过卜筮劝谏献公明辨是非，以防后患。忠言逆耳，献公没有接纳大臣们的意见，而是冒天下之大不韪，把骊姬立为夫人，封少姬为次妃。

骊姬名正言顺地成为后宫之主，其气焰更嚣张了，其野心更大了。

献公宠爱骊姬，又打算把奚齐立为太子。一天，他告诉了骊姬自己的想法。骊姬听了，心中暗喜。但当时太子申生德才兼备，深受臣民爱戴，就是连献公也曾对他寄予厚望。她又怕朝内大臣们不服气，必然会强力阻拦。于是，她假意婉言规劝献公改变了主意，而暗地里却不断地寻找废掉太子的理由和机会。她通过贿赂等办法拉帮结伙，运用阴谋诡计，陷害忠良。

晋献公兼并了虞（今山西平陆东北）、虢（在今河南）两国，满朝文武都欣喜鼓舞，互道祝贺之意。唯独骊姬闷闷不乐。她本来打算派太子申生攻打虢国，不料献公却让大将里克代为出征，而且一举成功。她一时竟想不起应如何在献公面前继续吹嘘儿子奚齐了。

骊姬与心腹优施商量，又想出了几条诡计，把太子申生一步步逼上绝路。

一次，献公在翟垣这个地方打猎，几天后回宫。在迎接献公的宴席上，骊姬把申生几天前祭祀母亲齐姜后献给献公的酒食端了出来，并在其中下了毒。她笑着对献公说："我梦见夫人齐姜不堪饥渴之苦，而大王又不在宫内，所以就让太子祭祀一番。现在酒食在此，请大王享用，已经为您保留好久了。"献公拿过酒来就要喝，骊姬又使了个计谋，让献公知道了酒肉有毒，并且诬陷是太子申生下的毒。献公惊呆了，他无法忍受这样的现实。他气得浑身颤抖，已没有气力去仔细推断这件事的真假。面对一旁假意哭诉的骊姬，他老半天才冒出一句话："我要把这件事情告诉各位大臣，杀了这个不孝之子。"

献公把这一事情向诸位大臣说了。大臣们知道献公决心已定，都面面相觑，不敢言语。献公于是派人率兵去讨伐太子申生。申生得知消息，知道又是骊姬陷害，

他有理说不清，又怕献公得知真相伤心，也就不肯为自己洗脱罪名。太傅杜原款劝其逃往他国，申生不愿背负恶名，决心以死来消解父亲的怨气，他向北方拜了两拜，拔剑自杀了。

第二天，献公派去的人率兵赶到，见申生已死，就把杜原款装进囚车，拉了回来。献公让杜原款作证，说太子有罪。杜原款大声疾呼："天哪，冤枉啊！我之所以不追随太子而去，就是要留下来证明太子之心！酒食留在宫里六天了，难道还有毒药这么长时间不失去药性的吗？"此时，骊姬从屏风后大声喊："原款教导太子无方，为何还不杀了他？"骊姬的话无疑是火上浇油，昏庸的献公不辨青红皂白，下令把杜原款当场处死。大臣们见了这等惨状，暗自流泪，好不悲伤。

太子申生的惨死，仍不能满足骊姬的野心。她在献公面前大加谗言，攻击公子重耳、夷吾。终于，公子重耳、夷吾流落到国外，使原来十分要好的三兄弟死得死，逃得逃，为立奚齐为太子扫清了障碍。

一时间，晋国国内乌烟瘴气，昏天黑地，陷入混乱之中。待献公死后，奚齐即位，几经周折，强大富足的晋国从此一蹶不振。后来，公子重耳得以返回晋国，重掌大权，才结束这一混乱至极的局面。晋国由强盛转入衰退这一史实，说明了《周易》"履霜坚冰至"的道理。

管仲鲍叔牙佐桓公成霸业

管仲和鲍叔牙是春秋时期齐国人。他们都在齐国做了官，管仲还担任了齐国的相国，辅佐齐桓公成就了一代霸业。

管仲和鲍叔牙年轻时就是一对知心的好朋友。管仲自幼聪颖好学，酷爱射箭。在他很小的时候，父亲就去世了，他和母亲相依为命，日子过得很是穷苦。他和鲍叔牙做买卖的时候，自己出的本钱少，却常常将赚来的钱多留给自己一些。鲍叔牙家的人对管仲很有意见，鲍叔牙就帮着管仲说话，说管仲家里穷，等钱用。有时，管仲有心为鲍叔牙办点好事，却经常事与愿违，使事情变得更遭。有人就说管仲太笨了，鲍叔牙就告诉人家，管仲其实并不笨，只是没有遇到好机会。管仲也曾经当过兵，打仗的时候，他多次临阵脱逃。人们都说管仲是个胆小鬼，鲍叔牙又帮着他说话，说管仲家里有八十岁的老母亲，体弱多病，需要他奉养，其实管仲本来是一个非常勇敢的人。管仲知道了以后，感慨地说："生我的是父母，真正了解我的却是鲍叔牙啊！"

后来，有人把管仲和鲍叔牙推荐给齐国的国君齐僖公，齐僖公决定叫他们俩做齐国公子的师傅。于是，鲍叔牙做了公子小白的师傅，管仲则做了公子纠的师傅。在他们的教导下，两位公子进步很大。齐僖公的长子公子诸儿却整日不思进取，和两个弟弟差距很大。鲁桓公十四年（前698年），齐僖公去世，公子诸儿即位，是为齐襄公。齐襄公生活极为荒诞，喜怒无常，导致齐国国力急剧下降，民不聊生。许多大臣为避灾祸，纷纷外逃，鲍叔牙和公子小白也逃到了莒国。鲁庄公八年（前686年），边将连称、管至父和公孙无知杀了齐襄公，公孙无知自立为君。政变发生后，管仲和公子纠逃到鲁国避难。不久，公孙无知也被人杀害，齐国陷入一片混乱之中。

齐国的大族高氏、国氏很快就把这一消息告诉了在莒国的公子小白，鲍叔牙和公子小白立即向齐国出发，准备继承君位。与此同时，公子纠也知道了这一消息，也急忙打点行装回国。为了稳妥起见，管仲自告奋勇埋伏在莒国通往齐国的大道上，准备袭击公子小白一行。等了不长的时间，公子小白一行果然来了。管仲一箭射过去，公子小白应声倒在车中。管仲见公子小白口吐鲜血，以为他已死去，就策马追赶公子纠一行人去了。公子纠知道后，放下心来，放慢了速度，不紧不慢地向齐国走去。谁知管仲那一箭正好射在公子小白的衣钩上，公子小白怕管仲再射来一箭，就咬破舌尖假装死去，骗过了管仲。待管仲离开，鲍叔牙和公子小白便策马狂奔，昼夜兼程，结果先于公子纠六天回到齐国。公子小白即位，他就是历史上有名的齐桓公。等到管仲和公子纠赶到的时候，齐桓公已经登位。鲁庄公闻讯，认为这是越礼之举，因为公子纠是公子小白的哥哥，理应由公子纠继任才是。于是，鲁庄公马上发兵进攻齐国，企图用武力打垮齐桓公，让公子纠做齐国的国君。两军交战，结果鲁国大败。公子纠和管仲只好又返回到鲁国去。

齐桓公具有雄才大略，他决定重振齐国的雄风。他对师傅鲍叔牙非常感激，就准备拜他做齐国的相国。他把这个想法告诉了鲍叔牙。鲍叔牙听了，摇了摇头，说："相国一职，事关国家的安危。我自知能力有限，不能胜任。不过，我可以向主公推荐一个人。""还有比你更好的人吗？他是谁？"鲍叔牙思虑片刻，答道："就是管仲。"

"什么？"齐桓公听了，很是生气。"他当初差点一箭射死我，这一箭之仇，我还没有报呢，你现在却叫我去重用他！"

鲍叔牙恳切地说："管仲是我的好朋友，我十分了解他，他也很了解我。想当初您的父亲让我做您的师傅，我不乐意，是管仲劝我接受任命，他认为您可能是三个公子中最有作为的一个。当初他用箭射您，是为了公子纠。您是一个心胸宽广的人，如果您肯原谅他，他肯定会为您效力的。如果您只是想保有天下，平稳度过一生，那么我也可以辅佐您。可是，您有远大的志向，想创建称霸中原的宏伟大业，如果没有管仲的辅佐是万万不行的。请主公三思。"

见齐桓公不说话，鲍叔牙又说道："主公深明大义，待人宽厚，我相信您对管仲也会这样的。"齐桓公在鲍叔牙的劝说下，决定以宽广的胸襟接纳、重用管仲。

鲍叔牙想好了计策，派使者到鲁国，给了鲁庄公一封以齐桓公名义写的信。鲁庄公一看信，原来是要他杀死公子纠，交出管仲，两国便和好。否则，齐国的大军将马上进攻鲁国。迫于压力，鲁庄公杀死了公子纠，囚禁了管仲。鲁庄公找来谋士施伯商量对策，施伯认为，管仲是个难得的人才，他为政的国家必将富强，因此决不能让管仲活着回去，可以先杀死他，把尸体交给齐国。可是，齐国的使者坚持说齐桓公对管仲恨之入骨，一定要亲手杀了他才解恨。在齐国使者的一再要求下，鲁庄公把管仲交给了使者。

在回齐国的路上，管仲知道肯定是鲍叔牙救了自己。他害怕鲁庄公反悔，一路上就教押送他的人唱歌，众人唱着歌，精神抖擞，大大加快了归齐的速度。待鲁庄公醒悟过来，派兵追赶时，管仲早已进入齐国境内了。

鲍叔牙亲自到边境上迎接管仲。他亲手替管仲松了绑，把他扶上自己的车子，两人一同坐车回到都城临淄。得知管仲回来了，齐桓公很高兴，特意选了个好日

子，十分隆重地接见了管仲。齐桓公宽容地对待管仲对后世产生了很好的影响。而管仲也不负众望，尽心尽力地工作，对齐国的改革和发展起了极为重要的作用，而且辅佐齐桓公成就了霸业。

郭海婴——太太、丰韵丹

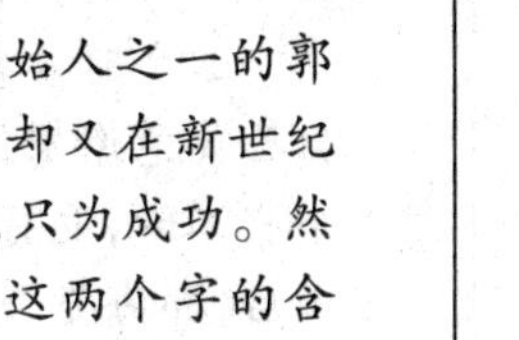

在太太口服液刚刚产生巨大经济效益和影响力的时候，作为创始人之一的郭海婴神秘地离去；不久，郭海婴创出丰胸类保健品第一品牌丰韵丹，却又在新世纪门槛上，和丰韵丹一起从人们的视野里消失。郭海婴十年商海浮沉，只为成功。然而，当寻觅到自己作为一个女人的归宿时，她才真正领悟了“成功”这两个字的含义，繁华与不幸尽皆散去，惟余一种超脱的智慧和平和的幸福。

2003年的秋天，北京晴空万里，郭海婴的心里也格外明净。

从懂事的时候起，郭海婴就一直牢记着这么一句话：“宁可人负我，不可我负人。”对于离开“太太”的那段内幕、自己和“太太”老总朱保国之间的恩怨，郭海婴九年来一直守口如瓶。

1992年，26岁的郭海婴是河南新乡市委党校的一名老师，这年她认识了时任新乡机床厂下一个名为飞龙化工的二级公司的总经理朱保国。“海婴，你出来试试，最坏的结果也就是没有结果而已，失败了，你仍然可以回去做你的老师，成功了，你的人生可就彻底改变了。”朱保国动员郭海婴到企业的那番话，不但在当时打动了她的心，在此之后也真的彻底改变了她的命运。

很快，郭海婴就做了朱保国的副手。在组建“太太”的整个前期工作中，郭海婴几乎投入了自己的全部心血，选地皮、购设备、管生产、跑市场……那个时候，郭海婴完全是把“太太”当成自己的孩子一样“抚育”着。

1993年的“三八妇女节”，第一批“太太口服液”投放市场，产品上市后，凭借其卓越的功效和巨大的市场潜力，加上良好的外部社会和经济环境，顺利获得成功，“太太”成为中国女性美容保健品的知名品牌。然而，郭海婴和朱保国，这两个同样张扬和自负、个性太相似的人，终因相似而分道扬镳了。愤怒、受伤和不甘的情绪，曾经在很长一段时间里纠缠着郭海婴。离开“太太”之后不久，当时的保健品大鳄太阳神的负责人曾经找过郭海婴。如果太阳神推出和太太口服液同类的项目，无疑是对“太太”致命的打击。郭海婴想也没想就拒绝了，她记得父亲的叮嘱，更不忍伤害曾是自己孩子的“太太”。

那年，郭海婴28岁，她觉得自己还有的是机会成功，她不能让那些伤害永远成为伤害。

1995年，郭海婴做中医的姐姐研制出了一个丰胸的中药配方，郭海婴凭直觉认为这个配方肯定会火。她一咬牙以高达3分的利息向朋友借了500万元，成立了深圳雪樱花公司，开始运作丰胸类产品丰韵丹。她发誓一定要在保健品这个行业做出名堂来，只有这样她才能长长地出上一口气。

有了在“太太”工作的经验，郭海婴对保健品这个行业已经相当熟悉了。她大胆地提出了“没什么大不了”“丰韵才是真的美”等经典广告语，首次将中国女性对性的美感追求放到了阳光下，打开了一直暗藏在女性中间的一个巨大市场。

大量的广告投入、建设广泛的营销网络，是当时保健品行业惯用的方式，郭海婴也不例外，并且取得了很好的效果。1996年3月8日，丰韵丹在广州、深圳两地上市，当年销售回款额达到3000万元；1997年底，丰韵丹在上海上市，一年之后销售额超过1000万元；1997年下半年，雪樱花的分公司已经覆盖了全国27个消费能力较强的省份，各主要城市的药店、超市、大型商场都有丰韵丹的影子；1998年，丰韵丹的全国销售额突破了1亿元。

这个时候的郭海婴，已经逐渐从离开“太太”的阴影中走了出来，她甚至觉得自己要感谢朱保国，“因为他成就了现在的我，如果不离开‘太太’，我将仍旧是一个打工者，没有自己的事业，没有如此精彩的人生。”即便是在后来丰韵丹彻底失败之后，郭海婴仍然认为朱保国的话是对的，她的命运从进入商界的那天起就已经被彻底改变了。

对“太太”获得的巨大成功，郭海婴心里很坦然，作为同行，她衷心地佩服朱保国的能力和魄力。透过办公室的玻璃窗，可以看到蔚蓝的大海，她经常站在窗前看海，脑海里计划着雪樱花的未来也要和“太太”一样美好。她陶醉在近处的一片蔚蓝之中，却没有察觉到远方，声声正隐隐作响，暴风雨即将来临。

1998年，河南周口一家严重资不抵债的国有药厂的厂长找到了郭海婴，对方言辞恳切地向她介绍了该厂一个专门针对老年人的大蒜油项目，希望她能以承担债务的方式收购该厂。郭海婴有点心动。她隐隐意识到作为时尚产品的丰韵丹，难免在激烈的竞争中“无可奈何花落去”，因此需要有另一个可持续发展的产品作为企业的支柱。获得成功的人，通常是理想主义者，而常常遭遇失败的人，也往往是理想主义者。就这样，郭海婴大笔一挥，凭着自己的一腔热血，踏进了一个今天被她称作无底深渊的陷阱。

噩梦从进驻药厂的第二天开始：刚进厂她就被药厂的上百名工人团团包围了起来，他们手里拿着原厂欠他们几年的工资条、医疗报销单等凭据找她结算。算了算药厂欠工人的钱的总数，竟然有500万元之多，她吓出了一身冷汗。

最令人恐惧的不是噩梦本身，而是当你醒来后，发现这不是噩梦而是现实。郭海婴连忙重新核算药厂的所有债务，除去欠工人的，还远远超出对方财务报表上的数字。郭海婴几乎昏厥过去，她遭到了可耻的欺诈。

郭海婴咬着牙还完了欠工人的钱，却发现这些国有企业工人中竟然存在一条偷药流水线；厂房里明令禁止吸烟，偏有人大大咧咧地叼着烟卷进出，和保安起了纷争后，居然不负责任地把厂里的总电闸给拉了，价值数万元的原材料就这么报废了……从接手药厂开始，郭海婴就再也不知道省心是什么感觉了。

那段时间，郭海婴一直在不停地问“为什么”，她搞不懂人与人之间到底怎么了，发生在她身上的到底是怎么一回事。然而，形势并不允许她有时间来思考这些问题，在扔进去2000多万元后，郭海婴绝望地走了。

对于一家起步不久的保健品企业来说，没有了2000万元，就如同被抽了筋动了骨。丰韵丹的广告量顿时锐减，销售很快便受到很大影响。紧接着，有半数以上的业务人员离开了雪樱花。有的员工看到企业跌入低谷，便想方设法为自己捞一笔，甚至有的管理人员还想趁乱接手公司……在由自己掀起的丰胸类产品竞争狂潮中，丰韵丹节节败退。2000年底，郭海婴亲手锁上了深

圳雪樱花公司的大门……

坤卦与乾卦正相反，乾卦主张刚强，进取积极行动。而坤卦主张的是阴柔、谨慎、含蓄、收敛、谦让的原则，要求人们处世行事应以柔顺为原则。

在人生与事业中，应见微知著，防微杜渐，坚持中正原则之下的宽大谨慎，必须懂得含蓄和谦虚，真正的收敛锋芒，内方外圆培育自己的涵养。在不同的环境，不同的情况下应通权达变，不可一味柔顺。

运用柔顺原则，还意味着提高自己的气度涵养。在某种程度上，柔顺可培养自己的定性，使自己不急不躁，沉毅而稳妥。坚守心中正直的原则，不急于表现，不轻易改变自己的观点和主张。只有这样，你才能冷静地观察事物，思考对策，提高决策的正确性。而宽广的胸怀和气度，也会使你处理与周围人的关系，受到人们的尊敬和信赖。但我们还应该清楚，镇定、稳健和大度，并不等于传统所说的“中庸”。有力量而气度不凡，正是我们所要求做的一种。培育自己高深的涵养，并将之运用到自己的事业和生活中，是真正值得我们每个人去追求的。

绝缨大会

楚庄王置酒大宴群臣于渐台之上，妃嫔皆从。庄王曰：“寡人不御钟鼓，已六年于此矣。今日叛臣授首，四境安靖，愿与诸卿同一日之游，名曰‘太平宴’。文武大小官员，俱来设席，务要尽欢而止。”群臣皆再拜，依次就座，庖人进食，太史奏乐。饮至日落西山，兴尚未已。庄王命秉烛再酌，使所幸许姬姜氏，遍送士大夫之酒，众俱起席立饮。忽然一阵怪风，将堂烛尽灭，左右取火未至。席中有一人，见许姬美貌，暗中以手牵其袂，许姬左手绝袂，右手揽其冠缨，缨绝，其人惊惧放手。许姬取缨在手，循步至庄王跟前，附耳奏曰：“妾奉大王命，敬百官之酒，内有一人无理，乘烛灭强牵妾袖。妾已揽得其缨，王可促火查之。”庄王急命掌灯者：“且莫点烛！寡人今日之会，约与诸卿尽欢，诸卿俱去缨痛饮，不绝缨者不欢。”于是百官皆去其缨，方许秉烛，竟不知牵袖者为何人也。席散回宫，许姬奏曰：“妾闻‘男女不渎’，况君臣乎？今大王使妾献觞于诸臣，以示敬也。牵妾之袂，而王不加察，何以肃上下之礼，而正男女之别乎？”庄王笑曰：“此非妇人所知也！古者，君臣为亨，礼不过三爵，但卜其昼不卜其夜。今寡人使群臣尽欢，继之以烛，酒后狂态，人情之常。若察而罪之，显妇人之节，而伤国士之心，使群臣俱不欢，非寡人出令之意也。”

楚庄王的宽容，使庆功宴会善始善终，大事化小，小事化了。事情似乎就这么过去了。后来，楚庄王因郑国不肯附楚而起兵前往讨伐。楚军以连尹襄老为前锋，出兵时，副将唐狡请求率部下百人，为大军开路。襄老答应了他。于是唐狡率领部下勇猛向前，所向披靡。楚庄王率领大军直抵郑国都城，未遇阻拦，楚庄王大喜，夸襄老年迈，用兵还能如此神速。襄老并不冒功，说这是副将唐狡死战的结果。楚庄王便召来唐狡，要大加赏赐。唐狡说：“臣受君王的赏赐已厚，今日报效，哪敢再受赏？”楚庄王奇怪地问：“寡人并不认识你，什么时候赏赐过你？”唐狡道：“在歼灭斗越椒后的那次庆功会上，拉美人衣襟的就是我。蒙君王不杀之恩，我因此舍命相报……”楚庄王听了叹息不已。

卡耐基受辱

戴尔·卡耐基有一次在电台发表演说，讨论《小妇人》的作者露易落·梅·艾尔科特。当然，卡耐基知道她是住在麻州的康科特，并在那儿写下她那本不朽的著作。但是，戴尔·卡耐基竟未加思索地，贸然说出他曾到新罕布夏州的康科特，去凭吊她的故居。如果卡耐基只提到新罕布夏一次，可能还会得到谅解。但是，卡耐基竟然说了两次。无数的信件、电报、短函涌进他的办公室，像一群大黄蜂，在戴尔·卡耐基这完全没有设防的头部绕着打转。多数是愤慨不平，有一些则侮辱他。一位名叫卡洛妮亚·达姆的女士，她从小在麻州的康科特长大，当时住在费城，她把冷酷的怒气全部发泄在卡耐基身上。如果有人指称艾尔科特小姐是来自新几内亚的食人族，她大概也不会更生气了，因为她的怒气实在已达到极点。卡耐基一面读她的信，一面对自己说："感谢上帝，我并没有娶这个女人。"卡耐基真想写信告诉她，虽然自己在地理上犯了一个错误，但她在普通礼节上犯了更大的错误。这将是他信上开头两句话。于是卡耐基准备卷起袖子，把自己真正的想法告诉她。但最终他没有那样做。他控制住自己。他明白，任何一位急躁的傻子，都会那么做——而大部分的傻子只会那么做。

他要比傻瓜更高一等。因此卡耐基决定试着把她的敌意改变成善意。这将是一项挑战，一种他可以玩玩的游戏。卡耐基对自己说："毕竟，如果我是她，我的感受也可能跟她的一样。"于是，卡耐基决定同意她的观点。当他第二次到费城的时候，就打电话给她。他们谈话的内容大致如下：

卡：夫人，几个礼拜以前您写了一封信给我，我向您致谢。

达：（有深度、有教养、有礼貌的口吻）是哪一位，我有此荣幸和您说话的？

卡：您认识我。我名叫戴尔·卡耐基，在几个星期以前，您听过我一篇有关露易莎·梅·艾尔科特的广播演说。我犯了一个不可原谅的错误，竟说她住在新罕布夏州的康科特。这是一个很笨的错误，我想为此道歉。您真好，肯花那么多时间写信指正我。

达：卡耐基先生，我写了那封信，很抱歉，我只是一时发了脾气。我必须向您道歉。

卡：不！不！该道歉的不是您，而是我。任何一个小学生都不会犯我那种错误。在那次以后的第二个星期日，我在广播中抱歉过了，现在我想亲自向您道歉。

达：我是在麻州的康科特出生的。两个世纪以来，我家族里的人都会参与麻州的重要大事，我很为我的家乡感到骄傲。因此，当我听你说艾尔科特小姐是出生在新罕布夏时，我真是太伤心了。不过，我很惭愧我写了那封信。

卡：我敢保证，您伤心的程度，一定不及我的十分之一。我的错误并没伤害到马萨诸塞州，但却使我大为伤心。像您这种地位及文化背景的人士很难得写信给电台的人，如果您在我的广播中再度发现错误，希望您再写信来指正。

达：您知道嘛，我真的很高兴您接受了我的批评。您一定是个大好人。我乐于和您交个朋友。

因此，由于卡耐基向她道歉并同意她的观点，使得达姆夫人也向他道歉，并同意他的观点，卡耐基很满意，因为他成大事地控制了怒气，并且以宽厚的态度，来回报一项侮辱。

非洲野马

在非洲草原上，有一种不起眼的动物叫吸血蝙蝠。它身体极小，却是野马的天敌。这种蝙蝠靠吸动物的血生存，它在攻击野马时，常附在马腿上，用锋利的牙齿极敏捷地刺破野马的腿，然后用尖尖的嘴吸血。无论野马怎么蹦跳、狂奔，都无法驱逐这种蝙蝠。蝙蝠却可以从容地吸附在野马身上、落在野马头上，直到吸饱吸足，才满意地飞去。而野马常常在暴怒、狂奔、流血中无可奈何地死去。动物学家们在分析这一问题时，一致认为吸血蝙蝠所吸的血量是微不足道的，远不会让野马死去，野马的死亡是它暴怒的习性和狂奔所致。

坤代表地。人们常常把大地比喻成母亲，母亲对自己的孩子可以说是无限的宽容。因为宽容，地更广博；因为宽容，母亲更伟大。在我们日常生活中，人与人之间难免出现矛盾，别人也许有意或无意间伤害了你，如果不是原则问题，要试着学会原谅对方。水至清则无鱼，人至清则无友。倘若不能宽容他人，那么他人也将难以容忍你的不宽容，最终导致朋友关系恶化破裂，也许你的朋友就成了你的敌人。这岂不等于在自己成功的路上放了一块绊脚石？聪明人决不会这么干的。

俗话说，气大伤身。太易动怒，太看重那些本可以过去的事情，于人于己都无好处。在现实生活中，将人们击垮的有时并不是那些看似灭顶之灾的挑战，而是一些微不足道的小事。如果将大量的时间和精力无休止地消耗在这些事上面，最终将一事无成甚至自取灭亡。

商汤伐桀

据《吕氏春秋·异用》载，夏末暴君夏桀残暴无道，不得人心。商汤英明圣贤，福泽四方，深得人们的拥护。商汤不失时机地联合其他诸侯，准备讨伐暴君夏桀。

有一天，商汤外出巡视，看到一个猎人在树林里四面都张上网，准备捕捉禽兽。只见猎人拱手对天祷告道："从天上飞下来的，从地里爬上来的，从四面八方来的，统统进到我的网里来。"

商汤听了，对猎人说："唉，你这样做太残酷了，禽兽会被你捉光的。快除去三面的网，只留下一面就足够了。"

猎人非常不理解，问道："只在一面张网，如何能够捉到野兽呢？"

商汤回答道："你只留下一面网后，就向上天祷告说：'禽兽啊，你们愿意去左边就去左边，愿意去右边就去右边，实在不愿意活的，就进到我的网里来吧！'"

商汤对猎人讲的这番话，很快就四处传开。各地的诸侯听了之后都非常感动，都情不自禁地说："商汤真是一位非常了不起的大王，他对禽兽都这样宽厚仁慈，对

人就一定更宽厚仁慈。我们应当拥护他!”

没有过多久,商汤就得到了好多诸侯的拥戴。他的势力迅速发展,很快地就赶上了夏桀。不久,他团结各路诸侯,挥军西进,灭掉了夏桀。

商汤对待禽兽都是如此宽容,表现了他坦荡的胸襟。只有宽以待人,才能得到他人对你的支持和真诚帮助,你的事业才有可能成功。

夏禹王像

施乐公司大意失荆州

施乐公司现在面临着严峻的挑战,即使在自己的传统优势领域,也就是大型的超高速复印机领域,施乐公司也面临着来自德国海得堡印刷机械股份公司的强力挑战,对手通过推出以“开放式体系结构”为特征的复印机来向施乐公司发起进攻,这种复印机体积小,可以接受多种格式的电子文件,相对于原来的复印机在性能上改进了不少。

施乐公司是美国复印机领域的巨人,20 世纪 60 年代和 70 年代初期在世界复印机市场上一直保持着垄断地位。然而,到了 20 世纪 70 年代中后期,在复印机领域的竞争非常激烈,日本厂商尤其是佳能公司不断涌入复印机行业,施乐公司却对此采取漠视的态度,这直接导致了公司在市场上的节节败退,份额也从起初的 82% 下降到 35%,从而失去了复印机的垄断地位。

从 1976 年以来,日本厂商一直大举入侵施乐公司原有的市场,但施乐公司并没有意识到竞争的存在,由于长时间的麻痹大意,最终导致施乐公司已逐渐失去了市场上的优势地位。那一年,日本厂商佳能、NEC 等公司,都以施乐的成本价格销售复印机,并从中获利,它们的产品开发周期和开发人员比施乐要少 50%。面对困境,施乐公司并没有太有效的办法来应对,只能眼看竞争对手一点一点地吞食自己的市场份额。

尽管施乐公司以前有着很好的技术,还拥有帕洛阿尔托研究中心,很多计算机领域最具革命性的技术都是在这里产生的,例如,鼠标、激光打印机等。然而,施乐公司长期以开创者自居,以占尽先机为乐,似乎并没有想到充分运用这些技术来求进一步发展,导致公司多次丧失良机。面对新一代传真机、打印机和扫描仪的挑

战,施乐公司的复印机业务正在遭遇前所未有的危机。

施乐公司因“麻痹大意”而遭受惨重的损失。竞争对手却丝毫不生怜悯之情,手下也不留情,佳能公司在数字彩色复印机上咄咄逼人,不断在市场上获得巨大成功。尽管施乐公司希望可以收购Tektronic公司,以增强自己在彩色激光印刷业务上的实力,然而,事实和愿望之间的差距总是很大,在惠普公司和利盟公司的双重夹击下,该公司在这个有利可图的市场上,所占的市场份额已经急剧下滑到11%,这几乎只是原来的一半。

施乐公司失去的荆州能不能夺回,还是一个很大的未知数。

杨修聪明反被聪明误

三国时期,有一年魏国工匠为丞相曹操建造相府大门。当门框做好后,正准备做门顶的椽子,恰好这时曹操走出来观看,看完后在门框上写了一个“活”字,便走了。

曹操的谋士杨修见门框上的题字,即刻叫工匠们拆掉重做,并说:“你们知道吗?丞相题在门框上的‘活’字,意思是‘门’中有‘活’为‘阔’字,就是指门做大了叫你们重做,懂吗?”

一天,有人给曹操一杯奶酪,曹操喝了几口,便在杯盖上写了一个“合”字,然后递给一位文臣。文臣看了不解其意,众人相互传看也不明白是什么意思。当杯子传到杨修手里,他便喝了一口奶酪,然后说:“诸位,这‘合’字即是‘人一口’,丞相是叫我们每人喝一口呀!”

还有一次,曹操由杨修陪同出外游览,经过一处,看见一块烈女曹娥墓碑,碑的背面刻有八个字:“黄娟幼妇,外孙齑臼。”曹操问杨修:“杨主簿(负责文书的官,曹操的参谋),你懂这八个字的含义吗?”杨修很自信地回答:“丞相,在下懂得。这……”

曹操未等杨修说明,便打断他的话头说:“杨主簿别急嘛!待老夫想想。”接着他们离开墓碑,大约走到离碑三十里外,曹操这时才问:“老夫已明白墓碑背面那八个字的意思。”并叫杨修转过身去,两人分别记下自己所懂的意思,然后一对,两个意思果然一样。

于是曹操感叹地说:“老夫的才智与杨主簿相差三十里呀!”他们对“黄绢幼妇,外孙齑臼”这八字所解的意思是:黄绢色丝,“丝”“色”并在一起即是“绝”字;年幼妇女就是少女,“女”“少”并在一起即是“妙”字;外孙是女儿的子女,“女”“子”并在一起即是“好”字;齑臼是用来盛五种辛辣调味品的器皿,这是舌辛,即是“辞”字。因此,这八个字的含义便是“绝妙好辞”。

建安二十四年(219年),曹操与刘备争夺当中,屡遭失败,曹军不知道是进还是退,曹操便以“鸡肋”二字为夜间口令。将士们都不解其意,唯有杨修明白:“鸡肋乃是鸡肋间的肉,吃起来没有什么味道,丢掉了又觉得可惜。丞相的意思是叫撤兵回去。”他便私下告诉大家收拾行装,诸将也随之准备回去的打算。

没多久,曹操果然下令撤军了,曹操知道是杨修把机密告诉大家的,便以“漏泄言教,交关诸侯”的罪名,将杨修斩首。

明代作家冯梦龙在《智囊》中列举了这个故事,然后评道:"杨修聪明才智太显露了,所以引起曹操的忌恨,这样他能免于灾祸吗?晋代和南朝宋的皇帝大多喜欢与大臣们赛诗比字争高低,大家都吸取了杨修遭杀害的教训,所以大文学家鲍照故意写些文句啰唆拖沓的文章,书法大家王僧虔用很拙劣的书法搪塞,这都是为了避免君主的杀害。"这段话的意思很明白,机智聪明的人不要处处在上司面前表露出比上司强,比上司先懂得什么,否则将遭忌恨而招致祸害。

杨修不懂这一点,也就是说,他在上司面前不善于深藏智慧,处处显露比上司高明,结果聪明反被聪明误。

李乐刚直"惹火上身"

明代嘉靖年间,给事官李乐清正廉洁。有一次他发现科考舞弊,立即写奏章给皇帝。皇帝对此事不予理睬,他又面奏。结果把皇帝惹火儿了,以故意揭短罪,传旨把李乐的嘴巴上贴上封条,并规定谁也不准去揭。

封了嘴巴,不能进食,就等于给他定了死罪。这时,旁边站出一个官员走到李乐面前,不分青红皂白,大声责骂:"君前多言,罪有应得!"一边大骂,一边叭叭地打了李乐两记耳光,当即把封条打破了。由于他是帮助皇帝责骂李乐,皇帝当然不好怪罪。

其实此人是李乐的学生,在这关键时刻,他"曲"意逢迎,巧妙地救下了自己的老师。如果他不顾情势,犯颜"直"谏,非但救不了老师,自己怕也难脱连累。

这个方法真是巧妙至极。李乐不懂得人与人之间"润滑当先"的道理,离自己的学生还差了一大截。面对上司的不适当言行,如果你针锋相对地进行争执和批驳,对方很难从内心真正接受,还可能使自己"惹火上身"。在表达方式上委婉一些,效果就好多了。

我国传统文化是很讲究绕圈子的,尤其是在旧中国的官场"伴君如伴虎",不会"绕圈子",就很容易去吃亏的角色,深谙此道的人才可能左右逢源。

含蓄中正是为人处世的大智慧,含蓄是美德,内敛是睿智,中正是法则。能够做到让内心的喜怒不表露出来,守正不变并克制收敛自己,这样好运就会伴随自己一生。

有些人误解了含蓄中正的含义,处处刻意去做到深藏城府。其实,对深藏不露的意图可利用,却不可滥用。一切智术都须加以掩盖,因为它们招人猜忌;对深藏不露的意图更应如此,因为它们惹人厌恨。凡事三思而行,总会得益良多。

然而,社会复杂,人性各异,在交往之中,由于种种原因,人有时不得不违心地处世待人,在此种情势下,就需要采取方中有圆的策略。以正直克己持身,贵在处世有灵活变通不固执己见的权变,处世缺乏变通灵活的心眼,就像木头人一般,无论走到哪里都会被同事认为碍手碍脚。

俗话说:圆的不稳,方的不滚。圆为灵活性,为随机应变,具体情况具体分析,具体处理。方为原则性,为坚守一定之规,以不变应万变。外圆内方包括修身处世之要义。方是原则,是目标,也是本质;圆是策略,是途径,也是手段。

总之,万变不离其宗,圆是万变,方是宗。以方生圆是修身,做人方正必生智

慧，智慧一开方法就多，处世也就圆润融洽。以圆从方是做事，圆是用智，方是行事，用智周圆是为了行事方正。

只知方，不知变，通常碰壁，一事难成；只知圆，多机巧，却是没有主见的墙头草；方圆之理才是智慧与通达的成功之道。做人需内方外圆，太强必折，太张必缺。过于坚硬必被折断，过于扩张，必会裂开。与人相处也是这样，不能过于倔强耿直，否则就是榆木疙瘩，死板一块。

为人处世要既有原则又不失灵活性。时势变迁，事物的发展也随之变化，因而对策也要随之改变，须内里端方正直，对外灵活圆通。笔直的树木不能形成阴凉，过于直率的人容易得罪别人，别人就会远离你。处理事情要精细之中有果断；认识道理要正确之中有通达灵活，不至于古板不化。

方圆方圆，既方又圆，看似矛盾，实则统一。既坚持自己要办的事不能动摇，是为方刚，又圆柔推进，既有利于自己，又有利于他人；既达到了目的，又使别人说不出什么不满。这种方略，代价最小，值得我们借鉴。

箕子的难得糊涂

商代末期，纣王通宵喝酒而忘记了当时是什么日子。他问左右的人，都不知道，于是派人去问箕子。

箕子对他的从人说："身为一国的主人，而让一国的人们都忘记了月日，国家就很危险了。一国的人都不知道，而只有我一个人知道，我也就很危险了。"于是对使者推辞说自己喝醉了酒，也记不清是什么日子了。

还有一件事与箕子的难得糊涂有同工之妙。齐国的隰斯弥去见田成子，田成子和他一起登上高台向四面眺望。三面的视野都很畅通，只有南面被隰斯弥家的树遮蔽了。田成子当时也没说什么，隰斯弥回到家里，叫人把树砍倒，没砍几下，隰斯弥又不叫砍了。

他的家人问："您怎么又这样快改变主意了。"隰斯弥答道："谚语说，知道深水中的鱼是不吉祥的。田成子是有篡位野心的。如果我表现出能够在精微处察觉事情的真相，那我必然会有危险了。不砍倒树，未必有罪。知道了别人的隐秘，那罪过和危险就不得了。所以我才决定不把树砍倒。"

郑板桥说："难得糊涂。"其实有时候糊涂一点，比耍小聪明好。三国的杨修够聪明了吧，可他喜欢接领导的话茬，领导的隐私也被他猜透，所以曹操很恼火，在"鸡肋事件"中把他杀了。

许攸死在嘴巴上

三国时的许攸，本来是袁绍的部下，他虽是一名武将，却也足智多谋。官渡之战时，他为袁绍出谋划策，袁绍不听，他一怒之下，投奔了曹操。曹操听说他来，没顾上穿鞋，光着脚便出门迎接。见了许攸，曹操拍掌大笑道："足下远来，我的大事成了！"可见当时曹操对他的看重。

后来，在击败袁绍、占据冀州的战斗中，许攸又立了功，他因自恃有功，在曹操

面前便很不检点。有时，当着众人的面直呼曹操的小名说道："阿瞒，要是没有我，你是得不到冀州的！"曹操在人前不好发作，强忍着说："你说的不错！"内心却已十分忌恨。

许攸并没有察觉，还是那么信口开河。有一次，随曹操出邺城东门，他又对身边的人自夸道："曹家要不是因为我，是不能从这个城门出出进进的！"

曹操终于忍耐不住，将他杀掉。

许攸之死向世人提出警示，做人应多做少说，凭一张口可以荣迁，同样也可以夺命。

我们都曾经历或见过这样的事情：交际的双方并没有什么实质上的利害冲突，仅仅因为言语冒犯，将小事转化成不断升级的冲突。说话能恰到好处，实为不易，但若想招致灾祸，倒是唾手可得。如果你不能做到说话恰到好处，那就少说或不说为佳。

贺若弼因言失官

南北朝时，贺若敦为晋的大将，自以为功高才大，不甘心居于同僚们之下，心中十分不服气，口中多有抱怨之词。

不久，他奉调参加讨伐平湘洲战役，打了个胜仗之后，全军凯旋，这应该算是为国家又立了一大功吧，他自以为此次必然要受到封赏，不料由于种种原因，反而被撤掉了原来的职务，为此他大为不满，对传令史大发怨言。

晋公宇文护听了以后，十分震怒，把他从中州刺史任上调回来，迫使他自杀，临死之前他对儿子贺若弼说："我有志平定江南，为国效力，而今未能实现，你一定要继承我的遗志。我是因为这舌头把命都丢了，这个教训你不能不记住呀！"说完了，便拿起锥子，狠狠地刺破了儿子贺若弼的舌头，想让他记住这血的教训。

光阴似箭，斗转星移，转眼几十年过去了，贺若弼也做了隋朝的右领大将军，他没有记住父亲的教训，常常为自己的官位比他人低而怨声不断，自认为当个宰相也是应该的。不久，还不如他的杨素却做了尚书右仆射，而他仍为将军，未被提拔，他气不打一处来，不满的情绪和怨言便时常流露出来。

后来一些话传到了皇帝耳朵里，贺若弼被逮捕下狱。皇帝杨坚责备他说："你这个人有三太猛：嫉妒心太猛；自以为是，自以为别人不是的心太猛；随口胡说目无长官的心太猛。"因为他有功，不久也就放了他。

贺若弼还是不能吸取教训，又对其他人夸耀他和皇太子之间的关系，说："皇太子杨勇跟我之间，情谊亲切，连高度的机密，也都对我附耳相告，言无不尽。"后来杨勇在隋文帝那里失势，杨广取而代之为皇太子，贺若弼的处境可想而知。

隋文帝得知他又在那里大放厥词，就把他召来说："我用高颎、杨素为宰相，你多次在众人面前放肆地说'这两个人只会吃饭，什么也不会干'，这是什么意思？言外之意是我皇帝也是废物不成？"

贺回答说："高颎是我的老朋友，杨素是我舅舅的儿子，我了解他们，我也确实说过他们不适合担当宰相的话。"这时因他言语不慎，得罪了不少人，朝中一些公卿大臣怕株连，都揭发他过去说的那些对朝廷不满的话，并声称他罪当处死。

隋文帝见了对贺若弼说："大臣们对你都十分的厌烦，要求严格执行法度，你自己寻思可有活命的道理？"贺若弼解说："我曾凭陛下神威，率八千兵渡长江活捉了陈叔宝，希望能看在过去的功劳的分上，给我留条活命吧！"

隋文帝说："你将出征陈国时，对高颍说：'陈叔宝被削平，问题是我们这些功臣会不会飞鸟尽，良弓藏？'高颍对你说：'我向你保证，皇上绝对不会这样。'是吧？等到消灭了陈叔宝，你就要求当内史，又要求当仆射。这一切功劳过去我已格外重赏了，何必再提呢？"

贺若弼说："我确实蒙受陛下格外的重赏，今天还希望格外的赏我活命。"此时他再也不攻击别人了。隋文帝念他劳苦功高，只把他的官职罢了。

父子两代人，同样是因言多而坏事，所以要忍那些不该讲的话，以免招致不必要的祸端。凡成大事者都善于谨言慎行，一言一行都小心。做人一定要少夸海口，多做实事，尽量避免虚荣。

谨言慎语慎行，是一个人自身修养的一个重要层面。孔子讲："君子讷于言而敏于行。"所谓的言讷，就是慢言少言，所谓的行敏，就是多做快做，还要谨慎。

《曾子·修身》上说："行欲先人，言欲后人。"说话，要经过深思熟虑。

公仪休一身正气获吉运

从前，鲁国宰相公仪休非常喜欢鱼，赏鱼、食鱼、钓鱼、爱鱼成癖。公仪休的宰相府内养了不少鱼，一进门有一个方池，池子深，方方正正，面积约合现在四百平方米。公仪休每当闲暇无事，便站在池边，眼睛专心致志地注视着池中的鱼儿。看到高兴处，自顾拍手抚掌，脚下踏出节拍，嘴中低声哼唱，好不悠闲，好不自在。公仪休爱鱼的事远近闻名。

一天，府外有一人要求见宰相。从打扮上看。像是一个渔人。手中拎着一个瓦罐，急步来到公仪休面前，伏身拜见。那人说："小人子男，家处城外河边，以打鱼为业糊口度日。小人昨夜出去打鱼。见河水上金光一闪，小人以为定是碰到了金鱼，便撒网下去，却捕到一条黑色的小鱼，这鱼说也奇怪，身体黑如墨染，连鱼鳞也是黑色，几乎难以辨出。而且黑得透亮，仿佛一块黑纱罩住了灯笼，黑得泛光。鱼眼也大得出奇，直出眶外。小人素闻大人喜爱赏鱼，便冒昧前来，将鱼献于大人，还望大人笑纳。"

公仪休听完，心中好奇。那子男将手中拎的瓦罐打开，果然见里面有一条小黑鱼，在罐中来回游动，碰得罐壁乒乓作响。公仪休看着这鱼，忍不住用手轻轻敲击罐底，那鱼便更加欢快地游跳起来。公仪休笑起来，口中连连说："有意思，有意思。的确很有趣。"

子男见状将瓦罐向前一递道："大人既然喜欢，就请大人笑纳吧，小人告辞。"公仪休却急声说："慢着，这鱼你拿回去，本大人虽说喜欢，但这是辛苦得来之物。我岂能平白无故收下。你拿回去。"子男只得谢恩离去。

又有好多人给公仪休送鱼，却都被公仪休婉言拒绝了。送鱼者拎鱼来又拎鱼走，以至于有人怀疑这宰相是不是真喜欢鱼。公仪休身边的人也是很纳闷，忍不住问："大人，素来喜爱鱼，连做梦都为鱼担心，可为何别人送鱼，大人

却一概不收呢?"

公仪休一笑,说道:"正因为喜欢鱼,所以更不能接受别人的馈赠,我现在身居宰相之位,有人送鱼,一旦我轻易地接受了,便很可能令别人不服,在背后骂我受贿。而拿了人家的东西又要受人牵制,万一因此触犯刑律,必将难逃丢官之厄运,甚至会有性命之忧。再者,我喜欢鱼现在还有钱去买,若果真因此失去官位,纵是爱鱼如命怕也不会有人送鱼,也更不会有钱去买。那样,岂不更可悲。现在,虽然我拒绝了,却没有免官丢命之虞,又可以自由购买我喜欢的鱼。这莫不比那样更好吗?也免得落个'食鱼者自以为乐,枉失时而空欢'。"

看事,人生在世,正气不可无,不可瞬间违背,内心永怀一个方正之石,遇人处事自然不会失了方寸、茫然无措,而可泰然自若、屹立不动。

陈寿恩怨分明

魏晋时期的史学家陈寿,他的父亲曾任马谡的参军。马谡失掉街亭被杀,陈寿之父因谏议不力被诸葛亮处以髡刑(剃去头发的一种刑罚)。古人把头发看得很重,所以,被强迫剃发既辱自身,又辱祖宗。依常人之见,陈寿对诸葛亮纵使不怀仇怨,也是心存芥蒂。

陈寿撰《三国志》时,有人曾担心他会对诸葛亮加以非议;然而,陈寿却肯定了诸葛亮。他在诸葛亮传的评述中说:"亮之为相国也","开诚心,布公道","善无微而不赏,恶无纤而不贬,……刑政虽峻而无怨者,以其用心平而劝戒明也。"

由于陈寿出以公心,《三国志》反映了历史真实,为后人塑造了一个丰满光彩的诸葛亮形象。

公正无私是一种崇高的思想境界。一个人具备了公正无私的品德,就能光明磊落,实事求是,主持正义,扬善除恶。无论做官或治家,都必须以身作则,因为上行下效,所谓"上梁不正下梁歪"就是指这个意思。

孔子有言:"苟正其身矣,于从政乎何有?不能正其身,如正人何?"意思是说:如果端正了自身的行为,管理政事还有什么困难呢?如果不能端正自身的行为,怎能使别人端正呢?

身正不怕影子斜,做人要严格要求自己。孔子说:"其身正,不令而行;其身不正,虽令不从。"此处的"正"与"不正",都是针对领导者而言的。孔子的这句名言意思是说:身为领导者,只要自己的行为端正,就算不下任何命令,部下也会遵从;如果自己的行为不端正,那么无论制定什么政策规章,部下也不会遵从。推而广之,我们做人也一样,要严以正己,以正服人。

什么是正?古人说,正,止于一。一,就是至善的所在与至善的道理。心达到了至善,就恢复它的本来样子,不为物累,不以己悲。没有愤恨,没有滞碍。不牵挂,不动气,不着意,不思虑,心纯如雪。心正则行有所止,有所止,则有所安,有所安,则自有所得。

做人如果仅仅以自我存在于小我的圈子内,以自我的成就存在于小我之中,这是一种自私自利的行为,不能做到"正直""正气",则将一事无成,也得不到别人的尊敬。

所以，做人不只要有道德，处世更要有道德。道德最好的表现形式是公平待人，也就是公正。诸葛亮有句名言："我的心就像一杆秤，不为他人做轻重。"他自己一生的功业，全都体现着公正二字。不能做到公正二字，就无以取得人心而达到大治。

古代商人的预测经营法

孔子的得意门生，"七十二贤"之一的子贡（名叫端木赐），是春秋时期名驰齐鲁，风云一时的大商人。子贡的成功取决于他"亿则屡中"的商业经营观念，即对市场形势的判断（亿）相当准确（屡中），后人推子贡为商业经营预测的祖师爷。其实，不止子贡善于预测，大凡成功的经营者，都善于预测。

春秋末年，著名商人计然对商业经营管理做过精辟的论述，特别强调买卖商品要有预见性。计然主张"旱则资舟，水则资车"。天旱以后会发大水，故在天旱时不必再买进车子，而要买进船只；天旱时船只没人要而价贱，发大水后船只将因求过于供而涨价，所以"旱则资舟"会获得大利。大水过后又会天旱，同样道理，发大水时要买进车子，"水则资车"才有大利可图。

"旱则资舟，水则资车"只是一个商品经营原则，不限于舟和车，其他商品买卖都可依此类推。也就是说，要预见到物价的变动趋势：商品价格过贵，供给就会增多，供大于求后价格就要下跌，贵又复为贱；价格过低，供给减少，供不应求后价格上涨，贱又复为贵。

计然的学生范蠡（陶朱公）之所以能在十九年之中"三致千金"，很重要的因素是他善于预测市场行情。范蠡的预测是建立在"五行"变化基础上的。他所做的生意主要是农产品，所以，他的预测也就是用金木水火土五行变化来推算丰歉，再用农业的丰歉来决定他的经营策略。这样，范蠡就可以在丰年时购进粮食，等到灾年时抛售出去，从中获取高利。

继范蠡之后，被今人推为商业鼻祖的白圭，运用他自己的预测方法经营，同样取得了巨大成功。白圭用天干地支中的地支周期来预测农业的丰歉规律。他认为，每十二个地支周期中，只有两个丰收年，其余年份都是歉收年，要么因为水灾，要么因为旱灾。

古代商人们的预测是建立在经验总结基础之上的。应当说，这种经验是长期积累的结晶，有一定的可靠性。但作为一种预测方法，毕竟是较原始的。难得的是，在那个时代，他们已懂得运用这种经验预测农业生产的趋势，这无疑比一般商人高出一筹。正是这样，他们才得以从中赚取高额利润。

萧何的细心

汉高祖时，吕后采用萧何之计谋杀了韩信。高祖正带兵征剿叛军，闻讯后派使者还朝，封萧何为相国，加赐五千户，再令五百士卒、一名都卫做相国的护卫。

百官都向萧何祝贺，只有陈平表示担心，暗地里对萧何说："大祸由现在开始

了。皇上在外作战，您掌管朝政。您没有冒着箭雨滚石的危险，皇上却增加您的俸禄和护卫，这并非表示宠信。如今淮阴侯(韩信)谋反被诛，皇上心有余悸，他也有怀疑您的心理。我劝您辞掉封赏，拿出所有家产去辅助作战，这才能打消皇上的疑虑。”

西汉 错金博山炉

一语惊醒梦中人。萧何依计而行，变卖家产犒军，高祖果然高兴，疑虑顿减。

这年秋天，黥布谋反，高祖御驾亲征，此间派遣使者数次打听萧何的情况。回报说：“正如上次那样，相国正鼓励百姓拿出家产辅助军队征战呢。”

这时有个门客对萧何说：“您不久就会被灭族了！您身居高位，功劳第一，便不可再得到皇上的恩宠。可是自您进入关中，一直得到百姓拥护，如今已有十多年了，皇上数次派人问及您的原因，是害怕您受到关中百姓的拥戴。现在您何不多买田地，少抚恤百姓，来自损名声呢？皇上必定会因此而心安的。”

萧何认为有理，又依此计行事。高祖得胜回朝，有百姓拦路控诉相国。高祖不但没有生气，反而高兴异常，也没对萧何进行任何处分。

一件小的事情如果得不到合理的解决，可能会引发一场大的灾难。对待小事，尤其是祸患前的萌芽或征兆的小事，不可掉以轻心，要慎之又慎。要早发现，早解决。

郭子仪深谋远虑

唐朝郭子仪平定安史之乱立了大功，但他为人处世却极为小心谨慎，与他在千军万马中叱咤风云、指挥若定的风格全然不同。

唐肃宗上元二年(761年)，郭子仪进封汾阳郡王，住进了位于长安亲仁里的金碧辉煌的王府。令人不解的是，堂堂汾阳王府每天总是门户大开，任人出入，不闻不问，与别处官宅门禁森严的情况判然有别。客人来访，郭子仪无所忌讳地请他们进入内室命姬妾侍候。

有一次，某将军离京赴职，前来王府辞行，看见他的夫人和爱女正在梳妆，差使郭子仪递这拿那，竟同使唤仆人没有两样。儿子们觉得身为王爷，这样总是不太好，一齐来劝谏父亲以后分个内外，以免让人耻笑。

郭子仪笑着说："你们根本不知道我的用意，我的马吃公家草料的有500匹，我的部属、仆人吃公家粮的有1000人。现在我可以说是位极人臣受尽恩宠了，但是谁能保证没有人正在暗中算计我们呢？如果我一向修筑高墙，关闭门户，和朝廷内外不相往来，假如有人与我结下怨仇，诬陷我怀有二心，我无所隐私，不使流言蜚语有滋生的余地，就是有人想用谗言诋毁我，也找不到什么借口了。"

几个儿子听了这一席话，都拜倒在地，对父亲的深谋远虑深感佩服。

中国历史上多得是有大功于朝廷的文臣武将，但大多数的下场都不好。郭子仪历经玄宗、肃宗、代宗、德宗数朝，身居要职60年，虽然在宦海也几经沉浮，但总算保全了自己和子孙，以80多岁的高龄寿终正寝，给几十年戎马生涯画上了一个完美句号。这不能不归之于他的深谋远虑。

人无远虑必有近忧，在细节上要见微知著。古语说：愚者谙于成事，智者察于未萌。智者善于见到一点苗头时就能知道事物的发展趋向或问题的实质，顺应事物的发展规律，早做打算，把不好的结果消灭在萌芽状态，或者把它引向好的方向发展。

王翦讨要封赏

秦王嬴政虎视六国，灭韩、除赵、破燕、降魏，进而图谋平楚。嬴政先征求将军李信的意见，问李信平楚要用多少兵。李信是连年征战的猛将，屡获战功，其轻敌之心流露于外，便大言说："不过用二十万。"嬴政不放心，又征求老将军王翦的意见。王翦是个足智多谋的人，权衡之后说："没有六十万人不行。"

六十万大军，等于将秦国主力全数征调出征，嬴政当然有些顾虑，只好自圆道："王将军老了，有什么可怕的！"派李信和蒙恬率领二十万兵伐楚。王翦见所言不用，又恐嬴政加害，便以病告退，回乡隐居。

李信和蒙恬出师，挟秦军之威，初战告捷，随即引兵深入。楚军在秦军轻敌的情况下，发兵攻袭李信，连破秦军两道营垒，斩秦军七名都尉，李信大败而归。

败讯传来，嬴政深感后悔，亲自到王翦的家乡去请王翦，不无悔恨地说："寡人不用将军谋，李信果然让秦军蒙受耻辱。将军虽然有病在身，怎忍心丢弃寡人！"如此言重，王翦还是推辞道："臣有病不能带兵。"嬴政不容王翦解释说："都过去了，不要再提了！"王翦见推托不掉，君命难违，只好说："一定要用臣，非六十万人不可！"嬴政只好答应。

六十万大军出师，嬴政亲自送行出咸阳五十里的霸上。在路上王翦一再向嬴政请求良田美宅，多得使嬴政感觉王翦的要求太过分了，不由说道："你安心去吧，何愁贫穷呢？"

王翦像一个小市民一样，斤斤计较地说："我作为您的大将，不能有功劳就讨要封赏，所以作为您的下臣，也要及时请求田地产业，好为子孙立足。"嬴政见王翦如此计较，不由大笑。

王翦兵发楚国后，又陆续派人奏请置办田产。有人询问其中的原因，他回答说："秦王疑心重，又不相信人，现在倾尽全国将士出征，大权在我。我多请

求购置田宅为子孙立产业,借以消除他对我的不信任。否则等他回头清静下来,就会加害于我。"

果然,王翦此举消除嬴政的疑心。以嬴政来看,王翦不过是贪图利禄而无政治野心的平常人而已,于是感到放心。因此,王翦才能一举灭楚,而终保一身荣华富贵。他不但自己善终,而且荫及子孙,其孙王离在秦二世时尚为将军。在统一全国和赵高当权之时,功臣宿将多遭杀害,而王翦家族能够保全,这不能不说王翦有先见之明。当然这是王翦成功运用瞒天过海之计,掩饰自己的锋芒,才能成此灭楚之功,而且保存自己。

要弄脏一条河流是很容易的,你的应变措施经常使事情变得更糟。但未澄清之水,你却不能通过动手动脚使其清澈,只能任其自清。拨乱之道,莫善于待其反正。不论是天道还是人道,一切应顺其自然。

不满情绪害死杨恽

西汉的杨恽为人重仁义轻财物,为官廉洁奉法,大公无私。可是好人很难一路平安,他正官运亨通,春风得意之时,有人嫉妒他,在皇帝面前说他对皇帝陛下心怀不满,表现得那么廉正只是为了笼络人心,以便图谋不轨。

皇帝虽然不喜欢贪官,但更害怕有人和他唱对台戏,哪怕你才干再好,品德再好,你如果敢对他稍有微词,便会招来灾祸。经人这么一告发,皇帝勃然大怒就把他贬为平民。看来没有让他身首离异,就已经是大慈大悲了。

杨恽本来官瘾不大,又乐得清闲,虽丢了官却也并不感到十分难过。原先做官时,添置家产多有不便。现在,添置一些家当,与廉政并无瓜葛,谁也抓不到什么把柄。于是他以置办财产为乐,在每天忙忙碌碌的劳动中得到许多平凡生活的乐趣。

他的一个好朋友听说这件事后,预感到他这样下去可能会闹出大事来,就连忙给杨恽写了一封信说:"大臣被免掉了,应该关起门来表示心怀惶恐,装出可怜兮兮的样子,以免别人怀疑,你这样置家产,搞关系,很容易引起人们的非议,皇帝知道了不会轻易放过你的。"

杨恽心里不以为然,回信给朋友说:"我认为自己确实有很大的过错,德行也有很大的污点,应该一辈子做农夫。农夫虽然没有什么快乐,但在过年过节杀牛宰羊,喝酒唱歌,来犒劳自己,总不会犯法吧!"

果然后来又有人向皇帝诬告说,杨恽被免官后,不思悔改,生活腐化,而且最近出现的那次不吉利的日食,也是由他造成的。皇帝不问青红皂白命令迅速将杨恽缉拿归案,以大逆不道的罪名将他腰斩了,他的妻儿子女也被流放到酒泉。

本来,杨恽以不满皇帝而戴罪免官之后应该听从友人的劝告,装出一副甘于忍受侮辱的逆来顺受的可怜样子,这样皇帝和敌人还会不注意他。即使是最凶恶的老虎,看到它的对手已经表示屈服,也会停止攻击。杨恽却没有接受教训,他还要置家产、搞活动、交朋友,这不是明摆着唱对台戏?好吧,治你一个大逆不道之罪杀了,你还能不满吗?杨恽不懂自保之法,不能忍住自己的不满情绪,不会提防皇帝和敌人抓住自己不满的把柄，终于酿成了自己被杀、家人遭流放的悲剧。

在事关性命的特殊时刻，不妨保守一点，屈己求全，暂时不违背上司，切不可当众人之面顶撞上司，即使自己是对的，也最好不要冒天下之大不韪以身试火，自招祸患。

李绩和李忱的“糊涂”

唐高宗李治将要立武则天为皇后，遭到了长孙无忌、褚遂良等一大批元老重臣的反对。一天，李治又要召他们商量此事，褚遂良说：“今日召见我们，必定是为皇后废立之事，皇帝决心既然已经定下，要是反对，必有死罪，我既然受先帝的顾托，辅佐陛下，不拼死一争，还有什么面目见先帝于地下！”

李绩同长孙无忌、褚遂良一样，也是顾命大臣，但他看出，此次入宫，凶多吉少，便借口有病躲开了；而褚遂良由于面对廷争，当场便遭到武则天的切齿斥骂。

过了两天，李绩单独谒见皇帝。李治问他：“我要立武则天为皇后，褚遂良坚持认为不行，他是顾命大臣，若是这样极力反对，此事也只好作罢了！”

李绩明白，反对皇帝自然是不行的，而公开表示赞成，又怕别的大臣议论，便说了一句滑头的话：“这是陛下的家事，何必再问外人呢！”

这句回答真是巧妙，既顺从了皇帝的意思，又让其他大臣无懈可击。李治因此而下定了决心，武则天终于当上了皇后。后来反对派长孙无忌、褚遂良都遭到了迫害，只有李绩官运一直亨通。

唐朝后期，皇室争斗极为惨烈，皇子不依顺宦官的都被杀害。李忱是唐宪宗的第十三个儿子，他幼时显得十分呆痴，极为沉默寡言，仿佛哑巴一样，宫中人都将他看成傻子。唐文宗、唐武宗是他的侄子辈，可一点也不尊敬他，经常拿他开心，以诱使他开口说话来取乐。

当唐武宗病危之际，宦官们以为像他这样的呆傻般的人物，易于他们控制，便立他为皇太叔，接着推上了帝位，是为唐宣宗。可当他一登基，召见百官，裁决政务，侃侃而谈，评判得失，全然合理，令所有的人都大吃一惊。

他在位十四年，收复失地，礼待大臣，从谏如流，俭约律己，敦睦兄弟，约束亲属，明察沉断，用法无私，是唐朝后期一个难得的中兴之主，人们称之为“小太宗”，讫于唐亡，人思咏之。

谨小慎微并不能一概而论都是坏事。像李忱这样的皇族成员，身处嫌疑之地，明显的扬才露己，不可避免地会遭到皇帝的猜忌，那结果是十分危险的，李忱的装傻，实在是一种出于不得已的自我保护。皇室内部斗争微妙而残酷，稍有不慎，便有不测，如何自保就显得尤为重要。

祁黄羊内举不避亲，外荐不避仇

祁黄羊“内举不避亲，外荐不避仇”是一个脍炙人口，人所共知的故事了。

一次，晋悼公问祁黄羊：“现在南阳缺县令，你看谁能胜任啊？”

祁黄羊说："解狐勤于政事，让他去吧。"

晋悼公说："解狐不是你的仇人吗？"

祁黄羊说："君主是问我谁能胜任县令，并没有问我的仇人是谁啊。"

又一次，晋悼公问祁黄羊："现在朝里缺个执法大臣，你看谁能胜任啊？"

祁黄羊说："祁午能胜任，就用他吧。"

晋悼公说："祁午不是你的儿子吗？"

祁黄羊说："你是问我谁能胜任执法大臣，并没有问我的儿子是谁啊。"

晋悼公见祁黄羊举不避亲、荐不避仇，就采纳了他的意见。

解狐和祁午到任后都很称职，表明祁黄羊既不计私仇，又不避嫌疑，荐人唯贤，一片公心。

郭子固的正气本色

古代有一位叫郭子固的人，他当官从来不搞贿赂，因此他的官途很不通畅。家人劝他学得圆滑一点，妻子则对他说得更为直接："廉洁有什么用，不过是个虚名。你没听人家说嘛，老实等于无能，公正等于吃亏，廉洁等于受穷。"

郭子固说："我这个人不敢以廉洁自诩，只是没有弄钱的本事而已。"

妻子说："现在社会风气就是这样，当官弄权，弄权发财。你就不会学着点，开始不会，时间一久也就学会了。"

郭子固说："尽管社会风气如此，我这个人，还是这个人，是改不了的呀。"

高贵的品质往往以平淡的方式表现出来，但却不会因为表现形式的平淡而失去其应有的光彩。做人就是要做出一点骨气来，不向错误的东西妥协，不与腐朽的东西同流合污。不管人世如何沉浮，尽显自身正气本色，这样的人必定会成为对社会有用的人。

韦诜选婿

唐代润州刺史韦诜，女儿长大成人，他暗中为女儿挑选夫婿，好长时间还没有合适人选。韦诜在子女婚嫁上十分谨慎，并不是要求门当户对，他需要的是人品。德行好，家教严格，便是良好的姻缘。

一天，韦诜登楼远眺，忽然看见一个人拿着铁锹，在花园里埋什么东西。他有意无意地去派人打听埋东西的是何人。一打听，原来那个人名叫裴宽，是润州的一个参军，为人十分仁义，从不愿接受贿赂，害怕玷污了家门。不久前，有名手下赠送给他一束干肉，裴宽不敢自欺，于是来到后花园中将干肉埋掉，恰好被韦诜看见了。

讳诜听得连连点头称赞，决定将女儿许配与裴宽为妻。女儿对裴宽也是一见钟情，两人终结秦晋之好。可是，韦诜族中的亲戚朋友，十分看不起裴宽，说他又高又瘦像稻秆。韦诜知道后说道："疼爱自己的女儿，必然将她许配给贤良之人为妻，又怎能以貌取人呢？"

后来，由于裴宽始终严于律己，光明正大，秉公办事，从一个参军慢慢升为礼部

尚书，这证明了韦诜的眼光有远见。

诸葛亮谋定而后动

徐庶走马荐诸葛之后，曾专门绕道卧龙冈，告知好友诸葛亮，言刘备不日即来相请出山。而诸葛亮当时仅以"君以我为享祭之牺牲乎"作答，且"拂袖而入"。表面看，诸葛亮的言行很是符合一个隐士清高的心理，不愿轻易去追逐名利。这也符合当时的现实：刘备正寄身于刘表篱下，仅借居弹丸之地的新野小县，很难成气候，但细细思之却是另一番情景。

诸葛亮"每常自比管仲、乐毅"，胸怀大志，老死卧龙冈终非己愿。而刘备来请他出山，则恰是他的夙愿，也很可能是唯一一次大展宏图的良机，他再清高也不至于"清高"到把人生、事业的机会轻易放过。

当时的刘备虽然势单力薄，偏居一隅，但其仁义之名声已满布天下，连一代枭雄曹操煮酒论英雄时，也称天下英雄唯有刘备与他二人而已；在司马徽转述荆州襄阳一带的民谣中，也把"天命有归""龙向南飞"应在刘备身上；连徐庶之母斥责曹操时也称赞刘备"仁声素著，世之黄童、白叟、牧子、樵夫皆知其名，真当世之英雄也"；而在"隆中对"时，诸葛亮更是当面称刘备"信义著于四海"。显然，诸葛亮心中早已有明君刘备。

这时诸葛亮面临的问题是：刘备不日即将来卧龙冈请他出山，而他出山后辅助刘备的战略构想尚未策划出来，倘若仓促出山，整日陷入战事之中，无暇再进行战略策划，事业成功的可能性就要大打折扣了。这就需要时间使他能在出山之前去搞一番调查研究，进行一番战略策划。但在此期间，又必须稳住刘备，让刘备对自己欲舍不能。而且有了这段时间的缓冲，对徐庶也是一个无形的交代，即：我是不想去当牺牲品的，我不是没有立即被刘备请出山吗？至于最后终于出山，那也是无可奈何啊！于是，诸葛亮就对自己的出山做了周密的策划，其主要内容为：

策划目标：争取时间，为即将辅助的明主刘备完成战略策划，并携之出山。

策划要求：争取到半年时间，以便自己外出调查，制定战略；烘托自己的才干，使来访的刘备更添渴求之情；谈论自己出山的意向，以取得舆论上的主动，并借机考验刘备的诚心。

策划实施：借助密友崔州平、石广元、孟公威、兄弟诸葛均、岳父黄承彦、童子等至亲知己与来访的刘备接触周旋，既为自己争取时间，也可侧面烘托自己的才干；自己以"云游不定""归期亦不定"为借口，外出调查打听消息，并策划制定出战略方针；一旦出山定天下的战略策划完成，自己便在茅庐中半掩柴门，高卧休整，以待刘备再次来访，从而用慧眼独具的战略策划折服刘备，从容出山。

《三国演义》中，诸葛亮这一出山策划圆满地得到了实施，并取得了如期效果。这可以从如下几方面看出：

第一，刘备一顾茅庐是头一年秋耕时分，二顾茅庐是寒冬飘雪时分，三顾则为次年春暖花开季节，前后约半年，正好让诸葛亮完成调查与战略策划。

第二，在"隆中对"时，诸葛亮纵论天下大势，如数家珍，言毕，还挂出一幅西川五十四州图，显然，这都是诸葛亮历时半年调查的结果。在当时的交通条件下，要

完成这样的调查，没有半年当然是不可能的。更可供推理的，则是诸葛亮如不想出山，不去调查，他何苦要绘来一幅西川地图？又何以为刘备先取荆州，再取益州，三分天下，鼎足而立之后再图天下的战略策划得如此头头是道？这绝不是躬耕于陇田、高卧于草堂之隐士信口可道的。

三顾茅庐图

第三，在刘备前两次顾临茅庐的过程中，诸葛亮相交最厚的四个密友，除徐庶已入曹营，崔州平、石广元、孟公威以及诸葛亮的岳父、弟弟、童子皆悉数出面，唯不见诸葛亮；而诸葛亮的这些亲友的言行举止，以及卧龙冈上且耕且歌的农人，其不露面其实均指向一个相同的目的，即：烘托出一个高士隐居的人文氛围，使刘备更加倾慕这个尚未露面的高士。

第四，经过一番策划实施，诸葛亮赢得了时间，完成了调查研究与战略策划，刘备也更“仰望（诸葛）先生仁慈忠义，慨然展吕望之大才，施子房之鸿略”，并留书表示“再容斋戒薰沐，特拜尊颜”。这时，诸葛亮便在茅庐中从容等到三顾而来的刘备，并以一席“隆中对”折服对方。面对刘备的诚心相请，诸葛亮只是稍做推辞，便慨然表示“愿效犬马之劳”，“不容不出山”了。

杨炎喜怒常形于色

唐朝著名宰相杨炎，虽然有宰相之能，却没有宰相之度。尤其是在处理与同僚的关系上，他恃才傲物，目中无人，喜怒常形于色。卢杞虽和杨炎同为宰相，但相貌奇丑，身材短陋，杨炎根本就没把他放在眼里。两人同处一朝，共事一主，但杨炎几乎从不与卢杞往来。

相貌丑陋内心自卑的卢杞对仪表堂堂的杨炎自然怀恨在心，于是先找杨炎手下亲信官员的过错上奏皇帝。杨炎因而愤愤不平，专门找卢杞质问道：“我的手下人有什么过错，自有我来处理，如果我不处理，可以一起商量，你为什么瞒着我暗中向皇上打小报告！”弄得卢杞很下不来台。于是，两个人的隔阂越来越深。

卢杞与杨炎结怨后自然寻机报复。后来卢杞设计排挤掉杨炎，独揽大权，不久又诬奏杨炎谋反，很快杨炎一命呜呼！杨炎的命是丧在自己极不圆熟的处世技巧上。

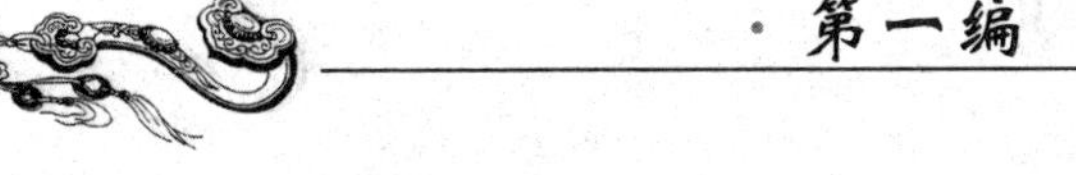

自古以来,凡成功者都善于驾驭自己情绪的。当然,人有时会高兴,有时不免忧愁,但千万不要被情绪所左右。情绪一旦表露在脸上,便容易被强烈化,有张扬之嫌。特别是在明争暗斗的职场上,一个不经意的微笑就有可能被误认为是轻蔑之笑,得意之笑;而似杨炎之流动辄便自命不凡,喜怒常形于色就更是应该避免了。"喜怒不形于色"常被人们认为是"城府深",似乎含有贬的意味,其实这是一种做人之道,是一种清醒的情绪自控。

曾国藩宽容待人

母亲对孩子可以说是无限的宽容,因此人们常常把大地比喻为母亲,坤卦喻为"大地",告诉人们应学会诚实宽容。在我们日常生活中,人与人之间难免出现矛盾,别人或许是无意中对你造成了伤害,如果不是什么大是大非,就应该试着去原谅对方。假使对人不能以诚相待,不能宽容他人,最终必然导致关系紧张,甚至结怨成仇。

历史上很多成就大事的人,深悟坤卦中蕴涵的"诚""宽"两字的要义,修养心志。曾国藩就是恪守诚宽之道,从湖南双峰一个偏僻的小山村,走上满清王朝的政治舞台,成为近代中国最显赫的历史人物之一。

曾国藩(公元1811年~1872年),乳名"宽一",或许是这一乳名的深刻含义在冥冥之中铺平了他的人生道路。小时的曾国藩聪颖过人,早年仕途并不顺畅,直至28岁那年入京赴考中进士才出现了命运的转机。此后十年连升十级,37岁任礼部侍郎,官至二品。因母丧返乡,恰逢太平天国巨澜横扫湘鄂大地,他因在家乡组建民团湘军,历尽艰辛为清王朝平定了天下,被封为一等勇毅侯,成为清代以文人而封武侯的第一人,后历任两江总督、直隶总督,官居一品,死后被谥"文正"。

曾国藩所处的时代,是清王朝由乾嘉盛世转为没落、衰败,内忧外患接踵而来的动荡年代,由于曾国藩等人的力挽狂澜,一度出现"同治中兴"的局面,曾国藩正是这一过渡时期的重心人物,在政治、军事、文化、经济等各个方面产生了令人瞩目的影响。这种影响不仅仅作用于当时,而且一直延至今日。

曾国藩一向主张"以能立能达为体,以不怨不尤为用",强调严以律己,宽以待人。作为权倾朝野的汉族重臣,曾国藩同样免不了受到满清皇族的猜疑和牵制,但这并不影响曾国藩的为人处世之道,他始终奉行的"待人以恕"的怀柔品德。这使他身边聚拢了一大批能臣将帅,而这种"诚宽"的品德又集中体现在他正确地处理与重臣左宗棠的关系上。

左宗棠只比曾国藩小一岁,但左宗棠屡试不中,科场失意,蛰居乡间,半耕半读。但左氏恃才傲物,自称"今亮",语言尖锐,锋芒毕露。这与曾国藩为人拙诚,语言迟讷的性格恰恰相反。咸丰二年(公元1852年),41岁的左宗棠才由一个乡村塾师入佐湖南巡抚张亮基,当了个"刑名师爷"。两年后,张亮基迁为湖广总督,左宗棠又入湖南巡抚骆秉章幕僚达六年之久。而此时的曾国藩已经是位重权高的显赫人物,曾、左虽非同僚,却同在湖南,"一山容不得二虎",曾、左之间常有龃龉。

曾国藩赞赏左宗棠的才干,并没有依循封建官场的陋习对他进行打压和排挤。公元1856年,曾国藩奏左宗棠在剿灭太平军的过程中接济军饷有功,因而,朝廷命

左宗棠以兵部郎重用。左宗棠得知自己的升迁与曾国藩有关，于是对曾国藩心存感激，但左宗棠性情刚直，在朝野上下得罪了不少人，尤其是在湖南"久专军事，忌者尤众"，于是碰上了樊燮事件。樊燮事件不仅让左宗棠丢了官职，咸丰帝甚至下密令"如左宗棠有不法情事，可就地正法"。幸得当时的一些朝臣知道"天下不可一日无湖南，湖南不可一日无左宗棠"，左宗棠才幸免于难。曾国藩也极力上疏为左宗棠辩解，在这种情况下，咸丰帝才有"弃瑕录用"的旨意，草草了结此案。

当时，曾国藩驻军安庆宿松，左宗棠来营暂避锋芒，曾国藩热情地接待了他，并连日与他商谈。曾国藩知道左宗棠有将帅之才，于是上奏朝廷说："左宗棠刚明耐苦，晓畅兵机。当此需才孔亟之际，或饬令办理湖南团防，或简用藩臬等官，予以地方，俾得安心任事，必能感激图报，有裨时局。"曾国藩在左宗棠极其潦倒，"四顾苍茫"的时候，向左宗棠伸出了援助之手。左宗棠也不负厚望，在贵溪、东平等地段多次阻击太平军，节节胜利。事后，曾国藩又在呈给朝廷的战报中写道："长江南岸700多里，只有左宗棠一军纵横驰骋，来回策应，这在清军之中是绝无仅有的。"

在曾国藩一再保举下，左宗棠于(公元1862年)二月重新被朝廷取用，受命为浙江巡抚。曾国藩也担心自己"树大招风"，一方面请求辞掉自己节制浙江军务的谕令，一方面把左宗棠推到了浙江的最高位置上。并根据曾国藩的奏请，左的部下蒋益澧也被提拔为浙江布政使。曾国藩如此谦让，又如此真心实意地为清朝廷保举人才，心中哪有半点对左宗棠的嫌隙之意？曾国藩这种不为名利的心胸也在很大程度上削减了满清政府对汉族重臣的猜疑，同时也为左宗棠开辟了一条顺畅的仕途。

同治二年(公元1863年)三月十八日，左宗棠被授命为闽浙总督，仍署浙江巡抚，从此与曾国藩平起平坐了。三年之中，左宗棠从被人诬告、走投无路的人，一跃而为封疆大吏，这样一日千里的仕途，固然出于自己的才能与战功，而如此不断的报功保举，也只有曾国藩才能做到。三年的仕途让左宗棠对曾国藩的态度发生了彻底的变化，后来左宗棠在挽曾国藩的联中，深情地写道：

谋国之忠，知人之明，自愧不如元辅；
同心若金，攻错若石，相期无负平生。

曾、左二人早期虽有龃龉，但因为曾国藩的宽怀大度，使左宗棠成为事业上最得力的帮手和生活中最知心的朋友。正如左宗棠自己所说的"同心若金，攻错若石"。共同的事业——中兴清室使他们走到了一起，这也正是曾国藩"待人以诚恕"的最好例证。

大地应天而动，不私其身，诚宽博大，厚德广纳。曾国藩的事业在风雨飘摇的时局中延续了几十年，就因为他遵循地之道，这种为人处世的法则也深深影响了他的属下和学生，曾国藩辞世时，他的学生——晚清名臣李鸿章对曾国藩的一生做了一个精辟的定论：

师事近三十年，薪尽火传，筑室忝为门生长；
威名震九万里，内安外攘，旷代难逢天下才。

胸襟坦荡，虚怀若谷是做人和交友的准则，人与人之间以诚相待，互相信赖，就能博取人们对你的支持和真诚相助，在人生道路上赢得更多的朋友，事业也就会因此而一帆风顺。

屯卦第三 ䷂

【经文】

震下坎上　屯[①]元亨，利贞[②]，勿用有攸往，利建侯[③]。

初九　磐桓[④]，利居贞，利建侯。

六二　屯如邅如[⑤]，乘马班如[⑥]；匪寇婚媾[⑦]，女子贞不字，十年乃字[⑧]。

六三　即鹿无虞，惟入于林中[⑨]，君子几不如舍，往吝[⑩]。

六四　乘马班如，求婚媾，往吉[⑪]，无不利。

九五　屯其膏[⑫]，小贞吉，大贞凶[⑬]。

上六　乘马班如，泣血涟如[⑭]。

【注释】

①屯：卦名。通行本为第三卦，帛书本为第二十三卦。

《周易》六十四卦，先有卦辞而后有卦名。卦名多出自卦爻辞，此《屯》卦的卦名即出自六五爻辞的"屯其膏"。有些卦名可概括该卦主旨，有些则否。《屯》卦则属前者。

"屯"字用为动词谓"聚"，用为名词则谓"聚落"（《汉书·陈胜传》集注"人所聚曰屯"），即村落、部落。其义与"村"同，《一切经音义》引《字书》"屯，亦邨也"（即村），《广雅·释诂四》"村，国也"。

"利居贞""利建侯"即说明"屯"之用为"邨"。建立部落而定居下来，必有酋长，即此"建侯"；部落之兴在于家族之兴，故必有婚姻，而《屯》卦六爻均与婚姻之事相关。

②元亨，利贞：此与"乾"卦卦辞的"元亨利贞"稍有区别。"乾"卦卦辞仅"元亨利贞"四字，是无条件的，绝对的；而本卦（及《随》《临》《无妄》等卦）则是有条件的，有限制语，即在"勿用有攸往，利建侯"的前提下方可"元亨利贞"。

③勿用有攸往，利建侯："用"字在《周易》中出现频率极高，很难以一个确定的词汇与之对译。总体说来，"用"谓可行，"勿用"谓不可行(《说文》："用，可施行也")，其义与"可"大致相应。"侯"，本义指通过比试射技而选出部落酋长，后指方国之君主。《屯》卦上卦为《坎》，"坎，险也"，故不可有所行往，宜定居立长。

④磐桓：即盘桓，进退徘徊。

⑤屯如邅如："如"，语辞。"屯邅"即"迍邅"，行进迟疑。

⑥班如："如"，语辞。"班"同"般"，即"盘"，进退回旋的样子。

⑦匪寇婚媾："匪"同"非"，帛本即作"非"。"寇"，寇抢，盗劫。在族内婚被禁止(《左传》"同姓不婚，惧不殖也")而初行族外婚时，即以抢的形式，被称作掠夺婚或劫夺婚。

⑧女子贞不字，十年乃字："字"，出嫁。"十年"，《正义》云"十者，数之极；数极则复，故云十年也"。疑"十年"为"七年"之讹。七年，为六爻的一个往复，"周易"所谓"七日来复"。

⑨即鹿无虞，惟入于林中："即鹿"，就鹿，追鹿。"虞"，谋度，虑度(或可释为虞人，掌山林之官，在此指向导)。此处"即鹿无虞"是比兴的写法，是就男方抢亲而说。亦可泛指为追求好的东西。

⑩君子几不如舍，往吝："几"也作"机"，谓见机行事。"吝"，不利。"往吝"，指继续去追鹿则不利。

⑪往吉：有两种解释，一说与"往吝"一样都是就男子而说；一说"往吉"是就女子而言，女子出嫁曰"适人"，与往同义。

⑫屯其膏："屯"，屯聚，置办。"膏"，肥肉。《周易》"膏"字两见，《鼎》卦九三"雉膏不食"，此"膏"疑即谓"雉膏"。古代婚娶要以雉雁等为聘礼，"屯其膏"，盖谓男方置办雉膏以备婚礼之用。《仪礼·士婚礼》："婚礼，下达纳采，用雁"。

⑬小贞吉，大贞凶："小"指"阴"，谓女子。"大"指"阳"，指抢亲的男方。小亦指小事，大指大事。

⑭泣血涟如："泣血"，泪淌如血。"涟如"，泪流不止的样子。此是古代掠夺婚的写照。《礼记》尚有"嫁女之家三夜不息烛"的说法，亦是女方被抢后亲人思念的写照。"血"为阴忧之象，此上面虽无占辞，而其占自明，《坤》卦上六"其血玄黄"与此同。

【译文】

屯卦：屯卦也具有创始、亨通、祥和、坚贞四德。初生阶段因为稚嫩而不堪大用，但不断积聚力量，奋发进取，终能建立公侯基业。

初九：事业初创时举步维艰，难免徘徊不前，但只要志坚不变，方正不阿，定能德感人民，建功立业。

六二：遇事三思而行，如同乘马赶路者徘徊选择方向；又如奋力摆脱强暴、追求婚姻美满的女子，宁可十年不嫁，决不眼前苟且。

六三：去森林里猎取野鹿，若无熟悉路径的人带路，只能在森林里跟着野鹿乱跑；因而聪明的人在这种情况下便停止追逐野鹿，如果继续追赶，不但徒劳，而且有

危险。

六四:抓住时机,勇往直前,就像乘马去求婚,一路之上不必徘徊,因为在他前面只有吉祥之事,并无不利的因素。

九五:积聚钱财,如果是备用于日常生活中的不时之需,就是好事;如果用于准备发动战争,就是坏事。

上六:艰难险阻,进退维谷;忧惧而悲,血泪如注。

【解读】

《屯》卦居于《乾》《坤》两卦之后,是因为紧接天地初创之后,是春雷发动万物萌生。喻以时事,则是在事业草创之初,危机四伏,这时宜把握方向,坚定不移于正道;积聚力量以求发展,不可轻举妄动;积聚力量之后,应当积极进取,不可滥施其力以致陷险而难以自拔。

【经典实例】

联想创业奇人柳传志

屯卦阐释了天地草创后,随之而来的是秩序尚未建立,混乱不安的苦难时期,但也是英雄豪杰建功立业的大好时机。当此时刻,充满危机,必然踌躇,难以把握方向,必须坚定纯正的信念,否则一失足成千古恨;必须坚定意志,不可因一时现象反常而动摇;应当明辨果断,知道取舍,不可轻举妄动。当处于进退两难的困境时,应当积极进取,才能使状况明朗,找到出路。当孤立无援时,应当退守自保,先求安全,再求发展。最后再以满盈告诫,物极必反,应知适可而止。

联想公司的前任总裁柳传志是一个创业的传奇人物。他领导的联想由11个人、20万元资金的小公司成长为中国最大的计算机公司。柳传志创业的时候,已经整整40岁了。1984年,柳传志的名字像今天中关村众多小公司老板的名字一样,普通得让人容易忘记。但20多年后的今天,联想已经成了全球IT业的著名大企业,2004年底又并购了蓝色巨人IBM的PC部门,实现了"蛇吞象"的高难目标。对许多立志创业的青年人来说,他的传奇故事是一种激励。

在总结创业初期的经验时,柳传志先是提到了立志问题:"立意高,才可能制定出科学合理的战略。"他对立意高低有一个形象比喻:"北戴河火车站卖馅饼的老太太,分析吃客都是一次客,因此,她把馅饼做得外面挺油,里面没什么馅,坑一把是一把,这就是她的立意。而盛锡福鞋帽店做的是回头客,所以,它的鞋怎么做也要合适。"

接下来,柳传志要做的最重要的事情就是争取追随者,他的方法很简单——取信于下属。

领导人争取追随者有两个关键步骤:一是,要使追随者相信将要为之奋斗的事业的伟大意义;二是,要使追随者相信,这个领导人有能力带领他们完成此项事业。柳传志总有办法让下属相信,跟着柳传志干联想一定能成功。这个"信"字很重要。"信"了,才会一呼百应,团结进取;"信"了,才会百折不挠,勇往直前;"信"了,才会令行禁止,服从大局。

柳传志强调立意，是因为他明白，公司发展进程中，肯定会遇到各种各样的难题，只有立意高，才能牢牢记住自己所追求的目标不松懈，才能激励自己不断前进；其次，如果立意不高，就必须不停地提出新的更高的目标，否则，稍有成功就会轻易满足；第三，立意高了，自然会明白最终目标是什么，不会急功近利，不会在乎个人眼前得失。

柳传志认为，学会做贸易是实现高科技产业化的第一步。“不把贸易做通了，再好的科研产品你也不知道怎样卖，不把制造业搞精良了，好的科研产品的一些特点也会被制造业的粗糙掩盖了。搞科研的人最怕做贸易，主要是这段苦他没吃过，一定要干下去，一定要对市场有个理解。会做贸易以后，看问题才会有穿透力。”

到 1987、1988 年，柳传志已经学会了做贸易，联想代理的国际某著名品牌计算机一个月能销好几百台。打通了销售渠道以后，柳传志要自己生产。“因为我们是研究计算机的人，总觉得自己有这个能力做。但当时是计划经济，联想很小，国家不可能给我们生产批文，我们怎么说都没有用，因为潜在的能力没有人相信。我们决定到海外试试，海外没有计划管着你。就这样，我们把外向型和产业化并作一步跨了。”

1988 年，柳传志和几个志同道合的朋友来到中国香港，手里只攥了 30 万港币，因此，他们到中国香港也只能和在国内一样，先从做贸易开始，通过贸易积累资金，了解海外市场。接着联想选择了板卡业务，然后打回国内，为联想个人电脑的成功奠定了基础。

联想的发展绝不是一帆风顺的。创业伊始，有一次柳传志去深圳追款，进出口商拿着联想的钱跑了。一行人在深圳住了三个月，玩命地追。三个月中，一到夜里两点钟就会有人被吓醒，心狂跳不止。等追回款，机器买回来，有的同事竟然说话语无伦次，后来到医院连续休息了两个多月，才逐渐调整过来。

在领导方式方面，柳传志认为，当企业小的时候，或者刚开始做一件全新的事的时候，一定要身先士卒。那个时候，领导是演员，要上蹿下跳自己去演。但是当公司上了一定规模以后，一定要退下来。“要做大事，非得退下来，用人去做。如果我一直身先士卒，就没有今天的联想了。”这种急流勇退的做法实为明智之举，一可以让有潜力有才干的年轻人脱颖而出，使事业充满活力；二则可以处在一个比较客观的环境中，能更好地看出事业发展过程中的得失，从而避免风险。

柳传志现在已经完全退到了幕后。公司的事情已经全权交由杨元庆等年轻的管理层主持，他只是谈谈未来的方向。这种顺利的交接使联想在全盛时期就顺利地完成了战略调整且能够协调地发展，从而避免了国内一般公司在领导人一旦退下来便导致公司业务停顿不前的局面。

柳传志的“站出画外看画”和“鸵鸟理论”在公司内外的影响很大：

“看画，退到更远的距离，才能看得清楚。看油画的时候，离得很近，黑和白是什么意思都分不清楚；退得远点，能明白黑是为了衬托白；再远点，才能知道整幅画的意思。”——“打这个比喻是为了时时提醒我们牢牢记住目标，不至于做着做着就做糊涂了，不至于游离目标之外。提醒我们不停地问自己，办联想到底是为了什么？”

“鸵鸟理论是为提醒自己应有自知之明，提醒我们从别人的角度考虑问题。当

两只鸡一样大的时候，人家肯定觉得你比他小；当你是只火鸡，人家是只小鸡，你觉得自己大得不行了吧，小鸡会觉得你俩一样大；只有当你是只鸵鸟的时候，小鸡才会承认你大。所以，千万不要把自己的力量估计得过高，你一定要站在人家的角度去想。你想取得优势，你就要比别人有非常明显的优势才行。所以，当我们还不是鸵鸟的时候，说话口气不要太大。”

人们无从知道柳传志是否读过《易经》，但是他在领导联想创业时的许多做法和思考，都暗合了《屯卦》中的许多道理。

从咨询顾问到 CEO

远卓管理顾问公司的首席合伙人、总经理李波去了浪潮通软做 CEO。

在李波的咨询顾问生涯里，有这样的记录：1993 年，取得德国基尔大学经济及工商管理硕士及经济学博士学位后，回国出任德国罗兰贝格国际管理公司上海首席代表、中国香港捷成集团首席顾问，1998 年成立远卓管理顾问公司；在李波服务过的客户名单上，可以看到：中国远洋运输集团、青岛啤酒、长沙远大空调等名字。李波说，他的远卓是成功的，可还是有些不满意。

为了寻求本土咨询业的崛起和为中国企业从本土上解决问题，他要暂时告别咨询顾问业，到企业中真正去实战一场。

“这是一个危险的选择。但是，我喜欢这样的游戏。”李波笑称。

41 岁的李波在中国做了 9 年的咨询顾问。他说自己实际上是个“卖药”的。

1998 年，李波创立远卓，从洋咨询到本土公司的创业者目的是为大量本土企业服务，“顾问还是可以帮助企业实现变革的”。李波希望本土的企业能够用一个很好的价格买到一个很好的服务。毕竟，对于很多的本土企业来说，请“洋顾问”还是有点贵，而且“西医”和“中医”在开处方的时候还是有区别的。李波认为，这些年自己是“中西医”融会贯通了。

咨询顾问这个角色,似乎总有一点为他人作嫁衣的味道。李波也不是不喜欢这样的角色,问题是做了这么多年的管理咨询顾问,一个困惑始终无法排解:当你完成一个管理咨询项目后,往往搞不清咨询顾问究竟是个"好医生还是坏医生"。这是一个难题,几乎所有的顾问们都遇到过。

"我给别人出改革方案,最后改革一般由企业的老总或者企业内部部门来实施。结果呢?对国外公司来说,方案大致能够持续推动下去,你的顾问价值也可以体现。但是,对国内企业来说,由于实施能力差,最后往往是,大家都不知道是我的药不好,还是病人吃得不好。"

"顾问行业这几年很热,很多企业也觉得应该找专业顾问。但是,热过之后大家又觉得失望,没什么价值。"

这是一个企业与咨询顾问都面对的现实矛盾。

在国内做管理咨询有些难,李波常想。

每当这个时候,他还感到有点沮丧。于是,就有自己去操作一把的冲动。萌发这个念头是在1995年为青岛啤酒做战略咨询期间。他说当时想跟老总彭作义说,让他来做销售公司总经理。结果是始终没有说出口。后来,为远大空调服务,两位张总也曾全力邀请李波加入,李波也心动过几回,可还是觉得卖空调与卖啤酒一样,始终与自己有那么一点不合拍。

寻找合适的对象,李波想:"能不能在远卓的客户里找一家高科技企业,我们投入大量的精力进去,把方案从头至尾实施。"

"我要证明方案是好的,医生也是好的。"不死心,李波。

自己去操作企业的冲动从来没有停止。1999年底,李波在清华大学与浪潮通软的总裁王虎意外的邂逅,最终达成了他的愿望。

李波与王虎,两人虽然相差十几岁,但是谈及国内管理软件的发展,某些想法却不谋而合。

一直以来,李波有这样一个想法:把一些管理的思想变成管理的产品,IT产品。

而对于国内管理软件市场,李波说他已经关注了三年。并且,一直在试图进入到这个行业。为此,1998年,他曾经找过用友的王文京;后来,又找过金蝶的徐少春,想跟他们合作推广德国scheer教授的管理软件产品,最终未果。但是,当李波与王虎提起此事时,王虎却说他们一直在用这个产品了。

"这是一个偶然,但是我认为很有意思。"李波是个很感性的人,他说他开始喜欢浪潮通软,喜欢和王虎合作。从一个咨询顾问走到了操作者层面,实际上是要求把企业的改革方案与改革实践和公司的运作三者结合起来。这显然是一个很大的挑战。

对于李波来说,以前是卖药给别人,现在是自己卖药同时也给自己吃。如果成功了,那也算是证明了自己还是一个好医生,要是失败了就不好说。李波有顾虑,但是,麦肯锡的创始人就是为了实施自己的方案而最后死在客户公司的,这个故事始终激励着李波。

最重要的是,李波认为中国应该产生像麦肯锡和罗兰贝格这样的管理咨询公司。而现实的环境在日趋成熟,大量的国有企业要转型,民营企业在规模化,企业需要咨询顾问,而且是本土优秀的顾问公司。"这是一个很大的机会"。而对于他和远卓来说也是一样的。

某些时候李波就像一个孩子,他总是说喜欢游戏,他把事业当成自己的游戏,可他是很认真地在玩,而且玩得很辛苦。

松下的艰辛创业

很多人都知道,松下电器是非常有实力的企业,但很少有人知道,如没有松下创业伊始的坚持,松下电器就要胎死腹中。

松下辞职办公司时,他手头的资本只有上班7年的退职慰劳金,大概相当于40天的薪水,按当时的日薪83分计算,合计是33.2日元,加上退休准备金20日元,总共不到100日元。这点儿钱能干什么呢?买一台机器或做一个模子就需要100日元。

松下开始犯难了,觉得自己的辞职也许是太轻率了。但“开弓没有回头箭”,他想总会有办法解决的。这时,他想到了自己的几个在工作中结交的朋友。一想到这些朋友,松下立刻又精神抖擞起来,觉得前途充满了希望与光明。接下来,松下一一说服这些朋友,历尽艰难,终于可以开始动手生产了。

可是,问题又来了。到哪儿去买材料?买多少?要怎样制造?……松下依然毫无思路,每一样都得从头做起。尤其是成品主体合成胶木的制法,他们完全不懂,只知道成分大概是柏油、石棉、石粉,可具体该怎样调配呢?

当时这种合成物的制造属于新兴事业,各工厂都把它当作机密,配方自然无从获取了。虽说他们事业的开端很艰难,但他们都很有冲劲,都不认为问题无法解决。

他们首先开始研究产品主体合成胶木的制造方法,同时调查原料价格等等。可是,合成胶木的成分配方,始终做不好。他们做了很多实验,也到制造工厂附近的垃圾堆里拣了一些废品回来研究,但都不成功。这使他们十分无奈。

就在不知如何是好之际,他们听说以前电灯公司的T,也正在研究这个问题。于是松下就和林伊一道前去拜访T,他们没费多少口舌,T便同意把“研究机密”告诉他们。

插座生产出来后,森田开始向各电器行推销。他几乎跑遍了大阪市,好不容易才卖掉大约100个,收到不足10日元的现金。后从各电器行里反馈来的意见就是:这种插座无法使用。

下面的目标十分明确,即试制产销对路的插座。但是,资金上哪儿去弄呢?

从7月到10月,4个月的心血和汗水,仅仅换来了区区不到10日元的收入。大家都清楚,再干下去,别说运作,连吃饭都成问题。

此时,森田和林伊离开了松下家庭工厂。现在就剩下松下和井植岁男子。松下很难过,也备感孤单。不过,松下能够体谅他们的难处:他们都有家有口,就算他们能做出牺牲,又拿什么养家糊口呢?

尽管如此,松下依然没有丧失信心,他孤注一掷,把自己和妻子暂时不穿的衣服都送进了当铺。在这样困难的时期,有夫人的支持,松下更坚定了从头再来的信心。

就这样,两用插座在艰难的挣扎中诞生了。从此,松下开始了他的辉煌历程。

车胤囊虫照读

据《晋书·车胤传》载,晋代时的车胤从小刻苦好学,但因家境贫寒,没有多余的钱买油点灯,这样他就无法在夜里读书。

一个夏天的晚上,他正在院子里闲坐,忽然见到很多萤火虫在低空飞来飞去。一闪一闪的光点,在黑暗中显得有些耀眼。他想,如果把好多萤火虫集中在一起,不就成为一盏灯了吗?于是,他就去找来一只白绢口袋,随即捉了几十只萤火虫放在里面,再扎住袋口,把它吊起来真的像一盏"明灯"。虽然不是非常亮,但是可以用来读书了。由于他的刻苦学习,后来终于学业有成,做了高官。

其实,不只是学习要刻苦,开创任何事业,都需要迎难而上的精神。虽然开始举步维艰,但只要你肯勇于面对艰辛,就一定会成功的。

外企里的高中生

刘可,瘦小的身材,身着一套极普通的便装,脚上踏的是一双已难分辨出是什么牌子的旅游鞋,肩上背着一个大行囊,手里还提着一个印着某公司名称的重重的大纸袋。如果不理会她总是肩背手提的负重样子,单从她梳着的一条随意的"马尾刷"和那条总是带着两个笑窝的稚气的脸上,你可能会认为这是一个最多上高中的女孩子。

但是,你也许不相信,这个貌不惊人、谦和的女孩子竟然是一家较有名气的外资企业的总经理的秘书。更让人不能相信的是,这个只有高中文化水平的女孩子,竟敢于面对两位不同国籍的经理——一位英国籍经理,一位法国籍经理。她不仅让他们承认了她,而且有时还能听命于她的"发号施令"。

一年多前,她踏进了目前就职的这家公司。尽管好朋友曾劝告她,在外企就职,对于她这样一个只有高中文化水平的女孩子,本来就很艰难了,又要面对两个不同国籍、有着不同文化背景的外国老总,工作难度简直不敢想象。但外柔内刚的刘可,越是不可思议的事,她越是觉得富有挑战性,越是有兴趣。

刚进公司那段日子是最难熬的。总经理们只把她当成个干杂事的小职员,不停地派些零七八碎的事情让她做,同事们也当她是个毛孩子,刘可委屈得不知流了多少泪水。但她忍耐着,寻找着让别人认识自己的机会。

圣诞节到了,公司让刘可组织安排每年一次的休假、娱乐活动。虽然这只是一次娱乐活动,刘可却把它看作是转变自己位置的重要机会。她精心地选择娱乐地点,不辞辛苦地亲自先去调查环境和娱乐项目,跑遍了城里的几个小商品批发市场,精打细算地选购回来一包包精美价廉的礼品。那些日子,她来回奔波,人也瘦了一圈,但她还是出色地完成了这次任务。这次圣诞节的活动花费对公司来说并不很大,叫员工们玩得开心愉快,为此她第一次得到了老总的称赞。

除了把工作做得周到细致外,她还把自己所能见到的各种文件,全部都抢到自己的工作台上,只要有空就去认真翻阅琢磨,了解研究公司的业务。对于外文文件

的文字障碍，就不厌其烦地去翻看她的那两本无声先生——英文字典，法文字典。时间久了，她对公司的业务可以说了如指掌，为自己进入通畅的良性工作循环状况做了坚实的准备。

外文水平在与日俱进，这种速度令她自己都吃惊不小——业务方面的外文文件看起来盲区少多了。

作为一个大公司的职员，没有足够的现代知识武装头脑，失去生存机遇的可能性就是百分之百。所以，她给自己制定了严格的学习计划——学习外语，学习计算机。在她的时间表里，休息日的概念早已模糊。在正常的五天工作日，她必须像其他的职员一样坚守工作岗位，而身为总经理的身边工作人员，又需要她为总经理们的活动做好一切安排。她要把老总们所要做的一切安排得井井有条，以便老总们眼到明白，手到事情就能处理。为此，她常常都要加班，时间在她那儿已被挤压得没有什么空隙，经常是别人都快下课了，她才急匆匆地赶到，抱歉地向老师打个招呼，就全神贯注地进入了学习状况，有时又是留恋地不得已提前退出了课堂。就是这样，她还是风雨无阻地坚持着。她常说，等我有了钱，我会给自己一个安稳的、理想的学习环境。

困　难

张先生40来岁，身材矮壮敦实，前额宽阔，鬓角微秃，比起实际年龄，显得苍老了些。张先生现在的身份是一家广告公司的法人代表。是一个没有上过大学的农民经过十几年的努力，一手创办的。

虽然，他的成功与网络精英的成功无法相提并论，但他坚韧的性格却让人感到了火一样的热诚，他就是凭着这种热诚一直坚持到今天。

张先生是一个地地道道的农家子弟，小时候从上学的那一天开始，爹娘就盼望着他能考上大学，从这个穷乡僻壤的山沟里挣脱出去。

从小学到中学，每天读书要走十几里山路，有时赶上下雪天气，一不小心跌倒在雪坑里，要费好大的劲才能爬出来。走到学校时，融化的雪水已经把棉衣棉裤冻在了身上，就像一层坚硬的铠甲。

晚上放学归来，同样要走十几里山路，冬天北方的日照时间短，回来时，天已经黑透了。山村里没有电灯，油气灯又很贵，家里点不起。他就找来松树皮点火照明，松树油吱吱啦啦地燃烧着，微弱的光亮把黑暗撕开一条裂痕。他就在那一丝微弱的光亮中，忍着呛人的浓烟，艰难地看书，写完作业。第二天早晨起床时，发现全家人的鼻孔都是黑的，一家人都被松木烟熏得头脑发胀。后来他偷偷地拿到了父亲看青用的手电筒，躲在被窝里看，把电池里的电消耗精光，害得父亲深一脚浅一脚不知走了多久才回到家里，张先生当然少不得父亲的一顿好揍。

终于到了高考的那一年，母亲为了供他上高中，含泪卖掉了不到一百斤的猪。可是他在初中读书的那个学校，从来没有开过外语课，面对外语课本，如同面对天书一般无法解读。他拼命地用功，夜以继日地苦读，可是这一切努力都无法使他在最短的时间里学会外语。

高考的结果是可以想象的，他也像路遥笔下的高加林那样，重又回到了养育他

的那个偏僻的小村庄。

辛辛苦苦地读了十几年书,重又回到了父辈的行列,人总是在离开了泥土之后重又归于泥土,这也许就是命运不变的轮回。

他在乡办中学代课的时候认识了他现在的妻子,他的妻子是师范学校的毕业生;在乡下人的眼里,是念过大学的人,虽然不指望女儿嫁给多大的干部,但也希望门当户对的人做他们的女婿。

当她的父母得知女儿要嫁给一个农民的时候,都坚决反对,他们不愿看到女儿受苦。也许爱情更像岩石里的花,越是苦难越是萌发。他们结婚的时候,女方的父母都没有露面。但这一切都不能阻挡他们,一间茅草房成了他们构筑爱情的天堂。

他们就像檐燕衔泥一样,苦心经营着他们的日子,他们没有想到,生活的海上也会出现暗礁。

就在这一年,乡政府动员村民种植甜叶菊,甜叶菊的叶子可以加工成糖甙,供应国际市场。

第一年,乡里的领导组成小组,挨家挨户地动员,却收效甚微。可是那一年秋收的时候,三亩甜叶菊卖到了1.2万多元。于是他决定,痛下决心,大干一场。

好不容易盼到了秋天,甜叶菊丰收了。可是甜叶菊的收购价格从去年的5元掉到5角,村民找干部,干部找乡长,一直找到县里,一级一级地找上去,得到的答复是:东南亚金融危机,国际市场疲软,供大于求,我国几个生产厂家,产品质量与国际质量标准还有一定差距,所以货卖不出去,没钱收原料。村民闹腾到最后,就得到了这样几句话。

雇工的工资要付,银行的农业贷款要还,算来算去的结果是,他欠下了一屁股债。为了还本付息,他还得去苦苦奋斗,所有的路只剩下了一条:进城去打工。

吃过了"初一的饺子,初二的面",张先生带着不多的行李,辞别了家人,迎着早春凛冽的风,加入进城打工的行列,他的妻子和儿子站在村头远远地向他挥着手。

城市,对于一个向往挣钱的农民工来说,也许是梦中的天堂。可是一旦真实的城市裸露在他们的面前时,城市确实有她独特的魅力,却也有她藏不住的丑陋。

张先生来到省城,先是找到了一位同乡,求他帮助介绍一份工作,这位同乡也很同情他的处境,无奈眼下城市工人也都纷纷下岗,想找一份稳定的工作真是比登天还难。这位同乡很早就进了城,经过了十几年的奋斗,现在已经买了一辆农用汽车,每天站在路边等待雇用拉脚的活儿,经他介绍,张先生开始了他站在路边等人雇佣的农民工生涯。

马路边是一个特殊的"单位",在这里人分三六九等,像张先生这样初来乍到的,自然只有受气的份儿了。每当有雇主光临惠顾,他总是抢不到前边,等到有了又脏又累,别人不想去的活儿时,才能轮到他的头上。他就这样,在生活的缝隙里艰难地活着,每天他吃的都是最低水平的饭菜,只要能填饱肚子就行,他把每一个用血汗换来的铜板全都攒起来,用来偿还沉重的债务。

没事的时候,他总是坐在马路牙子上看书,凡是能找到的有字的纸,都成了他的宝贝,出去干活时怀里还揣着一本揉搓得破烂不堪的《小说月报》。

张先生最愿意干的是给读书人搬家,搬家的时候他很注意收集别人丢弃的废纸,有些稿纸已经发黄变脆,有的还沾过油渍,他把这些大小不一的纸钉在一起,每天趴在床上一直写到深夜。

有一次，张先生遇到了一位老人晕倒在马路旁，围观的人很多，可是没有一个人伸手将老人扶起，张先生将老人背起来送到医院，然后又在病床边一直守着，直到老人醒来。

老人原来是一所大学的教授，他是因为心脏病猝发而晕倒的。老人醒来后，当他得知是一位农民工救了他的命，老人十分感激，老人的子女坚持要付给张先生一笔钱，作为酬谢，却被张先生婉拒了。后来，张先生与老人成了忘年之交，一次，张先生拿出自己在马路边写成的"作品"请老人批评指正。老人看了以后，对他说，你写的东西距离发表还有一定距离，但是却从你的文字里，看到了一种新鲜的东西，那些俚语、俗语都非常鲜活而生动，不是躲在书房里的作家们能写出来的。

当老人得知张先生的理想是想当一名作家，而眼下的处境又十分艰难的时候，平生不求人的老人给他的学生打了电话。他的学生毕业后开了一家广告公司，老人介绍张先生去搞文案和策划。张先生对于广告行业是个门外汉，但他有决心将这份工作干好，他比任何人都知道，得到一份工作不容易。广告公司的工作必须从基层做起，张先生没有固定的客户，没有过硬的社会关系，想要在广告界立足谈何容易！

但是，张先生生来有一种不服输的劲头，他没有社会关系，只能拼耐力、体力，为了拜访客户，他一个冬天，走坏了三双鞋，有一次，为了争一家客户，还被另外一家广告公司的业务员打得鼻青脸肿。好在广告公司的工资上不封顶，张先生平生第一次领到了1500元的工资，拿到这笔钱的时候，张先生像孩子一样哭了。

每月的20号是广告公司发薪的日子，张先生为自己规定了假日——每月21日回家，这是他自己的节日。只有在家里，他才能够充分地享受到家人带给他的那份欢乐。只有脚踏在家的土地上，他的心才感到踏实。

过了这一天，他就带着妻子给他做的咸菜赶回城里去上班，如今不用再去马路边等活儿了，为了工作的需要，妻子还为他添置了一套西装。可是他心里知道，无论如何，他目前仍旧是一个农民工，只不过是打工的方式略高于原来的形式而已。

他的岳父仍旧怪他不务正业，怪他扔下家里的地不种，老婆孩子不管，偏偏要进城拉什么"广告"。但妻子却理解他，妻子对他说："你看我们这个村里的人，几千口人都不离开家门，也活得挺好的，只有你一个人想闯，几千口人里才出了你这么一个，我不拦你。"他知道自己这一生欠妻子的情债是还不清的了，情到深处便没有了语言。

张先生经过了几年的努力，成为一个小有名气的广告策划人，后来他的老板准备出国，他就盘下了公司，自己做了老板。如今的张先生，在乡亲们的眼里，已经成了进城上班的人，而在城市人的眼里，他还是一个农民。

在这个城市里，没有属于他自己的房子，无论是家，还是公司，都是租的房子，他的妻子为了照顾他的生活，也从农村来到了省城，辞去了在乡下小学教书的工作。父母年迈，每年都要住几次院，孩子上学要交一笔不菲的借读费——而他自己，每天都要奔跑于客户和媒体中间。为了拉到一笔广告，张先生要请客吃饭，但他对自己却非常吝啬，经常是打的送走了客人以后，自己赶末班车回家。

在他的生活里，生存的话题显得过于沉重，但他并不气馁，"如果不当总统，就当广告人!”张先生每一次招聘员工的时候,他都这么说。

通观《屯》之全卦,旨在阐明初生萌芽及创业的艰难。天地之初,草昧迷惘,大自然的一切,都混乱而毫无秩序。要从这里开创自己的新事业,又谈何容易!但新生事物,并不因艰难困苦而退缩不前,相反,君子知几而动,正是经纶天下大有作为的时期。

郑板桥落入圈套

清代著名书画家、“扬州八怪”的代表人物郑板桥擅长画竹、兰、石、菊,字写得也棒。当时,慕名上门来求他字画的人不少。不过,郑板桥恃才傲物,鄙视权贵,一些达官显贵想索求书画,哪怕推着装满银子的车来,也被拒之门外。

有位大富豪新盖了幢别墅,豪华富丽,但就是缺少点斯文气息。于是他想让郑板桥给他画两幅字画来个高雅脱俗。登门求了多次,都被郑板桥借口推辞了。

一天,郑板桥出来散步,忽然听见远处传来悠扬的琴声,曲子甚雅。于是,循声而来,发现琴声出自一座宅院。院门虚掩,郑板桥推门而入,眼前的情景让他大感惊讶:庭院内修竹叠翠,奇石林立,竹林内一位老者鹤发童颜,银髯飘逸,正在拂琴而鸣。哎呀,这不分明是一幅图吗?

老者看见他,立即戛然而止,郑板桥见自己坏了人家兴致,有点不好意思,老者却毫不在意,热情让他入座,两人谈诗论琴,颇为投机。谈兴正浓,突然,传来一股浓烈的狗肉香,郑板桥感到很诧异,但口水已经忍不住要流下来了。一会儿,只见一个仆人捧着一壶酒,还有一大盆烂熟的狗肉,送到他们面前。

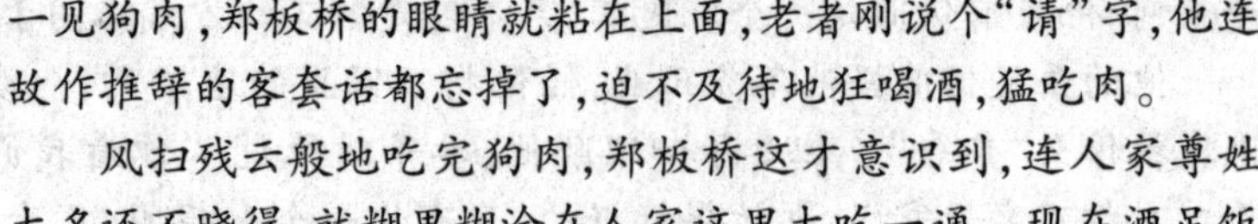

一见狗肉,郑板桥的眼睛就粘在上面,老者刚说个“请”字,他连故作推辞的客套话都忘掉了,迫不及待地狂喝酒,猛吃肉。

郑板桥画像

风扫残云般地吃完狗肉,郑板桥这才意识到,连人家尊姓大名还不晓得,就糊里糊涂在人家这里大吃一通。现在酒足饭饱,总不能就这么一甩袖子,说声“拜拜”就走吧!于是提议给老人家画几幅字画以作纪念。

老者找来纸笔,郑板桥画完,又问老者的名,老者报了一个,郑板桥觉得耳熟,但又想不起来是怎么回事,还在落款处题上“敬赠某某某”。看看老者满意地笑了,这才告辞离去。

第二天,这几幅字画就挂在大富豪别墅的客厅里,大富豪还请来宾客,共同欣赏。宾客们原以为他是从别处高价购买来的,但一看到字画上有他的大名,这才相信是郑板桥特意为他画的。

消息传开后,郑板桥简直不相信自己的耳朵。他又沿着那天散步的路线去寻找,发现那原来是座无人居住的宅院,这才意识到,自己贪吃狗肉,竟然落入人家的圈套,上当啦。

俗话说:拿人家的手短,吃人家的嘴软。有极少数人会送一些小恩小惠来换取自己更大的不正当利益。如果接受了别人的好处,就会在原则问题上不能客观公正而又明智地坚持自己的立场,显得底气不足,就会犯错误。所以,不要接受突然而至的无端好处。

陈毅同志说过:"莫伸手,伸手必被捉。"一旦接受了人家的好处,占了人家的便宜,再拒绝起人家的请求来,就不那么好意思开口了,尤其是面临有些人想以此谋取不正当利益的情况。所以,要做到诱惑面前知道取舍,不以身试险。大是大非面前,要头脑清醒,有所为有所不为,不做损人又害己走上不归路的蠢事。

卓氏舍近求远抉择正确

巴蜀一带的卓氏,不仅是当地著名的巨富,而且在全国都有点名气。卓氏的祖先是战国时期的赵国人。在那一带,老卓家冶炼的铁器远近闻名。

秦灭赵国后,曾经把天下富豪迁到首都咸阳一带,以便加以控制,防止他们闹事。赵国一带的富豪却是被迁到蜀地去的。那时交通极不方便,蜀道难,难于上青天。卓氏夫妇不畏艰险,推着车子,来到了西南的蜀地。

蜀地地域辽阔,土地肥沃,人烟却很稀少。不少外地迁来的人,都希望在离内地近一些的葭萌关一带定居。为达到这个目的,他们还不惜花钱贿赂主管他们的地方官吏。

卓氏来到蜀地之后就想,既然远道而来,就该找个能发挥自己长处的地方。卓氏主动要求到较远的临邛一带去,他说:"葭萌关土地瘠薄,岷山之下才土地肥沃,到死也不会饥饿。那里的百姓善于纺织,做买卖比较方便。"原来,卓氏心里早就有谱了。土地肥沃的地方买铁器工具的人才会多,商品买卖盛行的地方便于做生意。

卓氏到临邛一带定居下来,找到了丰富的铁矿石资源,便重操旧业,招兵买马。高炉树起来了,风箱响起来了,铁器冶炼锻造越搞越红火,这一带铁器的普及比起内地来要差多了。

蜀地是天府之国,西南少数民族聚居的地方铁器缺乏。卓氏找到了天然的巨大市场,他的铁器生产的越来越多,买卖越做越大,生意越来越好。他的工厂规模,在当时已不算小,拥有800多名家奴。平时靠冶炼赚足了钱,心情好的时候到风光绮丽的原始森林旅游,到天然牧场射猎。这种生活,王侯也比不上。

卓氏舍近求远的故事启示我们:一个人无论是在商场还是在职场,为了谋取发展,既要敢于争夺市场,又要善于开辟自己的市场。在一个竞争对手集中的地方奋力搏杀,能够获取一席之地,实属不易。如果转换思路,避开激烈的较量,去一个新的地方开辟市场,也许会轻松便捷地取得成效。

鄂尔泰训诫弟弟奢侈

鄂尔泰在清朝雍正时做云贵总督,后来任武英殿大学士。他虽身居高官,但生活俭朴,他曾多次告诫自己的子女及家属万不可奢侈享受,否则祸必从侈起。他训诫弟弟奢侈一事为后人称道。

鄂尔泰的弟弟鄂尔奇从小和哥哥一起长大，但是二人性格、品质却大不相同。鄂尔泰做官之后，一如既往；而鄂尔奇做官之后便开始讲排场，追求享受。鄂尔泰曾多次告诫弟弟，不可以一时得志而忘乎所以，鄂尔奇出于对哥哥的尊重，总是口头上答应，而行动上并未有所收敛。

雍正五年，雍正帝提拔鄂尔奇为提督九门步军统领兼兵部尚书。鄂尔泰得知此讯，深感不安。他知道弟弟虽有才，但并不能以国事为重，而步军统领、兵部尚书均为掌握兵权之要职，这样一来，很可能会使鄂尔奇更加忘乎所以，这对他的前途是不利的。于是，鄂尔泰面见雍正帝，"力争不可"。

雍正帝笑着说："卿虑尔弟反耶？"鄂尔泰回答曰："兵权归一，不可启后世。"雍正帝不以为然，仍坚持己见，其实，他并不了解鄂尔泰的真实想法。鄂尔奇升官之后，果然不出鄂尔泰所料，生活更加腐化。对此，鄂尔泰有所察觉，也有所耳闻。

一次，鄂尔泰退朝之后，路过鄂尔奇家，便想了解一下弟弟的情况。当他走进弟弟的宅院之后，立刻感到这里豪华过度，心中十分不安。他来到鄂尔奇的书斋，掀开门帘，正要迈进，"见陈设都丽，宾从豪雄"，于是，一怒之下，"不入而去"。

鄂尔奇发现哥哥掀帘不入，立即追了上去，"急诣兄问故"。鄂尔泰站在庭院当中，当着众人的面，严厉斥责说："汝记我兄弟无屋，居祠堂时耶？今甫得志，而侈陈若此！吾知祸不旋踵矣。"鄂尔奇听罢，痛哭不已，并跪在鄂尔泰面前，请求宽恕。看到弟弟有悔改的愿望，鄂尔泰才算作罢。

以后，鄂尔奇每当听说哥哥要来，总要先将珍宝收藏起来才敢相见。然而，他并没有真正听进哥哥的告诫，虽然一时骗过了哥哥，但终于在雍正十一年（1733年）因贪赃枉法被治罪。

人生在世，不会"舍"就不善于"取"；无所不为，反而可能无所作为。生活有追求，也应有放弃。对普通人来说，因为利益所在，下决心放弃也是一种困难；事业刚开个头就要放弃，实在于心不甘！许多人为这种不愿割舍的情感付出了沉重的代价。做人应当见机行事，当舍则舍。如果固执冒进，必然会有凶险，留下遗憾。

人生中要学会选择，懂得放弃。孟子有一句名言："人有不为也，而后可以有为。"人生苦短，活着便是不易。聪明人知道有所不为，知道趋吉避凶，有的事情一定去做，有的事情一定不做，有的事情可做可不做，顺其自然。

灵活变通是一个成大事者人格的智慧。做人要有所选择，有所放弃，适时应对变化了的情况，选择最有利于自己的形势去前进、去拼搏，去相机而动。生活中不少人勇于放弃，为今后的发展保留了本钱。

孙广信放弃将军梦

广汇集团老总孙广信从小就想成为一名将军，为了实现这个梦想，18岁那年他入伍了，在部队一呆就是9年。当改革的大潮已从农村涌向全国，改革春风渡过玉门关，吹遍天山南北时，也冲荡着军营。它迅速地改变着人们旧的思维轨迹，也重新校正着孙广信的人生方位。最终，孙广信放弃了当将军的梦想，在另一片天空里找到了自己人生的价值，这就是创办了广汇公司。

20世纪80年代中期，上级领导派孙广信到某部修理所代任指导员，专门主管

生产经营。孙广信带上七八台车从乌鲁木齐开往兰州拉运铝锭和其他物资，往返一趟八九天，半年内就给单位挣了五六十万元。

这件事深深地撼动了孙广信，经济王国无疑也是一条辉煌的人生之路。脚踩中国和外国两个市场，27 岁的孙广信心中升腾起了一阙更加雄壮的乐章："我要用 15 年时间创办一个全国一流的企业。"

他要求转业没有获准，再次要求复员。几经波折，这位年轻的军官在 1989 年 3 月的一天终于被获准复员，还领到了属于他的 3200 元复员费。他用这笔复员费同几个部队下来的伙伴东借西凑弄了 3 万多元，在乌鲁木齐市创办了一个公司，取名叫"广汇"，意为"广纳百家之财，广交天下朋友"。从此，孙广信商海中扬起了他生命的风帆。10 年的努力经营，广汇公司已经成为国内很有名气的大企业。

一心想做大的孙广信从 1998 年开始兼并濒临倒闭的国企，到 2001 年上半年，它先后承债式地兼并 18 家国有企业，债务、人员（包括离退休在内）、资产要一揽子担起来，这对广汇来说是一个巨大的挑战。企业从原来的 4000 多人，一下子涨到 2 万人，行业囊括了十多个领域。广汇在 13 年的时间里，资产已累积到 66.63 亿。

孙广信立足新疆、利用改革开放的南北时间差、观念差"乘虚而入"，创造了一个又一个奇迹，掘了一桶又一桶金，终成新疆最富有的人，在 2002 年度《福布斯》中国富豪榜中，他已名列第 3 位。

不要事事都想做

有一个中学数学教师，曾因参加县文化局举办的群众文艺活动，产生了当作曲家的念头。他把微薄的工资几乎都投在购买音乐资料和器具、走访名家上。

一位作曲家曾明确告诉他，作为业余爱好是可以的，作为终生追求他缺少基本条件。但他仍坚持追求，四十多岁了还孤身一人，教本专业数学课提不起精神，教中学音乐课又嫌档次太低，心态严重失衡，学校只得将他"闲置"起来。而他由于"创作"过分劳累，不注意锻炼身体，已落得病魔缠身。

相反，生活中不少人勇于放弃，为今后的发展保留了本钱。牛仔裤的发明者如果像其他淘金者一样，义无反顾地挖下去，吊死在"淘金"一棵树上，牛仔裤就与他失之交臂了。鲁迅、郭沫若原本是学医的，如果他们不改弦易辙，也许会成为名医，但绝不会有后来的杰出文学成就。如果发动"秋收起义"的毛泽东继续执行攻打长沙的计划，必将是以卵击石；放弃计划，向山区撤退，却找到了一条"农村包围城市"的道路。真是"退一步海阔天空。"

放弃是一种智慧，更需要胆识和勇气。正如爻辞所说，聪明的人们知己而行，不为小利而涉险盲动；而是果断舍弃，从"往吝"的艰难险途，转向了通往成功的康庄大道。

君子要有所建树，就必须有所为有所不为，谨慎开局，迈出胜利的第一步。

卧薪尝胆，越王终成霸业

有志者，事竟成，破釜沉舟，百二秦关终属楚；

苦心人，天不负，卧薪尝胆，三千越甲可吞吴！

这是一副励志对联，用历史的史实解说了屯卦所蕴涵“刚柔始而难生”的道理，告诉人们在成长的道路上充满了挑战，要经历种种考验，饱受磨难。其中“卧薪尝胆，三千越甲可吞吴”说的就是越王勾践的故事，在现代人的脑海里，越王勾践已经成为在苦难中奋发而为的英雄化身。

在春秋（公元前 770 年～公元前 476 年）后期，在长江下游崛起的两个国家——吴国和越国，为了争夺霸权，两国之间战争不断。

公元前 494 年春，越王勾践得到吴王夫差准备攻越的消息后，决定先发制人，出兵攻打吴国。吴王夫差在伍子胥、伯嚭的辅助下，派出精兵，迎战越军于夫椒（今江苏苏州西南）。由于吴军实力较强，越军在准备不充分、兵力不够充足的情况下大败而归，最后只剩下 5000 人，退守会稽山（今浙江绍兴东南）。吴军乘胜追击，把会稽山包围得水泄不通。在这生死存亡紧急关头，勾践采纳了范蠡的建议，决定以屈求生。勾践一面准备死战，一面派文种以美女、财宝疏通吴太宰伯嚭，去向吴王夫差求和，让夫差允许越国作为吴的属国存在下来，勾践愿做吴王的臣仆，忠心侍奉吴王，否则勾践将“尽杀其妻子，燔（烧）其宝器，悉五千人触战”。在接受了大量贿赂的伯嚭的劝导下，最后吴王夫差准许议和，撤军回国。

不久，越王勾践履行和约，和范蠡一道去吴国给夫差当奴仆，王后也做了吴王夫差的女奴。勾践为吴王驾车养马，他的夫人为吴国打扫宫室。他们住在囚室，秽衣恶食，极尽屈辱而从不反抗。由于勾践能卑事吴王，同时又贿赂伯嚭，最后，勾践终于取得了吴王的信任，3 年后被释放回国。而 3 年之中，文种没有辱没吴王交付他治理国家的使命，越国不仅度过了因战争而引起的困难时期，还恢复了往日的繁荣。

越王勾践回国后，他在坐卧的地方悬挂了苦胆，吃饭的时候要先尝尝苦胆的滋味，日夜思量着有朝一日报仇雪恨。他用文种治理国家，用范蠡训练军队，积极发展经济，积蓄力量。还下了一道“罪己诏”，检讨自己使很多百姓在战场上送命的失误。他还亲自去慰问受伤的平民，抚养阵亡者的遗族。勾践还针对越国战败后人口减少、财力耗尽的情况，制订了休养生息的政策。由于改革内政，减轻刑罚、赋税，提倡百姓开荒种地，越国在 10 年中没有向人民征收赋税，百姓每家都有 3 年的粮食储备，越国百姓亲近他的感情，如对父母一般。

勾践对内改革的同时，还开展卓有成效的外交战。对吴国，他经常地送给夫差优厚的礼物，表示忠心臣服，以消除他对越国的戒备，助其骄气，麻痹腐蚀夫差。同时用高价收买吴国的粮食，造成吴国粮食紧张，破坏吴国经济。他为了消磨吴王夫差的意志，将西施和另一个叫郑旦的美女送给了他，自此吴王沉湎在西施和郑旦的温柔乡中，不能自拔。西施还利用她的姿色离间吴王和大将伍子胥的关系，伍子胥以自杀而终，这就为越国灭吴国清除了障碍。这一系列的措施，不仅壮大了自己，而且削弱了敌人，灭吴也就成了指日可待的事了。

公元前 482 年，夫差为了称霸中原，带 3 万精锐部队远征，国内空虚，给了越王勾践以可乘之机。勾践随即调集越军约 4 万人，大举攻吴，公元前 476 年，吴王夫差自杀，越国取得了吴、越之战的最后胜利。

越王勾践

灭国之灾并没有使勾践意志消沉，正如参天大树初萌时，必须蒙受艰难，遭遇风雨，才能成为擎天巨擘，笑啸山林一样，勾践明辨果断，知道取舍，甘愿为奴，在饱受痛苦的同时寻找出路，最终发奋图强。这也恰到好处地吻合了水雷屯中的寓意。

人生不是一帆风顺的，总有困顿之时，但真正的英雄豪杰能坚定纯正的信念，贫贱不移，威武不屈，不因一时艰难而动摇，在进退两难的困境中，积极进取，寻找出路。在孤立无援时，则退守自保，先求安全，再求发展。最后把握建功立业的大好时机，完成自己的远大抱负。

蒙卦第四 ䷃

【经文】

坎下艮上　蒙①亨，匪我求童蒙，童蒙求我②。初筮告，再三渎，渎则不告③。利贞。

初六　发蒙④，利用刑人，用说桎梏⑤，以往吝⑥。

九二　包蒙⑦吉，纳妇吉，子克家⑧。

六三　勿用取女⑨，见金夫，不有躬⑩，无攸利。

六四　困蒙⑪，吝。

六五　童蒙，吉⑫。

上九　击蒙⑬，不利为寇，利御寇⑭。

【注释】

①蒙：卦名。通行本为第四卦，帛书本为第十三卦。此卦名取字于卦爻辞。天地开辟之初谓之鸿蒙，物生之初谓之芽萌，人之初谓之童蒙，道德智力开发之初谓之蒙昧；引而申之，愚昧、野蛮、强暴皆谓之蒙。山下有险，前途暗昧不清，故

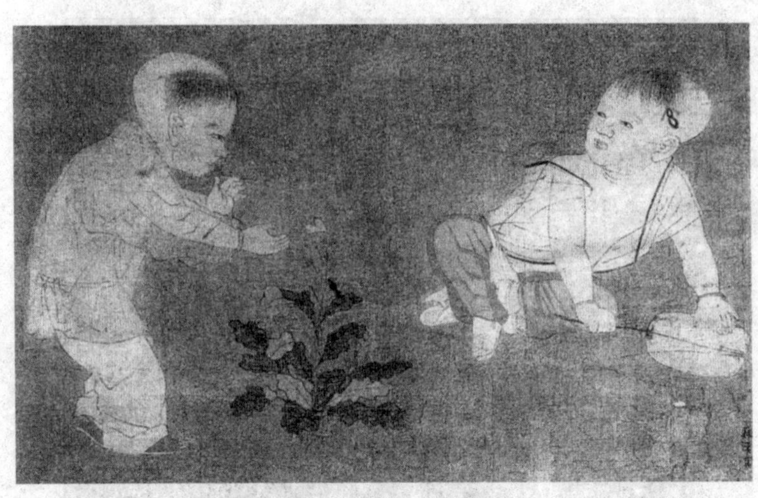

南宋苏汉臣作《婴戏图》

名“蒙”。

②匪我求童蒙,童蒙求我:“匪”同“非”。“我”,指筮者。“童蒙”,指问筮者,问筮者有所不明,故曰“童蒙”。

③初筮告,再三渎,渎则不告:“告”,即《诗·小旻》“我龟既厌,不我告犹”之“告”,谓筮者告之以吉凶休咎。帛书本作“吉”,当是“告”字之讹。“匪我求童蒙”及“初筮告”云云是占筮之原则(高亨说)。

④发蒙:“发”,启发。启发人觉悟,有多种形式。“利用刑人”即本文“发蒙”的具体措施之一。“蒙”是启发的对象,然“蒙”有多种,有稚幼之蒙、有愚昧无术之蒙、有野蛮触犯刑律之蒙。

⑤利用刑人,用说桎梏:“利用”义犹利于。“用说桎梏”为“利用说桎梏”之省文。“刑”,刑法、法律,在此做动词用。“刑人”,谓以刑法警戒、教戒人。“说”同“脱”,免也。“桎梏”,拘系犯人的脚镣手铐。“利用说桎梏”,指利于使众人免于犯罪或利于赦免罪人。为官者占得此爻,当作如上解释。若普通人占得此爻,则可做如下解释:“发”谓去掉。“蒙”,昏晦不明,喻困境。“刑人”,指身陷囹圄或处于困境的问蓍者。“利用说桎梏”,指获得赦免或摆脱困境。

⑥以往吝:“以”,用。用此卦有所行往则不利。

⑦包蒙:此是筮得的爻象,“纳妇吉,子克家”是据此爻象所得的占辞;“包蒙”下之“吉”字疑为衍字。包容蒙昧,也是教化之一种。

⑧纳妇吉,子克家:“妇”是女人之通称,亦有专指“媳妇”者。然《易》“妇”字多见,却无专指“媳妇”(儿媳)者。此“纳妇吉,子克家”是说老头娶老伴吉利,儿子娶媳成家亦吉利。此二者均就“包”字而言。“克”,成也。

⑨勿用取女:六三乘九二,阴乘阳,故此女不可娶。《姤》卦一阴乘五阳,故曰“女壮,勿用取女”,则此卦“勿用娶女”亦因“女壮”。“勿用”,不可。

⑩见金夫,不有躬:虞翻注“阳称金”。“躬”,身。此言见到别的男人,就会失身。按:“夫”是成年男子之称,盖“勿用取女”是就“童蒙”而言。童子娶壮妇,而壮

妇见到其他成年男子即会失身，此于古籍中多有记载。又解："勿用娶女"与"见金夫，不有躬，无攸利"可能分别为两条占辞。因此，"见金夫"等是就问蓍者而说。"金夫"，强有力者，指于己不利的对手、小人等。"不有躬"，自身难保（"有"犹"保"）。占得此爻，不宜娶女成家，又将遇强敌陷害。

⑪困蒙：此"蒙"谓愚昧强蛮者，指六三、六五。六四为六三、六五阴毒愚昧所困，又无应援，故云"吝"。

⑫童蒙，吉：六五虽处尊位，但处蒙之时，能敛其睿智、愚若童蒙，故"吉"。

⑬击蒙：使蒙觉悟。"击蒙"也是"发蒙"的一种方式。《说文》"击，攴也""攴，小击也"，"敩"字从"攴"，《说文》云"敩，觉悟也。从教冂，冂，尚蒙也"。

⑭不利为寇，利御寇："为"，是攻取之义。不利攻寇而利御寇，即老子"用兵有言：不敢为主，而为客"之义。

【译文】

蒙卦　蒙：愚昧。蒙卦卦象是下单卦为坎，为水；上单卦为艮，艮为山。蒙昧无知的人，是否能改进，不取决于我们，而是蒙昧无知的人要有诚意改革自新。初次前来占筮，告诉他吉凶；接二连三地占筮，便是对占筮的亵渎了，这样，便不再告诉其吉凶，因为求学与施教都要持严肃的态度。

初六　改造初始，即要法规严明，甚至强制对被改造人的惩戒。如果放任自流，就是管理不善，将困难重重。

九二　受教育者很多，教育者要以"有教无类"的原则一视同仁，这未必不是好事，正如娶妻纳妾一样天经地义。人们接受教育后才能修身、治家。

六三　不宜娶这个女子为妻，因为她见到美貌郎君就动心了，甚至以身相许，这个女人不接受教育，故不可教也。

六四　陷于蒙昧无知的人，深深被愚昧所困扰，远离了接受教育的条件，故处境艰难。

六五　没有敌意，无邪念的蒙昧无知的人可以启发教育，必获吉祥。

上九　要惊醒愚昧无知的人促其转化，但不宜采用过激的行动使矛盾激化，而如果你的方法对头，被教育者的坏习气便可以改掉。这样才是吉利的。

【解读】

蒙卦重在开导统治阶层要妥善处理各阶层的关系。反映出古人对教育，启蒙的重视。启蒙可以培养人的美好品德，使其走正道，这是神圣的功劳。蒙昧之人并非一成不变，只要引导得法，蒙就可以转化为不蒙。刑人脱去枷锁，亦可为我所用。

【经典实例】

康熙文治安天下

《蒙卦》阐释了当秩序尚未建立时期，处于混乱蒙昧的状况，危机四伏，使人内心恐惧，产生抗拒心理，以致重私利，轻公益，趋向保守，缺乏进取心。因而，启发民智，为治国平天下的首要工作。而教育的原则，首重自然感应，潜移默化，循序渐进，不可强求。教育为百年大计，应把握不偏不倚的中庸原则。教育的动机必须纯正，而且坚持到底。教育应当严厉，但也应适度，过严反而容易引起抗拒。应当包容，有教无类。

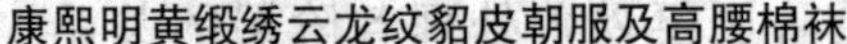

康熙明黄缎绣云龙纹貂皮朝服及高腰棉袜

1644年，满清乘明末之乱入关，仅以区区的30万之众，就入主中原，统治了四万万汉人。但当时满清贵族上层也是危机重重，顺治皇帝还很幼小，孝庄皇太后守寡，不得不求助于摄政王多尔衮。以小御大，连满清贵族自己也没有在关内长期统治下去的自信和准备。

入关以后，顺治很年轻就死掉了。康熙以8岁的幼龄登基。到14岁，正式亲政。老实讲，那时候如果是平庸之辈，硬要用武力统治这样庞大的四万万人的中国，是根本不可能的。但这个14岁的康熙很厉害，他如饥似渴地吸收汉文化，同时又把其中的精神灌输给广大的臣民，使清朝的天下最终安定在他的手中。

当时，中国知识分子中，主张反清复明的人众多，如顾炎武、李颙、王夫之、傅山

这一批名士不仅坚决不肯投降，而且在思想上、学说上积极从事反清复明的活动。与此同时，大多数汉族人对满族统治者也没有完全认同，这对于根基尚未安稳的清政府来说是非常危险的。而康熙则利用中华传统文化中一直弘扬的孝道，教化民众，争取了汉人的好感。在巩固剃发易服用武力镇压汉人反抗的同时，又以中华传统文化继承者的身份自居，大力推行儒家教育，使广大民众对朝廷的看法不再囿于满汉之限、华夷之辨，从而使大多数汉人中的读书人接受了清政权。

清朝统治者以弓马得天下，"以孝治天下"，康熙就提倡孝道，编了一本语录——《圣谕》后来叫《圣谕宝训》或《圣谕广训》，拿到地方政治基层组织——祠堂中去宣传。在当时宗法社会中的祠堂里有族长、乡长，都是年高德劭，学问好，在地方上有声望的人。每月的初一、十五，一定要把族人集中在祠堂中，宣讲圣谕，圣谕中所讲都是一条条做人、做事的道理，把儒家的思想用尽了，尤其提倡孝道。

康熙深懂得孝这个精神而加以全面的运用。要知道康熙把青年们训练得听父母的话，那么，又有哪一个老头子、老太太肯要儿子去做杀头造反的事呢？所以康熙用其反面，而且运用得非常高明。

有一则故事更能说明康熙把中华文化的传统教育发挥到了极致。当时在陕西的大学者李颙，和江南的顾炎武一样，是不肯投降的知识分子。他讲学于关中，所以后来顾炎武这班人，经常往陕西跑，组织反清复明的地下工作。康熙明明知道，他反而征召李颙做官，当然李颙是不会去做的。后来康熙到五台山降香并巡察陕西的时候，又特别命令陕西的督抚，表示尊崇李颙先生为当代大儒，是当代圣人，一定要亲自去拜访李颙。当然，李颙也知道这是康熙下的最后一招棋，所以李颙称病，表示无法接驾。康熙说没有关系，还是到了李颙讲学的那个邻境，甚至说要到李家去探病。这一下可逼住了李颙了，如果康熙到家中来，李颙只要向他磕一个头，就算投降了，这就涉及了中华文化的民族气节问题。所以李颙只好表示有病，躺到床上，"病"得爬不起来。康熙临近李颙的家乡时，陕西督抚以下的一大堆官员，都跟在皇帝的后面，准备去看李颙的病。康熙先打听一下，说李颙实在有病，同时，李颙也只好打发自己的儿子去看一下康熙，敷衍一下。而康熙很高明，也不勉强去李家了。否则，他一定到李家，李颙骂他一顿的话，则非杀李颙不可。杀了，引起民族的反感；不杀，又有失皇帝的尊严，下不了台，所以也就不去了。安慰李颙的儿子一番，要他善为转达他的意思，又交代地方官，要妥为照顾李颙。还对他们说，自己因为做了皇帝，不能不回京去处理朝政，地方官朝夕可向李颙学习，实在是很有福气。

当然，康熙的这一番所为，是把中华文化好的一面，用到他的权术上去了。以后，康熙皇帝又不断把中华传统文化中的精髓运用到治理国家上，终于开创了清初中期的康乾盛世的局面。

综观康熙皇帝的所作所为，我们很难说，清朝初期的安定与繁荣与《易经·蒙卦》所宣扬的注重教育与教化的精神无关。

刘备不救吕布

见利忘义，没有诚信，就没有真正的朋友帮助。吕布就是一个见利忘义、反复无常的人，当刀架上脖子时，他厚着脸皮求人，可没有人肯救他。这怪不得别人不义，只怪他自己自取灭亡。

东汉末年，各地封建势力割据，为争权夺利，互相兼并。骁将吕布，弓马娴熟，武艺高强。他起先投靠并州刺史、骑都尉丁原，为主簿，“大见亲待”。董卓作乱时，以利禄作诱饵，让他杀掉丁原，“布斩原首诣卓，卓以布为骑都尉，甚爱信之，誓为父子”。后来司徒王允密谋杀董卓，用重金交结吕布，于是他“手刃刺卓”。他先后投奔过袁术、张扬、袁绍，反复无常。

东汉兴平二年，吕布与曹操争夺兖州失败后，逃到下邳，依靠刘备，刘备盛情接纳了他，并将他安顿在沛城。不料，刘备在抵御袁术进攻的时候，吕布却在袁术的怂恿之下，袭取了刘备的下邳，自称徐州牧，反而把刘备赶到了小沛。

吕布与袁术为了各自的利益，几度联合，又多次反目对抗。东汉建安三年，吕布与袁术再次联合在一起，进攻驻扎在沛城的刘备。刘备兵少将寡，自知非吕、袁的对手，急忙派人向曹操求救。

曹操原来就打算击败吕布，扫除后顾之忧，以便与北方最强大的对手袁绍决一死战，这次看到刘备求救，就先派大将夏侯淳率军前往救援。曹操救兵到达沛城，立足未稳，就被吕布手下的大将高顺击败，夏侯淳也被流箭射伤左目。援军败退，吕布军队乘机攻破沛城，刘备不得已单骑出逃，投奔曹操。曹操闻知夏侯淳兵败，立即率大军征讨吕布，途中遇到落荒而逃的刘备，合兵一起前往沛城。

吕布得到探报，知曹操大军已到，十分忧虑，谋士陈宫说：“我们应该出兵迎战，以逸待劳，定能取胜。”吕布见曹军声势夺人，就说：“不如等曹操大军前来，我将他们都赶入泗水。”但是由于胆怯，吕布数战连败。曹军已进于下邳，他只好退入城中。

这时曹操又写信劝降吕布，吕布更加害怕，想出城请降。陈宫劝道：“曹操远道而来，很难持久，将军若带兵到城外屯扎，我在城内坚守，内外配合，互相呼应，等到曹军粮尽，那时我们内外夹攻，必破曹军无疑。”吕布决定依计而行。

晚上吕布与妻子告别，妻子对他说：“陈宫、高顺二人不和，一定不能同心守城。以前曹操对陈宫很好，陈宫还舍曹还归将军，今天您把全城和妻儿都交给他，孤军远出，一旦有变，我还能是将军的妻子吗?”言毕大哭。

吕布不是个大丈夫，宁听妻子的不听朋友的。一听此话决定不再出城，只是派使者趁黑夜混过曹营向袁术求援。

吕布曾答应将女儿嫁给袁术的儿子，后来又反悔了，袁术一直耿耿于怀，因此他不肯派兵救援。吕布也估计袁术迟不发兵的缘故是因为他上次毁婚，只好用丝棉缠好女儿的身体，把她缚在马上，想趁深夜冲出包围，但被曹军发现，冲不出去，吕布只好退回城中。

两军相持日久，曹操想退军，谋士郭嘉劝他：“吕布有勇无谋，屡战皆败，锐气尽

丧，三军以将为主，主将无斗志，全军必定无奋勇作战之心。陈宫虽然多智谋，但预见迟缓，计谋未定，我军加紧急攻，其城可拔。”曹操采纳此计，引沂水、泗水灌城，下邳在水中泡了一个多月。

吕布再无斗志，他登上城楼朝曹军士兵大喊：“你们不要再围困我了，我明天向明公自首。”在一旁的陈宫一把拉开他：“什么明公？是逆贼曹操。你若降他，犹羊入虎口，岂能保全？”于是吕布天天借酒解愁，动辄责打士兵。

吕布的暴虐终于激起兵变，兵将侯成等人捉住陈宫，高顺也投降了曹军。吕布听到消息，无奈也只能投降曹操。

吕布见到曹操大声地说：“从今以后，天下可定了。”曹操说：“为什么？”吕布厚着脸皮回答：“明公最担心的就是我吕布，现在我已归降了，如果让我率领骑兵，您率领步兵，天下还能不定吗？”

吕布想活命，又向坐在一旁的刘备求情说：“如今你是座上客，我是投降的俘虏，皇叔就不能替我说句话？”曹操笑着说：“缚虎不得不紧些。”曹操有心收降吕布，问刘备如何处理。刘备说：“明公不会不知道丁原、董卓的下场吧？”曹操知道吕布先后拜丁、董二人为义父，后又杀了他们，于是点头称是，当即让士兵将吕布拉下去斩了。

吕布见利忘义，轻信寡谋，没有城府，待人又没有诚信，交不下一个朋友，如蒙卦六三爻所说，因其“见金夫”而“无攸利”，最终难逃被杀的命运。如果当初交下刘备，或许能救他一命吧。

苏武牧羊不变节

苏武率领上百人的使团到匈奴国缔结友好关系，不料匈奴内部发生了政变，使团人员全部被扣押起来。没过多久，苏武被流放到北海牧羊，过着非人的生活。

匈奴王单于知道苏武是个人才，多次派人到北海边劝他投降。苏武十分坚定地说：“我是汉朝派来与你们结交的使者，并不是与你们争斗的对手，怎么谈得上降与不降呢？”

匈奴人企图用艰苦的生活条件使苏武屈服，把苏武派到荒无人烟的地方去。可是，苏武志坚似铁，忍受住了苦难的折磨：夏天吃草籽和野菜，冬天则从鼠洞里掏取干果和草籽充饥。

非人的生活一直持续了19年，苏武的意志从来没有动摇过。而和苏武一起出使匈奴的大臣当中，就有一些人丧失了气节，成为历史的罪人，被扔进了历史的垃圾里。

苏武在极度困难之中，在多次诱降的情况下，始终保持着坚贞的气节，给后人留下了宝贵的精神财富。

择善而从，孟母三迁以教子

蒙卦阐释的教育原则，首重自然感应，潜移默化，循序渐进；教育的动机必须纯

孟子像

正，而且坚持到底；教育应当严厉，但也应适度，过严反而容易引起抗拒；教育应当包容，有教无类。这些道理影响了几千年来的中国教育，教化了千千万万的华夏子孙，历史上也传颂着很多先贤的教化事典。其中“孟母三迁”可以说是家喻户晓了。

孟子名轲，字子舆，父亲激公宜在孟子三岁时就外出谋生计，从此就音讯皆无了，家里只有几亩薄田，全靠母亲仉氏纺线织布维持生计。孟子家住今天山东省邹县乡下的一个小村庄，庄外不远处是一片坟地，总有送葬出殡的人家在那里吹吹打打。孟子小时聪明好学，看了以后回来就模仿出殡打幡、哭丧祭拜，惟妙惟肖，出神入化。孟母看到这种情形，非常担忧，于是决定搬家，给孟子换个环境，以便他学到更多的好的东西。

孟家迁到了庙户营（今山东邹县县城西北），这里是个大集镇，母亲原本是想让孟子多长一些见识，开阔眼界。但这里的集场喧闹异常。孟子总是喜欢看热闹，看了回来不是用棍子挑两块石头学卖菜，就是用木头做刀子比比画画地学杀猪。孟母觉得不对劲，担心儿子以后不能有所作为，于是决定再次搬家。

第三次孟家搬到了因利渠畔（今邹县县城南关），隔壁是个学堂，周围都是读书人。孟子每天都看到上学的人举止文雅、落落大方，于是孟子学着读书演礼，孟母这才放下心来，这就是孟母三迁的故事。

孟子十分聪明，上学以后什么东西都一学就会，慢慢就觉得学堂的课实在没有意思。有一次，孟子一连三天没有上学，早上出门说去上学，下午还准时回家，孟母以为他是放学了。学堂的老师三天不见孟子的踪影，派人到孟子家里探问，看孟子是不是病了，这时孟母才知道儿子逃学了。下午孟子回来了，母亲问他到哪儿去了？孟子回答说上学去了。孟母大怒，拿起剪子就把织布机上的经线齐着机杼给剪断了。这一下孟子害怕了，因为这是维持家计的唯一来源啊。孟母让他将断了的线头全部接上，几百根经线全剪断了，哪里还接得上？孟母于是对儿子说：“读书与织布一样不能截断，截断了就接续不上了。即使能接续上，但织出的布满是疙瘩，还有人要买吗？你贪玩逃学，荒废时光，怎么能学到安邦定国的本领呢？”

此后，孟子痛下决心刻苦学习，终于成为道德高尚、学识渊博的“亚圣”。

魏人楚邱文人好利

从前魏地有个文人素以博学多识而著称，据说，很多奇物古玩只要他看一眼，就能知道是什么朝代的什么器具，并且解说得头头是道，大家都很佩服他，他自己也常常引以为自豪。

一天，他去河边散步，不小心踢到一件硬东西，把脚也碰痛了。他低头一看，原来是一件铜器。他顿时忘了脚疼，拾起来细细察看。这件铜器的形状像一个酒杯，两边还各有一个孔，上面刻的花纹光彩夺目，俨然是一件珍稀的古董。

魏人得了这样的宝贝非常高兴，决定大宴宾客庆贺一番。他摆下酒席，请来了众多亲朋好友，对大家说："我最近得到一个夏商时期的器物，现在拿出来让大伙儿赏玩赏玩。"于是他小心地将那铜器取出，斟满了酒，敬献给各位宾客。

大家看了又看，摸了又摸，都装出懂行的样子交口称赞不已，恭喜主人得了一件宝物。可是宾主欢饮还不到一轮，意想不到的事情发生了。有个从仇山来的人一见到魏人用来盛酒的铜器，就惊愕地问："你从什么地方得到的这东西？这是一个铜护裆，是角抵的人用来保护生殖器的。"这一来，举座哗然，魏人羞愧万分，立刻把铜器扔了，不敢再看一眼。

无独有偶。楚邱地方有个文人，其博学多识的名声并不亚于魏人。一天，他得了一个形状像马的古物，造得十分精致，颈毛与尾巴俱全，只是背部有个洞。楚邱文人怎么也想不出它究竟是干什么用的，就到处打听。问遍了街坊远近许多人，都没一个人认识这是什么东西。

只有一个号称见多识广、学识渊博的人听到消息后找上门来，研究了一番这古物，然后慢条斯理地说："古代有犀牛形状的酒杯，也有大象形状的酒杯，这个东西大概是马形酒杯吧？"楚邱文人一听大喜，把它装进匣子收藏起来，每当设宴款待贵客时，就拿出来盛酒。

有一次，仇山人偶然经过这个楚邱文人家，看到他用这个东西盛酒，便惊愕地说："你从什么地方得到的这个东西？这是尿壶呀，也就是那些贵妇人所说的'兽子'，怎么可以用来做酒杯呢？"

楚邱文人听了这话，脸噌地一下红到了耳朵根，羞惭得恨不得立刻在地上挖个洞钻进去，赶紧把那古物扔得远远的，像魏人一样不敢再看。世上的人为此全都嘲笑他。

"说老实话，办老实事，做老实人"是每个人都应该奉行的为人之道。那些企图依靠吹嘘或欺骗手段争得名利的人，常常会出尽洋相，得不偿失。

陶渊明不为五斗米折腰

公元 399 年，晋安帝在位的时候，东晋的朝政越来越腐败，会稽郡一带爆发了孙恩领导的农民起义。过了两年，起义军十几万逼近建康，东晋王朝出动北府兵，才把起义镇压下去。

这时候，东晋的统治集团内部又乱了起来。桓温的儿子桓玄占领了长江上游，

带兵攻进建康,废了晋安帝,自立为帝。过了三四个月,北府兵将领刘裕打败桓玄,迎晋安帝复位,打那以后,东晋王朝已经名存实亡了。

在这个动荡不安的年代里,在柴桑地方,有一个出名的诗人名叫陶潜,又叫陶渊明,因为看不惯当时政治腐败,在家乡隐居。陶渊明的曾祖父是东晋名将陶侃,虽然做过大官,但不是士族大地主,到了陶渊明一代,家境已经很贫寒了。陶渊明从小喜欢读书,不想求官,家里穷得常常揭不开锅,但他还是照样读书作诗,自得其乐。他的家门前有五株柳树,他给自己起个别号,叫五柳先生。

后来,陶渊明越来越穷了,靠自己耕种田地,也养不活一家老少。亲戚朋友劝他出去谋个一官半职,他没有办法只好答应了。当地官府听说陶渊明是个名将后代,又有文才,就推荐他在刘裕手下做了个参军。但是过不了多少日子,他就看出当时的官员将军互相倾轧,心里很厌烦,又要求出去做个地方官。上司就把他派到彭泽(在今江西省)当县令,当时做个县令,官俸是不高的。陶渊明觉得留在一个小县城里,没有什么官场应酬,也还比较自在。

有一天,郡里派了一名督邮到彭泽视察。县里的小吏听到这个消息,连忙向陶渊明报告。陶渊明正在他的内室里捻着胡子吟诗,一听到来了督邮,十分扫兴,只好勉强放下诗卷,准备跟小吏一起去见督邮。

小吏一看他身上穿的还是便服,吃惊地说:"督邮来了,您该换上官服,束上带子去拜见才好,怎么能穿着便服去呢!"陶渊明向来看不惯那些倚官仗势、作威作福的督邮,一听小吏说还要穿起官服行拜见礼,更受不了这种屈辱。他叹了口气说:"我可不愿为了这五斗米官俸,去向那号小人打躬作揖!"

说着,他也不去见督邮,索性把身上的印绶解下来交给小吏,辞职不干了。陶渊明回到柴桑老家,觉得这个乱糟糟的局面跟自己的志趣、理想距离得太远了。从那以后,他下决心隐居过日子,空下来就写了许多诗歌文章,来抒发自己的心情。

陶渊明"不为五斗米折腰"的品格成了千古美谈。品格高尚的人,注重的是自我修养,而对于身外之物毫不介意。俭朴的生活,能够培养一个人的浩然正气。

见到利益,人人都想得到,而且得到越多越好,这是人们共同的心理。看到别人赚钱,自己也想发财,这也是正常的现象。但是君子爱财,取之有道,又不能贪心不足。人过于贪婪会丧失道德,又会被他人利用,忍贪确实是一个大问题。

作为国君如果太过贪婪,那么灭亡的日子就不远了;作为一个官员,如果贪无止境,那么他的政治前途也将要丧失;作为一个商人如果贪心不忍,那么他在商战中很快就会败下阵来。人由于贪欲不止,往往只见利而不见害,结果是利也没有得到,害反而先来到了。

人一旦贪欲过分,就会方寸皆乱,谋虑一乱,欲望就更加多了。贪欲多,心术就不正,就会被贪欲所困,离开事物本来之理去行事,就导致将事做坏、做绝,大祸也就临头了。所以贪欲不忍,什么事情都办不好。受贪欲的影响,只见眼前的利益,有损人格不说,长远的利益也同样受到影响。

进入北大的李宁

在北京的李宁体育用品公司，董事长的办公室如今常常是空荡荡的。办公室的墙上悬挂着公司的创始人——中国最著名的运动员李宁的照片，那是1984年洛杉矶奥运会上他在双杠上翻筋斗以及站在冠军领奖台上的镜头，那届奥运会上，李宁拿到了3金2银和1块铜牌。

38岁的李宁现在很少把时间花在体育馆里。事实上，1990年建立的李宁体育用品公司，他也没有花多少时间去过问。李宁把他的大多数时间花在了北京大学的校园里。他正在北大为两个学位而奋斗，一个是法律学，另一个是工商管理硕士(EMBA)。

是什么使得李宁回到学校？"迟来的教育既是对自己的投资，也是对李宁体育用品公司的投资。"刚刚参加完期末考试的李宁说，"学习新东西不是件坏事。过去我主要在生活中学习，但是现在到了回学校学习的时候了。"

李宁在过去的两年中一直是全日制学习，计划到明年才投入参与公司的业务管理。但是他没有必要担心，他不在公司的时候，他亲自挑选的管理团队已经把公司带到了新的高度。2001年公司的销售额从2000年的7亿元人民币上升到8.2亿元。作为一家私营公司，李宁体育用品公司拒绝透露利润数字。但是经理们说利润是巨大的，以至于他们正在计划今年晚些时候在上海证交所上市。

今天，李宁是中国第一位体育用品品牌，占据了12%的市场份额，诸如耐克(Nike)、阿迪达斯(Adidas)和锐步(Reebok)等世界知名品牌更畅销。这三家外国品牌加起来仅仅占据了8%的市场份额。

"我信任我的经理们，"李宁说，"我让他们自己去经营业务。只是要做重大决定的时候，他们才来找我，因为我现在仅仅参与董事会一级的活动。"

李宁和几乎所有的中国运动员有着相同的成长经历。他出生在广西壮族自治区的一个贫苦工人家庭，7岁开始练习体操，从未能够正式学习。

在证明自己是一名非凡的运动员，获得包括奥运冠军在内的一系列荣誉之后，李宁成为中国历史上第一个利用自己的名气拍摄广告的运动员。这使得他获得了开办自己的公司的"种子基金"。

李宁和李宁体育用品公司的成功，被看作一个象征：在这里成功属于杰出人士和创业者，以及那些敢于冒风险的人。"他是如何从一名没有受过教育的运动员成为一名真正的商人的最好例子。"一位名叫理查德·艾瓦利的美国运动管理咨询顾问说："中国有许多金牌获得者。他们做什么了？他们回到自己的家乡，结婚生子，然后消失在茫茫人海中。但是，李宁现在正经营着中国最著名的运动品牌。"

尽管李宁没有每天到办公室上班，但是他却从不间断参加员工的聚会。最近，他把自己的梦想告诉北京的300名员工："人们说李宁是中国的耐克。但是我要告诉你们，我们将不是中国的耐克。我们将是世界的李宁。"

这番话听起来有点像吹牛，因为李宁公司的总销售额现在仅仅是耐克的1%，但是，如果你看一看李宁的扩张计划以及中国市场的潜在发展，李宁的话倒不像是在夸口说胡话。李宁牌运动鞋和运动服装的销售价格，大约只有外

国竞争对手的40%。一双李宁牌运动鞋看上去同一双耐克鞋或者阿迪达斯鞋一样时髦漂亮，但是零售价格大约在300元人民币左右，比外国品牌800元人民币的标价要便宜得多。

实际上，李宁牌运动鞋的制造商就是为中国台湾人生产运动鞋的广东制造商，并且李宁牌的设计人员就是为耐克和阿迪达斯工作的那些著名设计师。在李宁的顶尖合同设计师中，包括世界著名的运动鞋专家意大利的 Massimiliano Zago 和法国的 Paviot Jean-Philippe。

去年，李宁在广东佛山投资2000万元开设了一家研究设计中心，从韩国、中国台湾、意大利、法国和中国本土雇用了20名有才干的年轻设计人员。

为了达至10个亿人民币的销售目标，李宁正在对市场营销和特许经营店的员工培训进行投资。公司计划投资1000万元人民币在北京、上海和广州开办3家李宁牌超级市场。这些超级市场将被用作训练场地，为全国李宁特许经营店的700名员工进行培训。此外，也欢迎销售李宁牌运动鞋和服装的1300家百货商店的人员申请培训。

如果哪个人拥有利用即将到来的2008年北京奥运会的大好机会的话，那个人将是李宁。多年来作为中国的体育运动大使，李宁计划竞标成为奥运会的一个正式赞助商。

“我们将尽力寻找使李宁体育用品公司获得增长的机会，”李宁说，“我们相信，通过2008年奥运会使李宁变成一个全球知名品牌的机会将是巨大的。”

“随着加入世贸组织，中国正在对外国人敞开大门，”李宁说，“但是同样的道理，我们中国的企业也必须全球化。这就是我为什么想要读 EMBA，我要学习商业管理中最好的最现代的管理技巧。”

“当我参加1984年奥运会时，我必须同世界上最好的运动员竞争。今天，我必须在生意场上做相同的事情。我们想建立一个全球品牌。”李宁雄心勃勃地说。

人刚刚入社会时，就像童蒙一样幼稚和无知。刚刚创业一切都刚刚起步，秩序和法规尚未建立，前景还不明朗，需要走的路还长，因而在创业初期，虽生气勃勃却因自身弱小又缺乏竞争力。有良好素质的人，虽然不一定事事都取得成功，但成功的事业必定要具有良好素质的人才能完成。

当你在事业初创、自身素质或事业的竞争能力不够之时应确立适当的规范和计划，做到有教无类；广施博取，确定方向勿见异思迁，勿好高骛远，脱离实际，应永远如赤子般谦虚并要恰当运用手段和方法，勿走极端。

教育和学习应立于现实的需要，而不能脱离现实，脱离社会现实的东西必然没有生命力。重要的在于符合实际的需要，而不在于它与现实无关的虚无缥缈的高超。

三株是怎样炼成的

三株药业集团总裁吴炳新，出身贫寒，面对残酷的人生，吴炳新过早地挑起生活的重担，下地捡粪、除草、灭虫、挖地、挑水等体力活一年干到头，从不空闲。直到11岁时，大哥决定，再穷也要让炳新上学读书，苦难的生活使炳新朦胧地懂得，穷

人的孩子要有出头之日，自古以来就是要靠读书。这样才能自己养活自己，才能有立足之地。

吴炳新十分珍惜这来之不易的学习机会，拼命地学习，争分夺秒地往前赶课程。没有书，就用手抄；没有纸，用石板代替；没有笔，用石块划。夏天的晚上，别人乘凉神侃的时候，他趴在油灯下苦读；冬天双手冻得通红僵硬，他照旧写字做算术。放学后，他跟大哥去干农活也随身带上一本书，休息时，不是大声朗读课文就是用树枝写写画画。这样，悟性很高的吴炳新仅用4年时间就学完了6年的高小课程。这时，贫穷中断了他的学校生活。不能在学校学习，吴炳新就开始借书读，只要谁家有书，他就去借，别人不肯借，他就硬赖在别人家里看。

每个人的道路不同，有的人是在干中学习的，也获得了成功，而对于吴炳新来说，由于年龄已大，起步晚，就必须更早地做好准备，等机遇出现时，才可能及时抓住。

1954年，全国普遍成立了初级社，16岁的吴炳新自告奋勇当了村初级社会计。由于他的运算能力过人，加之讲起话来滔滔不绝，头头是道，乡亲们就给他取了两个绰号"铁算子"和"铜嘴子"，后来他又成了11个高级社的总会计。1958年，吴炳新被乡亲们推选去支援包钢建设，包头矿务局把他招收为国家正式职工。由于他忠实可靠，工作出色，不久就担任了主管会计，后来又被提升为销售科长。面对这些吴炳新并不满足，他感觉到自己的能量没有完全发挥出来，与老同志比，与知识分子比，与矿上一些有文化的人比，差距很大，尽管自己努力工作，可总是赶不上人家。经过一段时间的思考，他发现自己最大的弱点是知识不够，理论功底不坚实。为此，他发誓要补上这一课。

他夜夜攻读，心无旁骛，对政治、经济、历史、文学广泛涉猎。

他成了一个学习狂，什么都学，没有目的没有边际。要不是改革开放年代到来，他会这么一直学下去。

当吴炳新在学习的汪洋大海中载沉载浮时，1978年党的十一届三中全会胜利召开了。吴炳新凭着自己的学识经历，强烈地意识到，党的中心工作转向经济建设，意味着一个新时期的来临。这对于个人来说，既是机遇，也是挑战，吴炳新在一次又一次的反省、剖析自己的过程中深刻地认识到，在经济社会中要有所作为，特别是要有大的作为，非要进一步充实自己的经济理论不可。在吴炳新的知识结构中，经济理论比较薄弱，尤其是商品经济理论更为薄弱。于是他又一次给自己制定了一个完整的学习计划，以求能大展宏图。

吴炳新尽自己一切力量在包头搜集他能搜集到的一切经济学著作。他白天工作，晚上经常学习到深夜。这样，他系统地学习了欧洲的工业史，尤其是对资本以及由资本所带来的一切社会变迁进行了认真的探讨研究。然后他又研读了大量的经济学理论，从英国的大卫·李嘉图的古典经济学理论开始，到马克思、列宁、毛泽东的经济理论，吴炳新付出了大量的心血。他最不能忘记的是读马克思的《资本论》的日子，一天晚上，他和一位教师，后在三株辉煌时期担任过三株公司下属的研究所所长的王龙卿讨论积累趋势的时候，情激之外，两个人开始大声地辩论起来，老伴还误认为吴炳新和王龙卿在吵架，马上赶来劝阻他们。一直讨论到下半夜，两个人饥肠辘辘，吴炳新才找来一碟花生

米和半瓶散装老白干。三杯酒下肚后，两人又进入激烈的讨论状态。

吴炳新在这段时间里，不仅研读了大量的经学学著作，而且还写下了数十万字的经济学论文。这些颇有独到见解的论文，虽然是十多年之后才得以面世，但它仍在经济学界、社会学界、文化界、金融界、新闻界、政界、商界引起了巨大反响。

最年轻的纳税人

1990 年 13 岁的徐世鼎向国家上缴粮食 100 公斤，税款 26 元，成为共和国最年轻的纳税人。同年，由于交不起 40 元学费，几乎被乡中学拒于门外；三年后，他又因拖欠学费，险些被取消中考资格。但是所有的这些，都没有将他的读书梦打断。

徐世鼎是一个普通的山村孩子，父母离异，他跟了父亲。当他考上中学，并向父亲表示想上学时，冷漠的父亲无情地拒绝了他。为了上学，他向父亲下跪，但父亲不为所动。无奈，他向自己的大姐借钱，大姐只有 10 元，而学费需要 50 元。他又去找哥哥，哥哥没有钱，只能陪他一起到学校苦苦哀求，暂时欠着。学校同意了，但父亲却常常逼他退学。徐世鼎利用自己所有的空余时间做了家里所有的活，但这并未能使他的父亲感动。半个学期过去了，学校催交学费，可父亲照样分文不给。徐毅然决定和父亲分家。在生产队主持下，一亩三分田，一间泥巴小屋，100 多元的欠款和两袋稻谷就成了他全部的家产。年仅 13 岁他心如刀绞般痛。

读书！一切只为读书！亲情割断，父子分离，生活自理。

农闲时，他每天 5 点钟起床，做完家务，6 点赶到学校上课。赶着在放学后到田里去做活；农忙季节，他请假在家打谷施肥；假期里，他外出打工、扛木头、拉竹子、运砖，虽然劳累了一天，但到了晚上，他还是会就着一盏油灯翻开课本。靠着自己一双手，他成为乡里一名合格的纳税人，每年依法向国家上缴公粮和农业税；在学校，他是成绩名列前茅的好学生。生活的艰辛，让一个年仅 13 岁的孩子体会得尤其深刻。三年的中学生活，尽管他节衣缩食，但还是欠下学校近 400 元学费。初中就要毕业了，学校说不补交齐欠款，不发中考准考证。没有办法，他只有四处借债。一个月后，他接到了市重点的通知书。

可是，学校报名通知书上写着的 150 元学费让他望而却步。他只有扛起行李来到离家 50 里的一个山区水电站工地，去做最廉价的小工。干活最卖力的他只要有一点空闲，就抓紧自学高一课程。同学和老师从工地上找到他，学校免了他的学费，同学也向他伸出友谊之手。第一学期，他的学习成绩排全班第三，当年底，他被市里命名为“克服艰难困苦，勤奋学习的优秀共青团员”。正是凭着刻苦学习的精神，他获得了新的生活方式。

报　仇

比尔很不满自己的工作，他愤愤地对朋友说：“我的上司一点也不把我放在眼里，改天我要对他拍桌子，然后辞职不干。”

朋友问他："你对那家贸易公司完全弄清楚了吗？对他们做国际贸易的窍门完全搞通了吗？"

比尔摇了摇头，不解地望着朋友。

朋友建议道："君子报仇十年不晚，我建议你把商业文书和公司组织完全搞通，甚至连怎么修理影印机的小故障都学会，然后再辞职不干。"

看着比尔一脸迷惑的神情，朋友解释道："你用他们的公司，做免费学习的地方，什么东西都通了之后，再一走了之，不是既出了气，又有许多收获吗？"

比尔听从了朋友的建议，从此便默记偷学，甚至下班之后，还留在办公室研究写商业文书的方法。

一年之后，那位朋友偶然遇到比尔，问道："你现在大概多半都学会了，准备拍桌子不干了吧？"

"可是我发现近半年来，老板对我刮目相看，最近更是不断加薪，并委以重任，我已经成为公司的红人了！"

"这是我早就料到的！"他的朋友笑着说："当初你的老板不重视你，是因为你的能力不足，却又不努力学习；而后你痛下苦功，当然会令他对你刮目相看。"

孔子因材施教

孔子能根据学生们的性格、文化程度去教导学生。一次，子路问他："听到一种正确的意见时，是否马上去做？"孔子说"应当先请示一下父亲和哥哥。"而当冉有也问同样的问题时，孔子却回答："可以，应当一听到就去做。"学生公西华不理解为什么一个问题会有两个不同的答案。孔子解释说："冉有为人比较谦让，应重在鼓励。而子路轻率刚猛，所以得告诫他慎重行事。"人们因此称赞孔子能够"因材施教"。

孔子像

宰予也是孔子的学生，他口才极好，说起话来口若悬河，滔滔不绝。孔子以为他是一个有出息的人，但是没有多久，宰予懒惰的毛病就暴露出来。有一天，孔子给学生们讲课，宰予却在屋子里睡觉。学生们听说宰予白天还在睡觉，就哄堂大笑。孔子叹息道："腐烂的木头是无法雕刻的，粪土似的墙壁是粉刷不得的。宰予是一个言行不一的学生，从他那里我得到了教训，要改变一下态度。再听别人说话的时候，我要考察他的实际行为，绝不能以言取人了。"

教育是神圣的功业，但一定要注意方法和技巧。对于学生的教育，不能排斥打击，也不能盲目灌输。应当讲究方法，因材施教。实行启发诱导的方法，提倡学生的独立思考，而童蒙一旦自觉，则可塑性很强，可收到事倍功半的效果。相反，像宰予那样没有学习的主动性，什么样的方法恐怕也难以起作用。

聪明的老师善教导

培养后来人纯正的品行,即"蒙以养正",是一项神圣的功业,也是本人事业和抱负得以实现的前提保证。但育人也有一定的方法和技巧,特别是遇到"不听话"的学生,这些技巧就显得更加重要了。

康熙末年、雍正初年,清军中出现一位足智多谋的勇将年羹尧。他之所以能成大器,是与他小时候老师的正确教导分不开的。

年羹尧是汉军旗人出身,其父年遐龄在康熙朝曾任尚书。年羹尧自小顽皮,生得浓眉大眼,臂力过人,虽然不好读书,但书到面前,一览便知。为教儿子读书,其父曾请过三个老师,有举人进士,也有翰林鼎甲,到得他家,不是被年羹尧骂走,就是被年羹尧打跑。

无奈中年遐龄以重金悬榜招聘老师。一天,有一古稀之老者登门应聘。年遐龄怕老者不能胜任,将儿子不肖、目无先生的情况实言相告。老者说:"令郎骄横,逐赶老师,我早有风闻,但我自有办法教好他。"年遐龄见老者十分诚恳,就择定一个吉日,令年羹尧拜师。

礼也行了,师也拜了,但年羹尧依然故我,照样不好好学习,只顾自己玩耍。老师见年羹尧不学,也不搭话,而是关起门来,大门不出,在屋内自拉胡琴,抑扬顿挫地唱将起来,唱得十分动听。年羹尧闻声破门而入,向老师行个礼,说:"请老师教我弹唱!"老师说:"你学这个做什么,还不快出去玩。"年羹尧执意要学,老师就开始教他。

教上没几天,年羹尧失去兴趣,又去自己玩耍,不肯再学下去了。老师这次不仅闭门,连窗户也不打开。年羹尧感到奇怪,偷偷从门缝里观看,见老师正在练习拳脚,东躲西闪,有时似大鹏展翅,有时像鹞子翻身,看得人眼花缭乱。年羹尧高兴极了,用力推门而进,向老师说:"习拳弄棒,我最喜欢。"老师说:"听说你力大无穷,请与众仆一斗,如何?"年羹尧一听有如此好事,忙不迭地答应了。

很快,年羹尧在家中召来16个健壮有力的家仆,对老师说:"请看我的臂力。"一边说,一边把棍横举,让16个仆人持以棍相压。仆人们使尽平生之力,都不能使年羹尧首屈。正当仆人齐声用力呼喊时,只见年羹尧猛跨一步,用力将棍往前一送,16个仆人便仰天倒下。

老师见此,夸奖说:"果然好臂力,不过,你敢和我搏击吗?"年羹尧说:"这有什么不敢的。如果我胜了,可不要说我又赶走一个老师。"老师答道:"这个你就放心吧!"

此番话说罢,两个人就摆开架式,搏击起来。

年羹尧身手敏捷,一拳一脚,迅急向老师踢打过去,老师也不着忙,在拳、腿要到未到之时,一个飞跃,腾身空中,用手将年羹尧的小小发辫提在手中,任凭年羹尧跳上跳下,拳脚齐来,只是踢打不着老师。年羹尧虽有些小小武功,没把常人看在眼中,但自知今日遇上高手,忙高声喊叫:"好先生,你可饶了学生。"

老师住了手,稳站在他面前。年羹尧赶紧上前说:"请您教我这一招!"老师说:"学此何用,你还是出去玩吧!"年羹尧跪地不起,一再请求。老师见他此时才算开窍，便说道："快起来吧，我教你！"

两人坐下后，老师从床旁取出一卷兵书，交给年羹尧，说道："你真的想学，就学这个万人敌。"年羹尧说："我想搏击，读此书有何用？"老师说："读了它，就可以万人敌！"年羹尧又道："你骗人，这一卷书，不用吹灰之力，就可以踢到数丈之外，哪来的万人敌！"老师说："我说你不能读，还是去玩吧。"年羹尧见老师不高兴，觉得老师说得也有道理，便回答道："我读此书。"

从此，年羹尧任性的脾气开始改变，老师每日严格督学，他说一句，年羹尧便学一句，院内书声琅琅。除兵书外，老师每日还利用剩余时间教授年羹尧圣贤书和一些武林绝技。年羹尧既有怪脾性，一旦明白，又极有耐性，能刻苦，三年中，几乎脱掉几层皮，终成一员有万夫不当之勇的骁将。

年羹尧先任川陕总督、抚远大将军，在前往青海讨伐罗卜藏丹津叛乱中，立下赫赫战功，平定了青海，后被加封为一等公，青史留名。

需卦第五 ䷄

【经文】

乾下坎上　需[①]有孚[②]，光亨[③]，贞吉。利涉大川[④]。

初九　需于郊[⑤]，利用恒，无咎[⑥]。

九二　需于沙[⑦]，小有言[⑧]，终吉。

九三　需于泥[⑨]，致寇至[⑩]。

六四　需于血[⑪]，出自穴[⑫]。

九五　需于酒食[13],贞吉。

上六　入于穴,有不速之客三人来[14],敬之,终吉[15]。

【注释】

①需:卦名。通行本为第五卦,帛书本为第十八卦。

"需"字本为从"雨"从"天"之字,与本卦上坎下乾正相合。坎为雨、为云、为水,乾为天、为云气。天上有雨水,雨水下浸,云气上蒸,则是濡泽、浸润之义;故"需"字当为"濡"之本字。帛本作"襦",为"需"(即"濡"字)字之假。《史记·刺客列传》索隐"濡,润也"。由滋润而引申有滋养之义,《大象》"君子以饮食宴乐"即取"需"(濡)之滋养义。《归藏》作"溽",谓沾润、润溽。

由濡渍而引申有滞留、稽留之义。《诗·匏有苦叶》毛传"濡,渍也",又《孟子·公孙丑下》注"濡滞,犹稽也"。爻辞之"需"(濡)即取稽留之义;《小象》同。

《彖传》则读"需"为"须"(额),等待。

②有孚:"孚"有二义:一为卦兆、征兆;一为征验、应验。此云"有孚,光亨、贞吉、利涉大川",谓卦兆显示的是大通顺、占问有利、涉险渡川顺利。帛书"孚"作"复"。《彖》《象》均释"孚"为诚信。

③光亨:"光",大。又"光"训气运,谓气运亨通(参《观》卦、《未济》卦注)。

④利涉大川:经文"涉大川"屡见。"利涉大川""不利涉大川",犹言利出行、不利出行。亦衍申有涉险之义。

⑤需于郊:稽留于野外而远离坎险。

⑥利用恒,无咎:"利用",利于。"恒",持久。持久滞留于一地本来不利,但因初九前面有坎险,故可无害。

⑦需于沙:上卦为《坎》,坎为水、为险,九二稽留于沙滩近水之地,故占辞说"小有言"。

⑧小有言:"言"读若"辛"或"愆":《说文》"言,从口辛声""辛,读若愆""愆,过也";《广韵》"辛,古文愆"。"小有愆",即小有咎,略有不好。

⑨需于泥:九三稽留于泥泞中,已濒临坎险。

⑩致寇至:导致外面的强寇来到。"寇"指外卦《坎》,《左传·文公七年》"于外为寇"。

⑪需于血:"血"读为"洫"(吴汝纶等说),沟坎。六四已入坎,故云"需于血"(《说卦》"坎为沟渎")。

⑫出自穴:此是六四预测性占辞。言六四虽人坎陷中,但最终会从穴洞中逃脱出。

⑬需于酒食:九五为坎陷深处,当以酒食滋养,以积蓄出坎之力量。古俗,守丧之期,忌饮酒,但身体极度衰弱时,可以破戒。可见酒本为滋养之物。又此"需"即濡溉之义,有酒食濡溉滋养,自是吉兆。此"需(濡)于酒食"与《困》卦九二的"困于酒食"相反。

⑭入于穴,有不速之客三人来:"穴",指坎陷最深处,故上六云"入于穴"。"速",邀请。不请自来,指未有戒备的陌生人。"三人",虚指,谓几位,犹《论语》

“三人行必有我师”之“三人”。或谓“三人”指下卦的三阳爻。

⑮敬之，终吉：身在坎陷深处，对突如其来者又无戒备，况且是“几位”，人在屋檐下，怎能不低头？故只有恭敬，庶几无害。

【译文】

需卦：遇到险阻，但是有信心克服，所以前途最终通畅；坚持正道，就能化险为夷，即使做像涉渡大河那样的事情也会很顺利。

初九：在郊外等待涉险的时机，因为有耐心，又能恒守正道，所以不会有过失灾难。

九二：在沙滩上耐心等待，虽然遭到一些议论，因为面临危险仍能保持清醒的头脑，结局还是吉祥的。

九三：在泥涂中等待，更加需要谨慎，稍或冒进，便会引祸上身，发生有如强盗袭击那样的不幸。

六四：身陷险境以致受伤出血，顺应变化最终能够脱险。

九五：美酒佳肴，取之有道，所以吉祥。

上六：陷入险境，有三位不速之客光临，以恭敬相待，最终化险为夷。

【解读】

本卦通过对“需于郊”“需于沙”“需于泥”“需于血”“需于酒食”“入于穴”这六种不同境遇的譬喻，阐明了在事业草创时期虽然危机四伏、陷险重重，然而只要耐心等待时机，把握以柔克刚的法则，善于运用不同的方法应付不同的恶劣环境，最后一定能走出困境，迎来似锦前程。

【经典实例】

等待时机，以柔制刚

《需卦》阐释了在危机四伏、状况不明之际，必须等待时机。等待需要恒心与耐心，更应当坚定信心。这时，应当尽可能远离危险，以求安全，而且保持距离，才能够了解状况。盲目冒进，将为自己招祸。愈接近危险，愈应当谨慎。当陷入危险时，不可逞强，应当冷静，运用柔的法则，因应变化，方可化险为夷。即或在安全中，也应居安思危，把握中正的原则，谨慎戒备。总之，对付危险的最高法则，是要以柔制刚，有目的地等待，正是应用柔的法则。

三国末期，曹爽和司马懿集侍中、持节等军政要职于自身，共掌朝政。曹爽为了夺取皇位，独专朝政，排斥异己，在朝廷内外广植党羽，安插亲信。他唯一顾忌的就是司马懿。司马懿考虑到自己在朝中的实力尚不能与之抗衡，便托病在家，以观局势变化。曹爽遂命心腹李胜借出任荆州刺史之机，去向司马懿辞行，打探他生病的虚实。

司马懿得知李胜来访，便做了一番苦心安排。李胜来到司马懿的居室，司马懿正在侍女的服侍下更衣。他浑身颤抖，久久地穿不上衣服，一会儿又称口渴，命人上粥，还没送到嘴边，就已将粥弄翻，洒了一身，样子十分狼狈。

李胜说：“听说您旧病复发，没想到情况这样严重。我明日将赴任荆州做刺史，今天是特来向太傅告辞的。”

司马懿故意把荆州听成并州，气喘吁吁地说："你调任并州，并州临近狄夷，要多加防范，以免给胡人制造进犯的机会啊！我病疾严重，时日无多，恐怕我们今后再难相见，拜托你今后替我照顾两个儿子司马师和司马昭。"

李胜回去后，将所见所闻的详情告诉了曹爽，并说："司马太傅不过是一具没有断气的躯壳而已，身体极其虚弱，神志恍惚不清，连荆州和并州都不能分清，这样的人还有什么顾虑的呢？"

曹爽听后大喜，从此对司马懿消除戒心，不加防范。

不久，魏少帝曹芳前往洛阳南山拜谒魏明帝高平陵，曹爽以及他的弟弟曹义、曹彦的心腹亲信一同随行。

司马懿见时机已到，就以太后的名义发布诏令，闭锁城门，发动了兵变，铲除了曹爽及其全部亲信党羽。这场为期长达数年的争权，最终以曹爽惨败而告终。

司马懿这种善于等待时机的做法在与诸葛亮斗智时，也表现得淋漓尽致。诸葛亮曾送给他女人的衣裳、鞋袜以激他出兵，再与之决战，企图一举歼灭，但是老奸巨猾的司马懿看到时机对己不利，就是勒兵不出，使得智慧过人的诸葛武侯也无计可施，更使得北伐最后功亏一篑，"长使英雄泪满襟"。假如当初司马懿被激怒后冒进作战，恐怕三国的历史得重新书写。

赤壁古战场

人们现在的生存环境越来越复杂，犹如置身于一个危机四伏的竞技场中，遭受一些不公正的待遇的风险在所难免，在实力不足以改变形势的情况下，也不妨先忍一忍，这是前行中的良策。相反，如果不明就里，以硬碰硬，最终会导致自己吃大亏的。需卦就向人们揭示了这个道理。

生日快乐

中年主管对新来的女职员很有意思，在一段连续假日之前，总算找到了机会：

"我能不能邀你去我的森林小屋度假？"他故作神秘地说："我的老婆根本不关

心我。千万别跟人说,明天是我的生日呢!"

年轻女孩抬起脸,眼睛一转:

"何必到你那里去,我的家也很幽静,没有人打扰,干脆到我那儿去好了!"

主管简直乐歪了,心想"这小妞真来电!"一口答应下来,并在第二天如约赶到女孩住所。

千娇百媚的女孩子,满脸神秘笑容地迎接,先倒了杯酒给主管,娇滴滴地说:"你在客厅等着啊!我进卧房准备一下,当我叫你的时候,就推门进来。"说着便像条鱼似的溜进了卧室,又关上门。

主管的心简直要跳出来:"太神秘,太刺激了!现代女孩子真是爽快!想必等下推开门,她已经是几寸薄缕,伸开双臂……。我何不也爽快一下!"

事不宜迟,主管没两分钟,西装、领带、衬衫、汗衫,全部解除了武装,而那女孩子娇滴滴、神秘的声音也及时传出:

"你可以推门进来了!"

主管连灵魂都醉了!推开门——

"生日快乐!"全办公室的男女部属,伴随着香槟的声音,对他欢呼……

劳塔罗智败敌军

智利的南部,曾生活着一个印第安人的部落,他们打猎、捕鱼,世世代代和睦相处,生生不息。可是,到了16世纪中叶,西班牙殖民主义者用枪炮打破了他们宁静的生活,抢夺印第安人的财物,把印第安人从世代生息的土地上赶走,或把他们变成奴隶,更有成千上万的印第安人成为他们枪下的冤魂。为了长期占有这块土地,他们派军队驻守,并把印第安部落首领16岁的儿子劳塔罗作为人质,让他跟部将瓦尔迪维亚转战到其他地方。

劳塔罗是个聪明勇敢的孩子,虽然只有16岁,但是射箭、掷标枪在部落里都是一流的。他目睹自己的部落被敌人残害,早对西班牙殖民者恨之入骨。随侵略军转战的路途上,他看到了侵略者的大量暴行。他在心里暗暗发誓:"只要我还有一口气,就要和敌人血战到底!"

起先,瓦尔迪维亚对劳塔罗控制很紧,白天派人监视他,晚上用铁链将他锁起来,要逃跑是不可能的。劳塔罗心里盘算了很久,决定先取得西班牙人的信任,然后再寻找逃跑的机会。他还想到:西班牙人的枪炮很厉害,印第安人吃亏就吃在武器不如他们,他说:"我要学会他们的射击本领,反过来打击他们。"

于是,劳塔罗对侵略者分配给他的苦役,像烧饭、喂马、扛重武器等,都服服帖帖去做,而且干得很出色,务必使他们满意。有些西班牙士兵和他们的长官要劳塔罗干私活,如端茶、倒水、擦皮鞋等,他也老老实实做好。有时,这些侵略者拿他寻开心,打他,骂他,他也强装笑脸忍受。时间长了,西班牙人对他一点也不戒备了,他也和西班牙军队的许多士兵、长官混熟了,还跟他们学会了西班牙语,以及射击和拳术。

瓦尔迪维亚对劳塔罗的驯服很高兴。在转战各地的战争中,他们俘获了几千名印第安人,强迫他们接受军事训练,想用印第安人打印第安人,以减少西班牙士

兵的伤亡和弥补兵员的不足。他见劳塔罗是印第安部落首领的儿子,在印第安人中有号召力,又见他驯服而有本领,就打开了如意算盘:让劳塔罗指挥印第安人,不是很好吗?

劳塔罗担任指挥官后,把印第安人按他们原来的部落编成分队,任命了分队长。开始,印第安人认为他是叛徒,都不愿亲近他。劳塔罗整天和他们一起摸爬滚打,从不摆指挥官的架子,慢慢地和他们建立起感情。他特别注意搞好与几个分队长的关系,互相间真诚相待。后来,他把自己准备反戈一击的心事告诉他们,几个分队长都发誓跟着他一起干。他们在印第安人中揭露侵略者的阴谋,号召他们好好训练,将来寻找机会起义,杀死侵略者,为家乡的父母兄弟报仇。不久,西班牙侵略军派瓦尔迪维亚带兵去镇压一个印第安部落的起义。瓦尔迪维亚命令劳塔罗带领那几千印第安人打先锋。

劳塔罗认为时机成熟了,行军途中,和几个分队长讨论了起义计划。

瓦尔迪维亚指挥劳塔罗的队伍在前,西班牙人在后,与起义的印第安人相遇了。他拔出指挥刀,命令印第安弓箭手射击。劳塔罗发出了起义的信号,刹那间,几千名弓箭手猛然转身,箭像雨点一样射向侵略者。西班才人毫无准备,措手不及,纷纷被射落下马,四处溃逃。瓦尔迪维亚的马被箭射伤。掉在马下,成了劳塔罗的俘虏。

劳塔罗回到自己的部落,被印第安人拥戴为首领。

骗与被骗

缅甸某个村子里住着四个青年,会编各种各样的稀奇古怪的故事。一天,他们看到有一个旅客坐在旅店里歇息,身上穿的衣服很好,于是,他们就想把他那身衣服骗过来。他们走到旅客身边提议说:“咱们来打个赌好不好?咱们每个人讲一个自己生平遇见过的最奇怪的事,谁要是听了不相信,就是得做讲故事人的奴隶。”

旅客同意这个建议,四个年轻人暗自得意,认为他们的离奇、难以置信的故事一定会使那个傻瓜旅客忘掉一切,怀疑这故事不是真的。当然他们只是想得到他身上的漂亮衣服,并不是真的要他给他们当奴隶,因为一个奴隶的身体和财物都是属于主人的。

四个青年请来了村长做证人后,便使出浑身解数讲述他们胡编的故事。每次,那个旅客都点了点头,表示相信他们的话。

现在该轮到旅客讲他的经历了:“几年以前,我有一块很大的棉田。有一棵棉花长得异乎寻常的大。颜色红艳艳的,一闪一闪地发亮。有很长一个时期,它既不长叶,也不长枝,可是后来终于长出四根枝条,枝头上不长叶子,却每根结了一个果子。我采下四个果子,把它切开了,每个果子里忽然跳出一个年轻人。因为他们是从我的棉花树里长出来的,所以按照法律,他们都是我的奴隶,于是我就叫他们在我的棉田里干活,可是他们都是懒骨头,过了几星期,都从我的农场里逃走了,从那时起,我就一直在全国各地寻找这四个奴隶。直到现在才给我找着了。小伙子,你们心里挺明白,知道你们自己就是我那四个寻找已久的奴隶。现在跟着我回到我的农场里去吧。”

四个年轻人痛苦地低下了头,因为他们要是说相信他的话,那就等于承认自己是旅客的奴隶,要是他们说不相信的话,那么根据打赌的条件,他们也得做他的奴隶。村长一连催问了三次,问他们到底信不信旅客的话,他们无奈,最后只有承认说失败。旅客说:"你们身上穿的衣服也是属于我的,因为你们都是我的奴隶。把衣服脱下来给我,我马上就给你自由。"四个青年原想骗取旅客的衣服,这时却只能把他们自己身上的衣服脱下来给了他。

贴身肉搏与心态坦然

在广东省政府2002年8月中旬的办公软件采购中,金山软件再一次击败微软,获得了4000套WPS Office 2002的购买协议,广东省40多个厅局级单位获得授权,全面采用金山的办公软件。在协议签订的第二天,新浪财经新闻头条出现了这条新闻,"金山撼动微软,中标广东省政府采购办公软件大单"。

但是在第二天,这条新闻就已经看不见了,据说因为来自高层的一些压力。

微软确实是一个无处不在的、强大的竞争对手。

当众人将"挑战微软"这样的桂冠戴到金山总裁求伯君的头上时,求说他觉得有点刺耳,在他看来"挑战"似乎多少有点"挑衅"的味道,而这绝非他的本意。

"是这样的历史时机,将我推上了这个舞台。我不去面对这样的竞争,将无路可走。"生性平和的求伯君,在经历了与微软的贴身肉搏之后,倒反而变得更加坦然——"微软不过是一个竞争对手而已。如果没有微软,也会有别的竞争对手"。

求伯君已经不习惯再去回忆1993年之前,金山WPS办公软件曾经一统江湖的辉煌了。当时几乎国内所有的电脑上装的都是WPS,在这样热火朝天的局面之下,求伯君并没有真正获利。"你知道所有的人都在用,但是你收不到钱。因为盗版。"说这话的时候求伯君笑着,倒好像是别人的无奈。

对于外界传说的,"微软1994年的到来成了金山发展的灾难。"求伯君一口否认:"充其量只是雪上加霜而已。"实际上这时候双方共同所面对的最大的对手都是中国的盗版环境,不同的只是微软的财力允许他有足够的时间等待。

1994年微软进入中国,面对的是几乎所有的电脑上都装着的WPS办公软件。微软和金山的技术人员签了一个协议,双方各自在软件上设立RTF格式以相互兼容对方格式。但是1995年当Word取代金山WPS在中国所拥有的用户基础之后,微软单方面取消了这个格式。看起来,市场手段太过稚嫩的金山将自己的用户拱手让给了微软。

求伯君不以为然,他很简略地说,"那是用户的需要,我们不可能去阻碍技术的发展。不兼容能够把他挡在门外吗?充其量只是拖延一年而已。"他认为真正使金山失利的原因是WPS最初是在DOS基础上开发的,而Office是基于Windows开发的。Windows的流行直接带动了Office的市场需求。那一时期中国的很多软件公司因此消失了。

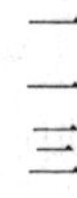

从1994年到1998年金山一直徘徊在低谷,一度很多人以为WPS从此消失了。求伯君在1993年之前所能想象到的那个巨大的市场前景,突然间就像是一个吹起来的泡泡,一点点碰触就使它无声无息地破灭了。求伯君把房子卖掉了,车卖

掉了，不过金山仍旧在坚持。

现在，从求伯君的话语里却很难看到他在那个时期所承受的煎熬。在他的身上有一种中国文人式的淡泊，他不讳言金山的发展曲折而艰难，但是他没有、也不会向别人展现这些艰难在他心里烙下的处处伤疤。

WPS 陷入谷底，金山还是要生存。能不能同时做些别的产品，避开跟微软的正面竞争，从产品线上扩大公司的经营规模？金山推出了当时市场缺乏的金山毒霸和金山影霸，并且还推出了一些游戏软件。求伯君笑着说，为了生存金山也做了一些拍脑袋的决定，但是这些努力使金山开始缓慢地爬升。

真正的转机是从 1998 年联想注资开始的。实际上当时众多投资者都看到了金山有利可图，但求伯君最终选择了联想。联想的注资使求伯君的思路逐步的清晰起来，一个以 WPS 办公软件为主的，包含毒霸安全类软件、翻译类软件和游戏类软件的四条产品线初具雏形。在这四条业务线逐步深入的同时，金山正在努力塑造一个不同以往的、新锐的软件品牌形象。

但是相对微软办公软件系统在国内所具有的近 80%的市场份额，金山的反攻依旧显得太过微弱了。

让微软吃惊的是 2001 年 12 月份的北京市政府采购的“落单”，如果说那只是金山的一次偶然中标的话。2002 年 8 月份广东省的政府采购，再次触动了微软的骄傲。

“政府采购才刚刚开始，竞争才开了个头。”求伯君淡淡的笑意隐在脸上，连同他身上那件淡黄色的 T 恤衫，内外都透着一股闲适。很多人都以为政府采购不过是金山找到了一把大伞，在这把大伞的保护之下，金山这个鸡蛋才得以免强与微软这块石头相碰碰。

周瑜借“东风”大破曹军

据《三国演义》所载，孙权、刘备与曹操的大军在大江南北对峙，一场恶战将在赤壁展开。当时曹军兵强马壮，孙刘联军势单力薄。东吴的周瑜计划用火攻的办法克敌，并且做好了一切准备。

当时正值隆冬季节，整天北风呼啸，将火烧向曹营，必须有东风吹拂才可以。但这时却不是刮东风的时候，去哪里唤东风呢？为了此事，周瑜一筹莫展，坐卧不安，竟生起病来。

诸葛亮见到时机已经成熟，便以探病的名义来到周瑜的大帐中。诸葛亮见到周瑜，对他说：“周将军的病，在下能治，将军只要看了我开的药方，就会立即康复。”说完，就在手心上写下了“欲破曹军，须用火攻；万事俱备，只欠东风”几行小字。

周瑜看完之后，立刻从床上跳了下来，请求诸葛亮帮忙。诸葛亮说：“将军的事，就是我的事，我当义不容辞！”

诸葛亮通晓天文，早已经预知近日必有东风。周瑜凭借诸葛亮“借”来的东风，将曹操的大军烧得死伤无数，大败而归。

“东风”就是一个时机，如果这个时机不到，周瑜就采取军事行动进攻曹操，只

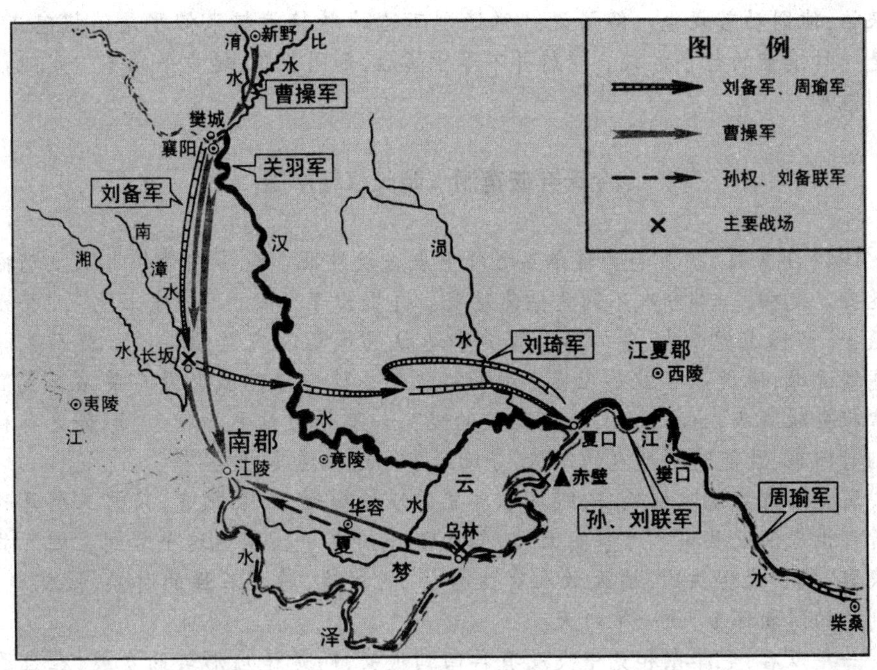

赤壁之战示意图

能是以卵击石。做其他事也是一样：时机到了，实施某个计划就会成功；时机未到，实施同一计划就会失败。

耐心等待，取得最后胜利

丰田汽车公司之所以成为汽车行业的巨头，是因为丰田英二不贸然行事，能耐心等待时机，能抓住时机。

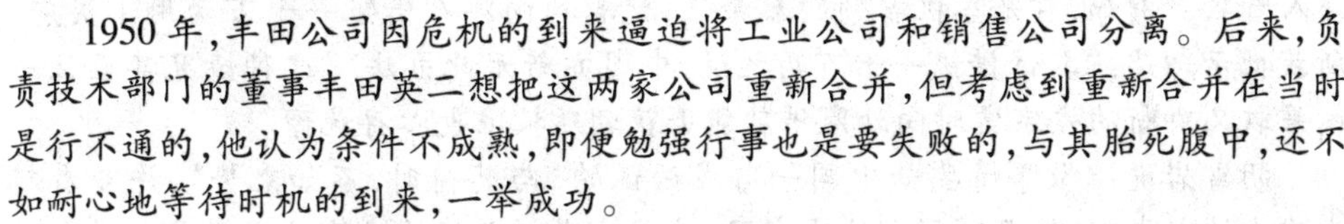

1950年，丰田公司因危机的到来逼迫将工业公司和销售公司分离。后来，负责技术部门的董事丰田英二想把这两家公司重新合并，但考虑到重新合并在当时是行不通的，他认为条件不成熟，即便勉强行事也是要失败的，与其胎死腹中，还不如耐心地等待时机的到来，一举成功。

直到上个世纪80年代初，英二在深思熟虑考察各种条件的同时，衡量了其利弊，决定将丰田两家公司重新合并。两家公司终于结束了长达32年的产销分离，诞生了全新的丰田公司，英二的等待终于有了丰硕的成果。

在处理丰田赴美建厂一事上，英二也同样小心谨慎，耐心等待时机的成熟。

在日本汽车厂商中，有的第三家开始生产汽车。为此不少人抱怨丰田进军美国为时太晚。会长丰田英二和社长丰田章一郎的回答是：“我们在等待时机，我们的行动并没有落后。”由于采取了谨慎的战术，丰田公司终于顺利地打入了美国汽车市场。

丰田是个善于抓机遇的人。善于等待，当机遇没有来时，他静如处子；一旦机遇来临，他则动若脱兔。俗话说："欲速则不达。"等待看起来似乎是消极怠工，其实是一种慎重的行事方式。等待并不等于落后，如同长跑，起步早的不一定能最终得到冠军。

今天弃破窑洞　明天赢新中国

1947年3月，胡宗南受蒋介石之命重点进攻陕北。毛泽东带领部队主动撤离了延安。起初，一部分人不同意撤离延安。并提出了"不放弃一寸土地"，"誓死保卫延安"，"保卫党中央"等口号。莫斯科也认为撤退决定是错误的。然而毛泽东却高瞻远瞩，他说："不就是几座窑洞吗？就是丢掉一座空城也没有关系。我们现在拿鸡蛋碰石头，自取灭亡，能达到目的吗？如果等力量更加壮大，形势更有利于我们时回来，就能粉碎敌人的军队，夺回延安。这难道不好吗？"

蒋介石得意地飞到延安，毁坏了那里的坛坛罐罐，而且预言，只需三个月的时间就可彻底消灭共军。可事实上，三个月后，蒋介石并没实现这个梦想。因为共产党采取"集中优势兵力，消灭敌人有生力量"的战略，蒋介石强的时候，他就退，等找到蒋的薄弱环节，便一举歼灭。

一年以后，毛泽东和党中央没有再回到延安，而是适应形势的发展，在自己的力量变得相当强大后，东渡黄河，搬到了距北平很近的河北省的西柏坡去了，那里更便于指挥全国各战场。

在解放战争后期，蒋的力量日趋削弱，毛泽东一改过去的退的策略，乘胜追击，痛打落水狗。于1949年10月迎来了全国的大解放。

胡雪岩乘势

胡雪岩是中国历史上第一个以商人身份代表政府向外国引进资本的商人。而在他之前，政府还没有向洋人借款的先例，且有明确规定不能由任何人代理政府向洋人贷款。例如，曾是军机首领的恭亲王，就曾拟向洋人借银一千万两用于买船，所获批示却是："其请借银一千万两之说，中国亦断无此办法。"这种情况甚至让一向果敢又决断的左宗棠对向外商借款能否获朝廷批准也心存犹豫。

胡雪岩说："做事情要如中国一句成语说的'与其待时，不如乘势'，许多看起来难办的大事，居然顺顺利利地办成了，就因为懂得乘势的缘故。"同样是向洋人借款，那时要办断不会获准，而这时要办却极可能获准，这是时势使然：

一则，那时向洋人借债买船，受到洋人多方刁难，朝廷大多数人不以为然，恭亲王也开始打退堂鼓，自然决不会再去借洋债。而此时洋人已经看出朝廷决心镇压太平天国，收复东南财富之区，自愿借款以助朝廷军务，朝廷自然不大可能断然拒绝。

二则，当时军务并不十分紧急，向洋人借款买船尚容暂缓，此时军务重于一切，而重中之重又是镇压太平天国，为军务所急向朝廷提出向洋人借款的要求，朝廷也一定会听从。

三则，此时领衔上奏的左宗棠本人手握重兵，且因平定太平天国有功而深得内廷信任，由他向朝廷提出借款事，其分量自然也不一般了。借助这三个条件形成的大势，向洋人借款不办则罢，一办则准成。

不用说，事实确实如此。

胡雪岩所说的“与其待时，不如乘势”中的“势”，是指那些促成某件事情成功的各种外部条件同时具备，即恰逢其时、恰在其地，几好合一，好的机会集合而成的某种大趋势。具体说来，这种“势”也就是由时、事、人等因素交互作用形成的一种可以助成“毕事功于一役”的合力。

这里的“时”即时机。所谓“彼一时，此一时”，同样一件事，彼时去办，也许无论花多大的力气都无法办成，而此时去办，可能“得来全不费功夫”。

这里的“事”是指具体将办之事。一定的时机办一定的事情，同样的事情此时该办也可办，彼时却也许不可办也不该办。可办则一办即成，不可办则绝无办成之望。这里的人即具体办事的人。一件事不同的人办会办出不同的效果，即使能力不相上下的两个人，这个人办得成的某件事，另一个人却不一定能办成。所谓乘势而行，也就是要在恰当的时机由恰当的人选去办理该办的事情。

基辛格审时度势

亨利·基辛格是美国历史上第一个犹太人出身的国务卿，作为局势动荡多变的20世纪70年代的美国头号外交家，喜欢在国际外交舞台上进行“特技表演”，但是没有十分把握他是不会轻易登场的。

中东危机初期，由于以色列依仗英、法的支持，大规模侵略埃及，激起了阿拉伯世界的不满。在这种情况下，任何一国出面调停都不可能成功。由于没有任何把握，所以基辛格没有出击，而是坐等时机。

等到埃及军队渡过苏伊士运河，突破以军防线，打破不战不和局面，形势发生了重大转机，埃及军队即将获得反侵略战争的胜利时，基辛格认为时机已经成熟，形势已变得适于停火。于是他立即出击，频频进行“穿梭外交”，往返于中东各国，利用各种矛盾，磋商各种政治交易的“可能性”。由于基辛格的努力，中东问题暂时缓和下来，也使他由此在阿拉伯世界赢得了声誉。

“见可成则就之，见不可成则避之”，决不无的放矢，这就是基辛格的精明和诀窍。把一件事办成功，就要考虑到它可以实现的可能性，然后再找准时机迅速出击。要学会耐心等待，有的放矢。

安陵君耐心等待良机终现

战国时，安陵君是楚王的宠臣。有一天，江乙对安陵君说：“您没有一点土地，宫中又没有骨肉至亲，然而身居高位，接受优厚的俸禄，国人见了您无不整衣下拜，无人不愿接受您的指令为您效劳，这是为什么呢？”

安陵君说：“这不过是大王过高地抬举我罢了，不然哪能这样！”江乙指出：“用钱财相交的，钱财一旦用尽，交情也就断绝；靠美色结合的，色衰则情移。因此狐媚

楚庄王之子王子午的铜浴缶

的女子不等卧席磨破就遭遗弃；得宠的臣子不等车子坐坏已被驱逐。如今您掌握楚国大权，却没有办法和大王深交，我暗自替您着急，觉得您处于危险之中。”

安陵君一听，恍如大梦初醒，恭恭敬敬地拜请江乙：“既然这样，请先生指点迷津。”江乙说：“希望您一定要找个机会对大王说，愿随大王一起死，以身为大王殉葬。如果您这样说了，必能长久地保住权位。”安陵君说：“我谨依先生之见。”

但是过了三年，安陵君依然没对楚王提起这句话。江乙为此又去见安陵君：“我对您说的那些话，至今您也不去说，既然您不用我的计谋，我就不敢再见您的面了。”言罢就要告辞。安陵君急忙挽留，说：“我怎敢忘却先生教诲，只是一时还没有合适的机会。”

又过了几个月，时机终于来临了。这时候楚王到云梦去打猎，一千多辆奔驰的马车连接不断，旌旗蔽日，野火如霞，声威壮观。这时一条狂怒的野牛顺着车轮的轨迹行过来，楚王拉弓射箭，一箭正中牛头，把野牛射死。百官和护卫欢声雷动，齐声称赞。

楚王抽出带牦牛尾的旗帜，用旗杆按住牛头，仰天大笑道：“痛快啊！今天的游猎，寡人何等快活！待我万岁千秋以后，你们谁能和我共有今天的快乐呢？”这时安陵君泪流满面地走上前来说：“我进宫后就与大王同席共座，到外面我就陪伴大王乘车。如果大王万岁千秋之后，我希望随大王奔黄泉，就做褥草为大王阻挡蝼蚁，哪有比这种快乐更宽慰的事情呢？”

楚王闻听此言，深受感动，正式设坛封他为安陵君，安陵君自此更得楚王的宠信。

后来人们听到这事都说：“江乙可说是善于谋划，安陵君可说是善于等待时机。”尽管江乙眼光锐利，料事如神，毕竟事情的发展不会像设想的那样顺利和平静，而安陵君过人之处在于他有充分的耐心，等候楚王欣喜而又伤感的那个时刻，这时安陵君的表白，无疑是雪中送炭，温暖君心，因此也收到奇效，保住了长久的荣华富贵。

《淮南子·道应》云：“事者应变而动，变生于时，故知时者无常行。”等待时机的来临需要充分的耐心。这个过程也积极准备、待条件成熟的过程，等待时机决不等于坐视不动。三国初期正是天下大乱、群雄纷争的年代，有志者莫不浮游其间，试露锋芒，而怀有治世之奇才的诸葛亮却甘心隐居隆中。表面看来，这是不合情理的，然而诸葛亮此举正是在耐心地等待时机的来临。与其为牛尾，不若为鸡头。诸葛亮分析天下的形势，既不想投奔势力强大的曹操、袁绍，也不想在江东孙权手下为官，他需要的是一位慧眼识英雄而又宽厚的君主。因此，刘备三顾茅庐后，诸葛亮终于出山,最终促成了三国鼎立的局面。

项羽不过江东之误

公元前202年,韩信布置十面埋伏,把项羽围困在垓下(今安徽灵璧县东南)。四面楚歌之下,项羽当夜跨上乌骓马,带了800子弟兵冲过汉营,马不停蹄地往前跑去。

到了天蒙蒙亮,汉军才发现项羽已经突围,连忙派了5000骑兵紧紧追赶。项羽一路奔跑,赶到他渡过淮河,跟着他的只剩下一百多人了。又跑了一程,迷了道儿。项羽来到一个三岔路口,瞧见一个庄稼人,就问他哪条道儿可以到彭城。

那个庄稼人知道他是霸王,不愿给他指路,哄骗他说:"往左边走。"项羽和一百多个人往左边跑下去,越跑越不对头,跑到后来,只见前面是一片沼泽地带,连道儿都没有了。项羽这才知道是受了骗,赶快拉转马头,再绕出这个沼泽地,汉兵已经追上了。

项羽又往东南跑,一路上,随从的兵士死的死、伤的伤。到了东城(今安徽定远县东南),再点了点人数,只有28个骑兵。但是汉军的几千名追兵却密密麻麻地围了上来。项羽料想没法脱身,但是他仍旧不肯服输,对跟随他的兵士们说:"我起兵到现在已经八年,经历过七十多次战斗,从来没打过一次败仗,才当上了天下霸王。今天在这里被围,这是天叫我灭亡,并不是我打不过他们啊!"

后来项羽杀出汉兵的包围,带着26个人一直往南跑去,到了乌江(在今安徽和县东北)。恰巧乌江的亭长有一条小船停在岸边。亭长劝项羽马上渡江,说道:"江东虽然小,可还有一千多里土地,几十万人口。大王过了江,还可以在那边称王。"

项羽苦笑了一下说:"我在会稽郡起兵后,带了8000子弟渡江。到今天他们没有一个能回去,只有我一个人回到江东。即使江东父老同情我,立我为王,我还有什么脸再见他们呢。"

他把乌骓马送给了亭长,也叫兵士们都跳下马。他和26个兵士都拿着短刀,跟追上来的汉兵肉搏起来。他们杀了几百名汉兵,楚兵也一个个倒下。项羽受了十几处创伤,最后在乌江边拔剑自杀。

一代霸王就这样悲壮地了结了自己的生命。但是冷静想想,项羽的死必要吗?要是他当时回到了江东,痛定思痛,重新积蓄力量、并不一定就全没机会,何必一定要急着去当"鬼雄"呢?难怪李清照赋诗叹道:"至今思项羽,不肯过江东。"

赵充国以静待哗

汉宣帝时,西羌族与匈奴联合,侵入汉地。公元前61年春,汉宣帝任命赵充国为将,率骑兵万余平羌。为了防止羌人阻击大军过河,赵充国命三名军校乘夜先悄悄渡河,在对岸扎营,再指挥大军依次渡河进驻。

正在这时,突然来了数百骑羌兵围绕着汉军来回奔驰,口中还"嗷嗷"乱叫。诸将见羌兵少,纷纷请求出战,要将这些羌兵撵跑,免得其扰乱汉军渡河。但赵充

国认为，汉军长途跋涉，不可追逐此敌，消灭敌人应以全歼为上，不要贪小失大。同时，他认为这些羌兵骑术高超，如果追赶，必中其诱兵之计。因此，赵充国对这些羌兵的挑逗引诱置之不理，仍然镇定地指挥自己的部队加紧渡河。

事后探马来报，离汉军30里有一座绵延起伏的山脉，那里埋伏万余羌兵，原先来挑战的少数羌兵正是想通过挑逗，诱使汉军追击入伏。结果，由于赵充国沉着机智，以静待哗，使敌人无功而返。

汉军全部渡河之后，赵充国对羌作战始终用稳扎稳打、步步为营的战法。首先派小股间谍进行广大范围的深入侦察，洞悉敌情，然后行军，防止遇伏。同时要求部队保持高度警惕，行军途中随时随地准备战斗，所宿营垒也要求必须十分坚固。汉军稳步推进到金城后，羌兵再三挑战，汉军坚壁不出。

为了摸清羌兵情况，减少作战的损失，赵充国派遣了许多间谍深入羌人居住地区。原来，羌兵分先零、罕、开三部分，前者与后二者有仇。赵充国运用策略，对他们进行了分化瓦解。他对罕、开两部分进行政治安抚，集中兵力部署对先零进行军事打击。

先零见汉军长期坚壁不出，就渐渐失去了警惕。6月初，赵充国率大军突袭先零驻地。先零毫无戒备，一触即溃，仓皇逃遁，淹死者数百，投降与被杀者千余。

汉军进抵罕、开，赵充国禁止烧杀。罕、开感恩，马上降顺了汉军。秋天，又有万余羌人在赵充国安抚政策感召下降汉。赵充国又罢骑兵、兴屯田、“益积蓄”“省大费”，以待羌敝。第二年秋，若零等人刺杀先零羌首领杨玉，率四千多人降汉。赵充国平羌大获全胜。

“以静待哗”是孙子提出的注重心理变化规律的作战谋略，其宗旨是，以自己的严整来对待敌人的混乱，以自己的镇静来对待敌人的哗恐，这是掌握军心的方法。因此，以沉着安静的心态，安抚自己，乘机进攻浮躁不安的敌人，或者是以冷静的态度控制动荡不安的局面，那么胜利就有充分的把握。

曹操的以进为退之术

不争锋芒，势弱先忍，势强当起，这才是做大事之人的本色。

不争锋芒，只是一个人成大事的手段，而不是毫无进取之人的态度；偏安一隅，只是蓄势待发的准备过程，而不是苟且偷生地活着。

曹操不乏英雄气概，但他也有退让的时候。他迎献帝都许昌后，并不是万事大吉，他当时虽“挟天子”但力尚不足以令诸侯。相反，曹操一时成为世人瞩目的人，也可以说成为众矢之的。而曹操这时的力量并不强，与袁绍等人相比，更处于弱势。因此曹操采取后发制人的方略，将袁绍打败。

曹操见袁绍不敢公开抗拒朝廷，便又以献帝的名义任袁绍为太尉，封邺侯，实际上是试探。太尉虽是“三公”之一，但位在大将军（不常设）之下。袁绍见曹操任大将军，自己的地位反而不如他，十分不满，大嚷道：“曹操几次失败，都是我救了他，现在竟然挟天子命令起我来了。”拒不接受任命。

曹操感到这时的实力还不如袁绍，他不愿意在这个时候跟袁绍闹翻，决定暂时向他让步，便把大将军的头衔让给袁绍。自己任司空（也是“三公”之一），代理车

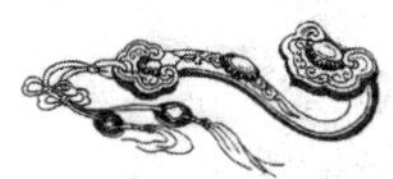

骑将军(车骑将军只次于大将军和骠骑将军),以缓和同袁绍的矛盾。但由于袁绍不在许都,曹操仍然总揽着朝政。

与此同时,曹操安排和提升一些官员。以荀彧为侍中、尚书令,负责朝中具体事务,以程昱为尚书,又以他为东中郎将,领济阴太守,都督兖州事,巩固这一最早的根据地;以满宠为许都令、董昭为洛阳令,控制好新旧都城;以夏侯惇、夏侯渊、曹洪、曹仁、乐进、李典、吕虔、于禁、徐晃、典韦等分别为将军、中郎将、校尉、都尉等,牢牢控制军队。

尽管如此,曹操还是表现得很谦恭,或者说颇有一段韬光养晦的日子。

比如杨奉荐举曹操为镇东将军,袭父爵费亭侯。曹操于是连上《上书让封》《上书让费亭侯》《谢袭费亭侯表》等,表明他"有功不居"。

在上书让封中曹操说:

我扫除强暴和叛乱,平定了兖、青二州,四方长官前来朝贡,皇上认为是我的功劳。从前萧相国因为用关中来支援前线的功劳,全家都得到封赏;邓禹因为帮助光武帝平定河北的功劳,得到了几个城的封地。按照实际,考核功绩,并不是我的功勋。我祖父中常侍费亭侯,当时只是随从皇帝车辆,服侍左右,既不是首要谋臣,又没有战功,到我已经三代都享受封爵。我听说《易经·豫卦》上说:"利于封侯进军。"就是说有功的人才应当晋爵封侯。又《讼卦》六三爻辞说:"靠祖宗的功德吃俸禄,或者替王朝办事有功吃俸禄。"这是说:祖上有大功德,或者替王朝办事有功的,子孙才得吃俸禄。我想陛下对我降下像天地一样大、云雨滋润万物一样厚的恩泽,往上,记下我先辈服侍皇帝的应尽职责,又取我在兵事上像犬马奔走的效用,下诏奖励,给我的荣誉实在太大,不是我这愚蠢无才的人所能担当得起的。

曹操的上书表明他深知自己还是弱者,因此对袁绍的要求要尽量满足,对朝廷的封赠表现出"力所不及"的谦恭。等到羽毛一丰满,他就大张挞伐,在所不计了。最后终于后发制人,打败了袁绍。

曹操的高明是能更加灵活地应用需卦所揭示的真义,这就是忍耐待时。在这里他的忍和待都不是被动的,而是在心知"利涉大川"基础上的主动出击,所以他能退,自然也能胜。

忍辱负重,高祖终成霸业

浊浪滔滔,一条大河挡住了去路。你是设法修浮桥,造舟楫,或等待枯水期到来,还是拨马而回?如果真的是一条河,你肯定有具体方法。然而,在人生的旅途中,"大河"常常横亘在你的面前,一切的坎坷曲折,艰难险阻,总是伴随着成功者的脚步。世人崇拜英雄,厌烦懦夫。面临浊浪滔天的大河似的困境,只有大英雄才能保住本色。一位刚健的勇士,临河而立,刚毅的脸上那一丝轻蔑的笑纹,这就是需卦的卦象。

成大事者在处于弱势或落魄时,为了未来的成功应以屈待伸,忍耐一时之愤,这是趋吉避凶的高深智慧,也是"险在前也,刚健而不陷"的处世方略。

巴蜀之地,是秦朝流放罪犯的偏远荒凉之地,刘邦早年人据关中为关中王,占据巴蜀和汉中41个县,国都为南郑(今陕西南郑区东北)。公元前206年,项羽自封为西楚霸王，占有楚魏东部九郡之地，定都彭城（今江苏徐州）。并倚仗自己的势力，违背与关中王刘邦的约定，改封刘邦为汉王，刘邦心中非常不快。这不仅夺了他的关中王之位，而且等于要他向项羽称臣了，于是刘邦怨恨项羽言而无信，意欲进攻他。

项羽的谋臣范增早就看透刘邦的心思，建议项羽不管刘邦怎样面对受封一事，都要立刻杀掉刘邦，以除后患。项羽命人将刘邦找来，想试探一下刘邦的态度。刘邦听说项羽召见，也知凶多吉少，但自己力量弱小，处境艰难，又不能公然抗命不去。刘邦来到殿前，恭恭敬敬地伏在地上说："拜见霸王千岁！"那谦恭的样子使项羽立即放松了警惕，笑着问道："沛公，你先入咸阳，功劳可嘉，我特意加封你为汉王，代管巴蜀，不知你意下如何？"刘邦马上意识到项羽这话暗藏杀机，他沉吟片刻，然后从容地答道："我好比霸王您胯下的一匹为您效劳的坐骑，何去何从全由您做主。"项羽闻听此言，既对刘邦的恭维感到自得，又觉得刘邦的话无懈可击，因此也就没有了杀他的借口，便让刘邦下殿去了。

刘邦谢恩退出大殿，急忙回到自己的营地，稍加打点，便依张良之计，率军急匆匆地向巴蜀进发。他决心以巴蜀偏塞之地为依托，招兵买马，养精蓄锐，待力量充实了，再回三秦，谋取天下。项羽闻知刘邦率军已向巴蜀进发，才感到范增所言极是，立即派季布带三千人马前去追赶，然而为时已晚。当季布率兵追到栈道口时，刘邦大军早已无影无踪，且栈道已烧毁，季布等人只能望崖兴叹，空手而返。刘邦后又拜韩信为大将军，广纳贤才，休兵养士，最终在众贤士的帮助下，使得不可一世的西楚霸王自刎乌江，统一天下。

刘邦能以一个政治家的眼光，从宏观和全局着眼，在形势于己不利时，以屈待伸，沉着冷静地等待时机，显示了惊人的胆识和气魄。

面对困境，镇定自若。大英雄的业绩并不全是靠了浴血奋战，有时只是需要你的一点耐心。时机一到，天大的功劳竟可唾手而得。"密云在天，待时而雨"，这是很多成大事者的出路所在，把握这一原则，你就劈开了一条通向人生巅峰的辉煌之路。

讼卦第六 ䷅

【经文】

坎下乾上　讼①有孚，窒惕②。中吉，终凶③；利见大人，不利涉大川。

初六　不永④所事，小有言，终吉。

九二　不克讼⑤，归而逋，其邑人三百户，无眚⑥。

六三　食旧德，贞厉，终吉⑦；或从王事，无成⑧。

九四　不克讼，复即命渝⑨，安，贞吉。

九五　讼，元吉⑩。

上九　或锡之鞶带⑪，终朝三褫之⑫。

【注释】

①讼：卦名。通行本为第六卦，帛书本为第五卦。通行本《讼》卦次列于《需》卦后，是因为二者在爻画上是卦爻翻覆或上下卦颠倒的关系。

古代獬豕石雕

考之《需》卦，下乾上坎，乾为云气，坎为水，云气上出，坎水下注，二者相濡泽，故卦辞云“利涉大川”。《讼》卦与之反对，乾在上而坎在下，云气上蒸，坎水下注，二者相背而行，故有争讼之意，故“不利涉大川”。《需》之与《讼》的关系犹如《泰》之与《否》的关系。故《需》云“利”而《讼》云“不利”，《泰》云“吉”而《否》云“不利”。

②窒惕：“窒”读为“恎”，惧也（闻一多等说）。

③中吉，终凶：“中”指前半段，“终”指后半程。《易》通常以“初”“终”相对，如“初吉终乱”“无初有终”。“初”与“中”皆指事物进展前半段。

④永：长，长久、彻底地做下去。

⑤克讼：犹言胜诉。

⑥归而逋，其邑人三百户，无眚：“逋”，逃匿、躲藏。“其”，指代“归而逋”的败诉者。“邑”，城邑，为败诉者凭祖上恩荫所受封的领地。“人三百户”，喻城邑不大。“眚”，灾患。“无眚”，指“归而逋”的败诉者及其领地中的三百户人家均无灾祸。

⑦食旧德，贞厉，终吉：“食”，享用、安享。“旧”，释为“恭祖旧”之“旧”。“旧德”，指因祖上恩荫所享受的俸禄。“贞厉”，占问不利。“终吉”二字帛本无，然《象传》说“食旧德，从上吉也”，可知《象传》所据本有“终吉”二字。

⑧或从王事，无成：“或”，抑或、假若。“无成”，不会有成功。“食旧德”喻无为，“从王事”喻有为。六三居下卦之终，处不当位，为二阳所摄，故无为则“吉”，有为则“无成”。

⑨复即命渝：“即”犹“则”。“复即”犹九二之“归而”。“命”，命令，上级命令下属。“渝”当从帛本作“俞”。《礼记·内则》“男唯女俞”，“俞”是唯喏之义，“命俞”谓唯命是听。

⑩讼，元吉：“元”，大。九五居中得正，喻诉讼适可而止，则可获吉。或谓“讼”非指诉讼者，而是指决讼者、断案者，可备一说。

⑪或锡之鞶带：“或”，或许。“锡”，赐。“鞶带”，男子腰间所系革制大带。《礼记·内则》“男唯女俞，男鞶革，女鞶丝”。

⑫终朝三褫之：“终朝”，一日之内。“三”，喻多次。“褫”，夺，剥夺。“或锡之鞶带，终朝三褫之”，盖谓上九居卦之终，刚勇不已，诉讼不止，或许一时因胜诉而有受赏鞶带之荣，但终有被夺回赏物之辱。

【译文】

讼卦　讼：象征争讼。讼卦卦象是下单卦为坎，险陷；上单卦为乾，代表刚健。

只要心怀诚信,加以警觉,申辩中,持中和之道不偏不倚,可获吉祥;如果始终强争不息,不见好就收,则有凶险。利见大德大才之人,不宜涉越大江大川。

初六　不利于长久困于争辩不休中,应减少口舌,平息是非,最终可获吉祥。

九二　食邑:古做作官之人世袭为生,食先祖领地的俸禄。明智地退出是非之地,暂避到有利于自己的地方,意指逃到只有三百户的小邑,便可息事宁人躲过灾难。

六三　安享昔日俸禄,守住纯正的美德,虽然此地仍会有不中不正之事,但最终可获吉祥。或许还有辅佐君王的可能,但居功不足。

九四　争讼失利,回归正理,改变争讼的初衷,安贞守正,则可以平安无事。过去的功败,得失皆可不计。

九五　审断争讼,应判明是非曲直,并从事情开端就将争讼平息下来。中正无讼则吉。

上九　也可能由于决讼清明而荣获颁赐或加封,但由于君王反复无常,一天中又三次下令收回,这是要警觉的,莫忘荣辱。

【解读】

讼卦的思想,在今天仍给人以启示。强调"有孚"。"孚"是"信"的意思,这首先是指"诚信""信实",也就是事实确凿,实事求是,这是打官司有信心的可靠依据。但即便这样,打官司也仍要强调一个"惕"字,即有戒惧之心,谨慎从事。讼卦强调"不永所事"与"复即命"。前者是说不要陷入拖延不决的困境;后者在今天来看就是接受调解。倘若一意孤行,纠缠不休;或不知进退,不接受较为公平的调解而改变行动,这最终也是会自受其害的。所以讼卦说"不永所事……终吉",又说"复即命,渝,安",包含着有益的经验,可结合实际情况加以运用。

【经典实例】

"闲原"之争

《讼卦》阐释:在事业的进行中难免会与人发生争执,引起争讼。争讼多半因为心怀私利,行动过于刚强,会使信实蒙羞,招来忧伤,必须警惕。不可自以为得理而逞强,这样不仅难以达到目的,反而会使自己陷入泥淖。应当深自反省,戒慎恐惧,把握中庸的原则,避免争讼。人要学会正确地退让,时常自我反省,于争讼之前就应当谨慎,不可轻启争端,惹祸上身。还应当隐忍自励,韬光养晦。逞强争讼不会受人尊敬,徒然使信实蒙羞。

在商朝末年,中国西部有两个小国,一个名叫芮国,一个就是虞国。这两个小国都土地狭小,人口稀少。两国的国君都希望自己的国土能扩大一些,但周围的国家都比他们大,他们两国又国土相邻,因此,总想把对方的国土纳入自己的版图。在两国交界的地方,有一大片肥沃的土地,一直是两国争夺的焦点。

双方都为争夺这块国土使尽了浑身解数,但最后结局如何,还需要当时处于"潜龙勿用"时期的周文王来裁定。

于是,双方的国君都带着必胜的争斗之心,来到周国,去听取周文王的裁决。

一进入周国的地界，两国国君看到一派和气升平的景象。在田野，农夫相见，总是相互谦让道路。张三见到李四，李四看见张三，都将耕牛赶在路边，请对方先走过去，自己则笑容满面地静立在一旁。

进到周国的城市，真是人山人海，但来往干活的都是中青年人，看不见一位手提东西的老人。老人们都悠闲地过着清闲的生活，孩童们都天真烂漫地追逐嬉戏。

刚到周国的一个地方官府，官府的人员马上迎了出来，热情地把两位国君安顿下来。随即，当地的最高长官带领属僚前来。两位国君看到，周国的官员一个个非常礼貌，士让大夫，大夫让卿，没有一点争宠争权的气息，各人都清楚地安于自己的职位。

周文王像

看到这一切，两国的国君都十分羞愧，同声说："我们都是小人啊！哪配去请周文王裁决是非呢？"

两国国君回到各自的国家，都相互推让原先争夺的那一片土地。

结果可想而知，虞国、芮国都没有占有这片土地。为了记住这段历史，大家把这块土地取名为"闲原"，意思是"安乐祥和的土地"，以作为纪念。自此以后，两国都以道义为重，过着平安自在的生活。

人为利益而争执，而打官司，这是有史以来天天重演的事，现代人尤甚。但诉讼总不是件好事，有讼不如无讼，激烈争吵不如中途结束争吵。因为讼的结果总是两败俱伤。把讼的精力用于其他方面，修身养性，岂不是更好吗？这也就归于人生的命义之正了。当然，这是指因为私心引起不良动机的诉讼而言，不包括单纯的人身受害情况。

著名学者梁漱溟先生将处世经验概括为"情贵淡，气贵和"。这六字秘诀的确值得玩味。"佛争一炷香，人争一口气"，自古皆然。气的最好状态是什么呢？是和。气和则心平，心平则气和，心平气和了，就进入了平和的大境。平和是一种貌似平常其实非常、貌似平凡其实非凡的极境。不信的话，你可以留心观察你身边那些身份很高、智识很高、品位很高、声誉很高的杰出人士，会发现，他们虽然气质不同、爱好不同、性情不同、交流和交往的方式不同，但却几乎都有惊人的相似之处，那就是平和。其间奥秘，思之必是源于心平气和的。

《讼卦》就是要人们之间的关系趋于和谐，这样所建树的成就自然也就久远，其拥有的生命也就完美了。

把黄连塞给哑巴

在古代的日本，有个名叫足利义满的大将军。有一次，他把一双珍贵的龙目茶碗暂存在安国寺，准备在那儿举行品茶会。没想到，这双龙目茶碗却被一位毛手毛脚的小和尚打碎了。就在这时，大将军又派人来说，茶会取消了，让外鉴法师将龙目茶碗带到他的府上去。这可怎么向大将军交代呀！外鉴法师

急得团团转，唯恐大祸临头。

一休小和尚知道了这件事，却不慌不忙地安慰他说："大法师，不用怕，我跟你一块儿去回话。"

他们来到了义满大将军的府邸。

小一休笑眯眯地请教大将军："义满大人，请问人、动物以及世界上一切有生命的东西，最后都会怎么样呢?"

义满乍听这话，愣了一下，但他很快就明白了，小一休用的是禅宗问答法，他从前也曾削发为僧，不难回答。

"这个嘛，有生命的东西，最终都会死亡的，是吗?"他答道。

"那么，世上一切有形的东西，最终又会怎样呢?"小一休追问。

"世上一切有形的东西……嗯……最终都会破碎的！"

小一休闻言暗喜，便从怀里掏出许多龙目茶碗的碎片，说："您那个有形的龙目茶碗已经破碎了，请您过目。"他边将碎碗片捧到义满的面前，边说："义满大人，是我打碎了您心爱的龙目茶碗，请您原谅！"

义满铁青着脸，但又不便发作，只好仰天大笑道："哈哈……我这个老头子还是上了小和尚的当了！罢了罢了，就算是龙目茶碗自己破碎的吧！"

聪明的小一休只用了几句禅宗提问语，就把义满大将军的牛鼻子牵了过来，使他发难不得，外鉴法师终于化险为夷。

以静待哗

一天，一个农民牵着一匹马到外地去，中午走到一间小吃店旁，他把马拴好正准备进小店去吃饭，这时一个绅士骑着一匹马过来，也将马往同一棵树上拴。农民见了忙说，"请不要把你的马拴在这棵树上，我的马还没有驯服，它会踢死你的马的。"但是绅士不听，拴上马后也进了小吃店。

一会儿，他们听到马可怕的嘶叫声，两人急忙跑出来一看，绅士的马已被踢死了。绅士拉起农民就去见法官，要农民赔马。法官向农民提出了许多问题，可问了半天，农民装作没听见似的，一字不答。法官转而对绅士说："他是个哑巴，叫我怎么判?"绅士惊奇地说："我刚才见到他时，他还说话呢！"法官接着问绅士："他刚才说什么啦?"绅士把刚才拴马时农民对他说的话，向法官复述了一遍。法官听后"哎呀"一声，说："这样看来你是无理的了。因为他事先曾警告过你。因此，现在他是不应该赔偿你的马的。"

这时，农民也开口说话了，他告诉法官，他之所以不回答问话，是想让绅士自己把事情的所有过程向法官讲明，这样，不是更容易弄清谁是谁非了吗?

爱立信退出手机生产

2000年3月17日晚上8点，美国新墨西哥州飞利浦公司第22号芯片厂车间因闪电而燃起了一场大火。《华尔街日报》事后评述："尽管这场大火仅仅燃烧了十几分钟，却改变了诺基亚和爱立信这两家欧洲最大电子公司的实力平衡。"

作为那家芯片工厂最大的两家客户，爱立信和诺基亚在危机发生后表现出截然不同的反应方式和反应速度。

在飞利浦将问题告知诺基亚之前，一些在海外的诺基亚管理人员就注意到芯片供应出现了不正常情况。两周内，诺基亚重新设计了芯片，很快拿出一个提高产量的计划，并紧急要求其他的芯片供应商增加供应量。相比之下，爱立信对问题的发生显然准备不足，危机行动体系没能在最初关键的几天发挥作用，让诺基亚抢得了先机，更糟糕的是爱立信只有飞利浦一家供应商。芯片短缺不仅影响了销售，而且令其他部件产生了积压，至少造成了4亿美元的损失。

新墨西哥州大火以及营销、设计等方面一系列问题的后遗症在2001年1月26日爆发：总裁科尔特宣布爱立信将退出手机生产市场，自4月1日起，当时设在巴西等地的手机制造TV将由总部设在新加坡的另一家公司接管。科尔特说，一连串的零部件短缺、错误的产品设计和行销失误造成公司移动电话分部2000年亏损162亿克朗（16.8亿美元），公司总体的营业亏损为15亿克朗。消息传出，爱立信股价即刻下跌13.5%，并动摇了全球高科技股票体系。

问题远不是这么简单。在商业发展史上，扭亏为盈的例证比比皆是，只要肯花工夫下气力，爱立信扭转乾坤的机会还是有的，更何况一场大火过后损失的市场等生产恢复后也可以慢慢恢复。但为何爱立信一遇泥潭，便轻言放弃呢？

应当承认，爱立信这次决定出让手机生产业务确实是不得已而为之。近年来，爱立信的手机生产一直经营不善，仅2000年一年这方面的亏损就高达164亿瑞典克朗，约合17亿美元。与此同时，全球手机市场的竞争则越来越激烈，一方面芬兰的诺基亚公司气势逼人，短短几年间手机的产量和销量都超过了原来领先的美国摩托罗拉公司，独占世界市场份额的28%。另一方面原本不重视手机生产的德国西门子等公司也异军突起，凭借他们在技术和品牌上的优势迅速抢夺市场份额。在这种前后夹击的形势下，爱立信手机在全球的市场占有率直线下滑，几个季度内就从15%降到10%左右。

从市场发展来看，手机市场已经从暴利阶段进入微利阶段。微利使得手机生产商迈出的每一步都冒着比过去大得多的风险。况且，在一个成熟的行业内，越是老牌企业，越容易陷入举步迟缓的境地，而后起者往往可以吸收成功者的经验，以变化取胜。从这个角度看，爱立信的经营不善也是符合行业发展规律的。

在这种转移中，我们还看到了爱立信退中求进的另一面。爱立信表示，它并没有彻底退出手机生产，只不过换了一种方式，由自己直接管理、生产转包给有关代理商，把提供产品变为提供技术。这种转换舍弃的只是技术含量极低的拼装加工部分，保留的是核心的知识产权，即在知识经济时代最具有价值的部分。这种加工与技术的剥离，虽然分割出了部分利润，却极大地降低了爱立信的市场风险。

而且，爱立信的手机业务只占其业务总量的20%，真正厉害的是它的网络系统业务，在移动互联网的两个重要的基础设施领域GPRS和3G市场超过50%以上份额。此次爱立信把手机生产这一亏损的包袱甩掉，集中财力和精力在新技术的研发上做更大的投入，争取在将来的竞争中抢占有利地位。从这个意义上说，爱立信这次让出手机生产其实是为了更好地抢占未来的手机市场。

新近成立的“爱立信移动平台”公司总裁一语道破天机：“技术专利以往一直

被视为最重要的竞争手段,但现在起决定作用的已不再是技术,而是商标、售后服务和总体解决问题的能力。今后的发展方向是,先进的技术将由很少一部分公司来研究开发,而其他许多公司则可以通过购买专利的形式来用这些技术制造自己品牌的产品。”因而,爱立信的放弃,是一种战略重点的转移,并且,这种战略转移远远地走在了其他竞争者的前面。

专家分析说,爱立信提出调整是在自身 2000 年整体销售额、税前利润都有爬升的背景下做出的,其多年积累的雄厚资金实力要维持生存绰绰有余。之所以调整,从根本上说是一种以退为进的策略。爱立信这一“退”,实际上并未停止手机生产,更未放弃手机市场,只是换了生产方式而已。

就像耐克公司自己不生产运动鞋,而雀巢也并不养奶牛,外包生产是一部分厂商做出的最科学、最经济的经营方式选择。实际上,摩托罗拉有 20%手机生产外包,以后还会增加 20%外包比例,诺基亚有 10%手机外包,这也不是秘密。

爱立信这一“退”,使其今后在全球的直接投资将集中在基础研发、产品开发,技术应用及与用户一起开发网络解决方案等方面。爱立信是全球第一个提出和推广产业供应链的公司,其此次的“退”也是理顺“链条”的一个步骤。

世间任何事物当它们相互联系在一起时,总难免会发生矛盾。一事物与其周围的其他事物一同发展时更是如此。人与人之间,企业与企业之间,社会组织之间都同样存在着冲突和争执。这些矛盾和冲突需做出正确的经营决策。

当你处理事情时,在开始应当慎重地思考谋划以防止和处理争论。应把握解决冲突的原则,合理地解决冲突和矛盾,应勿执一己之私利,未动先谋,避免矛盾,尽快妥善解决已发生的冲突,不要拖延,多从对方立场着想。知足常乐,不要逞强,在冲突已发时,就应顺其自然,努力争取好结果,在忍无可忍时,坚决反击。最好尽量以温和方式处理。

如果冲突已经发生,则应尽快解决,不可拖延太久,否则,既会耗费双方巨大的精力、人力、物力,对当事人的精神和身体也是一种摧残。冲突使精神压抑甚至痛苦,时间越久,损害越大,最好的办法是尽快缓和,解决冲突,迅速从困境中摆脱出来,以恢复身心平衡。

诸葛亮远见卓识

《三国演义》中,东吴的大都督周瑜是当时的名将,但是他嫉妒诸葛亮的才能,总想要找机会除掉他。诸葛亮很了解周瑜的心思,但是为了顾全大局,只好与周瑜一起共事。

有一次,周瑜交给诸葛亮一项任务,要求三天内造出十万支箭,如果到时候完不成任务,就要杀了他。同时,周瑜还暗中吩咐造箭的军匠故意拖延时间,不给他足够的所需材料。周瑜暗中高兴,认为诸葛亮一定不能按时完成任务,到时候就可以名正言顺地把他除掉。

诸葛亮知道了这些情况之后,没有作声。他悄悄地从鲁肃那里要了二十只快船。每只船上配了三十名士兵,还有大量的草靶子。第三天凌晨,趁着江上的大雾,把草船驶近了曹营。曹军大惊,以为敌人乘雾进攻由于不知有多少人,只好用

诸葛亮像

箭来迎敌。

等到太阳初升，雾要散去之时，诸葛亮下令各船迅速驶回。这时二十只草船已经挂满了箭，数量足足超过十万支。他又让各船士兵齐声高喊："谢丞相赠箭。"等到曹操明白真相时，诸葛亮的草船早已经无法追赶了。

鲁肃把诸葛亮草船借箭的过程告诉周瑜之后，周瑜大惊失色，感叹道："诸葛亮灵巧的心思，已经达到了神奇的程度，我不如他。"

人们常常赞美诸葛亮"草船借箭"的聪明才智，却忽略了他不与周瑜相争的大义之举。实际上，后者更反映了诸葛亮的远见卓识。

避免正面冲突　重辟新的出路

夺田千代乃早年经营石油运输业，20世纪70年代石油运输业的竞争非常激烈，能在这个行业生存下来的机会越来越少。

夺田千代乃深深懂得：如与对手进行火并，采取"压价"或其他优惠政策，只会导致双方的利润越来越薄，甚至亏本。于是，她决定另辟蹊径，把在石油运输业上的投资转移到搬家这个行业，并采取了与众不同的策略。让所有的竞争对手输得心服口服，不得不佩服她的卓识远见和聪明才智。

首先，为了把成千上万的分散户吸引过来，夺田千代乃首先想到了电话，如果谁要搬家，肯定会在电话号码簿上查找搬家公司的电话号码，于是她想到了利用电话号码簿为自己公司做广告。同时她又了解到日本的电话号码簿是按行业进行分类的，同一行业、企业的排列顺序是以日语的字母为顺序，所以她把自己的公司命名为"阿托搬家服务中心"，这就使她的搬家公司在同行业中位居首位，用户在选择搬家公司时第一眼就看见它。接着，在选用电话号码的时候，夺田千代乃在电话局的空白号码中，选了一个既醒目又容易记住的号码"0123"。

其次，她抓住顾客爱惜家财并且害怕家财暴露会招来灾祸的心理，设计了一种较为适用的搬家专用车，如把家用物品放在这种专用车上，既安全可靠，又财不外露。

针对日本城市人口拥挤，住宅多是高层公寓的特点，夺田千代乃又专门设计了搬家用的集装箱和专用吊车，使用这些集装箱和专用吊车，不仅大大提高了搬家效率，而且更可靠地保证了搬家过程中不至于损坏顾客的家用器具。

此外，在搬家的同时，"阿托搬家服务中心"还向顾客提供了与搬家有关的各种服务，如消毒、灭虫、清扫卫生、改换电话号码以及子女转学等各种服务。

从1977年至今，"阿托搬家服务中心"在日本近50个城市中拥有分公司，年营业总额超过500亿日元，夺田千代乃也成为日本家喻户晓的搬家明星，1988年被评

为"日本最有成就的女企业家"。

就这样，夺田千代乃凭着她善于思维的大脑，坚守商业竞争的正道，促使自己的事业蓬勃发展。

无声胜有声

一般情况下，一个有诚信的人不会轻易离开自己的主子，而陈平却是初事魏咎，继事项羽，后归汉。所以，他自然遭到别人的猜疑。如他通过争执来消除疑虑，肯定会适得其反。陈平本性中正，对别人的无端猜疑从不理会，只在恰当的时机进行解释。结果他得到了刘邦的信任。

陈平通过魏无知推荐得见刘邦。刘邦跟他谈话，见他有才智，很高兴地问："子之居楚何官?"陈平答："为都尉。"当天，刘邦就任陈平为都尉，使为参乘，典护军。诸将知道了都不平，说："大王一旦得楚之亡卒，未知其高下，与同载，反使监护军长者。"陈平知道了，也未与诸将争论。

后来，陈平又因智勇过人，得到了刘邦的嘉奖，引起了周勃、灌婴等大将的不满，认为刘邦如此信任陈平不当，都谗毁陈平说："平虽美丈夫，如冠玉耳，其中未必有也。臣闻平居家时，盗其嫂，事魏不容，亡归楚，归楚不中，又亡归汉。今日大王尊官之令护军。臣闻平受诸将金，金多者得善处，金少者得恶处。平，反覆乱臣也，愿王察之。"刘邦听了也起疑，便叫魏无知来，责备他为何推荐陈平这样的人，无知说："臣所言者，能也；陛下所问者，行也。今有尾生、孝己之行而无益处于胜负之数，陛下何暇用之乎？楚汉相拒，臣进奇谋之士，顾其计诚足以利国家不耳。且盗嫂受金又何足疑乎?"

陈平虽知道诸将的所作所为，但他认为，别人对自己有疑虑，是因为对自己不了解，如与他们争论，只会引起别人更大的反感，自己被了解的机会将永久失去。后来刘邦找陈平问话，陈平也未诋毁这些将领，而是用事实说话，让刘邦心服口服。

刘邦叫来陈平，责备他说："先生事魏不中，遂事楚而去，今又从吾游，信固多心乎?"平答道："臣事魏王，魏王不能用臣说，故去事项王。项王不能信人，其所任爱，非诸项即妻之昆弟，虽有奇士不能用，平乃去楚。闻汉王之能用人，故归大王。臣裸身来，不受金无以为资，诚臣话有可中者，愿大王用之，使无可用者，金具在，请封输官，得请骸骨。"刘邦见他说得有道理，便向他道歉，厚加赏赐，擢升为护军中尉，监察全体官兵。从此，诸将不敢再谗毁陈平。

"六尺巷"的来历

安徽桐城的"六尺巷"，就是来自这样一种谦让不争讼的故事。

在清朝康熙年间，官至文华殿大学士兼礼部尚书的张英，某日忽接到母亲自安徽桐城老家写来的家信，信中诉说，家里正准备扩建院宅，却因地皮问题与毗邻而居的叶家产生了矛盾，因为叶家也欲建房造屋，故此两家相持不下。来信中隐约有要求张英用名位官威来压服叶家之意。

张英阅毕信后，沉吟再三，急拟了一首诗劝导母亲。上面写着：

千里传书只为墙，再让三尺又何妨？

万里长城今犹在，不见当年秦始皇。

张英的母亲及家人见诗后，深明义理，马上主动地将要砌的院墙让后三尺。叶家的人见此情景之后，愧疚之余，也立即把欲修建的院墙退后了三尺。因此，在张、叶两家院墙之间，就形成了一条六尺宽的街巷，从此两家和睦相处。

《菜根谭》中讲："处事让一步为高，退步即为进步的根本；待人宽一分则福，利人实利己的根基。""路径窄处留一步，与人行；滋味浓的减三分，让人嗜。此是涉世一极乐法。"可谓深得处世的奥妙。

我们在同一蓝天下生活，为什么不学着去宽厚地待人，而是去轻易地指责争讼呢？要知道，这样做不会给我们造成任何损失。

不争讼的服务小姐

"小姐！你过来！你过来！"顾客高声喊，指着面前的杯子，满脸寒霜地说，"看看！你们的牛奶是坏的，把我一杯红茶都糟蹋了！"

"真对不起！"服务小姐赔不是道："我立刻给您换一杯。"

新红茶很快就准备好了，碟边跟前一杯相同，放着新鲜的柠檬和牛乳。小姐轻轻放在顾客面前，又轻声地说："我是不是能建议您，如果放柠檬，就不要加牛奶，因为有时候柠檬酸会造成牛奶结块。"

顾客的脸一下子红了，匆匆喝完茶，走出去。

有人笑问服务小姐："明明是他老土，你为什么不直说呢？他那么粗鲁地叫你，你为什么不给他一点颜色？"

"正因为他粗鲁，所以要用婉转的方法对待；正因为道理一说就明白，所以用不着大声争。"小姐说，"理不直的人常用气势来压人；理直的人要用气和来交朋友。"

在场的人都点头笑了，对这餐馆增加了许多好感。往后的日子，他们每次见到这位服务小姐，都想到她"理直气和"的理论，也用他们的眼睛证明这小姐的话多么正确，他们常看到，那位曾经粗鲁的客人和颜悦色轻声细气地和服务小姐寒暄。

小姐的和颜悦色保全了客人的尊严，既提醒了客人，又避免了一场争吵，当然也为店里拉拢了长远的回头客。

刘宽的肚量超过一般人

汉朝时有一位叫刘宽的人，为人宽厚仁慈。在南阳当太守时，小吏、老百姓做了错事，他只是让差役用蒲鞭责打，表示羞辱，深得民心。

刘宽的夫人为了试探他是否像人们所说的那样仁厚，便让婢女在他和属下集合办公的时候捧出肉汤，把肉汤泼在他的官服上。要是一般的人，必定会把婢女责打一顿，即使不如此，至少也要怒斥一番。但是，你猜刘宽是怎么做的？

他不仅没发脾气，反而问婢女："肉羹有没有烫着你的手？"由此足见刘宽为人

宽容之肚量确实超乎一般人。

还有一次，有人曾经错认了他驾车的牛，硬说牛是他的。刘宽什么也没说，叫车夫把牛解下给那人，自己步行回家。后来，那人找到自己的牛，便把牛送还刘宽，并向他赔礼道歉。刘宽反而安慰那人。

这就是有理让三分的做法，刘宽的肚量可谓不小。他感化了人心，也赢得了人心。人人都有自尊心和好胜心，在工作中，对一些非原则性的问题，我们为什么不显示出自己比他人有容人雅量呢？

杨玢遇事都要退一步

宋朝尚书杨玢年纪大了便退休居家，无忧无虑地安度晚年。他家住宅宽敞、舒适，家族人丁兴旺。

有一天，他在书桌旁正要拿起《庄子》来读，他的几个侄子跑进来，大声说："不好了，我们家的旧宅被邻居侵占了一大半，不能饶他！"

杨玢听后问："不要急，慢慢说。他们家侵占了我们家的旧宅地？"

"是的。"侄子们回答。

杨玢又问："他们家的宅子大？还是我们家的宅子大？"

侄子们不知其意，说："当然是我们家宅子大。"

杨玢又问："他们占些旧宅地，于我们有何影响？"

侄子们说："没有什么大影响，虽无影响，但他们不讲理，就不应该放过他们！"

杨玢笑了，过了一会儿，他指着窗外落叶，问他们："那树叶长在树上时，那枝条是属于它的，秋天树叶枯黄了落在地上，这时树叶怎么想？"侄子们不明白其中含义。

杨玢直接说："我这么大岁数，总有一天要死的，你们也有要死的一天。争那一点点宅地对你有什么用？"侄子们明白了杨玢讲的道理，说："我们原本要告他们，状子都写好了。"

侄子呈上状子，杨玢看后，拿起笔在状子上写了四句话："四邻侵我我从伊，毕竟须思未有时。试上含光殿基望，秋风衰草正离离。"写罢，他再次对侄子们说："我的意思是在私利上要看透一些，遇事都要退一步，不必斤斤计较。"

无独有偶。古时有个叫陈嚣的人，与纪伯做邻居。有一天夜里，纪伯偷偷地把陈嚣家的篱笆拔起来往后挪了挪。陈嚣发现后心想，你不就是想扩大点地盘吗，我满足你。等纪伯走后，他又把篱笆往后挪一丈。天亮后，纪伯发现自家的地又宽出了许多，知道是陈嚣在让他。他心中很惭怕，主动找上陈家，把多侵占的地统统还给了陈家。

处理任何事情都是这样，做人也一样，要讲求给自己留有余地，即使是敌对双方均针锋相对地各出奇招，但为了避免两败俱伤，就要采取迂回战术，避其锋芒，再顺手牵羊，达到真正的目的。因此，做人，有时候也要"得饶人处且饶人"，适当的拥抱一下你的对手，会给自己留下一条很好的后路的。

总之，在我们与他人交往的过程，应尽量避免与他人发生正面的冲突，如果发生了意见分歧，也最好以恬静淡然的态度对待，这样就可以化干戈为玉帛了。

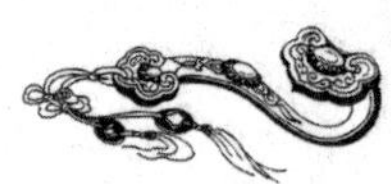

张廷玉“让他三尺又何妨”

清朝康熙年间有两家邻居因一道墙的归属问题发生争执，要打官司。其中一家想求助于在京的大官的亲属张廷玉帮忙。张廷玉当时做到了礼部尚书的职位，算得上是位高权重，但他并没有出面干预这件事，只是给家人写了一封信，力劝家人放弃争执。

张廷玉在信中有这样几句话：“千里求书为道墙，让他三尺又何妨？万里长城今犹在，谁见当年秦始皇。”家人听从他的话放弃争执，邻居也觉得很不好意思，两家终于握手言和，从你死我活的争斗变成了真心实意地谦让。事情就这样：争一争，行不能；让一让，六尺巷。

在《寓圃杂记》中记述了杨翥的两件小事。杨翥的邻居丢失了一只鸡，指骂被姓杨的偷去了。家人告知杨翥，杨翥说：“又不止我一家姓杨，随他骂去。”又有一个邻居，每遇下雨，便将自家院中的积水排放进杨翥家中，使杨家深受脏污潮湿之苦。家人告知杨翥，他却劝解家人：“总是晴天干燥的时日多，落雨的日子少。”

久而久之，邻居们被杨翥的忍让所感动。有一年，一伙贼人密谋欲抢杨家的财宝，邻人们得知后，主动组织起来帮杨家守夜防贼，使杨家免去了这场灾祸。

古代开明之士尚能谦让相处，今天人们之间处理小是小非更应该棋高一招。亲人的错怪，朋友的误解，误传导致轻信，流言制造是非……很多人遇到这种情况会很生气，但恼怒不会春风化雨，而一时的忍让则能帮助恢复你应有的形象，得到公允的评价和赞美。

时下里流行一句话：“玩深沉”，其实这种场合玩深沉正显示了大度绰约的风姿。谦和的人把利益得失看得很淡，更不用说一点小是小非的争论，根本不值得称雄了。越是有理越表现得谦下，往往越能显示出一个人的胸襟之坦荡、修养之深厚。

生活中少了面红耳赤的争论，只会使人更加理性，更有爱心；只会使人们互相尊重，友谊倍增；只会有利于思想的交流，意见的沟通；只会有助于提高工作效率；只会使人与人之间充满温馨与和谐。

原告打官司得不偿失

我有一位朋友，因为利益受到严重侵害而不得不诉讼到法庭，他希望得到2000元的赔偿，但案子却久久未得处理，这位朋友不愿意再拖延下去，但又不知所措只好就此罢手。他说自己吃了一堑长了一智，以后不会犯同样的错误了。

在我国有一个法庭审理的经济案，到了结案的时候，被告方和原告方一共向法庭支付了将近10万元的费用。其中，原告向法庭交付了4万元作为起诉费，而在审理过程中被告被判无过错，只得向法庭交付诉讼受理费。

按照《讼》卦的意思，最好是不要打官司。因为打官司往往是“终凶”，有好结果的极少。处理任何事情都不可轻启争端，最好是采取中和的方法，或者

在争讼初起时就中止，或者请德高望重、有权位的人来加以调解，大事化小，小事化了，这样较为吉利。当然，保持警惕，不埋下争端的种子，防患于未然，这是最好的办法。

有些人与别人有了矛盾，就请上一个律师代他出面与对方纠缠不休，有意让其痛苦不堪、不得安宁，让他和他的家人都惶惶不可终日，他却安稳稳地坐在家里看笑话。这种做法不道德。如果有人欠你的钱却无力偿还，明知即使索要也无济于事，就没有必要再咄咄逼人赶尽杀绝了。很多人想通过打官司来找回自己的公道，也为此付出了巨大的代价，但最后如愿以偿的没有几个人。

动不动就与人公堂对簿，这种毛病比瘟疫还可怕，比魔鬼还邪恶。这种要挟人的病态行为，像很多其他疾病一样有传染性。另外，爱打官司的人因为常常出入法庭，所以不知不觉养成了张嘴便是法庭术语的习惯，而且还引以为荣，和这种人打起交道来，任何有理性的人都会厌烦。

在很多实例中，打官司仅仅是因为一时的气盛引起的。在决定打官司之前，要好好想一下所需要的全部费用。如果打官司打得你自己越来越穷，即使胜诉了又有何意义？这只能增加你对被告人的火气，最后弄得两败俱伤。还可能官司还没有打完，人的天性就已经发生了扭曲。

所以，有了矛盾和纠纷，应该通过协调和对话来解决矛盾，而不应依赖诉讼的手段。这是我通过大量观察得出的结论，而不仅仅是我个人的经验。我建议，如果遇到自己解决不了的问题可通过仲裁解决，轻易不要走诉讼的道路。

人海茫茫，但却常“后会有期”，你今天得理不饶人，焉知他日不狭路相逢？若届时他势旺你势弱，你就有可能吃亏，给别人留有余地，这也是为自己留后路。所以，在我们与他人交往的过程中，应尽量避免与他人发生正面的冲突，如果发生了意见分歧，也最好以恬静淡然的态度对待，这样就可以化干戈为玉帛了。

不与人争免祸灾

对不必要争论的人和事就不要斗嘴。正所谓“小不忍则乱大谋”。在为人处世中，不妨先退让一步，利用忍耐暂时躲避。这样做，不但能避其锋芒，避免争斗，还能减少不必要的麻烦。

生活中有好多这样的实例，可以作为这种道理的佐证。

明朝苏州城里有位尤老翁，开了间典当铺。一年年关前夕，尤老翁在里间盘账，忽然听见外面柜台处有争吵声，就赶忙走了出来。原来是一个附近的穷邻居赵老头正在与伙计争吵。尤老翁一向谨守“和气生财”的信条，先将伙计训斥一通，然后再好言向赵老头赔不是。

可是赵老头板着的面孔不见一丝和缓之色，靠在一边柜台上一句话也不说。挨了骂的伙计悄声对老板诉苦：“老爷，这个赵老头蛮不讲理。他前些日子当了衣服，现在，他说过年要穿，一定要取回去，可是他又不还当衣服的钱。我刚一解释，他就破口大骂。这事不能怪我呀。”

尤老翁点点头，打发这个伙计去照料别的生意，自己过去请赵老头到桌边坐下，语气恳切地对他说：“老人家，我知道你的来意，过年了，总想有身儿体面点的衣服穿。这是小事一桩,大家是抬头不见低头见的熟人,什么事都好商量,何必与伙计一般见识呢?你老就消消气吧。”

尤老翁不等赵老头开口辩解,马上吩咐另一个伙计查一下账,从赵老头典当的衣物中找四五件冬衣来。然后,尤老翁指着这几件衣服说:“这件棉袍是你冬天里不可缺少的衣服,这件罩袍你拜年时用得着,这三件棉衣孩子们也是要穿的。这些你先拿回去吧,其余的衣物不是急用的,可以先放在这里。”赵老头似乎一点儿也不领情,拿起衣服,连个招呼都不打,就急匆匆地走了。尤老翁并不在意,仍然含笑拱手将赵老头送出大门。

没想到,当天夜里赵老头竟然死在另一位开店的街坊家中。赵老头的亲属乘机控告那位街坊逼死了赵老头,与他打了好几年官司。最后,那位街坊被拖得精疲力尽,花了大笔银子才将此事摆平。

事情真相很快透露了出来,原来赵老头因为负债累累,家产典当一空后走投无路,就预先服了毒,来到尤老翁的当铺吵闹寻事,想以死来敲诈钱财。没想到尤老翁却能大度忍耐,明显吃亏也不与他计较,赵老头觉得坑这样的人即使到了阴曹地府也要下地狱,只好赶快撤走,在毒性发作之前又选择了另外的一家。

事后,有人问尤老翁凭什么料到赵老头会有以死进行讹诈的这一手,从而忍耐让步,避过了一场几乎难以躲过的灾祸。

尤老翁说:“我并没有想到赵老头会走到这条绝路上去。我只是根据常理推测,若是有人无理取闹,那他必然有所凭仗。在我当伙计的时候,我爹就常对我说:‘天大的事,忍一忍也就过去了。’如果我们在小事情上与人斗嘴,那么很可能就会变成大的灾祸。”

当然,在我们日常生活中很少会出现这样极端的情况,但也会常常发生一些争执,有时搞得不欢而散甚至使双方结下芥蒂。人发生了冲突或争吵之后,无论怎样妥善地处理,总会在心理、感情上蒙上一层阴影,为日后的相处带来障碍。最好的办法,还是尽量避免它。

我们常用这么一句话来排解争吵者之间的过激情绪:有话好好说。这是很有道理的。争吵者往往犯三个错误:第一,没有明确而清楚地说明自己的想法,话语含糊,不坦白;第二,措辞激烈、专断,没有商量余地;第三,不愿意以尊重态度聆听对方的意见。又有一个调查说明,在承认自己容易与人争吵的人中,绝大多数说自己个性太强,也就是不善于克制自己。

谁能够克服喜好争讼的弱点,谁就能在人生中避免麻烦,远离祸端,一生和顺通达。

大局为重,蔺相如避讼谋和

人与人相处,难免会有矛盾发生,以至于有争讼的出现。在这种情况下,应力持中庸平和的原则,能让则让,能避则避,能止则止,万不可逞一时之愤,使事态扩大。因为争讼是一件两败俱伤的事情,倘若遇到执法公正的法官,尚可一伸正义,然而这样的境遇似乎不多,因而诉讼中充满着风险。即便胜诉,也会结下冤仇,从大局着眼,仍是有害无益。古人说:“冤家宜解不宜结”,也正是这个道理。

对不必要争论的人和事就不要斗嘴。正所谓"小不忍则乱大谋"。在为人处世中，不妨先退让一步，利用忍耐暂时躲避。这样做，不但能避其锋芒，避免争斗，还能减少不必要的麻烦。历史上有好多这样的实例，可以作为这种道理的佐证。

赵惠文王十六年(公元前283年)，廉颇率领赵军征讨齐国，大败齐军，夺取了阳晋，被封为上卿，他以勇气闻名于诸侯各国。蔺相如是赵国人，是赵国宦者令缪贤家的门客。蔺相如因完璧归赵而不负出使秦国的使命而得到赵王的器重。后来，秦国攻打赵国，夺取了石城。第二年，秦国再次攻赵，杀死两万人。

秦赵之间的战争以赵国失败而告终，秦王派使者通告赵王，想在西河外的渑池与赵王进行一次友好会见。赵王害怕秦国，想不去。廉颇、蔺相如议道："大王如果不去，就显得赵国既软弱又胆小。"赵王于是便去渑池与秦王会见，相如随行。在宴会上，秦王饮到酒兴正浓时，说："寡人私下里听说赵王爱好音乐，请您弹瑟吧！"赵王不敢违抗，就弹起瑟来。秦国的史官上前来写道："某年某月某日，秦王与赵王一起饮酒，令赵王弹瑟。"蔺相如上前说："赵王私下里听说秦王擅长秦地土乐，请让我给秦王捧上盆缶，以便互相娱乐。"秦王发怒，不答应。这时相如向前递上瓦缶，并跪下请秦王演奏。秦王不肯击缶，相如说："在这五步之内，我蔺相如要把脖颈里的血溅在大王身上了！"侍从们想要杀相如，相如圆睁双眼大喝一声，侍从们都吓得倒退。当时秦王被相加的威势吓出了一身冷汗，也只好敲了一下缶。相如回头招呼赵国史官写道："某年某月某日，秦王为赵王敲缶。"秦国的大臣们说："请你们用赵国的15座城向秦王献礼。"蔺相如也说："请你们用秦国的咸阳向赵王献礼。"秦王直到酒宴结束，始终也未能压倒赵国。与此同时，赵国大将廉颇在边境也部署大军来防备秦国加害于赵王，因而秦王也只能是忍气吞声，不敢轻举妄动。

渑池会结束后，由于相如功劳大，被封为上卿，位在廉颇之上。廉颇说："我是赵国将军，有攻城野战的大功，而蔺相如只不过靠能说会道立了点功，可是他的地位却在我之上，况且相如本来是卑贱之人，我感到羞耻，在他下面我难以忍受。"并且扬言说："我遇见相如，一定要羞辱他。"相如听到后，不肯和他相会。相如每到上朝时，常常推说有病，不愿和廉颇去争位次的先后。一次相如外出，远远看到廉颇，相如就掉转车子回避。于是相如的门客就一起直言进谏说："我们所以离开亲人来侍奉您，就是仰慕您高尚的节义呀。如今您与廉颇官位相同，廉老先生口出恶言，而您却害怕躲避他，平庸的人尚且感到羞耻，何况您身为将相呢！我们这些人没出息，请让我们告辞吧！"蔺相如坚决地挽留他们，说："诸位认为廉将军和秦王相比谁厉害？"回答说："廉将军比不了秦王。"相如说："以秦王的威势，而我却敢在朝廷上呵斥他，羞辱他的群臣，我蔺相如虽然无能，难道会怕廉将军吗？但是我想到，现在强秦之所以不敢对赵国用兵，就是因为有我们两人在呀，如今两虎相斗，势必不能共存。我之所以这样忍让，就是为了要把国家的危难摆在前面，而把个人的私怨放在后面。"门客们听了这话，为相如的大义所感动，不再有怨言了。后来，廉颇也听到了这些话，非常羞愧，就脱去上衣，露出上身，背着荆条，由宾客带引，来到蔺相如的门前请罪。他说："我是个粗野卑贱的人，想不到将军您是如此的宽厚啊！"二

人终于相互交欢和好，成为生死与共的好友。

这一年，廉颇向东进攻齐国，打败了齐国的一支军队。过了两年，廉颇又攻下齐国的几座城邑。此后3年，廉颇又攻下魏国的房陵、安阳。4年后，蔺相如领兵攻齐，打到平邑就收兵了。此时，赵国进入到前所未有的强盛时期。

蔺相如像

成语“负荆请罪”就来源于这一历史史实。当然，在我们日常生活中很少会出现这样极端的情况，但也会常常发生一些争执，有时搞得不欢而散甚至使双方结下芥蒂。人发生了冲突或争吵之后，无论怎样妥善地处理，总会在心理、感情上蒙上一层阴影，为日后的相处带来障碍。最好的办法，还是尽量避免它。

“有话好好说”，人们常常用这句话来排解争吵者之间的过激情绪。争吵者往往不善于克制自己，措辞激烈、专断，不愿意以尊重态度聆听对方的意见，而且想把自己的思想强加在别人身上。这样最终肯定没有什么好的结果。

讼卦的精神，是要我们多以平和宽厚之心及方法来处理人际关系与矛盾，逞强争讼，易伤人伤己，难以弥合彼此的关系。实际生活中，谁能够克服喜好争讼的弱点，谁就能在人生中避免麻烦，远离祸端，一生和顺通达。

师卦第七　䷆

【经文】

坎下坤上　师[①]贞丈人吉，无咎[②]。

初六　师出以律[③]。否臧[④]凶。

九二　在师中[⑤]。吉无咎，王三锡命[⑥]。

六三　师或舆尸[⑦]，凶。

六四　师左次[⑧]无咎。

六五　田有禽[⑨]，利执言[⑩]，无咎。长子帅师，弟子舆尸[⑪]。贞凶。

上六　大君有命，开国承家，小人勿用[12]。

【注释】

①师：卦名。通行本为第七卦，帛书本为第三十七卦。此与《屯》《蒙》《需》《讼》等卦皆含《坎》卦，故次列于《讼》卦之下。

按照《序卦传》的说法"讼必有众起，故受之以师；师者，众也"。但帛书六十四卦并不如此排列。六十四卦的排列次序当有两大系列：一大系列是出于上下卦的重叠排比关系，帛书六十四卦即是代表；一大系列是由各卦的卦名含义而定，今本《易经》即是代表；但从今本六十四卦上下卦的前后关系来看，似仍是脱胎于前者。

"师"字，经文为师旅之义；《彖传》为"众"义；《象传》为容畜之义。无众则无师旅，无畜则无众；畜养之则民众归聚，归聚则可成师旅。古之民，无战事则为农众，有战事则为兵众。《黄帝四经·经法·论》所谓"以其有事，起之则天下听；以其无事，安之则天下静"，朱熹亦云"古者寓兵于农"。

②贞丈人吉，无咎："贞"，占问。经文"贞"字基本为占问之义，传文"贞"字大体为正或正固之义。"丈人"，《子夏传》作"大人"。按：当以作"大人"为是。《易》中"丈人"仅此一见，似颇可疑。《易》中"大人"或谓五，或谓二，总之皆当居中。此处"大人"即指九二。《易》中"某某贞吉"与"贞某某吉"意思相同。如《履》卦九二"幽人贞吉"、《恒》卦六五爻辞"贞妇人吉"，《小象》云"妇人贞吉"；又如《困》卦卦辞"贞大人吉，无咎"。《彖传》说"贞大人吉，以刚中也"，此指九二，与《师》卦同。

③师出以律："以"，用，遵守。"律"，音律、号令，犹言军纪。

④否臧：不善，犹言不遵守军纪。《象传》的"失律"即是对"否臧"的转译。

⑤在师中："师中"即"中军"，言大人居于中军以为统帅。又九二之大人居于下卦之中，此为"中"之第二义。

⑥王三锡命："王"即上六的"大君"，指天子。"三锡命"，指王多次奖赏九二大人。"锡"同赐。"命"与"赐"同(《小尔雅·广言》"命，予也"，赐予)。"王三锡

命”是对“吉无咎”的说明。

⑦师或舆尸：“或”，或许。“舆尸”，用车子运载战死士兵的尸首。此是大凶之象。

⑧师左次：“左次”，退舍，退守驻扎（“左”，退；“次”，停留）。

⑨田有禽：“禽”，指猎物。或训为“擒”，然与下文之“执”义复。

⑩利执言：“执”，猎取。“言”犹《诗》“薄言采之”之“言”，同“焉”，语辞。

⑪长子帅师，弟子舆尸：“长子”指“在师中”之九二。九二居中，趋时而动，故或“左次”或“利执”，均能吉而无咎，所谓“师出以律”也。“弟子”指“舆尸”之六三。六三以阴居阳，下乘刚而上无应。又居下卦之终，才弱而刚，贸然而进，宜其“舆尸”，所谓“否臧”者也。六五以刚中之长子帅师，而又以鲁莽之后生拨乱其间，故云“贞凶”。

⑫大君有命，开国承家，小人勿用：“大君”，即“王三锡命”的“王”，指天子。“命”，颁赐。古云“诸侯有国，大夫有家”。“开国”，谓建国封为诸侯。“承家”，谓立家封为大夫。“开国承家”呼应卦辞“贞大人吉”。“小人勿用”，谓小人不可施用。此盖由“弟子舆尸”而得出之教训。小人施用于世，则乱必生。

【译文】

师卦：军队的运用原则是讨伐邪恶，维护正义；统帅由老成持重、经验丰富的将领担任才会吉祥，没有差错。

初六：军队出征时的第一件事情是申明纪律；纪律不严明的军队，前途必然凶险。

九二：统帅指挥有度，赏罚公正，所以连连获胜，并且因为各方面都没有差错，所以屡次受到君王的嘉奖勉励。

六三：统帅轻举妄动，载尸败阵，凶险无比。

六四：统帅依据兵法布阵于高地左前方，没有差错。

六五：如同为了消灭害稼之禽而打猎一样，两军对阵时应先向对方晓以大义，既可以压抑对方锐气，又可助长己方为正义而战的斗志。军队只能交付一人统帅，全权指挥，如果让一些志大才疏的人分权干扰，必然载尸而归，即使正义之师也难逃厄运。

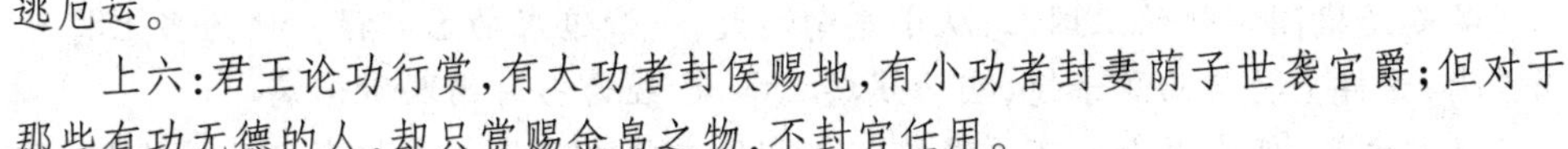

上六：君王论功行赏，有大功者封侯赐地，有小功者封妻荫子世袭官爵；但对于那些有功无德的人，却只赏赐金帛之物，不封官任用。

【解读】

本卦阐述了用兵的原则、用帅的原则以及战争结束后论功行赏的原则。战争关系着人民的生死、国家的存亡，所以用兵必须慎之又慎，不可轻启战火。用兵的原则是纪律严明、布阵有方。任用统帅的原则是老成持重、刚健中正，切忌纸上谈兵、刚愎自用；要任而不疑、权力集中。行赏的原则是有功必赏，小人毋用。师卦所阐述的这些军事原则，具有普遍的意义。

唐　张仪潮统军出行图

【经典实例】

吴起爱兵如子

《师卦》阐释争讼不已，就会兵戎相见，演变成战争的用兵原则。战争是凶恶的工具，关系着人民的生命，国家的存亡，所以用兵必须慎重。军队必须是正义之师，统帅必须中庸、公正，老成持重，不可好战喜功。战争必须得到人民的支持，才能战无不胜。

用兵的原则，首重纪律严明，统帅必须刚健中正恩威并重，不可刚愎自用。作战应以安全为首要，指挥权必须统一。这一卦强调兵者乃凶器也，告诫君主用兵必须慎重。

吴起是战国时代的卫国人，从小志向远大，一心追求功名利禄。他为当上将军而杀妻，这样重功名而薄亲情，实为残忍之举，已经为当时的人所诟病。

吴起之举，实在是令人不忍多言。但是他在笼络下属方面却有过人的绝招，那就是依靠感情拉近自己和下属的关系，因为他深知自古带兵之将必须爱兵如子，方能得其心。战争之事，动则伤筋动骨，血洒沙场。人人死心塌地，方能以一当十，去夺取战争的胜利。

吴起自为大将之日起，即在军中与士卒同吃同住，卧不铺床，行不骑马，看见士卒背包过重，吴起与之分担。

有一士卒生疽，吴起亲自调药，用口为其吮吸脓血。全军将士见之，无不感恩戴德。全军斗志昂扬，摩拳擦掌，决心誓与齐兵决一雌雄。这位士卒的母亲听说这件事情后，痛哭流涕。

别人问："你的孩子只是一个士兵，而吴将军是统帅，他亲自给你的孩子吮吸脓

血,你有什么好伤心的?”

这位母亲回答说:“在前些年的一次战斗中,吴将军曾经给孩子的父亲吮过脓疮,孩子的父亲在战斗中拼死向前,最后战死。我还不知道我的儿子以后……”

当时齐军长驱直入,直犯鲁国南部边境。听说鲁国拜吴起为将,大将田和抚掌大笑:“这人是我田氏女婿,好色之徒,哪里明白行军打仗之理?鲁国任用这样的人为将,哪有不败之理?”

齐鲁两军对垒,吴起坚守营寨,绝无进攻之意。田和派人偷看吴起,只见吴起正与军中下等士兵席地而坐,分肉而食。

使者还报,田和嘲笑说:“将尊则兵畏,士兵害怕才会产生战斗力。吴起这般举动,怎么能带兵打仗?我可以高枕无忧了。”

田和又派爱将张丑诈称讲和前去探听吴起的战争意图。吴起将精锐兵将藏在后面,尽排老弱之卒让张丑观看,并且装出十分谦恭的样子,礼请张丑进入军中。

张丑假意说:“将军如果不嫌弃田氏的好意,我军情愿与将军结盟和好。”

吴起说:“鄙人三尺微命,岂敢与田氏争战?如果贵军情愿结盟,此乃我心中之愿。”

吴起挽留张丑,在军中畅饮三日,方才送归,绝不谈及兵家之事。张丑欲归,吴起再三致意,求他多作努力,争取两军结盟。

张丑辞行,吴起立即暗中调兵遣将,分作三路,尾随其后而行。

张丑回报田和,笑说吴起兵弱将寡,全军毫无斗志。田和欣喜若狂,只待来日赏赐大军,进剿鲁国之兵。

田和等人正在谈笑,忽听军门之外鼓声大震,吴起大兵突然从天而降。齐军马不及甲,车不及驾,兵找不到将,将找不到兵,军中顿时大乱。

吴起三路大军如破竹之势,一齐杀进齐营。真所谓兵败如山倒。不消一个时辰,齐国数万大军毁于一旦。吴起三军在后面掩杀,杀得齐军尸横遍野,直追过边境方回。

鲁穆公大喜,拜吴起为上卿。

田和率强国之兵,持战胜之气,优势明显,自不待言。吴起受命于仓促之间,鲁国之兵力远不及齐国之众,明显处于下风,劣势显而易见,最后大获全胜,全仗吴起的巧妙调度。但是更主要的是他与田和的带兵思想明显不同。吴起受命之日,即与士卒同甘共苦,先取其心;而田和视此为非,以为将不尊则兵不畏,兵不畏则战不力。可是田和却不知道:关心士卒与军队纪律严明,并不互相抵触,而且田和素怀轻敌之意:首先轻视吴起,其次轻视鲁军,麻痹大意,岂有不败之理?而吴起用兵谨慎,故意表示出自己的弱点,助长齐军轻敌麻痹大意的心理,然后突然袭击,一举获胜。

《师卦》讲战争是不得已而为之的事情,士兵的生命和国君、将帅的生命一样,都是生命,都应该受到尊重。只有尊重士兵,士兵才能舍命报国。吴起虽然对妻子卑鄙绝情,但是在用兵方面,却深谙此道,不愧为一代名将。

高　招

肖明跟经理的对立,是愈来愈尖锐了。他甚至连徐副台长也不放在眼里。

徐副台长儿子毕业典礼,记者去做了采访,新闻送到肖明的"主播台"上,硬是被肖明扔了出来:

"这是他家的新闻,如果每个学校的毕业典礼都播一段,我们干脆把新闻改成'毕业集锦'好了!"

相反地,经理要"淡化"处理的新闻,肖明却可能大做文章,硬是炒成焦点新闻,肖明说得好:

"是新闻,就是新闻,遮也遮不住,观众有知情的权利!"

对!观众正是肖明的后盾,全市最高收视率王牌主播的头衔,使肖明虽然只具有"记者的职能"却敢向老板挑战。

"把他开除!"副台长终于忍不住,火大地对新闻部主管说。

"我不敢!只怕前一天他走路,后一天我也得滚。"主管直摇头:"他现在太红了,每天单观众来信就一大摞。"

"你说他现在太红,倒提醒了我,给他升官,行了吧!?"

公司新成立一个部门,由肖明担任经理。

消息传出,每个人都怔住了。

"副台长能不计前嫌,以德报怨,真令人佩服!"

肖明真是意气风发,虽然不再报新闻,但是目前职位高、薪水高,而且负责企划一个更大的新闻性节目,谁能说不是海阔天空任翱翔呢?肖明确实是任翱翔。

电视台甚至推荐并资助全部旅费,送肖明出国做三个月的考察。

肖明回国了,带着成箱的资料和满腔的抱负,开始大展宏图。

只是新闻性节目,总得向新闻部借调影片,一到新闻部,东西就卡住了。

"哈哈!肖明经理,你是一个部门,我也是一个部门,你又不属我管,你有你的预算,还是自己解决吧!"新闻部主管笑道。

肖明告到了主管节目的副台长那儿。

"他说得也对,你现在有自己的预算、自己的人手,应该自己解决问题!"徐副台长拍拍肖明:"你们两个不和,我把你调开、升官,不要再斗下去了!"

问题是,新闻不能再"演"一次,过去的资料片找不到,别家电视台更不愿借,肖明怎么做呢?加上怕侵犯著作权,肖明连从书上拍一张图片,都得付不少钱。肖明虽英雄,也徒唤奈何?

部门成立一年,节目筹划八个月,居然还拿不出来,而钱已经不知花了多少。

年终会上,台长沉着脸色道:"好的记者,不一定能做好的主管!只见花钱、出国,不见成绩!搞什么名堂?"

徐副台长终于不得不把肖明叫去:

"你还是回新闻部吧!"

"我希望回去报新闻!"肖明说,"那是我的专长。"

"恐怕暂时不行,新的主播表现不错,观众的反应不比你当年差,你还是先做内

勤,慢慢来,看编导是不是给你机会。"

肖明辞职了,他知道新闻部经理不会给他机会。做过了经理,他也拉不下面子,回去做个职员。

肖明离开,报上也登了消息,只是不过寥寥几行,毕竟有负上司器重,做事不能成功而离职,不是什么光彩的事。

徐副台长下的这盘棋,就是不战而对付了肖明。甚至可以说,他逆向操作,每一步棋都是退让,都是仁厚,连离开,肖明都无法骂徐副台长,甚至还得感谢徐副台长给他那样好的机会。

当肖明平步青云,自然会被同僚嫉妒,造成他潜在的孤立因素。

当肖明出国考察,使他的人脉更被别人切断。

当肖明独当一面,也代表着他必须为成败负全责。

当肖明离开"主播台",使他失去了群众的资源、离开自己长项的地方。

当肖明黯然离去,很难获得别人同情,因为他不是被挤下去,是自己干不下去。他显示的是"江郎才尽"或"黔驴技穷"。

相反地——

如果当年徐副台长把肖明开除,或肖明自己宣称被排挤,而愤然离开。那情势将完全不同,全国爱护肖明的观众,都会跟肖明站在一线,到那时候,肖明就成了悲剧英雄,只怕真如新闻部经理原来所说——"后一天我也得滚!"而悲剧英雄,必然立刻能被其他"慧眼"的人重金礼聘,成为对付原来公司的"致命敌人"。

一个军队的统帅,可以派他最不满意的将领,去打一场九死一生的仗。打死了,正好除去眼中钉。打赢了,则是统帅用人成功。

一个公司的老板,可以派他的眼中钉,出去经营分公司或连锁单位。表面看,那是升官,不去,就是不知好歹和抗命。去,则是远离权力中心和拼命,拼死拼活都是老板赢。

此外,与肖明被"降温"同样的道理,当一个刑事案件,被新闻炒热,成为民众的注意焦点时,法官往往不得不顺应舆论而地"重判"或"轻刑"。

不过别急!等拖上一段时间,新闻热度过去,二审、三审还有翻案的机会。到时候,人们已经淡忘,反应自然不会太激烈。

在人生的战场上,鱼不能离开水,如果你靠群众起家,就不能离开群众。如果你靠某样专业起家,最好不要被"调离"你的专业。即使被调开,也要保持联系,不能落伍。

当然,你也可能是了不得的人才,能从九死一生的战役中凯旋。那时候打倒奸小,而获"黄袍加身"的,自然是你。

高尔文退出摩托罗拉

摩托罗拉最近新闻频传,继中国区总裁去职仅月余,摩托罗拉总部日前也确认了现任董事长兼首席执行官克里斯托弗·高尔文(Christopher B . Galvin)宣布退休的消息。

关于辞职的原因,外电报道称,高尔文自己认为"和董事会在恢复阶段速度、战略和发展方面的看法不能够取得一致,因此,是把职位移交给新领导者的时候了。"高尔文在此时挂冠而去多少令业界感到有些意外,因为与一手开创摩托罗拉公司的祖父和将摩托罗拉推上巅峰的父亲比起来,他毕竟在CEO的位置上才干了6年多。

目前,外界对高尔文个人管理风格的批评主要集中在3个方面:一是感情用事,二是优柔寡断,三是袖手旁观。

关于感情用事。外界报道最多的一个例子是摩托罗拉与高尔文好友创办的McCann-Erickson Worldwide广告公司之间的合作。当时摩托罗拉的销售主管曾认为MCCann公司不具备提升手机创意的实力,建议再找另一家合作伙伴,但高尔文却由于McCann是其好友的企业,于是要求这位主管再给McCann一次机会。结果,这家公司推出的创意广告并没有使摩托罗拉在客户中留下深刻印象。最后,高尔文还是不得不同意终止与其合作。

关于优柔寡断。分析家称,以速度和效率著称的IT业要求高级管理层必须当机立断,但高尔文"哈姆雷特"般优柔寡断的性格显然无法与此相适应。优柔寡断的另一面可以称为谨慎。作为CEO,深思熟虑才下结论。但是,他的下属认为,高尔文在做重要决策时有时过于谨慎,导致决策太缓慢,尤其是当某些表现不佳的业务部门需要被出售或者关闭时,高尔文往往按部就班,结果不但经济损失加剧,而且还挫伤了员工士气。

例如,摩托罗拉公司曾花费了18个月的时间才决定出售它的半导体部门。早在1998年,半导体部门的总裁就向高尔文提议出售摩托罗拉半导体部门中部分陈旧的设备,以专注于核心产品的开发。但是,高尔文担心出售的设备会被竞争对手收购或者收购设备的商家成为公司的竞争对手,一直到1999年夏天,才同意这个建议。再一个很能体现高尔文决策风格的例子便是铱星系统。铱星系统是一个由66颗低轨道通信卫星组成的移动通信系统,它覆盖了全球,使得用户在地球上任何角落都能进行通信,但服务费用高昂,仅手机的价格就高达1500美元。1999年下半年,高尔文的助手认识到这项业务因其过于昂贵几乎没有市场,建议他放弃,因为它已经消耗了公司50亿美元。当时,摩托罗拉通信商业部门的主管和无线部门的其他高级官员都试图说服高尔文尽快从铱星系统中解脱出来。但是高尔文犹豫不决,并仍抱着铱星系统成为"世界的第八大奇迹"的幻想,直到事情糟糕到无法收拾的地步。

关于袖手旁观。西方媒体也报道过这样的故事,摩托罗拉的手机部门曾于3年前设计了一款代号为"鲨鱼(shark)"的移动电话,他们试图以这款曲线优美但重达150克的低端手机从诺基亚手中夺取市场份额。摩托罗拉的研发人员试图采用3种不同的技术开发这种手机。当他向市场经理询问市场能否接受这种手机时,得到了肯定的回答,就没有针对性地对这一市场再进行钻研,而让他的经理推出了这款产品。一年后,这款手机在欧洲推出,不过很遗憾,那位市场经理的话没有应验,它被市场抛弃了。节俭但追求时尚的欧洲消费者当然不会购买比诺基亚和西门子笨重的手机。结果这款手机不但没有为摩托罗拉赢得市场份额,反而使其丢失了市场份额。

但高尔文本人并不完全同意各方对自己的批评意见。他不承认优柔寡断,只

是说在处理问题时考虑得多了一些。他说很少有人能够理解作为全球大型集团CEO所必须面临的问题的复杂性。高尔文称,如果经理们能够对一个建议或一项投资进行高质量的思维,并且能够解答所有的问题,那么我们将在毫秒甚至微秒内做出决定。但是如果这些经理们不能得出答案,我不得不让他们回去继续思考,这需要花费时间。美国一位管理学教授也说:"他要担心家庭的财富、自己的名誉以及公司的名誉,总之他有太多的东西要担忧。"的确,对于铱星系统长期不舍得放弃的问题,高尔文曾解释道,这样做是为了维护摩托罗拉的形象。高尔文袖手旁观的管理风格更恰当的说法是无为而治。他在摩托罗拉工作了30年,从祖父、父亲那里学到的管理风格就是集中于策略的制定和前景的预测,具体事宜授权管理团队并予以充分信任。他做到了,但却发现有些管理人员让他失望。

面临摩托罗拉如此困境,高尔文曾发誓要对摩托罗拉进行革新,重振这份家族产业为了恢复公司昔日的风采,高尔文制定了一个雄心勃勃的计划。从今年初开始,他抛弃了所谓"袖手旁观"的管理风格,高尔文说:"我不再信任更多的人,我正在开始一种新的理念,那就是制造一种让公司领导掌握更多权力的新氛围。"他增加了每个星期与公司主要部门的高级管理人员会面的次数,每月主持召开一次会议,强调产品质量和牢固的客户关系的重要性。以前高尔文很少加班和在周末工作,但是后来他自己从"朝8晚6"变成"朝6晚7",并习惯了在周六和周日早上召集经理共同讨论人事问题或者评论产品。

但这一切还是没有改变他退休的命运。

今天,在人类社会中,人与人,集体与集体,阶级之间、民族之间和国家之间的矛盾,在不可调和的情况下直接演化为公开的冲突,这种冲突常常只有用武力来解决。这就是争斗乃至战争,就出现了兴师动众的现象。

而目前商业竞争,事业竞争都用这种竞争、战争的手段来发展自己的事业,当你领导用兵(众)时,必须有严格的纪律,身为领导人物须老成持重,刚毅中正,应得到群众或部下的广泛支持,在组织中必须有坚强的领导核心,行事勿违背客观规律,但须灵活地运用,领导人物的权力只有与群众一起共同生活,相亲相爱,互助合作,服从统一指挥,才能和谐圆满,成为一个真正的战斗集体。

企业(或组织)必须有坚强的领导核心,这是保证战争和竞争胜利的基本条件。领导核心的坚强与否,首先在于领导人物有没有优秀的素质。因为领导人物是一个组织的核心,他们的能力高下实际决定这个组织战斗和竞争力的高下。

福特的兴衰风云

1903年,老亨利·福特第三次办汽车公司,聘请了两名专家。他们不负重托,不久实现了预定目标。特别是创造了世界第一条汽车装配线,他使每辆车装配时间由12.5小时降为9分钟,把生产能力提高了126倍。3年以后,正当竞争对手全力生产高级汽车时,福特公司售价500美元的N型汽车大量上市,一举占领了大部分汽车市场。2年后又推出售价850美元的高效能T型旅行车。后来降至450美元,使之风靡市场,畅销世界。又过2年,福特公司一跃成为世界上最大的汽车制造公司,亨利·福特也获得"汽车大王"的称号。

亨利·福特被胜利冲昏了头脑，他刚愎自用，独断专行，造成各种能干的人才相继离去。最后连帮福特打天下的那两位专家也厌恶他的自以为是，一个去了通用汽车公司，一个开始了他的从政生涯。在亨利·福特的专横统治下，公司竟有19年中只生产一种黑色的T型车。结果通用公司生产的高、中、低三档名牌车夺走了福特公司的T型车的大部分市场。1943年，80岁的老福特只得致函美国海军部，要求把现役海军中尉、与自己同名的孙子召回任公司副总裁。至1945年他交出全部权力时，福特公司已"濒于破产"。

小亨利·福特接管时，公司只剩下不胜负担的亏损，500多名高级管理人员没有一个受过高等教育，也不过问经营管理。用什么办法使公司起死回生呢？经过调查，他发现了逐渐被冷落的原通用汽车副总经理欧内斯特·布里奇。小福特登门拜访，诚恳相邀，请求他拯救即将破产的福特公司。布里奇开始以"还在担任通用公司属下的航空公司经理"为由，婉言拒绝了他。后由于小福特的再三恳切的要求，布里奇动心了。

1946年6月，布里奇走马上任。第一件事是把通用汽车公司的克鲁索等几名高级管理人员带了过去。小福特还挖掘到了10位"神童"。

布里奇与克鲁索等在10位"神童"的协助下，首先建立起能使福特公司摆脱困境的一套财务制度，当年即扭亏为盈。尽管赢利只有2000美元，但却是福特起死回生的转折。此后，他们着手一系列的管理制度改革，效果十分明显：第二年公司赢利6000多万美元，第三年1亿美元，第四年1.7亿美元，第五年2.6亿美元。这时候，也就是1950年，布里奇等人使福特汽车公司恢复了"世界最大的工业公司之一"的地位。

到1960年，福特公司步入了生产的高峰期，小福特又开始走上了他的祖父的老路，开始迫使布里奇离职，1968年竟把接替布里奇的米勒也开除了，全然不顾他为福特所做的巨大的贡献。两年后又解雇接替者诺森，不久又突然解雇为"野马"车立下汗马功劳的接替主管艾柯卡。理由只是一个——"威高震主"！从此福特公司又走上了下坡路，至1981年市场占有率仅为16.6%。

汽车行业的竞争越来越激烈，福特汽车公司能不能跳出火坑是一个很大的未知数。

以退为进：刘邦蓄势待发屈己图大业

秦被灭后，项羽分封诸侯，又把刘邦封为汉王，并拨给他3万兵马(原来刘邦有10万)，随同他前往汉中。众人都不服，认为这是项羽借机削弱他，都主张与项羽决一死战，而刘邦却接受封号，前往汉中。

汉王率这些人马前往汉中，所经过的路线有两条：一是直走南通往汉中的谷道，南端的谷口是汉中的南康县；一是向西到达眉县西南，走斜谷，再入褒谷。刘邦选择了从西南，经蚀中然后西行到达眉县，由眉县西入斜谷，经斜谷再由关中到达汉中。

刘邦与将士们一路西行，到达眉县西南，随后大军有序进入斜谷。斜谷道路狭窄，泥土带着湿气，几万大军一字行于峡谷之中，蜿蜒有十余里之长。

自进入斜谷，穿越秦岭，又是一番景象。谷底的两侧是令人望而生畏的悬崖峭壁，飞鸟哀鸣猿猴啼，一片凄凉的景象。只有头顶上的那一线天空，还能让士卒们寄以希望。这就是有名的古栈道。行进在峭岩陡壁的栈道上，下面便是万丈深渊，人马从这上面颤巍着走过，第一次走这种栈道的士兵，眼睛都不敢往栈道下边看，只是闭着眼睛往前走。

途中，这些将士们一个个都很沉闷，不知道所谓的汉中到底在哪里，离家乡有多远，辛苦征战了这么多年，为什么会被遣往汉中。一丝忧虑，但又有几分恐惧，可终归还是觉得自己的生路只能系在这一线天空的前方。

当将士们将要走出斜谷时，人们回首顾盼，都深深地出了一口长气，高兴地祝贺，都一个个发誓要打回老家，与项羽血战到底。等最后的士兵走过栈道，刘邦却下令把栈道全部烧毁，这一下，全部将士都迷惑不解，可又无法辩解，只得听命行事。

霎时间，谷内浓烟滚滚，火光冲天，历尽艰辛修建的古栈道就此毁于一旦。

汉王刘邦这才向众人解释，项羽的探子就在身后，不烧毁不能消除他的怀疑。等我们势力壮大，我们再重修栈道，打回老家，将士们这才如梦方醒，纷纷交口称赞。

果然，项羽听说此事，对刘邦放松了警惕。刘邦趁机在汉中休养生息，招兵买马，势力逐步壮大。最后，刘邦重返中原，大败项羽，建立汉王朝，是为汉高祖。

德怀天下，朱元璋开创大明江山

师卦中说到“丈人吉，无咎”，强调的就是“仁义”，也就是民众的作用。的确，“得人心者得天下”。古往今来，那些成就大业的“明君圣主”，哪一个不是在当时极得人心的统治者？如唐太宗、明太祖等，这些人的治军治国手段，可谓得“师卦”之深义。民心是战争取胜必不可少的前提。光有权力是不够的，还要有威望。这种威望不是坐着等来的，而是要不失时机地赢得人心，要创造一切机会赢得民众的拥戴。

明太祖朱元璋像

在封建社会里，君主的权力高于一切，一般地说，人民处于无权的地位，但这不等于说统治者就可以为所欲为。几千年间，王朝倾覆，皇冠落地，此起彼伏，屡见不鲜。从历史的变化中，有不少具有创新意识的统御者，认真总结历史的教训，摸索出了重视民众的力量是治国安邦的最基本方针之一。荀子说：“天下归之之谓王，天下去之之谓亡。”一归一去，民众是最根本的决定因素。作为一代英豪的朱元璋，也认识到

了老百姓的力量的重要性，因此，他每到一处地方，便收买一处的民心，明朝的天下就是由此而来的。

朱元璋率部攻打太平城战斗刚一结束，士兵们刚准备动手抢掠、大发横财的时候，却见城中的大街小巷贴满了《戒缉军士榜》榜文，上面赫然写道："敢有抢掠财物、杀害百姓者，杀无赦。"下面盖着朱元璋的大印。混乱的局面立刻变得井然有序。在战事结束后，朱元璋论功行赏，军士们都有一份。朱元璋的高明做法，既得到了人心，也稳住了军心。于是，太平城也就成了朱元璋最稳固的根据地。

由于一系列的安民政策的实施，朱元璋很快得到天下百姓的拥护，他又在扩大江南根据地的同时，再让自己的新政深入人心。在占据应天后，他对自己的下一步路程都有清醒的认识。他深知"君主为天下人之役"，官吏是受雇于百姓，是为百姓服务的。他训诫将领时说："我自起兵以来，从未随意杀掠。今尔等带兵出征，望能体察我的心意，严格约束士卒。城破之日，不得妄行杀掠。有违军令者，军法处置。倘再纵容，定当严惩不贷！"诸将奉命而去，很快就攻下镇江。入城后果然纪律严明，秋毫无犯，各地民众都称颂朱元璋的军队是仁义之师，为朱元璋的部队提供了很多的便利，为朱元璋统治江南奠定了坚实的基础。

朱元璋在严格约束军队时，还善于笼络一些有识之士。朱元璋对学有所长、术有专攻的人大力用之，朱元璋能够自觉地同读书人交往，积极主动地了解先辈们积累的各种经验，弥补各种文化的不足，同时诚恳地请教于各地士大夫，虚心地向他们学习，这也消除了他们的敌意。这些士大夫往往是一个宗族、一个地域的核心人物，他们有很大的凝聚力、亲和力和号召力，团结他们，用他们来管理当地百姓，的确是朱元璋的高招。

历代战争中，天时、地利、人和是取胜的三大因素，其中"人和"更是决定胜负的关键要素，如果能创造"人和"的良好态势，则平定天下必成定势。同样，在现实生活中，争取得到群众和部下的广泛支持，与他们共同生活，互助合作，形成一个和谐圆满、强而有力的战斗集体，这样的领导才是真正英明的领导者。

比卦第八 ䷇

【经文】

坤下坎上　比[①]，吉。原筮，元永贞，无咎[②]。不宁方来，后夫凶[③]。

初六　有孚比之，无咎[④]。有孚盈缶，终来有它，吉[⑤]。

六二　比之自内[⑥]，贞吉。

六三　比之匪人[⑦]。

六四　外比之[⑧]，贞吉。

九五　显比[⑨]。王用三驱，失前禽，邑人不诫，吉[⑩]。

上六　比之无首，凶[⑪]。

【注释】

①比：卦名。通行本为第八卦，帛书本为第十九卦。此与《师》卦为上下卦颠倒的关系，即《师》卦为下坎上坤，而《比》卦则为下坤上坎，故《比》卦次列于《师》卦之下。

"比"字象二人密切亲近,故《比》卦卦爻辞皆讲亲近之事。《彖传》释为下对上的辅弼顺从,《象传》释为上对下通过亲比以建立邦国、密切与诸侯关系。

②原筮,元永贞,无咎:"原",旧注多训为"再"。俞樾训为"始",可从。"原筮",即最初占筮、初次占筮。"元永贞",高亨以为"元"下夺"亨"字。然《萃》卦亦有"元永贞","元"下亦无"亨"字;帛书本两卦均作"元永贞",同样无"亨"字。疑"元"训为善。"元永贞"犹利永贞。"永贞",问长久之事。亲比他人,长久下去,必无灾咎。

③不宁方来,后夫凶:"不宁",不安分、不顺从。"方",指周边小国。"来",来亲比、来归附。"后",指拖延犹豫者。"夫",语辞。这样解释,与《彖传》相合。但亦可有另解。"方来"犹《困》卦九二"朱绂方来"之"方来",将来。"后夫凶",言然后乃有凶("夫"犹"乃")。此言不安宁之事将至,然后乃有凶险。

④有孚比之,无咎:"之",指代他人。初六言"有孚比之,无咎",犹卦辞"原筮无咎"。

⑤有孚盈缶,终来有它,吉:"盈",与"倾"通(《老子·二章》"高下相倾",帛书本作"盈"),倾覆。"缶",瓦罐一类的器具。《方言·卷五》"缶,其小者谓之瓶。"《屯》卦《释文》引郑注"缶,汲器也"。瓶罐之倾覆,为不吉之兆,《井》所谓"羸其瓶,凶"是也。"终来有它,吉"旧皆读为"终来有它吉",释为终有其他吉祥。此不可从。《说文》"它,虫也。上古草居患它,故相问无它乎","它"字重文作"蛇"。古人称意外之患为"它"。"终来"犹言终将。"终来有它",如"比之匪人"之类。但尽管终将有它患,总归亲近他人还是吉祥的,这即是卦辞所说"元永贞,无咎"。于省吾以"来"当作"未",备一说。

⑥比之自内:即"自内比之",言自己主动与别人亲近。"内"谓内卦,就自家而说。

⑦比之匪人:"匪"同"非",帛书即作"非"。言不该亲近的人却去亲近他。此处不言占,然"有它"之占已寓于其中。

⑧外比之:即"自外比之",言他人来亲近自己。"外"谓外卦,就别人而言。

⑨显比:"显",尊显、尊贵者,指九五之"王"。尊贵者亲比的对象是众人。"显比"即"(自)显比(之)"。

⑩王用三驱,失前禽,邑人不诫,吉:"王用三驱",是说王使用"三驱"田猎法。"三驱",是说设围三面,前开一面,入围者射而取之,前逃者听其自去,故下句云"失前禽"。"失"同"佚",谓放纵、放走。"前"谓从前面逃走。"邑人",指九五之"王"出狩行猎的属邑之人,即属下(《讼》九二之"邑人"即指九二大夫之属下,与此同)。"诫"同"戒备"之"戒",帛书即作"戒",谓有所戒备以拦截前逃之猎物。

⑪比之无首,凶:"首"犹豫。"无首",谓没有开端。

【译文】

比卦:相亲相助必然大吉,即便占筮问讯也是大吉大利,不会有灾难。看到别人相亲相助,因而心里过意不去才违心地依附上去,其结果必然凶险。

初六:建立在诚信基础上的相亲相助不会有错。诚信的基础如同装满酒的陶罐一样充实,最终会有意料不到的好结果。

六二：相亲相助发自内心，动机纯正，吉祥。

六三：不能与心怀叵测的人相亲相助。

六四：向外亲近贤明高尚的人，只要动机纯正必然吉祥。

九五：相亲相助的原则是宽宏，就像天子狩猎，必定要网开一面，凡是逃出罗网的动物一概不追。有这样的仁义宽宏，父老乡亲不会产生戒惧惶恐之心，因而吉祥。

上六：相亲相助，没有好的开端，必然凶险。

春秋　青铜盛酒器

【解读】

本卦阐述人与人之间精诚相亲的原则。"物以类聚，人以群分"，人与人之间的相亲相助是有条件的。作为君子不能与小人相亲，更不可与之相助，而应与同类者相亲相助，应积极主动地与贤德高尚之士相亲，以提高自己的道德素质。人与人之间的相亲相助应该动机纯正，宽宏无私，保持始终。只有这样，人类社会才会健康地发展。

【经典实例】

剪须和药

《比卦》阐释精诚亲善的道理。物以类聚，形成群体，必须相亲相辅，在刚毅中正的领袖领导下，和平相处，才能精诚团结。这是创造共同幸福的根本，永远正当的真理，不可以迟疑。相亲相辅的原则，应以诚信为本，发自内心，采取积极主动的态度。但动机必须纯正，亲近的对象，必须择善固守，远恶亲贤。而且应当宽宏无私，包容而不可强求。更应当一本初衷，贯彻始终，才能够精诚团结，一片祥和。

唐太宗像

唐太宗李世民是中国历代皇帝中少有的明君。他为功臣李勣剪须和药的事，曾一度震惊朝野上下。

李勣原为隋末义军重要首领，归顺唐朝后被拜为并州总管。李世民曾多次在朝堂上说："隋炀帝不会用人，只知道修长城防敌。我现在把李勣派驻并州，突厥人闻其名，惧其威，息其兵，而不敢向南越过一步。"

贞观十五年，李勣讨伐突厥大获全胜，班师回朝后突然得病，李世民焦急万分，令太医全力抢救但病情不见好转。此时有人提供一个偏方，说是以须灰配药才能医好此病。在古代中国，"身体发肤，受之父母，不可损之"的观念深入人心，李世民不顾及"须发乃父母所与"

的古训，亲自剪须配药。李勣感激涕零，从内心发誓要为李家江山竭尽全力，他病愈后的第一天就向李世民跪倒表白道："皇恩浩如天地，深似江海，今后微臣只有披肝沥胆报效君王！"当时就"泣不成声，叩首流血"，之后更以死而后已的精神，立下无数战功。

由于唐太宗知人善任、厚待众臣，贞观能臣无不竭其智、尽其能、毕其力。例如，魏徵"喜逢知己之主，竭其力用"；房玄龄"即任总百司，虔恭夙夜，尽心竭节，不欲一物失所"，甚至在病危之际，还卧床作表上谏；岑文本任中书令后，"夙夜勤力，躬自料配，筹笔不去手，精神耗竭"，直到遇疾而终。从这个意义上说，大唐的"贞观之治"实际上就是唐太宗李世民的"爱才之治""用人之治"，是李世民善用"比"之德的胜利。

领导者最重要的是要有度量，《菜根谭》中说："持身不可太皎洁，一切污辱垢秽，要茹纳得；与人不可太分明，一切善恶贤愚，要包容得。"这即是讲一个人必须具有容纳错误过失的胸怀，才能宽容处世。

《比卦》表明，从根本上讲，领导者的人格力量来自对理想和事业的追求。很难想象，一个没有崇高理想和雄才大略的人会产生求贤若渴的心理活动；一个没有坚强意志和宽阔胸怀的人会无微不至地爱惜人才。而人才也正是从优秀领导者身上，看到了完成抱负的希望，才聚集在领导者身边的，如此宾主契合，共同努力，各展所长，才能共同成就一番事业。

互　助

《向导》杂志曾报道了一则故事：

有一个人遭遇暴风雪，迷失了方向。由于他的穿着装备无法抵御暴风雪，以至手脚开始僵硬。他知道自己时间不多了。

结果他遇到了一个和他遭遇相同的人，几乎冻死在路边。他立刻脱下湿手套，跪在那人身边，按摩他的手脚，那人渐渐地有了反应。最后两人合力找到了避难处。他救别人其实也救了自己。他原本手脚僵硬麻木，就是因为替对方按摩而缓了过来。

下面这则故事也许更能说明问题：

有一个人想看看地狱和天堂的差别。他先来到地狱，地狱的人正在吃饭，但奇怪的是，一个个面黄肌瘦，饿得嗷嗷直叫。原来他们使用的筷子有一米多长，虽然争先恐后夹着食物往各自嘴里送，但因筷子比手长，谁也吃不着。

"地狱真悲惨啊！"这个人想。

然后，他又来到天堂。天堂的人也在吃饭，一个个红光满面，充满欢声笑语。原来，天堂的人使用的也是一米多长的筷子，不同之处在于——他们在互相喂对方！

天堂与地狱的天壤之别，仅在于做人的"一念"之差；因心态不同，就造成了极不相同的结果。

经　验

有一群登山爱好者准备征服一座海拔6000米的高山。于是,他们组成一个小分队扎营在海拔2000米的山脚等待天气好转。他们当中有些是专业的登山运动员,体魄健壮,经验丰富。

天终于晴朗了,微风轻吹,队员们开始行动起来,由经验丰富的队员带领出发了。

在攀登者脚下,高山有种驯服般的宁静,只有峰顶的冰川在阳光下闪着迷人的光辉。每个登山者都沉浸在攀登的乐趣中。他们用手提电台与基地保持着联系,不时地向遥远的家中通话,向亲人叙述他们在高山上所见的美景。

正当攀登者慢慢接近主峰的时候,灾难悄悄降临了。乌云翻滚,狂风肆虐,气温骤降。几个经验丰富的登山运动员知道情况不妙,要求大家全力返回。可是,由于在路上逗留时间太长,夜已慢慢逼近,按经验他们已无法下山,只能等救营人员前来。

狂风如决堤之水,怒吼而来,许多队员的衣服被风撕破,手套也脱落了……

祸不单行的是,有位队员的腿部被飞石击中,出了大量的血,伤员痛苦地呻吟着。

风越吹越大,严寒也随之降临。伤员极其痛苦地喊:"我冷,我冷……"血流出后又很快结成冰。有一个登山者说:"现在天色尚未全黑,让我来背他下山,或许他会有救。"

"你这是去找死,营救人员马上会来的。"众人劝他。可是,他还是背起伤员努力向山下走去。

夜幕降临了,山上起了暴风雪,营救人员根本无法上山。第二天,营救人员发现在原处等待救援的人们紧紧挤在一起,可已经僵硬了。救援的人员在海拔4000米的地方发现伤员和背着他的人,竟然还活着。

营救人员说在这种天气下能存活下来简直是奇迹。他们分析原因后断定,他们之所以能活着,是因为他们一个晚上都没有停止过高强度的运动。

《比》卦讲的是人际交往之道。"一个篱笆三个桩,一个好汉三个帮"。在现实生活中,每个人每天都面临着天堂或地狱的生活。当我们懂得付出、帮助、爱、分享,我们就生活在天堂;若只为自己,自私自利,损人利己,实质就等于生活在地狱里。地狱和天堂就在自己的心里。

人际关系的黄金定律就是:帮助别人的时候,就在帮助自己。你帮助5个人,5个人都会帮助你。

"傻子"年广久淡出江湖

"傻子瓜子"从一开始采用的就是家族式经营方式,这也为后来爆发的"傻子家族恩怨"埋下了伏笔。

当年,年广久小本经营瓜子炒货生意。那时候,政策还不开放,结发妻子耿秀

云跟着年广久就像走钢丝般地担惊受怕。好不容易赶上国家实行改革开放政策，鼓励个体经济发展，夫妻俩才创下“傻子瓜子”红红火火的一番家业。

可是不久，由于两人在有些问题上不合，便离异。年广久与耿秀云离婚后其他财产怎么进行处理，外界不得而知，但两人离异后分享了“傻子瓜子”的品牌确是事实：年广久同次子年强一起生活，继续经营“傻子瓜子”；耿秀云随长子年金宝一起过，也经营“傻子瓜子”。后来年广久又同年强分开，拉出另一支队伍与公家合营。“傻子瓜子”由此形成三个分支。为抢生意，他和儿子的企业之间互相压价，结果是3家都受损失，“傻子瓜子”品牌知名度一路衰退。

1993年，年广久想重振“傻子瓜子”的昔日雄风，但受精力与文化素质的限制，难以适应越来越激烈的市场竞争，虽没有破产但也只是保本经营。他的两个儿子举着老“傻子”年广久的旗帜开拓前进，但同样不能解决彼此之间由于竞争带来的矛盾。他们意识到一家人只有拧成一个拳头，打出去才有力量。虽然父子三人之间有这样那样的矛盾，但毕竟还属于“人民内部矛盾”，不是不可以化解，于是父子三人之间开始酝酿合作，一致对外。

1997年，傻子集团正式宣告成立，曾经分立的两家傻子瓜子厂合并在一起，由年强的“金傻子”做主厂，企业经营进入新阶段。但好景不长，“傻子瓜子”之父年广久因他的两个儿子分别担任“傻子瓜子”联合集团公司的董事长、监事长，而自己仅任“空有荣誉、没有实权”的董事局主席而心中不悦，联合集团公司仅成立一月之余，年广久就借机发难，砸了牌子关了门，并扬言要向两个儿子索赔“商标侵权”造成的数千万元损失……

1998年初，年广久在烟台打假，孰料挨打的“假”竟是次子年强。年广久对记者解释说：“‘傻子瓜子’从我手中创出了牌子，后来，为了给儿子一碗饭吃，就允许他们在芜湖范围内和我共享这个品牌。但这次儿子明明知道我已许可别人在烟台总经销，却又与别人签订总经销合同，这就是不讲信誉。”老爷子火气很大：“如果这次再不打一下，任他们降低质量，恐怕最终会砸了我用一身汗、一身泥创出来的这个品牌。谁要砸我的牌子，我就跟谁过不去！”但年强也不甘示弱，一气之下，把年广久在芜湖的工厂给砸了，并扬言派律师到烟台与年广久法庭相见。

对于父亲所谓“商标侵权”的指责，年金宝、年强不止一次咨询过工商局商标管理科和法律部门，“傻子瓜子”商标乃父亲年广久、母亲耿秀云，以及他兄弟二人共同创立，享有不可分割的权利。

年金宝经过冷静分析，决定不与父亲正面交锋，你做老子的既然不让儿子使用共同创立的“傻子瓜子”商标，我不用还不行吗？1998年6月的一天，年金宝来到芜湖市工商局商标管理科，提出要把自己所属安徽“傻子”集团经济发展有限公司经营的瓜子，正式注册为“傻王瓜子”。通过国家商标局批准生效。

接着不久，年强也将自己所属芜湖市“傻子瓜子”总厂经营的瓜子，改注册登记为“年氏瓜子”。

此后，年金宝与年强一口气申请注册了27个商标，分别叫“小傻子”“傻王”“傻媳妇”……涉及饮料、茶具、电子产品等。“傻子”又生一大帮“傻子”，“傻子”家族内战也逐级升温。

2001年2月13日，年广久在合肥对外宣称退出江湖，不再炒瓜子，并将其“傻子”商标以一分钱的价格,转让给长子年金宝。同时,其长子年金宝聘年广久为安徽傻子集团经济发展总公司的顾问。国家工商总局已受理并核准“傻子”商标转让注册。但针对“一分钱转让”问题,又引起了一轮较大的风波。

年广久转让商标的一个最大的考虑是,如果任这样把“父子对杀”的格局持续下去,“傻子瓜子”品牌必将更加分散,自己辛辛苦苦创立的牌子有可能被后来居上的“恰恰”瓜子、“小刘瓜子”“正林瓜子”等稀释,从而降低“傻子瓜子”的竞争力。

曾经分分合合的父子3人终于又走到了一起,傻子瓜子市场的局面大开。年广久不仅在西安、兰州、郑州建立了工厂,而且准备进军四川和云南。年广久说,他要为儿子们留下一片好基业。因此可以说,一分钱风波带来了“傻子瓜子”品牌的统一,“傻子瓜子”的凝聚力也有所增强。

但据知情人士透露,不久后,年氏父子关系又出现了危机。“现在年金宝和年强都有自己的公司,并没有进行联合经营的意愿。”

比卦以集体内部相亲相辅、团结和睦为原则开展事业。只有这样,才会在激烈的社会竞争中站稳脚跟,得到发展。

当你在事业发展之前,必须按以下方法进展,诚信为相亲相辅之始,树立榜样,应从自己做起,在选择亲辅对象时,勿妄自排斥不同于己的人,感召别人的亲辅而不要强求,从开始到最后,都应用这相亲相辅的原则进行下去。

求得相亲相辅首先要发自内心,从自己做起,特别是作为企业领袖的领导人物。即便是普通群众,如果真正能做到这一点,也可以团结周围的同事和朋友,形成一个人生和事业的良好氛围。我们常说某些人“人缘好”除了技巧上的因素之外,自己首先以诚待人而不虚伪,实际是他们赢得友谊的重要手段。而虚伪的东西,不论是感情还是行为,总有一天要被人识破的。这个道理人人都应该明白。

亲辅的对象一定要有所选择,而不能无原则地和任何人都要好。因为人毕竟是有区别的。物以类聚,人以群分,从一个人的朋友身上可以看出他自己的影子。因此,比附,亲辅,与别人交朋友必须慎重,因为善恶不同道,而水火不相容。“道不同,不相为谋”,不是一个类型的人,很难成为长久的朋友,趋炎附势者更是如此。而且,人与人之间可以相互感染,所谓“近朱者赤,近墨者黑”。交一个好人,终身受益;交一个坏蛋,总有一天要陷入泥坑。

相亲相辅　互相团结

春秋时期,国家非常多。晋国和虢国之间,隔着一个小国虞国。有一次,晋国准备攻打虢国,但必须路过虞国才行。晋国想向虞国借路,又怕虞国不答应。于是,晋献公就用美玉和名马作为礼物,送给虞国的国君虞公,请求借道虞国,让晋军攻打虢国。虞国大夫宫之奇劝告国君不要答应,但虞公贪图美玉和名马,还是答应让晋献公借道。

宫之奇劝谏虞公说:“虢国是虞国的依靠呀!虢国和虞国就好像嘴唇和牙齿一样,嘴唇没有了,牙齿怎么可能自保?一旦晋国灭掉了虢国,虞国一定会跟着灭亡。这是‘唇亡齿寒’的道理,您怎么就不明白呢?请您千万不要让晋军借道征伐

虢国。”

虞公不听劝谏，宫之奇见无法说服虞公，无可奈何，只得带着全家老小逃到了晋国。于是晋献公在虞公借道的帮助下，轻而易举地灭掉了虢国。晋军得胜归来，借口整顿军马，驻扎在虞国，然后突然发动攻击，一下子又灭掉了虞国。从前送给虞公的美玉和名马，又都回到了晋献公的手里。

作为两个弱小国家，虢、虞两国应当相亲相辅，互相团结，才能增强自身的实力，以求得在强国晋的威胁下生存下来。然而目光短浅的虞公，却只看到眼前的利益，看不到虢国的存亡与自己的国家有密切的关系，结果不仅失去了国土，自己也成了晋国的俘虏。

维克多连锁店的壮大

著名的维克多连锁店从发展到壮大，就是因为维克多一直诚心待人，不管人家是大富翁，还是平民。

维克多从父亲的手中接过已传好几代的食品店。一天晚上，维克多在店里收拾，突然，他看到店门外站着一个年轻人，面黄肌瘦、衣衫褴褛、双眼深陷，典型的一个流浪汉。

维克多不由地同情起这个小伙子。他走了出去，关切地对那个年轻人说道："小伙子，我能为你做点什么吗？"

年轻人略带腼腆地问道："这里是维克多食品店吗？"他说话时带着浓重的墨西哥味。

"是的。"维克多回答道。

年轻人更加不好意思了，低着头，小声地说道："我是从墨西哥来找工作的，可是整整两个月了，我仍然没有找到一份适合自己的工作。现在，我的盘缠也花光了，在这里，我举目无亲。我听父亲说过，他年轻时也来过美国，在你的店里买过东西，喏，就是这顶帽子。"

维克多看见小伙子的头上果然戴着一顶特别破旧的帽子，那个被污渍弄得模模糊糊的"v"字形符号正是他店里的标记。

维克多知道了眼前站着的人是多年前他的一个顾客的儿子，虽说跟他并无多少瓜葛，但是，他觉得这位小伙子是在迫不得已的情况下才找他的，自己应该帮助这个小伙子。于是，他热情地请小伙子进了店内，好好地让他饱餐了一顿，并且还给了他一笔路费，让他回国。

不久，维克多便将此事淡忘了。过了十几年，由于维克多诚信待人，他的食品店越来越兴旺，还想向海外扩展，可是他在海外没有根基，要想从头发展也是很困难的。

正在这时，他突然收到一封从墨西哥寄来的"陌生人"的信，原来正是多年前他曾经帮过的那个流浪青年。

此时那个年轻人已经成了墨西哥一家大公司的总经理，他在信中邀请维克多来墨西哥发展，与他共创事业。这对于维克多来说真是意外的惊喜。他喜出望外，有了那位年轻人的帮助，维克多很快在墨西哥建立了他的连锁店，而且发展得异常

迅速。

所以说,诚心诚意地待人总会得到好报的。

孟获的归附

刘备想为结拜兄弟报仇,结果大败而归,不久病死。孟获得到这个消息后,便造起反来。诸葛亮为巩固大后方,分兵两路讨伐,一举将孟获活捉。孟获不服,道:“我是中了你们的埋伏才被捉住的。如果是正大光明地打,你们不是我的对手。”诸葛亮笑道:“好,那就放你回去,我们再打一仗。”

诸葛亮放走孟获,许多将领有些不解。诸葛亮说:“我之所以放孟获回去,是因为他是个人才,只有他才能安抚南中的百姓,如他归附我们蜀汉,那么南中也就归顺我们了,以后就不会再发生叛乱。”

孟获离开蜀营,收拾残兵败将渡过泸水,将所有船筏都渡靠南岸,又命令大小酋长率本部人马修筑土城,企图借泸水天险和土城死守。诸葛亮从当地人那里了解到泸水下游150里处的沙口水浅,可以扎筏渡过去,于是派大将马岱率3000人马在土人带领下夜半渡水,奇袭孟获,再次把孟获活捉。孟获仍旧不服,诸葛亮再次将孟获释放。

诸葛亮一连六次活捉孟获,又一连六次释放孟获。孟获屡战屡败,他所带的兵卒都认为诸葛亮胸怀宽广,无心再战,愿意归附蜀汉,但孟获还有点不服气,便向马戈国主请来3万藤甲军。藤甲军身穿藤甲,刀枪不入,弩箭射在藤甲上也不能穿透,蜀兵接连吃了败仗。但是,藤甲军的藤甲有一个致命弱点,藤甲是用油反复浸泡过的——怕火。诸葛亮发现了藤甲军的致命弱点,将藤甲军引入一个狭窄的山谷中,截断藤甲军的归路,在山谷中放起火来,藤甲军被烧得焦头烂额,全军覆没,孟获再一次被活捉。

诸葛亮传下命令:放孟获回去,让他整顿兵马,再决一胜负。孟获满面惭愧,说:“七擒七纵,这是自古以来没有过的事情。我虽然不是读书之人,但也懂得做人的道理,怎么能这样不知羞耻呢!”说完,跪倒在地,脱掉一只衣袖,露出胳膊,向诸葛亮请罪。诸葛亮问:“你真心愿意臣服吗?”孟获回答:“我们世世代代要铭记丞相的再生之恩,怎么敢不服。”诸葛亮于是传令摆下酒宴,宴请孟获及各路酋长,仍旧让孟获任南中地区各少数民族的头领。

就这样,诸葛亮以他的诚信和卓越的才干,赢得了孟获的心,亲近了南中的黎民百姓,使南中成为蜀汉的强大的后盾。

李斯择强而仕

李斯青年时曾为郡中小吏,主管乡文书事宜。常常在厕所中见到老鼠辛辛苦苦地觅食,但得到的仍是污秽不堪的可怜的一点点食物,饥寒交迫,且又常受人和狗的惊扰,惶惶不可终日。再看粮仓中的老鼠,吃的是人囤积的好粮谷,住的是“高屋大厦”,而且没有人、狗的干扰,饱食终日,无忧无虑。他由此得出结论:人或贤达富贵或贫贱不屑,如同老鼠一样,关键在于所处的环境不同啊!由此,他产生了择地而处、择主而仕的思想，这对他的一生取向具有决定性的意义。

后来他投到当时大儒家荀卿名下，学习帝王之术。学成之后，他看到楚王胸无大志，不足与为谋；又看到六国相继日渐衰弱，无从建立号令天下之奇功。只有秦国，经历了秦孝公以来的六世，特别是秦昭王以后，已经奠定了雄踞于七国之首、可对诸侯国颐指气使、发号施令的政治、军事、经济基础，可望代替已名存实亡的周室而一统天下。

于是李斯对荀卿说："我听说，得到了时机不得怠惰，而应及时把握住，当今各诸侯倾力相争，游说能者参与政事。而秦王想吞并诸侯，一统天下，成就帝王大业，这是智谋之士奔走效力、建功成名的大好时机。处于卑贱的地位而不思有所作为、不思改变这种境遇的人，与禽兽无异。人的耻辱莫大于卑贱，悲哀莫甚于穷困。永久地处于卑贱地位、困苦的境地，却表示非议世俗、厌恶功利，自托于无为，这绝不是本人的真实思想。所以，我将西行入秦，去为秦王出谋划策，建功立业。"

公元前250年，秦孝文王去世，太子子楚继位，是为秦庄襄王。吕不韦当上了丞相，被封为文信侯。秦王政继位时年龄小，大权握在太后赵姬与丞相吕不韦手中。吕不韦仗恃自己与太后及秦王政的特殊关系，以秦王的"仲父"自居，横行于朝中、宫中。李斯投到吕不韦门下，并为讨得吕不韦的赏识，一直勤勉谨慎，殚精竭虑，终于受到吕的青睐，被任为郎，从此参与政事。涉足于政治核心的大门为他敞开了。

后来李斯终于有机会与秦王会面。这是李斯的幸运，一开始就碰上这样一个支持自己的国君。于是他软硬兼施，远交近攻，以武力为后盾，用金钱开路、执"连横"计劝诱六国中止同别国的"合纵"。不消几年，战果累累，李斯也借此被秦王称为"客卿"，进到了秦国领导集团的核心。

邓禹追刘秀

邓禹早年在京师游学时，看出也在京师游学的刘秀不是凡夫俗子，便主动和他交往，两人关系十分密切。数年后，邓禹离京回家。

王莽地皇四年(23年)，农民起义军新市、平林诸将立西汉宗室刘玄为帝，又扯出汉朝旗号，年号"更始"，定都洛阳。豪杰听说邓禹才气横溢，多次把他推荐给刘玄。邓禹敏锐地觉察出更始政权内部的矛盾，知道刘玄难成大事，就婉言谢绝了举荐者的好意。

这年冬天，刘玄派刘秀以大司马的名义带领少数人马到河北去安抚郡县。邓禹听到刘秀安抚河北的消息，就去追赶刘秀，一直追到邺城才追上。到了晚上，刘秀留邓禹在一间房里睡，避开闲杂人员，两人开怀畅谈。

邓禹分析了天下形势，向刘秀进献中兴汉室之策："眼下更始政权虽然定都关西，然而关东尚未安宁。赤眉、青犊等起义军成千上万，各占地盘；三辅地区民众群起，假号称雄。更始帝刘玄庸碌无为，自己没有主见。如今四方分崩离析，形势显而易见，您即使帮助更始政权建下藩辅之功，恐怕也难建立像高祖那样的事业，拯救万民的生命。凭明公的德才图谋天下，一定可以平定。"

邓禹对政治、军事形势的正确分析和推心置腹的建议，坚定了刘秀创立帝王大

业的信心。次日，刘秀便令左右称邓禹为邓将军。刘秀经常把邓禹留在身边，跟他住在一起，有事就同他商量。后来刘秀受到王郎的攻击，感到自己势单力薄，难以成大事。在与邓禹交谈的话中流露出几分畏难情绪。邓禹就安慰他："现在海内混乱不安，人们思念明君，就像赤子盼望慈母一样。自古以来，兴建帝王之业，在于德行深厚，不在一时势力的大小。"

在当时豪杰四起、纷乱动荡的形势下，谁能赢得民心，谁就能取得天下。尤其在面临危局、士气不振的时候，邓禹能高瞻远瞩、放眼大局，提出收揽民心以摆脱困境的谋略，的确非常人所及。在邓禹等人的扶持下，刘秀终于复兴汉室，成就帝业，邓禹也得拜相封侯。汉明帝图画二十八位功臣像于云台，邓禹位列第一。

荀彧怀恨而死

东汉末年的荀彧在踏上仕途之前，人们夸他有王佐之才。永汉元年，被推举为孝廉，任守宫县令。后来董卓乱政，他弃官归乡。袁绍得势时待荀彧为上宾，但荀彧认为袁绍终不能成大事，于是弃袁而归附曹操。曹操高兴地称他为"吾之子房也"，任命他为司马。

兴平元年，曹操征讨陶谦，任命荀彧留守许昌。当时陈宫造反，暗中接迎吕布。而曹操大军皆去攻打陶谦，剩下的大部分督将官吏与陈宫有往来。这时豫州刺史郭贡率数万兵众至许都城下，大家都认为他与吕布通谋，疑惧不安。荀彧独往郭营，凭三寸不烂之舌说退郭贡，众人渐渐心安。荀彧遂使全城无虞，待曹操班师而回，见一切无恙，大赞荀彧立下奇功。

后来在曹操破黄巾、平吕布、收张绣、灭袁绍等一系列战事大计中，荀彧皆充当重要谋士，为曹操出谋划策，运筹帷幄，立下了不可磨灭的功勋。尤其是在建安元年，由于诸侯烽起，曹操虽已占据了天时地利，但在诸侯中依然不能处处掌握主动。这时荀彧极力劝曹操迎汉献帝至许昌。曹操众部下皆犹豫不定，而荀彧陈其利弊，终于促成。

从此，曹操挟天子以令诸侯，从中得到了极大的好处。荀彧因此而得到曹操的更大信任，被升为侍中，不久又任尚书令，军国大事皆倚仗他筹划。同时，荀彧又向曹操推荐了贤士郭嘉等人，他们不负所望，所谋划的计策都颇见奇效。

建安五年，曹操与袁绍相持于官渡。由于双方力量悬殊，很快曹操的军粮就出现了危机，以致军心大动，败局似乎已经定下。曹操和一些部将谋士疑惧不安，打算班师还许，这时荀彧挺身而出，分析天下形势，指陈进退利害，力劝曹操克服困难，等待时机，用奇兵制胜，以图将来大业。曹操听从了他的建议，最终大败袁绍，平定了河北，从而为统一北方缔造大业打下了坚实的基础。

随着权势和地盘的扩大，曹操的不轨野心也渐渐显露并越来越大；而此时荀彧完全没有觉察到这一点，或者从一开始，他就没有真正了解曹操。另一个谋士董昭看出曹操想自封为"魏公"的意图，就上表建议他这么做。当他去和荀彧商量时，荀彧却说："曹公本兴义兵，以匡朝宁国。君子爱人以德，不宜如此。"曹操听说此事后，大为生气，从此就有意疏远荀彧。但荀彧并不开窍，依然苦口婆心地拿"义""德"来规劝曹操，结果两人之间的裂隙越来越大。到了后来，曹操甚至嫌荀彧这

个愣头书生有些碍手碍脚。

在征讨孙权时，大军开到了濡须（今安徽省含山县境内）时，荀彧患病。这时，他收到了曹操的礼物，打开一看，是一只空荡荡的盒子。他当即明白了曹操的心意，长叹一声服下毒药，含恨死去了。

第二年，曹操晋爵为魏公。

跟人也要讲究一个“活”字，“活”就是“变”。矛盾无处不在，无时不有，各种矛盾相互作用共同构成了事物的变化发展。天下最神妙地即为“变化”二字，适应变化的人即为智者、识时务者，其眼前皆为活路；反之，若顽固不知变通，则会处处受阻。

人要谋取成功，就要讲求策略走捷径。背靠大树好乘凉，要选择有发展前途并能使自己得到提拔和重用的品行端正的人去尽忠竭诚。若事非其人，则如明珠暗投，不但无功，反受其害。

姜子牙跳槽攀高枝

中国著名谋略家吕尚，俗称姜子牙，是我国上古时期最为著名的政治家和军事家。姜子牙生逢乱世，虽有经天纬地之才，无奈报国无门，潦倒半生。

他曾在商王宫中做过多年吏卒，虽然职低位卑却处处留心。他看到纣王沉湎酒色，荒废国政，几次想冒死进谏。一则想救民于水火，二则可以因此受到纣王赏识，求得高官厚禄。然而姜子牙后来见到大臣比干等人皆因直谏而丧生，只好把话咽回肚中。他料定商朝气数将尽，纣王已不可救药，自己不愿糊里糊涂地替纣王殉葬。于是，他决定另攀高枝，改换门庭。

当时，西伯昌立志复兴周国，除掉纣王，求贤若渴，正是用人之时。吕尚为了引起西伯昌的注意，便在渭水之滨的兹泉垂钓钓鱼。这个地方风景秀丽，人迹罕至，是个隐居的好地方。姜子牙并非要老死林下，而是在此静观世变，待机而行。

这一天，吕尚听说西伯昌要来附近行围打猎，便假装在兹泉垂钓。这时候，姜子牙还是个无名之辈，西伯昌当然不会认得他，但姜子牙却在朝歌见过西伯昌。为了引起西伯昌的注意，姜子牙故意把鱼钩提高水面三尺以上，钩上也不放鱼饵。

果然，西伯昌觉得奇怪，便走上前问道：“别人垂钓均以诱饵，钩放水中。先生这般钓法，能使鱼上钩吗？”

姜子牙见西伯昌对人态度谦和，果然是个非凡人物，便进一步试探道：“休道钩离奇，自有负命者。世人皆知纣王无道，可是西伯长子就甘愿上钩。纣王以为智足以拒谏，言是以饰非，却放跑了有取而代之之心的西伯昌。”

西伯昌闻言，大吃一惊。心想：这位老人身居深山，何以能知天下大事？更为不解的是，他怎能把我西伯昌的心迹看得这么透彻？定然不是凡人！连忙躬身施礼，说道：“愿闻贤士大名？”

“在下并非贤士，老朽吕尚是也。”西伯昌一听，说道：“刚才我听先生所言，真知灼见，字字珠玑。不瞒先生，足下就是你说到的西伯昌。”姜子牙装出吃惊的样子，惶恐地说：“老朽不知，痴言妄语，请您恕罪。”

西伯昌连忙诚恳地说道：“先生何出此言！今纣王无道，天下纷纷，如先生不弃，请您随我出山，兴周灭商，拯救黎民百姓。”姜子牙假意客套了一番，随即同西伯

昌一起乘车回宫，一路上纵论天下大势，口若悬河。

西伯昌如鱼得水，相见恨晚，立即拜吕尚为太师，倚为心腹。从此以后，姜子牙官运亨通，飞黄腾达。

俗话说，姜太公钓鱼愿者上钩。作为一个老谋深算的政治家，吕尚略施小计便攀上了西伯昌这棵大树，弃暗投明，跳槽做了周国的太师。倘若他报定忠臣不事二主的陈腐观念，恐怕到老到死也不过是纣王宫中的一名小吏，永无出头之日。真可谓识时务者为俊杰！

因此，为人处世要讲求灵活变通。天下最神妙的即为"变化"二字，适应变化的人即为智者、识时务者，其眼前皆为活路；反之，若顽固不知变通，则会处处受阻。

王导背靠大树好乘凉

晋元帝司马睿还只是琅玡王时，王导觉察到天下已乱，便有意拥戴司马睿，复兴晋室。他劝司马睿不要再住在洛阳，回到自己的封国去。

司马睿出镇建康(今江苏南京)后，吴地人并不依附，时过一个多月，仍没有人去拜望他。王导十分忧虑，便想到要借助当地的名人来提高司马睿的威望。

于是他对已有很大势力的堂兄王敦说："琅玡王虽然仁德，但名声不大。而你在此地早已是有影响力的人，应该帮帮他。"他们约好在三月伴随司马睿去观看修禊仪式。

到了那一天，他们让司马睿乘坐轿子，威仪齐备，他们自己则和众多名臣骁将骑马扈从。江南一带的大名士纪瞻、顾荣等人，见到这种场面非常吃惊，就相继在路上迎拜。

事后，王导又对司马睿说："自古以来，凡能称王天下的，都虚心招揽俊杰。现在天下大乱，要成大业，当务之急便是取得民心。顾荣、贺循二人是当地名门之首。把他们吸引过来，就不愁其他人不来了。"

司马睿听了王导的话，就派王导亲自登门拜请顾荣、贺循。这二人也就欣然应命朝见司马睿。受他们的影响，吴地士人、百姓，从此便归附司马睿。东晋王朝终于得以建立，王导自然做了东晋的丞相。

俗话说："背靠大树好乘凉。"一个人要成就一番大事业，光靠自己的力量还是不够强大，这就要讲究找靠山走捷径的策略。找靠山要择善而从，择优而随，择德而附，而不应该去找那些品行不稳、毫无诚信的人。找准靠山，人生吉祥如意，事业青云直上。

《左传·哀公十一年》中说："(孔子)命驾而行，曰：'鸟择木，木岂能择鸟?"《三国演义》第三回里也说："良禽择木而栖，贤臣择主而事。"都是讲做人要善于审时度势，选择贤明的人以得到重用，充分施展自己的政治才华。

人的能力有大小之分，品德有高下之别，故做事也有主从之规。成功的方式有多种，与人合作可以成功，在人手下干事也可以成功，关键要找准人。这个人一定是个有成功潜质的人，能给你的前途带来希望的人。选择了他，他的成功之时就是你的成功之日。

古人强调："居必择邻，交必良友。结有德之朋，绝无义之友。"《比》卦六三爻

说，与品行不端的人亲近有凶险，讲的也是交友之道，告诫人们要远离不良的朋友。在你的生活中，特别是在你为成功而奋斗之初，你可能需要寻求朋友，但是你要注意，不要结交那些对你有害无益的朋友，不要被拖入他们的浑水之中。

环境和朋友对我们的一生有莫大的影响，可以说，交上怎样的朋友，就会有怎样的命运。因此，在选择朋友时，你要努力与那些乐观肯定、富于进取心、品格高尚和有才能的人交往，这样才能保证你拥有一个良好的生存环境，获得好的精神食粮以及朋友的真诚帮助。这正是孔子所说的“无友不如己者”的意思。

如果你择友不慎，恰恰结交了那些思想消极、品格低下、行为恶劣的人，你会陷入这种恶劣的环境难以自拔，甚至受到恶友的连累，成为无辜受难者。假如我们已不慎交上了坏朋友，应采取敬而远之的态度，要知道：把一只烂苹果留在筐里，会使一筐的苹果都腐烂掉。

助人者终得人助

一个人能力虽然不大，但只要肯团结、帮助别人，他将受到同样的回报。

有一种说法，叫作生活不需要技巧，要获得真正成功的人际关系，就只能用爱心去和别人推心置腹地打交道。

用你真诚的心去帮助每一位朋友，无论亲疏，无论穷富，他们都会在关键的时候帮助你。

著名的维克多连锁店从发展到壮大，就是因为它的经营者当初帮了别人一把，才得以迅速成长起来的。

维克多从父亲的手中接过了已传了好几代的食品店，但规模始终像它刚开始一样。维克多希望它在自己的手中能够发展而且更加壮大。

一天晚上，维克多在店里收拾，第二天他将和妻子一起去度假。他准备早早地关上店门，以便做好准备。突然，他看到店门外站着一个年轻人，面黄肌瘦、衣衫褴褛、双眼深陷，典型的一个流浪汉。

维克多是个热心肠的人。他走了出去，对那个年轻人说道：“小伙子，有什么需要帮忙的吗？”

年轻人略带腼腆地问道：“这里是维克多食品店吗？”他说话时带着浓重的墨西哥味。

“是的。”维克多回答道。

年轻人更加腼腆了，低着头，小声地说道：“我是从墨西哥来找工作的，可是整整两个月了，我仍然没有找到一份合适的工作。我父亲年轻时也来过美国，他告诉我他在你的店里买过东西，喏，就是这顶帽子。”

维克多看见小伙子的头上果然戴着一顶十分破旧的帽子，那个被污渍弄得模模糊糊的“V”字形符号正是他店里的标记。“我现在没有钱回家了，也好久没有吃过一顿饱餐了，我想……”年轻人说道。

维克多知道了眼前站着的人只不过是多年前一个顾客的儿子，但是，他觉得应该帮助这个小伙子。于是，他把小伙子请进了店内，好好地让他饱餐了一顿，并且还给了他一笔路费，让他回国。

不久,维克多便将此事淡忘了。过了十几年,维克多的食品店越来越兴旺,在美国开了许多家分店,他于是决定向海外扩展,可是由于他在海外没有根基,要想从头发展也是很困难的。为此维克多一直犹豫不决。

正在这时,他突然收到一封从墨西哥寄来的一封"陌生人"的信,原来正是多年前他曾经帮过的那个流浪青年。

此时那个年轻人已经成了墨西哥一家大公司的总经理,他在信中邀请维克多来墨西哥发展,与他共创事业。这对于维克多来说真是意外的惊喜。他喜出望外,有了那位年轻人的帮助,维克多很快在墨西哥建立了他的连锁店,而且发展得异常迅速。

帮助别人,不要念念不忘。如果对方也是一个能为别人考虑的人,你为他所做的一切,绝不会像泼出去的水,难以回收,他一定会用别的方式来回报你。

总之,无论是得到对方的回报还是"上天"的回报,帮助别人的结果都会有好的结果。只要这种帮助像比卦中说的那样是出于诚心的,你自然会"吉"了。

精诚亲善,松下缔造企业王国

精诚亲善,相亲相辅,英明的领导者都懂得用这一原则去管理下属。《比卦》阐释的也是这个道理。刚毅中正的领袖,用自己的仁德和诚信去感化属下,属下才能忠心地依附在他的周围,才能精诚团结。这也是创造共同幸福的根本。而且领导应当宽宏无私,包容而不可强求,要一本初衷,贯彻始终,才能创造上上下下一片祥和的局面。

企业的振兴离不开全体同仁的齐心协力,只有群策群力才能使企业发展壮大,英明的企业领导者深谙此道,也因此而创造了辉煌的霸业,他们善用"比卦"的精髓去谋求自身的发展和企业的兴盛。

松下幸之助被日本商界奉为神明。松下公司的先进管理方法使松下在很短的时间内得到了很快的发展。原三洋公司的副董事长后滕清一也慕名投奔到松下公司,受到松下的器重,担任厂长。后滕清一有感于松下的信任,发奋工作,很想有所作为,不料,由于他的失误,一场大火将工厂烧成一片废墟。后滕清一十分惶恐,因为不仅厂长的职务保不住,还很可能被追究其刑事责任。他知道平时松下是不会姑息部下的过错的,有时为了一点小事也会发火。但对后滕清一的这次失误,松下连问也不问,只在他的报告后批示了四个字:"好好干吧!"

这样大的事故竟然不闻不问,就这么轻描淡写地了结,这让松下公司上上下下的许多人都不理解。但这就是松下与众不同的精明之处。松下认为,后滕清一的错误已经铸下,再深究也不能挽回公司的经济损失。另外,在犯小错误时,大多数人并不介意,所以需要严加管教,而犯了大错误,任何人都知道反省,不必老板再批评,即使批评也毫无益处。松下的做法深深地打动了后滕清一的心,由于这次火灾发生后,没有受到惩罚,后滕心怀愧疚,对松下更加忠心效命,并以加倍的工作来回报松下的宽容。

宽容,换得了部下的忠诚与拥戴。松下用"比"的精神为企业留住了贤能,这也就是松下公司为什么能够发展壮大的根本原因之一。

有崇高理想和雄才大略的人，从优秀领导者身上看到了完成抱负的希望，才会聚集在领导者身边。领导者的人格力量来自对理想和事业的追求及对下属的宽厚仁爱，这样上下一心，共同努力，各展所长，一定能创造出一番惊天动地的事业。

小畜卦第九 ䷈

【经文】

乾下巽上　小畜①亨。密云不雨，自我西郊②。

初九　复自道③，何其咎？吉。

九二　牵复④，吉。

九三　舆说辐，夫妻反目⑤。

六四　有孚血去⑥，惕出无咎⑦。

九五　有孚挛如⑧，富以其邻⑨。

上九　既雨既处⑩，尚德载，妇贞厉⑪，月几望，君子征凶⑫。

山东出土的东汉制车轮画像石

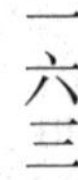

【注释】

①小畜，卦名。通行本为第九卦，帛书本为第五十八卦。《小畜》卦的下卦为《乾》，盖由《比》卦的下卦《坤》变来，故次列于《比》卦之下。

卦名《小畜》，谓小有所畜，不宜大畜。盖《小畜》卦上《巽》下《乾》，巽为风，乾为日气、云气，风之为物，可聚可散，故所畜不多。若《大畜》卦，则上《艮》下《乾》，艮为山为止；为其能“止”，故所畜者大。旧说《巽》为阴卦，《乾》为阳卦，阴为小，阳为大，以小畜大，故名《小畜》；同时《小畜》一阴五阳，六四阴爻为畜主，又是卦名《小畜》的第二个原因。

②密云不雨，自我西郊：从《小畜》卦名上看，“密云不雨，自我西郊”是说含雨

之云畜积得尚且不够，故未有雨降。从卦象卦位看，下卦《乾》为西北方之卦，而上卦《巽》为东南方之卦，爻画自下而上，密云由西往东，崔寔《农家谚》曰“云往东，一场空”，故卦辞云“不雨”。

③复自道：“复”，返回、回家。“道”，旧路、来路。不走生路，而从旧路返回，故“何其咎？吉”。

④牵复：“牵”，从下文“舆说辐”看，指拉着车子。

⑤舆说辐，夫妻反目：此二句为爻象，虽不言占，而其占自明。“说”同“脱”。“辐”同“輹”，束轴之物，在此即指代轴。“反目”，谓争吵、不和。

⑥有孚血去：“有孚”，卦兆显示。“血”，阴忧之象，喻指忧患。“血去”，谓忧患离去（又按：“血”为阴阳相伤之象，“血去”，谓阴阳复归于和谐，此承上“夫妻反目”而说，亦通）。

⑦惕出无咎：“出”疑“之”字之讹。“出”与“之”，古籍互讹者甚多。“惕之无咎”犹《乾》卦九三“夕惕若，厉无咎”。

⑧有孚挛如：“挛”同“娈”，好（参见《大有》及《中孚》注）。“如”，语辞。

⑨富以其邻：“富”，富裕。“以”犹“与”。谓将泽余施及邻人，正是诫其“小畜”之义。九五无占辞而其占自明。《象传》“不独富也”，释义正确。

⑩既雨既处：“既”，已经。“处”，停止、雨止。卦辞“不雨”说其小畜之始，上九爻辞“既雨”说其小畜之终。《小畜》之终，下卦《乾》已上复至上卦，上卦《巽》则降至下卦，此时东南之云已吹向西北，崔寔《农家谚》所谓“云往西，马溅泥”。

⑪尚德载，妇贞厉：“尚”，重、尊崇。“德”同“得”，帛书及《集解》本即作“得”。“载”，满，过分。“尚得载”，贪得过分。“妇贞厉”，妇人占问则不吉。此亦诫其小畜。

⑫月几望，君子征凶：“几望”，接近阴历十五。“君子”相对于“妇人”，指男人。“征”，行、出门。

【译文】

小畜卦　象征小有积聚。小畜卦卦象是下单卦为乾，为大，为健；上单卦为巽，巽为风。风行于天上。筮得此卦亨通。浓云密布虽不降雨，云气从我邑西郊升起，终归会下大雨。意旨文章才艺与道德君子尚未到大有作为的时刻。

初九　不要太过刚阳，要回归自身的道行，才不会有什么灾祸。过于猛烈了，就要回头，这才吉祥。

九二　与志同道合的人携手而进，处于中庸而得正，也能获得吉祥。

九三　阳刚前行，阴柔挡道，正如车轮脱了轴，夫妻反目为仇。

六四　如能谦容大度，并得到有力的相助，就可以避免伤害和恐惧，远离惕血之灾，有惊无险。

九五　只要以诚信之德与人相处，并真诚配合，便可刚柔相济，共同致富。

上九　天上已然降下大雨，风已经停息。积集的德行与富贵都可用车轮来载运了，这时就要想到福、灾所依之事，未雨绸缪，以盈满告诫自己，家道也是如此，悍妻持家，必有祸殃。

【解读】

小畜卦爻辞讲的是小有积聚,多反映古代游牧民族的生活图景。放牧,要选择好的天气,还要防范强者的抢劫。"密云不雨,自我西郊",反映天气变化的自然规律。

【经典实例】

临渊羡鱼　不如退而结网

《小畜卦》阐释因应一时困顿的原则,在成长的过程中,往往因力量不足,发生不得不停滞不前的现象。但并不足以阻止行动,而是在蓄积整备,为下一步行动做准备。因而,应坚定信念,一本初衷,为实现自己的理想,全力以赴;应当秉执中庸原则,刚柔并济,精诚团结,共同奋斗,应当断然排除一切羁绊,应当以诚信感召,自助助人,才能结合所有力量,获得一切应援,达到实现理想的目的。最后再以盈满告诫,不可贪多无厌,必须适可而止,蓄积过度丰盛,因满招损,反而凶险。

孟子像

亚圣孟子曾讲过一段十分深刻的话:"天将降大任于斯人也,必先苦其心志,劳其筋骨,饿其体肤,空乏其身,行弗乱其所为,所以动心忍性,增益其所不能。"苏联文豪高尔基说过:"人的天赋就像火花,它既可以熄灭,也可以燃烧起来,而迫使它燃烧成熊熊大火的方法只有一个,就是劳动再劳动。"法国大作家巴尔扎克说:"困境对天才是垫脚石,对能干的人是一笔财富,对弱者是万丈深渊。"这些名言虽然表述方法不同,但强调的都是艰难困苦在磨炼和造就人才方面的作用。

墨子也主张人才要多经磨难。他举例说:"昔者文公出走而正天下,桓公去国而霸诸侯。越王勾践遇吴王之丑,而尚摄中国之贤君。"说的是晋文公曾被迫流亡19年,齐桓公也曾避难国外,越王勾践虽投降了吴国,备受屈辱,但他们却从中吸取了失败的教训,激发了自强的意志,了解了社会的弊病,找到了成功的办法,终于做出了称霸天下的业绩。

古今中外,无数生动的事例,无不说明同样的道理。

举世闻名的军事家拿破仑,出身于科西嘉一个潦倒的贵族家庭,当年就读于布列讷的一个贵族学校,在那里与他往来的都是一些在他面前极力夸耀自己富有而讥讽他穷困的同学。这种讥讽,虽然引起他的愤怒,但他却一筹莫展。后来实在忍受不住了,他便写信给他的父亲,说道:"为了忍受这些外国孩子的嘲笑,我实在疲于解释我的贫困了。他们唯一高于我的便是金钱,至于说到高尚的思想,他们是远

在我之下的。难道我应该在这些富有而高傲的人之下谦卑下去吗?”

当他接受第一次军事征召时,必须步行到遥远的发隆斯去参加部队。到了部队,他的同伴用空余的时间追逐女人和赌博,而他却暗中确定了自己的方针,埋头读书,去努力和他们竞争。他下定决心要让天下所有的人知道自己的才华。通过几年的努力,他读书所摘抄下来的记录,经后来印刷出来的就有很多页。他的才华开始显露,很快拥有了权势。当初嘲笑他的人,都拥到他面前来,想分享一点他所得的奖励金。轻视他的,都希望成为他的朋友;揶揄他是一个矮小、无用、死用功的人,后来也都改为尊重他,他们都变成了他的拥戴者。这不是天才所造就的奇异改变,更重要的是他身处逆境时发奋成才的毅力和恒心。

智慧,很多人说是靠学习,其实智慧的养成多靠困境。遭受的困境多了,人也就变得智慧起来。人生有时候事业无成,就像河流还没有融人大海,这是力量不够,或者方向不对。如果你点点滴滴积涓成流,早晚有一天浩浩荡荡,惊涛拍岸,如长江如黄河,何愁见不到大海?

《小蓄卦》揭示了一个道理,如果目标总是达不到,愿望总是实现不了,多半是力量不够所导致。“临渊羡鱼,不如退而结网”,千万不要怨天尤人,而要坚守正道,进一步地积累和充实自身。

华西村村长吴仁宝

华西村原是有名的“贫穷大队”,1961 年初建时,人口 667 人,土地面积 845 亩,粮食年亩产 681 斤,集体积累 1764 元,人均分配 53 元,欠债 1.5 万元。当时村里 12 个小自然村落,破破烂烂泥垛墙、茅草棚,出门是小路、泥路,田地七高八低。至今华西人还记得当时的歌谣:“高的像斗笠顶帽,低的像浴锅水塘。半月不雨苗枯黄,一场大雨白茫茫。”农民日均半斤粮,个个面黄肌瘦,有气无力。“穷够了”三字浓缩了最初华西村的全部历史。

为了把农民从饥饿线上拉回来,达到温饱,吴仁宝开始了艰难的创业历程。他带领农民在破旧的土地庙里建成了磨坊,搞起了华西粮食饲养加工厂。1969 年办起了小五金厂,开始了华西村的工业化起点。为了改变华西村贫穷的面貌,重造华西山河,吴仁宝踏遍全大队 1300 多块田地、40 多条河沟、12 个村庄,制定了华西 15 年发展远景规划。在实施远景规划的最初几年,吴仁宝带领华西人“白天拼命干,晚上加班干”,一天干十几个小时。外村人见了,称华西人是“干田鸡”(因超负荷、高强度的劳动,使华西人个个干瘦),称华西村是“做煞大队”。当时还流传这么一首“民谣”:“做煞大队无搭头,干起活来累死人,有女不嫁华西去,宁愿扔掉河浜里。”这民谣一传出,苦煞了华西创业的热血青年,外村的姑娘不愿嫁到华西“做煞”,纷纷解除婚约。华西的姑娘在外村找不到对象,说是有“做伤”病,娶到家不是供着,就是养着。

然而,凭着共同富裕的信念,吴仁宝和华西村的男女老少齐心协力,搬掉了 984 条田岸,削平了 57 个土墩,填平了 39 条废河沟渠,挑走了 110 多万立方米土,用了 27 万个工人,把原来 1300 多块七高八低的零星田块,改造成 400 多块能排能灌的高产稳产大田,筑了 1000 多米长的地下总渠道,挖了一条 800 米长的新河

……农业机械化水平也大大提高。从 1964 年至 1972 年，他们苦干了 8 年，使第一个 15 年规划提前 7 年基本完成，粮食亩产 1970 年突破双《纲要》(1600 斤)，1972 年突破了一吨粮。外村人见了，把华西村由原来的“做煞大队”帽子换成了“享福大队”。华西村真正经历了一个“小富”的过程。

但是，吴仁宝没有真的躺下享福，“小富”之后还要大发展。他把目光放在了未来，制定了第二个 15 年远景规划……如今的华西人真正走上了共同富裕的道路。自 80 年代以来，华西率先在全国成为“电话村”“彩电村”“冰箱村”“煤气村”“空调村”“别墅村”“中国第一轿车村”。中国台湾记者在中国台湾最有影响的报纸之一《中国时报》上发表了《天下第一村——华西村》的文章。日本、新加坡、比利时等国报纸、电视台记者也发表了吴仁宝率领华西人“集体努力，集体致富”的事迹。华西村人先富了，华西村人共同富裕了，但华西村并没有停步。在吴仁宝的带领下，他们高举着共同富裕的旗帜，从本村走向邻村。为了让更多的人富裕，他们又把目光投向了中国的西部，投向了欠发达地区。“宁夏华西村”“黑龙江华西村”正在建设中，华西村成为“集体富裕”的典范，成为中国新农村的希望与未来！“富以其邻”在这里名副其实，并闪耀出新时代的夺目光芒！

只有农民赚了钱，我们才能赚钱

刘永行提出“养猪希望富，希望来帮助”。这句如今已是家喻户晓的广告词，就是希望集团的经营理念。“帮助”二字，是他 10 多年来经营企业的写照。他说，只有帮助农民致富，自己才能富裕。

一个多么值得尊敬的企业家啊！正是刘永行这一朴实的经营理念，使得希望饲料成为广大农民用户的首选饲料；正是因为把农民用户放在心上，希望集团才成了中国最大的饲料生产商。

刘永行说：“只有农民赚了钱，我们才能赚钱。”他把自己赚钱建立在别人能赚钱的基础上，这是十分牢固、天长地久的基础。刘永行朴实的经营理念，与他浓厚的民族感情紧密相关。

他到美国访问时，有人劝他移民美国，他说：“不，我的事业在中国。”他如期返回了。多次出国访问，他没有因国外的先进而自叹不如，而是既看到差距——他称这是勤奋工作的压力和动力，也看到现代化大型企业的弱点——他称之为“大企业病”。刘永行访问归来带回的是奋斗的决心和战胜同行最强手的信心。

这些年来，随着集团财富的增多，刘永行更加关注贫困地区的经济发展。他到河南浚县，在这个贫困县投资 93 万元建起了中原希望饲料公司作为试点。刘永行说：“在贫困地区发展，虽然速度慢一些，但是为国家分了忧，我们的发展也得到了一种和谐的环境，这是利国利民自己也能赚钱的事。”这家投资 93 万元的公司，一年创造了 1700 万元的利税。中原公司的成功，使刘永行坚定了到贫困地区发展的信心。

刘永行还提出到贫困地区办扶贫工厂，变“输血”为“造血”的“光彩事业”。如今，希望集团有限公司已投资 1 个亿，建成了大别山信阳希望饲料公司、西昌希望饲料公司等 6 家光彩事业扶贫工厂。大别山信阳希望饲料公司投资 24200 万元，

年生产能力20万吨,产值4亿元。该工程已于1995年8月26日投产。投产当天就销售50万元,信阳公司的开门红鼓舞了当地政府。他们提出要求扩大生产能力到100万吨,并与此配套发展大规模养殖业。

刘永行准备再投一个亿,建设更多的扶资工厂。希望集团的"光彩事业"的第七个项目——沂蒙山希望饲料公司的筹建业已开始。

希望集团的成功和独特的经营思想,引起了当代社会学家、经济学家和政治学家的关注。一位经济学家说,用饲料业可以带动当地运输业、包装业、养殖业、肉类加工业的发展,促进千千万万人过上好日子。当地经济越依赖这种支持,他们的生存空间越大,环境越宽松,发展机会越多,后劲也越足。

"富以其邻",共同创造富裕的生活,这种古代朴素的"民主"经济思想,在古人仅是"理想",在今天已经化为现实。时光流逝,匆匆数千年,作《易》者如果地下有知,怎能不感慨万千呢?还有,《小畜》之畜,不仅聚物,而且畜德,重视精神文明的建设,这一启示,也很重要。秦皇汉武,不是畜其德以趋小康,而是不恤士卒万民生活,大兴徭役,连年征战,结果是国库空虚,白骨蔽野,连"小畜"之境也已丧失殆尽,怎么还谈得到由"小畜"而趋"大畜"之境呢?从经营管理的角度讲,企业在发展过程中遇到问题是正常的,关键是要懂得"畜",懂得"自畜"和"畜人",从而谋得战略新时机。

王均瑶承包蓝天

一个奇想促成飞机航线承包壮举。

中国民航的一位权威人士曾说:20世纪90年代中国民航史上发生了一大奇迹,那就是私人承包飞机。奇迹的创造者,便是当时年仅25岁的温州青年农民王均瑶。

王均瑶出生在中国著名的农民城苍南县龙港镇。那座新兴的城镇是中国闻名的印刷、包装品王国。王均瑶16岁时,因家庭贫困,就辍学闯荡江湖跑印刷业务。他的业务范围主要在长沙一带。温州——长沙,相隔千里之遥,两地既不直通火车,也不通航。1200公里的长途奔波最叫苦的是从福州到温州那十五六个小时的汽车"迪斯科"。1990年7月,温州虽然结束了航空空白的历史,但长沙的航线却未能及时开通。1991年春节前夕,王均瑶赶回家过年,因买不到火车票,就与几位朋友从长沙包了一辆豪华大巴回温州。途中,一个新奇大胆的念头在他的脑中突然蹦出来:我能包车、包船,何不包飞机?

想象有时是稍纵即逝的东西,但它往往也是一种机会,谁能抓住这颗流星,谁就能像一颗新星在一个新事业的地平线上升起。

年一过,王均瑶便带着奇想斗胆跨进了湖南省民航局的门槛。他先向民航局的领导询问,为何不开通温州——长沙的航班。对方告知,温州机场是新建机场,这条航线客源尚不足,开了要亏本。

王均瑶不相信。他知道,有1万左右的温州人在长沙做生意:他知道,温州人不仅把时间看作金钱,还把精力消耗列作一项经营成本。比如,往返长沙备受旅途之苦,就是一项不小的经营成本开支。如果乘飞机走这条路线,虽然机票是一项高

成本，但把时间、旅行费用、精力消耗等因素并在一起考虑，其综合成本反而比坐长途火车再转长途汽车低得多。因此，他认为在长沙经营的温州人一定看好这条空中走廊。如果我像包汽车那样，承包温州至长沙的飞机航线，肯定有客源、能赚钱。基于这种分析，他大胆地抛出一句惊世之语：我要承包这条航线！湖南民航局的领导听罢，称王均瑶简直是异想天开！

王均瑶一语中的地说："你们考虑的核心问题是经营风险，这个险我来冒，我先付钱，你们后开飞。"

这句话着实打动了对方的心。包机的突破口就从这里打开了。尔后，双方的合作就在这个"先付钱、后开飞"的支点上一步步活转起来，温州——长沙的包机航线终于开通。一时间，国内及美国、新加坡、中国香港、日本等国家和地区的新闻媒体竞相报道，称此举是中国民航扩大开放迈出的可喜一步。由此，王均瑶开私人承包经营中国大陆民航航线、航班之先河的举动被载入中国民航史册。经过10年的发展，如今均瑶集团的航空包机业务已像雪球一样越滚越大。到目前，公司与国内20多家航空公司合作开辟了各类航线和航空业务代理，共包下了国内及中国香港航线40条，每周达上百个航班，航空包机业务已遍布全国各省(市)自治区及各大城市。人们称赞，均瑶集团包机事业的飞速发展，为促进温州及相关地区的经济腾飞架起了一道道空中彩虹。

这几年，王均瑶的航空包机事业不可谓不红火。在局外人的想象中，"包机大王"王均瑶一定是个因包机而包赢包赚的"蓝天大老板"。

摸一把总账，自开创包机业务以来至1998年，均瑶集团公司包机一块的经营实绩盈亏相抵后，最终结局仍是一笔负数！唯一聊以欣慰的是，负数尚在可承受的范围之内。

企业和企业家的天性是赚钱。他们追求的目标是利润最大化，而非社会利益最大化。均瑶集团天龙包机公司为何"明知山有虎，偏向虎山行"？

总经理王均金说出了他一番苦涩而充满信心的心里话：这么亏，单纯从经济角度上考虑，我们是想收手。但我们是从包机起家的，这件事不仅影响了国内，也受到海外的极大关注。从某种意义上说，包机就是我们的牌子，就是我们的旗帜。就冲这一点，我们必须顶下去。更重要的是，放眼长远，我们的前景是"蓝蓝的天"。

均瑶集团的决策者们头脑是很清醒的。从社会角度上讲，包机是中国改革的一面镜子；从创业角度上讲，包机是他们事业的化身和象征；从经营角度上讲，包机是他们创取无形资产和长远利益的"特别通行证"。

为了保住包机业务，均瑶集团天龙包机公司采取四方开线，线线之间亏盈互补的经营策略。同时以不断调整航线结构，组织旅游社团等办法培养航空市场。而其中颇为奏效的一招是，广泛建立机票销售、货运网络，开拓饮食、饮品、娱乐、宾馆、航空服务等多项实业，以地面养空中。颇有深远眼光的总经理王均金说，我们的经营战略是在社会效益中站住脚跟。虽然，眼前我们是亏了，但我们仍然看好航空事业，搞得好，航空事业100年的潜力也有，关键是看你怎么做。

忍住"流血"不叫痛，亏损到头修成正果。几年后，均瑶集团终于奇迹般地从"包亏"走向"包盈"。

小畜卦象征创业之初，力量不足，蓄积有限，即使有很好的外在环境，也还力不从心；难以有所作为，因此这样在事业上会出现暂时的困顿。然而，这只是暂时的。只要克服这些暂时的困难，最终还可以事通，使事业获得发展。所以小畜卦告知我们在事业发展时期，如何应付前进道路上的困顿（难），应以积蓄力量，为下一步的发展，做好准备。人的一生不可能永远一帆风顺。对于大多数人来说无论干每一项事业，每一件事情的成功，都需要我们付出艰辛的努力。在人生旅途中未受过大挫折的人也有，但只是少数人。因此，我们在因力量不足而事业出现暂且的停顿时，要坚守原定的正确目标。寻找同志、目标就是胜利。必须以诚信赢得别人的帮助并应懂得自助助人，到条件许可前进时，千万不能坐以待毙。

为突破障碍，达到预定目标，应断然摆脱一切羁绊，向目标挺进，而不能徘徊不定，犹豫不决。果断是成功者的基本素质。特别在人生事业升迁的过程中会出现各种意想不到的困难和挫折，但也会有不少新的机遇和变化。优秀的决策者一旦选定目标，就一往直前，有障碍就清除，没有路也要开辟出一条道路，而且，你还要拒绝各种看似美好的诱惑，而直奔原定的目标。因为你不可能抓住所有机会，干成所有的事情。成功的目标只有一个。拿破仑在战场上一旦做出决定就决不更改，如果前面出现深沟，宁可用自己的士兵和马匹将深沟填平，也要保证大部队前进。

韩信忍胯下之辱

韩信家境贫寒，没有机会读书当官，更没有资本经商，常常挨饿。他身材魁梧，性情豪爽，身佩长剑，扬言要做大事。有一天，他正在街上闲逛，忽然遇到一个青年屠夫。屠夫对韩信很不服气，想与他比个高低。

屠夫拦住韩信，说：“别看你长得高大，腰佩长剑，好像是一个英雄。实际你胆小如鼠。如果你真是一条汉子，就拔剑把我杀死。如果你没有这个胆量，就趴在地上，从我的裤裆下钻过去吧！”

这个年轻的屠夫把双臂抱在胸前，两脚叉开，站在韩信面前。韩信一只手握住剑柄，另一只手攥紧了拳头，眼睛望着屠夫。很快，他们周围聚集了好多人，人们都密切地关注着事态的发展。

“杀死他！我一剑就可以结果了他的小命！”韩信心里想。但是，他也非常清楚：“一旦杀了人，自己就会被抓起来送进官府，并会丢了性命。为了同小人斗气，用生命换取尊严，这不值得。”

想到这里，韩信紧张的手臂松了下来，他默默地低下头，弯曲双腿，然后上身倾倒，伏在地上，慢慢向前爬，从屠夫的胯下爬了过去。顿时，这个屠夫得意地发出一阵狂笑，人们交头接耳，议论纷纷……韩信从地上爬起来，挤出人群，匆匆离开了。

韩信在抱负不得施展的时候，忍受了胯下之辱，终于成了叱咤风云的大人物。这正是待时守正，“密云不雨”的智慧。

从哈里森杂货店到沃尔玛特

本顿威尔是个偏僻而荒凉的小镇，只一条铁路经过这里，交通极不方便。本顿威尔主要以苹果闻名，只有3000名居民。这个小镇有3家杂货店，山姆·沃尔顿找到了一家愿意出售的老店——哈里森杂货店——在山姆·沃尔顿买下它之前营业额每年只有32000美元。这就表示山姆·沃尔顿在前期的经营中很难挣到大钱。

不过沃尔顿有他的想法。

当山姆·沃尔顿布置好了在本顿威尔的那家商店后，实行自助销售方式。

山姆·沃尔顿在经营的过程中，始终坚守一个原则——钱是一点一滴地积累起来的，能赚一分就赚一分。于是，当哈里森按每打2美元的批发价卖给山姆·沃尔顿女紧身裤，山姆·沃尔顿就按1美元4条的价格推销他的商品，虽说每一条的利润非常少，但为他的商店做了一次很大的促销。

山姆·沃尔顿经营商店不久，便从一家破破烂烂的商店一跃而成为本地区经营实绩最好的店铺。

在此期间，山姆·沃尔顿在他的店里试行过大量行之有效的促销行动。如把一台爆玉米花机放在人行道上——卖爆米花的生意好得出乎意料。

经过不断努力，到了1960年，山姆·沃尔顿已在本顿威尔附近拥有了15家杂货店，年营业额达到140万美元，虽然和他后来建立的沃尔玛特零售王国相比，只不过是沧海一粟，但却由此使山姆对未来的发展打下了良好的基础。

纵观整个60年代，沃尔玛特公司的经营业绩不俗。60年代初，山姆只有十几家小杂货店，到1970年，店铺总数增至32家，包括14家杂货店和18家沃尔玛特百货店；销售收入从300万美元增长到3000万美元，增加近10倍；纯收入也从十几万美元增长到124万美元，亦增长了近10倍。

而这一切都应该归功于山姆·沃尔顿一切从小、从细微做起的耐心。而且，他还懂得钱是慢慢积累起来的，于是大力开展降价促销活动，薄利多销造就了沃尔玛特的辉煌。

刘备大仁大义服徐庶

三国时期，曹操率领大军攻取荆州，派曹仁等将领带领兵马数十万杀向新野。

面对十倍于己的敌人，刘备听取徐庶的计谋，接连两次把曹军打得丢盔弃甲，损兵折将。

曹操断定刘备一定有高人辅佐，经打探得知是徐庶，于是决定把徐庶招揽过来。他打听得知徐庶为人忠孝，幼年丧父，只有老母在家，无人侍奉，便命人将徐母骗至许昌，要求徐母写信招降徐庶，结果被徐母拒绝。遭到拒绝后，曹操又伪造徐母笔迹，写信送至新野，让徐庶前来伺候。徐庶接到信后，哭着向刘备辞行。

刘备深知，他去后肯定不能回来。但是，他知道拉拢人才，首先要尊重人才，只能以仁感人，不能强夺。于是刘备没有强留，只是流着眼泪劝慰徐庶道："母子情

深,人之常理,你尽管伺候老母去吧,不要牵挂我。"

但刘备手下众人都不同意。孙乾对刘备说:"徐庶是天下难得的奇才,又知道我们军队的状况,如果今天放他走,一定会被曹操利用,不如留住他。如果曹操杀掉他的母亲,他一定会尽力为母亲报仇,全力对付曹操。这样岂不是更好?"

刘备连忙说:"这怎么能行呢!不让他回去导致曹操杀掉他母亲,我们反而用她的儿子,这是不仁啊;留下他不让他回去,使他不能孝敬母亲,以致违背了母子之间的情义,这是不义啊。我怎么能做这种不仁不义的事情呢?"

于是刘备准备好酒宴为徐庶饯行,两人相对而泣。两人骑马到十里长亭,刘备又翻身下马相送,一直送他很远。刘备的举动深深感动了徐庶,他当即向刘备表示,这次到曹操那儿去,即使曹操逼迫,也绝对不会为他出谋划策的。

徐庶来到曹操的军营之后,他的母亲才知道是曹操使用计策把儿子骗来的。她十分后悔,责怪儿子不该对假信不加辨认,而信以为真,从而辜负了刘备。于是她趁徐庶不注意的时候,吊在梁上自杀了。

徐庶在母亲死后,始终如一遵守自己的诺言,没有为曹操出过任何计策。

张果喜"小打小闹"

果喜集团老总张果喜年仅15岁时,为了生计也为了将来有生存能力,便早早独立谋生。他当起了木匠,不辞辛苦走街串巷,不怕艰难,走南闯北,哪里有活干,就在哪里落脚。张果喜在一家木器厂干了一段时间,那家木器厂并没有维持多久,很快就垮掉了。张果喜只能另打主意,自谋生计。

张果喜回家同养父母商量,认为老是这么东干西干也不是办法,不如干脆自己来干,独自创办一个厂,这样说不定还有前途。张果喜的养父母一听,也认为是个好主意。他们相信张果喜有办厂能力。养父养母为支持他,把房子卖掉换来1400元,果喜和21位青年办起了木雕厂,他的号召口号是:"要吃饭的跟我来!"从此,张果喜日夜奔忙,一边联系业务,一边派人到外地拜师学艺,回来后,再传授给大家。

第二次,张果喜创办了一个家具厂。第三次是1979年,张果喜在上海的家具厂逐渐发展了起来,名气越来越大,日本客商找到了张果喜,要与他签订制作50个佛龛的合同。张果喜果断地在合同书上签了字,把佛龛图样带回工厂。他告诉大家这次合同的重要性,要求打好这一仗。他们严格按照佛龛的图样和合同中的要求,经过几十天辛勤的奋战,把佛龛送到了日本客商手中,日商对中国人办事的神速感到惊愕,看到小巧精美的佛龛赞叹不已,并希望继续合作。从此,张果喜的生意真正起步。他再不是小打小闹的小木匠,而是逐渐走向成功道路的木雕大王。

做生意就怕一开始就在心中膨胀出一个很大的贪欲,这会使人变得浮躁,而不会脚踏实地赚钱。企业家是不能缺乏实干精神的,任何的怠惰都可能导致经济上的损失。世上没有天生的百万富豪,要想开创一番大事业,就必须亲力亲为,从最基本的做起,经受最艰苦环境的考验。只有这样,你才能经垒土之末成千尺高台。

做事要遵循事物循序渐进的发展规律,一步一个台阶,不可急于求成。善于把

握尺度，而不操之过急，讲究稳妥和周全，稳扎稳打，有序地进行。无论是学业的进修还是事业的追求、功德的圆满，都应该按循序渐进的规律，一步一个脚印，踏踏实实地逐步进行。

待时守正成大计

“小畜”讲在力量不足或时机不成熟时，要守正待时，积蓄力量。

待时而动是所有的人都懂得的道理，但能真正有策略有意识，又能滴水不漏地做到这一点，还真不容易。北齐政权的建立者高洋，在其未成气候之前的作为，可以说，是将这一策略玩得极为高明。

北齐政权的基业是由高洋之父高欢开创的。高欢本是东魏大臣。在镇压尔朱荣残余势力中掌握了东魏的实权，专朝政长达16年之久。高欢死后，长子高澄继立。高澄心毒手狠，猜忌刻薄，上无礼君之意，下无爱弟之情。高洋当时已18岁，已通晓政事，走上了政治舞台，已经对高澄的地位构成威胁。如果他精明强干、才华外露的话，必然受到乃兄的猜忌防范，也会引起属下僚佐的注意。

高洋字子进，史书上说他颇有心计，遇事明断而有见识。小时候，高欢为试验几个儿子的才器智能，让小哥儿几个拆理乱线，“帝（指高洋）独抽刀断之，曰：‘乱者须斩’，高祖是之”。仅此一事就深得高欢的喜欢和重视。后封为太原公。

高欢死后，高澄袭爵为渤海文襄王，因高洋年长，阴有戒心。高洋“深自晦匿，言不出口，常自贬退。与澄言无不顺从”，给人一种软弱无能的印象，高澄有些瞧不起他，常对人说：“这样的人也能得到富贵，相书还怎么能解释呢？”

高洋妻子李氏貌美，高洋为妻子购买首饰服装珍玩，稍有好一点的，高澄就派人去要，李氏很生气，不愿意给，高洋却说：“这些东西并不难求，兄长需要怎能不给呢？”高澄听到这些话，也觉得不好意思，以后就不去索取了。有时，高澄还给高洋家送些东西来，高洋也照收不误，决不虚情掩饰，因此兄弟之间相处还相安无事。

每次退朝还宅，高洋就关上宅院之门，深居独坐，对妻子亦很少言谈，竟能终日不发一言。高兴时，竟光着脚奔跑跳跃，李氏看到不觉诧异地问他在干什么，高洋则笑着说：“没啥事儿，逗你玩的！”其实他终日不言谈，是怕言多有失。如此跑跳更有深意，可以彻底使政敌放松对自己的警惕，一个经常在家逗媳妇玩的人能有什么大志呢？正因如此，高澄及文武公卿等都把高洋看成一个痴人，丝毫没有放在眼中。

东魏武定七年（549年），高澄在与几人密谋篡位自立的时候，被膳奴即负责做饭进餐的兰京所杀，重要谋士陈元康以身掩护高澄，身负重伤，肠子都流了出来。当时事起仓促，高府内外十分震惊，高洋正在城东双堂，听说变起，高澄已被杀死，颜色不变，毫不惊慌，忙调集家中可指挥的武装力量前去讨贼，他部署得当，有条不紊。兰京等几人本是乌合之众，出于气愤才杀死高澄，并没有任何预谋的政治目的，故不堪一击，片刻之间全部被斩首。

接着，高洋就在其兄府中办公，召集内外知情人训话，说膳奴造反，大将军受

伤,但伤势不重,对外不准走漏任何消息。众人听了,都大惊失色。想不到这位痴人在危急时刻来这么一手,夜里,陈元康断气而亡。高洋命人在后院僻静处挖个坑埋掉,诈言他奉命出使,并虚授一个中书令的官衔给他。高澄手握大权,高欢的许多宿将都铁心保高氏,但当时尚属意高澄而未注意到高洋。所以,高洋的这些应急措施果然奏效。外人都不知高澄已死,更不知高澄的重要谋士陈元康也被埋在土里,所以马上就稳住了局面。

高洋直接控制了高澄的府第和在邺都的武装力量后,当夜又召大将军都护太原唐邑,命他分派部署军队,迅速控制各要害部门和镇守四方。高澄的宿将故吏都倾心佩服高洋处事果断和用人得当,人心大悦,真心拥护并辅佐高洋。

高澄已死的消息渐渐被东魏主知道了,暗自高兴,私下里和左右幸臣说:"大将军(指高澄)已死,好像是天意,威权应当复归帝室了。"高洋左右的人认为重兵都在晋阳,劝高洋早日去晋阳全部接管高欢及高澄的武装力量方可真正无忧。高洋以为有理,遂安排好心腹控制住邺都的整个局面。甲午日高洋进朝面君,带领8000名全副武装的甲士进入昭阳殿,随同登阶的就有200多人,都手持利刃,如临大敌。东魏孝静帝元善一看这种情形,心中恐惧,高洋只叩两个头,对魏主说:"臣有家事,须诣晋阳。"然后下殿转身就走,随从保卫也跟着扬长而去。魏主目送之,说:"这又是个不相容的人,我不知会死在什么时候了。"

晋阳的老将宿臣,从来轻视高洋,当时尚不知高澄死信。高洋到晋阳后,立刻召集全体文武官员开会。会上,高洋英姿勃发,侃侃而谈,分析事理,处理事情全都恰如其分,且才思敏捷,口齿流利,与往常判若两人。文武百官皆大惊失色,刮目相看而倾心拥戴。一切就绪后,高洋才返回邺都为高澄发丧。半年后,高洋于梁简文帝大宝元年(550年)五月代东魏自立,建立了北齐政权。

高洋居安思危,养尊处优时不忘锻炼自己,且能注意时局之变化,注意人才,确是有心计之人。他的这种人生策略,确实暗合"小畜"卦意。

履卦第十　☰☱

【经文】

兑下乾上　履[①]履虎尾,不咥人,亨[②]。

初九　素履,往无咎[③]。

九二　履道坦坦,幽人贞吉[④]。

六三　眇能视,跛能履,履虎尾,咥人,凶[⑤]。武人为于大君[⑥]。

九四　履虎尾,诉诉,终吉[⑦]。

九五　夬履,贞厉[⑧]。

上九。视履考祥,其旋元吉[⑨]。

【注释】

①履:卦名(按:"履虎尾"之"履"字下当有重文号,上"履"字为卦名。今从刘沅、高亨等说补"履"字)。通行本为第十卦,帛书本为第四卦。此与第九卦《小畜》卦为卦爻翻覆的关系,即按住《小畜》卦的初爻,使全卦从上翻覆下来,即成《履》卦。

卦名为《履》,是说人应如何踩践人生旅途。"履"本谓鞋,作动词则为踩践。从卦象上看,头顶高天,脚踩池沼,这便是人生旅途的写照(上卦乾为天,下卦兑为泽)。从卦德上看,内卦和悦柔顺,外卦刚健强劲,表示践履人生之途要自以和柔去应付外界的强健。至于《象传》,则将"上天下泽"纳入了尊卑有序的"礼"的范畴。

②履虎尾,不咥人,亨:"咥",咬啮。"履虎尾"喻人处于险境。人处险境何以未受伤害反而亨通呢?九四回答得很清楚:"履虎尾,诉诉,终吉"。处《履》之时,当行九四之道,此为全卦之宗旨。

③素履,往无咎:"素履",朴素的鞋子,喻以纯正自守。初九虽尚未履于虎尾之上,但已上《履》道,须自守纯正,方可无咎。

④履道坦坦,幽人贞吉:"坦坦",平坦。"幽人",幽隐之士。《履》卦下卦为《兑》,《兑》为泽,九二正是指草泽中幽隐之士。《归妹》卦上《震》下《兑》,九二亦云"利幽人贞",与此同。"履道坦坦"喻幽隐之士将发于草泽而有所"龙现"也(《乾》卦九二云"见龙在田")。

⑤眇能视,跛能履,履虎尾,咥人,凶:"眇",一只眼是瞎的(《说文》"眇,一目小也")。"跛",一条腿是瘸的。两"能"字读为"而"(《集解》本即作"而"),却,反而。六三本阴爻,今居刚位,处下卦之终,凌乘九二,有刚愎自用之象,故"凶"。

⑥武人为于大君:"武人",指阴爻六三。《巽》卦"初六,进退,利武人之贞",亦是指阴爻。"武人"谓勇武之人。"为"犹"用"(《汉书》集注)。帛书本作"迵于大君"。"迵"即"通",与"用"同。"大君",指上九,《师》卦亦以上爻为"大君"。"武人用于大君",言六三武人仗着得到上九大君的重用而刚愎凌人。六三与上九相应,故有"用于大君"之象。

⑦履虎尾,诉诉,终吉:"诉诉",戒惧。九四与六三相反,本为刚爻,却自处柔位,又能时时戒惧,故终能不被虎咬,亨通吉祥。九四爻辞解释了卦辞"履虎尾"而何以"不咥人,亨"。

⑧夬履,贞厉:"夬"同"决",断,断裂。九五以阳处刚,又近亢时,故有断履之象,占问自然有厉。"贞厉"下疑脱"无咎"二字。《噬嗑》六五"贞厉无咎",《象传》云"贞厉无咎,得当也",此其证一。《履》卦《彖传》释九五云"刚中正,履帝位而不疚,光明也",此"不疚"似即释九五爻辞之"无咎",此其证二。九五《小象》云"夬履,贞厉《无咎》,位正当也",此与《噬嗑》六五《小象》之"贞厉无咎,得当也"相同,其证三。

⑨视履考祥,其旋元吉:"视"谓检讨,"履"谓自己所走过的路。此是就内而说。"考",考察,"祥"谓外界所呈现出的吉凶之兆。此是就外而言(《复》卦《释文》引郑注"异自内生曰眚,自外曰祥")。"旋",还归、返还,谓爻至上九而往回返还。上九之"旋"与初九之"往"相照。"元吉",大吉。

【译文】

履卦:踩到了老虎尾巴,没有被咬,安然通行。

初九:不为非分之利所诱,我行我素,前进途中不会有过失。

九二:心胸坦荡,不求闻达,执着于正道,必然吉祥。

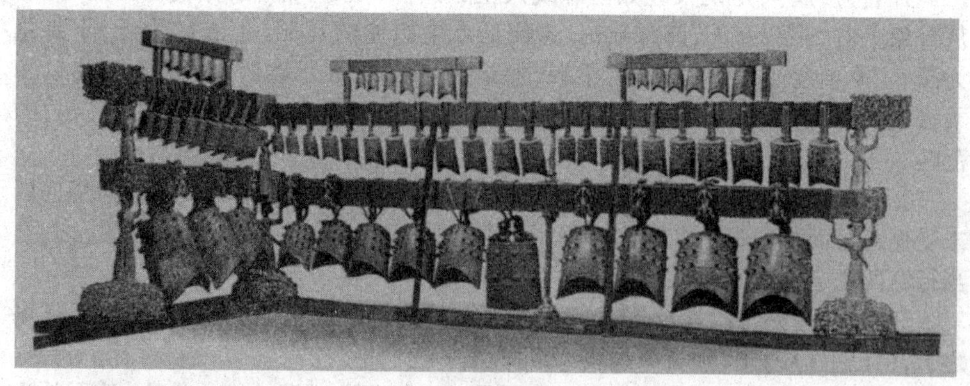

战国编钟

六三：独眼虽能观物，难免偏颇，跛子虽能行走，终不安稳，这就好比踩到老虎尾巴而被咬伤，又像武夫治政一样不正常。

九四：踩到老虎尾巴时，只要处置谨慎，小心翼翼，终能吉祥。

九五：刚愎自用，一意孤行，必有危险。

上九：行为谨慎，思虑成熟圆满，大吉。

【解读】

本卦通过素履、跛履、夬履、视履等一系列的概念分析，阐述了“礼”的履行原则，尤其以“履虎尾”的比喻，分析了在“礼”的履行过程中的种种危机，告诉人们：应以柔顺和悦中庸的态度，谨慎处世践履；应当坚定平素的志向，不能轻易为世俗所诱惑，以坦荡的胸怀入世，而又要保持安恬的心态；践履应量力而行，不可躁急冒进，更不可刚愎自用、一意孤行；应该力求尽善尽美，防止功亏一篑。

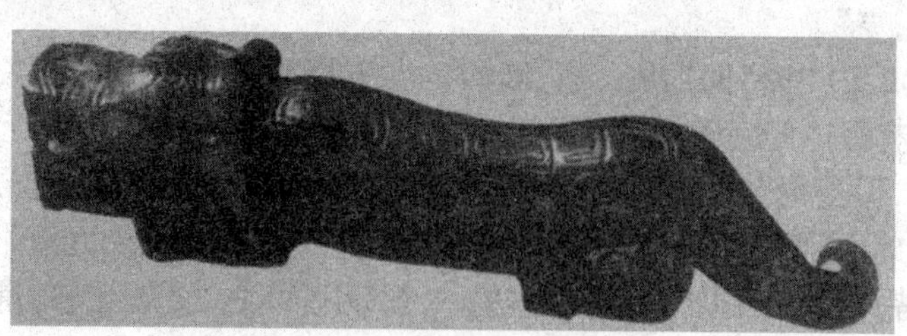

商　玉虎

【经典实例】

李牧用“履”巧破敌

《履卦》阐释实践理想，履行责任的原则，以“履虎尾”象征充满危机感，不可不戒惧。应以柔顺和悦中庸的态度，小心翼翼去践履。应当坚定平素的志向，不被世俗诱惑,特立独行;又要能心胸坦荡,择善坚守,甘于寂寞。应量力守分,不可逞强冒进。应戒慎恐惧,要能把握以柔制刚的法则,不可一意孤行,刚愎自用,并应一本初衷,贯彻到底,不可妥协,结果要求尽善尽美,稍有瑕疵,前功尽弃。

李牧是战国时代赵国的良将,奉命在北方防备匈奴。防守的时候,地方上的官吏,都由他任免;所得的税收,都归入军营,作为供养兵将的费用,赵王对此一律不过问,可谓位高权重。

李牧为人深沉大度,尽心报国。他认真训练士卒射箭骑马的技术,留心远方烽火的消息,又派遣许多间谍到敌方探察动静。同时他非常优待属下,每天都要杀好几只牛羊给士兵们享用,因此深得将士爱戴。

不过李牧却严格命令属下:"如果匈奴进攻,就赶紧收拾好武器,回城防守,有哪个人敢出去攻击擒掳,定斩不赦!"

于是每次匈奴来犯,李牧都事先得到烽火的报警,然后妥当地退守要地,不与之正面开战。一连好几年,没有任何土地被匈奴夺走。

久而久之,匈奴觉得李牧怯懦,对他毫不在意,甚至连赵国的士兵们,也认为主帅胆小无能。

赵王听说了,遣使责备李牧,但李牧依然如故,不改原来作风。赵王一怒之下,便召回李牧,派其他将领代替他的职位。

过了一年多,匈奴前来进犯,赵兵皆出与之争战。但出战的结果多是失败,丧失了许多土地,边境百姓也无法正常安稳地生活。

赵王见边事不利,便想请李牧回来统御北方。这时李牧已经称病在家,不愿出仕,无奈赵王强请硬求,非要他重任边将不可。李牧于是要求必须依照他以前的方法治军,才肯奉命,赵王也答应了。

重做将军的李牧令将士们遵循故约,使得匈奴数年里一无所获,但敌人终究还是以为他胆小怯懦。防守边塞的将士,天天得到赏赐却不用打仗,都很期待能和匈奴决一死战,以作回报。李牧知道军心可用了,便挑选了10多万精兵,让他们做好战斗的准备,并把百姓牲畜都迁到了城外。

终于等到一少部分匈奴人来犯,李牧先命数千人应战,然后假装不敌,故意败北。匈奴首领听说了,便率军大举侵边,这时李牧才率主力迎击,一鼓作气,歼灭了匈奴10多万兵马,令其元气大伤。从此,匈奴人听到李牧的名字,简直闻风丧胆。

李牧在破敌之前,早已经正确估计出敌强我弱的实力对比,所以不轻易开启战端,而是养精蓄锐,以待时变;与敌军对峙时,如履薄冰,如临险境,从而遭到部下、同僚乃至上级的误解与埋怨,但是他敢于坚守自己制定的正确策略而不变,苦苦等待,等匈奴中计再尽全力一击,大败强敌。李牧充分地发挥了"履"卦所包含的智慧。

王永庆的生活

王永庆可能是全球最节俭的亿万富翁。他曾捐款2.5亿美元给一所私立医院,但公司职员花了1000美元换新地毯,他便差点大发脾气。

他吃的原则是简便重于盛宴,卤肉饭一直是他最爱吃的。早上用以运动的慢

跑鞋有多年的历史了，只要鞋面或鞋底有点小疵瑕，他总要女儿缝缝补补，然后再穿。一条毛巾，据说使用了好多年。

王永庆认为，生活上的最佳享受便是在晚餐时喝5罐啤酒，然后在晚上9时就寝。他极少娱乐休闲，平日忙得连电视也没有时间看。他最喜欢唱的是一首名为《农村曲》的民谣。

王永庆很少在外面宴请客户，一般都是在台塑大楼后栋顶楼的招待所内宴客。还经常采用“中菜西吃”的方式，让大家围坐在圆桌周围，由侍者分菜，一人一份，吃完再加，既卫生，又不浪费。这与当今我们社会使用公款大吃大喝的现象形成了鲜明的对比。台塑集团内的职工食堂，也采取类似的自助餐形式，菜与饭都是自取，而且分量不限。但是食盘里的饭菜绝对不可以剩下或倒掉，否则就要受罚。

王永庆时常提醒厨师要节约能源，他说：“汤煮开以后，应立即将火关小，滚汤温度达到沸点100度以后，继续用火烧，那只是浪费电而已。”

在穿的方面，王永庆也十分节俭。他的原则是：整齐重于新颖。有一次，王太太发现王永庆的腰围缩小了，平常穿的西服不太合身了，就特地请了裁缝师到家里给王永庆量尺寸，准备给他定做几套合身的新西服。王永庆却从衣柜里拿出几套已经很旧的西装，坚持请裁缝师傅把腰身改小，而拒绝定做新的。王永庆认为：“既然旧西装还好好的，改一改就可以穿了，又何必浪费去做新的呢?”

在行的方面，王永庆也处处节省。有时出国出差只坐经济舱。年纪大了以后，由于家人的坚持，他才开始坐头等舱。到了目的地以后，大多住在当地的台塑集团招待所里，就连外出时坐的小轿车，也反对使用豪华车。

我们可以这样设想一下，如果王永庆是一个很奢侈的人，他的资产情况会是怎样的呢?

世界上最富有的女人

英国女王伊丽莎白二世比达拉斯或阿拉伯的任何石油富豪和巨贾更为富有。据说，她的财产价值不下25亿英镑。虽然如此富有，女王仍然十分注意节约。有句英国谚语常挂在女王的嘴边：“节约便士，英镑自来。”

在白金汉宫，不仅照明，而且供暖也是保持在最低限度，因女王用小电炉来暖和宽敞的大厅。应邀到郊外农村的皇家住宅去做客的人，被告知需带毛衣，因为那里“暖气并非整天24小时都供”；而且还请应邀者自带酒去，因为“我们并不是大酒鬼”。

皇宫里相当部分的家具已经“老掉了牙”，几乎要散架了。自维多利亚女王时代以来，皇宫里的家具从未更新过。当参观皇宫者看到经过修补的沙发和地毯、已经很不像样的挂毯、满是灰尘的书房时，无不为之惊叹。

女王坚持皇家只用上面印有盖尔斯王子纹章的特制牙膏，因为这种牙膏可以挤到一点也不剩下。女王如果看见掉在地上的一根绳子或带子，也要捡起来塞进口袋里，可能在什么时候这些东西会有用场。女王很喜欢马，但在马厩里，马不再睡在干草上，而是睡在旧报纸上，因为干草太贵。

女王自己以身作则，同时要求其家人也要按节约精神办事。就是她的丈夫菲

利普，钱包也是扣得紧紧的。看到饭馆里酒价飞涨，到了圣诞节，他请宫廷人员在一家豪华旅馆里吃饭时，他便自己准备了一些酒带去。

吝啬的居里夫人

吝啬，似乎不能算作一个人的美德，但对两次获得诺贝尔奖奖金的居里夫人来说，却“吝啬”得有理。她和彼埃尔·居里结婚时的新房里，只有两把椅子，正好一人一把。居里觉得两把椅子未免太少，建议多添几把，为的是来了客人好让人家坐一坐。居里夫人却说：“有椅子是好的，可是，客人坐下来就不走啦。为了多一点时间搞科学，还是一把不添吧。”

几度春秋之后，这对没有给自己的新房增添一把椅子的年轻夫妇，却给世界化学宝库增添了两件闪闪发光的稀世珍宝——钋和镭。

从 1933 年起，居里夫人的年薪已增至 4 万法郎，但她照样“吝啬”。她每次从国外回来，总要带回一些宴会上的菜单，因为这些菜单都是很厚很好的纸片，在背面书写物理、数学算式，方便极了。她的一件毛料旅行衣，竟穿了一二十年之久。有人说居里夫人一直到死“总像一个匆忙的贫穷妇人”。

有一次，一位美国记者追踪这位著名学者，走到村子里一座渔家房舍门前，他向赤足坐在门口石板上的一位妇女打听居里夫人，当她抬起头时，记者大吃一惊：原来她就是居里夫人！

朴素是一种美德。奢侈的生活不仅浪费金钱，更重要的是它能腐蚀人的心灵，很容易使人腐化堕落，导致大祸上身。

节俭并不等于尽量少花钱，广义的节俭也包含了深谋远虑和权衡利弊的因素。比如做生意时的交际费往往并不是一种浪费，而是一种大度，一种恰当的投资。

亿万富豪成了阶下囚

风车悠悠地转着，背后一片繁华。这座欧式城堡，现在成了四川德阳的一个标志性建筑。

德阳人看“大风车”有不同的感受。在民间，它是一个豪华漂亮的休闲娱乐好去处；在政界，这是一笔值得大大夸耀的政绩：当初这里是一片荒地和农田，如今成了繁华的新城。

但在企业界，“大风车”却有一种别样的解释。一位民营企业家说，看见它，就如同看见了一个人。

8 年前，一个汉子在“大风车”前夸下豪言：“如果给我一口水，我便能造出一片森林，我所索取的，仅仅是一块巴掌大的绿荫。”

8 年后，2003 年 11 月 22 日下午，这汉子蹲在四川某监狱的一个角落里自哀自怜：他的一座座建筑“森林”早已造出；可他却没有得到那“巴掌大的绿荫”。

他，肖安宁，德阳政通置业有限责任公司董事长兼总经理，20 世纪 90 年代中期德阳最成功的企业家，亿万富豪，现今的阶下囚。

他原是一个文化人，按他的话说，他是一个理想主义者。

90年代初，他看准时机迅速崛起，并进而成为当地最大的房地产开发商。90年代中，响应当地政府"再造一个新德阳"的号召，他进入旌湖河东进行开发。据不完全统计，肖在短短的两三年内建造了德阳新城的1/3。

一些德阳人惋惜地说，如果没有后来的遭遇，肖安宁应名列当今中国富豪榜。

许多人认为，肖安宁招灾惹祸的根源在于他"嘴臭"，因为他爱发表自己的观点，"文人气太浓，锋芒毕露"；不爱结交权贵，"没有商人的奸诈、政客的手段"，还"常常从上骂到下"。

早先事业最辉煌的时候，肖安宁开始着手创办一所大学，准备把它捐献给当地政府。"这固然是我的心愿，体现了一个有良心的、有社会责任感的'先富起来的人'造福社会的最后归宿；但内心深处，我想以此方式消灾弭祸。因为我感觉到危机已然来临。"他说。

"人都以为我狂，却哪里知道我内心的惶惑？"肖安宁说，他想要的那块"巴掌大的绿荫"，实际上是一个让私营企业家赖以生存发展的良好外部环境。

20世纪80年代末90年代初，肖安宁就创办了政通公司，按那时的政策，公司挂靠在德阳市文化局名下。

1994年后，国家要求私人投资的公司与主管单位解除挂靠关系。肖安宁花了两年的时间跑改制，到1996年2月，德阳市文化局、工商局、德阳市政府先后下文，确认国家、集体在政通公司没有资金投入，解除文化局与政通公司的挂靠关系，政通公司改制为有限责任公司。

"哪晓得我的公司早就被别人打上了算盘。"肖安宁说，改制后不到一个月，变故就发生了。

1992年，德阳成立了一个省级经济开发区，肖安宁在政府的动员下，首先进入这个开发区开发房产。

肖安宁从市委、市政府手上，以每亩10万元的价格在开发区买了百余亩土地。此前，这些土地早已被市委、市政府以及一些机关以迁址办公为名，以每亩2万元的价格圈占。

1993年，国家紧缩银根，规定闲置两年的土地一律要退耕。肖安宁说，这使德阳上下着急起来：市里有关领导担心高价转手卖地的事露馅，而开发区的领导则担心开发区这块牌子保不住，他们便动员肖安宁大规模开发："先把摊子铺开再说。"

结果，肖安宁的资金立即出现困难。在此情形下，肖推出了一个房屋促销方案，把房屋以每平方米拆零售出，承诺一年期满，购房者要房的按当时市价下调25%给房，不要房的，则按增值25%的比例回购。

德阳市公证处认为此举合法，并自始至终给予公证。后经查实，政通公司在这个名为"优惠购房大酬宾"的促销活动中获得预售房款2000余万元，如数投入了建设。

1995年，德阳发生"中华楼垮塌事件"，肖安宁尽管与此事无关，但连锁反应也使其受到了政策限制。他开发的房屋不能按期投入使用，导致购房者纷纷要求退房。他的资金再次发生困难。

肖安宁向银行求助。农行德阳市中区农村信用社主任米运国及农行中区支行副行长明再远向肖安宁提出，要以3800万元的价格（不到市价的一半）收购他开发

的包括"大风车"及19幢豪华别墅在内的"天眷度假村"大片房产。

但米运国、明再远向时任德阳市农行某领导汇报并请签字时,该领导指责二人:"你们吃多了!我们正在搞政通公司破产,你把度假村收购了,他有钱还那些购房者,我们还搞个啥子?"

米运国认为此举"太毒",不同意,不久之后即被免职。一个月后,德阳市中区农村信用社接收了"天眷度假村"全部资产,但分文未付给肖安宁,并对购房者宣称,肖安宁收了3900万元房款,不愿退给购房者。此举引发大批购房者到市政府上访。

肖安宁向市政府求援。他将一摞价值上亿元的房屋产权证抱到市政府,说:我有这么多房产可以做抵押……多年后,肖安宁回忆起这情景,痛悔当年此举暴露了资产,是他"平生所犯的最致命的失误"。

1995年3月21日晚,"应邀"前来的肖安宁及其未婚妻温敬棠在市政府被抓捕。一年半后,法院认定肖安宁非法吸收公众存款(依据是肖安宁搞优惠购房大酬宾活动)和侵占集体资产两项罪名成立,判处有期徒刑18年。

但在狱中的肖安宁及在狱外的家人开始了漫长的申诉之路。

忠实地干自己的事业,总不免要与人打交道,与各种事情发生联系。应心胸坦荡,善于择善而从,必要时,要联合他人,共同前进。但联合他人要坚持原则。志同道合,就接纳为友,携手共进。志道不同,则宽大为怀,不相干涉,干好自己的事情就是,不能因此扰乱自己的胸怀和计划。直道而行,方为坦途。

忠实地干自己的事业,应量力而行,不可逞强,以致适得其反。事业初期,人们往往急于成功,心急冒进,恨不得一蹴而就。但事实上这是不可能的,而且这样做的结果往往是失败。唯有量力而行,步步为营,稳扎稳打,才能取得胜利。这个原则在中国古代的军事思想中早已加以研究和应用。

不论是处理事业还是人生决策,即使你已经具有较强大的力量,也要懂得柔顺的道理,以柔行之,谨慎小心,才不会招致危险。百炼钢化为绕指柔,即丝毫无损于它的锋利。而刚强坚硬之物即最先毁折。《老子》所反复阐述的以柔克刚,柔能克刚,都是这个道理,干事业之以柔行之,是要求决策者随时看到自己的弱点,适当地运用自己的力量。处理人际关系,更要求人们懂得这个道理,要求人们永远谦虚谨慎。大智若愚,外圆内方,才是真正的智者。

行事谨慎　虎口脱险

据《三国演义》,曹操和刘备一起消灭了吕布的军队后,曹操非常重视刘备,到哪里去都带着他,还请汉献帝封刘备做官。刘备见曹操这样重用他,心里反倒不安,因为他有自己的志向,生怕曹操加害于他。

曹操表面上重视刘备,其实却防备着他。他总是派人到刘备家里探察,当他得知刘备天天在园子里种菜浇水,也就渐渐放心了。

这时候,朝廷里发生了一件事。因为曹操的权力太大了,汉献帝认为他太强横,就暗中要求外戚董承想办法杀死曹操。皇帝写了一道密诏藏在衣带里,又把这条衣带送给董承。汉献帝让刘备与董承一起杀死曹操。

有一天，曹操对刘备说："我看当今天下只有你和我才是真正的英雄。像袁绍这种人算什么英雄。"刘备想了想曹操的话，认为曹操待他当作对手，将来一定会有杀身之祸。他就一边与董承等人商量办法，一边想办法逃走。

恰在这时，袁绍派儿子到青州去接应袁术，要路过徐州。曹操认为刘备对徐州的情况非常熟悉，就派他去截住袁术。刘备早就想逃走，一接到曹操的命令，就匆忙带着关、张二人逃命去了。曹操有个谋士叫郭嘉，听说曹操放走了刘备，马上来见曹操，说："刘备没有好心，不能放走他。"听这么一说，曹操后悔了，马上派人去追杀，但是已经来不及了。

刘备在许都这段生活，时时都有"履虎尾"的危险。但是，由于他行事谨慎，最终还是虎口脱险了。

敢于冒险的EMC

EMC公司成立于1979年，刚开始只是一家非常不起眼的小公司。EMC的创始人认为，要想公司壮大，就必须敢于冒险，占到先机，否则，永远只能吃别人剩下的。

EMC为了提高产品的兼容性，在自己资金并不宽裕的情况下，冒着巨大的风险投入了21亿美元建立起一个实验室，用以测试不同的服务器。巨大的投入换回了丰厚的回报，EMC的存储产品在可靠性、兼容性方面获得了企业信息主管的一致赞誉。

EMC冒着可能引起员工巨大反感的危险，对每一位刚加入EMC的新员工进行一项奇怪的培训，就是让新员工赤脚走过一段5米长的"火炭路"。EMC希望通过这样的培训，锻炼新员工超越自己思维局限的能力。

在EMC的竞争对手中，不缺乏像IBM这样的大公司。面对实力悬殊的竞争对手，EMC的管理人员由于都上了生动的而且激发人的智慧的第一课，他们想出了一个高招，不和竞争对手展开正面比拼，而是潜心研究顾客的需求，并在此基础上不断地开发新技术和新产品，试图引领市场的发展方向。为了更加准确地了解顾客需求，EMC的CEO将自己60%的时间都花费在与各大企业的CEO交流上，从他们那里获得信息。事实上，这些大公司的CEO也非常关心互联网对企业带来的影响，他们想要与顾客和合作伙伴建立新型的关系，在这个时候，建立自己的网站和网上推销渠道成为当务之急，于是数据存储构架进入了他们的视野，而EMC正好可以满足他们的这些需求。而且，由于EMC勇当出头鸟，攻破了智能数据存储领域的难关，在产品性能上处于领先地位，因此，EMC获得了很多大公司的信任，产品自然很好卖。

EMC的管理人员有别具一格的想法，尽管很多公司都想把服务做成一个能够赢利的部门，但是EMC却把服务部门看成是一个成本中心，他们对服务部门的员工不是考核成本，而是考核顾客的满意度，这就促使员工们朝着提供顾客满意度的方向不断努力。随着环境的变化，EMC还会根据顾客的业务需求来不断地改进和优化自己的产品，必要时还要设计出用户需要的新产品。但是，EMC并没有就此而扩大自己的产品构架，而是保持现有的构架不变，这对于顾客来说非常有好处，

因为 EMC 的整个构架能够兼容不同平台的产品,使得用户使用起来尤为方便,就这一点来说,EMC 保持了对竞争对手的巨大优势。

EMC 本着"敢为天下先"的理念,不断地创新,使自己的产品质量优良,在激烈的竞争中立于不败之地。

房玄龄试探秦王密谋图变

隋朝末年,李渊起兵反隋。随着战争的结束,李渊之子李世民被封为秦王,他的地位已不同往日,而李建成则利用太子的优越地位,频频向李世民发难。

武德九年(公元 626 年)五月一日晚,李世民应邀到太子府赴宴,饮酒数杯,突然感到心口剧痛,连连吐血,他连忙命人把自己扶回府中,总算保住了性命。还有一次皇家打猎时,太子让部下给秦王备马,结果,秦王骑马差点被摔死。

秦王频频遇险,王府上下极为震骇。房玄龄觉察到事态发展的严重,他认为,太子与秦王的嫌隙已经形成,公开的较量在所难免。一旦两人兵戎相见,刚刚统一的国家又要陷于战祸之中,这与他治国安民的理想是相违背的。他希望李世民能先发制人,力挽狂澜,从而达到天下的长治久安。于是他劝李世民:"事势如此,不如向周公学习,对外安抚周边各国,对内安抚社稷,先下手为强。否则国家沦亡,身名俱灭,您应早做决断,绝不能再迟疑!"

此时的朝中,太子与秦王两派已是剑拔弩张。为了打击李世民,李建成想方设法瓦解他的谋士勇将。他告诉李元吉,秦府中最有谋略的人是房玄龄和杜如晦。因此,他们在李渊面前极力中伤房、杜二人,并最终通过李渊的圣旨把他俩逐出了秦王府。接着,他们又利用调兵遣将的机会,设法调动秦王的部将。程咬金原是秦王府统军,是秦王的得力干将,李建成奏请父皇让他出任康州刺史,程咬金却借故拖延,滞留长安。

李世民看到这种情况,知道再等下去,只有死路一条,他决定按房玄龄的计谋,先下手为强,发动政变,杀掉太子,逼父禅位。于是,他派长孙无忌秘密召见房玄龄、杜如晦。房、杜二人不清楚秦王究竟是否下定决心,他俩故意激将秦王,对长孙无忌说道:

"皇上敕旨命令我们不再为大王办事,我们如果私自见大王,就是死罪,不敢奉召。"

李世民得知后大怒:"怎么连你们都不愿忠诚我!"当即取下佩刀,对尉迟敬德说:"你再去一次,如果他们无心见我,就拿他俩的人头来见我!"

尉迟敬德和长孙无忌又秘密召见房、杜二人,对他俩说:"大王决心已下,你们快来谋划大事吧。"

房玄龄和杜如晦便穿上道袍,乔装打扮,秘密进入秦王府,同秦王密谋对策。

武德九年六月三日,李世民进宫密奏太子建成齐王元吉淫乱后宫以及试图谋害自己的事情。李渊听了,便命令他们明日一同进宫对质。次日清晨,李世民率领尉迟敬德等人在宫城北门玄武门事先设下埋伏,趁李建成、李元吉入朝没有防备的时候,将他们射死,这就是历史上有名的"玄武门之变"。

房玄龄帮助李世民成就大事,谨慎、隐秘是其显著特点。房玄龄对李世民建议

除掉太子，他却多次迟疑不决，这次政变，房玄龄担心还是如此，所以用激将法试探李世民。当他得知真实情况后，便马上假扮道士秘密进入秦王府，与秦王共谋大计。这样，就保证了后来发动“玄武门之变”的成功。

万石之家的慎言慎行

人们都承认汉武帝雄才大略，但他的残暴也是有名的，被他杀掉或逼死的大臣为数很多，尤其是宰相，除了个别的幸免于外多数都不得善终。石庆就是这极少数幸存者中的一个。

石庆的父亲石奋以谨慎著称，并且以谨慎教育子孙，谨慎一时成了石氏家族的家风。据《史记》记载，石庆的哥哥石建为郎中令，书写奏事本，写好后再读一遍，发现“马”字少写了一点，十分恐慌地说：“要是让皇上知道了，肯定要杀头！”于是重写一遍。

石庆在石家头脑反应最敏捷。一次陪武帝出游，武帝问他有几匹马，他用手指一头一头地数完，才说有六匹。石家成员做事大多这样谨慎，他们的家族也获得回报：身居高官、俸禄二千石的有五人之多，号称“万石之家”。

上面叙述的历史故事，意思不外是提倡明哲保身。石氏家族在汉武帝时代竟然没有任何功业可言，石庆也以“未有建树”而免官，这对于雄才大略的武帝来说，真是一大讽刺！和董仲舒、司马迁相比，石家人没有体现人生价值；但就石氏家族成员个人来说，不但保住了性命，也避免了许多精神与肉体的痛苦。石氏家族大部分成员当时都获善终。

谨慎自己的言行是一点不会错的。做任何事情绝不能凭自己的意气用事，说任何话决不能光图痛快。鲁莽、轻率是失败的祸根，口无遮拦是麻烦和烦恼的温床。

嵇康之死

西晋的羊祜教育儿子：“恭为德首，慎为行基。”做人处世要谨慎，这是自己避免烦恼、灾祸、耻辱和失败的主要良方。自己做事马马虎虎，那么自己肯定会遭到失败的报应。自己高兴的时候随意许诺，自己愤怒的时候冲口怒骂，那么过后自己肯定懊悔不已。不谨慎的人往往是自取其辱，自取其败。

根据《三国志·魏书·嵇康传》中记载，嵇康就是因为不谨慎自己的言行，总是自负自傲，认为自己的才能过人，并且傲慢不羁而被司马昭所杀。

嵇康在当时的确是非常有才能的，被称为“竹林七贤”之一。大将军司马昭的部下钟会闻其大名专程去拜访他。钟会见到嵇康的时候，嵇康正在大树下打铁，对钟会等人不仅爱理不理，而且还出口伤人。为此，钟会心中老大不痛快。司马昭感觉人才难得，准备重用他，可是嵇康又不辞而避，使得司马昭深深怨恨之。

有人看在他的学识上又推荐他担任某一个官位，但是嵇康不仅不领情，反而用傲慢的口气回信予以拒绝。当司马昭看到嵇康写的“不堪流俗”等句子时，气得直发抖。后来，在钟会的不断谗言下，司马昭终于找个借口把嵇康杀掉。

一个谨慎的人会经常远离灾祸，而一个疏忽的人却会经常烦恼缠身！为人处世，应常常有如履薄冰之感、如临深渊之慎，时时处处谨言慎行，才不会遭小人陷害，也不会铸成大祸。不要轻视小心谨慎的人，他们一生都有福。

撞死南墙不回头

有一天，东郭先生派了三个弟子到襄阳去。当东郭先生送他们到路口时，说道："从这儿往南走，全是畅通的大道，你们沿着这条道路走就对了，别走岔路啊！"

这三个弟子分别是左野、焦茗和南宫无忌，他们三个人向南走了50多里时，却遇上了一条大河流，横在老师指示的正前方。他们左右观察了一下，发现沿河走半里左右，便有一座桥可行。

这时，南宫无忌说："那儿有座桥，我们从那儿过河吧！"但是左野这时却皱着眉头说："这怎么行？老师要我们一直往南走啊！我们怎么能走弯路呢？这不过是个水流罢了，没什么可怕的。"

说完之后，三个人互相扶持，一起涉河而过，由于水流相当湍急，好几次他们都险些葬身河底。虽然全身都湿透了，但也总算安全地过河了。

他们继续赶路，又往南走了100多里时，再次遇上了阻碍。这回他们遇到了一堵墙，挡住了前进的道路。这次，南宫无忌不再听其他两个人的意见了，他坚持地说："我们还是绕道走吧！"

但是左野和焦茗却固执地说："不行，我们要遵循老师的教导，绝不违背。因为我们一定能无往而不胜。"

于是，焦茗和左野朝着墙撞去，只听见"砰"的一声，两个人猛烈地撞倒在地上。

南宫无忌恼怒地说："才多走半里路而已，你们干嘛不考虑呢？"

左野说："不，我就算死在这里也不后悔，与其违背师命而苟且偷生，不如因为遵从师命而死！"

焦茗也附和地说："我也是。如果违背老师的话，就是背叛者。"

两个人话一说完，便相互搀扶，奋力地往墙撞了上去，南宫无忌想挡也挡不住，于是他们两个人就这么撞死在墙上了。

子莫的中庸之道

墨子和杨朱要举行辩论大会，听众云聚，而子莫却无动于衷。学生们问子莫："老师，你为什么不去辩论会上听一听啊？"

子莫说："辩论会的结果我已经知道了，为什么非要去听呢？"

学生们问："老师，墨、杨两家，谁胜准败？"

子莫说："没有胜者，也没有败者。杨朱以我为中心，哪怕取一毛而利天下的事都不愿去做，这样的人活在世上有什么用呢？墨翟提倡兼相爱，哪怕是丢头舍足而利天下之事也要去做，这样的人活在世上有什么意思呢？我主张适中原则，既不像杨朱那样偏右，也不像墨翟那样偏左；物守中道，不偏不倚，有利而作，无利而歇，所以子莫胜。"

赵匡胤以己之恶不提官

有个官员立了功，按照宋朝的规定应升迁重用。可是宋太祖赵匡胤平时对那个官员的印象不好，提升的事就被搁置起来。宰相赵普对宋太祖说："功绩为凭，好恶无据。如果只凭个人的好恶去办事，往往会犯错误的。"

宋太祖很生气，说："我是皇帝，偏不提升他，你能怎么样？"

赵普耐心地说："自古以来，刑用于惩罚，赏用于奖酬，是公理所在。刑和赏是国家的刑赏，并不是你皇帝个人的呀，陛下怎么能以个人的好恶而废了国家的制度呢？"

宋太祖见他说得有理，只好照章办事。

每个人都有自己的好恶，这是在生活中逐渐形成的，难以苛求。可是，如果以个人的好恶作为评判是非的标准，那就大错而特错了。要知道，那样做的后果不仅会把事情办坏，还会把人际关系搞得一团糟。

在许多问题上，如果我们只强调事情的某一个方面，就会在另一方面出现负面效应，这在历史上教训是很多的。所以当我们面对问题时，思虑程度要适当，处置方法也要适中，千万不要走向某一个极端。只有这样，才会收到良好的社会效果。

贾谊的少年悲哀

汉代的贾谊以诵诗通经闻名郡中，吴廷尉做河南太守时，听到他的名字就把他召至门下，很是喜欢他。孝文帝初即王位，听说贾谊年纪轻轻通晓诸子百家之书，于是征召他为博士。

当时贾谊才20多岁，年少英姿。每次文帝诏臣议事，年纪大的臣僚不能回答，贾谊却都能应对。孝文帝很喜欢他，便越级提拔他，一年之内就官至太中大夫。

贾谊以为汉朝此时已天下大治，因而当改正朔，易服色，法制度，定官名，兴礼乐。他还自作主张，草撰了新的仪规礼法，认为汉代的颜色以黄为上，黄即土色，土在五行位第五，故数应用五，还自行设定官名，把由秦传下来的规定全都改了。

虽然孝文帝刚即位，不敢一下子都按贾谊的意见去办，但还是认为贾谊可以担任公卿。大臣周勃、灌婴、东阳侯张相如、御史大夫冯敬时等贵族都因此而嫉恨贾谊，常常在文帝面前说贾谊的坏话："年少初学，专欲擅权，纷乱诸事。"于是文帝疏远了他，不再采纳他的建议，便让贾谊当长沙王的陪读太傅。

过了一年多，文帝召见贾谊，与贾谊长谈至夜半，"不问苍生问鬼神"，贾谊不能自陈政见。文帝后来又让贾谊当梁怀王的太傅。梁怀王是文帝的小儿子，爱好读书。文帝又封淮南的四个王子皆为列侯，贾谊多次上疏谏议，认为祸患从此开起。他建言说，诸侯有的管辖几个郡，这违背古代的制度，应该削除。文帝没有采纳他的建议。

又过了几年，梁怀王学骑马时坠马而死。贾谊悔恨自己没有尽到老师的责任，哭泣了一年多，也死了，年仅33岁。

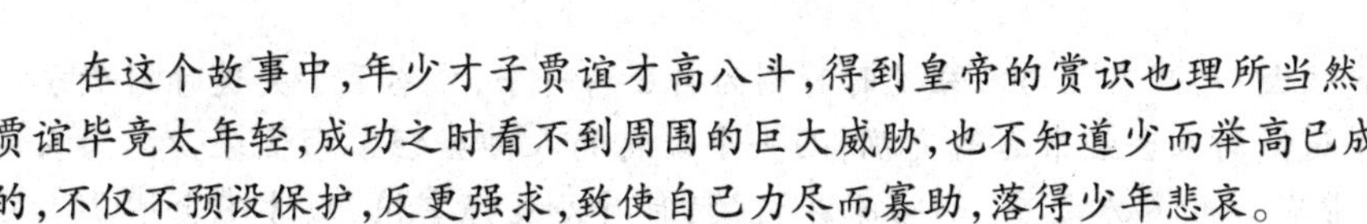

在这个故事中，年少才子贾谊才高八斗，得到皇帝的赏识也理所当然。但是，贾谊毕竟太年轻，成功之时看不到周围的巨大威胁，也不知道少而举高已成众矢之的，不仅不预设保护，反更强求，致使自己力尽而寡助，落得少年悲哀。

李世民慎对阴谋

唐高祖李渊建立唐王朝后，太子李建成和齐王李元吉勾结，多次迫害立有战功的秦王李世民，兄弟间一场生死拼杀势及难免。

李世民身边的文臣武将屡次进言，劝李世民早做打算，抢先动手。“我们乃是一母同胞的兄弟，纵是他们的不对，我又怎么忍心呢，还是委屈一下吧，时日一长，他们也许会知错而改，一切烟消云散。”

别人都十分着急，深怪他心存仁念，坐失良机。李世民对此如若未闻，暗中却把他心腹的将领尉迟敬德等人找来，对他们说：“你们的好心我岂能不知？不过我们安排未妥，事无头绪，又怎能草率行事呢？事若不密，为人察觉，只怕我们先得人头落地了。还望各位详做筹划，切勿泄露。”

李世民边忍边动，加紧布置。由于他表面从容，处处示弱，李建成、李元吉果真被欺骗，暗中得意。他们按部就班，一步步地实施整倒李世民的计划。不久，有报说突厥兵犯境，李建成便保举李元吉为帅带兵迎敌。齐王请求李渊把秦王李世民的兵马归他指挥，李渊答应了他的要求。

李世民和他的文臣武将一眼便看穿了他们的阴谋，李世民见群情激愤，就安抚众人说：“皇上既然同意，看来我只能束手待毙了。这是天意，我又能怎么样呢？”众人见此，信以为真，不禁泣泪；有的还要告辞而去，以示抗议。只有几个知情者以目示意，不露声色。

这时又有人进来密告李世民，说太子与齐王早已定下计谋，只等李世民等人给齐王出征送行时，便要密伏勇士趁机全部杀光，然后太子登位，封齐王为太弟。众人听此，发怒大喊，情绪更为激动。

李世民见火候已到，这才长叹一声，对众人说：“我被迫到这种地步，各位都是明证。事已至此，只有先发制人，我们才能铲除强敌保全性命。”李世民分派伏兵于玄武门。第二天，李建成、李元吉在此经过，伏兵齐出。他们二人猝不及防，李建成被李世民射死，李元吉被尉迟敬德砍杀。

没过多久，李渊便让位于李世民。李世民登基为帝，终于实现了他的梦想。李世民时时戒备，谨慎应对不测，暗中筹划，终于避开人生中的危险。

人生犹如走路，须牢记“谨慎”两字。任何时候都要有所防备，一步一步地走稳自己的脚步，否则就可能会因冒失而铸错或受到伤害。

在现实生活中，由于利害关系关系到个人的生存和发展，人与人之间就会产生内心的竞争和排斥，即使是最好的朋友之间，也可能在切身利益面前取利而弃义。在有些时候，我们更要有一颗防人之心。所谓“明枪易躲，暗箭难防”。做人始终都要留一手，以防患于未然，凡事多长两个心眼，这样才能融通处世，一生顺达。

人生表面上不是一盘棋，但实为人人都在心里下的一盘棋。你与他，他与别人因时因地不同，都有可能成为对手。更何况，只有在与对手的竞争过程中，才能让

你变得更强大;也只有在与人相处时时刻为自己留一手,才不至于关键时刻吃亏。

一个谨慎的人会经常远离灾祸,而一个疏忽的人却会经常烦恼缠身!为人处世,应常常有如履薄冰之感、如临深渊之慎,时时处处谨言慎行,才不会遭小人陷害,也不会铸成大祸。不要轻视小心谨慎的人,他们一生都有福。

谨慎行事的张之洞

做人需要守住"谨慎"两字,一步一步地走稳自己的脚步,否则就可能会踏上老虎的尾巴,造成终身大错。清代名臣张之洞认为做事需谨慎,否则就会遭到算计。他也是这样做的:谨慎处世,不让人抓住把柄。纵观其一生,无论是为官还是做人,都是成功而没有危险的。张之洞之所以能做到这一步,是与他的"谨慎"哲学分不开的。

在当时,立宪之议虽已闹得纷扬沸腾,但由于立宪事关根本政治体制改革,牵涉到统治集团的切身利益,不可能一蹴而就。在清末的督抚大臣中,他是对立宪政治考察较早、认识较深的人物之一。从当时的人际关系看,张之洞与立宪派有着广泛的联系,其幕僚赵凤昌、郑孝胥等是立宪派的骨干人物,郑孝胥还担任了预备立宪公会的会长。张之洞与立宪派领袖张謇关系也较密切,曾互访商谈立宪大计。

张之洞主张立宪法、设议院的态度是明朗的,要求也是迫切的,但这并未使他鲁莽行事。

清廷发布预备立宪上谕的第二天,便颁发了改革官制的谕令。命载泽、荣庆、奎俊、铁良、徐世昌、陆润庠、袁世凯等诸大臣共同编纂改革官制方案,又令端方、张之洞、周馥、岑春煊等督臣派司道大员进京随同商议。

接着,又编定地方官制。分两层办法,第一层为各省设行省衙门,督抚总理政务,略如各部尚书,藩臬二司略如各部丞;合并各司道局所,分设各司,酌设官,如参议者领之,司以下设曹,以五品至九品官分掌之;每日督抚率属官,定时入署,共同商议各事;各府州县公牍直达省;每省设高等审判厅,受理上控案件,行政司法,各有专职。第二层办法是:督抚经管外务、军政,兼监督一切行政、司法;布政使管民政,兼管农工商;按察使专管司法方面的行政,监督高等审判厅;设财政司,专管财政、交通;学、盐、粮、关、河各司道仍照旧制。

张之洞对地方官制改革的方案提出了诸多异议,基本持反对态度。他在1907年1月2日致军机处厘定官制大臣的电文中说:"此次官制之应如何改定,自以有关于立宪之利害为主,其无关宪法者,似可不必多所更张,转致财力竭蹶、政事丛脞、人心惶扰。"因而主张缓进、审慎行事。如他不同意裁撤知府,认为"一府所辖,少则四五县,多至十县,各县距省遥远,极远者至二三千里,赖有知府犹可分寄耳目,民冤可申理,灾荒可覆勘,盗匪可觉察",因而撤知府"势有难行"。又如合并各司道一事,他认为各司各自有印,各自有稿,若合为一署,"无此广大廨舍能容许多官吏,能存许多案牍",再如各省高等审判厅一事,他认为:"一省之中臬司即为高等审判厅矣,另设一厅何为",至于第二层办法,他认为:"尤多窒碍之处,民政以警察为大端,乃臬司分内事,今乃不属臬司而属藩司,理财乃藩司分内事,今乃不属藩司,而又别立财政司……藩、学、臬、运、粮、盐、关、河权限本自分明,不相混淆,乃亦议改变则尤可不必矣！”总之，他认为改革官制各条，“似不尽与立宪关涉，窃谓宜就现有各衙门认真考核，从容整理，旧制暂勿多改，目前先从设四乡谳局选议绅、董事人手，以为将来立宪之始基，如能实力奉行，此尚是达民情、采公论之实际，亦可稍慰环海望治之心”。

从上述张之洞对官制改革的态度来看，可以这样认为：张之洞在理论上认识到立宪乃大势所趋，必须推行，但在实际上又顾虑重重，主张稳妥缓进。

像张之洞这样，在洞察形势的同时，能够保持理智上的清醒，言行谨慎，才真正称得上是应对现实生活的高手。其实“履”卦给人们所指示的，并不仅仅是这种具体的策略，更重的是一种从容的精神。倘若能够真正修炼到这种境界，为人处世会更加游刃有余，自然无碍。

恪尽职守，范仲淹心忧天下

在河南开封包公湖南岸的开封博物馆内，珍藏着一块北宋时期遗留下来的“题名碑”，在碑上刻有北宋历任开封府尹的姓名和上任年月。元代诗人王恽瞻仰“开封府题名记”碑后写下的一首感怀诗：“拂拭残碑览德辉，千年包范见留题。惊乌绕匝中庭柏，犹畏霜威不敢栖。”这是诗人感叹碑上包拯和范仲淹的英名，开封府正是因为与他们的名字联系在一起，才成了百姓心目中的圣殿。对于范公，人们或许读过他那篇千古流芳的雄文《岳阳楼记》，而对他在历史上曾有过怎样的作为，却往往知之不详。

范仲淹画像

事实上，论历史贡献和政治作为，包拯远不及范仲淹。范仲淹是英雄而兼圣贤，是名震千秋的文学家，更是名噪一时的政治家和军事家。

范仲淹出身贫寒，不到两岁死了父亲，母亲带着他改嫁到一朱姓人家，受过不少苦难屈辱。他自幼刻苦读书，后来他独自前往南京（今商丘）求学，5 年未解衣就寝，27 岁时终于考中进士。他是在当了 13 年地方小官之后才被调入京城的。可惜不久就贬出京城，这缘于一场至今仍为人们津津乐道的归政风波。

宋仁宗赵祯为宫女李婉仪所生，出世后就被刘皇后抱走，而李妃则被贬别宫备受虐待。仁宗自幼只知刘太后为其母，不知有生母。他 12 岁登基后，刘太后垂帘听政达 11 年之久。随着时间的推移，太后归政问题成了朝中极其敏感、人人讳言的大事。

20 岁那年，宋仁宗碍于刘太后的威势，打算率百官在朝堂上为太后贺寿，朝堂是神圣之地，而这种有损皇帝至尊的贺寿方式遭到范仲淹的强烈反对。当时范仲淹只是一个中级官员，初入庙堂且来之不易，本可韬光养晦，谁知没过多久，他竟然再次犯颜直谏，批评太后大权独揽，要求归政于帝。范仲淹直谏的勇气令满朝文武震惊，却因此激怒了太后，被贬出京城。得罪太后而没有引来杀身之祸，于他来说已经是万幸

了。他却抱定“宁鸣而死，不默而生”的信念，接连上书议论国事，谏言切直，无所避讳。

后来，刘太后去世，宋仁宗的身世真相大白。那些依附于刘太后的官员，此时却纷纷诋毁她，要求追究她的过失。范仲淹虽得罪太后遭贬，却力劝皇帝感念太后的养育之恩，“宜掩小故，全其大德”。仁宗深受感动，下诏不得再议论太后之事。一场宫廷中真假母亲骨肉间的大事不带血腥地被和谐化解，范仲淹表现得可谓光明磊落，光彩照人。为此，范仲淹调回京师。

时值京东和江淮大旱，随后蝗灾又起。身为谏官的范仲淹多次奏请救灾，仁宗没有办法，只得派他安抚灾民。赈灾归来，他还把灾区饥民吃的野草、树皮带回京城，在宫廷内外巡回展示，以戒奢风。这种心忧黎民苍生的做法引起了强烈震荡，余靖、尹洙、蔡襄、欧阳修、苏舜钦等慷慨激昂之士纷纷上书指责朝廷过失，掀起了凌厉进言之风。宰相吕夷简等对此深感不安，就寻找借口，再次将范仲淹贬出京城。

这一次，范仲淹被贬两年，但政绩斐然，后被召回京师时得到提升。吕夷简对他心怀芥蒂，奏请皇上派他出任最为繁忙、也最易受到咎责的开封府尹，治理人事繁杂的京城。不料，上任不到一个月，范仲淹便把京城治理得井井有条。有一宦官恃势作威，无人敢惹。范仲淹下定必死的决心，向家人交代好后事，然后才上疏劾奏，最终为京城百姓除了此害。更令吕夷简难堪的是，范仲淹还将朝中官员升迁情况绘成“百官图”进献皇帝，指责吕用人唯亲，官员升迁不凭政绩、只依私情。这样一来，范仲淹厄运难逃，再次被贬。

范仲淹虽三次被贬，但他厉节风尚、惩治时弊的业绩，却深深地影响和感召着时人，凌厉进言之风仍在延续。晚范仲淹十余年才进京出任谏官的包拯，显然也受到了这种风气的熏染。

范仲淹鞠躬尽瘁地实践着他所认定的治国之道，脚踏实地为百姓办事，把全部精力和无限才华都投入到处理国计民生的事务中去。他给后人留下的诗文屈指可数，但诗文中流露的忧国忧民的思想奠定了他在中国文学史上的不朽地位，一些传世之作大多是他关怀民生的内心独白。例如：

塞下秋来风景异，衡阳雁去无留意。
四面边声连角起，千嶂里，长烟落日孤城闭。
浊酒一杯家万里，燕然未勒归无计。
羌管悠悠霜满地，人不寐，将军白发征夫泪。

词中写到的关塞风云之气，战士守边之苦，英雄忧患之泪，凝成了一曲激越苍凉的豪唱，反映了他关爱将士、期盼和平的理想。

范仲淹贬至邓州时，恰逢老友滕宗谅重修岳阳楼，来信请他写篇纪念文章。他孤独地在小院中焦灼徘徊，自责自求，依然是忧国忧民。在宦海中沉浮了大半生的他早已霜染鬓发，回想如烟往事，不禁思潮起伏，无限感慨。他总结历代先贤和自己一生经历，将他对人生、对社会的理解，将他一生经历的政治波涛，借洞庭湖波澜壮阔的万千气象倾泻而出，终于发出一声光照千秋的慨叹：“先天下之忧而忧，后天下之乐而乐。”这是范仲淹忧国忧民思想的高度浓缩，也是他一生追求和实践的行为准则。

历史留名的人物灿若繁星，但文能治国，武能安邦，人格操守与文章风范如范公者，纵观古今又有几人？几经沉浮，依然不改本色，“不以物喜，不以己悲”，治家严谨，俭朴清廉，死后入殓时连件新衣服都没有，在历朝历代的高官显贵之中，世所罕见。

以天下为己任，不计较个人恩怨，脚踏实地地践行自己的职责，不管遇到什么困难和挫折，不改初衷。这也正是履卦中所倡导的要旨。它告诫我们：一旦选定了奋斗目标，就应该矢志不移地努力，不管前面的路是多么曲折坎坷，也要义无反顾，一往直前。

泰卦第十一　䷊

【经文】

坤上乾下　泰[①]小往大来[②]，吉，亨。

初九　拔茅茹，以其汇[③]，征吉。

九二　包荒[④]，用冯河，不遐遗；朋亡，得尚于中行。

九三　无平不陂[⑤]，无往不复，艰贞无咎。勿恤其孚，于食有福。

六四　翩翩[⑥]，不富以其邻，不戒以孚。

六五　帝乙归妹[⑦]，以祉元吉。

上六　城复于隍[⑧]，勿用师。自邑告命，贞吝。

【注释】

①泰卦：通也。坤上乾下。象征自然与社会的祥和美好。

②小往大来：小的往外，大的来内。

③汇：同类会信。茹：草根。茹以其汇：草根的根相连，以致牵连其同类。

④包荒：荒是污秽，包是包容。冯河：即遇到虎，徒于搏斗；遇到河，毅然泅渡。

不遐遗:不因偏远而遗弃。遐,远。朋亡:不要结党营私。朋,同道,同党。亡,通“无”,音义同。得尚于中行:能辅佐德行持中的君王。尚,辅佐。中行,德行持中不偏。此指六五爻。

⑤陂:山边、水旁倾斜之处。艰贞:占问患难之事。勿恤其孚:不必忧虑返还。恤,忧。孚,返回。于食有福:有口福之吉。

⑥翩翩:鸟疾飞样,比喻人举止轻浮。戒:戒备。孚:诚信。

⑦帝乙归妹:帝乙嫁女。帝乙,纣王之父。归妹:嫁女。以祉:以之祉,意为因此而得福。以,因。之,代“帝乙归妹”。祉,福。

⑧隍:干涸的护城河。勿用师:不可出兵征战。师,军队。告命:祷告天命。

【译文】

泰卦　象征通泰。泰卦卦象是下单卦为乾,为天,为健;上单卦为坤,为地。乾下坤上是地在泰的卦象。筮得此卦必获吉祥。

初九　拔除茅草,从其根部萌发的情况,就可知道是否春回大地,该开始播耕了。连根拔除茅草,也象征干事要以团结志同道合的人一起去汇征。

九二　如果有包容大川的胸怀,对外能容忍他人之不足,对已有临危不惧,果断处之的作风,于公对私光明磊落,持中正之道,必吉。

九三　没有只平直而不倾险之地,也没有只出行而不再返还的人;平之必陂,往之必复,这是自然之理。故要坚守中正之道,并相信该来的一定会来。该有饭吃,该有酒喝,自然会来,这就是福。复有福吉。

六四　用鸟的轻盈飞翔,比拟人之轻狂冒进,不能保住财富,人没诚信就成为阳实阴虚的状态,因而,丧失了实力。

六五　帝已位居尊位,却能将自己的妹妹下嫁给自己的属臣,以柔居中,合于帝已大吉,也体现了满朝的福祉。

上六　城墙倾倒在城壕之中,不可以动用很多人去修复,因为此时已盛极已衰。也不宜在城邑中乞求援兵,难免有羞辱。在城邑中祷告天命,占问必有艰难之兆。

【解读】

本卦从不同角度强调:“小往大来,吉。”认为阴阳之间相交感能够获吉,有着对立统一的因素;“无平不陂,无往不复”,承认事物是相对的,有着一切事物向相反方向发展变化的辩证法因素;“尚于中行”,崇尚中正不偏、提倡诚实守信。

【经典实例】

雅马哈败走麦城

《泰卦》阐释持盈保泰的原则。创业固然艰难,守成更加不易,不可以既有成就为满足,唯有精诚团结,力求发展,始可不断开创新局面。应知物极必反,唯有坚持理想,才能取得突破。居安应当思危,不可轻举妄动,应以促进团结为根本,态度光明磊落,把握中庸原则,兼容并蓄,刚柔相济,选贤任能,修明政治,于安定中求得进步。当盛极而衰,颓势已经显现时,应知不可抗拒,唯有消极地因势利导,使损伤

减少到最低限度；如果逞强，反而加速失败，乃至灭亡。

20世纪80年代初，日本雅马哈摩托车公司，为了争取世界摩托车行业的首席地位，开始向雄居世界首位的日本本田公司发起挑战。历时两年的激战，终以雅马哈的失败而偃旗息鼓。

20世纪70年代中后期，本田致力于汽车生产，流失了不少摩托车业务。雅马哈公司认为这是一个竞争世界第一的好机会，为此它不惜一切代价积极拓展摩托车市场。在雅马哈的猛烈攻势下，本田公司节节败退。1981年8月，雅马哈公司宣称，很快将建一座新工厂，这将使雅马哈总产量超过本田。

“我们不能永远屈居第二。”雅马哈人信心十足。

雅马哈的勇气固然可嘉，然而，它忘记了本田是一个几十年来一直称雄于世界摩托车市场的实力雄厚的大公司，并且以其在汽车领域的技术优势作为坚强后盾。面对雅马哈的攻势，本田怎能善罢甘休？连连出招，一场被誉为日本工业领域最残酷的战役打响了。

在这次战役中，雅马哈公司与本田公司相比实力相差悬殊，这是雅马哈失败的重要原因。

从商战一开始，本田就采用了大幅度降价策略，增加促销费用和销售点。雅马哈如果采用与本田公司相同的降价策略，公司本身是无法负担的，但如果不降价或降价幅度较小，那就只有在价格大战中失败。显然，在价格战上雅马哈公司已处于劣势。

本田采取的另一策略是加快产品的更新换代，迅速使产品多样化，使摩托车的销售量直线上升。而雅马哈公司相比之下则有些相形见绌了。为了超过本田，雅马哈公司在投资建新厂上下了很大赌注，内部运营资金入不敷出，只好向外大量贷款，而新厂尚未建成，无法产生效益，因此雅马哈几乎无力开发新产品。在本田推出81种新车型时，雅马哈公司只推出34种新车型，淘汰了3种车型。产品更新换代的速度缓慢。

经过一年的较量，雅马哈市场占有率从原来的37%下降为23%，产量迅速下降，1982年营业额比上一年锐减了50%以上，1983年初雅马哈公司的库存占日本摩托车行业库存的一半。在这种情况下，雅马哈只有举债为生。走投无路的雅马哈公司为了避免破产，终于在1983年向本田举出白旗。

雅马哈公司不仅没有实现争夺摩托车业霸主的梦想，反而丢掉了第二把交椅的位置。这场竞争使雅马哈公司伤痕累累，其主要原因是：雅马哈公司在本田公司致力于进军汽车市场而无暇顾及摩托车业务时，乘胜追击。销售额从1970年只占本田25%上升到1979年的71%，然而，胜利面前不能正确评价制胜的根本原因，以致忘乎所以，盲目出击，造成人仰马翻，一蹶不振至今。

商战是智力与实力的较量，拼杀结果常常是强者胜。雅马哈虽然取得一定的成功，但是不自量力，急于冒进，最后伤了元气，想守成而尚不可得，败走“麦城”。

人在艰难困苦中往往能够坚定其心，但是在局面稍有好转的形势下往往会对自己产生错误认识，反倒把持不定，失误连连，乃至走向失败。有识之士要从《泰卦》中汲取丰富的经验和养分，避免雅马哈公司那样的失误。

泰极否来

唐朝末年,沙陀族首领李克用因帮助朝廷镇压黄巾军起义,被封为陇西郡王,后来又封为晋王。在临终的时候,他交给儿子李存勖三支箭,说:“梁王,是我的仇人;燕王,我拥立的;契丹王耶律阿保机,与我曾相约为兄弟,但他却背叛了我去投靠梁王。我生前没能亲手杀了这三个人,是我最大的遗憾。现在交给你三支箭,你不要忘了我的大仇。”

李克用死后,李存勖继任为晋王。他把这三支箭供奉在家庙中,发誓要报仇。

李克用病死的前一年,梁王朱温已经篡唐称帝。在当时的割据势力中,梁地广兵多,据有今河南、山东两省和陕西、山西、河北、宁夏、湖北、安徽、江苏等省各一部分。

燕王指刘仁恭和他的儿子刘守光。刘仁恭任卢龙军节度使,是经李克用推荐而被唐王朝任命的。但刘仁恭后来却恩将仇报,袭败李克用军向梁讨好。李克用病死这一年(公元 907 年),刘守光囚禁了父亲,自称卢龙军节度使,四年后又自称大燕皇帝。

李存勖继任后,一心念着父亲的遗嘱,觉得自己的实力还弱,于是养精蓄锐。一方面,他下令所属各州县推举贤才,一方面黜退贪残,宽免租税,抚恤孤寡,昭雪冤案,查禁奸盗。过了不久,境内大治,不到几年的功夫,民富国强,上下一心。

公元 913 年 11 月,李存勋出兵攻燕,擒获了刘仁恭父子。10 年之后,即公元 923 年,李存勖登基为皇帝,建国号为唐。同年出兵进攻梁。这时朱温已死,梁国皇帝是他的儿子朱友贞。朱友贞抵挡不住唐军的攻势而自杀。李存勖把朱友贞君臣的头用漆涂了收藏在太庙。三个仇家已被他收拾了两个,他却不可一世起来,开始花天酒地,打猎游玩,不然就与戏子们混在一起,亲自粉墨登场,国事家仇都抛到了脑后。戏子郭门高任亲军指挥使,部下有人作乱,事觉被诛。李存勖说这是受了郭门高的指使,这使郭极为害怕,便趁李存勖的养子李嗣源造反的机会,率领部下攻入宫中,把李存勖射死了。欧阳修在《伶官传》中写道:“故方其盛也,举天下豪杰,莫能与之争;及其衰也,数十伶人困之而身死国灭,为天下笑。”

不知足的沃尔顿

1970 年,沃尔玛旗下的商店达到 32 家,营业额达到 3100 万美元。经过 25 年艰苦奋斗后,沃尔玛终于成为一个地区性小型百货集团。这一年沃尔顿 52 岁了,额头上增加了一道道皱纹,头上多了不少白发,但他依然“老骥伏枥,志在千里”,像小伙子一样拼搏,丝毫不肯松懈。

“知足者常乐”是一种普遍心态,许多商人做到沃尔顿这种地步就不思进取,开始购置宝马香车,扩建豪宅,过起奢侈气派的日子。沃尔顿看不惯那种人,他说:“早期的大折价商大都是自我意识极强的人,总想炫耀自己。他们喜欢驾驶华丽的卡迪拉克轿车,坐私人飞机旅行,乘游艇度假,居住在我无法想象的豪门大宅里……过着穷奢极侈的生活。幸亏当时的折价销售还算景气,经得起奢侈生活的折腾。那时顾客盈门,金钱滚滚而来。如果他们遵循一些起码的原则,就不会落得歇业倒闭的下场……一旦失去目标是要付出代价的。或许他们不是因为乘坐卡迪拉克轿车或乘坐游艇垮台的,也许他们认为像我们这样干不值得。但有一点可以肯定,他们对事业不够专心,所以才走向事物的反面。"

沃尔顿有强烈的危机感,有做大做强的欲望,他的目光紧盯着西尔斯百货公司和凯玛特公司,发誓要赶上它们,超过它们。他目标坚定,马不停蹄地扩张。

本卦阐释持盈保泰的原则。创业固然艰难,守成更加不易,不能以既有成就为满足,唯有精诚团结,力求发展,才可不断开创新局面。应知物极必反,唯有坚持理想,才能突破。居安应当思危,不可轻举妄动,应以促进团结为本,态度光明磊落,把握中庸原则,兼容并蓄,刚柔相济,选贤用能,修明政治,于安定中要求进步。当盛极而衰,颓势不可抗拒时,唯有因势利导,使损失减少到最低限度。

司马迁发愤写《史记》

司马迁生于汉景帝中元五年(145年),是龙门(今陕西韩城)人。他家世世代代担任史官,因而司马氏一家把"太史"当作是祖传基业。西汉时期,汉武帝重新设立史官一职,司马迁的父亲司马谈受命担任太史令。

司马谈学识渊博,工作之余,他更看重儿子司马迁的学业。于是,他就亲自教儿子识文断句,经常讲历史故事给儿子听。或许是遗传因素的影响,也或许是天长日久不断学习的结果,司马迁像他的祖辈一样,对史学产生了浓厚的兴趣。他刻苦学习,博览群书。父亲任太史之后,他跟随父亲来到长安,拜见当时的经学大师孔安国和董仲舒,师从孔安国学习《尚书》,跟随董仲舒苦读《春秋》,受到了很好的教育。

司马迁祠

司马迁渐渐长大了,他求知若渴,书本上的知识满足不了他的求知欲。他常常问司马谈:"父亲,史书中记载的都是真实的事情吗?这些史书以外的人物,我们又怎么知道他们的事迹呢?"司马谈告诉他,任何史书都有一定的局限性,涉及的人物、史实都很有限。要想仔细地了解过去的历史,必须再经过实地调查,获取民间的直接资料。司马迁把父亲的话一一记在心底。司马迁二十岁那年,父亲便要求他畅游全国,搜集历史人物的轶文、逸事等多方面资料。第二年,司马迁便满腔热情地从长安出发,游历各地。

在庐山,司马迁搜集到不少大禹治水的传说资料。后来,他又来到山东曲阜,观看了孔庙、孔子的坟墓。在这里,他为一代教育家孔子的精神和事迹所震撼,决

定好好写写孔子。后来,他在《史记·孔子世家》中也表达了对孔子的仰慕之情。他说:“《诗》有之:‘高山仰止,景行行止。’虽不能至,然心向往之,余读孔氏书,想见其为人。”

这次实地考察,历经陕西、河南、河北、山东、浙江、江苏、安徽、湖北、湖南、江西等地。自己亲身调查得来的资料真实而又详细,弥补和填充了以往史书的不足和缺陷。这为他后来写《史记》做了充足的资料准备。

司马迁回到长安,被任命为郎中。汉武帝元封元年(前110年),父亲司马谈病重。临终时,司马谈把自己所有的希望都寄托在司马迁身上。他握着儿子的手说:“我这一生总想写一部完整的历史书籍,现在看来已经来不及了,希望你能完成它。我死后,你一定要担任太史令。当了太史令,可别忘了我的愿望啊!”

司马迁心情悲痛地答应了父亲的临终嘱托。他整理了以往的史书和自己搜集到的资料,决定编写《史记》。元封三年(前108年),司马迁正式担任太史令。司马迁花了相当大的心血来从事《史记》的写作工作。然而,一场飞来的横祸打断了他的写作。

天汉二年(前99年),发生了一件大事。这一年,西汉的将军李陵奉汉武帝的命令,率领五千兵士,去攻打匈奴。不料,匈奴派出八万兵马予以猛烈回击。李陵和战士们血战八天八夜,突围没有成功。匈奴劝其投降,李陵无奈,只得答应了。消息传来,汉武帝勃然大怒。他无法忍受李陵的叛变,下令把李陵全家抄斩。司马迁和李陵是多年的好友。他不相信李陵能叛变,就上奏武帝说:“反叛之事证据不足,臣可为李陵担保他决不会变节投降匈奴。请陛下收回成命。”武帝一听,无疑是火上浇油。他大声斥责道:“事实已是如此,你为何为李陵开脱,想是也有反叛之心!”说完,不由分说,就把司马迁下了大牢。盛怒中的汉武帝没有接受朝中大臣的求情,下令对司马迁处以宫刑。宫刑是一种对人身心伤害很大的刑罚,司马迁认为这是自己一生中的奇耻大辱。

在监狱中,他心情很低落,常常痛哭自己的不幸。可是,在他最伤心的时候,他不禁想起了疼爱过他的父亲,想起了父亲的临终嘱托。是啊,以往史书七零八乱,对过去的历史没有好好完整地记载、论述。为了造福于后人,我应把《史记》写完,也算是我这个废人的一点贡献吧!就这样,司马迁在狱中继续思考写作的线索。太始元年(前96年),司马迁获释出狱,就全身心地投入到《史记》的编写过程中去。

遭受此劫的司马迁没有失去生活的信心,相反,他失去了以往对官场应酬的兴趣。他心中只有一个目标,就是要给后人留下一部真正有价值、有意义的史书。他常激励自己说:“以前文王被囚于羑里而演《周易》,孔子困于陈、蔡之间而作《春秋》;屈原被放逐,写成千古绝唱《离骚》;左丘双目失明而著《国语》;吕不韦被谪于蜀地写下《吕氏春秋》;韩非囚于秦而作《说难》《孤愤》;《诗经》三百篇,大概是圣贤发愤而作的吧。我也应该如此,就让我思索往事,来警示后人吧!”

《史记》是我国历史上第一部用纪传体写成的通史。它记述了从传说中的黄帝到汉武帝太始二年(前95年)之间这段时期的历史。全书由十二篇本纪、十篇表、八篇书、三十篇世家和七十篇列传组成。书中涉及了帝王、将相、文人的事迹,以及天文、地理、风俗、人情等各个方面的知识。它耗费了司马迁一生的心血,是一

部光耀千秋的巨著，世人对它评价很高。而司马迁发愤写《史记》的精神和事迹也感动了后人，《史记》得以广为流传。

无为而无不为的施永青

施永青曾经是有名的“左仔”(那个年代中国香港人对亲共青年的称呼)。中学一毕业，热血青年施永青就去了工人夜校做教员，一扎根就是8年。“党说，重要的是唤醒群众。”直到1976年，天安门事件爆发，年轻的施永青开始遭遇他的信仰危机。两手空空的施永青不知何去何从。几个月的奔波之后，他终于在一个叫新昌的地产公司找到了一份工作。

施回忆说，这两年是不愉快的两年，“我发觉自己无法适应这种打工生涯”。

一个很重要的原因是报酬与贡献之间的巨大差距，“我做了那么多，而给我的却那么少。以前是有信仰支撑，无所谓，现在，凭什么呀?”但是最后他发现，在中国香港要想获得合理的回报，唯一的出路就是自己做老板，“由市场去判断个人的价值”；更要命的是缺乏自主的空间。在新昌，员工的作用就是执行老板的一切旨意。

两年的打工生涯，两条深深的划痕，影响了施永青的一生事业。“所以我管理中原很简单，只有两点，一是合理报酬，一是给员工尽量大的自主空间。自主空间大，他的创造性就大一点，战斗力就强一点，这都是当年打工赚来的经验。”施永青笑着补充：“因为这两条，我打不了工，也因为这两条，我让中原有更强的战斗力。”

在新昌，施永青遇到了王文彦。其实，两个人是老朋友了。在香岛中学念书时，大家都很关心政治、时局、人类命运，有时放了学，这两个“左仔”仍然会为一些政治问题争得面红耳赤。后来王考上了中文大学，施则去了“革命”。

老友重聚，两个不知天高地厚的小子，开始梦想着有一番自己的事业。

1978年，施永青和王文彦每人拿出5000块积蓄，在一间贸易行的写字楼里，合租了一张写字台，一个人坐着接电话，另一个就上街跑业务。就这样，开始了他们的创业之旅。

“说老实话，刚创办中原的时候，对将来并没有什么奢望。”施说，“我们只是希望能够保本，赚到的钱比打工多一点就可以了，可谓志向不高。”22年后，坐在自己的写字台前，施永青略带自嘲。

“幸而，代理这个行业当时的水准太低了。”当时中国香港楼市炒风方猛，很多代理行以代理为名，却把主要的精力放在了炒楼上。这给了两个年轻人机会。

在二人同心协力下，初试啼声的中原，锋芒直逼当时的同业大哥美联。

然而，谁又能想到，看上去一帆风顺的前路，却埋伏着一场旷日持久的争夺与恩怨。

因为是老友合伙创业，王和施各拥有中原50%的股份，两个都叫董事总经理，但实际上，王大多处于主导的地位。“我一般不太干涉他(王文彦)，因为我的个性是不太喜欢和别人争，更何况是多年老友?”

但是中原渐渐长大成人，更多的职员开始参与公司管理。这样，在公司决策的会议上，当施和王出现分歧，管理层就不得不由倾向而分化。当支持施永青的人渐渐多了起来，王文彦开始觉得有点失落：“1988、1989年的时候，我已发觉自己和施

永青的合作出现分歧,无论是性格、工作作风、管理哲学、用人方针等方面,都是不太咬弦的。"十年以后,王文彦回忆说。

最根本的分歧在于两个人的管理风格。王文彦崇尚法家,提倡的是有为而治的政策:"地产代理有如军队,不听军令、不依法则,如何成军?何以战胜同行?"而施永青自嘲为"懒人",推崇的是老子,奉行的是无为而治的政策:"我尽量不干预下属,让他们有自主的空间。因为从我青年时期的经历,我发觉纯粹的中央指令出错的机会很大。"因而在中原,施更多地扮演着"慈母"的角色。

转机发生在1990年。当时,公司面临着前所未有的危机。紧接着,公司高层发生地震,董事周家雄离职,并带走5名董事,最后,董事局仅剩下王、施和黄伟雄3人,而后者并没有股份。为了稳住军心,王文彦和施永青各将5%的股份分给了黄,于是王和施的持股比例由50%下降到各45%。

股份上的二元结构被打破,就意味着管理上的僵局被打破,原来不好办的事情开始变得简单。现在,当分歧出现,资本的声音大过了资历,也大过了交情。在经历多次冲突之后,自认被架空的王文彦知难而退,最终在1992年选择了离开中原。当然,作为创业者,他并没有放弃他对中原45%的拥有权:"我对中原仍有一份情意在,这是自己一手建立的东西,我会把它看作一份纪念品。"

人才观的不同也是施永青和王文彦的一大歧见。"他比较注重学历,而我就倾向让下属在工作中成长。"施说,代理这一行不一定需要很高的学历,中原的用人原则是,"只要你业绩好,就给你机会,实际上,这是让市场给他机会。"

"我并不是不重视学历与经验,但如果不能转化成公司的生意,又有什么意义?"施永青说,"我相信'强将手下无弱兵',关键是要让员工看到自己的长处、自己的远景,他才会有动力。"

"一般有本事的人,都不太安分。尤其是做地产代理这一行,跳槽简直就是家常便饭,我想知道,对那些特别优秀的人,中原和施先生有没有采取一些特别的措施?"有人问。

"没有。"施永青摇摇头,答得很干脆。"有的公司强调要员工忠于公司,我是从来不讲这一套的。"施说,员工之于公司,只不过是某一时期大家走到了一起而已。正"所谓'我们来自五湖四海,为了一个共同的目标走到一起来了'。大家都珍惜一起走过的日子,当然,各有各的追求、各有各的目标,你如果下了决心要走,也无所谓呀,只不过给留下来的人腾出了空间而已。"

"所以我不是很怕人走,关键是你要让在的人觉得公平、觉得有充分的空间。"

当然,不是每个人都能够这么轻松面对人才流动。1997年,北京中原有位经理离开,拉走了一批客户和员工,在中原对面的楼上开了一家"中原式"的代理行,北京中原的副总李文杰为此火了好几天。旧事重提,施永青笑着说:"遇上这种事,有很多老板的想法是'你以前懂什么?全靠我栽培你,现在翅膀硬了就单飞,这都做得出!'其实,这是很正常的事。人家有自己的选择权,你应该检讨的是为什么人家会离开,这样,以后就能够尽量避免……但是,要明白,你做得再好都会有人离开的。"

施笑喻:"用人就好像追女孩子,你爱她她就爱你吗?但是总不能因为某个女孩子不爱你就否定自己的价值吧。不爱你就不爱你,没什么理由好讲的啦。"

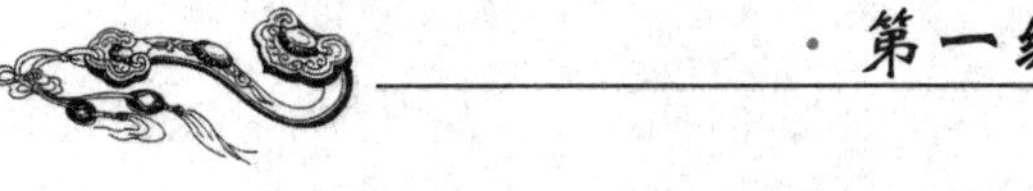

20世纪90年代初，大量港资背景的代理行拥入中国内地市场，利达行、美联、中原是其中各领风骚的佼佼者。但是到了今天，仍然有市场份额、有赢利规模的，可能就剩下了中原一家。

“未来中原在内地市场有什么大的举措?”

“这不在我的考虑范围。中原在内地的业务，我已经全权交给黎明楷先生打理，我很少过问。”施永青把手一甩，笑眯眯地看着我们。

泰卦象征人们事业经过一段艰难地成长之后，而达到顺利谐和的发展局面，这样一个状态，也是事业发展时期，正在人生春风得意的时期，人生和事业发展虽然有困难，但只要认真地去应对它们，就会使事业顺利推进。通泰顺利的局面是要通过辛劳换来，但如何保持你成功的结果，这是个关键。事情应当这样，当事业成功之后，采取正确措施，控制和稳定事业的发展方向，满而不盈，谦而不骄，把已经有的成功作为开拓新事业的起点，继续团结一致，向外寻求发展，领导和事业要果断、宽容、光明磊落，刚柔并济，以推动事业的发展，必须懂得物极必反之理，坚守纯正，不改初衷和居安思危，保持清醒头脑，正确选用贤能励精图治，在颓势已成必然时，不要逞强挽救，而要因势利导将损失减少到最低限度。

成功之后，应本着包容、果断、光明磊落的原则，继续推进自己的事业。同时要刚柔并济，把握中正原则，自由运用，特别是身居领导地位的人，要与部下相互交流，坚持原则，不徇私情，以推动事业发展。

篡改遗诏

秦始皇驾崩后，赵高与胡亥阴谋篡改遗诏。但是这件大事，如果不与丞相李斯商议，则不可能办成。于是赵高对李斯说：“皇帝驾崩了，别人都不知道。遗诏的意思是让太子扶苏继位，但诏书在我手里，没有发出去。现在，由谁继位取决于你我二人，请你认真考虑。”李斯听了大吃一惊，说：“这种事做臣子的如何可以做主呢?”赵高说：“丞相您也想一想，您的功劳比得上蒙恬吗?比得上蒙恬受太子扶苏信任吗?太子扶苏如果回来继位，您的相位无法保住。诸皇子中，胡亥最为愚钝，我们立他为帝，就能安享荣华富贵。”李斯听了点头同意。

李斯像

赵高、胡亥和李斯三人经过一番密谋后，继续封锁秦始皇驾崩的消息。为了掩人耳目，就像始皇还活着一样，按时献上饮食，侍奉起居。半路上，赵高伪造始皇诏书，送给边地上的扶苏，下令让他自杀；把大将蒙恬投入牢狱，将其毒死。回到咸阳之后，赵高和李斯发布了始皇驾崩的消息，宣称遗诏立胡亥为帝，即秦二世。

秦二世昏庸，赵高把持朝政，后来又害李斯。当李斯被押解出狱的时候，回头对同押的儿子说：“我还想跟你牵了黄狗一同出上蔡东门，去追逐狡兔，还办得到

吗?”说罢,父子二人抱头痛哭。最后,李斯族人全被处死。

在这一事变中,李斯的作用很关键。因为他身为丞相,位极人臣,没有他的赞成,篡改诏书是不可能成功的。如果他不同意改诏,扶苏继位也不一定就加害于他。但是他没有把握好分寸,向前多走了一步,让小人得志,最后自己也身死人手,悔之晚矣!

畅所欲言出良策　团结一致创新高

1927年2月21日,盖蒂石油公司终于在自己租用的那块地上挖出了第一口井,接着在那块地上挖出了数口井,每口井都产出大量的原油,每天共产油17000多桶。从1927年至1939年间,这块油田为保罗·盖蒂赚了数百万美元。

可你知道吗?如果保罗不相信“众人拾柴火焰高”,那他就与这滚滚财源失之交臂。

这块地在森林里,所有者愿意出租。很多石油公司嫌这块地面积不大,且道路不易铺设而放弃它。保罗·盖蒂和下属到现场看了这块地,发觉这里是可以采出石油的。但保罗·盖蒂经过分析,认为这块地没有前途,因为,第一,它的面积比一间房子还小。第二,唯一通到这块地的只有一条小路;只有4尺宽,没有办法把卡车开进去。第三,这块地太小,不适合用一般的开采办法开采。

因此,保罗·盖蒂准备放弃租用此地,也没有谁持反对意见。保罗·盖蒂仔细想想,还是决定让员工们讨论一下,看看是否有办法克服这块地的缺点。员工们见老板如此信任大家,所以毫无拘束地议论起来,你一言我一语,不少主意就出来了。

“我想我们可以使用小1号的工具挖掘。”一位经过深思熟虑的职工说。

保罗·盖蒂得到了启发。这位员工想出使用小1号工具挖井,那么亦可以考虑使用小1号的铁路作为通向这油田的交通工具。于是,他顺着那位提建议的员工的话说:“如果大家能找到人设计和制造出小1号的工具,我们公司就能下手在这块地开采石油。当然,接着还有一个问题,就是怎么使用小1号交通工具把那里的石油运出来,请大家出些点子。刚才那位员工的主意实在太好了!”

保罗·盖蒂如此一讲,员工们感到得到了老板的重视,都积极开动脑筋想办法。大家都是与油田打过交道的工作人员,既知道挖井采油的方法和难处,又练就了各种克难制胜的本领,每个人都有不少经验和体会的。为此,大家无所约束地畅所欲言,把自己的看法谈出来,你一言我一语,由小1号挖井工具谈到小1号铁路和火车问题,进而谈及找谁设计和制造这些挖井工具和交通工具的具体方案。

经过保罗·盖蒂的一番激励和鼓动,员工们为开发森林里那块含油丰富的小油田找到了一个完善的答案。

后来把这些方案放到现实中一实施,它们的价值都显现出来了。

出淤泥而不染

在昏君当权,政治混乱的时期,苏琼不随波逐流,与时浮沉,而是爱惜百姓,尽力加以保护，尤其是百姓受灾时，挺身而出，为救民而甘愿获罪，后终于得到君王的谅解。

苏琼字珍之，长乐武强（今属河北）人。他历任州郡长官，所到之处，皆为百姓所称道。

苏琼在任时，尽力维护郡中百姓的利益。当时，道人道研为济州沙门统，资产巨富，在郡多出息，常得郡县为征。对于这种以高利贷方式盘剥百姓的富僧，苏琼当然不会用官府的力量帮助他欺压百姓。道研每次求见，苏琼明知他的来意，却与他谈论佛教经典，询问义理，使道研一直没有机会开口谈及此事。他的弟子问他缘故，道研说："每见府君，径将我入青云间，何由得论地上事。"道研师徒被苏琼这种方式弄得无可奈何。回去后就将那些借债的契约都烧掉了。

苏琼对朝廷规定征发的各项赋役都预先做好安排："蚕月预下绵绢度样于部内，其兵赋次第并立明式，至于调役，事必先办，郡县长吏常无十杖稽失。"由于苏琼规定明确，采取"兵赋次第并立明式"，豪强就无法与奸吏相勾结，将赋役负担转嫁到平民百姓头上。加上苏琼明察秋毫，做到"人间善恶及长吏饮人一杯酒，无不即知"，官吏不致妄加征发，故而百姓不致被滥加摊派。而因计划周密，安排合理，赋役交纳、征发皆不拖延，故"州、郡无不遣人至境，访其政术"。

苏琼在南清河郡六年，百姓感念他的恩德，纵有纠纷也在郡里解决，没有一个人到州里去告状申诉的。每次他遇到困难，都得到群众的帮助，官爱民如子，百姓自然会拥戴他。

丙吉大人有大量

在中国历史上久负盛名的《三字经》中，有一个"孔融让梨"的故事。说的是东汉末年鲁国的孔融，在4岁的时候便克制自己的欲望，让自己的哥哥先挑梨，自己吃最小的。从此便传为美谈。

汉朝的时候，丙吉是汉宣帝的丞相。他的车夫好喝酒，喝醉了行为就不太检点。有一次，他驾车外出酒醉后呕吐到丞相的车上，相府的主管骂了车夫一顿并想辞退他。丙吉说："他如果因为醉酒失事而遭辞退，还有谁会收容他呢？总管忍忍吧，不过就是把车垫子弄脏了而已。"就仍然留他作车夫。

这个车夫家在边疆，经常目睹边疆发生紧急军务的情况。那天出门，恰好看见驿站骑手拿着红白两色的口袋，将进境的紧急文书送来。他就随后跟到皇宫正门，到负责警卫传达的公车令那里打听，知道敌人已经侵入云中、代郡等地。

他马上回到相府，将情况告诉了丙吉，并说："恐怕敌人所侵犯的边郡中，有些太守和长史已经又老又病，无法用兵打仗了，丞相最好是预先准备一下。"丙吉认为他说得很对，就召来负责任免事项的官员，查阅边境郡县官员的档案，对每个人都仔细地逐条审查。

不久，汉宣帝召见丞相和御史大夫，询问敌人入侵郡县官员的情况，丙吉一一正确答复。御史大夫仓促间显得十分窘迫，无言禀告，只得降职让贤。而丙吉能时时忧虑边疆事务，全凭车夫的提醒。

让步、"吃小亏"，往往并不一定是为了达到某一个更高的目标，而常常是

出于另一种原因，一种预测到、也了解到自己不可能获得自己所有应该获得的机会和利益的明智。既然如此，我们又何必煞费苦心地去争、去比、去要呢？我们反正是要失去一些的，那么，把这种必然性的东西驾驭在自己的主动权之下岂不是更好吗？

李白侮辱高力士

在一次宫廷酒宴中，李白曾于酒酣耳热之际，作《清平调》三首，歌颂杨玉环的美貌。他在作这三首诗时要杨国忠亲自为他磨墨，还命皇帝宠信的太监高力士为他脱靴。太监的地位是卑贱的，但得宠的太监就不同了。高力士因此深以为耻，对李白怀恨在心。

李白在诗中把杨玉环描写得花容月貌，像仙女一样。杨玉环十分喜欢，常常独自吟诵。李白在诗中提到了赵飞燕，李白绝不存在丝毫讽刺的意思，他只是就赵飞燕的美丽与得宠同杨玉环相比较。这使怀恨在心的高力士看到了报复的契机。

一天，高力士又听到杨玉环在吟诵《清平调》，便以开玩笑的口吻问道："我本来以为您会因为这几首诗把李白恨入骨髓，没想到您竟喜欢到如此地步。"杨贵妃听后吃了一惊，不解地问道："难道李翰林侮辱了我吗？"高力士说："难道你没注意？他把您比做赵飞燕。赵飞燕是什么样的女人，怎么能同娘娘您相提并论。他这是把您看得同赵飞燕一样淫贱啊！"

在当时杨玉环已是"后宫佳丽三千人，三千宠爱在一身"，她的哥哥、姐妹也都位居显要，声势显赫。她唯一担心的便是自己的地位是否稳固，绝不希望被人看作像赵飞燕那样淫贱，更害怕落到她那样的下场。高力士摸透了杨玉环的心思，因此也就在她最软弱处下了刀子。他轻而易举地便把李白的诗同赵飞燕的下场嫁接起来，一下子使赞美的诗篇成了讥嘲的证据，激起了杨玉环的反感与憎恨。后来唐玄宗曾三次想提拔李白，但都被杨玉环阻止了。高力士靠此手段达到了报复脱靴之辱的目的，一次小报告，葬送了李白的前程。

在李白看来，像高力士这样的小人根本不配与自己为伍，正邪势不两立，正人君子自然疾恶如仇。正是在这一思想支配下，不仅没有适时地说两句低声下气套近乎的话，李白还巧借醉酒之机在大庭广众之下侮辱了高力士，没给他留丝毫的面子，这样做虽可泄一时之愤，但他却没想到由此而产生的严重后果。两人相斗，笑到最后的还是高力士。李白后来虽然被唐玄宗"赐"金放还，全身而退，但毕竟被彻底赶出了他梦中施展抱负的政治舞台。从此他借酒浇愁，赋诗抒怀，落魄于江湖。

让"小人"吃了自己的"小亏"，结果耽误自己看重的大好前程，无论如何是不值得的。孔子说："世间唯唯女子与小人难养也，近之则逊，远之则怨"。小人不择手段，肯用下三烂的诡计，斩尽杀绝，而君子做事讲究光明磊落，也就没有办法对付小人。小人成事不足，败事有余，更是吃不得亏的，有些"小亏"不妨自己吃了算了，对自己也损失不大，不然被小人盯上麻烦就大了。做人应当牢记：宁可得罪十个君子，不得罪一个小人。

郑板桥曾说过："吃亏是福。"这绝不是阿Q式的精神自慰，而是他一生阅历的高度概括和总结。吃亏还是一种更高一级的胜利策略，在生活中我们不可能事事争强，处处占上风，所以我们可以主动地吃上几个轻拳，而把出重拳的主动权抓在自己手里。

宓子贱的得失观

春秋战国时期的宓子贱，是孔子的弟子，鲁国人。有一次齐国进攻鲁国，战火迅速向鲁国单父地区推进，而此时宓子贱正在做单父宰。

当时也正值麦收季节，大片的麦子已经成熟了，不久就能够收割入库了。可是战争一来，这眼看到手的粮食就会让齐国抢走。当地一些父老向宓子贱提出建议，说："麦子马上就熟了，应该赶在齐国军队到来之前，让咱们这里的老百姓去抢收，不管是谁种的，谁抢收了就归谁所有，肥水不流外人田。"

另一个人也认为："是啊，这样把粮食打下来，可以增加我们鲁国的粮食，而齐国的军队也抢不走麦子做军粮，他们没有粮食，自然也坚持不了多久。"尽管乡中父老再三请求，宓子贱坚决不同意这种做法。过了一些日子，齐军一来，把单父地区的小麦一抢而空。

为了这件事，许多父老埋怨宓子贱。鲁国的大贵族季孙氏也非常愤怒，派使臣向宓子贱兴师问罪。宓子贱说："今天没有麦子，明年我们可以再种。如果官府这次发布告令，让人们去抢收麦子，那些不种麦子的人则可能不劳而获，得到不少好处，单父的百姓也许能抢回来一些麦子，但是那些趁火打劫的人以后便会年年期盼敌国的入侵，民风也会变得越来越坏，不是吗？其实单父一年的小麦产量，对于鲁国的强弱的影响微乎其微，鲁国不会因为得到单父的麦子就强大起来；也不会因为失去单父这一年的小麦而衰弱下去。但是如果让单父的老百姓，以至于鲁国的老百姓都存了这种借敌国入侵能获取意外财物的心理，这是危害我们鲁国的大敌，这种侥幸获利的心理难以整治，那才是我们几代人的大损失呀！"

子贱自有他的得失观，他之所以拒绝父老的劝谏，让入侵鲁国的齐军抢走了麦子，是认为失掉的是有形的有限的那一点点粮食，而让民众存有侥幸得财得利的心理才是无形的、无限的长久的损失。得与失应该如何取舍，宓子贱做出了正确的选择。要忍一时的失，才能有长久的得；要能忍小失，才能有大的收获。

冯谖焚券市义

战国时，齐国的孟尝君是一个以养士出名的相国。由于他待士十分真诚，感动了一个具真才实学而十分落魄的士人，名叫冯谖。冯谖在受到孟尝君的礼遇后，决心为他效力。

一次孟尝君要叫人为他到其封地薛邑讨债，问谁肯去？冯谖说我愿去，但不知用催讨回来的钱，需要买什么东西？孟尝君说就买点我们家没有的东西吧！冯谖领命而去。

到了薛邑后，他见到老百姓的生活十分穷困；听说孟尝君的讨债使者来了，均愤愤有怨言。于是，他召集了邑中居民，对大家说："孟尝君知道大家生活困难，这次特意派我来告诉大家，以前的欠债一律作废，利息也不用偿还了，孟尝君叫我把债券也带来了，今天当着大伙的面，我把它烧毁，从今以后，再不催还！”说着，冯谖果真点起一把火，把债券都烧完了。薛邑的百姓没有料到孟尝君是如此仁义，个个感激涕零。

冯谖回来后，孟尝君问他，讨的利钱呢？冯谖回家说，不但利钱没讨回，借债的债券也烧了。孟尝君便大不高兴。冯谖对他说：您不是要叫我买家中没有的东西回来吗？我已经给您买回来了，这就是“义”。焚券市义，这对您收归民心是大有好处的啊！

果然，不数年后，孟尝君被人语谗，齐相不保，只好回到自己的封地薛邑，薛邑的百姓听说恩公孟尝君回来了，全城出动，夹道欢迎，表示坚决拥护他，跟着他走。孟尝君甚为感动，这时才体会到冯谖的“市义”苦心。这就叫“好予者，必多取”，小的损失可以换取大的利益。

得与失的互为转化之效果，有时也并不是马上就可以见到的，但懂得其中奥妙的人，会掌握取舍的主动权，让它发挥出意想不到的效果。

同仁堂“吃小亏”

清康熙八年，浙江宁波人乐尊育在北京创办了同仁堂。那时候北京大栅栏并不繁华，大街上只有稀稀拉拉的几家店铺，同仁堂就坐落在这条胡同里。在同仁堂开张营业以前，前门大街已有几家药店，人们都到这几家药店去抓药，很少有人知道同仁堂。

忽然有一天，在大栅栏胡同东口，出现了一座金光闪闪的铜牌楼，上书五个斗大的字——同仁堂药店。人们因此知道大栅栏胡同里也有一家药店，到这里抓药，不但不用等，而且药材地道，货真价实。很快药店的生意就兴旺起来了，原来这是老东家乐尊育的高招。

转眼两个月过去了。一天，掌柜的喜盈盈地对乐尊育说：“老东家，这两个月的买卖比过去一年还强呀，您树起的铜牌楼，就像树起了一座金山啊！”乐老先生说：“咱们不能知足得太早啦！应该继续想办法。”

每逢有庙会的日子，同仁堂就在隆福寺、护国寺、蟠桃宫、白塔寺等地，摆上茶桌，夏天准备有绿豆汤，向游客免费供应茶汤。很快在整个北京城，无论贫富贵贱，男女老幼，都知道大栅栏有座药铺叫同仁堂。来这里抓药的人越来越多，而前门大街的那几家药铺倒落个冷冷清清。

每逢朝廷会试，各地举子络绎不绝地来到京城，他们聚集在前门内外的旅馆里，一边休息一边跃跃欲试地等待考期的到来。这时，同仁堂便在各主要路口设置带有“乐”字的大红灯笼，做路灯照明用。各地举子只要走到十字路口，便自然会想起同仁堂。同仁堂还给来自各地的每位举子送上一盏带有“乐”字的小灯笼，供夜晚走路照明用。同时同仁堂还给每位举子免费送上一剂平安药，预防水土不服，以免因病而误了考试。这样人们一见提有“乐”字小红灯笼的人，便知道是应试的举子，同时也想到了同仁堂，各地的举子离京时，都纷纷到同仁堂致谢，有人还买上几剂成药带回。就这样同仁堂借助这些“吃小亏”

的做法让全国的人们都知道了它的名字。

不懂得“吃亏是福”的人，表面上看可能争上了他碰到的各种机会，但实际上他由于完全陷于已有的机会中，则不能不失去后来的各种机会的选择。相反，能吃小亏的人则始终把这种主动权操在自己手中，尽管失去了一些东西但也无妨大事。

“吃亏是福”是中国哲人总结出来的一种人生观，它包括了愚笨者的智慧、柔弱者的力量，领略了生命含义的放达和由吃亏退隐而带来的安稳与宁静。与这样貌似消极的哲学相比，一切所谓积极的哲学都会显得幼稚与不够稳重，以及不够圆熟。

郑板桥曾说过：“吃亏是福。”这绝不是阿Q式的精神自慰，而是他一生阅历的高度概括和总结。对待小事情要善于吃小亏，对待小人更要敢于吃亏，这是一种未来之大福。

人生在世，吃点小亏是算不了什么的。要敢于吃亏，当然这里所谓的“吃亏”必须不是原则性问题，否则吃亏就是祸了。

吃了一次亏，聪明的人就会从中学到智慧，感悟人生，得到一个大道理：福祸相随，从而知足常乐，调整自己，使自己一辈子幸福。

吃亏还是一种更高一级的胜利策略，在生活中我们不可能事事争强，处处占上风，所以我们可以主动地吃上几个轻拳，而把出重拳的主动权抓在了自己手里。

姚广孝的“永泰”人生

人生在世，必须得明白泰极否来，乐极生悲的道理。当一个人到达一定高度时，如果再往前迈半步，说不定就坠入了万丈深渊。所以，懂得顺应规律去行事，是极为重要的。著名的明成祖的“僧臣”姚广孝的一生，既有过位极人臣的地位，又有了最终的善果，就有力地印证了这个道理。

洪武三年(1370年)，朱棣被封为燕王。洪武十三年(1380年)朱棣乘船北上。姚广孝认为朱棣“智勇有大略”，正是心目中寻觅已久的明主，如果能助他以成大业，功名富贵，岂不一蹴而就？因此他毅然跟随朱棣北上，来到北平。

在当时，明太祖朱元璋在应天(今南京)通统全国，雄威尚在，以子逆父，天下将不容，主意是不能往这上面打的，于是，姚广孝极力撺掇朱棣想尽办法向朱元璋表示忠心和才能，希望朱棣能直接成为朱元璋指定的继位者。

但是，北平距应天十分遥远，朱棣要想去应天，还得朱元璋批准，使者往返，又难尽己意，这对朱棣是很不利的。姚广孝建议先谋臣下，再谋近人，使君侧尽为自己心腹。朱棣听从了他的计谋，遂派姚广孝携重金收买笼络宫廷里各级官吏，连朱元璋最宠爱的妃子也被姚广孝收拢，常在朱元璋面前说朱棣的好话。姚广孝之计果然奏效，朱元璋想让朱棣继位的意思也常常表现出来。

洪武三十一年(1398年)，明太祖朱元璋病死，皇太孙即位为建文帝。建文帝即位后，着手削藩。姚广孝劝燕王举兵反事。从此，燕王朱棣的军队与朝廷军队展开了拉锯战，一打就是三年。战争的胶着状态令燕王朱棣十分着急，因为朝廷统治着大部分疆域，地广人多，兵力充足，供应及时，而处于反叛地位

的他物资供应常靠掠取，兵源又少，长此以往定将以失败而告终。朱棣忧心忡忡，野心渐去，姚广孝察觉到朱棣已明显不满自己了。他托病藏在家中，暗中思考着进一步的对策。

一天，朱棣到姚广孝那里探病，一见姚广孝满面红光，颇为气愤。他质问姚广孝，自己统兵征战，何故他却没病装病，躲在家里？姚广孝听到质问，却不回答，只是回问近来战事如何。朱棣气愤地诉说了近来的遭遇。姚广孝听完，微微一笑，对朱棣说："三年用兵，我已尽力了。尽人之力，而不能取得更多的地盘，不如放弃这个打算吧。"朱棣听说，怒气冲天："难道你是说我该自缚家人，到应天请罪吗？"姚广孝急忙摇手，连说："不然。"接着又问朱棣："主公以为争得一城一邑事大还是得到江山事大？"朱棣被问得莫名其妙，"不得城邑，怎得江山？"姚广孝说："三年来，我们在北平附近拔州克县，虽无所成，但亦无所败。朝廷昏庸，没有能力威服我们，只限于击东应东，击西应西，把大部分兵士用来防守我们的进攻。主公请想一想，应天这个大本营会有多少兵力防守呢？"朱棣听言，眼前一亮，急忙问道："以你看来，该当如何？"姚广孝肃容而起，手指南方说："毋下城邑，疾趋京师。京师单弱，势必举。"朱棣闻言，击掌叫绝，"你何不早出此计，令吾空劳三载！"姚广孝说："主公此言差矣，若早趋京师，京师有备，事不可成。游荡骚扰三载，才使朝廷大兵主力悉数北调，京师空虚，故曰无此二载之力，亦无今日之功也。"朱棣顿首，急令大军南攻，假掠州县，实际上只是一战即去。朝廷军队来援，报已经离去，正自错愕，又有报朱棣大军复来矣。

燕王朱棣大军主力从建文帝三年(1401 年)十二月破釜沉舟，出师决战，远袭京师，第二年正月由馆陶渡黄河逼徐州。三月设伏肥河大败平安军，五月攻下泗州，此后克盱迂，趋扬州，迅速到达长江北岸，离应天仅一江之隔。而在北平一带朱棣仅留一部分军队佯攻骚扰各处。直到这时，应天朝廷才明白过来，然而回救已然不及。朱棣大军甩掉了所有围追之师，四五个月便兵逼应天，出兵之速，运兵之神令人匪夷所思。建文帝根本没有料到朱棣有此一举，惊慌失措，割地求和，朱棣自然不予理会。六月，朱棣挥师自瓜州破江，围应天。应天守将见建文帝大势已去，开门献城，应天失落。建文帝不知所终。

佯攻他处却以主力之师直袭空虚的京师，这一策略，抓住了建文帝的要害，成为朱棣夺取政权的关键性谋略决策。仅以此，姚广孝不但可以位列朱棣王朝的功臣之首，而且也足以跻身于中国古代杰出谋略家的行列。

万众和合，司马睿雄霸江东

天地交合，才能滋生万物，人心归一，才能万事顺利，这是泰卦给人们的启迪。一个人想成就自己惊天动地的事业，如果能得到民众的支持，不管前面有多少坎坷曲折，也会如履平川，畅通无阻。

东晋时，司马睿移镇建邺后，对于能否在江东站住脚，他并没有十足的把握。因为江东士族们对他十分冷漠。在相当长的一段时间里，居然没有一位名流拜会他。东吴灭亡后，江东士族的经济利益虽然没有受到太大打击，但政治地位却一落千丈。西晋朝廷藐视他们，很多贤人不被任用。有鉴于此，陆机的疏议讲得十分清楚："至于荆、扬二州，户各数十万，今扬州无郎，而荆州江南乃无一人为京城职者，诚非圣朝待四方之本心。"即便有个别人被征到中央为官，也受到百般猜忌，所以到了西晋末年，便纷纷弃冠而归了。这绝不是说他们想就此归老林下，而是在等待时机，准备东山再起，恢复昔日的荣光。

司马睿感到笼络江东士族的重要性，于是特意将顾荣、纪瞻等人征人幕府。可他们对司马睿并不感兴趣，表现得异常冷淡。江东士族的态度使司马睿焦虑不堪，如果得不到众多士族的支持，在江东站住脚将无从谈起。为此，谋臣王导和王敦决定选一个良辰吉日拥司马睿出巡，来观察江东士族的动态，再决定下一步如何行动。这一天，司马睿出游，北来名流摆出全部仪仗追随其后，在出游过程中，他故意从顾荣、纪瞻等人的宅第绕行，终于得到了他们的拜见。

王导代表司马睿拜访顾荣和贺循，向他们请求帮助。这是政治礼遇，也是一个信号，它表明司马睿有意重用江东士族。顾、贺二人欣然接受。司马睿终于同江东士族拉上了关系。在顾、贺二人的影响和推荐下，其他江东人士相继而至。司马睿分别给他们晋级封爵。顾荣是司马睿非常器重的人，事无大小，都找他来商议。对于江东士族来说，这确实是东吴灭亡以后少有的光辉时期。为了搞好与江东士族们的关系，王导还学说吴语，并提出与吴郡陆氏联姻的要求。不久，散骑常侍朱嵩和尚书郎顾球逝世，鉴于吴郡朱氏和顾氏都是江东名门望族，司马睿为表达他的心意，勇于突破仪制，亲自为他们举丧、发丧。司马睿接二连三的举动，终于使江东士族大为感动，纷纷向他投靠。司马睿终于被江东士族确认为自己利益的最高代表。

司马睿并不满足在江东立足。三定江南的事实表明，司马睿移镇建邺初期，在力量对比上，江东士族占有强大的优势。司马睿等对此惴惴不安，认为这是寄人篱下。有一次在和顾荣的谈话中，他无意中流露了这种心态："寄人国土，心常怀惭。"为了改变这种状况，司马睿煞费苦心。永嘉之乱，北方名门大族为躲避战乱，纷纷南渡。他们南渡，带有大量民众，这无疑是一支重要的力量。司马睿采纳王导的建议，及时抓住机遇，尽量录用，给予特殊优待，参与北来士人的聚会，竭力倡导匡复神州的大计。

在民族矛盾成为社会主要矛盾的时候，"匡复神州"，无疑是具有强烈号召力的口号。其实，司马睿并没有北伐之意，他深知以其现有实力，实现这一目标并不是容易的事。如果真的能够实现，以司马睿这种距皇统疏而又疏的关系，对他也未必有利。他所以始终没有放弃这一口号，无非是想借此号召北来士族支持司马睿及其后裔，这只是一种策略。北来士族本来是一批失势之人，南渡江东，迫切希望地方当局的照顾和安置。真有北伐愿望的人士，也需要地方当局的支持，才能将自己的愿望付诸行动。既然司马睿对他们另眼相待，投靠司马睿也就成了必然之势。有了众人的支持，司马睿终于可以松一口气了，有了众人齐心协力的帮助，他的江东政权便逐渐稳定了。

司马睿依靠江东士族以及大量宾客的力量，开创了万众和合的局面，巩固了自己的基业。司马睿之所以能够功高盖主，与他深谙泰卦中"辅相天地之宜，以左右民"之道理是分不开的。

古往今来，一切成就大事的人，背后肯定有坚实的群众基础，这是他们根深蒂固的基石。凭借众志成城的局面，他们最终成就了光辉而伟大的事业。

否卦第十二 ䷋

【经文】

坤下乾上　否[之匪人][1]。不利君子贞,大往小来[2]。

初六　拔茅茹,以其汇,贞吉,亨[3]。

六二　包承,小人吉,大人否亨[4]。

六三　包羞[5]。

九四　有命[6],无咎,畴离祉[7]。

九五　休否[8],大人吉。其亡其亡,系于苞桑[9]。

上九　倾否[10],先否后喜[11]。

【注释】

①否[之匪人]:否,卦名。"之匪人"三字涉《比》卦"比之匪人"而衍(朱熹说),可删,《彖传》同。通行本为第十二卦,帛书本为第二卦。此为《泰》卦之上下卦颠倒,故次列于《泰》卦之下。

"否"是闭塞不通之义。《否》卦上卦乾阳上蒸,下卦坤阴内敛,阴阳不交,象征天地隔塞。就季节而言,《否》卦象夏阳方去,秋阴方至,故《吕览》以《否》卦为七月卦。

②不利君子贞,大往小来:"君子"与爻辞之"大人"意思接近,指有德者、有位者。"贞",占问。"大",指阳,在此泛指好的事情或事物。"小",指阴,泛指不好的事情或事物。

③拔茅茹,以其汇,贞吉,亨:"汇",根茎。此与《泰》卦初爻文字相近。"汇"喻事之初始根源,或泰或否,皆有其根。欲溯其本源,故二卦初爻皆言之以"拔茅茹,以其汇"。能究其几微,故皆云"吉"。

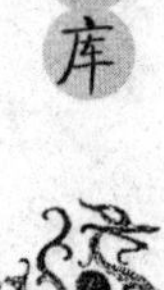

④包承,小人吉,大人否亨:"包"同"庖"。"承"读若"蒸"或"脀",生肉(参高亨说)。或问厨中有肉,何以小人吉而大人否?其象如此,其占如此,本不一定二者之间都有必然的、合理的联系;或以"邦无道,富且贵焉,耻也"之类的说之,不一定能反映爻辞本来面貌。"亨"谓终亨,九五"休否"便是对此的回应,同时也在强调所谓终亨是除却事物发展的内部规律,还需加入人为的努力的。

⑤包羞:"羞",熟肉(高亨说)。六三厨中有熟肉,自然是六二厨中有生肉的更进一步,因此也显然是六二占辞"小人吉,大人否"的递进一层,六三所省略了的占辞当即如此。

⑥有命:"有",犹保、持,奉持。"有命",奉持天命。否至强劲,转泰之几已萌,奉持天命,坚定信念,则可无咎。

⑦畴离祉:"畴",发语辞(《礼记·檀弓》注"畴,发声也")。"离"同"丽",依附、接近。"祉",福祥。

⑧休否:"休",终止。

⑨其亡其亡,系于苞桑:"亡",指失去止否为泰的转机。"苞",丛茂、密聚。

⑩倾否:"倾",倾覆、扭转。

⑪先否后喜:“先”谓事物发展的前半段,“后”谓事物发展的后半段。

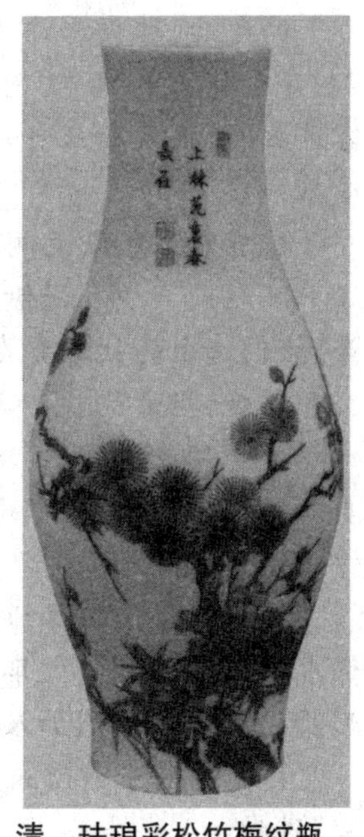

清　珐琅彩松竹梅纹瓶

【译文】

否卦:贤路闭塞的时期,君子的正直行为必然受到打击,于是强者离去,弱者到来。

初六:拔起一把茅草,发现它们的根系紧紧地缠连在一起,这正是茅草健壮生长、繁茂昌盛的原因。

六二:当政的庸人尚能包容有德贤人,宵小之辈很得势,贤德之士便须潜隐,学会变通之道。

六三:包含羞耻。

九四:时机成熟,应之而起不会有错;联合同志,更可以一起享福。

九五:闭塞的局面终于结束,德才兼备的君子吉祥如意。居安思危,经常说“我将亡,我将亡”,开明的局面才能像根深叶茂的桑树一样坚固。

上九:闭塞的局面已经彻底结束,随着否运的消亡,随之而来的是喜庆。

【解读】

本卦阐述了在小人势长当道,君子势消受辱的黑暗时期,有德君子所采取的应对原则:团结同志,含羞忍辱,不争一日之短长,避免不必要的伤害和无谓的牺牲;当小人势力减退、败象初露之时,切不可轻举妄动,必须把握最佳时机,谨慎行动,一举成功;在否极泰来的时候,应该牢记历史的教训,居安思危,这样才能保持长治久安。

【经典实例】

困境中出奇迹

《否卦》阐释由安泰到混乱,由通畅到闭塞,小人势长,君子势消的黑暗时期终于到来时的应对原则。当此反常时期,君子应当提高警觉,巩固团结,坚定立场,伸张正义,以防患于未然;但也应当觉悟,泰极而否,为必然现象,人力难以挽回,坦然承受,先求自保。小人心浮气躁,一旦得势,恣意妄为,无所不用其极。当小人势力显露衰败迹象时,也不可轻举妄动,必须谨慎,集中力量,把握时机,给以致命的一击。更应当特别防范小人穷凶极恶的反击。否极必然泰来,黑暗不会长久,应当坚定信心,不可动摇。

林肯在进入美国政坛之前,不过是小镇上的一个微不足道的律师。在他最初争取自由党的国会议员候选人提名时,他的政敌因他不属于任何教会而指责他为异教徒,又因为他跟高傲的陶德和爱德华家族联姻而骂他是财阀和贵族的工具。这些罪名尽管可笑,却足以给林肯的前途带来伤害。结果,林肯落选了。这是他政治生涯中所遭遇的第一次重挫。

两年后,林肯和许多自由党人一起,在国会中大胆发言,他谴责总统发动一起“掠夺和谋杀的战争,抢劫和不光荣的战争”,宣布上帝已“忘了照顾无辜的弱者,容许凶手、强盗和来自地狱的恶魔肆意屠杀男人、女人和小孩,使这块正义之士饱受摧残。”

林肯是个默默无闻的议员,政府对这篇演说置之不理,可是它在小镇上却掀起了一阵飓风。伊利诺伊州有6000人从军,他们相信自己是为神圣的自由而战。如今,他们选出的代表竟在国会中说这些军人是地狱来的恶魔,是凶手,激愤的军人公开集会,指责林肯:“卑贱!”“怯懦!”“不顾廉耻!”

聚会时,大家一致决议,宣称他们从未见过“林肯所做的这些丢脸的事”,“对勇敢的生还者和光荣的殉国者滥施恶名只会激起每一位正直的伊利诺伊人的愤慨。”

林肯对合伙的律师说:“我等于是政治自杀。”此刻,他怕返乡面对选民。他想谋求“土地局委员”之职以便留在华盛顿,却未能成功;他想叫人提名他为“俄勒冈州长”,指望在该州加入联邦时可以成为首任参议员,不过这件事也失败了。

林肯陷入了前所未有的人生困境和事业的低谷。六年之后,林肯又开始往“白宫”进发。

1858年,林肯又参加了国会议员的竞选。选举之夜,留在电报局阅读统计表的林肯知道自己失败,就动身返家。当时外面下着雨,一片漆黑,通往他家的小径滑溜溜。突然间,林肯的一只脚绊住另一只脚,他迅速平衡身子,并说:“失足但没有摔跤”。

竞选国会议员虽然再次失败了,但林肯在这次竞选中的辩论,为他两年后入主白宫做了极佳的宣传。不久以后,一份报纸的社论中提到林肯说:“可敬的亚伯拉罕·林肯真是伊利诺伊州从政者中最不幸的一位。他在政治上的每次举动都不顺利,计划经常失败,换了任何人都无法再支持下去。”

假如林肯面对暂时的挫折、失败就不再前行,不再奋斗,那么他只能是一个微不足道的小律师,而不可能成为美国历史上伟大的总统。

“奇迹多是在困境中出现的。”许多事情,在顺利的情况下做不成,而在受挫折后,在经受悲痛的“浸染”后,却能做得更完美、更理想。人们最出色的工作往往是在处于逆境的情况下做出的。思想上的压力,甚至肉体上的痛苦都可能成为精神上的兴奋剂。

困境,为人创造了值得思考琢磨的机会,使人能尽快成熟起来。木以绳直,金以淬刚。世上成大事的人无不是经过艰苦磨炼的。艰难的环境一般是会使人消沉下去的,但是在成就大事的人眼里,困难终会被克服,这就是所谓“艰难困苦,玉汝于成”,即经过艰辛的雕琢,玉可成器。

困境,能使成大事者在思想感情上受到多方撞击,从中省悟出人生的真谛,自觉把握人生的走向。人要有所作为就要有所不为。应做的一定要做好,不该做的坚决不做。人要有所得,就要有所失。该失去的东西就要毫不吝啬,甚至忍痛割爱。得到并不一定就值得庆幸,失去也并不完全是坏事情。能否从容对待、恰当处理这些问题,就看你的成事之道了。这就是“否卦”的真谛。

借刀杀人

三国赤壁大战之时，不习水战的曹操大军，由于重用了熟悉水战的荆州降将蔡瑁、张允，使曹军的水战能力有了很大提高。当周瑜乘船察看时，发现曹军设置的水寨，竟然“深得水军之妙”。人们知道扬长避短可以以劣胜优而防敌变短为长可以帮助你扬长避短，于是，周瑜暗下决心，“吾必计先除此二人，然后可以破曹。”

真是无巧不成书，正在周瑜绞尽脑汁谋定策略之时，曹操手下的谋士、周瑜的故友蒋干来访，周瑜一眼就看出蒋干的来意，一是说降，二是刺探军情。于是，就想出了一条利用“朋友”的妙计。

周瑜当晚大摆筵席，盛情款待蒋干。席间，周瑜大笑畅饮。夜间，周瑜佯作大醉之状，挽住蒋干的手说：“久不与子翼（蒋干的字）同榻，今宵抵足而眠。”当军中打过二更，蒋干起身，见残灯尚明，周瑜却鼻鼾如雷。在桌上堆着的一叠来往书信的公文中，蒋干发现了“蔡瑁，张允谨封”之信，蒋干大吃一惊，急忙取出偷看。其中写道：“某等降曹，非图仁禄，迫于势耳。今已赚北军困于寨中，但得其便，即将操贼之首，献于麾下，早晚人到，便有关报。”蒋干寻思，原来蔡瑁、张允竟然暗结东吴，于是将书信藏在衣内，到床上假装睡觉。

大约在四更时分，有人入账低声呼唤周瑜，周瑜故作“忽觉之状。”那人说：“江北有人到此。”周瑜喝道：“低声！”又转过头来冲着蒋干喊了两声，蒋干佯装熟睡没有作声。于是，周瑜偷偷走出营帐，蒋干赶紧爬起来偷听，只所得外面有人说：“张、蔡二都督道：‘急切间不得下手’……”后面的话声音更低，什么也听不清楚。不一会，周瑜回到帐内又睡了起来。

蒋在五更时分，趁着周瑜熟睡未醒，悄悄离开，溜回江北，他向曹操报告了所见，并交上那封伪造的书信，曹操勃然大怒，立即下令斩了蔡瑁和张允，当两颗血淋淋的人头献上之时，曹操方才恍然大悟说：“吾中计矣！”

周瑜利用蒋干这个老朋友，巧妙地假曹操之手，一举除掉了两个最大的隐患。这样，才有了流传至今的赤壁大战火烧曹营的壮举。

反奸计

朱拜勒产业港工程是一项规模宏大，造价昂贵的工程，因此引起了世界许多国家建筑商的注意。经过严格筛选，已经有美国、英国、法国、荷兰、西德等国的9家著名公司入选投标，韩国“现代”集团经过一番艰苦努力后，好不容易才补进投标队伍。强手林立，竞争激烈，形势极其严峻。“现代”集团在中东以往除了承建过巴林船舶修造厂和沙特海军基地工程外，它再也没有任何业绩能作为竞争资本了，因此要打胜这一仗，必须周密策划。郑周永决定采用“冒险”与“策略”相结合的原则同对手一比高低。

首先，郑周永利用“假情报”的方法向竞争者施放烟幕弹，以虚假的投标情报扰乱对手阵脚。这项宏大的工程，按当时一般报价，至少要在15亿美元以上，按照投标规定,中标者需要预交工程投标价格2%的保证金。竞争者各自报价都相当秘密,都想透过对手筹集保证金的数目来判断其报价。

尽管郑周永的“现代”集团是一个迟到者,但是它的参与还是免不了引起其他人的恐慌,因为他们认定“现代”集团将是他们强劲的对手。因此,他们开始用各种手法来阻止“现代”集团在中东地区的发展。其手法之一便是直接或间接地向“现代”示意,表示愿意同“现代”集团合作承包工程。这样,一方面可以消除“现代”集团对他们的威胁,另一方面还可以借“现代”集团的报价提高自己在投标中的竞争力。甚至有的公司还提出,只要“现代”集团退出竞争,他们将马上支付一笔可观的现金作为补偿。其中,以法国的斯比塔诺尔公司最为积极,他们委托郑周永的朋友,大韩航空公司社长赵重勋来劝说郑周永:15亿美元之巨的工程,一旦失手,“现代”集团的后果不堪设想。不如把难度较大的海上工程甩给法国人,“现代”则在陆上工程中大展宏图,来个双方携手,合作夺标。

但赵重勋的劝说没有效果。不过法国人却借此接触,“知道”此时的郑周永正在为4000万美元的保证金而奔波。法国人立即判定“现代”集团的投标报价可能为20亿美元左右,至少也是16亿美元。然而,这正好中了郑周永的反间计,他故意透过赵重勋的嘴传播假情报,赵重勋无意中扮演了一回蒋干的角色。

报价到底为多少?郑周永也尚未确定。报得过高,显然没有竞争力;过低又有亏损的危险。事实上报价问题确实使郑周永为难,因为承包这种大工程,对于“现代”集团而言还是第一次。该工程分水陆两部分,特别是水上部分的海上油船停泊设施,“现代”集团别说是营造、估价,就连见也没见过,要拿出科学而精确的报价谈何容易。

不过,由于事先从工程说明书上知道水上部分是由钢铁结构组成,他们只有把在韩国修建广播发射台的经验作为参考,同时参考了其他建筑公司就该工程的报价情报,初步定为12亿美元,但郑周永仍没有最后确定。他一向认为,在投标报价问题上,不同于比赛,它只有第一名,没有第二名。想要使得报价具有充分的竞争力,就必须尽可能地压低报价。因此,郑周永对这12亿美元分两次进行了削减,第一次削减25%,后来又削去5%,这样最后报价便定为8.7亿美元。这个数字还不足10亿美元,与原先散布出去的20亿美元相差得就更远了。

郑周永甘冒此巨大风险,不是毫无道理的,他感到这次投标成功与否对他的意义十分重大。首先,一旦投标成功,他就打破了西方国家在中东建筑市场上的垄断局面,在世界强手面前成为赢家,这对于“现代”建设立足中东及世界将会产生无法估量的影响。其次,一旦工程承包后出现亏损,对“现代”集团来讲也未必就是损失,因为至今“现代”集团还没有承建过这种工程,这是一次难得的学习机会,为了今后的发展,再交一次“学费”也是值得的。

然而郑周永的报价实在太低,低得连一向不敢违背指令,此次负责投标工作的田甲源也迟迟不愿落笔签字,他认为至少应当保持在第一次削减的标准上,即9.3114亿美元才是合理的。但郑周永毕竟是会长,他在“现代”集团中拥有至高无上的权力,到底是按郑会长的8.7亿美元投标,还是按自己的标准投标,他一时还拿不定主意。

投标开始了,郑周永一行来到会议室,与其他对手一样,怀着忐忑不安的心情

等待结果揭晓。就在田甲源取笔填写投标文件时,他再次犹豫了:“现代”集团有他多年的心血,亦是他平生的事业,因此他有尽自己一切力量使它发展壮大的责任。他分析了西方建筑公司的情况,认为填报9亿美元亦有获胜的可能。在这一瞬间,他甚至想到,万一失败,他愿投海一死以谢同仁。这样,他最后终于下定决心,用颤抖的手在投标文件上写下了“9.3114亿美元”。

当郑周永确知田甲源所填报的价格后,首先感到的是大吃了一惊:至今为止,“现代”集团内还很少有人敢于违背他的意志行事,特别是在这项事关重大的海外投标中!但现在发火、后悔都没有用,只有等待开标结果了。

最后时刻就要到了,郑周永有些坐立不安,田甲源更是如坐针毡,当他听到主持人宣布美国布良埃得鲁特公司报价9.0444亿美元时,刹那间像挨了当头一棒,眼前一黑,几乎就要跌倒——他的报价是9.3114亿美元。

郑周永得知消息后也一言不发,脸色忧郁。大家均以为大势已去。正在这时,助手郑文涛举着双手,两手组成一个“V”字,满面赤红地从小会议室里奔出来:“我们胜利!”原来由于这项工程过于庞大,所以允许对工程各部分分别报价。美国公司报价9.0444亿美元,是仅指海上工程价格。西德几家公司联合投标报价是15.27亿美元。所以,即使按原计划报12亿美元,也足以获胜。这样,“现代”集团获得了承包工程权。

后来传出消息,郑周永在投标之前所施放的烟幕弹确实发挥了作用。西方国家各公司得知他为投标准备了4000万美元时,都推测他的报价可能在16亿美元左右。结果,他们全部上当了。

《否》卦,阐释,小人势长,君子势消的黑暗时期到来时的应对原则。当此非常时期,君子应当提高警觉,巩固团结,坚定立场,伸张正义,以防患于未然;不可轻举妄动,必须谨慎,集中力量,把握时机,给以致命的一击。更应当特别防范,小人穷凶极恶的反击,否极必然泰来,黑暗不会长久,应当坚定信心,不必动摇。选准时机,适时放出烟幕弹,一是保护自己,二是迷惑敌人,这样才能在“否”的不利状况下,以积极的方式达到“休否”“倾否”的目的。

文伯崇尚节俭之德

春秋晚期,公父文伯是鲁国的公族大夫,他忠于职守,励精图治。在他很小的时候,父亲公叔教就去世了,他的母亲叫敬姜,含辛茹苦地把他抚养成人。敬姜从小就节俭、勤劳,嫁为人妇之后,把家整理得井井有条。周围几百里的人都知道敬姜俭约明礼,因而对她非常尊敬。邻居平时对她也是恭敬有加,非常照顾。敬姜非常感激邻居们的关心,但她深知要想让文伯出人头地,有一番大作为,自己必须勤苦劳作,凡事还是要靠自己。于是,她每天坚持纺麻,常常日夜不息。她看到儿子日益进步,也就不觉得劳累了。

后来,文伯成为大夫,鲁国国君赏给他许多财物。文伯是个孝子,他把大部分物品都给了母亲。敬姜收下了,并叮嘱儿子要勤于政事,不能有丝毫懈怠。在母亲的影响下,文伯一心扑在事务上,把政务治理得很出色,深得鲁国国君赞赏。

一天,文伯退朝后,来拜见母亲。进了门,却发现母亲还在纺麻。文伯顿觉心中不忍,恭敬地对敬姜说:“母亲,以咱们这个家来说,也算是显赫之家,吃穿不愁。而您仍然还和以前一样纺麻,我害怕国君会因此而生气的,认为我不能侍奉您老人家啊。”敬姜叹了一口气说:“鲁国就要灭亡了!难道你为官就没有听说勤劳之道吗?坐下来,我告诉你吧。以前圣王治理百姓,总是选择贫瘠的土地作为住处,使百姓辛苦劳作并使用自己创造的财富,所以能长久地统治天下。而百姓通过劳动就能学会思考生活,善良的心灵就会产生;安逸了就会沉溺于生活享受,而一旦沉溺于享受,就会把善忘掉。忘掉了善,罪恶的心灵就产生了。我现在守寡,你又为官侍奉国君,咱们朝夕辛劳还是怕忘了先人的遗训。假若有所懈怠的话,凭什么来免罪呢?我实在是怕你父亲的事业后继无人啊!”

文伯听了,更加敬重母亲。他牢记母亲的话,不断激励自己,更加勤劳节俭,工作非常出色,深得其他官员的敬重。

匪夷所思的营销妙计

在IT界,任何厂商没有一天不受到盗版的冲击,但是所有的软件厂商——包括世界上最强大的软件巨人比尔·盖茨,都拿它没有什么好办法。以至业界盛传这样的说法:如果每个盗版用户给正版厂商哪怕仅仅1块钱,中国的软件产业都会是另外一个样子。可惜这样的“如果”从来不曾发生,可惜这样的“1块钱”从来不曾拿到正版厂商手里,而盗版,依然瘟疫一样流行,深深困扰着所有的软件商。

盗版为什么会这样有生命力?亚琪软件的老总胡诚决定深入市场,一探究竟。

他来到大连科技一条街,和几个专门兜售盗版碟的老板攀谈起来,一个30多岁的黑瘦汉子得知面前这个虔诚直率的人竟然是亚琪公司老总时,也很坦率地和胡诚交流起来。

“您别看这是盗版,可这和假酒、假药不一样,用一个词来形容叫作‘伪而不劣’。”他晃晃手中的“亚琪大全集”,接着说:“这个程序和你们正版的一样,没任何区别。但我们这一个就卖10来块钱,只是正版的几十分之一,您说卖得还能不火?”

“火到什么程度?”胡诚问。

黑瘦汉子笑了:“您琢磨琢磨大连有多少用户在用WPS?您听谁说自己家用的是正版?那不都是盗版嘛。我给你讲,在中国,正版和盗版的用户的比例最起码是1:1000。”

“真的吗?”胡诚还是有所怀疑。

“说了您也许不信,盗版渠道比你们正版挣的钱要多得多。您一套亚琪MIS能卖多少钱?不就几百块吗。不错,我1张盗版只卖10块钱,可您每卖1张正版,我就能卖1000张盗版。换句话说,你销售额才几百元时,我的销售额已经上万元了,您说谁的利润更多?”

真没想到,这居然是一个对软件市场有独到见解的“二道贩子”。他对于正版渠道的分析甚至称得上是一针见血:“你们正版有很多问题。从渠道上说,虽然你在全国有几百个代理商,但是他们布的点太少,一个城市只有一个专卖店。您再看盗版,一个大城市至少有几千个卖盗版的柜台,这个销售体系的分布是非常合理的。虽然价格低,但是老百姓接受程度高,这个销售体系产生的销售额至少是您的上百倍。”

胡诚一边听一边暗暗咀嚼他的话:对于盗版,我们从来只知道“老鼠过街,人人喊打”,但是最终让消费者抵制盗版,似乎不可能。有同样的产品,消费者一定会买价格更便宜的,我们不能指责消费者,因为这是极为正常的利益驱动。

回到公司,胡诚陷入深思:“从解密、生产光盘、销售等一条龙的环节看,盗版生产商是冒着很大风险的,甚至有进监狱的危险,可为什么他们要冒这么大的风险去盗版呢?到底是什么驱使他们去做这样的事?”

前思后想,答案还是:利益驱动。可是,为什么盗版把价格卖到这么低,还有利润,并且是可观的利润呢?这又牵扯到最为原始和根本的成本核算问题——一张光盘成本才1元多,盗版卖到10元多,已有了10倍的利润空间。在现在这个微利时代,还有什么商品能有这样的利润呢?还有什么盗版的优势是正版比不了的呢?

胡诚继续思索,盗版用户面大,每当一个正版用户产生,同时会产生1000到2000个盗版用户。既然这样,正版厂商为什么不自己把价格压低,让老百姓接受,从而争取盗版的利润,那样多好!

但是,问题出现了:正版厂商把价格打到这么低,就能找到同样大的消费群吗?答案是:不可能。因为没有任何一个正版厂商能在一个城市建立1000个销售点!

一层一层剖析下去,胡诚开始有拨云见日的感觉:既然盗版的洪水暂时还不能堵死,既然越堵越泛滥,为何不合理地疏散它?何不在自己降低软件价格的基础上,借用盗版的行销渠道,把这样的“盗版”送到盗版用户手中?这样,岂不是百姓可以用到正版软件,自己又可以在代理渠道之外获取利润?况且,第一批盗版送到用户手里后,他们自然成为亚琪的用户,当软件升级后,亚琪岂不凭空又多出一笔价格不菲的升级收入?按这个程序循环下去,亚琪的用户数量和收入还愁不会大幅攀升?主意已定,胡诚开始从下而上、一级一级寻找盗版的源头。

胡诚找到了盗版生产商老李,与他谈道:进行授权,降低对方经销风险。

一切都是口头承诺,但合作很快开始了:刻盘,结款,再刻盘,再结款,一个阶段下来,胡诚惊奇地发现:老李果然没有诈言,盗版销量惊人,利润甚至超过了正版。

几个月下来,亚琪的用户群迅速扩大,社会影响力急剧上升。从此,中国乃至世界软件业又多了一个新的行销渠道,一个不一定绝后、但一定是空前的行销模式——正版软件OEM给盗版厂商、双方联手做一个品牌的简装版!此后,亚琪后续的几个系列软件均以正版和简装版两种包装形式,通过不同的行销渠道,在市场上广为流传。上兵伐谋,这场销售堪称中国软件销售史上的又一奇迹。

否之于人,占断对君子不利。这是内小人而外君子。小人道长君子道消。象征事业上遭受挫折,社会或组织内部中的小人得势,有正直才能的君子无法施展才能的闭塞时期,这时你不知退隐为好,还是不躲避为上。古代人一般以退躲避之,在今天,我们没有什么必要躲避,也不应该躲避,真正做到的应积极采取各种措施,冲破事业和人生的困顿走入顺境。

所以,当你的生活和事业陷入艰难和困境时,又当小人得势、无法施展作的才能时,应自保以待时机,在即将取得胜利之时更应戒慎恐惧,谨慎小心,否极必然泰来。

过分自信　跌入深渊

2001 年 3 月,一落千丈的销售业绩迫使思科公司吞下 250 亿美元的闲置库存,并且裁员 8500 人。思科公司可是人们追捧的对象,是成功的象征,为什么会遭此劫?

其股价狂跌,需求下降,同类相继受挫,整个科技股要跌落的迹象日益明显,但总裁钱伯斯觉得,既然思科以往能连续 40 个季度保持增长,不信将来保不住这个势头,因此过分强调"对前景充满信心",在 2000 年 12 月仍预测有 50%的年增长。

2001 年的春天,一个象征欣欣向荣的季节,思科遭受了突如其来的重挫,而且非常惊人——不仅仅速度非常快,而且数字非常大(它的股票一年之内跌了 88%)。而人们之所以感到太突然是因为他们过分相信基于一个能量被过分夸大了的信息技术系统:在互联网狂潮的喧嚣鼓噪中,人们觉得这个系统完全能够让思科的经理们"实时"地掌握供给与需求,保证他们能够做出精准的预测。结果呢?技术的确是伟大高明的技术,无论从哪个角度来讲都是。可预测却失灵了。为什么?因为思科的经理们从来就没有考虑过万一这个预测模型当中一个关键的假设不成立的时候,方程的结果会怎样。这个假设就是:增长。也难怪啊,一家已经连续 40 个季度保持增长的公司,你有什么理由怀疑它的明天会更辉煌呢?

不但如此,而且到了已经有明显的迹象表明大事不好的时候,思科的管理者们还陶醉在这个玫瑰色的假想之中。公司的客户开始倒闭,供应商们也在发出警告:需求可能会萎缩,竞争对手纷纷落马,甚至连华尔街都在怀疑网络设备市场是否已经急转直下。而此时思科在想什么?"对于整个行业以及思科的未来,我从来没有什么时候比现在更加乐观。"这是 2000 年 12 月约翰·钱伯斯的原话,当时他还在预测第二年公司的业绩又会有 50%的增长。

由于钱伯斯的过分自信,思科公司的管理人员过分相信由不成立的假设推出来的预测,思科公司的全体员工忽略了他们觉察到有一些不对劲的迹象,把它置之脑后。直到最后他们碰上了一桩强烈到无法忽略,清晰到无可辩驳,痛苦到无可置疑的事实,他们才从美梦中醒来。可已经迟了,思科公司已跌入难以自拔的深渊。

装疯避祸　否极泰来

《孙子兵法》是古代军事经典,如今不仅是军事方面的经典,还是商战人员必读之书。你知道吗?孙膑如不在劣势时装疯避祸,就不可能有这部著作的诞生。

在三家分晋以后,韩、赵、魏三家中数魏国的势力最强大,魏惠王野心勃勃,也想学秦国收买人才,找了卫鞅之流来替他治理国家。后来又花了许多钱来招贤纳士,在这时庞涓来了,声称是当世高人鬼谷子的学生,与苏秦、张仪、孙膑是同学。魏王信任了他,并让庞涓当了大将。他的儿子庞英,侄子庞葱、

庞茅全都当了将军。“庞家军”倒也确实卖力，训练好兵马就向卫、宋、鲁等国进攻，连打胜仗，弄得三国齐来拜服。东方的大国齐国派兵来攻，也被庞涓打了回去。从此魏王就更信任他了。

不久，孙膑来到魏国，魏王知道孙膑十分有才能，想拜他做副军师，协助军师庞涓行事。庞涓听了忙说：“孙膑是我的兄长，才能又比我强，岂可在我的手下。不如先让他做个客卿，等他立了功，我再让位于他。”当时，客卿没有实权，却比臣下的地位高，孙膑还以为庞涓一片真心，对他十分感激。

后来由于庞涓的陷害，孙膑的脸上被刺了字，膝盖骨也被剔去了，从此只能爬着走路，成了终身残疾。

庞涓对孙膑的生活照顾得很周到，孙膑很是感激，一心想报答他。有一天，孙膑就主动提出要替庞涓做点什么。庞涓说：“你那祖传的十三篇兵法，能不能写下来，咱们共同琢磨，也好流传后世。”孙膑想了想，只好答应了。后来，孙膑到底察觉了庞涓的奸计，便以装疯的方式想骗过庞涓。魏国的都城大梁内外都知道有个孙疯子，庞涓每天都听人汇报，觉得孙膑再也无法同自己竞争了，就没再动杀他的念头。孙膑活了下来。

有一天夜里，有个人坐在孙膑的身边，过了一会儿，那人揪揪他的衣服，轻声对他说：“我是禽滑厘，先生还认得我吗？”孙膑经过仔细辨认，确认是墨子的弟子禽滑厘，便泪如雨下，激动地说：“我本以为早晚要死在这里了，没想到今天还能见到你。”禽滑厘说：“我已经把你的冤屈告诉了齐王，齐王让淳于髡来魏国接你，我们全都安排好了，你藏在淳于髡的车里离开魏国，我让人先装成你的样子在这里待两天，等你出了魏国，我们再逃走。”

孙膑到了齐国，齐威王和孙膑交谈了一下，觉得他是个不可多得的人才，当即想拜他为军师。孙膑说：“庞涓如知道我在齐国，定会嫉妒，不如等有用得着我的时候再出面不迟。”齐王同意了。后来，孙膑陆续打听到自己的几位堂哥都已无音讯，才知道原来送信的人也是庞涓派人装的。前前后后，这一场冤屈全由他一人导演而成。

后来，庞涓带兵连败宋、鲁、卫、赵等国，齐王派田忌为大将，孙膑为军师，使庞涓连连败北。最后，孙膑用“减灶法”引诱庞涓来追，暗设伏兵，将庞涓射死在马陵道上。

孙膑在小人当道时能忍辱负重，终于否极泰来，杀死了仇人，并写下了流传千古的《孙子兵法》。

孙膑忍辱斗庞涓

当小人道长时，君子必须克制自己，不可轻举妄动。这是否卦反复强调的一个观点。同时，斗争需要一定的策略，只有过了关，才能实现由“否”到“泰”的转化。古代兵法家孙膑就是这样做的。

战国时期的孙膑，是孙武的后代，也是一位大军事家，他著的《孙膑兵法》，至今仍然是十分重要的军事经典，他不能说不富于智谋了吧，他为情势所迫，也不得不装疯避祸。

在三家分晋以后，韩、赵、魏三家中数魏国的势力最强大，魏惠王野心勃勃，也想学秦国收拢人才，找个卫鞅一类的人物来替他治理国家，于是花了许多钱来招致贤士，果然来了一位名叫庞涓的人，声称是当世高人鬼谷子的学生，与苏秦、张仪、孙膑是同学，魏王就信任了他，庞涓当了大将，他的儿子庞英、侄子庞葱、庞茅全都当了将军，“庞家军”倒也确实卖力，训练好兵马就向卫、宋、鲁等国进攻，连打胜仗，弄得三国齐来拜服。东方的大国齐国派兵来攻，也被庞涓打了回去。从此魏王就更信任他了。

庞涓的同学孙膑是大军事家孙武的后代。他德才兼备，是个少见的人才。尤其是从老师鬼谷子那里得知了祖先孙子的十三篇兵法，更是智谋非凡。

孙膑来到魏国，魏王知道孙膑才能极大，想拜他做副军师，协助军师庞涓行事。庞涓听了忙说：“孙膑是我的兄长，才能又比我强，岂可在我的手下。不如先让他做个客卿，等他立了功，我再让位于他。”在当时，客卿没有实权，却比臣下的地位高，孙膑还以为庞涓一片真心，对他十分感激。

在庞涓的陷害下，孙膑被在脸上刺了字又被剔去了膝盖骨，从此只能爬着走路，成了终身残疾。

庞涓倒是对孙膑的生活照顾得很周到，孙膑觉得靠庞涓生活，就想报答他，有一天，孙膑就主动提出要替庞涓做点什么，庞涓说：“你那祖传的十三篇兵法，能不能写下来，咱们共同琢磨，也好流传后世。”孙膑想了想，只好答应了。后来，孙膑到底察觉了庞涓的奸计，便以装疯的方式想骗过庞涓。魏国的都城大梁内外都知道有个孙疯子，庞涓每天都听人汇报，觉得孙膑再也无法同自己竞争了，就没再动杀他的念头。孙膑活了下来。

有一天夜里，有个人坐在他的身边，过了一会，那人揪揪他的衣服，轻声对他说：“我是禽滑厘，先生还认得我吗？”孙膑经过仔细辨认，确认是墨子的弟子禽滑厘，便泪如雨下，激动地说：“我自以为早晚要死在这里了，没想到今天还能见到你。”禽滑厘说：“我已经把你的冤屈告诉了齐王，齐主让淳于髡来魏国聘问，我们全都安排好了，你藏在淳于髡的车里离开齐国，我让人先装成你的样子在这里呆两天，等你出了魏国，我们再逃走。”

第二天，魏王叫庞涓护送齐国的使者淳于髡出境，过了两天，躺在街上的孙疯子忽然不见了，庞涓怕魏王追问，就撒个谎说孙膑淹死了。

孙膑到了齐国，齐威王一见之下，如获至宝，当即想拜他为军师，孙膑说：“庞涓如知道我在齐国，定会嫉妒，不如等有用得着我的时候再出面不迟。”齐王同意了。后来，孙膑陆续打听到自己的几位堂哥都已无音讯，才知道原来送信的人也是庞涓派人装的。前前后后，这一场冤屈全由庞涓一人导演而成。

后来，庞涓带兵连败宋、鲁、卫、赵等国，齐王派田忌为大将，孙膑为军师，使庞涓连连败北，最后，孙膑用“减灶法”引诱庞涓来追，暗设伏兵，将庞涓射死在马陵道上。

孙膑装疯过关是因为在庞涓这个小人得势的情况下，他必须忍辱藏身，等待时机。所幸的是，他终于熬过劫难，实现了“否”到“泰”的转化。

小人得势，王振祸乱朝纲

一个王朝由盛及衰，往往与奸佞之臣息息相关，这些奸佞的小人一旦得势，就会无所不用其极，此时当政者如果不提高警觉，就有可能断送自己的江山，以至于性命。英明的君王之所以能力挽狂澜，是因为他们采取了一系列明智的举措：巩固团结、坚定立场、伸张正义等等。这也就是否卦中阐释的要义，只可惜明朝的英宗皇帝不谙此道，误人小人王振的陷阱，把偌大的江山推向了灭亡的边缘。

明朝宣德十年（公元1435年）正月，宣宗皇帝朱瞻基去世，几天后，9岁的太子朱祁镇登基，改元正统，他就是大明朝的英宗皇帝。宣宗临终前留下了一道遗诏，命令大臣，凡是国家的一切大事，都必须请示宣宗的母亲太后张氏，再送往内阁议决实行。由于张太皇太后的把持，再加上大学士杨士奇、杨荣、杨博等一班仁、宣时期富有经验的老臣主持着政务，正统初期，基本上保持了社会的稳定和经济的繁荣。然而安定的社会环境并不可能杜绝恶势力的滋长。宦官王振逐步窜到前台窃取权力，干预朝政，最终酿成英宗被北方的瓦剌所俘的大祸。

王振是山西蔚州（今蔚县）人。他非常善于逢迎，因而深得朱祁镇的欢心，朱祁镇即位后，王振扶摇直上，后被提拔为司礼监太监，掌管皇城里的一切事宜、替皇帝管理奏章、代皇帝批答臣子上奏的一切公文。野心勃勃的王振掌握了这样重要的部门，便处心积虑地加以利用，以图达到自己的目的。王振也十分清楚，从朱元璋开国一直到宣宗，对宦官的管束都十分严厉，因此，为了巩固自己的地位，他一面讨好英宗，一面故作姿态骗取阁臣的好感。表面上毕恭毕敬，暗地里却拼命拉帮结派。朱祁镇当皇帝不久，太皇太后命王振随文武大臣在朝阳门外阅兵。王振竟骗过所有大臣，谎报与自己交往甚密的纪广为骑射第一，并越级提拔他为都督佥事。

一次得手，王振便大了胆子。后来，他竟然打着英宗的旗号摘去了“内臣（即宦官）不得干预政事，预者斩”这块牌子，开始大揽朝纲了。英宗也因为太皇太后的去世而更加无拘无束。他在王振的怂恿下只管游玩享乐，哪里还管什么祖宗训诫，朝事全交给了王振。一旦大权独揽，王振便明目张胆地广植私党，打击异己。在王振的淫威之下，公侯勋戚常呼王振为翁父。其情其势，可想而知。

昏庸无能的英宗对王振的专横不仅视而不见，无动于衷，反而认为王振忠心耿耿，是难得的人才，于是对他宠眷益深，赏赐有加。没多久，王振的擅权就把一个政治清明的大明王朝搅得乌烟瘴气，而此时北方蒙古瓦剌部却逐渐强盛起来，正统四年（公元1439年），也先执掌了瓦剌的实权。上台后的也先积极向中原扩张势力，蚕食大明江山。面对也先的一系列的扩张、侵扰，朱祁镇和王振沆瀣一气，不但不谴责、反击，就是收到求救文书也从不派兵。王振从中收受瓦剌大量的贿赂，即使有朝臣进谏，他便极力庇护，粉饰太平。

正统十四年（公元1449年）七月，也先寻找借口，分四路向明朝内地进攻。由于多年战备荒废，塞外明军不堪一击，城堡很快一一陷落，只剩下一座大同（今属山西）城。英宗顿时慌了手脚，驸马都尉井源等四将率兵万人前去迎敌，也是很快全军覆灭。英宗不得不又找来王振和群臣商量对策。王振为了讨功邀宠，动起了劝驾亲征的念头，英宗仅通过两三天的筹备，就仓促率领50万大军亲征大同。也先得知英宗亲征便佯装败退，诱使明军深入。英宗率领部队顺利地进入大同。他还想继续北进，追击也先。这时，王振的同党、大同镇守太监郭敬，把前线惨败的真情密告了王振。英宗和王振吓得异常慌恐，不知所措，便匆匆决定班师回京。开始，王振唆使英宗率大军绕道他的老家蔚州，借此耀武扬威，光宗耀祖。然而走着走着，他忽然想到，如此众多的兵马经过蔚州一定会将家乡田里的庄稼踏坏，因而遭到乡人的唾骂。等大军行进了40多里时，王振却让英宗下令改变行军路线，掉头向东奔向宣府。由于改变行军路线耽误了时间，很快就被瓦剌骑兵追上。明军殿后部队虽一再力战，但难以抗敌，很快便溃散。英宗率残部来到土木堡(今河北怀来东)。这里离怀来城仅20里，为确保安全，几名参将建议英宗进城里驻守，而王振却因为自己的千余部辎重车辆未到而让英宗在土木堡扎营等候。第二天，土木堡就被赶上的瓦剌大军重重包围了。

土木堡地势高，无水源，士兵下挖二丈多仍见不到一点水。一连两天人马没有喝上水，士兵一个个饥渴难耐。英宗亲带御兵冲了几次都没有成功。眼看突围无望，索性下马面南盘膝而坐。一个瓦剌士兵抓住了他，要剥他的衣甲，但看到朱祁镇衣着与众不同，就推搡着他去见也先的弟弟赛利王。堂堂的明朝皇帝就这样窝窝囊囊地做了俘虏。英宗被俘后，护卫将军樊忠把怒火集中到了王振身上，他猛喊一声："我为天下诛此贼！"用铁锤猛击王振，王振一声惨叫，摔死到马下。

英宗成了俘虏后，他身边的50多位文臣武将全部战死。英宗所率50万军队，也差不多全部被葬送。这次事变就是明史上有名的"土木堡之变"。从此，明王朝一蹶不振。

泰极否来，这并不只是封建王朝兴衰的规律。现实生活中，人们的是非成败也往往会蹈履此辙。所以否卦警示人们：在事业兴盛之时，切不可自以为是，仍顺谦虚谨慎，励精图治，这样才能保证事业的长盛不衰。

同人卦第十三

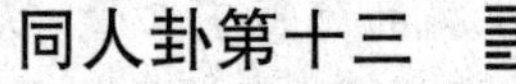

【经文】

离下乾上　同人[①]于野，亨。利涉大川，利君子贞。

初九　同人于门[②]，无咎。

六二　同人于宗[③]，吝。

九三　伏戎于莽[④]，升其高陵，三岁不兴。

九四　乘其墉[⑤]，弗克攻，吉。

九五　同人，先号咷[⑥]而后笑，大师克相遇。

上九　同人于郊，无悔[⑦]。

【注释】

①同人卦：离下乾上，象征人事和同，集众之意。野：在古代，以国为中心，国外为郊，郊外为野，此指国之外域。

②于门：指王门、宫门。

③宗：宗族之人。

④伏戎于莽:预设伏兵于草莽、树丛之中。伏,埋伏。戎:军队。莽:树丛。升:登上。岁:年。兴:指兴兵征战。

⑤乘其墉:登上城墙,乘,登上即攻占。墉,城墙。弗克攻:不用进攻。克,能。

⑥号咷:号啕大哭。大师:强大的军队。克:取胜。

⑦悔:困厄。

【译文】

同人卦　象征人事和同。同人卦卦象是下单卦为离,离为火;上单卦为乾,乾为天。两单卦结合为天火,同人的卦象。在旷野上族众聚集在一起,光与火聚,人与人同。亨顺利。利于涉越大川巨流,有利君子。

初九　必无灾祸,会聚臣僚及民众于王门,打破门户之见,共谋国家大事,必无灾祸。

六二　君子要结交天下善人志士,不可搞宗族,否则不利于君子之风阐扬天下。

九三　刚健居中,必遭显露,难有胜草。必须在草丛中设下伏兵,登高而远眺。结果强敌不敢近前,三年也没有战争。

九四　虽君子已占优势,但尚不能为此而强用兵,这是识时务的。

九五　和同之中有哭,有笑,有苦有甘。先悲苦,是因为中正不得伸张,当大家归于一统,又不免破涕为笑。当大军出征告捷,各路兵马相遇会合,同庆胜利时,天下一同。

上九　但愿天下同人。但是这个目的尚未达到。有些桀骜不驯的人还在离群索居。像这种无求同之志的人,虽非他甘心情愿,但他并不后悔。

【解读】

本卦的下卦"离"为火,象征光明;上卦"乾"为天。火上升,与天相交,一片光明景象。又象征人的内心光明而外向刚健的性格。"六二"与"九五"阴阳相感,亦具有沟通思想的"同人"形象。本卦启示我们,冲破闭塞局面的最好办法是广泛结交志同道合的朋友。

【经典实例】

与人和同

《同人卦》阐释和同的原则。否极终于泰来；然而，安和乐利的大同世界，并不会凭空到来，仍然需要积极追求。首先应当破除一家、一族、一党、一单位、一团体之私，重视大同，不计较小异，本着大公无私的精神，以道义为基础，于异中求同，积极广泛与人和同，才能实现大同世界的理想。正义必然使邪恶屈服，但障碍必须果敢地排除，牺牲小我，然后才能完成大我，先苦而后始能甘。不过，与人和同，应当积极，不可逃避，固然不能同流合污，但自命清高，脱离群众的孤僻态度，也不值得赞扬。

1915 年，小约翰·洛克菲勒遇到了前所未有的危机。

工人们为了争取自身利益，要求科罗拉多州煤铁公司提高工资，愤怒而粗暴的工人捣毁厂房，砸坏机器。政府最后出动军队镇压，发生多起流血事件，罢工者被枪杀，尸体遍布街头，场面惨不忍睹。这次罢工持续了两年之久，成为美国工业史上最血腥的一次罢工。

在那种充满仇恨的气氛下，作为公司的领导者洛克菲勒想尽办法去平息工人的愤怒，希望他们接受他的意见。他先花了几个星期的时间深入到工人家中。尽管遭到一些工人的拒绝，但是，他仍顶着巨大压力走访每一个受害家属，与他们亲切地交谈，安慰他们，把他们当作了自己的朋友。经过他的走访，工人们的情绪逐渐地有了缓和。他见条件已经成熟，于是他对工人代表发表了精彩演讲。

“今天是我一生最值得纪念的时刻”，洛克菲勒开始说，“这是我第一次有幸会见这家伟大公司的劳方代表、职员和监工，大家会聚一堂，商讨公司的未来发展。我可以告诉各位，我很荣幸到这里与大家会面，在我有生之年我不会忘记这场聚会。”

“这场聚会如果在两个星期前举行，我对今天到会的大多数代表将很陌生，我只认得几张熟悉的面孔。但是上周我有机会去南区煤矿所有的工棚视察了一遍，与各位代表进行过个别交流，除了不在场的代表，统统见过面了。我拜访过你们的家庭，见过各位的妻子和儿女，今天我们以朋友的身份相互见面，我们不再是陌生人了，我们之间已经有了友善互爱的精神，我很高兴有机会与各位代表讨论我们共同的利益问题。”

“既然聚会应由厂方职员和劳工代表共同参加，我能来此参加聚会，离不开大家的支持。因为我既非劳工代表，也不是厂方职员，但是我觉得我与你们的关系十分亲密，因为就某一方面来说，我代表了股东和董事们。”

面对几天前想把他吊死在树上的工人们，洛克菲勒没有任何微辞。相反，他言辞恳切，以情夺人。他的话比传教士和医生还要谦逊和蔼，他尽量用一些能拉近彼此感情的句子，如“我很荣幸到这里与大家会面”“我拜访过你们的家庭”“见过各位的妻子和儿女”“今天我们以朋友的身份相互见面”……这场演讲太精彩了，它平息了工人们的愤怒，取得了良好的效果，不仅平息了他们要吊死洛克菲勒的仇恨风暴,而且还赢得了不少崇拜者。

洛克菲勒本着与工人追求共同利益的初衷,向工人们提供了充足的事实,说明公司面临的处境,友善地劝说工人们回去工作,工人们接受了他的意见,暂时不再谈提高工资的事,一场愤怒就这样平息了。

洛克菲勒成功地化解了公司与工人之间的矛盾,他没有因握有高高在上的权柄就和工人争论,没有用政治的干预吓唬工人,也没有用严密的逻辑论证他们错了。他觉得没有必要那么做,否则只能导致更多的仇恨和反抗。于是,洛克菲勒反而用和解宽容的态度化解了工人的愤怒,最后化敌为友。

无论身份高低,财富多少,学识众寡,聪明与否,只要还是人,总是能找到相同相通的地方。

《论语》中也有一则故事,说孔子为实现自己的抱负,流浪天下,四处讲学。途中被一个耕田的隐士嘲笑。这时候,孔子说:“人不可以与禽兽住在一起,采取逃避现实的态度;但我不与人在一起,又能跟谁在一起呢?”

人无法逃避别人,也不应逃避。应该积极与别人“和同”,以积极的态度对待人生,对待世界,共同面对解决出自人类内部的问题。“同人卦”所蕴含的意义,将永远陪伴着人类,同始共终。

面临灾难的蚂蚁

法国科学家曾发现蚂蚁能救火。后来,英国一位动物学家的实验证实了法国科学家的发现。

英国科学家把一盘点燃的蚊香放进了一个蚁巢。开始,巢中的蚂蚁惊恐万状,约 20 秒钟后,许多蚂蚁见险而上,纷纷向火冲去,并喷射出蚁酸。可一只蚂蚁能喷射的蚁酸量毕竟有限,因此,一些“勇士”葬身火海。但它们前仆后继,终于将火扑灭。存活者立即将“战友”的尸体,移送到附近的一块“墓地”,盖上一层薄土,以示安葬。

一个月后,这位动物学家又把一支点燃的蜡烛放到原来的那个蚁巢进行观察。尽管这次“火灾”更大,但这群蚂蚁却已有了经验,调兵遣将迅速,协同作战有条不紊。不到一分钟,烛火即被扑灭,而蚂蚁无一遇难。科学家认为蚂蚁创造了灭火的奇迹。

蚂蚁面临灭顶之灾的非凡表现,尤其令人震惊。

在野火烧起的时候,为了逃生,众多蚂蚁迅速聚拢,抱成一团,然后像雪球一样飞速滚动,逃离火海。那噼里啪啦的烧焦声,是最外层的蚂蚁用自己的躯体开拓求生之路时的呐喊,是奋不顾身、无怨无悔的呐喊。

在洪水暴虐的时候,聚在堤坝上的人们凝望着凶猛的波涛。突然,有人惊呼:“看,那是什么?”一个像人头的黑点顺着波浪漂了过来,大家正准备再靠近些时营救。“那是蚁球,”一位老者说,“蚂蚁这东西,很有灵性。1969 年发大水,我也见过一个蚁球,有篮球那么大。洪水到来时,蚂蚁迅速抱成团,随波漂流。蚁球外层的蚂蚁,有些会被波浪打落水中。但只要蚁球能靠岸,或能碰到一个大的漂流物,蚂蚁就得救了。”不长时间,蚁球靠岸了,蚁群像是靠岸登陆艇上的战士,一层一层地

打开,迅速而井然地一排排冲上堤岸。岸边的水中留下了一团不小的蚁球。那是蚁球里层的英勇牺牲者。它们再也爬不上岸了,但它们的尸体仍紧紧地抱在一起。那么平静,那么悲壮……

本卦强调的是团结,要团结大多数。既然要团结大多数,那么就须避免以下两种情况。一是六二爻的"同人于宗",宗是指同宗族的人,只与同宗族范围内的人团结,意思是指在小范围内与人团结,其视野、范围未免太狭窄了,很难成就大事。二是九三爻描述的聚合了人搞埋伏,可能是想袭击别人,或者防备别人来袭击,但竟然三年没有出征,这可能因为斗志不高或目标不明。

"同人",关键是要同心。九四爻反映敌人来攻战,但国人能齐心协力,登上城墙反击敌人,使敌人的进攻不能得逞。九五爻是说在反击敌人的战斗中小部队遇到困难有牺牲,但能坚持到底,最后与大部队会师,表示全面战胜。

"同人"的最高境界就是"同"全国之人。《象》曰:"文明以健,中正而应,君子正也。唯君子为能通天下之志。"可见,要团结最大多数人,关键是领头人能以大多数人的目标为己任,坚守正道。这样就能得天下人之心,从而同心同德,克服艰难险阻,达到既定的目标。

青岛双星集团

在中国乃至世界企业家舞台上,青岛双星集团总裁汪海是其中非同凡响者。

作为中国改革开放后的第一代优秀企业家,他在10年的时间里,将一个专制"解放鞋"的小型工厂,发展成为一个享誉国际市场著名的制鞋企业。并为世界鞋业的发展做出了不可磨灭的贡献。他的名字曾经赫然列入《世界五千名伟人》一书中。曾经被全球最具有影响力的名人录评选机构——美国名人协会推举为"世界风云人物"。在中国,他是被举荐为"世界风云人物"的第二个人,亦是中国企业家登上"世界风云人物"榜的第一人。

在双星集团采访,处处可以感觉到这个企业强大的向心力,这种向心力能使双星人团结一致地拼搏在市场上,而这个中心,就是汪海的个人魅力与威信。汪海似乎把他的事业和人生看成是他生命中另一个没有硝烟的战场,他永远是在战场指挥战斗的将军,他达观而乐观,他宽容而从容,面对着他和他的"双星"军团,有时我会想,在这样纷杂浮躁的世界里,他怎么能变得如此平心静气?"情义"二字在今天的某些人看来是个压力,而对于他,他却承担得甘心情愿。

在青岛双星集团采访时,是什么样的思想光环把青岛双星集团照耀?笔者多次想到过这个问题。而双星集团总裁汪海的坦言:"每天除了睡觉,我终日想鞋,鞋是我的生命。"在"世界级鞋王"的光环下,汪海的市场哲学、管理哲学、人生哲学,无一不放射着独特的思想色彩。汪海这位"世界级鞋王"已经被千百万人所熟悉。如果没有"思想汪海",也就没有了汪海这位"世界级鞋王",如果没有"思想汪海"这位优秀的市场将军,也就不可能有青岛双星集团这艘在波澜壮阔的世界级鞋业里披风斩浪的航空母舰。

1983年冬,七八级的大风刮了几天。寒风中,汪海裹紧军大衣,尽力地蹬着自行车,他的心里像有团火在燃烧。作为一家国营重点胶鞋生产企业,汪海和职工们

生产的产品一直由国家包销。而刚才商业部门突然通知他拒绝收购。200 多万双“解放”鞋堆积在厂里如山一样。而生产线上还仍然按计划生产，账面上已经分文不剩。眼看到了发工资的日子，两千多名职工的工资一点着落也没有，按照国家当时体制的规定，工厂只能生产，不能销售，产品一律由国家商业部门统销统购。这使刚刚就任党委书记的汪海急得嘴上长出了许多燎泡。

“为什么你们不收购了?”汪海跑到商业部门去询问。“说句实话，你们那傻大黑粗的‘解放’鞋我们根本卖不出去，我们再也不能做赔本的买卖了。”商业部门的负责人冷冷地向汪海扔过去这样一句话。

汪海一听就火了:“卖不出去，你们为什么还下达生产计划。你们下的计划，我们按照规定的数量和质量完成了，卖不出去是你们的事情。你们不收，我们的资金回不来，我们的工人就没饭吃。”

无论汪海怎么样据理力争，对方仍坚持原来的观点。

汪海一扭头，骑上车子又去了上级机关。上级机关的回答更是干脆“我们只负责下达生产计划。商业部门不收购，我们也没有办法。”“那你就先借些钱给我，让我把工资发了。”汪海退了一步。“没有钱借你。”上级机关明确地拒绝了。

“同志们，我是一名共产党员，在座的还有共产党员。我们背水一战的时候到了！谁也救不了我们。企业要生存，我们要吃饭，只有靠我们自己救自己。”他举起手中的鞋，“我们有鸡，还怕没有蛋吗?”

那一天，对于青岛橡胶九厂的职工来讲是一个不同寻常的日子，因为就在那一天，他们在汪海的带领下，形成了一股力量，一股势不可挡向体制挑战的集体力量。

青岛冬天的早晨寒风刺骨，当许多人还在早晨酣睡时，青岛橡胶九厂职工们就在他们的市场“将军”汪海的带领下，背着他们生产的“解放”鞋出发了。那情景就像是电影中所描写的解放战争。

这一年，他们硬是靠着一张嘴两条腿，靠着颗自强不息的心，硬是把积压的 200 万双“解放”鞋销售一空。

这一年，青岛橡胶九厂不光在经济上解放了自己，更重要的是，在思想上他们也解放了道道禁令对自己的束缚。而踏遍了神州大地的汪海，也说出了一句话:“有人就穿鞋，关键在工作。”

同人卦论述人们相聚、求得合同与团结的原则。象征在事业发展中，如何壮大力量而求得团结与合作的原则。因为一个人的力量是有限的，要发展事业，要冲破前途中的艰难与困难，所以要团结同仁，共同努力，才有成功的时期。但求得团结并不是一件简单的事。必须懂得领导方法，交际之道如何求得人心一致和互相和睦，这就是当你谋求合作、团结时，必须打破门户，合作在于无私，正义的合作可以使邪恶畏惧。团结合于义理，可使邪恶改过从善，必要时用武力铲除邪恶，坚持原则，勿为合作而合作。

求得合作需要考虑，照顾别人的利益，但还要坚持自己的原则:不能为合作而合作，作为团结而团结。特别是在对方势力大盛，或自己的正确理想得不现实现时，就要坚持自己的理想，坦然接受“无人可用”的现实，决不去同流合污。即使理想永远无法实现，也决不后悔，决不灰心丧气。

曾宪梓永不放弃创名牌

金利来的发展史，就是曾宪梓的艰辛史、光辉史，更体现了曾宪梓百折不挠的精神。

1963年，曾宪梓到中国香港求发展。为了生活，在最初几年里，他不得不放弃自己曾热衷多年的专业，混迹于小生意人的行业里，惨淡经营。

20世纪60年代中期，中国香港服装业受世界服装潮流的影响，西装盛行。穿西服必须打领带，一时间领带十分抢手，而当时的中国香港领带业并不占优势。曾宪梓认为商机来了，以区区6000港元为本钱，开始了创业之路。

"一人工厂"诞生了。曾宪梓日夜操劳，自己选材，自己设计，自己剪裁，自己缝制，自己熨烫和包装。几乎花去了他所有的钱，第一批自制领带终于问世，只是无人问津，经销商甚至多看一眼都不愿意。

终于有一家商店的经理同意看一看他的领带。可是其出价之低，令人惊叹——低于成本费用，买卖自然没做成。那位经理便把曾宪梓带到自己的商店参观。曾宪梓终于明白了自己所制的领带用料低劣、款式单一、色泽灰暗，难登大雅之堂。这种产品不会带来利润，只会招来别人的歧视与羞辱。

全部家当就这样报销了。但曾宪梓没有泄气，认真总结了经验教训，得出结论：只有高档名牌产品，才有可能在市场上占有一席之地。于是他忍痛"斩仓"，将自己的产品出让给了街头地摊，用得来的钱买了几条国外产知名品牌领带，悉心研究，认真总结，终于领悟了名牌的真谛。

经过一段时间的精心选料，认真加工，一批精致高档的领带问世了。曾宪梓拿着自己的硕果，穿梭奔走于各大商店。终于，地处旺角的瑞兴百货公司经理对他的领带赞不绝口，只是担心知名度欠缺，一时难以大规模销售。

曾宪梓欢心之余，痛下决心：愿以成本价换取与高档进口领带同列的资格。

经过市场检验，销量不菲。瑞兴百货公司与曾宪梓私下结盟，形成产销一条龙，同时曾宪梓制作的领带价格远非一般中国香港领带所能比拟，并且销量直线上升。

曾宪梓迅速扩大生产规模，并确定"金狮"为商标，但由于在香港"金狮"是与"真输"谐音，销量并不好。曾宪梓又将"金狮"易名为"金利来"。"金利来领带"从此成为"男人的世界"。

黄克诚以大局为重

黄克诚是共产党员、无产阶级革命家，在党和军队问题上，从不谋私利，而是以党和人民的利益为重，真正做到了：损小己，利大家。这充分体现了一位共产党员的高风亮节和英雄气概。也正因为他有这些高贵的品质，他的部下都愿意为他效命，为他出力，在战场上表现得极其英勇，连克敌人；在对待同志上，他以大局为重，不抢占功劳，结果和其他老革命家共同赢得了中国革命的胜利。

1940年夏天，黄克诚奉中央的命令，组织一支南下的八路军纵队，支援在长江南北浴血奋战的新四军。这个纵队，只有两个旅几千人，几千条枪，装备参差不齐，不但有三八枪、汉阳造、单打一，甚至还有鸟枪、红缨枪。黄克诚的根据地在冀鲁豫地区，他带人马走了，这一带的地方部队显然不可能保住根据地，顶住日本人的进攻。何况根据地旁还有蒋介石的部队虎视眈眈想夺地盘，鸠占鹊巢。黄克诚不顾自己长途作战的危险，抽出一个主力团，留守根据地，担负起保住根据地的责任。

黄克诚率军苦战，到达了豫皖苏边区。这一带处于敌人的包围之中，就是吃顿安稳饭、睡个安稳觉的机会都很少有。当地的共产党军队是由游击队、赤卫队组合而成的，不但装备差，而且战斗力弱，组织力量不强。黄克诚为了支援该地区的抗日力量，又毅然留下两个主力团，帮助当地部队提高战斗力，扩大根据地。到了苏北后，新四军一部的一个旅在日伪军的夹击下遭受重大损失，黄克诚将自己的一个全建制的旅和那个旅作了对换，率领疲劳之师顽强拼搏。带兵的人最热爱的是自己的军队，人数的多少往往决定一个领导者的水平和在敌我心目中的地位。黄克诚的部队都是跟随自己作战多年的老战友了，由于他平时关心部下，处处为他们考虑，部下都愿意听他的指挥，而黄克诚为了大局，毫不犹豫跟人少的部队作调换，可见，他的品德是多么地高尚。

特别是在南下途中，黄克诚像包公开仓放粮一样，将自己的部队分发给各个解放区，而到达苏北根据地时的部队，还不到他带出来的三分之一，但他照样打胜仗，照样使自己的部队不断壮大。到抗日战争结束时，黄克诚不但解放了二万四千多平方公里的土地，也使自己的队伍扩展到七万余人。

后来，由于东北形势严重，中央为保卫东北抽调各个地方的部队开赴东北，加强实力。黄克诚二话不说，率领主力三个师五万多人，带着整齐的装备，离开了熟悉的根据地，向东北挺进。到了东北后，他又将部队和自己的指挥机关全部交给联军司令林彪指挥，自己心甘情愿地做后勤工作和政治工作，从不过问前方自己的老部队的作战和指挥情况。

黄克诚对下是关心，对上是以大局为重的团结，终于和无产阶级老一辈革命家共同迎来了解放战争的胜利。

“拗相公”遇到“司马牛”

宋朝的王安石和司马光十分有缘，两人在公元1019与1021年相继出生，仿佛有约在先，年轻时，都曾在同一机构担任一样的职务。两人互相倾慕，司马光仰慕王安石绝世的文才，王安石尊重司马光廉洁、谦虚的人品，在同僚们中间，他们俩的友谊简直成了某种典范。

做官好像是与人的本性相违背，王安石和司马光的官愈做愈大，心胸却慢慢地变狭，相互唱和、互相赞美的两位老朋友竟反目成仇。倒不是因为解不开的深仇大恨，人们简直不相信，他们是因为互不相让而结怨。两位智者成了两只好斗的公鸡，雄赳赳地傲视对方，都以为自己的嘴最锋利，翅膀坚硬，把造物主给人的执拗好斗发挥到了极限。

有一回，洛阳国色天香的牡丹花开，包拯邀集全体僚属饮酒赏花。席中包拯敬

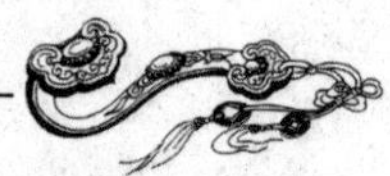

酒，官员们个个善饮，自然毫不推让，只有王安石和司马光酒量极差，待酒杯举到司马光面前时，司马光眉头一皱，轮到王安石，王执意不喝，全场哗然，酒兴顿扫。司马光大有上当受骗，被人小看的感觉，于是喋喋不休地骂起王安石来。

司马光画像

一个满脑子知识智慧的人，一旦动怒，开了骂戒，比一个泼妇更可怕。王安石以牙还牙，祖宗八代地痛骂司马光。自此两人结怨更深，王安石得了一个"拗相公"的称号，而司马光也没给人留下好印象，他忠厚宽容的形象大打折扣，以至于苏轼都骂他，给他取了个绰号叫"司马牛"。

"拗相公"的拗性和"司马牛"的牛脾气更激化了他们的冲突，王安石太自信了，这个"敢为天下先"的改革派领袖根本不把司马光放在眼里，就像一位斗牛士，看见凶猛的蛮牛冲过来了，还嫌不够刺激，挥动手里的红布，要让牛变得更加激怒。

司马光也不是好惹的，他虽不是一头凶猛的蛮牛，却有比牛更尖锐的武器。他又是上书，又是面陈，告了"拗相公"的御状。罪状之一是"不晓事，又执拗"；罪状之二是拉帮结派，利用皇帝给的特殊权力，拉拢了一帮江西等地冥顽不化的蛮子。结论是：此人不是良臣，而是贼民。一直到把王安石搞下了台，司马光才罢休。他们早年抱定拯救国家和百姓的理想，终于成为一个泡影。

到了晚年，王安石和司马光对他们早年的行动都有所后悔。大概是人到老年，与世无争，心境平和，世事洞明，可以消除一切拗性与牛脾气，而达到谦和的境界。王安石曾对侄子说，以前交的许多朋友，都得罪了，其实司马光这个人是个忠厚长者。司马光也称赞王安石，夸他文章好，品德高，功劳大于过错。

仿佛是又有一种约定似的，两人在同一年的五个月之内相继归天。天国是美丽的，"拗相公"和"司马牛"尽可以在那里和和气气地做朋友，吟诗唱和了，因为在那里，什么政治斗争、利益冲突、性格相违，已经变得毫无意义了。

王安石和司马光因性格差异而产生一点小摩擦，便互相谩骂、诋毁，互不相让，结果两人都失去了好友，给别人留下不好的印象，给自己人生沾上不光彩的伤痕。性格有差异的人完全可以成为好朋友，不仅是因为他们间有其他共同之处，还因为性格差异给双方造成优势互补，联在一起，更加完美。

天底下有能耐的好人本来就不多，应该想着同心协力为社会多做贡献。不能因为各自的思想方法不同，性格上的差异，甚至微不足道的小过节而互相诋毁，互相仇视，互相看不起。古人说："二虎相争，必有一伤。"这样做下去，其实谁都不会有好结果。

芝加哥公牛队取胜的秘密

芝加哥公牛队是篮球史上最伟大的一支球队。1998 年 7 月，它在篮球总决赛中战胜爵士队后,已取得第二个三连冠的骄人成绩。但公牛队的征战并非所向披靡,而是时刻遇到强有力的阻击,有时胜得如履薄冰。

决战的对手常在战前仔细研究公牛队的技术特点,然后制定出一系列对付它的办法。办法之一,就是让迈克尔·乔丹得分超过40分。听起来挺滑稽,但对手言之有理:乔丹发挥不好,公牛队固然赢不了球,乔丹正常发挥,公牛队胜率最高;乔丹过于突出,公牛队的胜率反而下降了。因为乔丹得分太多,则意味着其他队员的作用下降。公牛队的成功有赖于乔丹,更有赖于乔丹与别人的协作。

事实上乔丹本人也善于同队友合作,这与他的品格有关。皮彭是公牛队最有希望超越乔丹的新秀,但乔丹没有把队友当作自己最危险的对手而嫉妒,反而处处加以赞扬、鼓励。为了使芝加哥公牛队连续夺取冠军,乔丹意识到必须推倒"乔丹偶像"以证明"公牛队"不等于"乔丹队",1人绝对胜不了5个人。

一次,乔丹问皮彭:"咱俩3分球谁投得好?""你!""不,是你!"乔丹十分肯定;乔丹投3分球的成功率是28.6%,而皮彭是26.4%,但乔丹对别人解释说:"皮彭投3分球动作规范、自然,在这方面他很有天赋,以后还会更好,而我投3分球还有许多弱点!"

乔丹还告诉皮彭,自己扣篮时多用右手,或习惯用左手帮一下,而皮彭双手都行,用左手更好一些,而这一细节连皮蓬自己都没有注意到。乔丹把比他小3岁的皮彭视为亲兄弟:"每回看他打得好,我就特别高兴;反之则很难受。"乔丹的话语中流露着他们之间的情谊。

正是乔丹这种心底无私的慷慨,树立起了全体队员的信心并增强了凝聚力,取得了一场又一场胜利。

足球运动也同样如此,它需要强烈的协作精神和良好的团体配合。不管是球王贝利、新球王马拉多纳还是球星罗马里奥、罗纳尔多,都不可能在没有配合的情况下光芒四射、熠熠生辉。

看来,任何事情都必须依靠朋友和同事的力量,借助集体的作用力更能便捷地到达自己的目的地,也在相互支持中实现各自的梦想,取得事业的丰收。世界上没有人可以不依赖别人的力量而单独生存,回顾人类历史,就能够发现朋友同事之间协作精神的强烈、深入和广泛。

总之,在现在这个时代,最灿烂的口号是"强强联合",如果双方都是懂得合作、善于合作的伙伴,则合作能带来巨大的收益。也只有这样,才能出惊人的成果。

每个人的能力都有一定限度,善于与人合作的人,能够弥补自己能力的不足,才能达到自己原本达不到的目的。合作是一门精深的人际关系学,要依靠别人,更要学会与人协调。做事情讲究的是有力一块使,有成就一起分享,懂得合作之道的人总能做到"双赢"。

一个人的成功不能只靠自己的力量,成功需依靠别人。只要有心与人合作,善假于物,那就要取人之长补己之短。这样一来,互惠互利,能让合作的双方都能从中受益。

既然在一起共事,就要精诚合作,齐心协力,共渡难关,一同发展。一些人和别人合作时,起先是共同努力,可是到了中途便感到困难,于是多数人就停止合作,只有那少数人,还在勉强维持。可是这少数人如果没有坚强的毅力,工作中再遇到阻力与障碍,势必也随着那放弃的大多数,同归于失败。

具有合作意识，善于与人合作固然很好，但是一定要慎重选择你的合作伙伴，他必须人品好，不能私心太重；他的特长要能与你互补而不是重叠；彼此间有信任的基础；能够主动出击，独当一面，而不是有依赖思想。

“好人”更应当衷同共济

所谓“好人”，是指心性正直，不走歪门邪道的人。他们为所做的正当之事寻求合作，才称得上是“同人”而不是小人，污行沆瀣一气。当然，“好人”由于各自心性耿直，有时也难免各执一端，以致心难相通，因而导致不能衷同共济，使他们的力量不能往一处使，这往往是令人很遗憾的。历史上有很多这样的事例，如王安石和司马光的关系，就让人感慨颇多。

宋朝的王安石和司马光两人在1019年与1021年相继出生，年轻时，都曾在同一机构担任完全一样的职务。两人互相倾慕，司马光仰慕王安石绝世的文才，王安石尊重司马光谦虚的人品，在同僚们中间，他们俩的友谊简直成了某种典范。

后来，因王安石主张变法，施行新政，而司马光表示反对，不久，这对本来相互唱和、互相赞美的两位老朋友竟好像有了解不开的深仇大恨，两位智者名人，成了两只好斗的公鸡。有一回，洛阳国色天香的牡丹花开，包拯邀集全体僚属饮酒赏花。席中包拯敬酒，官员们个个善饮，自然毫不推让，只有王安石和司马光酒量极差，待酒杯举到司马光面前时，司马光眉头一皱，仰着脖子把酒喝了，轮到王安石，王执意不喝，全场哗然，酒兴顿扫。司马光大有上当受骗，被人小看的感觉，于是喋喋不休地骂起王安石来。王安石以牙还牙，也痛骂司马光。自此两人结怨更深，王安石得了一个“拗相公”的称号，而司马光也没给人留下好印象，他忠厚宽容的形象大打折扣，以至于苏轼都骂他，给他取了个绰号叫“司马牛”。

“拗相公”的拗性和“司马牛”的牛脾气更激化了他们的冲突。王安石太自信了，这个“敢为天下先”的改革派领袖根本不把司马光放在眼里，就像一位斗牛士，看见凶猛的蛮牛冲过来了，还嫌不够刺激，挥动手里的红布，要让牛变得更加愤怒。司马光也不是好惹的，他又是上书，又是面陈，告了“拗相公”的御状。罪状之一是“不晓事，又执拗”；罪状之二是拉帮结派，利用皇帝给的特殊权力，拉拢了一大帮江西等地冥顽不化的蛮子。结论是：此人不是良臣，而是贼民。一直把王安石搞下了台，司马光才罢休。他们早年抱定拯救国家和百姓的理想，终于成为一个泡影。

到了晚年，王安石和司马光对他们早年的行为都有所悔悟，大概是人到老年，与世无争，心境平和，消除了一切拗性与牛脾气。王安石曾对侄子说，以前交的许多朋友，都得罪了，其实司马光这个人是个忠厚长者。司马光也称赞王安石，夸他文章好，品德高，功劳大于过错。

虽然王安石、司马光二人晚年又重修旧好，但毕竟能够做事的人生黄金时光已悄然而逝，在那时他们没有团结合作，同心协力地为国为民出力谋划，违背了“同人”的精神，自然会在他们心中留下遗憾，也令后人为之叹惋。

天底下有能耐的好人本来就不多，应该想着同心协力为社会多做贡献。不能因为各自的思想方法不同，性格上的差异，甚至微不足道的小过节而互相诋毁，互相仇视，互相看不起。古人说：“二虎相争，必有一伤。”

不合作的态度和行为，所导致的后果只能是万事不顺或增加了成功的难度。从理智上来说，的确是不足取的。

善待同仁，林肯完成南北统一

一位老者坐在一个小镇郊外的马路边散心。这时，一位陌生人开车来到老者面前，他走下车问老者："请问先生，住在这个小镇上的人怎么样？我打算搬到这里住。"

老者惊奇地看了一眼陌生人，接着反问道："你先告诉我，你打算离开的那个地方的人如何？"

陌生人回答道："不好，都是些不务正业、游手好闲的人。我住在那里根本享受不到人生的快乐，所以我打算搬到这儿来住。"

老者听完年轻人的诉说，唉声叹气地说道："先生，恐怕你要失望了，因为住在这个镇上的人，也和你那边人的作风差不多。"

这位陌生人听完就离开了，继续去寻找他理想的居住地。过了一会儿，另一位陌生人也来到老者面前，询问同样的问题，老者也同样反问他。

这位陌生人说："哦！住在那里的都是非常好的人。我在那里度过了一段非常美好的时光，但我正在寻找一个更有利于我工作发展的小镇。我舍不得离开那个美好的地方，但是为了生计，我不得不寻找更好的发展前途。"

老者听后，满是皱纹的脸上浮现出灿烂的笑容，他和蔼地对那位年轻人说："先生，你很幸运，居住在这里的人都同你们那里的人一样好，你将会喜欢他们，他们也会由衷喜欢你的。"

从这个故事中我们可以看出：不善于和同的人，无论到了何地，都会自认为别人难以相处。善于和同的人，与任何人都会相处融洽。

一个人的力量有如大海中的一滴水，而同仁之间的合力就能够汇成一条河流，源源不断。每一位有事业心的人，要想开创一番成功的、伟大的事业，仅靠自己单枪匹马是远远不够的，往往需要团结同仁，以寻求同仁的支持，才能实现自己的远大目标。

在美国南北战争的最初两年内，北方始终处于很被动的地位，其主要原因是北方将领的才能比不上南方将领。林肯是北方军的总司令，但在实际战场上则另有陆军司令和海军司令。

林肯所依靠的第一位陆军司令是麦克莱伦将军，他略微有些才能，可他却总像缩头乌龟一般害怕战场上的真打厮杀。马克思当时曾讽刺麦克莱伦将军有两大害怕：第一是怕打大败仗，第二是怕打大胜仗。他曾在进攻南方首都里士曼时，突然望而却步，给敌人以可乘之机，结果南军乘机大败北军。

但更令人厌恶的是，此人骄傲得不可一世，把林肯看作乡下佬，对林肯的指挥一概采取置之不理的态度。按照宪法，林肯完全有权随时撤换他。

1861年11月的一个夜晚，林肯、国务卿西华德和林肯的秘书约翰·海莱按照约定来到麦克莱伦寓所。然而麦克莱伦并没有在家等候，听仆人之语，麦克莱伦将军参加一个并不重要的婚礼去了，很快就会回来。

海莱在日记中写道：

“我们进屋等了大约一个小时，麦克莱伦回来了。仆人告诉他，总统在客厅等他，但他穿过总统和国务卿呆的那个房间门口径直上楼去了。他们又等了约半个小时，再次派仆人去告诉将军，但得到的却是冷冰冰的回话，说将军已上床睡觉了。”

“回家后，我对总统谈起这件事，但他似乎并不在意。他说，特别是在这紧要关头最好不要去计较繁文缛节和个人尊严。有一天，总统又说：‘只要麦克莱伦能为我们赢得胜利，我情愿为他牵马。’”

与同仁合作，林肯不只是和“同类”人打交道，他总是试着和“另类”的人打交道，有时林肯并不喜欢他们，但林肯认为他们也是你生活中的一部分，在他们身上也能学到很多有用的东西。由此可见，林肯总统是多么的宽宏大度啊！

但麦克莱伦始终未给林肯带来胜仗，林肯忍无可忍，于1862年11月5日发布了撤职令，毅然解除麦克莱伦陆军司令的职务，由伯恩赛德接任。不久，伯恩赛德也被撤换，换上胡克少将，结果仍然不行，1863年又换上米德少将。同年7月，南方统帅罗伯特·李将军进军宾夕法尼亚，米德在葛底斯堡抵挡住南军，打了一场大仗，双方死伤惨重，罗伯特·李不得不宣布撤退。林肯命令米德追击，但米德胆怯，不敢尾追，只是保存实力而退。

次日，林肯的儿子罗伯特看到父亲烦恼不堪的样子，内心也笼罩了一丝淡淡的哀愁，他走到父亲身边，轻轻地问道：“父亲，发生了什么事？”林肯回答说：“米德将军放走了罗伯特·李将军，我们将为此牺牲10万人。”

最后，林肯换了一位真正有才能的“常胜”将军，就是在西部取得维克斯堡大

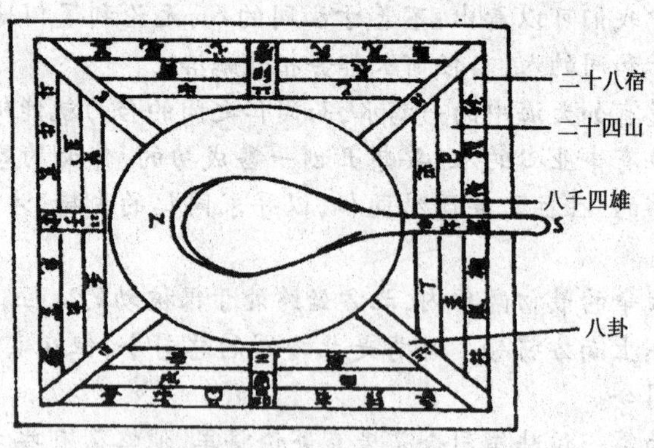

捷的格兰特少将，林肯把他召到华盛顿，并特别提升他为中将。但有人提醒林肯，说格兰特有酗酒的毛病。一个由纽约教会人士组成的代表团拜谒林肯，他们说格兰特是个不可救药的酒鬼，将他委以重任是不合适的。

林肯的反应却是出人意料，他不慌不忙地问道："请问你们可曾知道他喝的酒是什么牌子？"他们说："不知道。"林肯说："很遗憾，如果你们能告诉我是什么牌子，我将购置这种酒，分发给各战场司令，以便让他们喝了可以打胜仗。"

这只是林肯容忍、谅解并去关爱同仁的一个很小的缩影，正是因为林肯善待他人，经过几年的南北战争，终于开创了南北统一的大好局面。

虽然战争远离了我们，但人类文明的脚步还在继续往前迈进，合作与发展仍然是我们生活的主题。面对竞争和风险，我们更需要培养团队精神，团结一切可以团结的力量，通过共同的目标来加大凝聚力、向心力，发挥合力的作用。从自我做起，积极主动地容忍他人并做到讨人喜欢。因为一切伟大的事业，仅靠个人的力量无法完成。个人只有融入团体之中，以一项对他人友善和有益的计划来发展我们自己，不断地提升"与人和同"的品质。如果我们这样去做了，就会赢得人们的大力协助，这样，"同人"的局面一定会为我们的事业撑起一片广袤的蓝天。

大有卦第十四 ䷍

【经文】

下乾上离　大有[①]元亨。

初九　无交害，匪咎[②]，艰则无咎[③]。

九二　大车以载，有攸往，无咎[④]。

九三　公用亨于天子，小人弗克[⑤]。

九四　匪其彭[⑥]，无咎。

六五　厥孚交加，威如[⑦]，吉。

上九　自天祐之，吉无不利。

【注释】

①大有：卦名。通行本为第十四卦，帛书本为第五十卦。此卦为《同人》卦的上、下卦颠倒，故次列于《同人》卦下。《同人》卦为上《乾》下《罗》，谓天下有罗，欲网罗天下之人。《大有》卦则上《罗》下《乾》，罗在天上，天下之物无所不网，故曰"大有"。

②无交害，匪咎：高亨释"无交害"为"彼此无相贼害"，可从。"匪咎"，不责备于他人（"咎"，责也）。欲"大有"，首当不侵害、不责备于他人。

③艰则无咎："则"，而也（《经传释词》）、"能"也（《古书虚字集释》）。若能不相侵害、不相责备，则虽遇艰难而能无咎。

④大车以载，有攸往，无咎："载"，载人、载物。"大车以载"，喻广罗天下人才、财物，《系辞传》所谓"何以守位曰人，何以聚人曰财"。若能如此，则凡有所行，必无有不利。

⑤公用亨于天子，小人弗克："公"与"天子"对举，指公卿、诸侯。"用"，指用其网罗所获，此承"大车以载"而说。"亨"同"享"，献也。"弗克"，不能，做不到。

⑥匪其彭："彭"，大、盛多。"匪其彭"，不自大、不炫耀富有。

⑦厥孚交如,威如:"厥",其。"孚",卦兆。"交",好(《史记·晋世家》索隐)。"如",语辞,下同。"威",帛书本作"委",顺也。

【译文】

大有卦:大有收获,无往不利。

初九:人与人之间不彼此伤害,就不会有什么祸患;即便处境艰难,也能相安无事。

九二:用大车载物,即使路比较远,也可以顺利到达。

九三:贤德的公侯享受着天子赐予的厚禄,宵小之徒则得不到任何赏赐。

九四:位高不凌人,灾祸不及身。

西晋墓砖画《牛车图》

南宋　赵孟坚作《墨兰图》

六五:把抓到的俘虏紧紧捆住,但还是气势汹汹,不肯屈服。吉利。

上九:上天保佑。吉利,没有不吉利。

【解读】

本卦主要阐述了个人与社会的关系问题，通过“同人于宗”“同人于门”“同人于郊”“同人于野”的分析，反映了先人对保守门户之见和社会封闭性的批判，对破除闭塞、广泛沟通思想的赞赏。“海内存知己，天涯若比邻”，“四海之内皆兄弟”，这不仅是先人的理想，也是今人的追求。

【经典实例】

盛极必危

《大有卦》阐释成功后的因应原则。当天下和谐共处之后，就足以领导万民，完成伟大事业。当拥有权势与地位，又具备领导才能时，却不可骄傲，踌躇志满，得意忘形。应知戒慎恐惧，光明磊落，刚健而不失中正；应当礼贤下士，谦虚自我克制。以诚信沟通上下，以威信确保秩序，顺应自然，以善意与人和同，满而不溢，才能使人心悦诚服，获得成功。

1977 年 4 月，乔布斯和他的搭档渥兹尼克经过紧张的研制，3 台苹果 2 号样机终于问世了。当苹果 2 号首次在旧金山举行的西海岸电脑展示会上公开露面时，成千上万的观众为它倾倒。

苹果公司对这次展示会极为重视，他们最早与主办人签约，抢占了面对大门的最佳摊位，并且不惜花费 5000 美元来进行设计布置。摊位本身以黑天鹅绒布幕圈起来，塑料板上醒目地写着“苹果电脑公司”，画着诱人的苹果商标。苹果 2 号一改过去个人电脑沉重粗笨、设计复杂、难以操作的形象，以小巧轻便、操作简便和可以安放在家中使用等鲜明特点，紧紧抓住了观众的心。它只有 12 磅重，仅用 10 只螺钉组装，塑胶外壳美观大方，看上去就像一部漂亮的打字机。人们都不敢相信这部小机器竟能在大荧光屏上连续显示出壮观的、如同万花筒般的各种色彩。乔布斯也穿上他有生以来的第一套正规西装，站在摊位旁，忙得不亦乐乎。

苹果 2 号电脑在展示会上获得巨大成功，到 4 月底，苹果公司已收到订单 300 多台。在随后的日子里，订单有增无减，到 1977 年底，苹果 2 号又卖出近 4000 台。1978 年中，苹果 2 号依旧供不应求，订单甚至排满到 26 个月之后才能出货。苹果电脑终于以秋风扫落叶之势囊括了个人电脑市场，令所有的竞争者望尘莫及。而苹果公司的销量仍在直线上升，1978 年 8000 台，1979 年更是翻了 4 倍，达到 3.5 万台，销售额也达到 4700 万美元。“苹果”成为个人电脑的代名词，一场“个人电脑革命”也随之在美国轰轰烈烈地展开。而公司的创办者乔布斯也成为登记在册的百万富翁。

1980 年是苹果公司大丰收的一年。由于试算表软件的成功推出，苹果 2 号的销售量又成倍猛增，达到创纪录的 12.5 万台。1980 年 9 月，公司董事会推举乔布斯登上董事长的宝座。为争取公司股票上市，麦克肯南广告代理商为苹果公司发动了一场强大的广告攻势。在《华尔街日报》上，全页广告写着“苹果电脑就是 21 世纪人类的自行车”，并登有乔布斯的巨幅照片。1980 年 12 月 12 日，苹果公司股票公开上市，在不到一个小时内，460 万股全被抢购一空，当日以每股 29 美元收市。

按这个收盘价计算,苹果公司高层产生了4名亿万富翁和40名以上的百万富翁。乔布斯作为公司创办人当然是排名第一,他所握有的股票市值达2.564亿美元,马克库拉居次,达2.39亿美元,渥兹尼克第三,达1.293亿美元。苹果公司自1976年初由乔布斯和渥兹尼克两人以1300美元起家,不到5年,发展成拥有1000多名职工、市值达数十亿美元的大型电脑公司。这不能不说是个奇迹。而乔布斯年仅25岁,就跻身于亿万富翁行列,更可谓是奇迹中的奇迹。

乔布斯一夜暴富,功成名就后,依然雄心勃勃。他不惜耗资5000万美元,推出了以他女儿的名字命名的新型个人电脑——“丽莎”,接着又推出了更为先进的“麦金托什”电脑。这种个人电脑使用极其方便,一般人只需花20分钟就能学会操作。它还有一个手掌大小的控制设备,叫“鼠标”。当鼠标在桌上前后左右移动时,屏幕上的光标也随之移动,非常方便实用。

1982年,乔布斯可谓达到登峰造极的地步。两家美国最有影响的杂志都抢着与他接头,刊登采访他的文章。2月号的《时代》杂志把乔布斯作为封面人物,标题是《财源滚进——美国的风险承担者》。3月份的《生活》杂志也刊出他盘腿坐在一张会议桌上,风光无比的照片,并刊登文章对他推崇备至,称他是花钱都买不到的至宝。1984年的《商业周刊》也以他为封面人物,并刊出“乔布斯董事长的金玉良言”。但就在这一片吹捧之中,危险却悄悄降临到这个硅谷狂人身上。

由于乔布斯过于锋芒毕露,咄咄逼人,无形中得罪了很多人。加上强大的IBM公司也推出了个人电脑,抢占了大片市场,使麦金托付电脑节节惨败,总经理和董事们便把这一失败归罪于董事长乔布斯,于1985年4月经由董事会决议撤销了他的经营大权。乔布斯几次想夺回权力均未成功,便在1985年9月17日不得不愤然辞去苹果公司董事长的职务。乔布斯在创立公司10年后,竟成了受害者。

一个人在起步阶段,不会大有收获,但也不至于产生因骄傲而造成的过失。但是成功以后,容易锋芒毕露,就像好东西不再装在车厢里面,而在路上炫耀,这样前进起来,就会出事。

成功之后更要收敛,不要张扬。要把自己的智慧装在肚子里面,像没事人一样轻装前进。人如果要在成功后做更大的事,还需要有一种聪明,这种聪明叫“自我抑制”。

能力不够,做不成大事。大事做了,也有可能妨碍能力的继续发挥。“盛极必危”。做大事的人,应当明辨《大有卦》中蕴含的智慧。

存款来历

滕田田是日本麦当劳的巨头,一手创造了麦当劳在日本的奇迹。他手下的麦当劳分店在日本星罗棋布,年营业总额已突破40亿日元。那么滕田田是怎样成功的呢,尤其是怎样起家的呢?

滕田田1965年毕业于日本早稻田大学。毕业后第六年,也就是他31岁那年,闻名全球的麦当劳开始进军日本。滕田田抓住了这个先机。

根据麦当劳总部的要求,要抓住这个先机,一是必须有75万美元的现款;二是必须有一家中等规模以上银行的信用支持,条件非常苛刻。滕田田当时打工6年,

存款不足5万，怎么办？

他不甘心失去这个机会，便向亲友四处借钱。花了5个月，只借到4万。无奈中，他鼓足勇气跨进日本住友银行总裁办公室的大门，希望以自己的诚挚取得帮助。但他诉说完自己的想法之后，得到的回答却是“你先回去，让我考虑考虑。”根据一般惯例，滕田田知道这是婉言拒绝。

滕田田对这一结果早有准备，并没有因此气馁。他决定以自己的诚心，再做最后的努力。于是他恳切地对总裁说：“先生，您可否让我告诉您我那5万元存款的来历？”“可以。”总裁表示同意。

“那是6年按月存款的结果。”滕田田说，“这6年里，我每月坚持存下1/3的工资奖金，雷打不动，从未间断。6年里我无数次面对过度紧张或手痒难忍的尴尬局面，我都咬紧牙关，克制欲望，硬挺了过来。有时候碰到意外事故需要额外用钱，我也照存不误，甚至不惜厚着脸皮四处借贷，以保证每月的存款。这是没有办法的事，我必须这样做。因为在跨出大学门槛的那一天，我就立下宏愿，要以10年为期，存够10万元，然后自己创业，出人头地。现在机会来了，我一定要提早开始事业……”

滕田田一口气讲了10多分钟，情真意切，使总裁非常感动。听完后，总裁问滕田田存钱那家银行的详细地址，并说：“好吧，年轻人，我下午就会给你答复。”

送走滕田田后，总裁立刻开车找到那家银行。柜台小姐听完来意后，说：“哦，是问滕田田先生吧。他可是我接触过的最有毅力、最有礼貌的一个年轻人。6年来，他真正做到了风雨无阻，准时来我这里存钱。老实说，对这么严谨、这么有恒心的人，我真是佩服得五体投地！”

接下来，读者能够猜到结果会是怎样的了。

五斤西红柿

李亚丽是某工厂的一名下岗职工，丈夫所在的工厂也不景气，每月只能发300元，加上她的下岗补贴，不足400元，可家里还有两个孩子上学，日子过得非常艰难。

政府为了解决下岗职工再就业的问题，在城区建了一个菜市场，鼓励下岗职工进行自食其力的劳动。

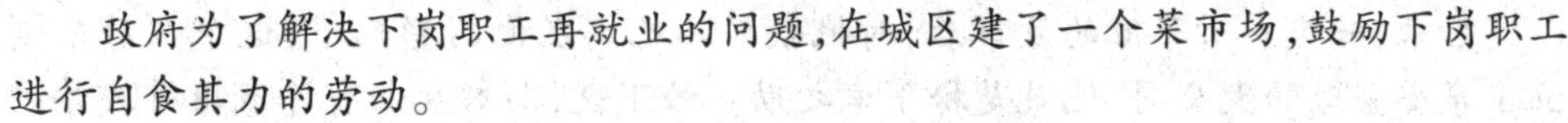

亚丽和丈夫一商量，借了四百块钱，再加上家里仅有的一百块钱，租了一个菜摊，准备卖菜。

夫妻俩说干就干，第二天就把摊支开了，亚丽跑上跑下，抱着批来的蔬菜，就像抱着自己的第一个儿子一样，心里喜滋滋的。

一天下来，算一算账，赚了二十块多，亚丽心里甭提有多高兴了。

然而好景不长。这个位置太偏，人们购菜都不愿跑那么远，于是菜市场就慢慢地冷落了，有时候，一天连一斤菜也卖不出去，亚丽决定第二天就收摊，不再卖菜了。

第二天，快下班的时候，有一个黑黑的中年人，偶尔跑到这里，买了5斤西红柿让亚丽包装好呆会儿再来拿。可是亚丽守着摊什么也没卖，一连等了五天，这个人

终于来了，亚丽赶忙喊了他，给他西红柿，可一看，西红柿全坏了，于是亚丽拿出口袋里仅有的5元钱，去外边买了五斤西红柿，交给了中年人。

中年人怔怔地看着亚丽和空空的菜摊，好像明白了什么，轻轻地问："这几天你一直在等我？"

亚丽慢慢地点了点头。

中年人略略思索，麻利地掏出笔，唰唰地在纸片上写着，递给亚丽说："我是附近工厂的伙食长，每天都到城里买菜，往后你就照这个单子每天给我厂送菜吧。"

亚丽惊喜地接过纸片。

从此，亚丽每天就按时给工厂送菜，从而摆脱了家中的困境，生活慢慢好起来。

太太的戒指

山本武信虽出身学徒，但却立志要做国际贸易，把生意做到海外去。第一次世界大战期间，他的出口生意很是火爆，赚了不少钱。由此，他便去银行贷款，备足大量货品，以适应市场需求。然而事情并不像山本所预料的那样，一战结束后，出口停止，货品立刻滞销，他只好把大量的库存降价出售。然而货款收不回来……就在这时，山本武信断然宣布破产，把自己的所有财物都交给银行处理，甚至连他太太的戒指自己的金怀表也交了出去。

山本表现出了与一般人不同的人格。本来按惯例，这种情况下个人是可以保留一些日用生活用品的，尤其是太太的饰物一类，是可以不动用的。但是山本武信坚持要拿出全部的东西，哪怕是一丁点值钱的东西。

后来银行经理对他说："山本先生，这一次的损失固然有你的责任，但战后生意的不景气，也不是你独立能支撑的。你负责任的诚意，我们很了解，可是也不必做到这种程度。尤其是太太的戒指……还是请你拿回去吧。"

对于银行的好意，山本领情，但执意不肯拿回。后来，银行为他的诚信所感动，非但派专人给他送去了太太的戒指，而且又给他带去了数额巨大的一笔款子，作为无私援助，这是他无论如何都没有想到的。也正是这笔钱使他渡过了难关，重新在生意场上站了起来。

后来，一个人听了他的故事后，对他钦佩不已。在他的影响下，这个人后来创立了享誉全球的大公司，他就是松下幸之助。松下说，山本身上有许多值得我学的东西，而他在最困难的时候肯拿出太太的戒指，这样的诚信态度，将会影响我一辈子。

"大有"是结果，诚信是原因。试想，如果我们不能以自己的行动树立良好的信誉，怎么会得到别人的信任？得不到信任，他也就无法实现后来的"大大"。社要是一个整体，人与人之间有一个链条，这个链条就是诚信。以诚待人，以诚为本，这样，你无论走到哪里，都可能更容易得到别人的信任和帮助，有了这些，"大有"也就不远了。

康泰克的失策

2000年10月，国家药品监督管理局（SDA）根据美国食品及药品监督局（FDA）对含有PPA（苯丙醇胺）的药物禁止销售的通告，对在中国市场的几十种含PPA的药物发出禁止销售的通知。在这几十种药品中，最有影响及销售量最大、年销售额达6亿元的是中美天津史克生产的康泰克。

康泰克是中美天津史克于1989年推出的一种治疗感冒的药物，通过这些年广泛的宣传，已家喻户晓，成为第一选择的感冒药，"当你打第一个喷嚏时……康泰克12小时持续效应"的广告语成为广告界的佳话。康泰克被禁止销售，不仅让使用过此药的患者感到担心和失望，对中美天津史克更是当头一棒。患者还可以重新选择其他抗感冒药，而中美天津史克却面临着销售额、利润下降等多方面的沉重打击。一种年销售额高达6亿的药品却一朝被禁，作为生产者，中美天津史克难道从未想到过会有这一天吗？如果早已知道问题所在，为什么却任由其发展到最坏的结局？中美史克错在了哪里？其他制药企业又能从中得到哪些启示和教训？

早在3年前，美国FDA就委托哈佛某药物研究所对PPA所致的副反应进行跟踪及研究。对于这一信息，史克必成美国总部不能不知道，中美史克也不能不晓得。但他们都没有充分考虑到此项研究结果对康泰克将造成什么样的不利后果并积极准备补救措施。康泰克被禁止销售后，中美天津史克无法在短期内生产出不含PPA的康泰克。据报道，在美国有一些生产含PPA的减肥药的厂家在得知哈佛某药物研究所正在研究调查后，就迅速开始寻找不含PPA的替代品，当美国FDA宣布含PPA的药品禁售后，他们马上推出了自己的替代品。相反，中美天津史克在这个问题上显然大为失策。

美国FDA宣布含PPA的药物禁止在OTC（非处方药物）市场销售时，中美史克应抓住美国FDA所公布的是含150mg以上的PPA，而中美天津史克生产的康泰克PPA含量仅为50mg，在其推荐的剂量下出现严重副反应的概率很小，对此中美天津史克本应及时向中国SDA及相关专家做出解释和说明。但从结果看，史克在这方面的工作非常被动。

中国SDA宣布含PPA药物禁售后，面对媒体的"炒作"史克仅仅勉强应付，而没有主动澄清真相。一些媒体甚至主动出面协助和监督将药店的康泰克收回。中美史克作为合资企业，在大众中的形象是"只追求利润，不关注大众事业"。其实史克每年有几百万的公关费用，但却没有一个完整的公关计划和实施方案。如希望在大众中建立什么样的公司形象等等。1998年河北张北地震，中美史克通过天津市捐助给灾区200万元，但大众和媒体并不知中美史克的这一贡献。

中美天津史克总部在天津，与中央相关部门的联系和沟通常常需要先通过当地政府部门，这导致了过程的复杂和延长，不利于及时有效地进行沟通。相反另一家合资企业西安杨森早年在10年前就将总部迁到北京，西安杨森公司与中央相关部门如SDA，物价司等的联系和交流都比较畅通。现在看来，制药业关系大众人身安全，深受国家政策的监督和控制。将管理中心迁移至中心城市（北京）非常重要，一方面可以获得公司发展所需要的人才和信息，另一方面可以及时与中央相关

部门沟通和联系。一些制药企业已经开始意识到这一点,计划将总部迁到北京。而中美天津史克却没有及时认识到这一点。

中美天津史克作为最成功的合资制药企业之一,它同西安杨森制药公司相比生产规模、销售稍弱些,但中美史克的利润可称为第一。

中美史克过于注重利润,对利润的要求是考核高级管理人员的主要指标。这也是导致对新产品开发不足的原因之一。因为新产品推广需要投入大量资金,而新产品销售却不可能在1~2年内体现出来。对利润的过于注重导致管理层短视,未能充分考虑到产品的合理发展,使产品销售形成合理的梯度。

中美史克高层管理人员,如总经理,自建厂以来,已经换了十多人,一般任期1~2年。由于任期短,在策略执行方面,没有一定的连续性。另外销售部门主管为中方指定,中、外双方在理念、背景、文化等方面或多或少会出现摩擦,严重影响策略的执行。

中美史克的核心产品康泰克、芬必得两者占80%的销售额,而其他六个产品仅占20%。出现了中间的"断层",没有形成产品销售的梯度。公司的销售和利润过多依靠这两个产品,风险太大,一旦核心产品出现问题,就没有其他可以替代的产品,公司将面临很大的危机。相比之下,西安杨森的产品有一定的梯度,核心产品吗丁啉、达克宁、采乐占销售额50%,其他几个有潜力的产品如西比灵、斯皮仁诺、息斯敏均在1.5~2.0亿的销售,这些产品占总销售额25%~30%,其他产品占20%~25%,这样的销售梯度有效地化解了风险。

"大有"成功之后,仍应像在艰苦奋斗时期一样,谨慎小心,兢兢业业,这样才能保住"大有",保持自己的成功。因为成功容易得意,得意便易忘形。人在事业成功之际,最容易犯的错误便是骄傲自满。而事物不是一成不变的,成功也不是永远的。成功向前发展,很可能就是失败。在商业战场,这种现象已屡见不鲜。所以,保持成功,比创造成功更难。而保持成功,首先便要戒骄戒躁,保持创业时期兢兢业业、艰苦奋斗的作风。获得过多的胜利不见得是好事,何况这些成功未巩固。不可得意,应继续努力奋斗。

"商圣"范蠡

越王勾践灭掉吴国之后,范蠡知道越王会翻脸无情,于是主动抛弃家产,不辞而别,既保全了性命,又留下了美名。他带着家人来到齐国,为了能够站稳脚跟,他亲自率领家人开山育林,建造家园。家园建好以后,除了贩卖自己生产的货物,他还组织家人贩运粮食。他了解人民的疾苦,经常慷慨解囊。

有一次,齐国大臣田常向齐王报告:"以齐国的财力施舍于百姓,还传不出临淄;而国内一个大富商却能以一家之力,施舍于百姓,天下皆知。"齐王派使者带着丞相的金印去见范蠡。范蠡偷偷地率家人逃到鲁国的曲阜创业,又成为一方富豪。

后来,范蠡得知陶邑是天下的商业中心,是最适宜经商的地方。于是他又散发了家产,带着族人来到陶邑西门外的陶丘定居。为了掩人耳目,再加上陶丘上有丹朱陵,于是改名为"朱公",当地人都叫他"陶朱公"。

陶朱公经营的货物品种繁多,他深知与时逐利的道理,因而经营的货物往往变化无常。由于他经营的东西比别人的便宜,质量又好,所以人们都到他的店里买东西。他还善于预测战争的爆发,善于大发战争财。别人纷纷破产,他却财源滚滚。

范蠡被历代商人尊为"商圣",其积蓄之理成了商人世代相传的法宝。到了近代,仍然流传着"经营不让陶朱富,货殖何妨子贡贤"的谚语,可见他在商人心目中的地位之高。从他的经历可以看出,经营有方固然重要,而用财富造福社会同样是必不可少的。

奇怪的激励方式

IBM 的创始人——托马斯·约翰·沃森能成就大业,还得益于一次奇怪的责骂。

1895 年 10 月的一天,托马斯·约翰·沃森到美国全国现金出纳机公司办事,遇到了该公司设在布法罗市营业处的约翰·兰奇先生。他对约翰·兰奇先生说:"我……我希望能当一名推销员。"

"可以一试。"约翰·兰奇先生可没有太多时间跟他废话。两个星期过去了,年轻人走街串巷,一台出纳机也没卖出去。

他来到约翰·兰奇的办公室,希望这个前辈能够给予指教。

"哼,我早就看出你不是干推销的那块料。瞧你一副呆头呆脑的样子,还不赶快给我从办公室里滚出去!你呀,老老实实地回家种地去吧。"约翰·兰奇竟然劈头大骂。

那时,托马斯·约翰·沃森无地自容。不过,他没有因为被数落而不满,只是默默地站在那里……最后,约翰·兰奇没有再发脾气,而是和蔼地说:"年轻人,不要太着急了,让我们来好好地分析一下,为什么没有人买出纳机呢?"

约翰·兰奇像换了一个人,他请年轻人坐下,接着说:"记住,推销不是一件轻松容易的事。如果零售商都愿意要出纳机,他们就会主动购买,用不着让推销员去费劲了。推销是一门学问,而且学问很深。这样吧,改日,我和你走一趟。如果我们俩一台出纳机都不能卖出去,你和我都回家吧!"

约翰·兰奇没有食言。过了几天,他带着托马斯·约翰·沃森上路了。

托马斯·约翰·沃森非常珍惜这个宝贵的机会。他认真地观察这个老推销的一举一动。在一个顾客那里,约翰·兰奇静静地说:"买一台出纳机可以防止现金丢失,还能帮助老板有条理地保管记录,这不是很好吗?再有,这出纳机每收一笔款子,就会发出非常好听的铃声,让人心情愉快……"

托马斯·约翰·沃森睁大眼睛看着一笔生意就这样谈成了。

后来,约翰·兰奇又带着这个托马斯·约翰·沃森出外推销,都成功了。

年轻人后来知道,约翰·兰奇那天对他的粗暴,是他对推销员的一种训练方式——他先是将人的脸面彻底撕碎,然后告诉你应该怎样去做,以此来激发人的热忱和决心,调动人的全部潜能和智慧。

就这样,托马斯·约翰·沃森成了一名成功的推销员,为他日后的事业奠定了基础。

对于一个成功的管理人员而言，能促使员工走上成功，这难道不是一笔财富吗？

仁政酿成悲剧

萧衍是个讲究仁爱的人，最喜欢标榜自己的感化政策。他对亲属从不使用法律，这些人犯了罪，可以得到宽容，甚至反叛之罪也不追究。在他的纵容包庇下，养出一批贪婪无耻的子弟。

萧衍有一个弟弟叫萧宏，排行第六，曾两次谋弑萧衍，自己当皇帝。第一次，在确凿的证据面前，萧衍只把他叫来，哭着指责了萧宏一番。第二次，萧宏和自己的侄女、萧衍的女儿永兴公主勾搭上了。两人约好，杀掉萧衍后，由萧宏做皇帝，永兴公主做皇后。这次谋弑也没有成功，萧衍只处死了两名刺客，用漆车把公主送出宫去，对萧宏却问也未问，希望他自己悔悟改过。就这样，萧宏的两次谋弑都没有受到任何惩罚。

萧宏的第三个儿子叫萧正德，是个无赖之徒。萧衍快近中年时，还没有儿子，曾向萧宏要来萧正德做嗣子。后来，萧衍将近40岁时生了儿子萧统，把正德又送还给了萧宏。不久，萧衍当了皇帝，立萧统做太子。对此，萧正德非常不满，他到处宣扬说自己应该当太子。萧衍听到这些话，并不追究。后来，萧正德终于决定叛梁，去投奔了梁的敌国北魏，自称梁废太子。

对于萧正德的投奔，魏国并不欢迎。当时萧齐灭亡后逃到北魏的齐宗室萧宝寅正在洛阳任职，虽然他与梁宗室有不共戴天之仇。他上表说："哪有伯父做天子、父亲做扬州刺史，反而抛弃亲人远投敌国的？这种人无国无父，应该杀掉！"魏国为了招降纳叛，没有杀掉萧正德，但对他很不客气。

对这样一个连敌国都不理睬的叛国叛父之人，萧衍不但没有惩处，还流着眼泪教诲了半天，又让他官复原职。

终于，侯景之乱成了引起这场争斗的导火索。

侯景是一个奸诈狡猾、凶狠残暴的人，是东魏的一名将领。他先降西魏，不久又叛西魏降梁。

侯景入梁后不久，就企图灭梁。他与萧正德暗中勾结，请他做内应，许愿事成后尊萧正德为帝。侯景起事后，昏庸的萧衍认为萧正德可靠，命他防守长江，结果萧正德反让侯景渡江，直逼都城建康。太子萧纲不明真相，又命萧正德守宣阳门，萧正德干脆开城门迎侯景入城。就这样，萧衍自己养子为贼、开门揖盗，酿成大祸，断送了自己的江山。

侯景攻入建康后，包围了台城。当时四方并非无兵来救，萧衍的儿子萧纶、萧绎，都握有重兵，位居上游，但他们都盼望侯景杀掉萧衍、萧纲，最好把其他竞争者也统统杀掉，自己好乘势夺皇帝。萧正德更丧尽天良，他和侯景约定的条件是：攻破台城，必须杀掉萧衍和萧纲，立自己为帝。萧绎、萧纶，包括萧正德，都是萧衍极为宠爱、一再纵容的人，对萧衍的宠爱，他们并不领情，反而盼望萧衍早日归天。

仁政的实施导致了萧衍被饿死，导致了他亲手创建的基业毁于一旦。

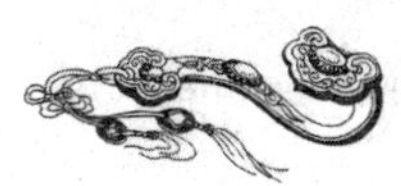

自命不凡的荀瑶

人一生都处在一种形势和位置之中，而它们能决定人未来的走向和结果。因此，是否能顺应它们，积极稳妥地去行事，关系到"大有"和一场空的不同结果。春秋时期晋国权臣荀瑶的行为及其结局，就很能说明问题。

春秋时期，晋国的四大家族把持朝政，国君形同虚设。在荀、韩、赵、魏四大家族之中，以荀家势力最强。

荀家的族长荀瑶是个极其贪婪之辈，他自恃兵强马壮，便要吞并其他三家，独霸晋国。荀瑶的谋士认为时机未到，向他进言说：

"我们现在的强大，还没达到足以把他们三家一举消灭的程度，如果眼下动手，他们联合起来，我们就是弱者了，自保都很难，不如暂缓此事，抓紧扩充实力，到时定可成功。"

荀瑶不听其言，不耐烦地说：

"我们最具实力，人所公认；他们三家若是日后强大起来，我们还有机会下手吗？我不会安于现状，坐失良机的。"

荀瑶于是向三家索取土地，韩、魏两家忍气吞声，不敢有违，赵家却坚决拒绝，不肯听命。

赵家族长赵无卹还对手下人说：

"荀家欺人太甚，他们无理索要土地，没有人会真心奉献。我们虽然弱小，只要有所坚持，韩、魏二家一旦态度有变，荀家就不足虑了。"

赵无卹的手下却没有他乐观，其中一人劝他不要孤身犯险，他忧心如焚地说：

"给荀家一点土地，祸患是将来的事；如果马上回绝，祸患立时就会到了。我们现在保命要紧，否则硬打硬拼，我们就会丧失一切，再难图存。"

赵无卹坚持己见，荀瑶不改初衷，于是荀瑶邀集韩、魏二家共同攻打赵无卹，约定灭掉赵家之后，三家瓜分赵家的土地。

赵无卹节节败退，最后困守晋阳城。晋阳城坚固无比，易守难攻，三家联军围了二年也没有攻下。后来他们改用水攻，决开汾水的堤防灌城，眼见大水就要淹过城墙的时候，赵无卹派人潜入韩、魏二家军营，游说他们反叛荀家。赵无卹的人对他们说。

顺应天时，晋文公守诺成霸

"大有"卦上卦离为火为光明，下卦乾为天为刚强，象征太阳升在天空之上，普照万物。也象征领导者光明刚健，应天命，得人心，就一定能实现自己的理想。晋文公可以说是这一卦意的忠实践行者。他刚健而文明，应天时而行，最后成就了他的霸业。

春秋时期，战乱绵绵。公元前636年，逃亡19年的晋公子重耳，经历了无数的磨难，在秦穆公帮助下回国即位，称晋文公。他在谋臣赵衰、狐偃、丁先轸等人的辅佐下，短短四年，便使晋国具备了称霸中原的条件。然而，晋文公想

占尽“天时、地利、人和”，并没有急于求成，继续休养生息，鼓励民众发展生产，以增强国力。

公元前623年，晋国的实力已经达到了晋文公的预期设想，晋国屯兵卫境，联合齐、秦、曹、卫等国，与楚国形成了对峙之势，楚将子玉因此被激怒，不顾楚成王“无从晋师”的告诫，放弃攻宋，挥师进发曹都陶丘，寻求同晋军交战。一场春秋以来为称霸中原发生的规模最大的一场战争在楚、晋两国之间拉开了序幕。

晋文公为了履行当年的诺言，命令全军退避三舍，后撤九十里至卫国境内的城濮，当时晋军将士极为不满，认为一国之君避让敌国之臣是一种耻辱；况且楚军劳师远征，已经疲惫不堪，应该主动出击，后退就等于贻误了战机。

楚成王曾经有恩于晋文公，退避三舍表现出晋文公言而有信，报答了楚成王的恩德，而这一举措避开了楚军锋芒，骄纵了楚军，同时激励了晋军士气，而且“退让”赢得了诸侯同情。这是一种政治上争取主动，军事上诱敌深入，后发制人的谋略，晋文公选择了有利于己而不利于敌的战场，创造了一个以劣胜优的战争环境。

在晋军退了三舍之后，楚军还是不依不饶，晋军上下，不由义愤填膺，个个摩拳擦掌，欲与楚军决一死战，他们认为楚军欺人太甚。而楚军上下认为晋军是不堪一击，于是骄横之气四溢，意志松懈，人人不再以晋军为意。俗话说，骄兵必败，看晋楚双方的精神状态，战斗结果可想而知。晋军退了九十里，不再退了，楚军追了九十里，自以为抓到了猎物，双方在城濮安营扎寨，准备明日厮杀，黑云压城，杀气冲天，眼见一场血战在即。

晋文公在诸将陪同下检阅晋军，见战士们个个精神抖擞，斗志昂扬，晋文公也不禁信心倍增。当即与先轸等人部署对阵计划，使狐毛狐偃兄弟率上军进攻楚军之左翼，使栾枝引下军进攻楚军右翼，以先轸将中军居中当楚之中军。

晋军所有的布置已定，楚军主将成得臣送来战书，书上写道：“我想同你的战士角斗一场，你可以凭车观看，下臣我也奉陪。”骄横之气溢于言表。

晋文公郑重其事地答其战书道：“寡人不敢忘楚君昔日的恩惠，所以退避三舍，才敢与大夫您对敌，既然大夫您执意要观兵，寡人只有奉陪了！”

第二天清晨，两军在城濮摆开阵式，楚军首先向晋军发起冲击。两军刚一接触，只见与楚右军对阵的晋军中冲出一支蒙着虎皮的战车队伍，楚军马匹一见，以为是真虎上阵，惊慌倒地，楚军不战自溃，晋国乘势掩杀过去，楚右军遂告瓦解。同时，晋上军将领狐偃故意佯作败退，引动楚左军离开中军，冲将过来，晋军元帅先轸见敌中计，遂挥中军从侧面拦腰冲断楚左军退路，晋上军见状反身大战，两下夹击。楚军不愧为精锐之师，被困仍苦斗不止，但怎奈得晋军骁勇，且有备而来，终于被杀得全军覆灭。

那天，沙尘蔽日，两军车马驰骋，更是搅得对面不辨人。楚军左右两军尽失，中军成得臣尚不知晓，等到晋军中、上、下三军一齐冲将过来，成得臣方才大悟，急令中军撤退，半途又被晋军勇将魏犨截住大杀一阵，十停楚军去了六七停。城濮一战，晋军大获全胜。

城濮之战以后，楚国势力退出中原，晋国成了名副其实的中原霸主。晋文公率中原诸侯会盟，朝见周襄王，车骑千乘，旌旗蔽日，浩浩荡荡，威风凛凛。

晋文公被周天子授予方伯斧钺，得以王命讨伐诸侯。晋文公重耳也因此被史家列为春秋五霸之一。

晋文公恪守因应原则，顺应天时，同时，又谦虚谨慎，积极努力，所以赢得了成功。与之相对的楚军主将成得臣却骄狂自大，得意忘形，最后拱手献出了几代人苦心经营的中原大地。这一鲜明的对比也告诫现代人们：要想建功立业或取得道德学问的圆满结果，就必须顺应客观规律，努力创造一切于自己有利的环境，在取得众人的支持下，一定会实现自己的理想。

谦卦第十五 ䷎

【经文】

艮上坤下　谦①亨，君子有终②。

初六　谦谦君子③，用涉大川④，吉。

六二　鸣谦，贞吉⑤。

九三　劳谦君子，有终吉⑥。

六四　无不利，㧑谦⑦。

六五　不富以其邻，利用侵伐⑧，无不利。

上六　鸣谦，利用行师，征邑国⑨。

【注释】

①谦：卦名。通行本为第十五卦，帛书本为第三十五卦。《谦》与《大有》在卦爻上没有内在联系；也就是说，它们既不是爻画互变的关系（如《乾》变《坤》），也不是卦爻翻覆的关系（如《小畜》与《履》），也不是上下卦颠倒的关系（如《同人》与《大有》）。《谦》与《大有》在帛书中并不毗连，属不同宫，通行本《谦》次列于《大有》之后，按照《序卦传》的说法是"有大者不可以盈，故受之以谦"。

《谦》卦下《艮》上《坤》，山入于地，有自我谦损之象，故卦名《谦》。反之，下《坤》上《艮》，则为《剥》卦；因为山出于地，其势必剥落也。

②君子有终："有终"，最后会有好结果。

③谦谦君子："谦谦"，谦而又谦。谦以下为贵，初爻最下，故云"谦谦"。据初爻"谦谦君子"，可推知六二"鸣谦"、九三"劳谦"、六四"㧑谦"、上六"鸣谦"之下皆省去"君子"二字。

④用涉大川："用"谓可行（《说文》："用，谓可施行也"）。"用"与"利"相近，《升》卦卦辞"用见大人"，《音义》云"本或作利见"，帛书即作"利见"。可行则有利，故用、利相通，亦可说"利用"，省为"利"或"用"。可行为用，用、利相通，故"利用"亦可说成"可用"，如上六"利用行师"，《小象》云"可用行师"。要之，可行者为有用，可行、有用者必然有利，故可、用、利相通。《老子·三章》"不见可欲，使民心不乱"，谓去其利欲之心也，《管子·内业》"能去喜怒欲利，心乃反济"即此。

⑤鸣谦,贞吉:“鸣”,声名闻于外。“鸣”与“名”义相含,《释文》即作“名”,《广雅·释诂》云“鸣,名也”。六二处下卦《艮》中,象君子幽隐山中,履行谦道,声名反闻于外,此《庄子》所谓“渊默而雷声”、《管子》所谓“不言之声,闻于雷鼓”。《荀子·儒效》云“让之则至,遵道则积,夸诞则虚……如是贵名起如日月,天下应之如雷霆,故曰:君子隐而显,微而明,辞让而胜。诗曰:鹤鸣于九皋,声闻于天”(杨倞注:“毛云:皋,泽也。言身隐而名著也”),此正“鸣谦君子,贞吉”之谓。

⑥劳谦君子,有终吉:谓君子有功在身而仍能行谦道,故有好结局而吉祥。九三处下卦之终,将出地中之山,养谦之功已成,故云“劳谦”(“劳”,功也)。

⑦无不利,扐谦:于鬯《香草校书》云“武亿《考异》谓当作扐谦,无不利”,可从。“扐谦君子,无不利”与“劳谦君子,有终吉”句例相同。“扐”同“挥”,发挥,此谓将谦虚精神发挥于事业上。《坤·文言》“美在其中,而畅于四支,发于事业”与此同。六四已出下卦入上卦,象谦道已成,离隐人世,故当“扐谦”。

⑧不富以其邻,利用侵伐:“以”犹“与”。“不富以其邻”即“不与其邻富”,某国掠夺他国财物使己独富而使邻国贫,是不与邻国共富,如此国家,有利于去侵伐它,以均其贫富,所谓“裒多益寡”也。六五所“侵伐”的对象为外国,上六所“征”之对象为属邑,二者有别。《周礼·夏官·司马·大司马》注“侵之者,兵加其境而已”。可见“侵伐”对象为外国。

⑨鸣谦,利用行师征,邑国:六二之“鸣谦”为幽隐者,上六之“鸣谦”为济世者,二者有别。“邑国”,属邑小国,为“君子”(诸侯)所统辖的领地。“征”与“侵”义有别,《孟子·尽心下》“征者,上伐下也”;又云“征之为言正也”,可证上六之所“征”与六五之所“侵伐”不同。上六所征之邑当亦是不与邻邑共富者;不言者,省文也。六五为尊位,故“侵伐”他国;上六无位,故“征”讨属邑。

【译文】

谦卦　象征谦谨。谦卦的卦象下单卦是艮,艮为山,为止;上单卦为坤,坤为地,为顺。内止知道抑止,乃谦也。只要谦虚地待人接物,做事必然亨通;然而只有君子才能无始也有终,虚心而识时务。

初六　凡君子都是谦而又谦,君子凭着这种谦虚的美德陶冶自己的修养,才可以涉越大江大川,并获吉祥。

六二　柔顺中正是谦虚的美德,真正做到坦诚而光明磊落,不形诸于外,就能深得众人的共识、共鸣,必获吉祥。

九三　能够始终辛劳而不夸耀,功而不骄,并匡济众人。君子能保守这种美德,必获吉祥。

六四　只要持守发挥谦虚的美德,处人行事便无往不利。

六五　本身虽不富有,但能以德服人,从而得到友邻的拥戴。即使为了征讨侵伐之敌,不得已使用了武力,也让人折服。

上六　传扬谦虚的美名,兴兵征伐,抵御来犯之敌,都是为了显示其德,力量和德分不开。而没有功劳,又如何能显谦。就是这个道理。

【解读】

本卦通过“谦谦”“鸣谦”“劳谦”“谦”等一系列概念,分析、阐述了谦虚的各个种类及其不同的效用。在《易经》六十四卦中，只有这一卦六爻占断均为吉利，可见先人对于谦虚美德的赞赏和推崇。谦虚的本质不是退让而是进取，其核心在于“裒多益少，称物平施”。唯有平等，才有真正的和平环境，才能把谦虚这一美德发扬光大。谦虚必须出乎于内心，以事实为基础，并且具有一定的原则性，否则就是虚伪，成为政治权术的骗人伎俩。

【经典实例】

“谦让”是做人之本

在《易经》的六十四卦中，没有全部是吉或是凶的卦，唯有谦卦，六爻都吉利；可见自古以来，对谦虚这一美德的重视。谦虚，并非消极的退让，而是积极的有所作为，重心在“裒多益寡，称物平施”。唯有平等，才有真正的和平。谦虚的动机必须纯正，才能赢得共鸣与爱戴。只求耕耘，不问收获的精神，居上位而能保持谦虚的态度，足以骄傲而不骄傲，能够以德服人，才称得上谦虚。而且，谦虚必须有实质，否则就成为虚伪。谦虚也必须与实力相结合，才能有作为。

西汉的文帝是个有作为的皇帝，他敬重老臣陈平、周勃，得到了他们的大力辅佐。而陈平和周勃也互相尊重，互让相位，成为以“谦让”为做人之本的典范。汉文帝是汉高祖的庶子，被封为代王。他为人仁慈宽厚，当残暴篡权的吕后死后，诸吕的反叛被粉碎后，朝中拥戴文帝继位。

一天，汉文帝升殿，各大臣一一叩见之后，汉文帝发现丞相陈平没上朝，他问道：“丞相陈平为何不来？”站在下面的太尉周勃站出来说道：“丞相陈平正在生病，体力不支，不能叩见皇上，请皇上原谅。”退朝后，文帝便到后宫换上便服，到陈平家去探视。

陈平正在家中躺着看书，见汉文帝来慌忙起身行礼。汉文帝急忙把他扶起，说：“今天听太尉说您病了，特地前来探望，不知是否请过御医诊视？您年岁大了，有病可不要耽搁呀！”文帝的一席话令陈平非常感动。他觉得不能再隐瞒下去了，便对文帝讲了心里话：“皇上太仁慈了，可我对不起皇上的一片爱臣之心，我犯了欺君之罪呀！”原来陈平并没有病，是装病。他为什么要装病呢？他不想当丞相，要把相位让给周勃。

原来高祖刘邦在位时，为了保证汉朝宗室的传承，规定“非刘氏者不得为王”。高祖死后，惠帝懦弱，吕后不顾高祖遗训，又立吕氏家族子弟为王，使得诸吕势力越来越大，刘氏的势力却日益衰微。吕后死后，诸吕结党，欲谋叛乱，丞相陈平认为时机已到，与太尉周勃共商大计，灭掉诸吕夺取政权。陈平认为新帝继位，应记功晋爵。周勃消灭吕氏集团，功劳比自己大，自己应该把丞相的位子让给周勃。但是周勃不肯接受，认为消灭吕氏集团，首功是陈平。陈平便假装有病，不能上朝，这样会让文帝有理由任命周勃为丞相，也使周勃不可推辞地担起丞相职务。

陈平把这一切都对文帝说清之后。又诚恳地说：“高祖在时，周勃的功劳不如我；诛灭诸吕时，我的功劳不如太尉。所以我愿意把相位让给他，请皇上恩准。”

文帝本来不知消灭诸吕的细节，他是在诸吕倒台后，才被陈平和周勃接到长安

的。听了陈平的解释，才知周勃立下了大功，便同意陈平的请求，任命周勃为右丞相，位居第一，任陈平为左丞相，位居第二。

文帝想做个有作为的皇帝，他要亲自过问国家大事。一天上朝时，他问右丞相周勃："现在一天的时间里，全国被判刑的有多少人？"周勃说不知道。文帝又问："全国一年的钱粮有多少，收入有多少？支出有多少？"周勃还是回答不上来，感到惭愧至极，无地自容。

文帝看周勃答不出来，就问左丞相陈平。陈平不慌不忙地回答说："您要想了解这些情况，我可以给您找来掌管这些事的人。"

文帝问："那么谁负责管理这些事呢？"陈平回答："陛下要问被判刑的人数，我可以去找廷尉，要问钱粮的出入，我可以找治粟内史，他们会告诉您详细的数字。"

文帝有些不高兴，脸色沉下来说道："既然什么事都各有主管，那么丞相应该管什么呢？"

陈平毫不犹豫地回答："每个人的能力是有限的，不能事无巨细，每事躬亲。丞相的职责，上能辅佐皇帝，下能调理万事，对外能镇抚四夷、诸侯，对内能安定百姓。丞相还要管理大臣，使每个大臣都能尽到自己的责任。"

陈平回答得有条不紊，文帝听了觉得有道理，连连点头，露出满意的笑容。站在一边的周勃如释重负，十分佩服陈平能言善辩，辅政有方，深感自己是个武夫，才干在陈平之下。他回到家里，心情久久不能平静。他想，自己虽说平定诸吕有功，但是辅佐皇帝、处理国政方面的才能比起陈平差远了，为替国家百姓着想，还是应该让陈平做丞相。于是周勃也假称有病，向文帝提出辞呈。

汉文帝非常理解周勃的心情，批准了周勃的辞呈，任命陈平为丞相，并且不再设左丞相。陈平辅佐文帝，励精图治，促成了汉朝中兴。陈平和周勃两位老臣，都是汉朝开国元老，却"虚己盈人"，互让相位，光彩照人。

《谦卦》讲：一个人外表谦逊有礼，实际上源自他的内心真正的力量。一个人永远奉持正道，能够源源不断地从中得到能量，怎么能没有力量呢？而且，只有谦逊，才能长久地奉持正道，智慧和力量之源才永不枯竭。

冯道根为人谦让

冯道根，字巨基，广平鄼（今湖北光化西北）人，是南朝时梁国的大将，官至信武将军、汝阴太守。他生性恭谨敦厚，质朴而不善于言辞。他作为将领，享有很高的声誉，受到很多人的尊重，能检阅统御地方将领的私人军队。他的军队行军沿途经过村落时，将士们没有掠夺百姓财物的。冯道根每次征伐都身先士卒；获得胜利的时候，他却始终不宣称自己的功劳是多么多么地大。其他各位将领为争功一事吵得天翻地覆，不可开交，冯道根只是默默无语，如此而已。继而，他又忙着去做其他事情了。

最初，别的将领邀功回来，得到的赏赐很多，就把其中一些分给手下的士兵。冯道根的部下看在眼里，心中当然不是滋味。于是，有的士兵就私下埋怨冯道根。一次，一场激烈的战斗刚刚结束，冯道根下令休息、整顿军队。一天，有三个兵士在操练完毕休息的时候，闲聊了起来。一人说道："咱冯将军的功劳可以说是不小了啊！每次打仗，冯将军冲在前，咱跟在后，总是能把敌军打个落花流水。可回来后，冯将军却不邀功行赏，国君就把赏赐给了别的将军，咱的日子可就不好过了。”“对啊！”一人接着说：“话是这么说，可冯将军日子过得跟咱差不多。我多少念了点书，冯将军的做法恐怕就是圣贤所讲的谦让之道吧！”一时间，又有一些人加入了讨论，兵士们有的埋怨，有的赞赏，有的不置可否。此时，早有人向冯道根作了禀报，冯道根放下手中正在阅读的兵书，微微一笑，对手下人说：“马上集合军队，我有事情要说。”很快，军队就集合起来了。兵士们不知又有何事，正在纳闷呢。冯道根披挂整齐，语重心长地对将士们说：“英明的君主自然会知道咱们这次仗打胜了，功劳应该是多少，你们认为我还有必要去急着争功吗？”兵士们听了，暗暗吃惊，也就不敢再随意说了。冯道根的话引起了兵士们对他的敬重之情。果不其然，几日之后，国君的赏赐就到了。冯道根把绝大部分都分给了部下，自己只留下很少一点。兵士们兴高采烈，欢呼雀跃，更加敬重冯道根了。在此之后，冯道根带领的军队在战斗中斗志更高，他们在冯道根的指挥下，奋勇杀敌，取得的胜利就越来越多。但冯道根仍一如往昔，始终不曾去争夺功劳。

梁高祖萧衍很是贤明，他深知冯道根的为人。所以，每次战斗取得胜利以后，他便派人仔细了解战斗情况，公平地论功行赏。而在平时，他也经常赞赏冯道根。有一次上朝时，文武百官都上奏了各方面的情况和治国、治军的建议。待清闲下来的时候，梁高祖便指着冯道根对尚书令沈约说道：“沈爱卿，你面前的这个人从来就不谈论功勋。”沈约心下领会，立即拱手说道：“陛下圣明，这是陛下的大树将军啊。”大树将军原指汉朝的冯异。据《后汉书·冯异传》记载，汉军每次取得胜利，选择地方休整时，诸位将领并坐一地争论功勋，唯有冯异独自坐在大树下默不作声，于是军中称其为“大树将军”。而此时，沈约把冯道根比做冯异，可见冯道根当时之风范。这句话说得梁高祖眉开眼笑，不禁称赞了沈约几句，心中更加欣赏冯道根了，对他更加礼遇。而冯道根也不负梁高祖众望，忠于职守，忠心报国，屡立战功。

冯道根为人谦让与他一直注重修身养性是分不开的。冯道根任汝阴（今安徽合肥）太守时，为政清廉，淡泊名利，他的部下都很敬重他。后来虽官位高贵显赫，但他生性俭约，所以日子过得很是简朴。他居住的地方远离其他高官富丽堂皇的大宅院，只有几间和普通老百姓没什么大差别的平房。房屋不曾盖有厢房，也没有带刀侍卫在身边。有客人来拜访冯道根时，刚一进入屋子里面，就感觉像是到了贫贱的寒士的屋子里，一副寂寞冷落的样子，十分简陋。当时许多人很敬重他的清名。冯道根虽是武将，却仍旧喜爱读书。他以前生活贫苦的时候，没有机会读书，等到了显贵的时候，大略地读了一些书。他时常仰慕西汉大臣周勃的风采和事迹，并以他为榜样勉励自己。

冯道根一生质朴敦厚，淡泊名利，所以他遇事通达。他的成功与他自身具有谦让的这一美德是分不开的。

古人的谦

唐初贞观二年，太宗谓侍臣曰：“人言作天子则得自尊崇，无所畏惧。朕则以为正合自守谦恭，常怀畏惧。昔舜诫禹曰：‘汝惟不矜，天下莫与汝能争；汝惟不伐，天

下莫与汝争功。'又《易》曰:'人道恶盈而好谦。'(按:实为《易·谦》卦《彖辞》)凡为天子,若惟自尊崇,不守谦恭者,在身倘有不是之事,谁敢犯颜谏奏?朕每思出一言,行一事,必上畏皇天,下惧群臣。天高听卑,何得不畏?群公卿士,皆见瞻仰,何得不惧?以此思之,但知常谦常惧,犹恐不称天心及百姓意也。"

魏徵曰:"古人云:'靡不有初,鲜克有终。'(按:见《诗经·大雅·荡》)愿陛下守此常谦常惧之道,日慎一日,则宗社永固,无倾覆矣。唐虞所以太平,实用此法。"(见吴兢《贞观政要》卷六《谦让》)

曾国藩逝世后,江苏巡抚何璟首论其功,其中谈道:"臣昔在军中,每闻谈及安庆收复之事,辄推功于胡林翼之筹谋,多隆阿之苦战。其后金陵克复,则又扒功诸将,而无一语及其弟国荃。谈及僧亲王剿捻之时,习苦耐劳,辄自谓十分不及一二。谈及李鸿章、左宗棠一时辈流,非言自问不及,则曰谋略不如,往往形之奏牍见之函札,非臣一人之私言也。"

从时代背景上看,处于乱世而谦抑,不失为一个明智的自保之道。但人是一种对名利极其感兴趣的动物,有时甚至为了名而不要命。曾国藩能像东汉光武手下大净"大树将军"冯异那样将功劳让给别人,实在是难能可贵。从修身层面说,正如他自己所言:"贵谦恭,貌恭则不招人之侮,心虚可受人之益。吾人用功,力除傲气,力戒自满,毋为人所冷笑,乃有进步也。"从处世层面谈,也正如他自己所言:"居今之世,要以言逊为直。有过人之行而口不自明,有高世之功而心不居,乃为君子自厚之道。"

谦逊使人尊重

春秋时齐国的晏婴,虽然才智过人,官居高位,但他处事稳重,处处都表现得非常谦恭。他有一个车夫,因为为晏子驾车而骄傲,每次驾车外出,都非常神气,瞧不起别人,以为自己能为晏子驾车就比别人高一等。

有一次,他驾着车正好从家门前经过,他的妻子从门缝中看到了丈夫那种洋洋得意的样子,心中很不高兴。等到车夫回家的时候,他的妻子就铁青着脸吵着要回娘家,再也不回来了。车夫很奇怪,就问:"你今天怎么啦?发生了什么事?"他的妻子哀伤地对丈夫说:"你今天驾车路过家门口,我看到你那副得意的样子,简直令人作呕。你看人家晏婴,他是一个相国,德高望重,虽然他身长只有六尺,但坐在车里,看上去又稳重,又谦恭;可你呢,虽然身长八尺,却不过是个车夫而已,就那样神气十足,好像你比晏相国还了不起似的。因此,我觉得跟你这样的人在一起,不如回娘家去。"车夫听了妻子的话,觉得非常有道理,就向妻子认了错,保证以后改正。他的妻子也就原谅了他。

从此以后,这位车夫在驾车时一反常态,处处表现得很谦逊。他的变化引起了晏子的注意,晏子就问他是怎么回事,车夫便如实地说了。晏子觉得这个车夫是可造之才,就大力推荐,后来车夫当上了齐国的大夫。

可见,过于自满,便会让人看不起;谦逊了,才会让人尊重。

博众家之长

丰田喜一郎是日本一位著名的纺织机械制造商的儿子。按常理,他应该继承父业,搞纺织工业,但他却遵照父亲“一个人的一生只能干一行,我搞纺织,你就干汽车吧”的遗愿,选择了汽车制造业。

“干汽车”必须从零开始。丰田喜一郎首先到世界各国去考察。1929 年和 1930 年,他的足迹遍及西方各大城市。德国的奔驰汽车公司、美国的福特汽车公司给他留下了非常深刻的印象。两年的考察,不仅扩大了丰田喜一郎的眼界,使他清楚地看到日本的汽车制造工业与西方发达国家汽车制造工业的差距,更使他看到了汽车工业的巨大前景。他坚信一个光辉的“汽车时代”必将来临,从而坚定了开拓汽车制造工业道路的信心。

丰田喜一郎还认为:人才是企业成功的根本。考察结束,喜一郎就着手网罗各方面的人才,并真诚地到有关专家、学者家中去拜访、求教,获益匪浅。

丰田喜一郎深知制造汽车离不开钢铁,便多次到日本东北大学的特殊钢国际权威本多光太郎教授家中拜访。在本多光太郎指导下,丰田喜一郎建立了为他的汽车公司提供优质特殊钢的供应基地。成濑正男是国际著名的齿轮专家,在成濑正男的帮助下,丰田喜一郎成功地研制出特种丰田齿轮。丰田喜一郎的好友隈部一雄是位汽车专家,丰田喜一郎采纳了隈部一雄的建议,博采福特、雪佛莱等名牌汽车之长,使丰田车形成了“节油、坚固、廉价”的鲜明特点。喜一郎的妹夫利三郎忠诚可信、长于社交,喜一郎就请利三郎出任公司经理,自己任副经理,专管工厂的生产及处理各种技术难题。

1938 年 11 月,丰田汽车厂正式投产。

1948 年,丰田牌小轿车实现了批量生产。

今日的丰田汽车年产车约 300 万辆,占世界汽车生产总数的十分之一。全世界几乎每一个国家都有日本的“丰田”车在奔驰。

丰田喜一郎能成功的关键是他懂得“谦虚”在创业中的重要性:无论是提高产品的质量,还是吸引贤人,都需要有谦虚的品德。

刘备的谦德

在三国人物当中,曹操最强的对手是刘备。从个人能力上来观察,刘备确实是没有多大能耐,曹操参战的获胜率为八成,而刘备只有两成,可以说是败多胜少。结果曹操顺利地扩充势力,而刘备却时沉时浮,举兵二十年后仍无建树。但为什么最终刘备能成为曹操最强的对手与之抗衡很多年呢?根本原因在于刘备拥有一种弥补个人能力不足的秘密武器:“谦德”。

刘备聘请诸葛亮为军师时,不惜三次亲自到诸葛亮的茅屋去请他。当时两个人地位相差悬殊,刘备虽然在争霸的过程中不太顺利,但是也颇有名望。刘备竟然会特地三次造访孔明,以崇敬的态度请求孔明做他的军师,及至在孔明应允之后,又马上将全部作战计划等国家大事都委任于他。这实在是最彻底的谦虚态度以及

深切的信赖。

刘备不仅对孔明一人如此，对其他部下也是同样。当赵云从敌人重围中冒着性命救出太子阿斗之后，刘备不是像常人那样欣喜若狂，而是生气地将阿斗扔到地下，感叹地说："几乎因为你折损了一员大将。"这种举动，又怎能不使部下感动而誓死效忠呢？

刘备塑像

临终前刘备曾经留给少主刘禅一封遗书来训诫他，其中有"惟贤惟德，能服于人"两句话。"贤"指聪明，"德"指仁德，德可谓人之所以为人的魅力所在。如果在位者缺少贤德，便无法推动臣下。刘备又说："你的父亲是一个缺乏贤德的人，你千万不要像我一样。"刘备认为自己没有德，实际上是他的自谦。

到了晚年刘备终于建立了自己的势力范围，这种成就与其说是刘备自己的才智所获致的，不如说是来自部下们的奋斗更恰当。像孔明、关羽、张飞、赵云等人甚至可以为了刘备赴汤蹈火而在所不辞，他们之所以这样的忠心耿耿，完全是因为刘备所具有的德的品质，即温良、谦恭，以及对他人的信赖感。

关羽害死了自己

公元219年秋天，一代名将关羽率军攻魏，并用大水淹没了魏将于禁、庞德的7000人马，乘胜进攻曹仁把守的樊城。当曹操闻报后大惊失色，几欲迁离许都以避其锋芒。一时间，关羽声振华夏。

关羽有个很大的缺点就是骄傲自大。当时关羽的驻军大本营荆州位于魏、蜀、吴三国之间，是南北交通咽喉之地。赤壁大战后，曹操、刘备、孙权各自占有荆州的一部分，其中刘备占有荆州的大部分，孙权出于联合刘备共同抗击曹操的军事需要，还把南部借给了刘备。因此，荆州实际上是在刘备控制之下。

刘备入川后，荆州交由大将关羽镇守。关羽性情自傲，看不起东吴，时时出言贬低对方。当东吴孙权派人向关羽之女为其子说亲时，竟说"虎女岂配犬子"，大大地激怒了孙权，导致了吴蜀联盟的破裂，为自己埋下了隐患。后来东吴图谋荆州，守将吕蒙为了麻痹关羽，故意借治病为名退回京都建业，让一个名不见经传的年轻人陆逊接替自己。陆逊文武双全，到任后立即派使者带着他的亲笔信和一份厚礼去见关羽。

陆逊在信中对关羽大加吹捧，对自己百倍贬损，并再三致意关羽多加关照，蜀、吴两家永世和好。关羽读罢书信认为陆逊不过是个乳臭未干的书呆子，收下礼品，放声大笑，随后下令，把防范东吴的军队全部征调到樊城前线去了。

关羽的骄傲自大，对外不但看不起对手，对内更是不把同僚放在眼里。名将马超来降，刘备封其为平西将军，远在荆州的关羽大为不满，特地给诸葛亮去信，责问

说："马超能比得上谁？"老将黄忠被封为后将军，关羽又当众宣称："大丈夫终不与老兵同列！"他目空一切，盛气凌人，其他的人就更不在他眼里，一些受过他蔑视侮辱的将领对他既怕又恨。

这一切都为其埋下了失败的祸根。果然，当关羽收取樊城，胜利在望时，忽然得报孙权偷袭自己的后方，并且攻取了公安、江陵等地，关羽慌忙撤军，企图回师江陵。但吕蒙老奸巨猾，他攻占公安、江陵等地后，对蜀军家属加倍关照。蜀军将士得知家属平安，一个个离关羽而去投降了东吴。关羽回天乏力，败走麦城，被吕蒙设计斩杀，荆州从此落入东吴手中。

一代名将关羽因骄傲自大、轻视敌手而导致兵败、地失、身亡，一世英明付之流水，其教训何等惨痛！我们应该牢牢记住，借以警示自身。

人要有谦逊顺从之道。英武刚猛的人虽然做事不犹豫，但刚猛有余谦逊不足，缺乏进退之间的三思而行。柔能克刚，做事如果刚猛就容易过头，来一点顺从退让，那就正好平衡了。

谦虚是美德

宋代的苗振想到史馆去任职，但必须参加相关的考试。宰相晏殊对他说："你长期在官场做事，文笔肯定有些荒疏，在参加考试之前，应该温习温习呀。"苗振不以为然地说："哪有做了三十多年的接生婆还会把婴儿包倒了的？"

不久，馆职考试结束，苗振没有被录取。他很不好意思地对晏殊说："事情让你料到了。没有想到，我这一回还真的把婴儿给包倒了。"晏殊说："满招损，谦受益。就是做一件小事也要有所准备的，何况这么重要的事情呢。"

做了30年的接生婆，居然把婴儿包倒了。原因很简单，就是"骄傲"。除了这还能有什么原因呢？"满招损，谦受益"，这是千古名训，也是实实在在的规律。还是谦逊一点吧，谦逊是有好回报的。

大文学家、大政治家王安石，曾做过宋朝的宰相，晚年闲居在金陵。有一天，他独自一人游览山景，见十多个人围在一起，七嘴八舌地谈论文学，就坐在一旁静静地听了起来。

一个年轻人见他坐了许久一言不发，就问："你懂文学吗？就是诗啊、词啊、赋啊什么的。要是不懂何必在这里白白浪费时间呢？"王安石淡淡地说："我懂一点，只懂一点。"

那人见他说懂得，就问："你尊姓大名啊？"王安石说："卑姓王，字介甫，号半山，名安石。"众人一听坐在他们面前的这位就是大名鼎鼎的王安石，都惊慌地站起来纷纷向他表示敬意。

人要有谦德。做到谦，遇事就通达，就有好的结果。如果骄傲狂妄，他就会与别人疏远，并把自己遮住，得不到真理之光。做人一定要有自知之明与知人之明，切莫因不知道深浅进退而祸身，这是造成人生大起大落的祸根之一。

周文王凭谦德得谋士

周文王姬昌雄才大略,为了讨伐商朝,取而代之,他广泛搜罗人才。一旦发现,就想法罗致,予以重用。

在一个偶然的机会,姬昌得知常在渭水之滨垂钓的姜子牙是个难得的大贤。于是,文王迫不及待,拍马快奔,大臣们紧随其后。来到硒溪边,只见一棵柳树下,有一块光滑平整的大石头,石头旁边鱼竿支在岸边上,姜子牙却无踪迹。

求才心切的文王耐心地等到夜幕降临,仍不见人影。散宜生一语提醒文王:"求贤聘杰,应当虔诚,今天突然闯入,说明心意不诚,行为不恭,因此,贤人才故意避开,我们应当另择吉日专程拜访才是。"文王认为言之有理,只好恋恋不舍地离开了硒溪。

文王回来后马上命令文武大臣不得回家,都住在宫里,斋戒三日。第四天,大家沐浴整衣,抬着礼品,前往硒溪。沿途惊动了无数百姓,扶老携幼,观看迎贤盛况。队伍行至树林边,文王命令队伍停下,不准喧哗。文王下马,同散宜生步行人林,只见一老翁背坐溪边,文王猜想此人一定是姜子牙。

其实,姜子牙早已发现了他们,而且,前几天他也是故意躲开的,他想考察文王,看看他是否是真正的明君,是否真正求才若渴。后来姜子牙见文王确实是谦虚待人、礼贤下士的君王,于是收拾行装,随文王进宫当起谋士。

谦虚是跨越时空界限的美德。学问浅少的人谦虚会得到热情的指导,知识渊博的人谦虚会得到人们的尊重。谦虚绝不会让人失去什么,只能使人得到他不曾有的东西。可不知为什么,有的人宁愿把一顶骄傲的帽子戴在自己的头上,也绝不肯谦虚一点。想一想,这是何等的愚蠢啊!

唐太宗谦逊随和保社稷

有一次,唐太宗告诉众臣:"有人说当了皇帝就可以得到最崇高的地位,没有任何畏惧。事实上,我却是常怀着畏惧之心,倾听臣下的批评与建议,一向以谦虚的态度处理政事。倘若因为自己是一国之君,就不肯谦恭而以自大的态度来对待臣下,那么一旦行事偏离正道时,恐怕就再没有能够指正过失的人了。"

"当我想说一句话,做一件事的时候,必定先想一想如此一来是否顺了天意?同时也要自问有没有违反了臣民的意向。为什么呢?因为天子是那样高高在上,对底下的事一目了然,而臣民们对君主的一举一动十分注意,所以我不仅要以谦虚的态度待人,更要时时反省自己的一言一行是否顺应天意与民心。"

旁边的魏徵接着说:"古人说过'靡不有初,鲜克有终'。有好的开始并不一定能有好的结束。但愿陛下常怀畏惧之心,畏惧上天及人民,且谦虚待人,严格地自我反省,如此一来,吾国必能长保社稷,而无倾覆之虞了。"

谦虚的态度,也是唐太宗受后世景仰的原因之一。唐太宗说过:"与人交谈实在是一件十分困难的事情,即使是一般百姓,在与人交谈时若稍微得罪对方,对方因而牢记在心,便会遭到报复。更何况是万乘国君,在和臣下交谈时绝不容许有一点失言。因为即使是微不足道的失言,也有可能导致极重大的影响,这种影响是庶民的失言所万万及不上的,我心中一直牢记着这一点。”

他还说:“昔日,隋炀帝第一次进入甘泉宫时,对宫中的庭园十分中意,但是认为有一美中不足之处就是庭园中看不到萤火虫,于是隋炀帝下令捉一些萤火虫来代替灯火。负责的官吏赶紧动员数千人去捕捉萤火虫,最后捕捉了五百车的萤火虫。连这样的一件小事都能演变到这种田地,又何况是天下大事,更不知道要受到多大的影响呢。为人君主的又怎能不谨言慎行呢?”

由此得到启示:作为上级,要保持谦逊随和,就要时时处处注意不让下属感到和你之间有距离感,这就要求你要做到态度谦虚,真诚恳切。

狄青骄矜自损其身

宋朝名将狄青任枢密使的时候,自恃有功,十分骄横傲慢,得罪了一些人。当时文彦博执掌国事,建议皇上调狄青出京做两镇节度使。

狄青不服,向皇上陈述自己的想法说:“我没功,怎么能接受节度使的任命? 我没有犯罪,为什么要把我调离京城呢?”宋仁宗觉得他说的有些道理,就没有再怎么样,而且称赞狄青是个忠臣。

文彦博对仁宗说:“太祖不也是周世宗的忠臣吗? 太祖得了军心,就有了陈桥兵变。”仁宗听了这番话,嘴上什么也没说,但同意了文彦博的意见。狄青对此毫无所知,就又到尚书省去为自己辩解,仗着自己的军功还是不想去当节度使。

可文彦博则对他说:“让你出去当节度使没有别的原因,是朝廷怀疑你了。”狄青一听此话后退数步,惊恐不安,只好出京。

朝廷每月两次派使者去慰问他,只要一听说朝廷派人来了,狄青就恐惧不已,不到半年,就发病身亡了。可见骄傲不忍是难以成大事的。

狄青自恃有功,于是骄傲起来,结果是什么呢? 是积压损其身。人要忍骄,不自以为是,要克骄防躁,谦恭待人,礼贤下士,才能获得他人的支持和拥护。

人在顺境时最易忘乎所以,失去警惕,往往会摔跟头;人在逆境之时最易意志消沉,自暴自弃,失去前进的动力。所以,做人贵在以超然之心看待自己的得与失,得意时不忘形,失意时不失态,还要有谦德。

龚定庵狂放不羁

清朝嘉庆年间有个怪人叫龚定庵,以狂闻名,(康有为、梁启超受其影响很大)当时就预见中国边境会出大问题,他做了篇文章,说天下将乱,因为缺乏人才。文章骂得淋漓尽致,入木三分,说“朝无才臣,军无才将,巷无才偷,泽无才盗”。

他感叹那是一个人才末时代,过不了多少年,天下将大乱。果然不出半个世纪,内忧外患接踵而至。虽有“中兴名臣”曾国藩从中打点,奈何大厦将倾,非独木能支。

龚定庵之子更怪、更狂。在读父亲的文章时,把父亲的神主牌放在旁边,拿一根棍子,读到他以为不对之时,就敲打一下神主牌,斥道:“你又错了!”其怪,其狂,也属非常。

我们从小就知道不要骄傲，但骄傲实则是两个概念，没有内涵确自以为是为骄，有内涵而看不起人为傲。骄傲之人宽容不足，缺乏机巧圆润，其所作所为也非平常人所能理解和认同。由于过分狂傲，不会锋芒内敛，常给自己添麻烦，甚至引来杀身之祸。杨修就因恃才傲物，不遵军纪，乱说军事机密而掉了脑袋。祢衡，年纪轻轻，不仅不服人，还公然擂鼓大骂曹操，曹操也不是省油的灯，一气之下，摆平了祢衡。因此，做人要有谦谦君子的心态，也就是说，要以低姿态出现在别人面前。

一位哲人说过："虚心待人，则于人无忤；自满者反是。"他把虚心看作是交友待客的根本态度，可谓一语中的。若一个人在春风得意时，能戒夸张和傲慢，喜怒不形于色，修养足，德行厚，聪明内敛，谦恭近人，才能受人欢迎、尊重。

要想与别人友好相处，把事情做成，最好以一种低姿态出现在大家面前，表现得谦虚、平和、朴实、憨厚，甚至愚笨、毕恭毕敬，使对方感到自己受人尊重，这样你无形中就获得了别人的好感。

你谦虚时显得对方高大；你朴实和气，他就愿与你相处，认为你亲切可靠；你恭敬顺从，他的指挥欲得到满足，认为与你配合很默契，很合得来；你愚笨，他就愿意帮助你，这种心理状态对你非常有利。

如果你以高姿态出现，处处高于对方，咄咄逼人，对方心里会感到紧张，就会感到低你一等，而且会产生一种逆反心理，相互之间的和谐关系就难以形成。有些人为了突出自己，一再地表现带有炫耀的成分，把自己的长处挂在嘴边，在无形之中贬低别人，抬高自己。这样，在无形之中，就为自己设置了许多障碍，增加了交往办事的难度。收起自己的傲慢，表现得谦恭一点，那样就不会孑然无朋了。

总之，骄傲狂妄，会把自己遮住，得不到真理之光，还会与别人疏远，这是造成人生大起大落的原因之一。懂得物极必反、骄兵必败的道理，做到谦虚待人，不得意忘形，把成功当作更上一层楼的动力，就能够事业顺达，一生吉祥。

李忠文功败垂成

任何惊天动地的功业，实际都建立在群众支持的基础上。如果没有群众的支持，再正确的决策都无法得到实施，当然也就不会有什么好结果。对每一个身居领导地位的人物，更要能坚守谦逊，这是人人必须遵循的一条铁的规律。谦虚谨慎地倾听群众意见，和群众打成一片，而不至于在上下之间产生隔阂，孤立自己。领导人物不能是孤家寡人，更不是什么超人。这也是"谦卦"中的要旨。但是，生活中还是有很多的人在事业成功的道路上背离了谦逊的原则，不但没有把事业推向成功，反而前功尽弃。曾经名噪一时的"中华鞋王"李忠文的崩溃就是这方面的佐证。

仅仅用了4年的苦心经营，李忠文在全国40多座城市开了80家连锁店，拥有28000名员工，总资产达到了30多个亿，"百信鞋业"奇迹般地在国内迅速壮大，一时间，这位30未满的温州小伙子一下成了一个名副其实的"中华鞋王"。

"百信"发展速度如此之快，与李忠文的经营方式密不可分。"百信"在销售上除了注重低成本运作外，在经营上，"百信"还有一个特点，那就是公司在经营过程中相对的直接投入并不多。李忠文靠着诚信发家，平时的经营中，"百信"本着诚信的原则，一般与供货商约定在一周之内结账，遇到特殊情况也不会超过15天。

因此，“百信”与供货商之间达成了双赢互利的合作关系。供货商不但不担心能不能收回货款，而且许多慕名而来的供货商更是争着向“百信”供货，等货销出去以后，再将货款返回。这样由供货商垫付现金成本，“百信”基本上没有流动资金的压力。因为有强大的销售实力，“百信”几乎不用担心货源问题。到2000年末，李忠文的事业达到了顶峰，年销售额高达15亿元。

2000年7月，李忠文衣锦还乡，在温州王朝大酒店宴请家乡的名流和各大鞋商。席间，李忠文给大家算了一笔账，他在全国的80家连锁店，如果每个店每天售出一个品牌的20双鞋，那么，他每天在这个品牌的鞋厂下的订单就是1600双，如此充满着诱惑的承诺让在场的每一位鞋商为之垂涎。

功成名就，李忠文并没有就此停下脚步，而是对自己的产业提出了更高的目标，即在2001年销售额达到17个亿，到2002年在全国开出100家连锁店，5年内跻身世界500强。他还从国家工商总局申请了100个商标，准备在全国各大连锁店建立100个品牌专柜，利用连锁店树立自我品牌，计划在2004年前使自己建立100个品牌，成为全国鞋业名牌。同时，他还花重金收购了“郑州亚细亚天津分公司”，并以每年300万元的租金租下北京赛特广场一万多平米的店面。一系列大手笔的运作更是奠定了李忠文在全国鞋业界的霸主地位。他曾自豪地说，他的习惯是只做第一，不做第二。如果哪家“百信鞋店”在当地的销量不是第一，他会马上关掉它。

对于每个商人而言，处于事业的巅峰往往也是最难把握的时期，一步棋没走好，就有可能“全盘皆输”。李忠文也没能幸运地挺过这一关。眼前的成功滋长了李忠文的傲气，一味地追求“高、大、快”的目标让他忽视了发展中出现的诸多问题。管理上的危机也渐渐产生。然而，对正沉溺于成功当中的李忠文来说，他把这些问题看得非常简单，并没有引起他的重视，他依然朝着他的“中华鞋王”的美梦而四处奔走。

2001年5月，一件突如其来的事情，惊醒了李忠文。5月20日，百信鞋业沈阳(东北)分公司因涉嫌偷逃税款被国家税务总局查处。6月初，沈阳市委书记张行湘亲自批文，要求市内工商、税务、公安部门联合对“百信”存在的问题进行调查。6月23日，调查组突然进入“百信东北分公司”办公室，立即封存了微机中的所有账目。由于涉嫌数额巨大，沈阳市公安部门当场扣押了1000万元的销售货款顶税入国库。随后，武汉、郑州、长沙等地的百信分公司也因涉嫌偷逃税款被国家税务总局查处。一场席卷“百信”全国市场的风雨扑面而来。

在查税事件以前，“百信”在全国范围内所欠贷款达5000多万元。对于每月光发放员工工资就要3000万元的“百信”来讲，这笔钱并不算多。但是由于公司将大部分资金都用于开发市场上了，并且，在查税事件中公司账目被冻结。资金突然中断，无法预期偿还供货商所欠货款。此时在供货商间引起了恐慌，许多供货商立即停止供货并纷纷上门讨债，资金一下根本无法周转。于是，“百信”内外人心大乱。各地分公司的中上层管理人员也纷纷离职，造成部分公司机构近乎瘫痪。这一切，对一家庞大零售企业来说无疑是致命一击。

就这样，几乎在一夜之间，李忠文所执掌的“百信”庞大的产业崩溃了。曾经风光无限的李忠文不仅一落千丈，还成了网上追逃的嫌疑犯。2003年5月，李在长

沙被警方抓获。“中华鞋王”从此沦为囚徒。

李忠文曾一度创造了中国鞋业的辉煌，由于他的孤傲，疏于细节的管理，导演了一出惨痛的悲剧，用他血泪的教训在中国企业头上敲响了一记沉重的警钟：即使自己名满天下，也要保持清醒的头脑，勿自鸣得意，而应多想想自己的不足和短处。浮华背后隐藏着，重重危机，盛名之下往往会难有其实，世间的事情常常如此。满于天下的声名固然是自己的才能和努力的结果，其中却也有许多因缘巧合促成。若能懂得这一点，便能真正地估价自己而不自欺欺人，也会少犯错误，更不至于把自己的前途和理想葬送。

豫卦第十六 ䷏

【经文】

坤下震上　豫[1]利建侯，行师[2]。

初六　鸣豫[3]，凶。

六二　介于石，不终日[4]，贞吉。

六三　盱豫，悔；迟，有悔[5]。

九四　由豫，大有得；勿疑，朋盍簪[6]。

六五　贞疾，恒不死[7]。

上六　冥豫，成有渝，无咎[8]。

五代南唐顾闳中作《韩熙载夜宴图》

【注释】

①豫：卦名。通行本为第十六卦，帛书本为第二十七卦。《豫》卦与《谦》卦是卦爻翻覆的关系，故次列于《谦》卦后。

《豫》卦下《坤》上《震》。《坤》为地、为柔顺；《震》为雷、为动，又为龙，象阳气。“豫”有多种含义，如和乐，《象传》《大象》《序卦》即取此义；又有逸乐、享乐之义，如爻辞、《杂卦》（“豫，怠也”）即取此义；又有备豫、戒备之义，如《系辞》即取此义；又有犹豫之义，如爻辞九四即取此义；又与舒展之“舒”相通，《大象》即取此义。

《豫》卦象上震动而下和乐顺之，故名为“豫”。

②利建侯,行师:即"利建侯,利行师"。"建侯",建国封侯。"行师",出师征战。从卦名上看,众人和乐则既利建侯、又利行师。从上下卦来看,下卦《坤》象众民,人众则宜建侯使司牧之;上卦《震》象动,故利于行师。从卦义上看,建国封侯以为藩屏,备豫不虞;出师征战以防安逸享乐。

③鸣豫:"鸣",声名闻于外,此承《谦》卦上六之"鸣谦"。声名外闻,当行谦道,而初爻反耽于逸乐,宜其有凶险,所谓安而忘危、死于安乐。

④介于石,不终日:"介",处也。"石",坚刚之地,喻险境,《汉书·地理志下》注:"石,山险之限"。六二为《豫》卦下卦之中,象身在安逸之中。此言身在逸豫之中,视如处于险境,意识到安逸不会长久,故占问可得吉。二、三、四互体为《艮》,《艮》山为险阻、又为石(《说卦》),故六二之"介于石"并以"石"喻险境。视豫如险,所谓居安思危、生于忧患,亦《荀子·大略》所云"先患虑患谓之豫"。身在豫中而识其不可持久,正是《系辞》所赞之"君子见几"。《系辞》云"知几其神乎?……几者动之微,吉之先见者也。君子见几而作,不俟终日。《易》曰:介于石,不终日,贞吉。介如石焉,宁用终日,断可识矣"。能备豫,方能知几微。二、三、四互为《艮》,《艮》为"门阙"(《说卦》),故《系辞》云"重门击柝,以待暴客,盖取诸《豫》",当是就《豫》卦六二而说。

⑤盱豫,悔;迟有悔:"盱"有喜义、有大义。"盱豫",谓自大自得而沉迷于逸乐。六三处下卦之终,故有自大自得之象。"悔",及早悔悟。六三柔居刚位,不中不正,故劝其及早悔悟。"有悔"之"悔"谓咎吝、患害。若悔悟迟缓,则必有患害悔吝。耽于逸乐则必怠息,故《杂卦》云"《豫》,怠也"。《管子·形势》"曙戒勿(忽)怠,后稚(迟)逢殃",即此"盱豫,悔;迟有悔"。

⑥由豫,大有得;勿疑,朋盍簪:"由豫"同"犹豫"。"疑",猜忌。"朋",友邻,指上下五阴,象众人。"盍"同"阖",皆。"簪",聚。九四已人上卦《震》,《震》为阳卦,四为阳爻,为全卦之主,故戒其行事当犹豫三思,如此则大有所得。但犹豫过极,则失之猜忌,故又戒之以"勿疑",如此则众人皆来聚合。众人来聚,正卦辞所谓"利建侯行师"。可证九四为《豫》卦主爻。

⑦贞疾,恒不死:"贞",占问。"疾",小病。"恒",终。"疾"与《豫》卦有何联系?古称帝王患疾为"不豫",《史记·鲁世家》"武王有疾不豫"。六二不耽于豫,六五则不能豫。不能豫,是欲豫而未遂,故不言凶、吉。

⑧冥豫,成有渝,无咎:"冥",昏昧、沉迷。"成",终(《书·益稷》郑注"成犹终也")。"渝",变。上六为《豫》卦之终,犹天之已暮,故以"冥"取喻。昏迷在逸乐中,最终要有所改变;此状态不变则有咎,变则无咎。六三为下卦之终,强调悔悟;悔悟早则无患,悔悟迟则有患。上六为全卦之终,强调改变;改变早则无咎,改变迟则有咎。

【译文】

豫卦　象征欢悦。豫卦的卦象是下单卦为坤,坤为地,为顺;上单卦为震,震为动,为雷。二单卦结合,说明雷发于地。以人事比拟,乐于追随则行动。从而建立授爵封侯的基业、利于兴兵讨伐有罪之师。

初六　凡事不可自鸣得意,夸夸其谈。骄矜而狂妄,将有凶险。

六二　持守正固，像磐石一样坚，而稳妥，该早晨干的，绝不晚上再去做。你这样一丝不苟，自然吉祥。占问定获吉祥。

六三　一味阿谀奉承，自然得到青睐，但必须悔改，如果一再迟疑，终会陷入困境。

九四　众人凭依他而得到欢乐，将大有作为；君子坦诚不疑，贤者不期而至，不会忧虑没有好友。

六五　占问疾病的吉凶，筮得此爻幽忧致疾，人气已微，困究一生。故必须坚守中正，才能化凶为吉。

上六　沉迷作乐，其势已危，自苦终身，如果能及早改正，没有灾祸。

【解读】

本卦通过"鸣豫""盱豫""由豫""冥豫"等一系列概念，阐述了中国人的快乐原则：真正的快乐是众乐，而非独乐。快乐使人容易丧志沉溺，所以人们必须高瞻远瞩，居安思危，不可在快乐中迷途，否则便将乐极生悲，陷于万劫不复之地。

【经典实例】

得意忘形的教训

豫卦讲欢乐，欢乐是好事，也是坏事。人人都想有欢乐的事发生，但欢乐容易使人得意，而得意致人忘形。所以必须高瞻远瞩，居安思危，不可在欢乐中迷途，否则将乐极生悲，陷于劫难之境。

一位著名企业家曾这样讲过："当你经过千辛万苦使你的产品打开市场的时候，你最多只能高兴五分钟，因为你若不努力，第六分钟就会有人赶上你，甚至超过你。"这真是一个很有见地的企业家。

当你被上司提升或嘉奖的时候，常常会自鸣得意吗？如果是，那你就要好好学一番涵养功夫，把你那因升迁而引起的过度兴奋压平才好。你可能已经拟定了一个非常严谨的人生奋斗计划，有些目标可能是很完善和可赞赏的。但在你没有达到这些目标之前，中途的一些升迁真可说是微乎其微的小事。也许你在实行一个计划时，一着手就大受他人夸奖，但你必须对他们的夸奖一笑置之，仍旧埋头去干，直到隐藏在心中的大目标完成为止。那时人家对你的惊叹，将远非起初的夸奖所能企及。

美国汽车大王福特曾说："一个人如果自以为已经有了许多成就而止步不前，那么他的失败就在眼前了。许多人一开始奋斗得十分起劲，但前途稍露光明后便自鸣得意起来，于是失败立刻接踵而来。"

石油大王洛克菲勒也说："当我的石油事业蒸蒸日上时，每晚睡觉前总是拍拍自己的额头说：'别让自满的意念搅乱了自己的脑袋。我觉得我的一生受这种自我教训的益处很多，因为经过这样的自省后，我那沾沾自喜、自鸣得意的情绪便可平静下来了。"

一个人是否伟大，是可以从他对自己的成就所持的评价和态度看出来的。累积你的成就，作为你更上一层楼的阶梯吧。

人生处在顺境和成功之时最容易得意忘形，终致滋生败象，正所谓乐极生悲。看过特洛伊战争"木马屠城记"故事的人，都会记得特洛伊是怎样被毁灭的。

特洛伊人与入侵的希腊联军作战，双方互有胜负，后来联军中有人献技，假装全部撤退，只留下一匹大木马，并将勇士藏在马腹内，其他的主力部队亦躲在附近。特洛伊人望见远去的联军，以为敌人真的撤退了，于是在毫无防备的情况下将木马拖人城内，歌舞狂欢，饮酒作乐。就在他们正在睡梦中时，木马中的敌人纷纷跳出来，打开城门，里应外合，于是特洛伊灭亡了。

这个故事告诉我们得意时不要高兴得太早，否则失意马上就到。有些人因为顺境连连而甚感欣慰，愉悦之情不时溢于言表。然而，不能光是高兴，应该想想怎样才能维持好运，永葆成功。希腊有名的雄辩家戴摩斯说："维持幸福，远比得到幸福更难。"同样的道理，好业绩得来不易，但更难的是如何保持好业绩。

因此，即使是你的运气极好，既使你已事业有成，集荣华富贵于一身，也莫要得意忘形，而要更加潜心修炼，保持与社会、与事业、与生活的和谐，以求得健康发展。

好运来临当然是令人快乐的，但在快乐的时候，我们必须头脑清醒，要时时注意处处小心，不能得意忘形。从前面的故事中我们可以更加理解"豫"卦之深意，并可以领悟到这样的道理——即使你百分之百确定，也不能在言谈或任何行动上表现出来，不可有"掩饰不住的喜色"，否则，即使不大祸临头，也可能空欢喜一场；人们曾说的"得意忘形"，意思就是说一个人在过分得意的时候，往往就是判断力最弱的时候。

升　职

"把门带上！"总经理指了指门，又指了指椅子："你坐！"

小葛的心开始狂跳，没有任何迹象，自己又做得很好，不会有什么不幸的事要发生吧。可是，总经理为什么这么严肃的样子呢？想起刚才离开办公室的时候，秘书王小姐也用很奇怪的眼神盯着自己。

正想着，总经理转过身，清了清喉咙，问道：

"你有没有注意到，最近公司十楼，正在重新装修？"

"是的！是的！"

"因为公司要成立一个新的研究发展部门，表面看，跟你现在负责的部门平行，实际要高一层，甚至可以说，在未来可能成为决策单位。"

"是的！是的！"

"也可以说这个部门要直接对我负责，也直接由我管。"总经理站起身，看着窗外："我一直没有对外说，连董事长都没讲。"突然转身，眼睛射出两道光："我觉得你不错，信得过，打算把你调过去负责。也可以说，以后你就是我的耳目，你要把公司的一切状况汇集了，向我报告。我想，你了解我的意思，在我下达人事命令之前，不能对任何人说，连我的秘书，都不知道，更甭说我妻子了，她如果告诉董事长，就轮不到你了。"

"是的！是的！"

小葛临出门，总经理还用食指在嘴上比了个手势。

"这下子,我成红人了!"电梯往下降,小葛的心却往上升。

不过进自己办公室时,小葛还是把脸板下。王秘书虽然追着问,小葛只摇摇头。

当天下班,他没走,清了清抽屉,把不用的东西全扔了。

"在那个大办公室里,怎么能摆这样的小东西呢?"

提到大办公室,小葛兴奋得再也坐不住了。看办公室人都走光,溜进电梯,直按十楼。

十楼还是灯光通明,几个工人正在油漆,总务室姜主任也在场。

"大兴土木,要做什么用啊?"小葛故意问。

"不知道!总经理交代的。"姜主任摊摊手,又一笑:"您该知道吧?听说今天他找您上去过?"

小葛心一惊,忙说:"没什么大事!"就匆匆下楼了。

第二天,小葛一早就把王秘书叫来训了一顿。

"是不是你说的?为什么连姜主任都知道总经理找我?"

"姜主任?"秘书愣了一下。

"总务室姜主任!"小葛沉声说:"昨天他在十楼问我。"

"十楼?"

"不要提了!"小葛把秘书赶出去,又叫了进来:"记住!什么人问,都不要说,就说你不知道。你如果想跟着我,就嘴紧一点,吃不了亏!"

大概为了表现,王秘书下班也没走,先帮小葛复印几份重要的文件,又收捡了自己的抽屉。

"你收拾东西干什么?"小葛经过时,笑嘻嘻地问。

"您不是也收拾东西吗?"王秘书歪着头笑笑。小葛第一次发觉,这个近四十的女人,居然还有点媚。

"要不要到十楼看看?"小葛指指上面。

"好哇!"王秘书高兴地跳了起来。

电梯在十楼停下,门打开,吓一跳,正碰见董事长,笑呵呵地进来,后面跟着总经理。

又隔一个礼拜小葛的"资料"已经准备齐全了。

人事命令发布了——

公司新成立研究发展部,由原业务部方经理接任,即日起生效。

小葛确实什么都没说,但也用行动说了。他干吗收拾东西?又何必上十楼。就算董事长没由姜主任那里听说,而出面阻止,只怕总经理看到这种情形,也不会再用小葛。

好　运

约翰·库姆·特拉弗德,在蒙特卡罗碰上一连串好运。他走进赌场时只想赌200法郎(当时的200法郎相当于现在的40美元),他原本做了输钱的准备。他真正想要的只不过是可以对人们说,他也到过欧洲最大的赌城,玩过轮盘赌。

他在大厅门口停了一会儿，看到厅内全是衣着人时的人。此时，他瞥见一个妩媚迷人的姑娘，孤身一人，仪态端庄，坐在一张绿色的轮盘赌桌旁，故意避开他的目光。他决定给她留下一点儿深刻印象。当时天刚傍晚，没有人下大赌注。特拉弗德原来的想法是一开始只赌一点儿小钱，但他一冲动，把200法郎全都押在8上。这笔赌注远远算不上豪赌，却足以吸引大家的目光。在轮盘旋转时，他已准备显露出一点儿遗憾的表情，然后漫不经心地耸一耸肩。他觉得，当赌场管理员用耙子收钱时，这是最恰当的表情。他可以神态优雅地损失200法郎，只求赢得美人一笑，为与她交谈搭一座桥。

他甚至没看旋转的轮盘，只听到球掉进洞后咕噜咕噜的滚动声。赌场管理员拖着长腔叫道："嘿，二加黑！"一两秒钟后他才意识到赢了。一大堆筹码被推到他面前，他的200法郎赌本足足增长了35倍，相当于7000法郎。他拿起一个20法郎的筹码，抛给了管理员。管理员谢过后，他看了看那个姑娘，朝她笑了笑。

她也报以微笑。没过多久，他们就交谈起来。特拉弗德的法语不好，花了很多精力遣词造句，没有注意旋转的轮盘。突然赌桌旁一阵骚动，那个姑娘发出一声惊叫。他一回头，不禁惊呆了。原先的200法郎赌本又押在8上，轮盘也再次转到8上。在5分钟内，经过两次轮盘赌，他赚进了14000法郎，相当于2800美元！

他是一个收入中等的人，因为连赢两场而大感震惊。姑娘说："你必须接着玩——你手指把握着运气。"于是，他们一块儿站在桌旁，一连玩了4小时，沉浸在连连得手的兴奋中。最后，他赚得盆满杯盈，"让银行都破了产。"也就是说，那桌的轮盘突然停止旋转时特拉弗德发现自己赚了整整11万法郎。

他兴高采烈地停了手，因为他不想拿冒险赢来的钱下更大的赌注。他离开赌场时口袋里装满了钱。姑娘陪着他，一起朝下榻的旅店走去。他按照姑娘的建议，走了一条近道。他全神贯注地与姑娘谈话，没想到两个男人突然从黑暗的小巷里钻出，紧紧跟着他们，其中一人用大棒猛地向他打去。等他醒来后，钱和姑娘全都消失得无影无踪。他因为脑震荡在医院里躺了整整两个星期。在病中他从警察那里获悉，那个漂亮姑娘是抢劫团伙的成员。如果有人独自去赌场，碰巧赢一大笔钱，他们就设下圈套，把他洗劫一空。

快乐是好事，但在快乐来临的时候，我们必须头脑清醒，要时时注意处处小心，不能得意忘形。从前面的故事中我们也可以得到这样的教训——即使你百分之百确定，也不能在言谈或任何行动上表现出来，不可有"掩饰不住的喜色"，否则，即使不大祸临头，也可能空欢喜一场；人们曾说的"得意忘形"意思就是说一个人在过分得意的时候，往往就是判断力最弱的时候，约翰正是这样。

阿里巴巴·马云·芝麻开门

2000年7月17日，《福布斯》杂志的封面故事是这样描写马云的：深凹的颧骨，扭曲的头发，淘气的露齿笑，一个5英尺高、100磅重的顽童模样。马云说，看了这期《福布斯》后，才知道"自己其实有多丑"。

或许是沾了"丑"的光，这本和《财富》齐名的杂志，有史以来第一次将一个中国出身的企业家推上了它的封面——因为马云的阿里巴巴被评为综合类B2B网

站的第一名，这是《福布斯》从全球25类1000多家电子交易市场（eMarketplace）中选出的做得最好的B2B企业。

"一声芝麻开门，沉重的石洞门缓缓开启，里面珍宝熠熠生辉。这虽是天方夜谭里的故事，但一位中国企业家正将之变成现实。"

马云喜欢和聪明人打交道。和聪明人在一起，不用说什么废话，他就能听懂你。马云说他从来没有写过商业报告，可是互联网热的时候，找他融资的人多不胜数，都被他拒绝了（不知道这句话有没有水分）。

2000年八九月份，马云在北京接到摩根·斯坦利亚洲公司的资深分析师古塔的一个电话，问了有关阿里巴巴想做的事情和融资的有关情况。一个月后，古塔给马云发了个很神秘的电子邮件，"有个人想和你秘密见个面，这个人对你一定有用！"占塔用十分肯定的语气对马云说。

11月30日，由高盛牵头的阿里巴巴第一轮融资到位，第二天，正志得意满的马云前往富华大厦赴古塔之约。当马云晃晃悠悠地推开门时，不由愣住了。只见黑压压满满一会议室的人，个个瞪着大眼瞅着他，最醒目的位置坐着一个很精神的人——孙正义。马云压根就没想到他将见到的人会是孙正义，而且他以为这次只是两个人的会谈。马云略微定了定神，首先露出自己招牌式的淘气笑容，然后用他富有煽动性的大嘴对孙正义说："我不需要钱。如果你有兴趣，我可以给你介绍一下阿里巴巴的情况。"

孙正义笑了笑，没有说什么。由于当时还没有看过阿里巴巴的网站，他的助手急忙打开电脑将阿里巴巴网站调了出来，由马云现场做介绍。

会议室很安静，只有马云的声音在空气中回荡。6分钟后，皱着眉头一直在听的孙正义对马云说了第一句话："马云，我一定要投资阿里巴巴。"那是马云刚拿到高盛500万美元的第二天，他认为这些钱可以让阿里巴巴对付几年，所以，面对孙正义伸出的橄榄枝，马云一时之间竟然不知如何应对。

"孙正义很聪明，悟性特别高。"马云很肯定，"我跟他一讲他就听懂了。有些人，我跟他说6个小时他也不明白我要干什么，孙正义只用了6分钟就做出决定。而且孙正义每次说话都是我要怎么样、怎么样的，这一点跟我脾气蛮像的。"马云再次露出顽童般的笑容，闪过一丝自豪。

刚回到杭州，孙正义的代表团也到了。他们在马云的公司东瞅瞅、西瞧瞧，一言不发。马云忙得也没把这事放在心上。

没过多久，一个朋友给马云带话："孙正义问手下怎么还没有谈妥投资的事。他邀请你们到东京去，想亲自和你们谈。"

在东京，刚一见面，喘息未定，孙正义便单刀直入，马云盯着孙正义，一字一句地说："钱不是问题，但你必须同意我的三个条件。第一，希望你亲自做这个项目。"

孙正义富有感染力地笑了笑："我从来不做我投资公司的董事，你们知道我很忙，没有时间经常参加你们的董事会，而你们新创公司每个月必须开一次董事会，我如是董事不参加，那是对其他董事的不尊重。我就做你的顾问吧。"——在软银投资的120来家互联网公司中，孙正义亲身参与个中事务的只有很少几家，阿里巴巴是其中之一。

马云提出的第二个问题是要孙正义将自己口袋里的钱投到阿里巴巴，第三个

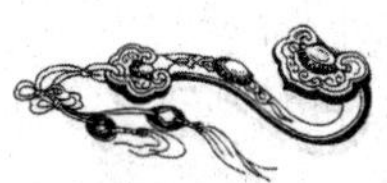

问题涉及公司的运作,必须以客户为中心,以阿里巴巴的长远发展为中心,不能只顾风险资本的短期利益。

三分钟内,双方达成协议。孙满意地说:"记住,今天是历史上最重要的一天,你们是我见过的最漂亮的团队。"

可是一回国,马云反悔了,他只愿意接受2000万美元,而不是已经谈好的3000万。他给孙正义写电子邮件解释说:"按照我们自己的思路,我们确实只需要2000万。"十五分钟后,马云收到孙正义的回复说:"谢谢你提供的机会。我们将使阿里巴巴像雅虎一样成功。放心去做吧。"马云感慨地说,伟人其实都很简单,是我们自己把他们想得复杂了。1996年,雅虎还没上市的时候,孙正义向雅虎投了1亿美元,这是孙正义最早也是最成功的互联网风险投资案例之一。

对于风险投资,马云有自己的独特看法。他认为互联网公司需要足够的钱,但不需要太多的钱。许多公司倒闭就是因为钱太多了。选择投资者关键是看投资者对你的事业抱怎样的态度,是不是只希望在股市上获利。马云和孙正义讨论过关于模式和赢利的问题,他们达成的共识有两个:第一,阿里巴巴要做一家80年的企业,要成为全球十强网站,要坚守住这个梦想。马云这样阐述说,打猎时你要把一只兔子追到底,不要改变目标,要改变的是你自己。第二,每一个企业都要赚钱,钱要有今天、明天、后天之分,不要为了只图今天而没有明天。

现在是网络泡沫破灭后孙正义已难见踪影,但阿里巴巴网站和马云还鲜活得很。

成功与安乐之际,行动决策尚柔而不尚刚,坚守中正,勿刚猛过度。尚刚,是过于相信自己的力量之强大,做事情过了分寸,便只能招致与愿望相反的结果。在危险还未发生的时候,就及时察觉其萌芽,而改变自己的作为,顺应形势的发展。一意孤行,必遭灭顶之灾。

安乐与成功之际,更要兢兢业业,勿惰勿怠。成功虽然已经到来,但一旦都处在转变之中。唯有密切注视形势的发展,及时采取对策,才能保持成功局面。若惰怠欲休,不仅错失发展良机,更会使斗志衰减,军心涣散,一发而不可收。

得志大行时,勿耽于安乐,而应继续以诚信团结群众,继续奋斗求发展。胜利后沉溺于安乐,必然给对手留下可乘之机,而且往往是致命的时机。千里之堤,溃于蚁穴。安乐之时也是灾难酝酿发生之时。

卢承庆淡泊名利

卢承庆是唐朝时的一名大臣,知识丰富,修养很高,待人平易,淡泊名利。唐太宗十分赏识他,封他做兵部侍郎,同时负责五品官员的选拔、考核。卢承庆却一本正经地上书推辞道:"选拔官员应当是尚书大臣管辖的范围,让我来管是超越本分了。"皇帝更觉得他忠实可靠,自然没有同意他的推辞,执意让他对此负责。

有一次,卢承庆正在主持考核、选拔官员,有一个接受考核的官员一不小心,从乘坐的漕舟内掉到了水里。经过好多人的努力,才把他拉上岸来,却早弄得头发散乱,衣服尽湿,颇为狼狈。

卢承庆觉得此人冒冒失失,决定把他的考核等级定为中下。考核结果向他宣

布的时候,这个人却一点儿也不恼火,十分平静地说:"如果不是我的能力所可以达到的,即使得个中中,我也不会高兴。"

卢承庆觉得这个人能够那样平静,无论是得宠还是受辱,都能镇定自如,实在是个心胸豁达,能做大事的人。至于乘船落水,也可能只是一时不小心,不可苛求。于是他称赞说:"你这个人宠辱不惊,堪称大器,考核得中上。"

在这个故事中,卢承庆和那位落水的官员,都非常有涵养。人要有一颗平常之心,不把得失看得很重,受宠或受辱都不动心。有了宠辱不惊的心态,才能够时时保持清醒的头脑,这样遇到喜事,才不会高兴过了头,以致乐极生悲。

摩托罗拉的崛起

1923年,23岁的高尔文与朋友斯图尔特合伙办一个蓄电池厂。最后以失败而告终。但高尔文没有灰心,1928年9月25日,高尔文的摩托罗拉制造公司在芝加哥哈里森街847号一座大楼里的一小房子里诞生了。

1936年,高尔文预感第二次世界大战将要爆发。于是,在没有来自军队的任何合同下,他就命令手下人全力开发一种轻型的、便于携带的收发无线电话。

三个月后,高尔文的下属带着三台这样的机器飞到乔治亚州的本宁堡,向正在那里演习的军队展示这些新产品,并签订了向军队发送少量的这种机器的合同。

1940年,罗斯福总统就职时,当他看到被警察和情报人员使用的这种手持无线电话机时,他当即给当时的伞兵军官写了一封信推荐这种产品。高尔文再次组织了一次实地演习,从而使这一产品的特性立刻得到认可。摩托罗拉公司收到一些重要的合同,并于1941年7月投入满负荷生产,从而迎来了滚滚财源。

收发两用军用手持无线电话机。在整个二战中,有近4万台这种无线电话机为人们提供各种通讯服务。在当时,居然有这么大的生产量,高尔文的摩托罗拉公司可谓创造了现代电子工程上的一个奇迹。

1944年6月,高尔文及一些工业界领袖和战时生产局的官员们一起制订一个计划。他认为在对德战争结束以后,必须弄清楚的是,战时生产局的法令如何予以改变,这一计划必须允许转入军事用途的工业重新进入民用生产。尽管摩托罗拉仍在为对日作战的部队生产军用对讲机,但高尔文已敏锐地感到,企业在战争结束以后必须面对消费者对收音机的巨大需求,他不无幽默地警告下属说:"我害怕的是,那些浩浩荡荡进入我们企业捞钱的人,将在痛苦的体验中知道,这绝不是懦夫待的地方。"

后来,高尔文领导的摩托罗拉又开始进行电视机的研制。当小型精品VT-71型电视机以上等货出现时,高尔文已胸有成竹了,他认识到在未来电视机的竞争中,经销商唱主角的时代到来了,必须在一开始时做出迅速的突破;他把管理人员召集到一块儿,宣称摩托罗拉要在电视机生产的第一年,售出10万台。

出席会议的人几乎为高尔文的"口出狂言"而目瞪口呆了。他们认为电视机厂绝对不可能达到一年10万台的生产能力。

果不出所料,人们对VT-71型电视机的反应是既惊讶又称赞。经销商中的大多数人被来自顾客的一次次热情的反应所激动,就像推销人大吹大擂时所引起的

激动一样,他们认识到这种电视机将占领很大的市场份额。事实证明高尔文是如此正确,仅仅几个月内,摩托罗拉在电视机的生产企业中,跃居第四位。

高尔文的超前意识使摩托罗拉战胜了诸多强劲的对手,成为世界著名品牌。

果敢决策 终成大事

隋朝末年,刘文静做晋阳(今太原)的地方官,当时裴寂做晋阳官的监守,二人关系相当好。有次夜晚二人同宿,裴寂仰望城墙上的烽火,感叹说:“我们的地位卑贱之极,家中毫无积蓄,现在天下大乱,该怎么办啊?”刘文静笑着说:“世道既然如此,天下大事便可见分晓了。只要我们二人联手,还怕什么身份卑贱呢?”

到李渊镇守太原时,刘文静观察到他有起兵统一四方的远大志向,就去结交他。他又观察李世民,对裴寂说:“这个人可不是常人,他像汉高祖刘邦那样大度,像魏太祖曹操那样神武,尽管年轻,却雄才大略,将来必有大的出息。”

后来,刘文静因与李密联姻而被连累判罪,被押入狱中。李世民认为刘文静是个不可多得的谋臣,就入狱中探视他。刘文静大喜说:“现在天下大乱,非有成汤、周武王、汉高祖、光武帝那样才略之人不能安定天下。”李世民说:“你怎么知道没有呢? 恐怕只是平常人不能识别而已。今天我来狱中看你,并非为儿女私情。时事如此,专程来与你商议举兵起义大计,请帮助仔细筹划。”

刘文静说:“现在李密长期围困洛邑,皇帝巡游淮南,大贼占领州郡,小盗占领山泽,数以万计,天下大乱。如果能顺应天时,举旗一呼,则四海响应。如今太原一带百姓为避盗贼,都聚在城中,我做地方官数年,如果要征集豪杰,可得10万人。尊公(李渊)所领的精兵又有数万,只要他一发令,谁敢不服从? 这两拨人马一起来,乘虚入关,号令天下,不到半年,就可成就帝王之业。”李世民大笑说:“正合我意。”于是李世民部署安排人马,暗暗准备起义。

时机成熟后,高祖李渊还犹豫不决。刘文静觉得“机不可失,时不再来”。见裴寂与李渊交情深厚,想让裴寂劝说李渊,就把裴寂引荐给李世民。李世民在博戏场上设计抓住裴寂,希望通过裴寂劝说李渊起兵。

等到李渊副将高君雅被突厥人打败,李渊获罪被隋廷投入狱中。刘文静和裴寂劝他起义,说:“《易》称‘知几其神乎’。现在大乱已经发生,明公处于被嫌疑的境地。怎么能保全性命? 副将打了败仗,上头怪罪,事情如此紧迫,应当早做计议。晋阳这地方,兵马精壮,府库宫中物资充足,靠着这些起兵,可成大业。关中无主,群豪并起,无所适从。明公举兵以图大事,不比在这里做囚徒强吗?”李渊认为有理。

刘文静和李世民经过商议,准备马上起义,恰巧李渊被放了回来。刘文静伪称隋炀帝的诏令,让太原、河西、雁门、马邑等地二十岁以上五十岁以下的人全都充军,年底在涿郡集合,准备征伐辽东。这样,人心大乱,渴望动乱的人更多了。

刘文静便对裴寂说:“你难道没听说过‘先发者制人,后发者制于人’吗? 唐公(李渊)名字正与图谶迷信相验合,天下人人尽知,为什么还要拖延,自找祸害。应该劝唐公尽早顺时起兵。”

裴寂害怕,就加紧催促李渊起兵,于是李渊就起兵了。后李渊开大将军府,以

刘文静做行军司马。就这样，李渊抢占了先机，打败了隋兵，消灭了异党，建立了唐王朝。

晋平王纵欲患重病

晋平王患了重病，请遍了全国的名医也没有治愈。后来，把秦国的名医医和请来。

医和并不急于下药，问晋平王："您喜欢喝酒吗？"

晋平王说："喜欢，而且越是烈酒越爱喝。"

医和又问："大王都是什么时候喝酒啊？"

晋平王说："大多是在晚上，有爱妻、娇妾、歌妓、舞女相伴，我可以饮酒不醉，长乐不累。"

医和说："大王的病因恰恰在这里。音乐有五声，每个声调都有限度；如果失度，就难以成为音乐了。人有五脏，各有功能，也各有限度，平时不可过度，过度则病。"

如此看来，过度的享乐绝不是什么幸福，因为它以损害健康为代价，结果只能是有害无益；过度的娱乐绝不是快乐，因为它以毁坏个人的事业为代价，结果只能是悲剧发生。

钱廖听乐

五代时期的吴越国国王钱廖是一个有修养的人，他很注意王宫对百姓的影响，从不搞过头的娱乐活动。

有一次，除夕夜守岁，子女欢聚一堂，请来乐队演奏助兴。可是，只奏了两支曲子，钱廖就下令乐队停了下来。子女们不高兴，说："今日过节，平常人家也是要欢聚一堂的。何况国王家呢？"

钱廖说："我不这么认为，国王家为什么要比百姓优越呢？再说，不知道的人还以为我是在作长夜之饮呢。如果真的是那样，大臣们就会效仿，百姓们又会效仿大臣的做法，上行下效，不可不知。整个国家都沉迷于娱乐之中，岂不要亡国吗？"

人们应该享受快乐，但一定要以正确的方式，这样就不会有灾祸产生。不要放纵自己，无所事事！时间在不知不觉的时候溜走，当觉醒时才慨叹时光不可倒流。要善于利用每一天的时间，从而提高人生的效率和质量。

周幽王烽火戏诸侯

周宣王死后，周幽王即位。周幽王是个荒淫无道的昏君，他十分宠幸一个叫褒姒的妃子，与她一味地过起荒淫奢侈的生活。

褒姒虽然生得艳如桃李，却冷若冰霜，自进宫以来从来没有笑过一次。幽王为了博得褒姒的开心一笑，不惜想尽一切办法，可是褒姒终日不笑。为此，幽王竟然悬赏求计，谁能引得褒姒一笑，赏金千两。这时有个佞臣叫虢石父，替周幽王想了一个主意，提议用烽火台一试。

烽火本是古代敌寇侵犯时的紧急军事报警信号。诸侯见了烽火，知道京城告急，天子有难，必须起兵赶来救驾。虢石父献计令烽火台平白无故点起烽火，招引诸侯前来白跑一趟，以此逗引褒姒发笑。

昏庸的周幽王采纳了虢石父的建议，马上带着褒姒，由虢石父陪同登上了骊山烽火台，命令守兵点燃烽火。一时间，狼烟四起，烽火冲天，各地诸侯一见警报，以为西北夷族犬戎打过来了，果然带领本部兵马急速赶来救驾。

到了骊山脚下，连一个犬戎兵的影儿也没有，只听到山上一阵阵奏乐和唱歌的声音，一看是周幽王和褒姒高坐台上饮酒作乐。周幽王派人告诉他们说，辛苦了大家，这儿没什么事，不过是大王和王妃放烟火取乐，诸侯们始知被戏弄，怀怨而回。褒姒见千军万马招之即来，挥之即去，如同儿戏一般，觉得十分好玩，禁不住嫣然一笑。

周幽王烽火戏诸侯

周幽王为进一步讨褒姒欢心，又不顾老祖宗的规矩，废黜王后申氏和太子宜臼，册封褒姒为后，褒姒生的儿子伯服为太子，并下令废去王后的父亲申侯的爵位，还准备出兵攻伐他。申侯得到这个消息，先发制人，联合犬戎之兵及其他诸侯，于公元前 771 年进攻镐京。周幽王听到犬戎进攻的消息，惊慌失措，急忙命令烽火台点燃烽火。烽火倒是烧起来了，可是诸侯们因上次受了愚弄，这次都不再理会。

最后，犬戎兵砍死了周幽王。至此，西周宣告灭亡。周幽王是个不务正业、贪图享乐的君王，为博得美人一笑竟然“烽火戏诸侯”，这种玩法实在是够新颖的，但他为此付出了亡国的代价，并被后人千古传笑。

李存勖逸豫亡身

五代后唐庄宗李存勖继承其父遗愿，艰苦创业，奋发图强，用了十六年时间，逐个击败敌手，于公元 923 年灭梁称帝。但称帝后，便志得意满，一味贪图安乐。

进了首都洛阳后，天天吃喝玩乐，宠信伶人宦官，横征暴敛，搜刮百姓，最后在变乱中被手下伶人所杀。从建国到亡国，仅三年时间。

因此，古人曾以“忧劳兴国，逸豫亡身”来告诫后人。

五代时期的吴越国国王钱镠是一个有修养的人，他很注意王宫对百姓的影响，从不搞过头的娱乐活动。有一次，除夕夜守岁，子女欢聚一堂，请来乐队演奏助兴。可是，只奏了两支曲子，钱镠就下令乐队停了下来。子女们不高兴，说：“今日过节，平常人家也是要欢聚一堂的。何况国王家呢？”

钱镠说：“我不这么认为，国王家为什么要比百姓优越呢？再说，不知道的人还以为我是在做长夜之饮呢。如果真的是那样，大臣们就会效仿，百姓们又会效仿大臣的做法，上行下效，不可不知。整个国家都沉迷于娱乐之中，岂不要亡国吗？”

居安思危，通用总裁乐不忘忧

在安乐与成功之际，更要坚守中正，兢兢业业，虽然成功已经到来，但一切都还在发展之中，过于相信自己力量的强大，便只能招致与愿望相反的结果，唯有密切地注视着事态的发展，及时察觉不利的因素，并采取应变之策，才能把握发展的良机，永远保持成功的局面。这也是“豫卦”中阐释的有关成败安危的道理。孟子说的“生于忧患，死于安乐”的观点也正好解释了豫卦的原意。通用汽车公司的总裁善于在安乐之中找寻危机的萌芽，立足长远，确保了通用汽车公司在世界汽车行业中长盛不衰的地位。

在世界汽车市场疲软的时候，通用汽车也陷入困境，史密斯临危受命，出任了通用汽车公司的总裁，经过一番艰苦卓绝的努力，通用汽车又显现了往日的生机。1984 年，通用汽车公司总销售额达 839 亿美元，获得利润 45 亿美元。在美国 500 家最大工业公司中，通用汽车公司名列第二，仅次于埃克森石油公司。由于当时石油价格不断下跌，美国人觉得似乎可以大手大脚地用汽油了，于是舒适而豪华的大轿车又时兴起来了，在这方面，通用汽车似乎又占尽了先机。

宽松的外部环境给通用创造了好的发展条件，公司的机制出现了前所未有的高效能的运转。各公司的经理们认为应该放松一下，尤其是总裁史密斯先生更应该过几天安稳日子了，可身为通用公司总裁的史密斯却没有这样想。他考虑到眼前市场的繁华暗藏着种种危机，公司如果没有长远的计划，就一定会在不远的将来栽跟头，也就更谈不上有什么美好的未来了。于是他召开公司高层领导会议，尽管很多人不理解，但史密斯还是果断地做出了两项重大举措。

其一，为了把握未来的汽车市场，通用公司不惜投下几十亿美元的巨额资金，成立一家生产小型车的汽车制造公司——农神公司。农神公司第一批产品在 1987 年秋推出。投产后的农神公司每年可生产 40 万至 50 万辆小轿车。农神公司的设备是经过改进的自动化设备，成本和质量均与日本车不相上下，这为未来占有小型汽车市场做好了充分的准备。在自身研发的“农神”还没有下线之前，为了对付进口日本轿车，史密斯主动出击，与日本丰田公司签订了协议，在加利福尼亚的佛垒芝装配厂生产 25 万辆丰田设计的轿车，以通用的“雪佛莱”车牌在美国市场出售。除丰田以外，“通用”与日本的“铃木”、韩国的“大宇”和“现代”等汽车公司签订协

议,用“通用”的牌子出售这些厂家的汽车。史密斯之所以采用这种方法,是因为他自有自己的计划。因为在“农神”计划未实现之前,由于缺少替代产品,“通用”有可能被挤出汽车市场,所以史密斯采取了加入他们中间去的策略。

其二,史密斯把目光投向了技术革新,决定用高新技术来降低生产成本。为了达到这一目的,通用公司不惜花25亿美元的巨资并购了达拉斯电子资料系统公司,利用电子系统推进“农神”计划,使公司的决策迅速而准确地贯彻到各级部门。此后,通用汽车公司生产的电脑化发展很快,成本大降,工作效率大大增强。这样一来,通用公司才开始在市场上逐渐占有优势。

史密斯这一系列的决策的正确与否在后来得到了应验。中东地区局势紧张时,油价直线上涨,通用汽车传统的大轿车销量日减,然而,“农神”小型汽车的销量却日益飙升,通用汽车依然保住了自身的长足发展。通用人无不感谢他们的领头人史密斯先生。如果当时史密斯被通用公司的一片大好前景所迷惑进而得意忘形,如果史密斯不能为长远发展施行农神计划,可以说通用汽车早就被日本轿车挤出了市场。

在充满竞争的现代社会里,无论是做人也好,还是做事也好,都应该懂得这种居安思危的道理。好运来临时固然令人快乐,但在快乐的时候,我们必须保持清醒的头脑,不能得意忘形,只有这样,才能使我们的事业进一步向前推进。

随卦第十七 ䷐

【经文】

震下兑上　随[①]元亨利贞,无咎。

初九　官有渝[②],贞吉,出门交有功[③]。

六二　系小子,失丈夫[④]。

六三　系丈夫,失小子;随有求得,利居贞[⑤]。

九四　随有获,贞凶[⑥];有孚在道以明,何咎[⑦]。

九五　孚于嘉[⑧],吉。

上六　拘系之,乃从维之[⑨];王用亨于西山[⑩]。

【注释】

①随:卦名,通行本为第十七卦,帛书本为第四十七卦。《随》与《豫》都含单卦的《震》,故次列于《豫》卦后。

《随》卦下《震》动,上《兑》悦。动而顺物性,则物乐随之;动而不顺物性,妄追逐、强拘系,则适得其反。故卦名之为“随”,此与爻辞作为追逐之义的“随”有别。

②官有渝:“官”,《释文》云“蜀才作馆”。据上六“王用亨于西山”,则“馆”指君王所居之宫室。“渝”,变故。宫内有变故,而曰占问吉利(“贞吉”),此似承《豫》卦上六“冥豫,成有渝,无咎”而说。

③出门交有功:“门”,宫门。“交”,谓初六广交天下人。“有功”,有收获。因宫内有变故,故出于宫门;出门则广交天下人而有功,故“官有渝,贞吉”。

④系小子,失丈夫:“系”,谓勉强拘系而得到。“小子”“丈夫”,注家多种解释,

不一一列举，要之皆未得正解。从上六的“王”看来，“小子”当指小民，“丈夫”指官吏。《讼》卦亦是王、讼者（邑官）、邑民的构成关系。若普通人占得此爻，则谓得小而失大。

⑤随有求得，利居贞：据上下文“有功”“有获”“有孚”，则此“随有求得”当即“随求有得”。“随”，追逐。“随求”，追求。“随求”是前二“系”字的换言，追逐、拘系是一回事。“有得”，谓或“系小子”或“系丈夫”。“利居贞”，利于安居之占，谓不妄逐系、安和以待之。

⑥随有获，贞凶：“随有获”据上文“随求有得”，当为“随求有获”之省文。六三于“随求有得”后戒之以“利居贞”，而九四仍一味“随求”，故虽“有获”，而其占则凶。

⑦有孚在道以明，何咎：“在道以明”，谓道途中有所觉醒。

⑧孚于嘉：“嘉”，庆也（《汉书·礼乐志》注）、“嘉礼，善礼也”（《左传·庄公二十三年》注）。“嘉”在此指喜庆的典礼，如行赏宽刑、大赦天下等。“孚于嘉”，谓在嘉礼上有好兆头。又疑“于嘉”读为“有嘉”，有嘉赏。

⑨拘系之，乃从维之：“拘系”，指二爻、三爻的“系”。“之”，指代二爻、三爻的“小子”“丈夫”。“乃从”，即而后（“乃”，而。“从”即“后”，《国策·韩策》“无为牛后”，《颜氏家训·书证》引《战国策音义》作“无为牛从”）。“维”，帛书作“巂”。“巂”借为“觿”（《礼记·月令》“旦觜觿中”，《吕览·仲秋纪》及《淮南子·时则训》皆作“巂”），“觿”是解开系结的工具（《管子·白心》“觿解不可解，而后解”，注“觿，所以解结也”），作动词则谓解开。此言王对臣民最初系缚使随己，而后解其缚以随人。

⑩王用亨于西山：“用”犹“可”犹“利”，说见《谦》卦。“亨”同“享”，享祭、祭祀。《随》卦上卦为《兑》，《兑》为西方之卦，故云“西”。“山”象征安泰，故古人祭山以祈天下安泰祥和，天下安泰则祭山以告谢之。王既顺随天下人之性，则臣民亦随己，故可祭祀西山以祈告天下祥和。

【译文】

随卦：“随”具有博大、亨通、利人、诚信的特点，因而不会有失误。

初九：官职有变动，仍然要坚持正道，才会吉祥；广交朋友，事业一定成功。

六二：由于与年轻才浅的人为伴，失去了追随强者的机会。

六三：追随刚强有力的朋友，失去柔弱的朋友；追随强者必有所得，只要动机纯正，便能如愿。

九四：追随他人，为自己捞好处，必有灾祸临头；诚信地走正道，便可以明白所犯何错。

九五：本着诚信之心，择善而

明代皇帝祭天地、宗庙、社稷时戴的冕

从，必然吉祥。

上六：处于囚禁之地，仍然有人苦苦追随，其追随之心，就如同君王祭祀西山之神一般真诚。

【解读】

本卦阐述了追随的原则：在人际交往中必须破除门户之见，唯善是从；追随他人的动机必须纯正，应该以大众的利益为依归，不能贪图个人功利；对正道的追求必须至诚、执着，不能朝秦暮楚。只有上下一心，精诚团结，社会的安乐才有保障，社会的进步才有希望。

【经典实例】

成功商人哈默

《随卦》阐释追随、随和的原则。人与人之间，个人利益往往会有冲突，有时必须舍弃个人的私见、私利，随和众意、众利，才能维系安和乐利的社会。因而，不可固执己见，应当以大多数人的利益为依归，不可贪图近利，有失本分，动机必须纯正，应当以诚信为基础，明辨进退取舍，择善固执。唯有至诚，才能精诚团结，达到安和乐利的目标。

亚蒙·哈默是美国西方石油公司的董事长，读医学院时就以过人的智慧成了百万富翁。1921 年初夏，他到达了处于内战中的苏维埃俄国。8 月初，哈默随一个代表团到乌拉尔地区考察。这里的情况令他大惑不解：一方面蕴藏着巨大的宝藏，物产丰富，白金、宝石、毛皮等贵重物品几乎应有尽有；另一方面饥荒严重，饿殍遍野，最起码的生活必需品奇缺。于是，他问带队的苏联人："为什么你们不出口这些东西换粮食？""那不可能，"他们回答，"欧洲刚刚解除对我们的封锁，要卖出这些东西，进口粮食，所需时间太长。而且要使乌拉尔地区的人民免于饥饿，至少需要 100 万蒲式耳的粮食。"这时一个大胆的计划在哈默头脑中形成。他联想到当时美国粮食大丰收，粮价已跌到每蒲式耳 1 美元，便提出建议："我有 100 万美元的资金，可以在美国紧急收购 100 万蒲式耳的小麦，海运到彼得格勒，卸下粮食后，再将价值 100 万美元的毛皮和其他货物运回美国。"哈默的建议很快传到莫斯科，列宁亲自回电表示认可这笔交易，并请哈默速返莫斯科。

列宁从办公桌边站起来欢迎哈默，并用英语与他亲切交谈，鼓励哈默投资办厂，允许他开采西伯利亚地区的石棉矿，从而使他成为苏俄第一个取得矿山开采权的外国人。

美苏的易货贸易由此开始。哈默组织了美国联合公司，沟通了 30 多家美国公司，他自然成了苏联对美贸易的代理人。

他以高薪从德国和英国聘来技术人员兴办铅笔厂，用美国的计件工资制度来管理生产，结果短短七八个月，就奇迹般地投入生产，第一年就达到了 250 万美元的产值。几年后，哈默不仅满足了苏联铅笔、钢笔市场的需要，而且把 20%的产品出口到英国等十几个国家。这家工厂很快成为世界上最大的铅笔厂之一，给哈默也带来了几百万美元的收入。

哈默在莫斯科度过了将近 10 年，苏联成了这位亿万富翁的发迹地，同时他也

用自己的努力支持了年轻的苏维埃政权。

哈默回到美国时，正值30年代美国经济大萧条，但他却认为是赚钱的机会到了。他捕捉到一个清晰的信息：罗斯福正在走向白宫总统的宝座，如果他一旦当选，实施他的新政，那么，1919年颁布的禁酒令将被废除。这将意味着全国对啤酒和威士忌的需求激增，酒桶数量也会呈现出空前的需求，而当时市场上却没有酒桶出售。哈默当机立断，立即从苏联订购了几船优质木材，在纽约码头设立了一座临时的桶板加工厂，并在新泽西州建立了一座现代化的酒桶厂。禁酒令废除之日，也正是哈默制桶公司的酒桶从生产线上源源滚下之时，此举又让他获取了大量利润。

酒桶把哈默引进了威士忌酒行业，而他爱好吃牛排的习惯又把他引入了另一个领域，即养牛业，并同样大获成功。

哈默闯入养牛业也纯属偶然。有一次他抱怨市场上买不到优质牛排，他的一名雇工就建议去买头牛杀了吃。牛买回来了，却是一头怀上小牛的母牛。哈默认为自己还不至于馋到杀怀孕母牛的地步，于是就把牛放养在庄园里。恰好哈默的邻居是一位养牛专家，专门培育安格斯良种牛，他不仅替哈默买回的那头母牛顺利接产，而且时隔不久又让这头母牛与他的公牛交配，生下了具有安格斯种牛优良品质的小牛。哈默对养牛专家感激之余，也对养牛产生了浓厚的兴趣。因此他的头脑中闪现出新的商机脑电波：以酿酒的副产品饲养种牛，不失为化残渣为黄金之举。说干就干，哈默迅速筹建了一家繁殖种牛的大牧场，结果也是收益颇丰。

1956年，哈默58岁，准备平平静静地安享晚年了。然而，一个偶然的机会，充满诱惑力的石油业把他征服了，他又开始过起“人生始于六十”的新生活，一跃成为举世闻名的石油巨子。当时在加利福尼亚州有一家濒临破产的西方石油公司，其实际资产只有3.4万美元，3个雇员和几口快要报废的油井，公司的股票每股只卖18美分。哈默的一个远亲，是洛杉矶远近闻名的会计师，他向哈默建议，投资这家石油公司。因为根据美国政府对石油业的倾斜政策，用于尚未出油的油井的资金无须报税。对于赋闲的哈默来说，他无意收购这家公司，但却愿意借给西方石油公司5万美元，让他们再打两口井。如能出油，双方各得50%利润，如果不出油，哈默投入的这笔资金可作为亏损从应缴税款中扣除。出乎意料的是，两口井都出油了。西方石油公司的股票一下子涨到每股1美元，哈默也尝到了甜头，开始涉足石油业。不久，哈默成了这家公司的最大股东，1957年7月当选为西方石油公司的董事长和总经理。随即，哈默凭着自己多年的经验，冒着巨大的风险，开始建立一个石油王国。他招兵买马，物色到最优秀的钻井工程师和最出色的地质学家，1961年终于在加利福尼亚钻探到两个巨大的天然气田。西方石油公司的股票价格一跃上升到每股15美元，公司的实力也足以与那些世界上较大的石油公司分庭抗礼了。

哈默作为一个成功的企业家，与众不同的是，他的经营时常与国计民生联系在一起，更关心人类的和平。在他的办公室里，摆放着许多珍贵的相片，中间的一幅是有列宁亲笔题词的照片，此外还有他与几届美国总统、外国首脑的合影。他是一年一度的“国际和平与人权会议”的发起者和赞助人。他经常乘坐自己的飞机，从一个国家飞到另一个国家传递和平信息，呼吁并极力促进美苏最高领导人举行会谈，是著名的社会活动家。他经常慷慨解囊支持文化教育和社会福利事业。他创

办癌病研究中心，担任美国总统3人癌症研究顾问小组主席。他亲自率领医疗小组，去苏联抢救切尔诺贝利核事故的受害者。他乐善好施，四处捐款，1988年，他向中国少年儿童基金会捐款2万美元。

《随卦》讲只有跟上时代发展的步伐，让大多数人受益，个人的自身价值才能得以真正体现。哈默虽然主观上是为自己谋求利润，但是客观上体现了《随卦》的精神。作为一名商人，他肯定不是世界上最有钱的，但是作为一名成功者，他的种种做法是会被历史记住的。

张小姐的委屈

“坏了！坏了！”王经理放下电话，就叫了起来，“那家便宜的东西，根本不合规格，还是原来林经理的好。”狠狠拍了一下桌子，“可是，我怎么那么糊涂，写信把他臭骂一顿，那封信写得很不客气，这下麻烦了！”

“是啊！”助理张小姐转身站起来：“我那时候不是说吗？要您先冷静、冷静，再写信，您不听啊！”

“都怪我在气头上，想林经理过去一定骗了我，要不然别人怎么那样便宜。”王经理来回踱着步子，指了指电话：“把电话告诉我，我亲自打过去道歉！”

助理一笑，走到王经理桌前：“不用了！告诉您，那封信我根本没寄。”

“没寄？”

“对！”助理张小姐笑吟吟地说。

“嗯……”王经理坐了下来，如释重负，停了半晌，又突然抬头：“可是我当时不是叫你立刻发出吗？”

“是啊！但我猜到您会后悔，所以压下了。”张小姐转过身、歪着头笑笑。

“压了三个礼拜？”

“对！您没想到吧？”张助理很是得意地说。

“我是没想到。”王经理低下头去，翻记事本：“可是，我记得那天是叫你发，你怎么能压着不发呢？那么最近发长沙、武汉几个客户的信，你也压了？”

"我没压。"张助理脸色发亮,不无得意地说:"我知道什么该发,什么不该发……"

"你做主,还是我做主?"没想到王经理居然"霍"地站起来,沉声问。

张助理呆住了,眼眶一下湿了,两行泪水滚落。颤抖着、哭着喊:"我,我做错了吗?"

"你说呢?"王经理斩钉截铁地说。

张小姐被记了小过,但公司里没有其他人知道,但是好心没好报,一肚子委屈的张小姐,再也不愿意伺候这位"是非不分"的主管。

一次公司开 Party,策划部刘经理约张小姐跳舞,她跟孙经理诉苦,并希望调到孙经理部门。

"不急!不急!"孙经理笑笑,"我会处理。"

隔两天,果然做了处理,张小姐一大早就接到一份紧急通知。

打开通知,她脸色苍白地坐下。

张小姐被解雇了。

招　聘

有一个大公司高薪招聘司机,是给老板开车的司机。因为关系到老板的身家性命,所以,司机的技术水平和化险为夷的素质至关重要。老板亲自做招聘的考官。

广告贴出去之后,应聘者络绎不绝。经过几轮专业技术和应试,还是剩下了 4 个人难分高低。最后,老板向每一位应聘者问了这样一个问题:"当有一天你开车接近悬崖时,你最多能开到多近才停止?"

第一个人当过汽车教练,他说:"我可以开到离悬崖 30 厘米的地方停止,甚至更近些。"是的,他自信他有能力做到这样。第二个人技术很高超,他很轻松地说:"我可以开到悬崖的最边上。保证又刺激又不出任何问题。"第三个人当过军人,回答也很别致,他聪明地说:"您让我开多近我就开多近,我随时服从老板的安排。"第四个人想了想,很诚实地说:"老板,我不知道我可以开得多近,但我想我应该把车停在离悬崖最远的地方,因为悬崖边很危险。"

第二天,招聘结果出来了,第四个人被高薪录用了。

随,要讲究方式,最好随一而终。如果一个助理,可以自作主张地把主管要她立刻发的信压下三周不发,那到底是谁做主?谁是主管?如果真有这样的"黑箱作业",以后让她做事怎么能放心?自己部门的事,绝不要跟别的部门主管抱怨,对方不会跟同僚对着干,也怕将来你故技重演,再次倒戈。故事当中的张小姐不懂人情,也不懂工作伦理,我们应该从中吸取教训。而那个被聘用的司机成功的原因就是给了他们上司最想要的东西——安全。

"小护士"受招安

2003 年底,经过 4 年的马拉松谈判之后,欧莱雅集团,这个全球最大的化妆品公司之一,宣布收购中国护肤品品牌"小护士"。

将“小护士”这个在市场上做得相当不错的品牌出卖，许多人士表示有些难以理解。中国本土的化妆品品牌，在做大到一定程度之后，难道就逃不出被外资品牌收购的命运？

10年时间，“小护士”已经发展成中国排名第二的护肤品品牌，旗厂拥有包括保湿、清洁、防晒、抗皱在内的齐全的护肤品系列，市场占有率达到5%。目前，“小护士”在全国有28万个销售网点。这对欧莱雅来说尤为珍贵。预计2003年“小护士”的销售额可达4000万欧元，这已经接近于欧莱雅中国公司2002年销售额的三分之一。

因此，当初欧莱雅向“小护士”提出购买意向时，“小护士”确实不想卖。于是这场谈判持续了4年之久。公司董事长李志达确实没想过要卖掉他一手创立的成功品牌。更何况，许多中国知名品牌被国外大公司收购后，不但没有得到更好的发展，反而渐渐失去了光彩。

但李志达说：“是时间改变了这一切。经过4年的沟通和了解，我最后被盖保罗总裁的真诚所感动，他说，你的孩子养大了交给我，你就放心吧。我会像对待自己的孩子一样来对待‘小护士’品牌。我们能给它提供坚实的研发后盾，把它推向海外市场，我们有更强大的投资实力，等等。”

这些话语固然透露出李志达想把“小护士”再次推向顶峰的愿望，但从另一个方面来看，这也是李无法完成这一夙愿的无奈之语。

作为中国护肤品行业的两大巨头之一——“小护士”一直以选择市场空白点为自己的突破，凭借防晒市场异军突起就是一个典型的抢点占位案例。这种把握时代发展潮流和市场发展趋势的经营手段，让“小护士”成功地摆脱了中国护肤品行业同质竞争的沉疴。

但是，随着消费者生活水平的日益提高，与全球化信息的发展，在北京、上海、深圳、广州等地，一批中高档护肤产品的成熟消费者已经成长起来。与此同时，国际品牌加快了市场进入步伐，目前跨国化妆品公司占据了中国化妆品市场的制高点。在高档化妆品中，进口品牌一统天下；在中档化妆品中，以跨国化妆品公司为主体的合资品牌占据市场主要份额。资生堂（含资生堂和欧珀莱两品牌）、高丝（含高丝、艾文莉）、欧莱雅（含兰蔻，欧莱雅、碧欧泉、赫莲娜）、羽西，雅诗兰黛（含雅诗兰黛和倩碧）、清妃、郑明明，SK－Ⅱ等品牌已经或正在加快市场拓展步伐，可以预计这一市场的竞争将会进一步加剧。

在激烈的竞争中，一批强势品牌脱颖而出，如玉兰油、大宝、“小护士”、旁氏，碧柔、可伶可俐、高丝、欧珀莱、采诗、羽西，资生堂、强生、丁家宜等。这些品牌分别在洗面奶、面霜、面膜市场崭露头角，形成相对稳定的格局。但2002年年底以来，外资品牌纷纷降价，进入中低档市场。业内人士认为，外资品牌要更大地赢得市场，除了保持销售高档产品外，要实现更大的利润，就必须在销售规模上取得突破。国内品牌如果丧失价格优势，中国化妆品业界将面临一次重新洗牌的过程。

“小护士”的成功，更多的是当初一种市场空白点下的商业机会的成功。这是许多中国企业最初成功的最普遍原因。但是，在外资品牌的强大压力下，复制这种成功模式的可能性已经微乎其微。市场的打拼，已完完全全是凭借真实的品牌建设功夫。而这一点，正是本土品牌与外国品牌相比的短处。

国产护肤品牌们应该如何应对挑战呢？曾有专家建议“三点一线品牌路”。在品牌成长领域的选择上，选择空白点；在市场操作的策略上，选择分歧点；在企业资源的支持上，选择契合点。由此三点归于“品牌”一线，终至建构起长久的品牌竞争优势。

但当市场趋于饱和，相对成熟的时候，产品和营销方法都不断趋于同质化，市场细分的难度增加，竞争的难度也随之升级。消费者对护肤品的选择是功能、品牌，价格、香型、包装等多方面的比较，谁能赢得消费者的认可，谁就是赢家。在日益激烈的市场中，说到底竞争就是综合实力的竞争，特别是科技创新能力和高级人才（包括管理人员、技术专家与营销顾问）的竞争，谁能吸引到优秀人才为我所用，技术实力强劲，综合实力雄厚，谁就是最后的赢家。

从价格上看，国产化妆品与合资及进口品牌有明显差别。据调查，内地大、中城市经营的护肤和美容化妆品达1300多种，国产化妆品的销售量占了40%，而销售额却只占6%~7%。以北京的大型商场为例，国产化妆品售价约在20~30元，合资品牌的售价约高出一至数倍，而进口品牌则往往达至上百至千元。

但护肤品领域没有占绝对优势的领先品牌，玉兰油、大宝、小护士品牌的年销售额均未达到10亿元，护肤品产业已经到了一个寻求品牌突围的关键时期。

护肤品市场的一个重要特征是：进入企业多，竞争白热化，资金投入高，市场更新快。各品牌无所不用其极，争相亮相荧屏，以大制作、明星代言人、高新科技概念等广告吸引消费者。护肤品是化妆品市场中发展最快的一个分类市场。由于产品的新概念不断涌现，产品细分化进程加快，目前，市场处于多品牌竞争状态，品牌起伏较大。

事实上，当这种白热化的竞争已经无法摆脱时，不进则退已经是必然的结果。这几年，随着销售费用的不断增加，企业的成本越来越高，赢利水平也不复当年。这种情况下要迎接外资品牌的大举进攻，恐怕凶多吉少。这样看待小护士嫁入豪门的举动，也就不难理解了。

随：是随从，随和之意。在人生事业发展过程中，跟随他人，或别人跟随自己也就是团结他人或依从他人。要达到人生和事业的成功，除了自己独立的奋斗之外，还必须团结他人，以足够的力量去共同奋斗。目前，因为自己有能力，使别人追随自己的人，永远是极少数人。而大多数人都是在人生的旅途中要依靠别人合作，或追随才能高于自己的人。追随他人，实际上是借助他人的力量以实现自己的人生和事业目标。并使人追随自己。由于自己干需要很长时间，而一定要合作，合作就需要随和。合作的力量当然比自己一个人干要强。最关键的人生和事业旅途中，你所追随的人，或追随你的人是什么样的人？必须要取有德、有力、有才能的人，才会有好的合作成功。随的原则是：必须追随持正道而中正者，勿贪近利，要目光长远，追随才德优于自己的人，要诚信守分，还要知明哲保身之机，择善而从，择类而从，诚信团结为随之根本。

“随”应诚信，守分，要识明哲保身之机，适时进退。不要以为跟一个才能高于自己的人去建功立业就万事大吉。事实远非如此。若心存诚信，不离正道，使居上位者放心，居下位者心服，才不会有什么灾祸。害人之心不可有，防人之心不可无。在本着诚信的原则追随他人的同时，一定要懂得适可而止。这是从千百年的历史经验中总结出来的教训，当然，这并不意味着人与人之间毫无诚信可言，而是说在涉及对方切身利益之时，一定要把握分寸，不可执迷不悟，而此时对方已把你由朋友当成敌人了。

严子陵品行高洁

汉朝的刘秀还是普通百姓的时候，与严子陵、侯霸三个人是好朋友。刘秀称帝之后，再三恳请严子陵出来做官，严子陵才做了个闲散官员——谏议大夫。

严子陵不想做官，因为他对官场中的虚伪欺骗与繁琐礼仪很反感，于是他便故意刺激光武帝刘秀。光武帝很尊敬他，对他很亲切，晚上有时会和他睡在一张床上。严子陵睡姿不好，不是把胳膊放在光武帝的身上，就是把脚放在光武帝的肚子上。但光武帝不想惊醒他，就常常硬挺着，最多把他轻轻地移开。他在大殿上也不尊重皇帝，但是皇帝也不责怪他。后来，他就悄悄地离开，隐姓埋名，到富春江边去钓鱼。光武帝又多次请他，他终究不肯出来。

侯霸当上了非常大的官，也写信请严子陵到他那里去。严子陵对送信人说："侯霸平时傻乎乎的，现在是不是好一点儿了？"来人说："他已经当了最大的官，您怎么能说他傻呢？"严子陵说："皇上我都不见，他还请我去，这不是傻吗？"来人见他不肯去，就请他回信，这样也好交差。这个人老让他"再多写一点儿"，开始严子陵不理他，后来生气了，说："这又不是买菜，还添点儿！添点儿！"

回信中有这样几句话："君房足下：位至鼎足，甚善。怀仁辅义天下悦，阿谀顺旨要领绝。"意思是说，"你做到了三公这样的大官，这很好。你要存善心辅助仁义，国人就会高兴：如果拍马、不主张正义就要砍头。"

严子陵可以任意刺激光武帝和侯霸，是因为他们之间关系和谐，没有猜疑；但是，他也不愿意为了和朋友们在一起，就违背自己做人的原则，可见其品行高洁。

盲目追随　被迫解体

Lonrho 公司原先是一家主要从事黄金生产和铂矿开采的公司。由于经营有方，逐步发展成世界上第三大金属铂生产商。Lonrho 公司在南非各处拥有大量的铂矿开采基地，与此同时，公司还是世界上最大的黄金生产商之一，在非洲的加纳和津巴布韦拥有很多金矿。

和其他公司一样，Lonrho 公司并不满足于现有的核心业务，于是，它开始不断地扩张。

凭借着自己在金矿和铂矿上的丰富经验，Lonrho 公司逐渐将自己的产品线扩展到煤矿和铑矿上，由于业务相近以及长时间的技能积累，公司在这些领域都取得了相当不错的业绩。

后来，看中了农牧业的广阔而光明的前景，公司一举杀入其中，在非洲建立了大规模的农场，生产棉花、食糖以及茶叶，并在很多国家买下大量的土地，以此来圈地畜牧。

农业生产上一举获胜，使得公司更加对业务拓展充满信心。在经过一番考虑

以后,Lonrho 公司又介入了汽车分销领域,在非洲和欧洲销售大众、奥迪以及奔驰等世界名车。与此同时,公司还积极向法国、日本和美国等汽车公司申请代理权,以扩展自己的产品销售范围。

也许是扩张得太顺畅了,Lonrho 公司信心百倍,接下来又马不停蹄地扩展着自己的帝国疆界,从工程建造到印刷行业,从金融保险到外贸出口,从物业管理到酒店经营,以及纺织业等等,名目繁多,Lonrho 公司甚至还拥有英国《观察家报》这样的知名媒体。

在 Lonrho 公司最鼎盛的时候,一度涉足了近 30 个业务领域。这些业务之间相互独立,拥有较高的经营自主权。每一个业务都能够自主地支配自己的资金和收入,总部则通过统一的监控机制,来督促各项业务的正常运作。在全世界范围内,Lonrho 公司的足迹曾经遍布非洲、北美洲、欧洲以及亚洲,拥有 900 多家子公司,年销售额超过 70 亿美元,地位不可谓不显赫。

看起来,一切都好像非常完美,Lonrho 公司在各个领域都取得了不菲的成绩。然而,由于庞大而复杂的公司体系,以及纵横交错的人际关系网络,使得公司开始感觉到,沟通越来越不顺畅,集团内部的利益纷争不断,更要命的是各项业务之间联系很小,很难实现相互间的协同。

最后在股东之间一场旷日持久的控制权之争之后,Lonrho 公司不得不被迫开始迈入解体的过程。大部分业务被剥离出公司,只留下了一些重要的核心业务,例如,金矿、铂矿以及煤矿的开采,公司名字也改为 Lonmin。

关键时刻出杀手锏

唐肃宗的七子李豫外表柔弱,但他内心很有主见,颇能处理事务。

在他当太子时,张皇后与亲信宦官李辅国共同把持朝政,干预政事,权倾内外,朝廷上下都惧怕他们。二人曾共同陷害了李豫的弟弟,李豫十分气愤。

李豫十分厌恶张皇后骄横,但考虑到自己身单势孤,行事十分小心,唯恐得罪她遭到陷害。

由于张皇后与李辅国都心怀鬼胎,所以互相猜忌,产生隔阂。李辅国拉拢统领射生手(内廷禁兵官)的宦官程元振,视为心腹,与张皇后对抗。李豫暗自高兴,准备寻找机会离间二人。上元二年(761 年),肃宗病危,张皇后担心李豫登基,就召越王李保入宫监国。李辅国、程元振知道事情紧迫,告诉李豫要防止张皇后的陷害。张皇后召李豫入宫。张皇后说:"李辅国久握禁兵,私下与程元振联合,图谋作乱,应该杀掉他。"李豫早知道张皇后的奸谋,为了使张、李二人相斗,就假意哭着说:"父皇病得很厉害,不禀告陛下就杀了他们,恐怕他禁受不起。"张皇后拉拢李豫失败,就自己选调宦官,准备谋杀李辅国等人。李豫将这个消息告知李辅国,李辅国很感激李豫,就抢先率禁兵入宫,诛杀越王和张皇后。

宝应元年(726 年),在李辅国等人的拥戴下李豫继承皇位,史称唐代宗。李辅国平素就专横骄纵,欺压群臣,这次立了大功,更加张狂。而代宗懦弱温顺,在小事上从不与他理论,都让他拿主意。他见代宗无主见,就公然对代宗说:"陛下只管住在宫殿里,外面的事情任凭老奴处理。"这时,代宗非常气愤,下决心要除掉这个逆

官。但又考虑到他手握重兵，党羽众多，不敢轻易下手，所以假意很礼遇他，加封他为尚书令，称呼他为“尚父”，事情不论大小，都征询他的意见。李辅国未察觉代宗的用意，依旧横行宫廷内外。

程元振当时因拥立代宗为帝而被授任飞龙副使、内侍省事，官职不如李辅国显赫荣耀，心里很不自在。李辅国经常趾高气扬，借一些小事羞辱他，这令程元振很愤怒。代宗得知程元振与李辅国嫌隙暗生，就善待程元振，给他加官封赏，并委婉地暗示他和怨恨李辅国的人上奏抨击李辅国。程元振受到皇帝恩遇，受宠若惊，自思有皇上支持，就大胆上表指责李辅国专权朝政，卖官鬻爵，制造冤狱，罪不容诛。众臣亦借机纷纷请求将李辅国罢官。

代宗顺水推舟，就罢免李辅国禁卫军元帅一职，转由程元振代替。尽管当时有许多李辅国的同党为他求情，但代宗没有理会。

从此以后，李辅国有所收敛。但代宗还是不放心，又下诏罢免他中书令一职，只允许他每月初一、十五进宫朝见。最后，代宗秘密委派刺客潜入李辅国的府第将他刺杀。

就这样，代宗铲除了奸臣，巩固了自己的政权。

乾隆察民情随民意

体察民情，随顺民意，要走到民间去，才能有实行的前提。乾隆下江南就是他走访民间的重要活动，当然不排除他有为己打算的成分，但其主要目的还是：体察民情以达到上领下随。

乾隆即位十多年后，开始了他巡视江南的活动。

乾隆皇帝首次南巡带了一大批人马，从京城经直隶和山东到江苏，渡黄河，再乘船南下，经扬州、镇江、丹阳、常州到苏州。一路上御道要求平整、坚实、笔直，凡是有石板、石桥的，需撒黄土铺垫，水道中则要有豪华舒适的船只乘坐，沿途建造无数风格各异、小巧别致的小亭子，几十处气派的行宫，以供赏玩住宿。

南巡的奢华浪费本不是乾隆所求，南巡前乾隆皇帝曾指示各地官吏从俭办理，不得骚扰百姓。他说：“所在行宫，与其选购珍奇，不如明窗净几，洒扫洁除，足供住宿之适也。经过道路，与其张灯悬彩，徒侈美观，不若蔽屋茅檐，桑麻在望，足觇盈宁之象也。”竹篱茅舍，开轩桑麻在望的景象自然也有趣味，但在趋奉的下臣们那里是不愿做、不敢做的，大家都想竭力把皇帝伺候得更好一些，为此不遗余力，奢华几乎是不可避免的。此外，乾隆皇帝还要求各地督抚不得向随从皇帝出巡的官员馈送钱礼，随从的兵丁也不得骚扰百姓。这一点，倒是相对容易做到一些。

为了让手下官员不至于浪费民力，乾隆皇帝还屡谕军机大臣说：“清跸何至，除道供应，有司不必过费周章。”又说：“至川原林麓，民间冢墓所在，安厝已久，不过附近道旁，于辇路经由无碍，不得令其移徙。”乾隆皇帝为了不劳累百姓，连老百姓的祖坟是否迁移这样细微的民间小事都能想得到，其爱民之心也非虚拟。

皇帝出行，自然要乘坐气派的龙船，但是，当臣子奏报说御道中有些河道狭窄，要想通过就得拆去几十座石桥。这样岂不是劳民伤财？

乾隆皇帝闻知为此，马上下谕说：“朕初次南巡，禹陵近在百余里之内，不躬亲

展奠，无以申崇仰先圣之素志。向导及地方官拘泥而不知权宜办理之道，鳃鳃以水道不容巨舰、旱地难立营盘为虑，若如此，所议折桥数十座，即使于回銮之后，官为修理，其费甚巨，且不免重劳民力，岂朕省方观民本意耶?"

其原拟安立营盘二处，著于此处造大船一只，专备晚间住宿，不必于旱路安营，既避潮湿，且免随侍人众践踏春花之患。朕在宫中，及由高粱桥至金海，常御小船，宽不过数尺，长不过丈余，平桥皆可往度，最为便捷。越中河路既窄，日间乘用，俱当驾驶小船，石桥概不必折毁。

为了避免南巡期间影响河运，乾隆还准许地方政府采取一些得力的措施来保证日常运营。镇江等南北航运枢纽外，百货云集，船只往来不断，如果在御舟未至，就早早地把各地往来商船拦截，势必会引起商人集聚，货物也运不到所需地方，导致市场价格上涨。于是，乾隆允许各地在御舟抵达前三两天内，把商船避入支港，等御舟过后，马上放行。

除了第一次南巡时对百姓有所滋扰外，乾隆皇帝其他几次南巡总的来说对百姓的滋扰并不算太大。为了不让官府以办差为名搜刮百姓钱粮，乾隆皇帝鼓励官府动员当地商人操办差务，这样商人出钱雇佣民夫，还可以增加百姓收入，而官府也不能借机敛财，损害天子"圣德"。在选择南巡时间时，乾隆皇帝也能够注意避开农忙之日，尽量做到不影响当地百姓的日常生产与生活。

历次南巡，乾隆皇帝都特别注意不惊扰百姓，虑事周详，总是尽可能地考虑所有因素，使既能达到南巡的政治目的，又可以得到百姓的赞颂。于是，"上领下随"的局面自然也就达成了。

明孝宗惟善是从

科学家曾经做过一个实验，发现当雁群成"人"字形飞行时，要比孤雁单飞节省70%的力气，相对地也就等于增加了70%的飞行距离。雁群的确够聪明，它们选择拥有相同目标的伙伴同行，这样可彼此互动，更快速、更容易地到达目的地。雁群的这种飞行方式与随卦所阐释的追随、随和的原则同出一辙。人与人之间，个人利益往往会有冲突，有时必须舍弃个人的私见、私利，随和众意、众利，才能维系一个组织或集体利益。这些道理已经被现代的管理者诠释成"团队精神"。一个真正的团队应该是一个有机整体，有一个共同的目标，并为这个目标努力奋斗。其成员之间的行为相互依存，相互影响，并且能很好合作，追求集体的成功，是团队中的每个成员都习惯改变以适应环境不断发展变化的要求。人心齐，泰山移，团结就是力量。团队精神可以使团队保持活力、拥有创新、焕发青春、积极进取。这就像步调一致的雁群一样，齐心协力，互帮互助，并在心中产生一种力量，激励自己前进，一起飞向灿烂美好的明天。在历史上，明孝宗就很好地践行了随卦所蕴含的哲理，成为中兴大明王朝的"团队"核心。

公元1487年，孝宗朱祐樘即位后，致力于"更新庶政，大开言路"，因为孝宗知道至忠至诚地为天下百姓办事才能赢得百姓的拥戴，不平凡的身世也使他始终想到百姓的疾苦。上任伊始，一些奸佞相继被惩处或罢免，同时任人唯贤，笼络了一批忠心耿耿的大臣，如王恕、马文升、刘大夏、刘健、谢迁、李东阳等人，为孝宗励精

图治立下了汗马功劳。在群臣之中，孝宗最信任的是王恕，也因为有了王恕，孝宗才如虎添翼，雄风大振。王恕也对新君的知人善任感激不尽，在职期间，除了仍能上疏抨击时弊之外，他还先后向孝宗引荐了包括刘大夏在内的许多人才。其中马文升是一位文才武略兼备的大臣，弘治二年（公元 1489 年），他由左都御史升任兵部尚书，并提督 12 营团。马文升到职以后，大力整军，罢免了 30 余名不称职的将校。有人伺机行刺马文升，孝宗立即下令锦衣卫缉捕，并特拨骑士 12 人，时时跟随保卫马文升。

孝宗一直把重用忠良之士作为治理朝政的保证，对于内阁大臣们的奏请和意见，孝宗初时尽管大多能听从，有时也并非全都认可，但后来他看到这些人确实在用心辅佐，其信任程度大为加强。凡阁臣们的奏请，无所不纳，与他们的关系极为融洽。这使其在位期间的社会面貌发生了巨大的改观，呈现出一派安定祥和的景象。

明　鎏金吉祥天母像

孝宗在减轻百姓负担上也做了许多好事。他对每年奏报来的因灾免赋要求，几乎无一例外地支持。不仅免除灾区税赋，还通过钱粮赈济拯救受灾的百姓。为了整治黄河以及江南的水患，孝宗令刘大夏坐镇山东阳谷。刘大夏不负使命，历时两年，完成了多项水利工程，终于制服了水害。奉旨到江南治理水害的工部侍郎徐贯，也出色地完成了使命。

与此同时，孝宗继续虚心纳谏，鼓励广开言路的风气，亲近贤臣，远离小人，勤于政事。弘治十年（公元 1497 年）二月，孝宗在后苑游玩的时间过长，侍讲学士王鏊反复规劝，孝宗当时没有接受，而是对诱导他玩乐的太监说："讲官指出这一缺点完全正确，是一片诚挚之情，完全是为我着想啊！"自此之后，太监也收敛了诱导皇帝玩乐的言行，孝宗不再到后苑游猎寻欢。后来王鏊升任礼部尚书。为了引导大臣们踊跃进言，孝宗还经常提出这件事情，让人们知无不言。为打消讲官的顾虑，他还明确要求阁臣们："传我的话给诸位讲官，不必顾虑。"为了巩固统治，孝宗如此虚心，只要是有利于国家和百姓的建议，孝宗纷纷采纳，并积极实施。在明王朝历代君主中是不多见的。就这样，一大批贤良聚拢在孝宗周围，形成了一个强而有力的统治核心。

孝宗的亲贤远佞、勤政爱民终于得到了回报，弘治时期社会稳定，经济繁荣，人民安居乐业，是明代一个难得的和平时期。他也因此而跻身于历史上中兴帝王的行列，被誉为"中兴之令主"。作为一个皇帝，他没有去贪图自己的享受，而是把全部的精力放在治理国家、安定百姓之上，这在历代君王中也是少见的。

如今虽然没有皇帝这一特殊的阶层，但领导者无处不在，尤其是在商业高度发展的社会里，个人的力量已经逐步显得弱小和微薄，只有优秀的团队才能最大限度地抵御市场风险，也只有优秀的团队才能从芸芸众生中脱颖而出。一个有高度竞争力的团队，包括企业，不但要求有完美的个人，更要有彼此之间精诚的配合。无数的个人精神，凝聚成一种团队精神，这样的组织才能兴旺发达，所建树的事业才会基业长青。

蛊卦第十八 ䷑

【经文】

巽下艮上　蛊[①]元亨，利涉大川。先甲三日，后甲三日[②]。

初六　干父之蛊[③]，有子考无咎[④]，厉，终吉[⑤]。

九二　干母之蛊，不可贞[⑥]。

九三　干父之蛊，小有悔，无大咎。

六四　裕父之蛊，往见吝[⑦]。

六五　干父之蛊，用誉[⑧]。

上九　不事王侯，高尚其事[⑨]。

【注释】

①蛊：卦名。通行本第十八卦，帛书本第十六卦。此与《随》卦为卦爻翻覆或卦爻反对的关系，故次列于《随》卦后。

《蛊》卦下为阴卦《巽》，上为阳卦《艮》，下《巽》是一阴爻在二阳爻下，上《艮》是二阴爻在一阳爻下。阴卦、阴爻都在下面，六十四卦仅此一卦；反之，阳卦、阳爻都在下面，六十四卦也仅有一卦，这就是《随》卦。因此以阳下阴便是"随"，以阴下阳便是"蛊"。"蛊"是什么意思呢？《说文》"蛊，晦淫之所生也"，《左传·昭公二十八年》注："蛊，惑以淫事。""蛊"是淫乱的意思。

在卦象上，下《巽》为"风"，《左传·僖公四年》注引服虔曰："牝牡相诱谓之风"。上《艮》为"狐"（《屯》卦虞注"艮为狐"），"狐"为妖淫之兽（《未济》韩注"狐，野兽之妖者"）。《艮》山之为狐，因山为狐之藏身处，故又名狐为"山魅"，《搜神记》"道士云此山魅也。《名山记》曰：狐者，先古之淫妇也，其名曰阿紫，化而为狐"。可见《蛊》卦象狐之牝牡相互淫诱，故名之为"蛊"。《山海经·南山经》"青丘之山，有兽如狐而九尾，食者不蛊"，正与此卦相合。

②先甲三日，后甲三日：古以甲、乙、丙、丁、戊、己、庚、辛、壬、癸等记日，甲前三日为辛，甲后三日为丁。自辛至丁，七日之内，谓之"先甲三日，后甲三日"，非谓辛日、丁日两日也。《临》卦"至于八月有凶"，言八月前皆吉；此谓于辛日至丁日七日内正蛊有成。参《巽》卦九五"先庚三日，后庚三日，吉"，则《蛊》卦当以有"吉"字是。言七日之内正蛊可以获吉。《震》卦、《既济》卦六二爻辞的"七日得"即此七日吉。

③干父之蛊："干"，正（虞注）。《杂卦》亦云"《蛊》，则饬也"（饬正）。

④有子考无咎：此句历来有两种读法：一种是读为"有子，考无咎"，释"考"为父；一种是读为"有子考，无咎"，释"考"为"孝"（于省吾），或释"考"为"成"（尚秉

和)。按:此句当读为“有考(成)无咎”,“子”涉“考”而衍。“考、孝金文通用”(于省吾说),盖本作“有考”,而或本作“有孝”,“孝”字从“子”,则涉“孝”而衍“子”字。《复》六五《小象》“中以自考也”,《释文》引郑注“考,成也”。“有成无咎”,谓正父之蛊能够成功而无咎害。《坤》卦六三“或从王事,无成有终”、《讼》卦六三“或从王事,无成”。有成是无成的反面。

⑤厉,终吉:纠正父亲的淫乱,虽有危险,但终归吉祥。前三爻或厉,或不可贞,或小有悔,可见正蛊之艰。所谓“蛊”,实乃《诗·墙有茨》“中有蒋”之事。而“中蒋之言,不可读也;所可读也,言之辱也”。卫宣公之娶齐女,即属此类。

⑥干母之蛊,不可贞:为什么矫正母亲之淫乱而占曰不可呢?盖所谓“母”乃是父之妾,也即所谓“诸母”或“庶母”。父之妾与父之子之间设制有许多禁忌,都是出于对乱伦的戒防,如《礼记·曲礼》说“诸母不漱裳”(父之妾不能为父之子洗浣内裤)。不可轻易正庶母之淫乱,也是出于避嫌考虑的。宣姜之与宣公子即是其事。

⑦裕父之蛊,往见吝:“裕”是宽容之义,如字解释自然可以。但“裕”字在此似可读为“俗”,《后汉书·班彪传》注“随君上之情欲谓之俗”,《孝经》疏引韦昭云“随其趋舍之情欲,故谓之俗”。听任父亲之淫乱,发展下去自然有咎吝。

⑧用誉:“用”,享受、受到。“誉”,称誉。

⑨不事王侯,高尚其事:“高尚”,尊尚、重视。“其事”,指纠正家庭淫乱之事。“不事王侯,高尚其事”,谓先齐家、后治国。倘若家蛊未正而从事于王事,则不会有成;即如《讼》卦,已讼未平而“或从王事,无成”也。

【译文】

蛊卦　象征积弊日久,拯弊治乱,蛊卦卦象是下单卦为巽,为风;上单卦为艮,为山。两单卦结合风行山止,打旋而邪。盛极而衰,凡事必须防患于未然,才有利于涉越大江大川,用甲前三日甲后三日比喻天时之运转,时事之变化,最后天下大治,长治而久安。

初六　力挽父辈或前任的过失;儿子重整父亲或前任的事业,不指责他们的过错,不抹杀他们的功劳,即使有些艰难,终可避开灾祸,最终会获得吉祥。

九二　匡正母辈的过失,治理家事,只可用柔承的办法,否则必无裁。

九三　改正父辈的过失,儿子尽管过于刚强,为父辈的败绩而焦躁,但仍不失顺承之道,便没有巨大灾难。

六四　姑息宽容父辈的过错,长此以往,定遭遣辱。

六五　匡正父辈的败绩,重整家业,再建雄风,当受誉。

上九　逸民不乐,在为朝廷效命,而专心治家,可以效尤。

【解读】

《蛊卦》既讲事物积弊不通,更强调对事物积弊不通的治理。“易”赞颂“干父之蛊”,即儿子匡正父辈的弊端。干父之蛊者,或“终吉”,或“无大咎”,或“用誉”,均无不祥。认为“不事王侯”,乃“高尚”之事。

【经典实例】

王安石变法

《蛊卦》阐释了拨乱反正的原则。盛极而衰乃是事物发展的必然规律。起初困难重重,通过努力奋斗,而成太平盛世;后又由于耽于安乐,最终演进成乱世,一局死棋。有志之士要目光敏锐,不可冷眼旁观,任其腐朽,谴责过去无益,应着眼于将来,挽狂澜于既倒,何况也正是英雄豪杰施展抱负、有所作为的大好时机。挽救衰亡,必须在艰苦中奋斗。应把握中庸的原则,不可采取过于刚强的手段,以致引起反抗;但也不可宽容妥协,必须彻底革新。振疲起衰,必须有得力的助手,应当任用贤能,而且不是短时期的行为,应当培育人才,使后继有人。并且应有隐士般高尚的气节,坚持自己的原则,回天地于寸心,重开太平盛世。

中国历史上著名的改革家王安石的求学时代,正值北宋王朝“积贫”和“积弱”的时期,在内冗员所造成的国家财政困难,对外日益无力抵御辽、夏王朝的双重侵扰。

王安石考中进士任官后,已经深刻意识到国内深重的危机。1058 年春,曾向宋仁宗写了一封长达万言的言事书。这即是有名的《上仁宗皇帝言事书》。在这篇奏章中,他提出了“因天下之力以生天下之财,取天下之财以供天下之费”的改革财政方针。

八年后,宋神宗赵顼即位。神宗十分支持王安石,任命他主持进行变法。1069 年(北宋熙宁二年)2 月,宋神宗任命王安石为参知政事,开始变法。第二年 12 月,王安石又被任命为宰相,变法运动大规模地展开了。

王安石像

他在用人问题上打破按资升迁的老规矩,大量提拔了一大批有志于改革的干练的下层官员和士大夫甚至平民,使他们参加到上层机构中来。

在军事上采取省兵置将政策,加强军队的战斗力,解决了由更戍频繁而引起的士兵过度劳扰,以及由此而造成的兵将分离和士兵缺乏训练,无法长期指挥而导致将领号令不严、指挥涣散无力的状态。另外,设置军器监,为军队提供了优良的装备,对提高宋军战斗力产生了极大影响。

他注重调整中央、地方与农民的关系,注意发展农业生产。针对高利贷活动猖獗,大量农民因借贷而破产,严重影响了社会的稳定和国家财政收入,王安石推出了青苗法。所谓青苗法,即由国家向民户贷款。凡民户借贷,须按户等规定的借贷数量,结保向官府借贷。贷款一年分两期,在夏粮和秋粮未熟的青黄不接时期借贷,在夏收和秋收后还贷,利息为三分或二分。这实质上就是国家向私人放高利贷。青苗法的推行,在一定程度上减轻了农民借贷的负担,打击了高利贷者,同时也使国家的财政收入增加不少。

在商业和经济领域，他也采取了许多针对性措施，减轻了地方政府和农民的负担，限制了商人资本的牟取暴利活动，同时使封建国家分得了以前被商人所垄断的商业利润。

他的一系列改革措施，确实起到了富国强兵的作用，然而，却触犯了大官僚、大地主、富商巨贾、高利贷者的既得利益。加之新法在推行过程中，侵扰民众的事情不断发生，因此新法的推行阻力很大。从朝廷到地方，从言论到行动，遭到了保守派包括许多历史上很有名的士大夫的强烈反对。双方进行了针锋相对的斗争。

后来，变法派内部发生了分裂，王安石被迫于1074年（北宋熙宁七年）4月辞官。加之年轻的皇帝犹豫不决，守旧派的不断发难，变法派重要成员的意见不一，爱子王雱的死亡，使王安石意志消沉，感到力不从心，难以为继。

回到江宁后，最初王安石还带有"判江宁府"的官衔，但他却从不去衙门处理政事。次年6月，他干脆把这个官衔也辞掉了。平日除出游寻访胜迹，浪迹山野外，便是读书、著述。

王安石变法的初衷和目的都是很好的，特别是他在变法中所表现出来的那种"为民请命"的精神更是值得嘉许。但是他性格执拗偏仄，行事险躁，没有协调好方方面面的关系，又由于变法中用人失误，被保守派抓住把柄群起而攻之，遂使变法失败。但是王安石变法是不能被否定的，它对历史也产生了深刻影响，具有重要的历史地位。王安石的变法思想与"蛊卦"阐述的精神并不相悖，只是在一些具体做法上有不当之处。

深层次的调整

1998年，上海石化的经营遇到了自建成投产以来最严重的困难。造成这样严重困难的原因从外部看，受国际石化行业不景气的拖累及亚洲经济危机的影响。从内部看，虽然进行了公司制改造，但长期计划经济体制下形成的生产经营意识和思想观念仍然严重束缚着企业的行为，内部机制的转换尚未完全到位，深层次的改革任务还没完成。富余人员较多，人工成本居高不下。大多数生产装置是在70、80年代从国外引进的，规模偏小，生产工艺技术水平已经落后，竞争力不强。技术开发工作滞后，产品结构老化，不少产品已连续生产了近20年，其质量、品种、技术都已落后于下游加工企业的水平。

这次石化产品市场大幅调整形成的严峻局面，表面看对上海石化是坏事，但从深层次看，也是好事。它使上海石化经受了市场经济的考验，也把计划经济遗留的问题和以前工作中的不足进一步暴露了出来，从而为最终解决这些问题创造了条件。上海石化的领导，在认真总结上海石化的历史经验和深刻分析上海石化面临的严峻局势之后，决心下大力气改革营销体制，加强销售网络和销售队伍建设；改进科研管理体制，加强科研工作领导，加强新产品开发的力度；发展和加强多种经营，组建有一定规模的多种经营公司，以便吸纳更多的分流人员；加强资本经营的力度，以形成某些产品在国内的领先优势；加快与英国石油公司（British Petroleum

Company P. L. C)、美国菲利普斯(Phillips Petrolenm Company)等国际石化大公司的合资、合作,以期取得国内石化产品市场的领先地位;开始舟山册子岛原油码头和油库的建设工程,改造现有乙烯、常减压等装置,增建100万吨延迟焦化等生产装置,以进一步调产品结构,增加进口原油的加工,提高市场竞争能力。虽然上海石化面临的形势十分严重,但其公司的规范运作仍饮誉海内外。

索尼的营销文化变革

从20世纪80年代到90年代,全球电子企业竞争日益加剧,索尼的营销也陷入困境。1995年,索尼公司首席执行官兼董事长大贺典雄把公司大权交给了出井伸之,由他担任公司总裁。临危受命的出井伸之在出任总裁之前已经在索尼工作了35年,丰富的工作经验使他对索尼在经营和产品方面具有的弊端认识得非常清楚,他认为索尼最需要的就是变革的理念。在出井伸之的带动下,索尼公司开始了新一轮的变革。出井伸之并不满足索尼传统家电产品的优势地位,他梦想使索尼成为数字化时代技术规则的制订者。出井伸之敏锐地认识到有朝一日家电和计算机技术会与娱乐业的电影和音乐融为一体,形成一个全新的行业。他预见将来索尼公司的产品(摄录机、音频设备、视频设备和电视机等)实际上都将成为计算机外围设备,用户可以把这些超级设备精心组合成为由个人计算机控制的家庭媒体系统,只要借助一个盒子,就可以控制电视、音响系统、家庭保安装置、空调和其他许多装置。出井伸之认为索尼公司应当尽快成为这个数字世界的主宰。他说:"索尼公司优先考虑的重要任务就是赶快跳入这条河流,想办法与别人齐头并进,或比别人游得更快。"索尼公司为此采取的第一个步骤就是在1996年推出了一系列个人计算机,为CD音频重放和电视接收规定了值得注意的标准性能。此外,索尼公司还出口了一系列的具有数字时代特征的产品,如深受消费者欢迎的采用了数字化技术的Mavica摄像机,而采用CDMA技术的便携式高保真立体声系统Netinan具有网络功能,可望像当年的"随身听"一样为索尼带来前景极为诱人的市场商机。

最近,出井伸之又宣布了针对公司产品和经营方面的调整计划,目的在于做好准备迎接即将到来的因特网世纪,推出富有发展前景的新产品,并向新的领域进军。根据出井伸之的计划,索尼将电话和便携式摄像机的生产包含进公司原有的VAIO个人电脑部门,希望通过这样可以将公司现有的在摄像、电脑以及网络方面的技术有机地结合在一起,从而创造出具有索尼公司特色的崭新的个人信息技术产业,并使其占据领先地位。在经营方面,索尼公司准备开始向因特网领域进军。继亚马逊公司网上销售火爆之后,越来越多的公司先后开展了网上销售,在这种情况下,索尼公司日益感到有必要早日加入网上销售这一市场巨大、利润丰厚的新兴行业中。为此,索尼公司建立了专门负责网上销售和服务部门,并准备加大其在公司业务中所占的比重。索尼公司还正在加紧进行宽带因特网的研究开发工作。索尼公司认为宽带的增加有助于增强因特网传输图像和声音的能力,如果可以通过因特网使图像和声音能以正常的速率展现在使用者眼前,对于公司影视产品的销售无疑将起到很大的促进作用。

出井伸之还大胆改变了索尼公司的企业形象。索尼公司做了全球形象广告，改变了过去在各地市场借助当地的广告商、塑造适合当地市场的广告和做法，取而代之以统一的画面、统一的广告词以求得在全球市场上树立索尼公司年轻、充满活力的新形象。为了能够抓住年轻的消费群体，索尼不仅在MTV台大做广告，更在全球各地以年轻人为对象的电视节目中频频露脸。事实证明，索尼的广告策略是成功的，它所提出的“数码梦想小子”的新形象已深深植根于消费者心中。

与其他的典型的日本公司一样，索尼公司身上深深体现着日本文化的印记：终身雇佣、年资晋升、协商决策。这种氛围和模式显然不适应产品与技术急剧更新的数字化时代，因此，出井伸之对公司内部的运作模式也进行相当大程度的调整，他提出了设立“虚拟公司”的概念，由这个临时性机构利用各部门的员工开发混合产品。同时，索尼公司还成立了一个由4位经理所组成的高级管理委员会，负责促进各部门的思想交流，向公司各分部灌输更多的协作精神。出井伸之说：“许多人以为日本人不能改变传统，但我们正在改变。”

在国际市场上，在出井伸之带领下勇于求新求变的索尼公司越来越表现出它的生机与活力。1997年对亚洲经济来说是令人痛苦不堪的年份，前所未有的金融危机沉重地打击了这个曾经创造过奇迹的地方。但是索尼公司当年却创造了500亿美元的销售额和12亿美元的利润。在许多公司股票纷纷下跌的情况下，索尼公司的股票却上扬了44%。1998年，索尼公司又在《商业周刊》评出的全球1000家最有价值企业中名列第103位。可以说，出井伸之对于这一切功不可没。

本卦阐述了整治不良现状的原则和方法。面对乱世，才德之士不可坐以待毙，而应该及时奋起，有所作为，施展其抱负。但每一行动，都应该有周密的安排，先计而后行，做好艰苦奋斗的思想准备。不要过多地谴责过去，而应该致力于未来的规划。革除毒瘤既不能姑息养奸，也不能过于刚烈，应不拘一格任贤用能，也应尊重那些不愿涉足世事的高士才子，推崇他们的不世之学。只有这样，才能扶大厦于既倒，重新开创新的世界。

从习字先生到书界大亨

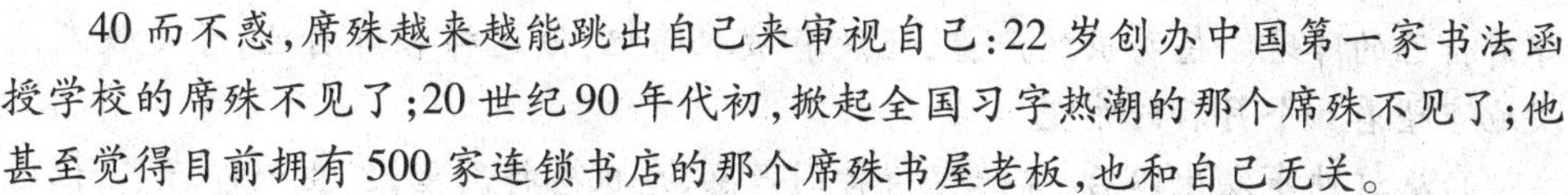

40而不惑，席殊越来越能跳出自己来审视自己：22岁创办中国第一家书法函授学校的席殊不见了；20世纪90年代初，掀起全国习字热潮的那个席殊不见了；他甚至觉得目前拥有500家连锁书店的那个席殊书屋老板，也和自己无关。

20世纪80年代中期的某一天，年轻的席殊觉得自己的血管里沸腾着滚烫的热血，他兴奋得快要爆炸了：一麻袋一麻袋的汇款单堆在脚下，全都是寄给他的钢笔书法函授学校的。他颤抖着双手，把麻袋一个一个地打开，把里面的汇款单全倒出来，然后把它们堆成一座小山，他就那么对着这座小山发了几个小时的呆。

在突如其来的巨大成功面前，席殊只觉得受宠若惊。他甚至没有意识到自己是在做生意，是在赢利。20岁出头的年轻小伙子，就那么单纯地为了天下还有那么多和他一样喜爱钢笔字的人而高兴着。

随后，席殊自己和函授学校的同事，谁需要用钱，都是直接从麻袋里拿汇款单。

他不知道什么叫财务制度,从开始合伙搞这个学校的第一天起,席殊就好像老是在做梦,迷迷糊糊,云里雾里,只怀着一股理想主义者的冲动。那个时候,他的眼里全都是美好的东西,他想着到中国美术馆去办中国第一届硬笔书法展,于是就去了,去了还真办成了。席殊感觉自己就好像是踏着棉花堆在行走,轻飘飘的,走到哪里都是赞美,走到哪里都是光明。

"如果我把'做李嘉诚'当作自己的人生理想,我想我今天一定会非常精通经商。"可席殊当时压根就没去注意谁是李嘉诚。当他还沉浸在办成大展的喜悦中时,学校一下子就关门了,几个合伙人"嗖"地一下就消失了,消失得很"干净",甚至没让那座汇款单小山掉出一张汇款单来。

席殊现在来分析当时的失败,会很理智很清醒,什么经营不善、管理不当、没有投资意识等,可在那个时候,他根本就是两眼一抹黑,就好像他不知道自己为什么会成功一样,他也不知道自己为什么会失败。他很心痛,不是心痛学校没了,汇款单没了,而是心痛他的一批视作心肝宝贝的藏书没了。多年以后,他在当时和他一起搞学校的一位旧相识家里发现了一本自己当时的藏书,他只是悄悄地笑笑,然后不露声色地放了回去。回忆起当他发现书没了的那个时候,文静的他连杀人的心都有了。于是,席殊便又想,如果那个时候他把对藏书的痴爱转移点给那些汇款单,也许自己真能成为很成功的商人。

1996 年,席殊选择了图书业。1997 年,他正式启动了特许加盟连锁计划,当年年底,连锁店超过 100 家……在看似辉煌的时光里,席殊活得并不轻松。他没有积累不动产,没有抵押,贷不上款;图书行业融资也很难……

2000 年 6 月,一场更巨大的灾难轰然降临在席殊身上,他的席殊书屋和电子商务公司,被北京市新闻出版局宣布停业整顿半年。祸出有因,1999 年他们无意中将一本禁书列为当年的十大好书。

公司的许多高层都被吓跑了,席殊反而觉得自己慌不起来。要走的人,只要在他这里签个字,就可以领当月工资走人,那几天,席殊就在办公桌前很麻木地重复着签字的动作,有时候甚至连头都不曾抬起。他不怪走的人,他要让留下来的人觉得自己是对的。

半年时间,席殊开始觉得消极未必不是好事,他不去寻找其他的机会,死死地守着自己的阵地。惩罚虽然严重,还没有被取缔吧,他这样告诉自己,于是便又淡淡地守望着 6 个月后的希望。

自从这件事发生以后,席殊变得特别敏感,危机感特别重,发生一件好事,他甚至也会认为是回光返照。还有,以前老同学旧朋友相约,他总是以工作忙为由推脱,想着,以后有的是时间;现在,他变得越来越渴望见到旧知,哪怕只是和他们絮叨絮叨前尘往事,也让他觉得很欣慰。

席殊没有选择经商,是经商选择了他。若干年来,他磕磕碰碰一路走来,现实之于他虽然残酷,然希望之于他也不曾泯灭,屡战屡败便屡败屡战,他还要做中国最大的图书零售商,现在他的席殊书屋在全国已经超过 500 家之多。

不是你选择生活,而是生活选择你。席殊不再是以前的席殊了,他仍旧很坦然地承认自己是失败者,因为,"世上最可悲的不是失败者的哀鸣,而是成功者的悲叹。失败者尚有成功的希望，成功者已无进退可言。失败者悲叹，只是悲叹自己的际遇；成功者悲叹，则必是悲叹整个人生。”

任何事物当其发展取得相当成绩，形成固定的模式之后，必然产生因循和腐败，不但应变力急退，而且其发展出现危机。此时，唯有破旧立新的改革是其出路的目标。如果墨守成规，不思振作，便必然产生或导致更快的失败。当危机出现之时，正是有志之士展其抱负之时。所谓“乱世出英雄”，所以，为了破旧立新，在挽救事业与人生的危机或困境时，你应做长期艰苦奋斗的思想准备，把握好适当的时机采取正确的策略，千万不要急于求成。逐步实现你的目标，应勿优柔寡断，坚决彻底，除恶务尽，任贤用能，坚守纯正，勿同流合污。

破旧立新不要太过直接，而要曲线行事，相机而行，太过直接容易激化矛盾，反而为行动带来更大的阻力。所以，要把握适当的时机，采取正确的策略。仅有热情和目的正当，并不能保证你的成功。

牵秀说大话

西晋时有一个叫牵秀的读书人，年轻时就有一些才气，也能说会道。后来得到晋武帝的赏识，任司空给事中郎，当上了皇帝的侍从官。牵秀好说大话，常把自己夸得了不起。有一次竟对人说，他如果能当上宰相，就一定像冲掉脏水、浮上清水那样除掉恶人、奖励好人；如果能担任军事要职，就一定能够建立伟大的功勋。但是，他不过是说说而已，实际上也没有做什么。后来晋武帝司马炎死了，他的儿子司马衷继位，史称晋惠帝。司马衷是个无能之辈，继位不久，皇族之间为了争夺权力，发生了历史上有名的“八王之乱”，这场战乱一直持续了十六年。

当时牵秀担任尚书，但他对皇帝沦为傀儡，而诸王专政、夺权，却丝毫没有办法。他不但不敢反对，而且还看哪个有势力，就去投靠哪个。开始他为长沙王司马乂效力，接下来投奔成都王司马颖，再后来又投靠河间王颙。最后，牵秀在皇族间的大战中被部下杀死。所以，一直到他生命的最后，他也没有做到像他自己所说的那样，像冲掉脏水那样除掉恶人，像浮上清水那样奖励好人。

道理大家都明白，一旦运用到实践之中，往往不按道理去做。牵秀开始时官小，想做到也没有能力。但是，后来成为主政大臣，有了条件，但还是做不到。可见，“去蛊自新、激浊扬清”，说起来容易，但是真正做起来，就非常难了。

敢于进谏的魏徵

魏徵字玄成，魏州（今河北大名县东）曲城人。少年时孤苦伶仃，飘游四方。但人穷志不短，目光远大，通晓经史谋略。

李世民即位后，任命魏徵为谏议大夫。贞观三年（629年），魏徵以秘书监身份参与朝政。

有一段时期，李世民常常在大臣们面前长吁短叹：“大乱之后的国家，百废待兴，真是很难治理好啊！”

李世民的本意是想得到大臣的赞美，而魏徵就是不知趣，回答说："其实，大乱容易达到大治，就像饥饿的人容易喂饱一样。"

李世民无奈，接着又问："古人不是说过能人治理百年江山？"

魏徵又回答说："这些话不是论圣人君子的。圣人君子治理江山，上行下效，来得如同回声一样快，一个月即可实现，是不会很困难的。"

坐在一旁的封德彝赶紧说："实际情况不是像魏徵这样说的。夏、商、周三代以后，社会风气日益轻浮欺诈。秦王朝任用严刑酷法，汉朝采用霸术，都是想治理好却做不到，并不是可以治理好而不去做。魏徵只不过是一介书生，好说空话，恐怕要白白地耽误国家大事，皇上您千万不能听他的。"

九成宫避暑图　南宋　佚名

李世民听了封德彝的话，更加觉得魏徵不识趣，有意贬低自己，十分生气。

魏徵马上反驳道："五帝三王统治的人民并没什么不同，行帝道则称帝，行王道则称王。黄帝战蚩尤，打了七十次仗终于战胜了蚩尤，从而达到了无为而治的境地。古代南方黎族部落破坏德政，颛顼征服了他，并达到了大治。夏桀敢倡乱道，商汤将他放逐到了边远的地方；商纣王昏聩无道，武王便推翻了他。如果是像你封德彝说的那样人是越来越奸诈，不能返璞归真，那么发展到现在，人都将要变成鬼怪了，那还怎能施行德政教化呢！"

唐太宗对魏徵的这番话十分欣赏，改变了先前对魏徵的看法，并采纳了魏徵等人治国安邦的锦囊妙计。因此，在贞观年间，国内歌舞升平，天下大治。周边少数民族的首领们也学习汉人习俗，穿衣戴帽，入朝称臣，在宫中带刀值宿，担任警卫。

贞观十七年（643 年），魏徵患了重病，不久就去世了。唐太宗十分悲痛，天下的老百姓也很是惋惜，为此，写了许多文章来纪念魏徵。

破旧制改土归流

针对不同的具体情况，采取相应的措施，对症下药。只有这样，才能产生良好的治理效果。

雍正帝即位初年，即以大刀阔斧的改革精神。废除了西南少数民族地区传统的土官土司制度，改为府州、县政权，由清朝中央政府直接派遣流官进行统治，历史上叫作"改土归流"。

原来，自从上古苗族离开黄河流域，迁往湖南、广东、广西、四川、云南、贵州地区以后，无论是红苗（衣带红）、黑苗（缠黑布）、青苗（缠青布）、白苗（缠白布）还是花苗(衣褶绣花),都始终保持着自己的风俗习惯,跟汉族不一样,生产也比较落后。

因此,虽然秦汉以来,在上述地区已经设置了一些郡县,但却始终采用着官其酋长、随俗而治的办法。

在土官土司制度统治下,广大土民处在极端贫困的境地。土官土司世代承袭,因而,每当老的去世,新的上台时,上层集团内部为了争夺继承权,便大打出手,相互厮杀,人民遭殃。有时,部落之间因水源、地盘、婚姻、宗教等纠纷而引起大规模的仇杀,"一世结仇,九世不休",世代冤仇不解,给人民造成重大的伤亡和损失。

更为严重的是,土官土司还经常乘朝廷不稳之机,组织发动武装叛乱,给朝廷的统治造成很大威胁。如康熙四年,云南迤东土司禄昌贤、王耀祖利用清朝统治未稳,发动叛乱,起兵数万,连续攻陷临安、蒙自、嵋峨、宁州等城邑,整个云南为之震动。康熙十四年,吴三桂掀起三藩之乱后,湖南、云南、贵州、两广地区的土官土司认为是脱离清朝统治的好机会,纷纷举兵响应,成了三藩叛乱的社会基础。

雍正四年,雍正命鄂尔泰首先将东川、乌蒙、镇雄三大土府由四川划归云南,实行改土归流。这三府地处四川与云南之间,民族关系复杂,闹事最多。鄂尔泰先从这里开刀,以示杀一儆百。

当年夏天,鄂尔泰先革去东川土司的头衔,接着派员去乌蒙。乌蒙土司禄万钟,联合镇雄土司陇庆侯以武力抗拒。鄂尔泰采取"剿抚并用"政策,凡是以武力抗拒者,坚决剿平之。由于清军兵多粮足,擒住禄万钟,降了陇庆侯,土司的武装力量逐个被消灭,三大土府才得以改土归流,改设了乌蒙府、东川府、镇雄州,派遣流官统治,隶属云南省。

东川、乌蒙、镇雄三府改土归流成功,消息传到京城,雍正帝大喜,又升鄂尔泰为云南、贵州、广西三省总督,命他全面推行改土归流。鄂尔泰根据不同情况,采取多种措施实施改土归流。

一是通过军事进剿方式,强制进行改土归流。

二是靠武力威慑,借各种罪名革除土司官的职务,强迫改土归流。

三是土司士官交钱纳土,自动呈请改土归流。

至雍正十三年(1735年),在四川、贵州、云南、两广、湖南5省,绵延数千里,上千个苗寨,60多个府、州、县废除了土官土司的职务,代之以清朝中央政府派遣的流官,完成了改土归流,实现了全国政体的统一。

不仅如此,改土归流还减轻了人民的经济负担。一般来讲,推行全国统一的赋役政策,较为土司的苛捐杂税,劳动人民的经济负担有所减轻。清政府还在那些自动归流地区,多次宣布减免赋税,予以优惠。

改土归流是一项浩繁的系统工程,面对巨大的阻力,雍正皇帝以十二分的勇气和细致到位的措施,确保了这项改革的成功,开创了新的政治局面。蛊卦所揭示的深刻意义在这一改革中尽显无余。

张居正匡扶万历王朝

面对乱世,有志之士,不可坐以待毙,而应该有所作为,何况乱世也正是英雄豪

杰施展抱负、厉行改革的大好时机呢？但改革必定要触犯一些保守者的利益，因此每一行动，都应该有周密的安排，先计而后行，并做好艰苦奋斗的思想准备。革除毒瘤要刚柔相继，既不能姑息养奸，也不能过于刚烈。选贤任能，打造一支破旧立新的精兵强将。只有这样，才能扶大厦于既倒，重新开创新的世界。

明朝嘉靖年间，佞臣严嵩祸乱朝纲，致使明王朝政治腐败，内忧外患接踵而来。公元1562年，严嵩的政权倒台，徐阶接任首辅，因为张居正是徐阶的学生，加上张居正的能力，他受到朝廷的重用，他竭尽全力帮助徐阶主持朝政，得到不少的锻炼。

公元1566年，张居正升任宰相，并肩负着教育小皇帝——万历皇帝的任务，张居正励精图治，不仅使朝政有了很大的改观，而且教会了万历皇帝很多治理天下的策略和道理，在太后的帮助下，万历也逐渐变得英明了。对此，张居正感到非常高兴，因为没有万历的支持，他就不可能放开手脚地进行一系列的政治改革。

由于张居正亲眼看见了“庚戌之变”，所以他对军队的素质非常担心，从接任宰相之位时他就开始筹划着整顿边防。他大胆地任用了一批智勇双全的将领，奉行“一时才臣，无不乐为之用，用必尽其才”的用人方针。经他亲手提拔并任用的谭纶、戚继光、李成梁、王崇古、方逢时等都是智勇双全，而且又有着超群才华的人。经过张居正的几年整治，扭转了长期以来边防破败的局面，战守力量不断得到增强，蒙古兵没敢再次来犯。为了加强防御力量，张居正总想着积极改善蒙汉之间的关系，他命令沿边将帅抓住一切有利时机，积极发展与蒙古的友好关系。这些举措当时在蒙古地区引起强烈的反应，改变了自明朝开国以来一直与蒙古之间的敌对关系与战争状态，促进了两民族之间的友好往来。

张居正任内阁首辅之后，针对朝中一些空谈阔论、不务实际的现状进行了吏治的改革与整治。万历元年（公元1573年）十月，张居正向万历皇帝上疏了请行考成法，神宗批准了他的要求。张居正的这种改革从根本上肃清了明朝的吏治。

张居正为了扭转吏治腐败的局面，非常重视对吏治的改革，制定了考核官员的办法，其考核内容主要有两条，首先六部和都察院把所属官员应办的事情规定完成期限，并分别登记在三个记账本上，一本留部院做底本，一本呈送内阁，一本送科道，六部和督察院按照登记本，逐月进行检查，如果没有按期完成，必须如实上报，六科亦根据登记账本，稽查六部的执行情况。这样层层检查，循环往复，最后由内阁总其成，于是内阁成了名副其实的政治中枢。从中央到地方的各级官员，他都要严格考核，那些一心为民、秉公办事的官员，在考核中被列为上等，而那些专门靠花言巧语骗取信任的官员，被列为下等，还有许多专拿薪水不管事的官员，被张居正裁减出了官员队伍。这样，就形成了一个完整的吏治体系。根据检查的结果，对官员进行惩罚与奖励，这样官员有了明确的目标，办事效率也大大提高了，而且贪污腐败等行为也从中得到了抑制。

张居正在当政期间，裁减的不合格官员约占官吏总数的百分之三十。张居正还广泛搜罗人才，把他们放在重要位置。张居正打破了论资排辈的偏见，任人唯贤，不拘一格地任用人才。于是，明王朝的吏治出现了一种较为清新的气象。

政治清明，人民安居乐业，但名目繁多的杂税依然困扰着千千万万的老百姓。针对赋税严重的现象，张居正又提出了“一条鞭”法。所谓“一条鞭”法，就是把田赋、徭役及其他名目繁多的杂税，统统合为一体，按照各家各户的具体情况重新核实编订，将有丁无田的编为下户，将有丁有田的编为中户，将田多丁少和丁田俱多的编为上户。将总数确定之后，按照丁田比例，将所有的赋、役摊派到丁、田里边，这种一条鞭法，简化了征税的手续，在一定程度上防止了富人的避税。为了推行一条鞭法，张居正责成吏部丈量田地，限三年完成，除皇上赐田外，一律按地办纳粮差，不得优免。

清丈田地的工作触及了官僚、贵族、豪强的利益，遭到他们的强烈反对，张居正不畏强权，下令对阻挠丈量田地的官员无论是谁都要严肃查处。清丈田地的工作终于突破了种种阻力，取得了实际的效果。一条鞭法是张居正改革的重点，张居正的一条鞭法的实施，整顿了赋税，缓解了明朝的经济危机、稳定了明朝的统治，产生了积极而重大的影响。远远超越了张居正的主观愿望。

正是由于张居正循序渐进，宽猛结合，执着持久，他的改革取得了重大的胜利，挽救了明朝日益衰微的国势。张居正也因此成为彪炳千秋的政治家。

改革的过程是没有先例可循的，历史上的改革都没有现成的理论指导。毋庸讳言，改革的过程必然是一个充满问题，充满矛盾，充满曲折与挫折的过程。摸着石头过河，难免会有划破脚的痛苦、打湿衣的烦恼和摔倒河中的惊险，这些都不可怕。如果我们因为改革的过程中有问题有错误，就放弃改革，否认过河的必要性和重要性，不再过河，那河对岸的风景就永远只能是隔河相望，可望而不可即。有一句非常富于哲理的名言，说的是：因循守旧，墨守成规，不犯错误，才是最大的错误。

临卦第十九　䷒

【经文】

兑下坤上　临①元、亨、利、贞，至于八月有凶②。

初九　咸临，贞吉③。

九二　咸临，吉无不利④。

六三　甘临，无攸利；既忧之，无咎⑤。

六四　至临⑥，无咎。

六五　知临，大君之宜⑦，吉。

上六　敦临⑧，吉无咎。

【注释】

①临：卦名。通行本为第十九卦，帛书本为第三十六卦。

卦名及爻辞中之诸“临”字帛书作“林”，闻一多《周易义正类纂》读“临”为“瀶”，认为与“霖”同字，又作“淋”，张立文《帛书周易注释》从闻说，认为此卦是讲下雨与农作物的关系。

《临》卦卦象为上《坤》地、下《兑》泽，泽潦在地中，则显然本卦并非写雨霖之事；若反之，泽潦在地上，则是写霖雨之后，泽潦停聚之事，而这又是《萃》卦，而非《临》卦。

地在泽上，地高泽卑，有君主监临百姓之象，故“临”有“监”义。《诗·大明》

"上帝临汝"即为斯义。土在泽水之上,又有拥土治水之义,"临"字表由上督下,亦含"治"义。因此,《临》卦是写君主督治人民之方策。帛书作"林",《尔雅·释诂》"林,君也"。唯君可督治臣民,故"临""林"互足文义。《序卦》"临者,大也",与帛书合。

《蛊》卦写齐家,《临》卦写治国。由齐家之事而扩大到治国之事,故《临》卦紧接《蛊》卦;《序卦》"蛊者事也,有事而后可大,故受之以临",即此之谓。

②至于八月有凶:关于这一句的解释,有很多种说法,以闻一多的解释最为可取。闻氏云"我国雨量,率以夏秋间为最厚。《孟子·离娄下》曰:七、八月之间雨集,沟浍皆盈。《庄子·秋水》曰:秋水时至,百川灌河……雨及八月而百泉腾凑,川渎皆盈,数为民害,故曰有凶"。八月有凶,是说七、八月间暴雨无住,洪水泛滥,土不能治水,泽潦决堤,停蓄于地上,此正是《萃》卦《象传》所说"泽上于地,萃。君子以除戎器,戒不虞";《吕览·孟秋纪》亦云"是月也,完堤防,谨壅塞,以备水潦"。

③咸临,贞吉:"咸",感,感化。初与四为正应,相互感应,故云以感化治民,占问得吉。又按:此"咸"字与二爻之"咸"字帛书作"禁",《咸》卦之诸"咸"字帛书作"钦",则《临》卦与《咸》卦之"咸"字当有区别。

④咸临,吉无不利:高亨云"一卦之筮辞,其文有相同者,其旨趣必异";因两爻占辞旨趣不殊,故认为二"咸"字意义当不相同。张立文亦从高说。按:"咸"读与"鹹"同,《尔雅》"鹹,苦也"。"苦临"与"甘临"相对,正犹《节》卦"苦节"与"甘节"相对。又如《庄子·天道》"徐则甘而不固,疾则苦而不入",亦是"苦""甘"相对。"苦"谓疾切过分,"甘"谓松缓不及。"苦临",谓严苛督治。九二刚爻,但处于柔位,又为四阴所乘;群阴未顺于阳,故当严律峻法以督治之。《象传》所说"咸临吉无不利,未顺命也"即是此义。

⑤甘临,无攸利;既忧之,无咎:"甘",松缓、宽缓。"忧",虑,意识到。六三虽处刚位,但才本柔弱,又无应援,宽缓临民,则易生懈怠,故无所利;若能及时意识到这一点,则不会产生患害。六三为《兑》悦之极,当节之以严;然而此却行"甘临",故《象》云"位不当也"。

⑥至临:"至",善,妥善(《管子·法法》注)。六四与初九相应,阴阳相感,督治之善成于自然。

⑦知临,大君之宜:"知"同"智",甘、苦适中,为明智之督治。明智之君治民不过于刻苦,亦不过于松缓,适中合宜,故《象传》云"行中之谓也"。

⑧敦临:"敦",仁厚。上六为督治之极,须以仁厚治之,民方可安,《系辞》所谓"安土敦乎仁"(上六为《坤》体,《坤》为"土")。《坤》之上能仁厚,则下之《兑》泽方能顺治而安。

【译文】

临卦:君子临政,有宽容、豁达、利人、中正的美德;但是到了八月,会有凶险。

初九:以诚信的品德感召人民,所以吉祥。

九二:以刚毅中正的政策治民,吉祥而顺利。

六三：甜言蜜语哄骗百姓，不会有好处；一旦认识到这种做法的危险，立即加以改正，便不会有灾祸发生。

六四：君王亲自理政，不会有灾祸滋生。

六五：选用有大智慧的人料理政务，这是伟大的君王最适宜的治国方针，其结果一定吉祥。

上六：敦厚宽仁地施政，必然吉祥无灾祸。

穿冕服的晋代皇帝

【解读】

本卦通过咸临、甘临、至临、知临、敦临等五个概念，系统地阐述了治民的政治艺术。作为领导者，应以高尚的人格感召他人；以刚毅中正、恩威并重的方法领导他人；不可以用诱骗作为统治他人的手段；以亲身践履的态度与人民共呼吸；注意选拔贤能之士，奉行以仁为本的施政方针。如此，则天下咸宁，人民悦服，斯为长治久安之道。

【经典实例】

独断专行必尝苦果

临卦象征监临履行，讲的是领导的艺术，启示做领导的要体察民情，深入实际，刚柔相感，上下和应，注重交流。如果不能和群众打成一片，而独断专行，则必然自食苦果。

到1927年底为止，沃德公司已开设了37家零售商店，另外，它的7家邮购工厂都还有各自的门市部。在接下来的几年里，沃德公司开设商店的速度更是惊人。它选择人口在4000~75000人之间的城镇，到1929年底，共开设了500家商店，有时一个星期就开张25家之多。这使它很快成为邮购业的“巨人”。

20世纪30年代初，由于美国经济的萧条，沃德公司进入整顿期，它关闭了一些几乎入不敷出的商店，而且新商店的开设都要事先经过更周密的计划和研究。在二战期间，沃德公司和其他同类公司的营业扩展自然都遭受了挫折。但当战争结束后，沃德公司的主要竞争对手西尔斯公司马上就掀起了自20世纪20年代以来最大的扩展浪潮，把大约3亿美元的资金押在战后经济会立刻大规模的发展上，这使战后头两年里西尔斯公司的销售额从10亿美元猛增到近20亿美元。而沃德公司则按兵不动。1945~1952年，即二战后实行经济控制的年份，沃德公司不仅连一家新的商店都没有开设，反而关闭了37家收入仅敷支出的商店。

从历史上看，沃德公司的商店大多开设在乡间小镇上。这样做是为了拥有农村消费者，而在二战之前，农民被视为主要的市场。然而，二战以后，人口的增长主要集中在大城市，尤其是其近郊。购货中心如雨后春笋般涌出，并不可避免地从市中心和小型商业区那里抢走不少生意。但在这一购买方式发生重大变化的时期，沃德公司却拒绝扩大经营，拱手把市场送给了西尔斯公司、彭尼公司和其他竞

争者。

为什么会出现这种情况呢？是因为公司财力不足，无力支持一项蓬勃的发展计划吗？或者是因为公司缺乏管理人才？不！沃德公司两者都不缺。事实上，该公司正储备着几百万美元的资金以备后用。二战刚结束的那些年，公司内部拥有众多的优秀管理人才，只是许多人在遭受挫折后才最终决定离开。那么，究竟是何原因使公司做出了不求发展的持久决定呢？

答案就在自1932年以来一直担任沃德公司董事长的休厄尔·埃弗里身上。多年来，埃弗里一直以一个老式暴君的身份统治着这家有10亿美元资产的公司，从不考虑雇员或经理人员的感情。当他终于在1957年从公司职位上退下来时，已是83岁的高龄。他独断而又错误的领导，使沃德公司大伤元气，特别是战后，他的“不求增长”的决策将沃德公司引向歧途，使其在竞争地位上受到无法弥补的重大损失。

领导者错误的判断，不允许下属发表不同意见，给沃德公司带来了可悲的后果。曾取得成功的领导者也可能把一个组织引向灾难，特别是那些严厉而又固执的有才干的领导者，在其后期往往会变得易犯错误，并且不能容忍任何异己之见。埃弗里也正是这样，他的错误的判断、专制的领导作风将沃德公司引向了歧途。

“伟哥”：霸气与和气

1848年的夏天，两个德国堂兄弟，放弃家乡的优裕生活，像《泰坦尼克号》中的杰克般按捺不住血液里奔流的冒险激情，漂洋过海到了纽约，追寻自己的“美国梦”，其中堂兄查尔斯·辉瑞曾经学习过制作药剂。在纽约的一间社区木房里，两个朝气蓬勃的年轻人利用他们的专长，创办了一家名为“查尔斯·辉瑞”的化学公司，生产一种可以驱除肠道虫的塔糖，这就是辉瑞制药的开始。

辉瑞一个半世纪的历史本身就是一部传奇小说。公司经历了美国南北战争、一战和二战3次重大战争。一战期间，由于战争造成主要产品柠檬酸原材料短缺，公司一度濒临倒闭，结果一个博士发明的新工艺使公司绝处逢生。但战后的萧条又使企业再次陷入困境，最后，公司每个高层管理者捐出了家产，在没有解雇一个人的条件下又顽强挺了过来。一个偶然的机会，辉瑞公司开始了与青霉素的发现者弗来明博士的合作，后来生产出了大量的青霉素。但辉瑞公司放弃青霉素的专利，结果在二战期间挽救了无数人的生命。二战后，辉瑞的研究人员听说土里有“财宝”，在搜集13.5万份土壤样品进行了2000多万次测试后，又发现了“土霉素”……

进入中国市场之前，辉瑞公司便对整个市场从生活习惯、惯常病历、发病机理、收入水平等进行了5000多次跟踪调查，最后从200多个品种中筛选出最适合中国市场的药品进行销售。目前在中国，辉瑞公司共有希舒美、立普妥、大扶康等8种药品下市，而这其中，就包括声名远扬的“伟哥”（商品名为“万艾可”）。辉瑞中国公司的董事长安高博是一位身高1.93米、风趣幽默的美国人，据他介绍，辉瑞企业文化对员工首要的要求是，必须具有良好的道德观。“辉瑞是一个关爱健康的企

业，只有具有良好的道德观才可能体现它的价值。”而辉瑞公司从不解雇人的传统也留了下来。

2002年9月，一场特别的官司吸引了许多中国人的关注——中国15家制药企业联合起来状告辉瑞公司，要求法院判决“辉瑞·伟哥”专利无效。法庭上双方慷慨陈词，现场一时剑拔弩张。为此，辉瑞公司还专门从美国找来2名诺贝尔医学奖得主现场申辩。

最终的结果是联合的中国企业败诉。事实上，对这个2000年才上市的药品，辉瑞公司早在1994年便在中国申请了专利。几乎每隔一段时间，辉瑞公司都会推出一些技术领先全球的新药，这个制药巨头有着世界上最先进的研发能力。

每一天，辉瑞公司投入新药研发的费用就达到2000万美元之多，仅2002年，辉瑞公司投入研发的费用即达50亿美元之巨。在纽约的辉瑞研发中心，从事研发的科学家共有1.2万人。辉瑞公司目前已经在全球建立了6个研发中心，仅仅一个“伟哥”，就耗费了1500名科学家13年的心血。

辉瑞公司在中国已有3家工厂，并率先在国内通过GMP认证，不过，辉瑞在中国主要是生产，并没有设立研发中心。但全球一体化的研发，早已让其享受到了研发的“乐趣”。在国内，一粒“伟哥”的成本不过几元人民币，而其售价却达到了99元，拥有该项药品专利权的辉瑞公司还做出“誓不降价”的表示。

2002年7月，辉瑞公司又宣布：将斥资600亿美元兼并美国另一家制药巨头法玛西亚。很显然，触角早已延伸到几十个医学领域的辉瑞希望谋求更大的发展，而法玛西亚在一些领域的优势恰可以弥补辉瑞的短处。但其他的制药巨头对这次兼并的形容是“一场恐怖的灾难”。

2003年6月，“非典”肆虐期间，国内颇有影响力的《解放日报》头版头条刊出了一条醒目的标题：“上海感谢你，北京！”大多数人疑惑不解，看完全文方知，原来为了救治上海第三例危重非典患者，北京有关部门专门空运了抗非典的药品，从而引出了一段两个城市间友谊的佳话。而该药品，正是辉瑞公司无偿提供的“伏立康唑”针剂。

长期以来，辉瑞公司有着回报社会的传统。在辉瑞的目标里，可以清晰地看到这样的话语：“我们通过在制药、消费保健品和动物保健品领域里的创新，致力于为人类追求更长寿、更健康和更幸福的生活。”辉瑞将自己的目标定为“关爱生命，辉瑞使命”。

进入中国以来，辉瑞对社会公益事业的捐赠已经达到了数千万元人民币。1995年，云南发生地震，辉瑞捐赠400多万元的药品；1997年，公司为张北地震灾区送去价值20多万元的药品；1998年长江爆发百年不遇的大洪水时，辉瑞公司捐赠了价值100多万元的药品，而类似的捐赠在辉瑞公司可以列出一大串。2003年“非典”肆虐期间，辉瑞公司还动用了全球的物流系统，在最短的时间内向中国有关部门捐赠了20万个口罩。大量的捐赠活动既反映了辉瑞与政府间紧密的合作关系，同时也与辉瑞公司乐于助人的传统一脉相承。而在全球，每年有1700万人得到过辉瑞的援助。

每一天，辉瑞用于捐赠的药品金额就高达200万美元，生命的关爱已至全球每个角落。

这个企业不乏全球的霸气，但也不失春风般的温暖。你甚至怎样形容辉瑞都不为过，因为在辉瑞头上，早已顶着数不清的“全球最慷慨的企业”“制药业最受推

崇的公司”“最具人性化的企业”“最受人尊敬的企业”等光环。

对其本意来看,有由此向彼推进的意思。意味着努力向目标前进,意味着以居高临下之势,率领自己统辖的力量共同向目标奋斗。所以身为领导人,或管理人员,应如何面向领导部下,带动群众,把握时机,冲破艰难危困。

所以,在人生和事业艰难困顿之时,领导人物应该以人格感召部下,对不顺命者要临之以威,对下属要宽和为上,勿过于酷急。以诚信待人,这就看你的管理能力如何。

为团结起群众的力量,对其中的不顺命而有危及事业者,领导者应临之以威,严格纪律,奖罚分明,不能一味软弱。对其中的害群之马,若人格不起作用,便应以刚毅的手段除去祸害,或将其压服。所以,领导人物统帅部下,恩威并用十分重要。

领导者的品质应博大,善良而不能刻薄,狠毒;要严以律己,宽以待人,方能使对手心悦诚服,才能发挥自己的力量,去干一番事业。而刻薄、狠毒的经营方式只会招致顾客的反对,失去顾客,败坏事业。

楚昭王为政深明大义

楚昭王的时候,有人看到天上的云彩像一群红色的鸟,在太阳两边飞了三天。楚昭王立刻派人去询问成周的太史。太史说:“可能要在君王的身上发生一些事情吧!如果我们禳祭,可以把它们转移到令尹、司马身上。”楚昭王说:“若把腹心的疾病去掉,而把它们放在大腿上或者胳膊上,那又有什么好处?我既然没有什么重大的过错,上天能让我夭折吗?若是有罪就要受到责罚,又能移到哪里去呢?”就这样,楚昭王没有去禳祭。

这一年,楚昭王率军驻在城父,准备援助被吴国进攻的小国陈国。可是非常不幸的是,到双方将要交战的时候,楚昭王却生病了。占卜的人对昭王说:“是黄河之神在作怪。”昭王却仍然不去祭祀。他说:“古时候规定的祭祀制度,是祭祀不超过本国的山川。长江、汉水、睢水、漳水,是我们楚国的大川,就算有些祸福到来,也一定不会超过这些地方。我即使没有德行,也不会得罪黄河神。”

蟠虺纹提梁盉

楚昭王的病眼看着一天比一天重,他知道自己不久于人世,就安排后事,决定让公子启继承他的王位。那一年的七月十六,楚昭王死在城父。

楚昭王为政是深明大义的,他宁可自己冒险,也不通过祭祀的办法,把这种灾难转移到自己手下人的身上。虽然他去世了,但却得到了后人的尊重,给人们留下了很多值得学习的东西。

本田的腾飞

本田公司刚刚成立的时候,只是一家小企业。本田的开创人认为,一个企业要腾飞,必须要有企业精神,形成核心竞争力。

本田于1960年成立了株式会社本田技术研究所,其目的就是为了拓展核心竞争力。一方面,研究所致力于研究开发,不断开发出新技术,使公司的技术水平不断提高;另一方面,研究所还为公司培养接班人,本田的历任社长都是研究所培养出来的。

研究所培养出来的本田接班人都受到了本田公司的企业精神的熏陶,他们具备出色的企业家所必需的事业心和前瞻性眼光,更难能可贵的是,他们明辨是非,不但不以自己的喜好为决策的主要因素,而且以大局为重,放下架子,请能人为本田的发展做贡献。1969年,日本政府为了控制空气污染,提高了汽车尾气排放标准。本田技术研究所年轻的工程师久米是志提出的用水冷发动机代替空冷发动机的想法虽然很适用,但是由于当时水冷技术还不成熟,遭到了社长本田宗一郎的反对。久米是志为了表示自己的反抗,罢工一个月,躲入一家修道院。最后社长本田宗一郎为了公司的长远发展,放弃了自己的观点,亲自跑到修道院,向久米是志表示歉意,把久米是志请了回来。后来水冷技术成为了主流技术,极大地促进了本田公司的发展。

本田的几代领导人,不但自己的修养极高,而且还以自己的德行感化员工,结果本田的上下都为了相同的目标不懈努力,让本田有了今天的发展和成就。

萧衍当机立断兴兵讨昏君

萧衍是南朝梁的开国皇帝。他是南兰陵(今江苏常州市西北)人。南齐隆昌元年(公元494年),萧衍被任为宁朔将军,镇守寿春(今安徽寿县)。建武二年(公元495年),因抗击北魏军有功,又被任命为右军晋安王司马、淮陵太守,后又为太子中庶子,领羽林监。建武四年(公元497年),北魏军南伐雍州,萧衍受命领兵赴援,进至襄阳(今湖北襄樊)。同年7月,被授为持节,都督雍、梁、南秦、北秦四州及郢州竟陵司随郡诸军事,又兼任辅国将军、雍州刺史,镇守襄阳。

这时,齐明帝萧鸾病死,其子萧宝卷继位。萧宝卷昏庸无能,终日享乐,朝中大事均由始安王萧遥光、尚书令徐孝嗣等人处理。萧遥光等六人号称“六贵”,此六人不以国事为重,整日明争暗斗,互相倾轧,朝中政治极度黑暗腐败。萧衍在襄阳得知朝中的情况,对亲戚张弘策说:“政出多门,是国家大乱的开始。《诗经》中说‘一国三公,吾谁适从?’如今国家有六贵,这怎么了得!我料到他们六贵矛盾一定会激化到大动干戈的地步,而襄阳远离国都,正是避祸的好地方。可是我的弟弟们都在都城,我恐怕他们会遭到祸患。我要和我哥哥商议一下。”

不久,他的哥哥萧懿由益州刺史调到了郢州任职。萧衍便派张弘策到达郢州,给萧懿送去一封信。信中说:如今六贵争权,君臣之间猜忌到一定程度,必将大诛

大杀,一旦混乱开始,朝野将土崩瓦解。我们有幸远离京师,领兵外镇,可以保全自身,图谋大计。所以我们应乘朝廷还没有猜疑时,将诸弟召集在一起。否则,一旦朝中对我们猜疑,诸弟们将在京师投足无路。如今,兄在郢州,控制荆湘,弟在雍州,兵马数万。在此政昏朝乱之际,正好以此为据,以图大事,如果错失良机,悔之晚矣。

萧懿见信,脸色大变。他不同意萧衍这样做,因为万一不成会招来灭门大祸。萧衍见哥哥不从,便独自将弟弟萧伟、萧儋迎至襄阳,秘密制造武器,招兵买马,并在襄阳大伐竹木,将舟系于檀溪之中,以备将来之用。

萧懿拒绝了萧衍的邀请,不久便入朝做了太子右卫率、尚书吏部郎、卫尉卿。永元二年(公元500年),裴叔业、崖慧景集聚众人发动兵变,萧懿带兵平定了叛乱,为朝廷立了大功。可是他不但没有受到奖赏,反而受到猜忌,于当年冬天被杀。

萧懿被杀,既证明了萧衍预见的准确,也为萧衍起兵提供了机会。萧衍及时抓住这个机会,在与亲信密谋后,召集部众,誓师起兵。

誓师之后,萧衍令人把竹木从檀溪中打捞出来,做成战舰千艘。又召集士兵万余人,起兵讨伐萧宝卷。在杀掉萧宝卷后,萧衍立了傀儡皇帝萧宝融。一年之后,他废掉傀儡皇帝,自己亲登帝位,建立梁朝。

坚守正道,颜斶纵论治国方略

在山东省桓台县有一个方圆一百公里的湖荡,人们称之为马踏湖。错落有致的港汊纵横交织,水道两旁,生长着密密麻麻的青纱帐——芦苇,苇荡之间,还间有成片的莲荷。放眼望去,四顾不见白水茫茫,而是青碧碧、绿生生的一派,间杂碧波粼粼,绿水汤汤。整个湖呈现出一种独特的风情。

关于湖的来历,有这样一个久远的传说:相传春秋霸主齐桓公曾在此地会盟六国诸侯,计谋合纵抗秦。六国诸侯恐遭不测,各带足兵马云集此地。于是这块土地也因万马驰骋,马踏成湖。

看着烟波浩渺的马踏湖,仿佛那湖面荡漾的不是涟漪,而是时间的重幔,历史的荣光。

在马踏湖中一座突起的青丘上,有一座五贤祠。里面记载着颜斶的一段轶事。

有一次,齐宣王召见颜斶,颜斶并不上前朝拜。齐宣王不悦,说:“颜斶,你到我这边来。”

颜斶却道:“请大王到我这边来。”

齐王左右的人喝道:“大王乃一国之君,你乃布衣之士,怎能让大王屈尊到你那边去呢?”

颜斶大笑道:“你们哪里知道,我去,是贪慕权势之举;大王来,是礼贤下士之行。”

宣王大怒,说:“做国君的高贵?还是你做士人的高贵?”

颜斶答道:“士人高贵!国君比不上士人。”

宣王说:“你怎么能这么说呢?”

颜斶说:“从前秦国攻打齐国,下令说:‘哪个胆敢走到柳下季坟墓五十步内去砍柴,定斩不饶!’另外,还下令说:‘哪个能斩得齐王头的,就赐他高官厚禄。’这样看来，活着的国君的脑袋，还抵不上死了的贤士的坟墓。”

宣王听后一言不发。

臣子们都说：“颜斶过来，颜斶过来！大王是千乘大国之主，又财力雄厚，天下志士仁人都来归附，才智出众的人都来出谋献策，天下四方，无敢不服，各种物资无不齐备，百姓无不归顺。最高级别的士人，也不过是一介平民而已。那些粗陋而低级的，只配看守里巷。士人处境低贱极了！”

颜斶回答说：“你们错了！不务实事、徒慕虚名的人遭到削弱；不做好事、希望得福的人显得窘迫；没有功劳、窃据官位的人下场不妙。尧有九个助手，舜有七个诤友，禹有五个丞相，汤有三个贤佐，他们在位的时候，万国来朝。为什么当时会有这样多的小国呢？这是因为他礼贤下士的结果。从古到今，没有别人帮助而自己能名扬天下的，一个也没有！因此君王应积极向别人请教，向卑贱的人学习。诸侯、国君所以称孤道寡，是因为他们生来低贱吗？不是的。孤、寡原是卑贱的称谓，国君以此自称，岂不是对人谦恭而重视吗？尧传位于舜，舜传位于禹，周成王任用周公旦，后代都称他们为贤君明主，这就雄辩地证明士之可贵了。如今大王是一国之君，难道不能效法这些英明的先王礼贤下士吗？”

宣王听到这里，终于弄懂了“士者贵，王君不贵”的道理，惭愧地对颜斶道歉：“依你说来，贤士可真是不能得罪的呢，我可是自讨没趣，如今听到先生的高论确实如醍醐灌顶，请先生收我为学生吧！”随后宣王告诉臣子们：“颜斶先生明察事理，让我懂得了今后怎么治理我们的国家，从现在开始，颜先生跟我享受一样的待遇。”

后来，齐宣王在颜斶的辅佐下精心治理自己的国家，成为历史上一位有名的君王。

其实，颜斶所阐释的治理国家的道理与《临卦》的寓意完全吻合，临卦中说道：领导者应以高尚的人格感召民众，以威信维持纪律，恩威并济，不可以诱骗为手段。而应当启人智慧，让人不断挖掘潜能，然后选拔贤能，敦厚而不苛刻，始能人人心悦诚服，上下融洽，发挥组织力量，有所作为。这样天下有事，有志之士都会积极参与，有所作为。

领导者的英明往往表现在他选贤任能的眼光之上，如果部下都是一批庸庸碌碌，溜须拍马之辈，哪怕领导者再有能力，也很难实现自己的抱负！领导者最大的依靠就是部下和民众的能力。领导者切忌一副君临天下的面孔，以为天下之美尽在吾身，而要以德为表率，取信于民，广开民智，让他们既有归属感，又能让他们的才能得到充分的施展，这样天底下就没有他干不成的大事了。

观卦第二十 ䷓

【经文】

坤下巽上　观[①]盥而不荐，有孚颙若[②]。

初六　童观，小人无咎，君子吝[③]。

六二　窥观，利女贞[④]。

六三　观我生，进退[⑤]。

六四　观国之光，利用宾于王[⑥]。

九五　观我生,君子无咎[7]。

上九　观其生,君子无咎[8]。

【注释】

①观:卦名。通行本为第二十卦,帛书本为第五十九卦。此与《临》卦为卦爻翻覆的关系,故次列于《临》卦下。《临》卦说以己观人,卦爻翻转过来便成《观》卦,说己之反观内视。

《观》卦上《巽》下《坤》,《象传》释为"风行地上",则《象传》释"观"为"观民"。按:《巽》当释为"木",《升》卦上《坤》下《巽》,《象传》即释为"地中生木";又《汉书·五行志上》说"于《易》,地上之木为《观》,威仪容貌亦可观者也",这种解释是对的。地上的林木最为明显可观,故取以为象。卦象显示为人之观己,卦爻辞则主要说己之自观;人之观己,构成自我观照的重要监督机制。

②盥而不荐,有孚颙若:"盥",祭祀之始,以酒灌地以礼神,谓之盥祭,字亦作"灌""祼"。"荐",盥祭之后,以各种动物牲体献祭神明("荐",献也)。"孚",卦兆。"颙",顺(《荀子·正名》注"颙,体貌敬顺也")。"若",语辞。仅以酒灌地礼神,实为薄祭;多献牲体,则为厚祭。然而礼神之初,人心虔诚肃穆;既盥之后,荐牲之际,礼文繁缛,人心涣散。故盥祭菲薄,而虔诚肃穆,卦兆仍可顺人心愿。《萃》卦六二"孚乃利用禴"、《升》卦九二"孚乃利用禴"、《既济》九五"东邻杀牛,不如西邻之禴祭,实受其福",与本卦"盥而不荐,有孚颙若"之语言环境、文意相同("禴祭"即薄祭)。卦辞之内心虔诚与爻辞之反观内视有内在联系。

③童观,小人无咎,君子吝:"童",幼稚、浮浅。初六距"地上之木"遥远,处在

最下,故所观浮浅。小人所观,流于表象、着于形迹,犹“荐”礼也;小人本为“器”,故形而下之观察亦不为失。君子所观,在于深刻,犹“盥”礼也;“君子不器”,故形下之观察则有咎吝。

④窥观,利女贞:“窥观”,从门缝中观察,喻所观狭隘。“贞”,占问。上爻“君子吝”与“小人无咎”相对,此爻当是“不利君子贞”(或“不利夫子贞”)与“利女贞”相对。《恒》卦六五“妇人吉,夫子凶”与此同;观《象传》亦可知“利女贞”下承上文省“不利君子贞”或“不利夫子贞”。六二在地中,故所观不广;阴爻柔位,其于女子则可,若为丈夫,则失之鄙陋。

⑤观我生,进退:“我生”,我之所行(朱熹《本义》、陈梦雷《浅述》)。《公羊传·桓公八年》注“生犹造也”,造,作为。“观我生”,谓对自己所作所为进行自我观照,以此来抉择动静进退。六三居下《坤》之上,已处地上,具备了自我观照的能力;同时可进可退,其进退取决于反观内视的结果。《履》卦上九“视履考祥,其旋元吉”,也是讲人及时反观内省的必要性。六三虽可进可退,但仍处下卦,故其所侧重在于“进”;九五近亢,其反观内视侧重在“退”;二者皆“观我生”,含义则有所区别。

⑥观国之光,利用宾于王:“光”,日光气(《需》卦虞注“离日为光”,《礼记·祭义》注“光犹气也”),表一人或一国之气运。《易》之占“光”即来于古之占气、占晖,《未济》卦六五《小象》“君子之光,其晖吉也”即此。“宾”,从。“宾于王”,即《易》之“或从王事”。通过对国家气运的观察,认为从于王事有利,六四已出《坤》入《巽》,离地入木,故能登高望远,观国之光,摆脱短浅狭隘之见。

⑦观我生,君子无咎:九五近亢,及时反省,须时而退,慎戒盈满,故能“无咎”。持盈定倾之功,即在此爻。

⑧观其生,君子无咎:“观其生”,谓观察他人所行,以自考正。《汉书·艺文志》所谓“观风俗,知得失,自考正也”,《论语》所谓“见贤思齐焉,见不贤则内自省”。能如此,故“无咎”。三、五爻说以己观己,上爻说以人观己;以己观己犹以为不足,故本爻又以人观己,即《象传》所谓“志未平也”。君子如此,可谓“观止矣”。

【译文】

观卦　象征瞻仰。观卦卦象是下单卦为坤,为地;上单卦为巽,为风。两单卦结合为:风行地上。有顺的意思。祭祀之前洗手自洁时便要像进献酒食举行祭典礼拜那样虔诚自躬,方能以自己的仪象、道义展示于人,从而使人民信仰臣服。

初六　庶民无知,不能高瞻远瞩,无可指责,而对于立命君子而言,却是不可理喻之事。

六二　古代女人足不出户,难免有头发长,见识短之嫌,而堂堂七尺男子还从门内窥视之,甚至吹毛求疵,只能坏事。

六三　能观察自己的主张,进不趋类,退不沮丧,便不会盲从了。

六四　观察一国的风土人情,就能观察到这个国家君主的治国之政,君王德政好,尚仕之,有贤的大夫还会前来投靠。

九五　君子能经常自醒自己所作所为,做到内省外察便不致有远虑。

上九　君子外能观国之民俗民情,内能省醒自身,便可尽其道,以图发展。

【解读】

本卦通过"童观""窥观""观我生""观国之光""观其生"的具体分析,阐述了观察的原则及其应用的作用,现实生活中,很多聪明人都长于观察,甚至在消息还没公布之前,自己早已知道结果。但是,真正的聪明人,不会表现出来更不会说出来,这是长于观察和善于观察的区别所在。当进则进,当退则退,不该表现的时候,就绝对不要耍小聪明。看在眼里,记在心间就可以了,千万不要表现出来。

否则,"观"与"行"的层次不能相符,就不能达到世事洞明的境界。一旦产生这种不好的结果,先前所有"观"的效能就会全部消失,甚至产生副作用。

【经典实例】

"观"而不能"悟"的教训

会观察的人,一般都是聪明人,而这种聪明是否是那种真正有用的,还在于是否能由"观"而悟,世事洞明,内化于心。如果做不到这一点,则所谓的"聪明"之"观"反而会成为一柄"双刃剑",弄不好就伤了自己。东汉末年杨修的遭遇,就充分说明了这一点。

杨修以长于观察、颖悟过人而闻名于世,他在曹操的丞相府担任主簿,为曹操掌管文书事务。曹操为人诡谲,自视甚高,因而常常爱卖弄些小聪明,以刁难部下为乐。不过,杨修的机灵、颖悟又高过曹操,致使曹操常常生出许多自愧不如的感慨和酸溜溜的妒意。

建安十九年春,曹操亲率大军进驻陕西阳平,与刘备争夺汉中之地。刘军防守严密,无懈可击,又逢连绵春雨,曹军出师不利。曹操见刘军军事上毫无进展,颇有退兵的意思。

这天,曹操独自一人吃着饭,同时也在思考下一步的行动。一个军令官前来请示曹操,当晚军中用什么口令。军中规定每晚都要变换口令,以备哨兵盘查来人。此时,曹操正用筷子夹着一块鸡肋骨,于是脱口而出:"鸡肋。"军令官听了也觉得没有什么奇怪。

消息传到杨修耳里,他便整理笔札、行装,作开拔的准备。一个文书见状后问道:"杨主簿,这天天要用的东西,有什么好收拾的?明天还不是要打开?"

"不用了,我们马上就可以回家。"杨修诡秘地一笑说。

"什么?要回家了?丞相要撤退,连点蛛丝马迹也没有啊。"小文书不解地看着杨修。

杨修淡然一笑说:"有啊,只是你没有察觉到罢了。你看,丞相用'鸡肋'作军中口令,'鸡肋'的含义不就是'食之无肉,弃之可惜'吗?丞相正是用它来比喻我军现在的处境。凭我的直觉,丞相已考虑好撤军的事了。"

消息传到夏侯惇那里,夏侯惇听了也觉得有理,便下令三军整理行装。当晚,曹操出来巡营时一见,大吃一惊,急令夏侯惇来查问,夏侯惇哪敢隐瞒,照实把杨修的猜度告诉了曹操。对杨修的过分早已不快的曹操,这下子抓到了把柄,立即以惑

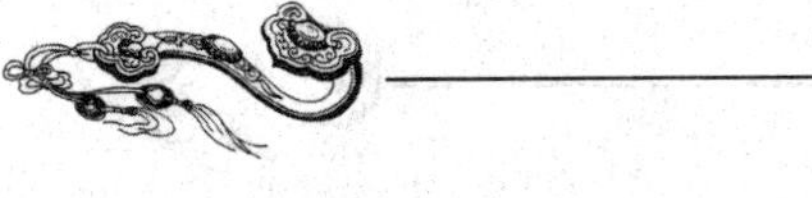

乱军心的罪名，把杨修杀了。

观卦强调要观察，但同时也提醒人们谨慎行事。杨修只观察而不谨慎，结果落了个身首异处的下场。这是现代社会中每一个长于观察又喜欢表现的人应当牢记的教训。

长虹三“观”皆误的教训

《观卦》阐释观的道理。在上者的一举一动，都成为注意的焦点，无时无刻不在被注视中，因而，不可掉以轻心，不能轻率行动，必须诚信严正，以道义展示于天下，才能获得人民的信仰与尊敬，服从领导，产生力量。相对的，在上者对外要观察民情，对民间疾苦有所体察，同时对内要观察自己的言行作为，不断反省检讨止于至善。理想，永远不会满足，不可无知，不可偏狭，不可自满，应有主见，坚持原则，不断追求更高的目标。对一般人来说，同样也要遵循这一观察的法则。

2000 年，信息产业部公布的新一届“电子百强企业”名单上显示，在以彩电为主业的电子集团中，原来的行业龙头老大长虹排到了 TCL 和康佳的后面。

与此同时，各项数据显示的结果令人失望：主营业务利润由 1998 年末的 31.6 亿元下降到 1999 年末的 15.7 亿元，利润总额则由 23.28 亿元下降至 6.21 亿元，每股收益仅 0.243 元。此外，长虹净资产收益率仅有 4.06%，尤其是下半年利润额更是减少到只有 1 亿多元，低于中国证监会规定的净资产收益率连续三年平均在 10%以上，其中任何一年不得低于 6%的配股条件的标准。

长虹已由原来的绩优股一下子滑落成为绩平股，失去了配股的权利。比较彩电企业的五家上市公司之后可以发现，在这五家企业中，长虹的毛利率最高。显然，长虹还有低成本的优势，但从主营业务收入增长率和净利润增长率来看，长虹的表现却是倒数第一，净资产收益率则是倒数第二。是什么黯淡了这个昔日业界老大的光芒呢？

1999 年，国内彩电业一共打响了 3 次价格战。长虹将其业绩的减少部分归罪于价格战，但若考察一下彩电行业的情况，恐怕原因并不如此简单。从长虹的主要竞争对手来看，康佳、TCL 等都在东南沿海地区，劳动力成本自然高于长虹。但是，在近年来一次次的价格战中，这些企业却保持着高速的增长。所以，价格战并不能解释一切。显然，“长虹被价格战打倒”的说辞似乎有些滑稽。长虹的成长历程是与价格战紧密联系在一起的。当年的长虹正是凭借其低成本优势，掀起了一次又一次的价格战，打垮了众多竞争对手，迅速崛起成为彩电行业的绝对领先者。即便是如今，长虹也经常是价格战的始作俑者，难道是长虹自己打垮了自己？

价格战是各方一起打响的，输赢承担的风险是一样的。但长虹 1998 年下半年自己悄然而做的一件事倒是害己不浅。那个时候，长虹与各彩管厂订立合同，疯狂抢购彩管，企图陷各彩电厂家于无米下锅的境地。孰料，一些彩管厂还是悄然供货给其他彩电厂家，长虹垄断彩管的梦想没有实现，自己反而以高位买人家大量彩管且造成积压。在 1999 年初彩管价格滑落后，长虹彩电由过去的成本优势突变为成本劣势。

比较长虹1998年和1999年的销售毛利率,就可以很清楚地看到这个问题:长虹1998年、1999年的毛利率分别为27.25%和15.56%,如此巨大的差距给公司盈利带来的影响可想而知。正如TCL总裁李东升所说,搬起石头本来是要砸别人的,没有想到却砸了自己的脚。

长虹的老总倪润峰说:如果不是彩管厂不讲信用,偷偷将我们订下的彩管卖给别人的话,长虹是不会有这种结局的。但无论如何,囤积彩管的不幸后果显示:长虹在竞争中落败并不是由于价格战,而是有更深层次的原因,比如营销战。

梦想垄断彩管是长虹失败的一场营销战。业内人士分析,长虹失败的营销战不止这一场。

1999年,纯平彩电成为国内市场热点。康佳、TCL等企业最先推出了其纯平彩电,而长虹却根据其内部调整的战略,致力于消化其库存,而当长虹推出纯平彩电的时候,康佳、TCL等公司已经确立了自己在纯平彩电市场上的地位。

在国内企业中,长虹的技术实力并不落后,也推出了多种技术含量较高的产品,但市场反应却没有不同凡响,答案只有一个:长虹对市场的观察判断有误。

长期以来,长虹认为,彩电最大的市场是农村市场,对农村市场的开发也不遗余力。但可惜的是,由于在那个时期农民收入增长缓慢,农村市场迟迟未能启动。相反,城市彩电市场却高速成长,对大屏幕、高质量彩电的需求增长迅速。

长虹的销售体系也值得一说。与TCL和康佳等彩电企业不同,长虹过去产品的销售主要倚重大批发商。这种批发商销售体系在前几年风光一时,然而,一旦批发商倒下,生产商就会面临极大的困境。1998年以后,一家重要的批发商出现问题后,长虹意识到了这种销售体系的风险,与它的合作迅速减少。从1998年下半年开始,长虹积极大规模扩建公司自己的销售网络,但自身销售网络的营销仍没能弥补中间批发商体系断裂的影响。这是长虹所交的一笔学费。

一个耐人寻味的现象值得关注:当康佳首先推出高清晰度数字电视时,长虹还在研制;当TCL率先推出纯平彩电,而长虹的纯平彩电却姗姗来迟。在日新月异的时代,如果没有技术上的优势、独特的创意,想依靠价格战再创昔日的辉煌显然相当困难。

就像在高清晰度电视和纯平电视的研制方面一样,长虹在涉及其他产品时也是步别人的后尘。我们再来看一个有趣的比较。1999年7月,媒体报道,康佳和长虹都拟以配股资金用于手机开发,并称“彩电业两位巨头同时将移动电话作为今后的发展重点”。2000年的3月2日,康佳手机正式面市,而且立即出现供货告急现象。9天之后,倪润峰则在成都表示长虹也将切入手机市场,生产长虹国产手机。想到了却总是没有人家做得快,深层的原因在哪里?

为此,长虹的解释是1999年公司在组织结构、业务流程、营销体制、劳动用工和分配体制等方面进行了重大创新,极大激发了企业内部活力,调整虽然对长虹造成了一定影响,但是为长虹未来发展奠定了良好基础,人们也乐于看见调整后的长虹恢复昔日辉煌。

长虹力图垄断彩管的想法,十分值得斟酌。在市场经济中,彩管厂不会一棵树上吊死,长虹的想法违反了市场规律,这是“观”人不当;迟迟不能推出新品,适应

市场，满足消费者，这是“观”势不当；没有建立一套适合自己产品的功效体系，这是“观”己不当。三“观”皆误，自然会使长虹的老大位置旁落他人。

推销员威尔森

尤金·威尔森是专门为一家设计花样的画室推销草图的推销员，对象是服装设计师和纺织品制造商。一连3年，他每个礼拜都去拜访纽约一位著名的服装设计师。“他从来不会拒绝我，每次接见我他都很热情，”他说，“但是他也从来不买我推销的那些图纸；他总是很有礼貌地跟我谈话，还很仔细地看我带去的东西。可到了最后总是那句话，‘威尔森，我看我们是做不成这笔生意的’。”

经过了无数次的挫败，威尔森总结了经验，得出自己太墨守成规的结论，他太遵循那老一套的推销方法，一见面就拿出自己的图纸，滔滔不绝地讲它的构思、创意，新奇在何处，该用到什么地方，客户都听得烦了，是出于礼貌才让他说完的，威尔森认识到这种方法已太落后，需要改进。于是他下定决心，每个星期都抽出一个晚上去看处世方面的书，思考为人处世的哲学，以及发展观念，创造新的热忱。

过了不久，他想出了对付那位服装设计师的方法。他了解到那位服装设计师比较自负，别人设计的东西他大多看不上眼。他抓起几张尚未完成的设计草图来到买主的办公室。“鲍勃先生，如果你愿意的话，能否帮我一个小忙?”他对服装设计师说，“这里有几张我们尚未完成的草图，能否请你告诉我，我们应该如何把它们完成，才能对你有所用处呢?”那位买主仔细地看了看图纸，发现设计人的初衷很有创意，就说：“威尔森，你把这些图纸留在这里让我看看吧。”

几天过去了，威尔森再次来到办公室，服装设计师对这几张图纸提出了一些建议；威尔森用笔记下来，然后回去按照他的意思很快就把草图完成了。结果肯定是服装设计师大为满意，全部接受了。

从那时候起，威尔森总是去问买主的意见，然后根据买主的意见制图纸。那位买主订购了许多图纸非常满意，因为这相当于他自己设计的。威尔森从中赚了不少的佣金。“我现在才明白，这么多年过去了，为什么我和他不能做成买卖，”威尔森若有所思地说，“我在以前总是催促他快来买，还告诉他这是他应该买的，买了对他很有用。而他却不以为然，认为这里不合适，那里不新颖。而现在我按他的意思去做，他觉得是他自己创造的，实际上还有别人的功劳。这样就满足了他内心中那种渴望——自己的优越感，他再也不能拒绝‘他自己的’东西了。这就变成了他要而不是我推销，工作起来就容易多了。”

长岛一位汽车商人，利用同样的合作技巧，把一辆二手货汽车卖给了一位苏格兰人。这位商人带着那位苏格兰人看过一辆又一辆的车子，但那位苏格兰人总是认为不对劲，这不适合，那不好用，价格又太高。在这种情况下，这位商人就向他的同学求助。

同学劝告他，停止向那位苏格兰人推销，而让他自动购买。同学说，不必告诉苏格兰人怎么做，为什么不让他告诉你怎么做? 让他觉得出主意的人是他。

这个建议听起来相当不错。因此，几天之后，当有位顾客希望把他的旧车子换一辆新的时，这位商人就开始尝试这个新的方法。他知道，这辆旧车子对苏格兰人可能很有

吸引力。于是,他打电话给苏格兰人,问他能否过来一下,特别帮个忙,提供一点建议。

苏格兰人来了之后,汽车商说:“你是个很精明的买主,你懂得车子的价值。能不能请你看看这部车子,试试它的性能,然后告诉我这辆车子,应该出价多少才合算?”

苏格兰人的脸上泛起“一个大笑容”。终于有人来向他请教了,他的能力已受到赏识。他把车子开上皇后大道,一直从牙买加区开到佛洛里斯特山,然后开回来。“如果你能以三百元买下这部车子,”他建议说,“那你就买对了。”

“如果我能以这个价钱把它买下,你是否愿意卖它?”这位商人问道。三百元?果然。这是他的主意,他的估价。这笔生意立刻成交了。

堤义明不用聪明人

堤义明在用人方面有一个近乎荒谬的观点,就是不用聪明人。关于这点,经济评论家成岛忠昭在他写的《西武企业集团》一书中,曾记下堤义明跟他哥哥堤清二两人的一段对话。这段对话虽然只有短短几句,而且不细心回味,也容易误解堤家两大巨头的企业思想。但是,经济评论家详细分析后,却从这些容易引起他人误会的说话里,探索到堤义明在人才起用方面的特点。对话的内容是这样的:

义明:我不喜欢采用所谓的聪明人。

清二:我倒不这样想。

义明:哈哈!你是东京大学出身的人,我是早稻田大学毕业的,我们的用人观点因此不同。

清二:不过,东京大学出身的人,也有不入流的水货分子。

义明:我倒用了很多没有大学毕业的年轻人,他们的才干表现得都不坏。

清二:我的5万名职员中,头脑比我好的,照我的计算,就不止10个。

义明:你时常有经营管理上的麻烦,可能就是因为你用了太多自以为比你聪明的年轻人。我的公司里,一概不用这种人。我觉得,所谓的聪明人,时常是为公司制造麻烦的问题分子。

清二:的确,自以为聪明过人的职员,常犯的毛病,就是不肯努力。

义明:所以,我讨厌随便聘用天才人物,就是这个道理。

这段对话在日本企业界之中传得很广,也被不少人误解。很多机构每年四月中旬,在新职员进入公司服务的入社仪式上,亦被引用出来,作为新职员就职教育课程的部分讲义。

不曾深入了解堤义明的人,当然是从表面去解释堤义明的为人和用人态度。他父亲在世时,在企业界留下不少引入争论的话题,其中有一句是说:“聪明人,常犯自大自私的毛病。”这句话,影响了他的儿子堤义明。很多人一听这句话,就表示不同意,而且觉得堤康次郎是个思想极端的人。

所以,堤义明在掌握大权之后,继续他父亲的用人态度,坚持不轻易起用一般认为是绝对聪明的人。

理解一个大企业当家人的内心感受,人们就会了解,堤义明为什么说不轻易起

用聪明人这句话的背后大学问。

虚荣时常会腐蚀一个人的内心,这是聪明人常常会轻视的。大企业是一个大家庭,如果容纳了一个自大又看不起他人的高层职员,首先便会妨碍正常业务的操作,背地里又逐渐形成内部分裂的疾病。很多所谓企业界英才,他们真正属于英才的时间并不长,有的人,几年之间便由一块好材料,变成了伤害社会公众利益的破坏者。企业家在选用人才的时候,经常不会注意到这种由好变坏的转变。

哈里逊的"傻气"

一个小男孩从街的那一头走来,他叫威廉·亨利·哈里逊。

"这孩子是傻瓜。"认识小威廉的人向不认识他的人介绍。

"我不信,这孩子文文静静,看不出一点傻的样子呀?"

"不信,你可以试试。你丢下两枚硬币,一枚1角,一枚5分,任凭他捡,他肯定只会捡5分的。"

"好,我就试试。"

小威廉走过来,那人果真拦住他的去路,丢下两枚硬币,说:"你可以捡一枚拿走。"

小威廉瞟了那人一眼,一声不吭,捡起那枚5分的硬币走了。

"看来,这孩子真有点傻!"那人遗憾地说。

像这样的事,不知发生过多少回。人们常用这样的把戏捉弄小威廉,嘲笑小威廉。

一天,一个好心人眼看这幕戏重演,同情地问他:"孩子,难道你不知道1角要比5分的多吗?"

"当然知道,"小威廉慢条斯理地说,"不过,如果我捡了那个1角的,恐怕他们就再没兴趣扔钱给我了。"

人们这才知道,被捉弄的不是小威廉,而是他们自己。

更出乎人们意料之外的,这个文静怕羞、沉默寡言的孩子长大后竟成为美国的第九任总统。

宝洁公司基业长青

约翰·白波,宝洁公司现任董事长,一位在宝洁公司服务了38年的资深宝洁人。

提起宝洁,你可能知道飘柔、玉兰油、舒肤佳、佳洁士这些知名品牌出自其中,但你不一定知道品客薯片、SK-Ⅱ化妆品、得宝(Tempo)纸巾也是它的产品;你可能知道宝洁擅长多品牌战略,但你不一定知道它在全球130多个国家经营着250个以上的品牌;你可能知道宝洁是一家老牌公司,但你不一定知道它至今已有164年的发展历史。

从1988年宝洁进入中国市场的13年时间以来,已经推出16个品牌的产品,

在洗发护发、护肤化妆、口腔护理、家居护理、婴儿护理以及食品、纸巾等领域齐头并进。

与宝洁公司的多品牌战略不同，中国本土企业更擅长的是单一品牌（有人称之为“多品一牌”）战略。作为使用单一品牌战略企业中的佼佼者，张瑞敏谈到海尔的品牌哲学时有一句名言：品牌的背后是文化。那么，对于宝洁，对于约翰·白波，品牌的背后是什么呢？

宝洁在中国最早推出的品牌是1988年的海飞丝。海飞丝成为家喻户晓的品牌，宝洁成为家喻户晓的公司，中国人的头皮屑可以说是居功至伟。所以当时有评价家说，头皮屑这个东西伴随着中国人已经几千年了，在海飞丝之前，谁也没把它当成个问题，而在海飞丝之后，谁都觉得它是个问题。

这个评价不错，问题在于，为什么宝洁会觉得头皮屑是个问题呢？

“因为我觉得头屑在中国是个主要的问题，而且当时没有有效的去头屑的洗发露”，白波这样回答，“我们有很多的数据，比如说头屑，我现在实际上记不太清具体的数字，差不多30%到40%的人口都有头屑问题，而且他们没有办法来应对这个问题。”

白波80年代（他自己说是1991年）到中国的时候，曾经骑着自行车在大街上晃悠，并留下了他骑在车上东张西望的宝贵照片。白波当时在找海飞丝吗？

这其实是宝洁市场调研的一个组成部分。宝洁在中国的市场调查从1985年就开始进行了，换句话说，到1988年10月底推出海飞丝，他们用了3年多的时间来研究中国人的头皮屑问题。

“我们是第一家做此类市场调研的公司，有时候我们到小的城镇，人家以为我们是搞人口普查的”，白波回忆起来觉得很有意思，“他们也不是总愿意跟我们交谈。我们跟上千个人谈过，遍布全国各地，我们要发现他们究竟想要什么样的护发产品和护肤产品。”推一个产品要做三四年的市场调查，这个速度是不是太慢了？

白波不这么认为：“我觉得根据当时的情况，这是一种现实的作用。当然，现在看起来应该是可以更快一些。当时这个国家对我们来讲是新的，中国非常大，我想这一点你比我们更了解，我们必须得做到全面，做到尽量深入各个阶层，使我们的理解更加正确。最后我们认为头皮屑是非常严重的事。”

对此，作为中国最早一批的市场调研从业人员，从1990年就和宝洁开始合作的高预先先生的看法是，“宝洁公司总是在不断地寻求、寻找消费者多种多样的需求，和不断变化的需求。正因为宝洁有了这种信念，它在市场调研方面给予了财力、人力、物力的巨大投入，给中国的市场研究带来了一个新的现象”。

这可能是一个公允的评价。中国在改革开放以前应该是没有市场研究，大学里没有相应的教科书，也没有相应的专业。在这方面，有着77年市场调研经验的宝洁毫无疑问开了一个好头，起到了一个很好的示范效应。

宝洁的市场调研可谓见缝插针、无孔不入。事实上，白波随身携带的行装里面，永远都有一个包是用来装宝洁产品的，以便于他随时随地可以进行调查、宣传和推广。

当然，时至今日，白波并不认为中国企业的市场调研还停留在过去的低水平状

态,“基本的做法和概念应该是一样的,在执行方面,在彻底性方面,在全面性方面,大家可能有所不同”。

“我们的调研做得非常多,而且投资很大,当然不一定说我们做得一定比别人好,但是我们确实相信你要调查,而且你可以很早期地就这样做,比如雕牌也是这样做的,它对中国的消费者也是提供他们所要的这种产品”。

从市场中获得消费者的需求信息是重要的,但对消费者而言,更重要的是企业如何来满足这种需求。

“我们不光要了解中国人需要什么,我们更要思考拿什么技术来解决这个存在的问题”,白波说,“我们要运用我们的想象力,运用中国优秀毕业生的想象力。我们知道首先要了解需求,同样重要的是,在技术方面我们要拿出解决方案。”

宝洁认为本土化的人才更能了解当地市场的真正需求,而宝洁也确实在吸引和留住优秀人才方面下了很多独到工夫。比如它们极少从外面的公司招募“空降兵”,而是把培养人才的重点放在大学毕业生上。

“公司95%的高级管理人,都是从非常好的学校毕业出来,一直在宝洁工作和成长的。”白波说。事实上,中国宝洁公司在2020年的远景描述中,就有这样的文字:在宝洁的经营理念中,人被放在比品牌更重要的位置上。宝洁公司的一位前任董事长理查德·杜普瑞曾说:“如果你把我们的资金、厂房及品牌留下,把我们的人带走,我们的公司会垮掉;相反,如果你拿走我们的资金、厂房及品牌,而留下我们的人,十年内我们将重建一切。”

这可能是宝洁成功的真正原因。

谢安通过观察得结论

东晋时的王献之是著名的大书法家,与他的父亲王羲之被世人合称“二王”。王献之小的时候,非常聪明伶俐。有一次他和两个哥哥徽之、操之一起去见宰相谢安。当时徽之、操之都说了不少家常琐碎的事,而献之问候一下就不作声了。他们走了以后,有人问谢安这三个孩子哪个比较好。谢安说:“最小的一个比较好。”有人问为什么,谢安说,献之说话不多,但是并不腼腆,所以说他好。

又有一次,献之和徽之在房中谈话,突然发生了火灾,徽之吓得连鞋都来不及穿,就往外跑。献之却一点儿也不惊慌,很镇定地慢慢走出去。另有一天晚上,有一个小偷潜入他的卧室,把所有能偷的东西都偷了。小偷正要走,献之喝道:“青毯是我们家的旧东西,留下吧!”小偷吓了一跳,什么东西也没有拿就跑掉了。

有一天,他父亲的几个学生在一起玩一种赌博游戏,年纪很小的献之在旁边看着,忽然对其中的一方说:“你这方赢不了啦!”那些学生看他年纪这么小,居然也看出了胜负的结果,便取笑他说:“这小孩儿从管中窥豹,也看到了豹子身上的斑纹啦!”意思是说,虽然他不全懂,但也能从局部的观察推知整体。

生活中,人们无时无刻不在观察他人:身为宰相的谢安可以通过观察得出结论,而年纪尚小的献之也会通过观察得出一定的结论。真正有眼光的人,可以通过对表面现象的观察,得出有价值的结论。

韩信的近视眼

韩信是一位能连百万兵且"多多益善"的军事奇才，连汉高祖刘邦都不得不承认韩信能"连百万之军，战必胜，攻必取"，而自愧不如；但可惜的是，这样一位军事奇才却仅仅限于会打仗而已，对于政治却是一位"高度近视眼"。

韩信既心怀野心，又不能准确地把握机会。想当初刘邦、项羽争天下之时，天下形势尽决于韩信一人之手，所谓"与汉则刘帝，与楚则项王"。蒯通曾游说韩信，怂恿其三分天下，与刘邦、项羽鼎足而王。而此时韩信却"不忍背汉，又自以为功大"，错失良机。十足的妇人之仁和鼠目寸光！

不准备三分天下就老老实实地做人吧，可他偏不！他对刘邦欲铲除天下非刘姓王而贬其为淮阴侯心怀不满。陈稀谋反，韩信与之串通，欲起兵响应。但此时天下已定，他失去了与刘邦一争高低的时机，结果被吕后、萧何用计诛杀，只留下一个"成也萧何，败也萧何"的话头被人把玩。

韩信的悲剧在于他不能审时度势，该进不进，该退不退。生活中准确地把握时机，适时进退是十分重要的，该退的时候一定要退。

陈平的远见

刘邦晚年，西汉中央政权内部潜伏着一股暗流，外戚吕氏倚靠皇后吕雉，力图取代开国老臣，控制军政大权。泼辣又精明的吕后内靠颇有心计的宠臣审食其参与谋划，赞襄政务；外则与骁将樊哙等人结成裙带关系，又把吕氏兄弟子侄安插到各个要害部位。在此情况下，有心人首先要考虑如何在盘根错节的关系网中存在下来，然后才能施加自己的政治影响，力挽时局。

西汉　七牛铜贮贝器

内忧未除，外患又起。汉高祖十二年（前195年），燕王卢绾谋反。二月，刘邦命樊哙率兵前去平叛。出师不久，有人就在刘邦面前谈论樊哙过恶。刘邦闻言大怒，决意临阵换将，可又担心樊哙手操军权，或生不测。最后，还是采用陈平的计策：以陈平名义前往樊哙军中传诏，车中暗载大将周勃，待驰至军中，宣旨立斩樊哙，使周勃夺印代将。

陈平、周勃遵命而发，途中边行边细心合计。自然是陈平智高一筹，他对周勃建议说："樊哙是皇帝故交，功多劳重，况且又是吕后之妹吕须的丈夫，可谓既亲且贵。帝因一时愤怒，便要杀他；一旦气消，或许后悔。兼之吕后、吕须从旁撮弄，难免归罪于你我二人。你我不如拿住樊哙，绑赴朝廷，或杀或免，听凭皇上自己处置。"周勃忠厚老成，依议而行。

樊哙果然中计，被周勃当场拿下，钉入囚车。周勃立即赶到中军大帐，宣旨代将,另由陈平押解囚车,返回京师长安。陈平行至中途,突然获悉刘邦病故。

陈平料定朝中必由吕后主持政事,使局势变得更加险恶。唯一可恃的是,幸亏先前未斩樊哙,还可向吕氏曲意交代。即使如此,他也怕夜长梦多,务必在朝中忙于治丧的时候,将自己剖白干净,否则,恐遭吕氏暗算。想到这里,他让囚车照常行驶,自己则抢先策马驰往长安。

还未到长安,就遇见使者传诏,命他与灌婴一同屯戍荥阳。陈平想到前事未及说明,再远离朝堂,怎不忧谗畏讥!于是,他心生一计,立刻跌跌撞撞地跑入宫中,跪倒在汉高祖灵前,放声悲号,且哭且诉,大意是说:先帝命我就地斩决樊哙,我未敢轻处大臣,现已将樊哙解押回京。这分明是说给活人听的,向吕后表功。

吕后、吕须得知樊哙未死,立即放下心来。又见陈平涕泪横流,忠君情义溢于言表,顿生哀怜之心。最后任命他为郎中令,并负责教诲、辅佐新即位的汉惠帝。不久,樊哙解至长安,立即赦免,官爵如旧。

各种事态发展尚未明朗时,切忌匆忙做出决定,应当细心体察事物的方方面面,观察可能出现的各种态势,思考相应的对策。当事态逐渐明朗时再作决断。这样,进可攻,退可守,攻守兼备,进退自如,才是高明之举。

蔡志勇因势应变

蔡志勇1931年出生于上海,1947年到美国读书。他的兴趣很广,尤其对金融学下的功夫最多,因而走出校门没有多久,就加入一家股票行,担任证券分析员,对买进卖出股票做起了"评判"工作。也许正是这种不起眼的工作,为他在华尔街的金融巨头之战中敢冒风险、大获成功打下了扎实的金融实践基础。

蔡志勇可以说是个没有多少本钱的学生,他凭着国际金融知识投资,先后在3个公司供职,业绩不俗。但他仍然难以发挥潜在的能量,于是辞职自立门户,1965年他办起了"蔡氏公司",出资200多万美元。3年以后,根据市场的变化,他突然把"蔡氏公司"卖掉了,个人财富增至3000万美元。这种"倒买倒卖"的技术令人咋舌。他是靠什么来倒买倒卖,获得高额赢利的呢?

1978年,蔡志勇根据金融形势变化,投入220万美金收购了"联合麦迪逊公司"。这是一家财务公司,很适合他的口味,他认为只要财务管理得法,发展不成问题,于是招兵买马,扩展证券业务,一下就影响到华尔街的一些有声望的金融机构,这时蔡志勇注意到美国制罐公司主动向他接近,他认为是个机会。经过一番谈判,居然以1.4亿美元将"联合麦迪逊公司"卖给了美国制罐公司。这一招被美国人称为"点石成金"之术。

卖公司并不是目的,蔡志勇瞄准的是更大的目标。过了不长时间,他反过来又收购美国制罐公司近67万股的股票,价格是1800万美元,占该公司全部股权的35%,这个比例表面上看起来不大,其实美国上市公司的股份是很分散的,他占有的份额已使他登上这家公司的副总裁位置。蔡志勇上任后,就像一个多多益善的"将军",收购了另两家公司的部分股票,3年内增值10亿美元。制罐公司原来在财务处于被动的地位,让他这么变戏法式地一翻手,也就变成大赢家。

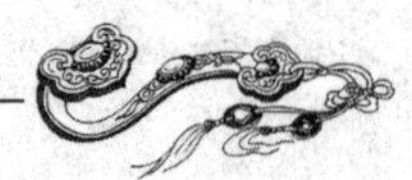

利用金融市场拆借的魔力,争取持股者增强投资信心,使一家公司的经营业绩一年比一年高,这是许多有限公司的经营者惯走的路子。蔡志勇同样是利用金融拆借的手段,但他却敢于收购亏损企业,敢于卖掉业绩不俗的盈利公司,在买与卖的交替中,"点石成金"。当然这种做法同样伴随着巨大的风险,一着不慎,全盘皆输。从蔡志勇买卖企业股份的眼光,足可看出他对金融市场风云变幻的过人眼光,这是他战胜竞争对手的重要法宝。

随波逐流,顺风转舵,多因会有贬义色彩而被人们抱有成见。其实,这正是对度势的最好说明。顺着情势改变自己的态度和立场,是度势高手一贯的做法。当然,度势要有非凡的眼力,才能因势应变,游刃有余。

世界上的事情都不是以我们个人的意志为转移的,所谓"天有不测风云,人有旦夕祸福"。因此,我们必须随时随处以变化的心态看待社会和人事,做好随机应变的心理准备,这样才能游刃有余,以不变应万变,使自己永远掌握主动权,从而立于不败之地。

虚怀若谷的顾炎武

我国近代著名大学者顾炎武认为,天下的学问是无穷无尽的;昔日之所得,不足以自矜,后日之所成,又不容以自限。他虽然从小就在家庭的熏陶教育下打下了扎实的知识根基,后来又成为一位名满天下的学者,但他不自满自傲而是虚怀若谷,向师友学习,取人之长,补己之短。

顾炎武所做的《广师》一文,淋漓尽致地表现了他虚怀若谷的品德:

学究天人,确乎不拔,吾不如王寅旭;读书为己,深颐洞微,吾不如杨雪臣;独精三礼,卓然经师,吾不如张稷若;萧然物外,自得天机,吾不如傅青主;艰苦力学,无师而成,吾不如李中孚;险阻备尝,与时屈伸,吾不如路安卿;博闻强记,群书之府,吾不如吴志伊;文章尔雅,宅心和厚,吾不如朱锡路;好学不倦,笃于朋友,吾不如王同史;精心六书,信而好古,吾不如张力臣。

一个人如能感到自己的"吾不如",就必然会感到自己尚有"吾不知"和"吾不足"。只有这样的人才能真正具有虚怀若谷的品德。吾不知,就是敢于做到"知之为知之,不知为不知"。在宇宙之大、社会之广、知识之博的客观环境里,谁都会有许多自己不知道未掌握的学问。即使你是一位大学问家,你掌握的知识恐怕也只能是沧海之一粟,九牛之一毛。不知道这一点便是双倍的无知。

庄子讲过这样的故事:秋天下了大雨,河水涨满了,于是河神沾沾自喜,以为天下的水都汇集到自己的河里,再也没有谁可胜过自己了。然而当它顺流而下时,不觉来到北海,见到一望无际的大海不知比它宽阔多少倍时,它这才知道了自己的渺小。

吾不足,就是要知道自己的不足之处。金无足赤,人无完人。即使自己做得再好,也还会有很多不足。越是有自知之明的人,越会知道自己的不足。明代方孝孺说:"人之不幸,莫过于自足。"只有知道自己的不足,才能找到前进的目标和动力。

唐太宗的“人镜”

宰相魏徵病故了，唐太宗李世民难过得连饭也吃不下去，大臣们纷纷前来劝慰他。李世民说：“唯有魏徵知道我的心啊。用铜做成镜子，可以使衣服穿戴得整齐；以历史为镜子，可以知道各朝各代兴亡的原因；以人为镜子，可以知道自己的得失和过错。现在魏徵死了，我失去了一面镜子啊。”大臣们听了这番话，无不面带愧色。

每一个人都有可能成为另一个人的镜子。应该说，镜子是客观存在的，就看你愿意不愿意照和会不会照了。

既然是镜子，就有可能照出美丽的一面，也有可能照出丑陋的一面；如果只能照出美丽的一面，那就不是镜子了；如果只想照出自己美的一面，那就不能算照镜子了。真正是照镜子，就应该全面地看一看自己。

不自负、不自满、不武断、不固执，看到他人的长处，虚心学习；反省自己的不足，自觉地加以克服；注意倾听别人的意见，乐于接受别人的帮助。这是一个人能够成才、成功的重要条件。

陶罐和铁罐

有这样一个寓言故事：国王的御橱里有两只罐子，一只是陶的，另一只是铁的。骄傲的铁罐瞧不起陶罐，常常奚落它。

“你敢碰我吗，陶罐子？”铁罐傲慢地问。

“不敢，铁罐兄弟。”谦虚的陶罐回答说。

“我就知道你不敢，懦弱的东西！”铁罐说着，就更加神气了。

“我确实不敢碰你，但不能叫作懦弱。”陶罐争辩说，“我们生来的任务就是盛东西，并不是来互相撞碰的。在完成我们的本职任务方面，我不见得比你差。再说……”

“住嘴！”铁罐愤怒地说，“你怎么敢和我相提并论！你等着吧，要不了几天，你就会破成碎片消灭了，我却永远在这里，什么也不怕。”

“何必这样说呢，”陶罐说，“我们还是和睦相处的好，吵什么呢！”

“和你在一起我感到羞耻，你算什么东西！”铁罐说，“我们走着瞧吧，总有一天，我要把你碰成碎片！”

陶罐不再理会。

时间过去了，世界上发生了许多事情，王朝覆灭了，宫殿倒塌了，两只罐子被遗落在荒凉的场地上。历史在它们的上面积满了渣滓和尘土，一个世纪连着一个世纪。

许多年以后的一天，人们来到这里，掘开厚厚的堆积，发现了那只陶罐。

“哟，这里头有一只罐子！”一个人惊讶地说。

“真的，一只陶罐！”其他的人说，都高兴地叫了起来。

大家把陶罐捧起，把它身上的泥土刷掉，擦洗干净，和当年在御橱的时候完全一样，朴素，美观，油光可鉴。

"一只多美的陶罐！"一个人说，"小心点，千万别把它弄破了，这是古代的东西，很有价值的。"

"谢谢你们！"陶罐兴奋地说，"我的兄弟铁罐就在我的旁边，请你们把它掘出来吧，它一定闷得受不了了。"

人们立即动手，翻来覆去，把土都掘遍了。但一点铁罐的影子也没有，它不知道在什么年代已经完全氧化，早就无踪无影了。"铁罐"的悲剧正在于它的盲目性，而"陶罐"的不朽就在于它清楚自己的实力。

介子推的自知之明

介子推跟随重耳流亡国外19年，历尽千辛万苦，立下了汗马功劳。后来，重耳回国做了国王，赏赐和提拔了许多有功之臣，却把介子推给忘了。

有人对介子推说："重耳这人可共苦不可同甜啊。"介子推说："作为国君，日理万机，实在太忙，不可能什么事情都想得那么周到。再说，我是个没有什么文化的人，在主公渡难关时可能还有点用处，现在要治理国家我的能力就不行了。对这些我是有自知之明的，从不怪他人。"

当某一事业取得了成功的时候，每一个事业的参加者都拥有一份功劳，这是不能怀疑的。可是，如何对待这份功劳呢？不同的人有着不同的对待。认为自己既有功劳又有能力将事业继续发展下去的人是可贵的，如果认为自己缺乏进一步开展工作的能力而功成身退的人更是可敬的。

留美硕士的败笔

留美硕士宋俊峰回国后就到电视台工作。小宋不仅长得仪表堂堂，而且强闻博识，且能言善辩，台里所有人都看好这位明日之星，就连台里的顶梁柱"九州之声"的制作主持人古庭玉先生也直夸小宋前途无量。

有前辈夸奖，小宋工作更是卖力，不分黑昼地泡在电视台里。闲时也想：如果古先生能提他一把那就太棒了！小宋自信不会太令前辈失望。

机会终于来了，近来出差频繁的古老先生给小宋打来电话约他面谈。小宋做梦也没想到古先生能把自己的"成名之作"——"九州之声"交给他主持。乍听之下，小宋高兴得难以置信，半晌无语。

古先生走近小宋说："我的事情多，常在世界各地跑，偏偏节目每个礼拜都得录影。"古先生两只热手握着小宋冰凉的手很诚恳地说："想来想去，只有你这位青年才俊够格来接，你考虑考虑。"

哪里还要考虑，小宋当场就接了。小宋接手主持"九州之声"真像是一声雷，震动了电视界，更震动了观众。大家议论纷纷："小宋这么嫩，怎能接古先生的东西？"

“老古把自己打下来的江山交给小宋,太冒险了!”

“不是小宋这样的旷世才子又有谁能接得了?放眼今天,能主持又有学校背景的能有几人?”

节目播出了,小宋果然主持得可圈可点。虽然有些看惯古先生的人一时不能习惯,隔些时日也就习惯了。问题是,隔了好些天后,节目不但收视率没提高,反而下降了。小宋四处请求,广告商就是不肯。

“老弟!这可是我的‘老招牌’,你要加油啊!”古先生常鼓励小宋。只是说归说,连古先生的制作班底也愈来愈没劲,而且听说都去搞另一个新节目了。

“九州之声”在古先生打响招牌十年之后,终于因为收视率太差,广告又太少而宣告结束。小宋伤心极了,觉得愧对古先生重托。

“没关系!没关系!”古先生拍着小宋:“连你这样的人都做不下去,也就没话说了。不怪你!不怪你!”

隔不久又传出了雷声,古先生再度出马,开辟一个比“九州之声”更精彩的节目,而且亲自主持。退出的广告商一下子又全回来了。古先生的班底居然在短短两个星期当中已经制作了好几集,还存了许多精彩的“点子”!新节目又一炮而红。

还是古先生的魅力惊人。只是年轻的才子小宋砸了“九州之声”那么有名的节目,成为收视率毒药,宋俊峰短时间很难再爬起来了。古先生是很不简单,居然把他的成名节目交给小宋,小宋也硬是在众目睽睽之下把节目作垮了。

只是很奇怪,古先生的老招牌砸了似乎没伤害到古先生,反证明古先生的魅力,使他更红了。再想想,那个做了十年的“九州之声”,似乎也真是太老,该换新东西了。

古先生的成名作、老招牌,怎么能在他自己的手下砸掉,那是多明显的失败啊!可是节目又该更新了,怎么办?于是计谋产生了。把这个已经没救的位子让给小宋吧!他做成功了,那是我古先生的节目,在我铺路下做成功的。做失败了,只怪他能力不足。这么老的招牌居然到他手上就垮了。可见还是我古先生行,还是换我来吧!

其实这世界上处处有古先生,他们把最好的东西交给你,令你感激涕零。但是,你也要想想,凭什么他要给你?你是真年轻干练足当重任吗?抑或你只是个替死鬼?要记住“人要有自知之明!”

我们每个人都有各自的特点,有自己的长处,也有自己的短处,但人贵有自知之明。这不仅是一种品质的表现,更是一种做人的智慧,逞能硬撑着必然会像垫桌腿的乌龟那样吃力不堪;而自吹自擂者也难免被自己和别人的唾液给淹得无法喘息。

李密可惜没有摆正自己的位置

魏公李密被王世充击败后,投奔了唐高祖李渊。他对部下说:“我曾拥兵百万归唐,主上肯定会给我安排要职的。”可是,李密归唐后,李渊只是任命他为光禄卿、上柱国,封他为邢国公,这些都是虚职,与他的期望相去很远,使他大失所望。

朝中很多大臣对李密表示轻视，一些掌权的人还向他索贿，也使他内心烦躁不满。自视甚高的李密怎能忍受这种境遇？他的理想是当王，可是在人手底下，这怎么可能呢？他的铁杆追随者王伯当和他谈及归唐后的感觉时也颇有同感。他对李密说："天下之事仍在魏公的掌握之中。东海公在黎阳，襄阳公在罗口，而河南兵马屈指可数。魏公不可以长久待在这里。"

王伯当的话正中李密之意。李密便想出了一个离开长安的计策。这天，李密向李渊献策说："山东的兵马都是臣的旧部，请让臣去招抚他们，以讨伐东都的王世充。"

李渊立即批准了李密的请求。许多大臣劝李渊说："李密这人狡猾而好反复，陛下派他去山东犹如放虎归山一样，他肯定会割据一方，不会回来了。"李渊笑着回答道："李密即使叛离也不值得我们可惜，他和王世充水火不容，他们两方争斗，我们正好可以坐收其利。"

李密请求让过去的宠臣贾闰甫和他同行，李渊不仅一口答应，还任命王伯当作李密的副手。临行时，李渊设宴送行，他和李密等人传喝一杯酒。李渊说："我们同饮这杯酒，表明我们同一条心。有人不让你们去山东，朕真心待你们，相信你们不会辜负朕的一番心意。"

唐高祖武德元年(618 年)十二月，李渊让李密带领手下的一半人马出关。长史张宝德也在出征人员的名单中。他察觉了李密的反意，怕李密逃亡会连累自己，便秘密上书李渊，说李密一定会反叛。李渊收到张宝德的奏章才改变了自己的想法，后悔让李密出关。但他又怕惊动李密，便马上派使者传他的命令，让李密的部下慢慢行进，李密单骑回朝受命。

李密对手下的贾闰甫说："主上曾说有人不让我去山东，看来这话起了作用了。我如果回去肯定被杀，与其被杀掉，不如进攻桃林县，夺取那里的粮草和兵马，再向北渡过黄河。如果我们能够到达黎阳，和徐世勣会合大事肯定成功。"

贾闰甫说："主上待明公甚厚，明公既然已经归顺大唐，为什么又生异心呢？退一步说，即或我们攻下桃林，又能成什么气候呢？依我看，明公应该返回长安，表明本来就毫无异心，流言自然就不起作用了。如果还想去山东的话，不妨从长计议再找机会。"

李密听贾闰甫的话不顺耳，生气地说："朝廷不给我割地封王，我难以忍受。主上据关中，山东就是我的。上天所赐，怎能不取，反而拱手让人？贾公一直是我的心腹，现在怎么不和我一条心了呢？"

贾闰甫流着眼泪回答道："明公杀了司徒翟让，山东人都认为明公忘恩负义。谁还愿意把军队交给明公呢？我若非蒙受明公的厚恩，怎么肯如此直言不讳呢？只要明公安然无恙，我死而无憾！"

李密听了怒气冲天，举刀就砍向贾闰甫。王伯当等人苦苦劝谏，李密才住了手，贾闰甫侥幸不死就逃走了。王伯当也劝李密作罢，李密仍然不听。王伯当于是说；"义士的志向是不会因为存亡而改变的，明公一定要起兵反唐，我将和明公同生共死，不过恐怕只能是徒劳无益而已。"于是李密杀了朝廷的使者。第二天清晨，夺取了桃林县城。

李渊知道后，派军队进击李密。在熊耳山，李密遭到伏击，他和王伯当在混战中都被杀死。

李密是个野心家，他本来是跟随杨玄感反隋的，后来兵败投奔了翟让的瓦岗军，为取得瓦岗军的领导权，他设计杀了翟让，大权独揽，拥兵百万。与洛阳的王世充作战失利后，李密带了两万多人归顺李渊，他手下的徐世勣、魏徵等人都可以甘当人臣，安心地为唐朝做事，可他不甘心，因为他自视甚高，觉得自己有王者气象。而且，他相信图谶，认为李家坐天下的说法指的是他，而不是李渊。

归顺唐朝以后，他就应该摆正自己的位置，适应角色的转变。可是，他的权力欲太强，使他做出了错误的判断，不合时宜地企图“另立中央”，终于招致杀身之祸。

总之，在现实中，我们为人处世，要顺畅一生，就要懂得摆正自己的位置，在灵活变通中求生存、求发展。

吕端大事不糊涂

宋太宗赵匡义病重时立第三子赵恒为皇太子。当时，吕端继吕蒙正为宰相，他为人识大体，顾大局，很有办事能力，深得太宗赏识。太宗说他“小事糊涂，大事不糊涂”。不久，他便将相位让给寇准，退位参知政事。

太宗驾崩后，围绕谁来即位的问题，宫内多有不同意见。皇太子赵恒年已29岁，聪明能干，处断有方，但他是太宗的第三子，现在太宗已逝，他的即位资格存在争议。其他王子都有各自的支持者，很忌妒赵恒。但吕端却是站在赵恒一边的，他决心遵照先帝意旨，拥立赵恒即位。当然，他也就对宫中的一些情况细心观察。

正当太宗驾崩举国祭丧之时，太监王继恩、参知政事李昌龄、殿前都指挥使李继熏、知制诰胡旦等人，暗地里密谋，准备阻止赵恒即位，而立楚王赵元佐。吕端心中有所警惕，但具体情况却并不清楚。李皇后本来也不同意赵恒即位，所以，当李皇后命王继恩传话召见吕端时，吕端心头一怔，便知大事有变，可能发生不测。

想到这里，吕端便决定抢先动手，争取主动。他一面答应去见皇后，一面将王继恩锁在内阁，不让他出来与其他人谋通，并派人看守门口，防止有人劫持逃走。之后，吕端才毕恭毕敬地来见皇后。李皇后对吕端说：“太宗已晏驾，按理应立长子为继承人，这样才是顺应天意，你看如何？”

吕端却说：“先帝立赵恒为皇太子，正是为了今天，如今，太宗刚刚晏驾，将江山留给我们，他的尸骨未寒，我们哪能违背先帝遗诏而另有所立？请皇后三思。”李皇后思虑再三，觉得吕端讲得有道理；况且，众大臣都在竭力拥立赵恒皇太子，李皇后也不得违拗，便同意了吕端的意见，决定由皇太子赵恒继承皇位，统领大宋江山。众大臣连连称是，叩首而去。

吕端至此还不放心，怕届时会被偷梁换柱。赵恒于公元997年即位为真宗，垂帘引见群臣，群臣跪拜堂前，齐呼万岁，唯独吕端平立于殿下不拜，众人忙问其故。吕端说：“皇太子即位，理当光明正大，为何垂帘侧坐，遮遮掩掩？”他要求卷起帘帷，走上大殿，正面仔细观望。知道确是太子赵恒，然后走下台阶，率群臣拜呼万岁。至此，吕端才真正放了心。赵恒从此开始执政，在位25年。

史官对吕端评价很高,《宋史》评论道:“吕端谏秦王居留,表表已见大器,与寇准同相而常让之,留李继迁之母不诛,真宗之立,闭王继恩于室,以折李后异谋,而定大计;既立,犹请去帘,升殿审视,然后下拜,太宗谓之大事不糊涂者,知臣莫过君矣。”

从吕端做事的风格和智慧来看,其精彩之处不仅在于他遇事不乱,坚持原则上,还在于他能把事情的发展紧紧把握在自己的手上。所以,在当今社会里,我们为人处世,就要讲究遇事沉着冷静,以不变应万变。

曾国藩以不变应万变

清末,僧格林沁在与捻军对抗中被打死,其部队由曾国藩接管。曾国藩对僧格林沁败亡原因做了深入分析,认真研究了捻军的战略战术。最后他认定,捻军精骑数万,行动迅速,行踪遍及五省,忽南忽北,如果穷追不舍,很可能像僧格林沁一样被捻军抓住机会消灭。因此,他针对捻军变化不定的特点,实行以不变应万变的对策。

同治五年(1866 年)六月,曾国藩与刘铭传商定了“河防之计”,内容是与地方武装配合,分守黄河、运河、沙河与贾鲁河、淮河,利用捻军不习水战的弱点,把捻军困于黄、淮之间的狭窄地带,加以歼灭。

清　马拉轿车

六月中旬,清军刘松山、张诗日部与张宗禹在西华激战,捻军损失六千人,这是曾国藩北上的第一次大仗。但由于清军相互间协调不力,八月十六日,张宗禹率军突破河防阵线,进入山东。这样一来,曾国藩的河防计划失败,顿时朝野一片嘘声,许多人纷纷上疏弹劾,而清廷也对他感到不满。

曾国藩却认为不能因一次失利而否定河防战略,贾鲁河没有能堵住捻军,不等于在黄河、运河堵不住捻军。不久,清廷将他调回两江总督任上,派他的学生李鸿章接任。

刚开始,李鸿章也对“河防”战略不以为然,他曾在给刘铭传的信中写道:“古有万里长城,今有万里长墙,不知秦始皇千年后遇公等知音。”他剿捻之初,放弃了河防之策,想以大兵团在陆上与捻军对阵,以期一举歼灭。

李鸿章调动大军追击捻军,结果一败再败。先是郭松林在湖北安陆被捻军打败,半个月后张树珊部又在湖北德安被歼灭,张树珊落得跟僧格林沁同样的下场。不久,捻军又在安陆尹隆河大败淮军刘铭传部,使刘部几乎全军覆没。一个月后,湖北蕲水战役,湘军彭毓橘部被全歼。

一连串的失败使李鸿章清醒过来,经过反思,他才认识到,曾国藩的河防之策是唯一可以制捻军于死地的正确策略。此后，李鸿章拒绝任何建议，顶住“河防不可恃”的舆论压力，坚持“河防大计”，终于把捻军镇压下去。

以不变应万变，这是处世顺利最好的策略。现实生活是复杂多变的，做人，既要有一种大无畏的拼搏精神，更要有沉着冷静、灵活变通的智谋。

精明的人总是能够审时度势，相机而动，进退自如。只有对事物敏锐、全面地观察、了解和预测，估计“势”运动变化的趋向和力度，才能使自己的行为跟上形势、适应形势。

度势要具备正确的判断能力，才能够伺机而动、随机应变。正确的判断能力来自对两个方面的把握：一是权衡利弊。《孙子兵法·九变篇》上说：“智者之虑，必杂于利害。杂于利，而务可信也。杂于害，而患可解也。”因此要善于趋利避害，“两利相权取其重，两害相比趋其轻”。二是分析对比。度势之前要广泛收集情报，再以科学的方法、客观的态度，来做对比分析，以决定取舍，为度势做出正确的抉择。

面对变幻莫测、复杂纷繁的社会，我们不可能准确地预测未来，但我们可以在平时多做准备，以发展的眼光和变化的心态去看待社会和人事，随时做好应变的心理准备，这样才能以不变应万变，进退自如，把主动权牢牢地握在自己手中。

以身作则，曹操割发代首

中华民族是一个崇尚道德伦理榜样的民族，“榜样的力量是无穷的”这句话可以说是妇孺皆知的俗语了。古有“二十四孝”，今有雷锋、任长霞等，每一代都有被宣传歌颂的榜样。从历史事实上看，伦理榜样促成了封建道德体系的形成，在社会群体中确实起过重要作用；从价值层面看，树立榜样也确有必要，因为榜样的行为与精神是时代凸现出来的精华，是未来社会发展的方向。尤其是领导者更应该清醒地意识到这一点，言传身教，做下属的表率。观卦中说到“先王以省方观民设教”，也就是这个道理。三国时期的曹操是大家非常熟悉的历史人物，虽然他身上溢漫着封建王侯的霸气，但他严以律己、自觉守法，在这一点上还是做得很好的，不愧是我国历史上著名的政治家。

建安五年（公元201年），曹操率军在官渡和袁绍进行决战的前夕，为了严肃军纪，下了一道命令：“军队行军，不许践踏麦田，违犯者处死。”

可是，在行军中，麦田里突然飞出一群斑鸠，从曹操骑的马头上掠过。战马受了惊吓，嘶叫着窜进麦田并狂奔起来，等曹操用力勒住缰绳停下来，已经踩坏了一大片麦子。

曹操赶紧下马，对管理法令的主簿说：“我践踏了麦田，违犯禁令，请按军法治罪。”

主簿觉得统帅的马踩了麦田，不好治罪，就对曹操说：“法令是对一般将士的。按照《春秋》的规矩，对尊贵的人是不能施加刑罚的。将军是一军的主帅，何况战马受惊，闯入麦田，是出于意外，不是存心违法，我看就不必治罪了。”

曹操见主簿不肯定罪，便要拔剑自刎。

部下慌忙拉住,劝阻道:"您是统帅,责任重大,怎么可以轻生呢?"

曹操叹了口气说:"我身为统帅,更应该自觉遵守法令,即使不处死,也一定要受到处罚!"说着,用剑"唰"的一声割下自己的一绺头发,掷在地上。

古代的人认为身体发肤,受之父母,是不能随便损毁的,因此割发也是一种刑罚。曹操割发代首的事情,马上在全军将士中传开了。全军上下见曹操这样严格要求自己,人人自觉遵守军令,不敢违犯。

曹操"割发代首",为全军做出了遵纪守法的榜样,在法律不健全的社会里,国君的表率作用十分重要。"其身正,不令则行;其身不正,虽令不从。"君主制定法律、树立礼仪,首先必须以身作则。如果君主"法不治己",下面的老百姓就不会服从,这样国家的法律也就无法得到实施,国家产生混乱也就是必然的了。所以历代思想家都强调君主在遵守法律方面要起到表率作用。

一个国家和社会的盛衰成败在很大程度上取决于社会群体的道德素质,通过榜样的道德人格的示范作用对提高整个社会群体的道德素质是很有作用的。社会群体素质是维系一个国家和社会生存发展的重要条件,因此,做群众榜样是任何一个领导者必须践行的执政信条。在我们的社会中也应不断发现榜样,树立榜样。人人学习榜样,个个争当模范,这样,对社会的安宁、国家的治理都会有很大的帮助。

噬嗑卦第二十一 ䷔

【经文】

震下离上　噬嗑[①]亨。利用狱[②]。

初九　屦校灭趾[③],无咎。

六二　噬肤灭鼻[④],无咎。

六三　噬腊肉遇毒[⑤],小吝,无咎。

九四　噬干胏,得金矢,利艰贞,吉[⑥]。

六五　噬干肉,得黄金,贞厉,无咎[⑦]。

上九　何校灭耳,凶[⑧]。

【注释】

①噬嗑:卦名。通行本为第二十一卦,帛书本为第五十五卦。"噬",啮,用牙齿决物。《礼记·曲礼上》"濡肉齿决",即此"噬"字之义。帛书"噬"作"筮",《易·蒙》《释文》云"筮,决也"。"嗑",合(《序卦传》)。人有违法犯案者,决之使合于法,故卦名《噬嗑》、卦辞言"利用狱"。

《噬嗑》卦上《离》下《震》,"离"即"罗",罗网、法网、刑网。"震"为动。贪欲动于下，则刑网威于上，此为《噬嗑》卦之意象；《大象》说为“明罚敕法”，得之。

②利用狱：利于决狱断案。六十四卦卦爻辞中“狱”及“利用狱”仅此一见，亦可知本卦为专论狱案刑律之卦。

③屦校灭趾：“屦”，鞋。在此用作动词，指脚上戴着。“校”，木制刑具，在脚为桎，在手为梏，在肩为枷。“屦校”，脚上戴着刑具。“灭”，去除，割掉。爻在初位，故言“屦”“趾”，此喻初犯，刑之以轻，以毖其后，故占辞曰“无咎”。中间四爻，受惩之因，皆由贪欲；初、上未言，盖省文也。

④噬肤灭鼻：“肤”，肥肉（陈梦雷《周易浅述》“肤，腹下柔软无骨之肉”）。贪吃肥肉，喻人之贪欲动心，僭越名分。“贫民菜食”（《汉书·鲍宣传》），食肉僭越，因之受惩。“鼻”为七窍之最显者，为嗜欲之代表，故割其鼻以惩其欲。《周易参同契》“耳、目、口三宝，固塞勿发扬”、《老子》“塞其兑”，皆谓闭塞人之嗜欲孔窍，使心不外淫。

⑤噬腊肉遇毒：“腊肉”，经腌制晾晒过的肉干。“遇毒”，谓肉毒入口而未入于脏器，喻因经小惩而免于大祸，故占辞云“小吝（害）无咎”。

⑥噬干胏得金矢，利艰贞，吉：“干胏”，经过晾晒带骨的肉干。“金矢”，没人腊物骨肉中的铜箭头。“利艰贞吉”衍“利”字，当从帛书作“艰贞吉”。《周易》可说“利艰贞”或“艰则吉”“艰贞无咎”，而不说“利艰贞吉”，“利”与“吉”重复。“艰贞吉”，谓占问有险而终可化夷。遇得金矢是“艰贞”有险，未吞入腹中是“吉”而化夷。此亦喻因小惩而免大祸。

⑦噬干肉得黄金，贞厉无咎：“干肉”，普通的肉干，与“腊肉”略有别。“得黄金”，帛书作“遇毒”。按：当从帛书，今译文即从帛书。上卦的《观》卦三、五爻亦均说“观我生”，与此卦三、五爻均说“遇毒”的重复情况相近。九四之云“得金矢”，因九四为阳刚；六五与六三均为阴爻，故均以遇阴毒说之；六五阴爻，不当云“得黄金”。《蒙》卦六三“见金夫”之“金夫”（闻一多以为当作“金矢”）亦是指九二阳爻，与此同。“贞厉无咎”，占问危险而终无咎患。

⑧何校灭耳，凶：“何”同“荷”，帛书即作“荷”。“荷校”，肩披刑具。上九为卦之终，故“荷校”，与初九之“屦校”相照。割耳为轻刑而占辞曰“凶”者，其为砍头之兆也。古代田野猎禽、沙场斩获，皆以割耳代表斩首之数量，《左传》所谓“获者取左耳”也。因“灭耳”为杀身之兆，故曰“凶”，《系辞》所谓“恶不积不足以灭身”即指此；张立文《帛书周易注释》“重者如荷校灭耳，有砍头的凶险”的解释是正确的。《大过》上六云“过涉灭顶，凶，无咎”，而本卦上九“何校灭耳，凶”却不说“无咎”者，《大过》上六为阴爻，柔弱知退，故终“无咎”；《噬嗑》上九为阳爻，强刚之极，进而不退，怙恶不悛，故不言“无咎”。所谓“阳进阴退”“坚强者死之徒，柔弱者生之徒”也。又按：“灭耳”疑为“灭身”之讹。《系辞》“灭身”即引此文。《一切经音义·卷一》“遍耳”，注“经文有作身字”。

【译文】

噬嗑卦：上下颚咬合将食物嚼碎，肠胃便亨通，这个道理对于治狱有借鉴意义。

初九：罚戴脚镣，还把脚趾割掉，从此不再犯罪。

六二：因为偷吃肉而被罚割掉鼻子，从此不再犯罪。

六三：咬食变质的肉干时不幸中毒，经过一番小小的磨难，总算没有酿成灾祸。

九四：啃食带骨的兽肉时，发现肉中不仅有骨头，还有折断的铜箭头。艰难复杂的治狱经历，对于坚持履行正道的人总是有利、吉祥的。

六五：吃干肉时发现肉中嵌有细粒黄金，稍不小心咽下去便有生命之危。秉公断狱往往有危险，但不是由于过失。

上九：罪大恶极的囚犯，肩荷枷锁，耳朵被割去，结局凶险。

【解读】

本卦阐述了刑罚的原则，以及听讼、断狱的艰难。刑罚是确保政治安定、社会进步的必需手段，罪恶必须及早惩治，并不惜采取重罚的措施，才能达到小惩大戒的目的，有效制止罪恶的蔓延。刑法既定，量刑必须恰当。因此，听讼必须仔细，断狱必须公正。治狱者须有刚正不阿、不惧权贵的铁骨，同时也要注意把握刚柔相济的原则。总之，"威"是治狱的基本手段，"明"是治狱的基本要求。

【经典实例】

以惩诫化己化人

噬嗑主要是两个动词，噬是为了嗑，如果噬达不到嗑的目的和效果，那也谈不上"无咎"，也谈不上是"吉"。在我们的生活中，在社会上，经常出现这样的事。

因此，这一卦所讲的道理与每个人都有关系。

两个同事之间，两个同学之间，发生矛盾了，那么你怎么处理这个问题呢？从初爻来看这个问题，它是一种轻的处罚，虽是很轻的处罚，但还毕竟用到刑罚了。这里讲到不要宽容，有时宽容就是纵容。个别人不通事理，必须处以刑罚，那么这里为什么讲宽容呢？《了凡四训》里就讲了，假如有一位长者，他的一位晚辈犯了一个错误，犯了一个小罪，小过，这个长者很慈祥就放了他。了凡说，这个长者是在作恶，而不是行善，不是在积德，而是害了他，因为那人认为这样没事，不会对自己不利，所以下次他还会重犯同样的错误，或更大的错误。这样一次、两次都平安无事，会使他毫无顾忌、肆无忌惮。但总有一次他要受到更大、更重的刑罚，这样结果是不是害了他。如果当时就狠狠地教训他、教育他，甚至用一点刑罚，为他创造一个回头、醒悟的条件，使他醒悟过来。看起来是恶，实际上是积德，是善，是真善。他就知道：哦，这个事情我不能做，我要吸取教训。这是了凡先生教我们明辨善恶。

在一个家庭里，家长教育孩子，这个孩子做了不该做的事，如果任他这样错下去，也不进行教育，当然是一种放纵和娇惯。所以第一次就必须进行深刻的教育，尽管不讲体罚，但必须让他感觉到这件事是不该做的，让他认识到自己错了，要提醒他以后不能再犯了。如果轻描淡写地讲几句大道理，那也不行，因为孩子不懂事、不懂理，那样简单的说教对他是没有什么触动的。所以讲，虽不用体罚的方法，但也要用一种相似于体罚的方式，使他猛然回头，受到很大的震动，用这种方法会使他真正认识到自己错了，使他认识哪些事该做，哪些事不该做。所以有人说，对孩子的教育，要放手，但不能放纵。

这一卦与我们每一个人都有关系，而且在我们的日常生活中也会经常出现这些问题。特别是我们要面对许许多多的问题，要经常考虑到这个问题怎么去处理？是用柔一点的，或是用刚一点的，或强硬一点的方法？这些都要掌握好分寸。当然目的是为了“嗑”，这个嗑在平时生活中，在家庭中，在单位中，在同学中间，无处不在，当然不是用刑罚，也就是互相提醒，警告，劝诫！但达到的目的不仅仅是这个“嗑”，而是为了“和”。和表现在人与自然的关系上，强调天人和谐；表现在人与人的关系上，要求和睦相处；表现在人与社会的关系上，崇尚和群济众；表现在国际关系上，倡导协和万邦；表现在各种文明的关系上，主张善解融和。

隋文帝“官严民宽”

《噬嗑卦》阐释刑罚的原则。法治是政治的根本，为排除障碍，保障善良，建立及保持秩序，往往不得不采取不得已的刑罚手段。罪恶必须及早加以阻止，以防止蔓延。应当采取重罚主义，以“小惩大戒”。公元581年，隋文帝杨坚登基后，马上废除了前朝各种酷刑，以“以轻代重，化死为生”为指导思想，颁布了《开皇律》。此律废除了前代枭首、车裂、鞭刑等刑法，除了犯谋反罪，一律不用灭族之刑。《开皇律》的颁布，是中国法律史上的一大进步。

隋文帝画像

隋文帝是个非常英明的封建帝王。各级官吏犯了小罪就受到重罚，可以不按法律，在朝堂上就可以诛杀；而对民众犯罪，指导思想却是平恕，即官严民宽。他认为，官吏本负有治国安民之责，享受着国家俸禄，应知礼守法，渎职犯罪，必须严惩。平民一年四季，劳苦耕作，自食血汗，知礼知法者不多，犯罪可以从宽。隋文帝晚年，即公元600年，正是他对待官吏更严酷，大肆诛杀的时候。齐州有一个小官王伽，送囚犯李参等70多人去京城，途经河南荥阳，王伽对李参等囚犯说：“你们违反国法，理该受惩，但你们看看押送你们的民夫，多么辛苦！你们不惭愧吗？”王伽决定遣散民夫，释放李参等人，约定他们某日都到京城集中，并说：“假如你们失约，不到京城，那我只好代替你们去受死罪。”等到了约定的那一天，李参等全部罪犯，果真都聚集京城。隋文帝得知后十分诧异，召见王伽，大为赞赏，又召李参等人携妻子入宫，赐宴招待后全部免罪，并且下了一道诏书，要求各级官吏以王伽为榜样，要施以宽政，以慈爱之心保境安民。

隋文帝“官严民宽”的统治办法，到了唐朝武则天时期，被武氏加以强化，把它上升为诛杀官吏的手段：凡是要官的一律给官，一有过错立即杀头，看谁还敢再要官做？这既震慑了那些挖空心思想做官者，又使在职者忠于职守，不敢怠慢。但是女皇帝的手段过于严酷暴虐，使当时很多在官位者每日提心吊胆，担心不知什么时候会脑袋搬家，众所周知的“请君入瓮”的故事就发生在那个时代。

《噬嗑卦》指出，刑罚为不得已的手段，所以必须中庸正直，明察果断，刚柔并

济，坚持原则，公正执行。否则，一旦泛滥，就不可收拾了！当然，王伽的具体做法不一定适用今天的法治建设，但是《噬嗑卦》所包含的精神仍对今天有着重要的参鉴意义。

杰弗逊记住诺言

杰弗逊有一个很要好的朋友，因为很小的时候就认识了，所以一直保持着密切的来往。他常常为杰弗逊推荐一些书，或者为杰弗逊做一些杰弗逊要他做的事，呼来唤去的，从来没有怨言。杰弗逊在他面前很随便，他说杰弗逊没心少肺，穿着大人的衣服，其实是个小孩。

有一年他搬了家，新年的时候他邀杰弗逊到他家看一看。杰弗逊答应了，可新年那天轮到杰弗逊在学校里值班，上午杰弗逊给他打了一个电话，他听说杰弗逊值班，就问杰弗逊还能不能去，杰弗逊说下午过去。

下午杰弗逊要离开学校的时候，有一同事来到学校，他见杰弗逊要走，就说："您和我打一会儿乒乓球吧！"杰弗逊说还有事，他说就玩一会儿，经他一说，杰弗逊有些手痒起来，就和他玩了起来。

这一玩把时间给忘了，等杰弗逊从学校里出来，天都快黑了，只好回家了。

后来杰弗逊总想找个机会对朋友解释一下，可不知怎么搞的，一拖就很长时间。时间越长就越不想再提这件事了。心想，反正也不是外人，何必那么多礼节呢，后来竟渐渐地给忘了。

杰弗逊再次想起朋友的时候，是有事要求于他。电话里他对杰弗逊很冷淡，杰弗逊问他怎么了，他说："问你自己。"杰弗逊试探着提起新年里的那件事，他说："你已经无可救药了，有那样轻率待人的吗？"

朋友很生气，说那一天他和妻子推掉了所有的安排，只是为了杰弗逊的到来，从早晨到晚上竖着耳朵听每一阵上楼的声音，可最终杰弗逊没有去，之后连一个电话都没有。

朋友说得杰弗逊脸上一阵阵发热，杰弗逊解释说他从来没有把他当过外人，因为杰弗逊以为他们的距离很近，就在这件事上随便了。他说杰弗逊是一个言而无信的人。

为了让杰弗逊知道诺言这个很平常的词，他决定不再理杰弗逊。

因为失去了这个朋友，杰弗逊记住了什么是诺言，也记住了有了错要及时更正，有了问题要及时解决的道理。

流言害人也害己

小莉说新来的部门经理长得挺酷，有点像王力宏，两个小时之后，整个销售科便传小莉在暗恋"王力宏"。小莉又被叫去谈话了。

"请坐，""阿宏"看上去虽然不苟言笑但却很有礼貌。"我刚进公司，一切对我来说很陌生，不过大家似乎很热情。"说到这里他意味深长地看了小莉一眼，小莉被

他弄得有点糊涂。“我想我有必要自我介绍得再清楚一些。我叫杨建忠，不叫王力宏。”小莉的脸突然红了，心中暗骂不知哪个长舌王竟然把话传得这么快。

“杨先生，我……”小莉刚要张口解释，就被他打断了，他严肃地看着小莉，小莉的心砰砰狂跳，紧张地望着他，“我已经有女朋友了，我们感情很好……”接下来他说什么小莉再也听不下去了，他说的这是什么呀，她心想：他有没有女朋友与我何干，这话说得也太离谱了，说他酷就是爱上他了？再不解释就跳进黄河洗不清了。

“我想……”

“好了，不说这些了”，小莉又一次被他的话打断：“你是女孩子，我不想让你尴尬，这件事大家就当不知道吧！”

怎么能当不知道？我是冤枉的，小莉心有怨气，可没等她开口，经理又说话了，“下面问你一些工作上的事，有些报表我想知道要更详细一些。”没办法，他是上司，要谈工作就谈吧！

半小时后，小莉将他的问题回答完毕，刚出他办公室的门，便看到同事方云早守在门口。“怎么样，你们说什么？怎么这么久？”她脸上的笑容十分诡秘。想起刚才的尴尬，小莉没好气地说：“没什么，他只是问了我……”话没说完，方云便飞一样地跑开了，“怎么了，今天所有人都不让我讲一句完整的话吗？我有口臭吗？”小莉十分生气。

当小莉回到办公桌前，想到蒙受了不白之冤，真是气不打一处来，还哪有心情工作，干脆就趴在桌子上睡着了……也不知道睡了多久，迷迷糊糊感觉到有人推她，睁眼一看，是方云，方云笑眯眯地走了。

小莉看着方云那样子，也懒得理她，开始收拾东西。可是她发现每个经过她办公桌前的同事都将眼睛瞪得大大的看着她。有的对她笑着竖起了大拇指，有的甚至直接开了口：“不错哦。”她还没来得及想清楚，好朋友玲玲已经冲到她身边，用大分贝的音量对她说：“哎呀，我以前怎么没发现你这么厉害，听说他长得像王力宏？”有没有搞错？玲玲不是销售部的，小莉在4楼，她在6楼，连她都知道了？“以为你很保守哩！怎么见人家第一天就KISS了！”玲玲大声嚷道。“什么KISS？谁说的？”小莉快要被气晕了。“得了，连我都瞒？刚才方云告诉我的，她说你自己说的，他吻了你……”

“这不是诽谤吗？等等，让我想想，”小莉气愤地说，“我刚才对方云说‘他问我’，一定被她听成‘他吻我’了，这个八卦王，我的普通话不至于那么差吧？”

好不容易向玲玲解释清楚了，回到家已经是口干舌燥了。天啊！明天你要面对那么多人，该怎么说呢？干脆用高音喇叭广播好了。

第二天进办公室，小莉脸上一副准备应战的表情，她决定要脸不红心不跳地向大家说明白。可是她觉得今天大家老用怪怪的表情看着她，好像在可怜她似的。还是方云第一个跑到她身边宣布最新消息：“王力宏要辞职！他是不是对你做了什么不想负责？想一走了之，没门！我们会帮你的。”“为什么辞职？”小莉还没得到答案，就再次被“阿宏”叫进了办公室。

他已把东西收拾好了，很无奈说：“我实在没想到，所以我决定退让，我被你们

搞得很惨!""杨经理,我也很惨,同样是受害者,可以告诉我为什么要辞职吗?"小莉平静地问。

"昨天有人打我手机。我当时不在,那人就在手机上留言:'吻了别人要负责',恰巧被我女朋友看到。她现在气得一个人不知道跑哪里去了,我真的……"

《噬嗑》卦讲的是惩罚。犯了错要遭到惩罚,大的惩罚往往是由小错一步步走向大错而导致的严重后果。在人际交往中,如果我们有错——即使这种错是无意间或不得已所造成的,也应该及时道歉或说明,不能拖拖拉拉或认为对方一定会理解你。无论是夫妻生活还是朋友相处,都不能过于不拘小节,再亲近的人也不可以随便,因为这关系到你的人格和信誉。

对于误会,要及时解释清楚。表面上看,小莉似乎没有解释的机会,但事实并非如此。据理力争的时候别人是根本无法打断的。实际上她是没有对问题加以足够的重视,所以才会在被打断时不去争取。问题不及时解决,到头来害了别人,也害了自己。这也是一种惩罚。

"扭亏大王"王全杰

"我的技术能让别人赚钱,我自己办企业也一定能赢利。"就凭着这种想当然的想法,王全杰开始自创企业,先后成立了中德合资杰华制革有限公司、中美蒙莱特皮革有限公司、新大陆工贸有限公司等5家企业,并组建了集科研、生产、销售于一体的全杰皮革集团。

曾经,王全杰把自己的技术无偿转让给22个省的100多家皮革生产企业,累计新增产值38亿元,使60多家濒临倒闭的企业起死回生,上万名职工重新上岗,因此又被称作"扭亏大王"。然而,所有因技术带来的荣誉并没有给他自己的企业带来成功。而由于在企业管理上的一派文人作风,王全杰把自己的两个外甥和手下科研骨干纷纷委以企业厂长和经理的重任,使整个企业变成了知识分子筹资科研的基地。

俗话说"慈不带兵",这点王全杰十分明白,但他却始终脱不开与生俱来的"文人气"。王全杰想让下属加班,还是和风细雨地商量:"这个事还要再琢磨琢磨,明天能否加班?"平时,王全杰习惯人家称呼他"王所长",对于许多人叫他"老板",他总要给予纠正。一次在火车上,服务员向他推荐"老板"菜,他一见这两个字立即把菜扔回了服务员的餐车上,并诘问:"不是老板就不能吃吗?"到了深圳在一家餐馆落座,服务员问:"老板,请点菜。"他竟当即翻脸:"别叫我老板,你开店我来吃饭,你才是老板!"王全杰在商海中一直奉行"君子之交淡如水"的处事原则,甚至连逢年过节与重要的客户寒暄上两句的念头都没有动过。王全杰也知道,请客送礼对于维系与客户之间的友谊很有帮助,但他认为,为我办事,我就请客送礼显得太功利,太庸俗。他下海之前,在一次面临提拔和分房的紧要关头,狠狠心,想给领导送礼。从一楼到三楼,上上下下,犹豫不决,"来回者六",结果被保安当成了小偷盘问了半天。最后礼物又原封不动地拿了回去。

管理企业时,王全杰竭力想办好企业的每一件事。但他越是事事插手,职工便

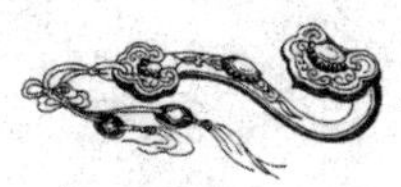

越发畏首畏尾，事事请示不愿做主。不知不觉，企业陷入了民营企业通常的管理怪圈：职工没有了积极性，公司管理松散随意，王全杰本人“大权独揽”。

企业组建之初，王全杰的企业内部弊病丛生。规章制度无人遵守，职工迟到早退、旷工偷盗的现象时有发生，严重时企业的一个财务人员竟然拿着4万元公款外逃。而每当客户在电话里做出承诺：最近几天企业资金暂时紧张，你先把货发来，我随后就给你汇款时，他也多次经受不住客户语言上的诱惑，造成以后近百万的债款难以收回。当有人建议王全杰诉诸法律时，他却总认为打官司太麻烦而使债务不了了之。缺乏有效的经营和管理，企业发展可谓步履维艰。事必躬亲的王全杰有点手忙脚乱。每天大量的企业财务报表，繁杂的人事管理，让王全杰这样一个常年沉浸在科研领域的专家感到力不从心。

最富有戏剧性的是，2000年7月王全杰去江苏出差，得知如皋市一家制革厂因技术落后而濒临倒闭时，便以最低的价格向该厂提供了自己的科研成果，使其在几个月内扭亏为盈。事后，当如皋市这家制革厂老板得知王全杰的企业因缺资金而无法周转时，当即赠送了60张采用王全杰专利技术生产的猪皮，希望能解燃眉之急。正像王全杰自己所说：“当我一进入企业家的角色才知道，企业管理是个非常庞杂的项目。我从思维方式到处世原则都与现代企业格格不入。我们当时是抱着金饭碗要饭吃啊。”

订单流失、企业效益不好让王全杰感到十分可惜，而让这位技术专家最为心痛的还是自己苦心研制的技术因无资金投资而长期被搁置。美国一家著名的旅游鞋公司曾看中了王全杰手中的“夜光革”技术。他们抛出30万美元的价格想要购买。“要是资金充足，我当然可以在自己的企业里将技术化为生产力。可是没人投资……”说这话时王全杰露出一脸的无奈。他透露，在他的研究所里，像“夜光革”这样因资金匮乏而长期被束之高阁的新技术竟多达18项。

他始终在“所长”与“老板”之间扮演着尴尬而矛盾的角色。他怀念整日沉浸在科研所的日子，然而企业的日常事务却使他无法安心继续搞研究。

企业的一再亏损让整日纠缠于企业日常事务而疲惫不堪的王全杰开始反思痛下决心。2001年6月，一个散发着现代企业气息的新公司“全杰皮革高科有限公司”成立。在新公司成立的新闻发布会上，王全杰语惊四座：“多年来的实践证明，由于我的决策频频失误，造成公司陷入困境，说明我不擅长企业经营管理，为此我郑重宣布辞去总经理职务，只担任公司的董事长和首席科研专家，让富有管理经验的人担任总经理。”由于公司步入了市场化管理，北京、上海、深圳、杭州的四家风险投资公司也随后向公司伸出了橄榄枝，有4家投资公司最终与全杰皮革达成了投资协议，首期3000万元风险资金的注入解决了公司的燃眉之急。

2002年9月18日世界经济巨头杜邦公司与全杰高科在上海握手，签署了全面合作协议。杜邦公司授予王全杰所在的全杰高科在亚洲唯一的莱卡皮革的生产权和商标使用权，还要投入4000万美元为莱卡皮革及其制品的销售铺路……

在人生和事业、事情中，已有障碍，使人生和事业上不能得到顺利。噬嗑一卦给你的启示是，为保证你的事业前进而必须采取的刑罚原则，刑罚为纪律之根本，该卦实际强调严格的纪律是人生和事业成功的保证。

所以,为了你的人生和事业顺利发展,必须借助于刑罚制度的力量进行,这时你应该小恶必惩,防患于未然,勇于实行严刑峻法,订出正确的规章制度。坚决排除、清除障碍,坚守正道,果断刚强,讲求策略,刚柔并行,牢记怙恶不悛,终必灭亡。

豺狼当道,安问狐狸

东汉顺帝时,朝政昏暗,地方官吏多贪污受贿。官逼民反,起义浪潮汹涌。顺帝急召群臣商议对策,有人建议派钦差大臣去各地清查,表扬好的,惩治坏的,就能够平息民愤。于是顺帝就派张纲等八个大臣去各地考察。

光禄大夫张纲为人正直,对官场中的腐败黑暗早就不满,他接到考察地方官的任务后,却迟迟不动身。他认为要整顿朝政,应当首先从朝中着手,但皇帝的命令又不能违抗,只好上路。

这天,他的车马刚刚离开洛阳城,他就下令停车不前,让随行的人立即把车子拆毁,还把车轮埋入地下,说什么再也不前进了。随行人员感到奇怪,问他为什么,他说:"豺狼当道,安问狐狸!"

当时,梁皇后的哥哥梁冀官至大将军,梁家兄弟与宦官势力勾结在一起,狼狈为奸,横行霸道。于是,张纲等人返回京城,上朝揭发梁冀一伙豺狼的罪行,要求惩治他们。结果却碰了一鼻子灰。张纲最后终于明白了,原来这朝廷上到处都是"豺狼当道"啊!

要想铲除腐败现象,只能依靠法律,而执法的前提无疑是公正。在过去没有民主的人治社会中,几乎不可能有公正执法。

弗兰西斯的"管理理念"

在20世纪80年代初期,美国制鞋企业高浦勒斯公司在经营上遇到很大的困难,此时,弗兰西斯担任总经理。

弗兰西斯认为,企业家生产产品是为了满足消费者的需要,在市场经济的初级阶段,消费者需要的是物美价廉的产品,到了现在,经济已经十分发达,百姓生活富足,人们买鞋不再仅仅是为了御寒防潮,更多的是为了满足自己的情感需要。所以,产品必须富有个性,才能满足消费者的需要。

弗兰西斯为此要求设计人员以"销售感情胜于销售鞋子"为宗旨,充分发挥每个人的想象力,设计出多种多样、富有个性的鞋。

在这一崭新的管理理念下,该公司在市场上推出了"男性情感""女性情感""优雅感""野性感""沉稳感""轻盈感""年轻感"等各种主题的鞋子。弗兰西斯还为这些类型的鞋子取上稀奇古怪的名字,如"袋鼠""笑""泪""爱情""摇摆舞"等等,令人回味无穷。赋予鞋这种商品特殊的感情是企业管理的独具魅力之处。这种独具特色与个性的鞋一出现,便在不同的消费群体中引起强烈的心理呼应。并且在广告中通过怀旧、乡愁、童趣等情感诉求方式来增加人们对商品的情感投入,获得良好的感情交流。在包装上印有精美图案,吸引消费者的注意,引起人们各种情感的涌动。

由于高浦勒斯公司生产的鞋子满足了消费者的各种情感的需要,许多人都愿意购买。于是,他的这一举措为这个公司带来了丰厚的利润。

治乱戡乱,刘邦赏罚分明

在旷日持久的楚汉相争中,一开始刘邦根本不是项羽的对手,无论就个人的勇猛威武、名望的影响力、士卒的精锐、战功的卓著,项羽都远远超过了刘邦,可是最后项羽却败在刘邦的手下,这究竟是因为什么呢?其中一个重要的原因,便是刘邦谙习噬嗑卦的哲理,在官爵的封赏上高项羽一筹,致使刘邦终得天下。

没有韩信,便没有刘邦的江山,韩信是刘邦取得胜利的一个关键性人物,这是众所周知的史实。早年,韩信却是项羽的部下,他在投奔刘邦时曾这样评价项羽:"项羽的行动举止威风凛凛,发起怒来,将士谁也不敢再吭一声,只能惟令是从,这只不过是匹夫之勇罢了;对人也恭敬慈爱,说起话来如拉家常,平易近人;谁要是有了疾病,他会急得流泪,将自己的饮食送给病人。可是,当别人立了大功,应该封官赏爵时,他却迟迟不肯封赏,很多良将都不堪忍受这一点。"韩信向刘邦建议,要反项羽之道而行之,大胆任用天下强将,将天下城邑封赏给有功之人,这样便可以无往而不胜。

刘邦接受了他的建议,在这之前,他看中韩信的将帅之才,破格将韩信这个投奔来的普通将领提升为大将,而且拜将的礼仪极为隆重。韩信一步登天,受宠若惊,事后出生人死地为刘邦卖命,在战场上取得了一次又一次重大胜利,占据了山东的大片土地。为了治理好山东,稳定这一地区的人心,韩信请求刘邦给他一个"假齐王"(即代理齐王)的名分。当时刘邦正被困荥阳,盼着韩信来解救他,一接到韩信的请求,十分恼火,冲着谋士张良、陈平,破口大骂道:"我被困在这里,瞪大了眼睛盼他来救我,他倒想自己称王!"谋士张良对他说:"我们现在处境十分困难,假如韩信自己称王,我们也无法阻止,而今他只是要一个名分,这对于他治理齐地也是有用的,不如顺势买个好,就立他为王,并对他客气点,让他固守在齐地,成为您日后创建基业的大后方。要不然,会出乱子的!"

这话立即让刘邦醒悟过来,他现在其实是控制不了韩信的,只有来个顺水推舟,答应韩信,才能将他笼络住。于是刘邦立刻改口道:"大丈夫平定天下,要当就当真王,干吗当假王?"随即便派了张良去到韩信那里,举行了声势浩大的典礼,封韩信为齐王。韩信也不辱名分,把偌大的齐地治理得井然有序。

后来,在楚汉相争的关键阶段,刘邦又一次受困,通知韩信及另一位大将彭越前来会战,这两个人都没能如约前来,形势非常危急,刘邦一筹莫展,又是张良给他出谋划策:"楚兵眼看就要失败,而韩信、彭越虽有官爵,但并没有得到相应的封地,他们不来,也是理所当然的。君王如果将从淮阳到海边的这一片土地尽划归韩信,从睢阳以北到谷城这一片土地尽划归彭越,同他们共分天下,让他们各自为战,楚敌很快便会失败;如果不这样做,我们的危险就大了。"

刘邦接受了张良的建议,韩信与彭越便分进合击,围困项羽于垓下,迫使项羽自刎乌江,而将刘邦推上皇帝的宝座。

如何在最短的时间内让处于混乱的状态归于安定，最直接的方法就是制订一套严格的赏罚标准，在赏与罚的实施过程中惩恶扬善，让人们知道行为准则和行动方向。这样就有利于广大民众形成合力，混乱的状态就会很快消失。

任何一个组织或团队，有了严明的赏罚制度，就会很大程度上让人们知道"有所为"和"有所不为"，这对于屏弃不良习气，形成优良的组织文化和团队精神是大有裨益的。

贲卦第二十二 ䷕

【经文】

离下艮上　贲[1]亨，小利有攸往[2]。

初九　贲其趾，舍车而徒[3]。

六二　贲其须[4]。

九三　贲如濡如[5]，永贞吉[6]。

六四　贲如皤如[7]，白马翰如[8]，匪寇婚媾[9]。

六五　贲于丘园，束帛戋戋[10]，吝，终吉[11]。

上九　白贲[12]，无咎。

【注释】

①贲：卦名。通行本为第二十二卦，帛书本为第十四卦。此与《噬嗑》卦为卦爻翻覆的关系，故次列于《噬嗑》之下。《噬嗑》通过决狱使人合于正道，《贲》卦通过婚媾使男女相合。

《贲》卦下《离》上《艮》，《离》为日，《艮》为山。《贲》卦象太阳落山，其为黄昏取妇之时。《说文》："婚，妇嫁也。礼，娶妇以昏时。妇人阴也，故曰婚"。婚通作"昏"，《太玄·内》"昏者，亲迎之时也"。李镜池《周易通义》说《贲》卦讲的是对偶婚迎亲的故事，可从。《贲》卦象黄昏迎亲，而婚庆必有彩饰，故"贲"有文饰之义。

②小利有攸往："小利"，微小之利。又解："小"谓阴，指女方（《遁》卦卦辞"亨，小利贞"，荀爽注："阴称小"）。此言有所行往有利于女子。此与《屯》卦九五"屯其膏，小贞吉"义近。又按："小利有攸往"唐石经作"小利贞"。此"《贲》，亨，小利贞"与"《遁》，亨，小利贞"及"《既济》，亨，小利贞"相同。

③贲其趾，舍车而徒："趾"，足，此指足所着之鞋。人之服饰由下往上说，则鞋在此指代全身服饰。"贲其趾"，谓从头到脚，全部衣着都被装饰起来，亦即身着婚服。"舍车"，谓发车启行。"舍"，发也。《诗·车攻》"舍矢如破"，郑玄笺"矢发则中，如椎破物也"，训"舍"为"发"。《楚辞·离骚》之"发轫"亦此"发车"。"车"即迎亲的彩车，后世称为"彩舆""花轿"。古之迎亲皆以车，如《诗·氓》"以尔车来，以我贿迁"，《孔雀东南飞》"金车玉作轮"等。"徒"，辇，驾辇。《诗·车攻》"徒御

不惊”，毛传：“徒，辇也。”《仪礼·士婚礼》亦载有新郎亲迎执绥御辇之礼。

④贲其须：“须”，须发，指代容貌，言新郎修饰其须发容貌。初爻以鞋指代服饰，此爻以“须”指代容貌。

⑤贲如濡如：二“如”字为语辞。“濡”，鲜泽光美。初爻言服饰，二爻言容饰，四爻言马饰，则此“濡如”当即就车饰而言。《诗》“六辔如濡”之“濡”即是就车饰而言。“贲如濡如”，言迎亲彩车被装饰得鲜泽光美。汉乐府《孔雀东南飞》言亲迎之车即是“金车玉作轮”，也是装饰光美之义。

⑥永贞吉：占问长久之事吉利。此就婚姻之终身大事而言。

⑦贲如皤如：“皤”通“蕃”，帛书即作“蕃”，美盛。此所谓装饰美盛是就马饰而说。《诗·硕人》“四牡有骄，朱幩镳镳”，毛传：“幩，饰也。镳镳，盛貌”，与此同。汉乐府《孔雀东南飞》“踯躅青骢马，流苏金镂鞍”，亦写马饰。此二诗皆写送婚、迎婚之车马盛饰，与《贲》卦之写车马盛饰同。

⑧白马翰如：“翰”同“榦”，帛书即作“榦”，《淮南子·兵略训》许慎注“榦，强也”。此言所驾之马高大强壮。《诗·硕人》言送婚人所乘驾之马为“四牡有骄”，毛传：“骄，壮貌”。“有骄”与“榦如”同。

⑨匪寇婚媾：不是前来寇抢，而是迎娶新娘。参《屯》卦。

⑩贲于丘园，束帛戋戋：“丘园”，喻女家所住地（高亨、李镜池说）。上（艮）丘处东北，此为阴方，象女家所在（《说卦》“艮，东北之卦也，万物之所成终成始也”）。“束帛”，五匹丝帛，男方所给之聘物。《仪礼·士昏礼》记载男方娶女，纳采、纳吉、纳徵皆以“束帛”。“戋戋”，少貌，女方嫌聘物少。《孔雀东南飞》记太守为其子迎娶，所赠陋物为“杂彩三百匹”。可见后世聘礼之奢华。

⑪吝，终吉：“吝”，因为聘物的多寡，使迎亲出了问题，遇到了困难。《列女传》“邵南申女者，申人之女也，既许嫁于丰，夫家不备而欲迎之，女也遂不肯往”，此亦因聘物之事而使亲迎遇到吝难。

⑫白贲：装饰清素。“白”，素也。文饰过极则失之情实，既雕既琢，复归于朴，故“无咎”。上九为《艮》之终，亦为《贲》之终，言贲饰之终，止而还素。

【译文】

贲卦：礼仪修饰具有亨通的作用，对促进事物的健康发展小有助益。

初九：穿上漂亮的鞋子，不乘车而徒步行走。

六二：胡须修饰得很漂亮。

九三：修饰得光泽柔和，令人陶醉，只要能始终坚持正道便会吉祥。

六四：一群服饰简朴的男子汉，鞭策白马奔如飞，观其外貌好像一群打家劫舍的强盗，其实是一支娶亲的队伍。

六五：女家张灯结彩，装饰丘园，迎接娶亲队伍，男方送上的礼品却很少，显得很吝啬，然而新娘跟着这种俭朴的男子，结果一准吉祥。

上九：朴实无华，没有什么坏处。

【解读】

本卦阐述的是礼仪修饰的原则。制订文明的礼仪，规范个人的行为，这是社会安宁和谐的需要。然而，礼仪和修饰都应该恰如其分，适可而止，实质与外在形式

之间,实质是第一位的。不可沉湎于外在形式的过分修饰,更不可因虚荣而铺张浪费以致损伤实质。应该懂得一切修饰都服务于实质,唯有内涵丰富的实质,才是礼仪修饰所追求的理想境界。

【经典实例】

在合理的范围内注重外表修饰

本卦阐述的是礼仪修饰的原则。衣冠不整、蓬头垢面让人联想到失败者的形象。而完美无缺的修饰和宜人的体味,能使你在任何团体中的形象大大提高。所以,怡人悦人的仪表也是一种艺术。

别人对你的第一印象,往往是从服饰和仪表上得来的,因为穿着服饰往往可以表现一个人的身份和个性。毕竟,要对方了解你的内在美,需要长久的过程,只有仪表能一目了然。

大凡给对方留下了好印象的人都好与对方交往和合作,穿像样的衣服是让别人认真对待你的一种方法。注重服饰和仪表,并不是叫你穿上最流行的、最时髦的衣服,也不是让你保留最摩登的发型,只是请求你穿得使人有整齐、清洁之感,面颊和发型都很娴雅、自然、得体就行,至于衣服新旧等问题都是次要的。但不管怎样,都不能太随便,太"自由"。

周五是陶先生公司的自由着装日。有一天,陶先生穿了一件绿色T恤,可那天业务部门和客户发生纠纷,总部命令陶先生和业务经理前去向客户道歉。

事发突然,陶先生没带替换的衬衫,又来不及买,只能将就了。在这样的场合,穿T恤是不太合适的,自始至终,陶先生为自己的绿T恤感到尴尬和不自然。还好,客户没有太在意陶先生的"随便"。从此以后,即便是周五,陶先生也不敢太自由了。

人会穿上西服、打上领带,以示隆重,现在大概没有这样的年轻人了。时代发展得真快,陶先生相信,随着公交、住房条件的改善,像穿西服骑单车、戴领带挤公交、白天高楼大厦、晚上棚户凉席等等的尴尬一定会从陶先生的生活中逐渐淡出……

顺利和成功与否,第一印象至关重要,不讲究仪表就是自己给自己打了折扣,自己给自己设置了成功的障碍,不讲究仪表就是人为地给要办的事情增加了难度。但是,讲究仪表也有个"度"的问题,不能过分修饰,也不能不顾自己的承受力盲目追逐潮流,否则,可能会弄巧成拙为修饰所累。

贲卦在强调要文饰的同时也指出,文饰应当自然,应当恰如其分,应当高尚而不流于粗俗,不可被外表的形式所迷惑,不可因一时得失便动摇,不可因虚荣而铺张,陷入繁琐,失去意义。应当领悟,一切文饰那都是空虚的道理,唯有重实质,有内涵的朴实面目,才是文饰的极致。

过分的修饰,或者掩饰,最终都会被摒弃。就像现在的国际家具市场,明朝的红木家具特别走红而清代的家具不受欢迎一样。明朝的家具,除了做工精细之外,它的风格简练、简朴,明快;到了清代,装饰味越来越重,越来越讲究奢华,讲究表面

功夫。而人和物都一样，最终的极致不是浮华，而是实和真。

贲卦也承认，必要的装饰、修饰是可以的，也是应该的。但有一个原则，一切人为的文饰，都应当恰如其分，重内涵的实质，不可被外表的形式迷惑。不可因一时的得失而去过分修饰自己，更不能因虚荣而铺张。

莫莱如是说

被《时代》杂志誉为全美第一位服装工程师的约翰·T·莫莱认为，在服饰仪表方面，成功人士的保守、不逾越身份，并尽可能符合公司的要求，是通向成功的重要保证。

他曾经为机构的高层行政人员的衣着下了个规定，最适当的西装颜色是蓝色和灰色，咖啡色则不大好。

大凡给对方留下了好印象的人都好与对方交往和合作，穿像样的衣服是让别人认真对待你的一种方法。穿着与众不同，一定要和你所从事的工作和所在的单位相协调。不同的公司与公司之间，正确的职业服装标准是不一样的，要根据该公司经营的种类、产品或服务的性质、公司位置、公司历史与传统等等来确定。留意你的服饰和仪表，并不是叫你穿上最流行的、最时髦的衣服，也不是让你保留最摩登的发型，只是请求你穿得使人有整齐、清洁之感，面颊和发型都很娴雅、自然、得体就行，至于衣服新旧等问题都是次要的。

合资购衣

小黄日前有了平生第一套价值千元以上的名牌西装，不过他只拥有这套西装的五分之一，其他的五分之四分别归宿舍的其他4个兄弟所有。

因为去公司面试时对方要求男生穿西装、打领带，小黄去商店一打听，名牌西装都要上千元一套！这对于家里经济条件并不宽裕的小黄来说，实在是太奢侈了。回宿舍一说自己的苦闷，得到了大家的共鸣。大家开了一晚上的“卧谈会”，最后得出结论：既然5个人的高矮胖瘦都差不多，与其每人都花三四百块买质量不好的西装，不如凑起来买一套好的。

西装买回来了，小黄荣幸地第一个穿上它去参加面试。面试结束后，考官中的一位校友好心地提醒他：“以后穿西装要穿皮鞋，不要穿球鞋噢。”小黄这才明白过来，原来仅有一套西装是远远不够的——可是，皮鞋总不能也5人合穿一双？

本卦阐述的是礼仪修饰的原则。衣冠不整、蓬头垢面让人联想到失败者的形象。而完美无缺的修饰和宜人的体味，能使你在任何团体中的形象大大提高。所以，怡人悦人的仪表也是一种艺术。

别人对你的第一印象，往往是从服饰和仪表上得来的，因为穿着服饰往往可以表现一个人的身份和个性。毕竟，要对方了解你的内在美，需要长久的过程，只有仪表能一目了然。

顺利和成功与否，第一印象至关重要，不讲究仪表就是自己给自己打了折扣，

自己给自己设置了成功的障碍,不讲究仪表就是人为地给要办的事情增加了难度。但是,讲究仪表也有个“度”的问题,不能过分修饰,也不能不顾自己的承受力盲目追逐潮流,否则,可能会弄巧成拙为修饰所累。

老四合院中的副总裁

仅凭路名和门牌号,想要顺利地找到新闻集团(中国)常务副总裁刘香成的四合院太难了,虽然这个院子的大致方位描述起来很是简单——在北京的中轴线上,景山和北海中间。

刘香成特地要他的秘书给记者传来了一张“联络图”。在寻找的过程中,你会发现这张图绝非多余,没有它,寻四合院者很可能迷失在幽深曲折、名称古怪、宛如迷宫的老北京的胡同中。

寻找这座四合院的过程本身就是一种乐趣:走在胡同中,头顶合拢的绿树、下棋的街坊老头、满耳纯正的京腔、路边杂乱的家什——访幽探秘的感觉不期而至。这时你看见的才是最迷人最真实的北京。身居高位、工作在风口浪尖上的刘香成,住在这里会有什么样的感受呢?

按图索骥,穿过一条嘈杂的胡同后,终于看到了一扇紧闭的朱红大门——这就是那座因刘香成而闻名的四合院。

进了头道门,迎面竟是三尊真人大小的塑像。这三尊塑像非仙非佛:乃是穿着蹩脚的西装的民工。“民工是中国这一阶段的特殊标志,过一段时间就没有了,我看这一组塑像比较有意思就买下放在院子里。”刘香成说。

头道门与二道门(垂花门)之间距离很窄,两道门之间是佣人居住的倒座房。在右手的小间里,赫然挂着一幅周总理纺线的油画,非常显眼。进了二道门之后,门一关,外面旅游者的喧哗一下子就被屏蔽了,院子里只有若隐若现的音乐和几声蝉鸣。四合院围起来的四面墙就有这个功能:隔音效果极好。

面前是一个整洁的小院子,粗磨花岗岩铺就的地面,两棵郁郁葱葱的石榴树据说已经生长90年了,树上挂满了石榴,朝着阳光的石榴已经红了。四四方方的院子里,阴影下有一把休闲椅,上面睡着一只猫,记者走进时,猫只是动了一下耳朵,就继续酣睡。院子左手的角落里还有一个笼子,里面睡着一只兔子。天空中不时有鸽子掠过,影子在地面一晃而过。隐约的现代音乐从正房里传出来,正房前面也有五个民工雕塑,或蹲或站。

刘香成的这座四合院属于四合院中最简单的,整个院落大概有450多平方米,房间占了350平方米左右,其余的100平方米就是眼前的这个小院儿。

刘香成1951年出生于中国香港,随后在母亲的老家——福州度过了一段短暂的童年,1960年回到中国香港;他在美国接受了大学教育,毕业于纽约市立大学亨特学院。大学毕业后,刘香成开始了他充满传奇色彩的记者生涯。也许是具有双重文化背景的缘故,刘香成使四合院的每个细节都布满了中西合璧的痕迹——厨房屋顶改造成美国加州式的透明顶棚;餐厅里有一个楼梯直通地下室,地下室里面放着储存美酒的格子;卧室的右边有一个全木的桑拿浴房。

混合风格不仅局限于院落建筑，在厨房你会看到带着厚重笨拙的铜合叶的中国古典家具，也能看到现代的钢架椅子；在书房你会看到最新式的电脑放在古旧的桌子上。虽则混合，但每个房间都简洁到极致，没有任何多余的东西，"见到烦琐豪华就烦。"刘香成说。这显然是新闻职业习惯带来的影响。

这时一位金发碧眼的女士进来，请我们喝冰水，这位女士的神情、话语完全是四合院感觉：平和，恬淡，从容。她是刘香成的夫人。

正房正对着垂花门，客厅就在正房里，从窗口向外望去，绿树掩映，那几个民工塑像在阳光下显得分外生动。

51岁的刘香成如今神情平和、笑容满面，几乎可以用安详来形容，满头的白发使他看起来比实际年龄老些。经过几十年在世界各地的奔走之后，他坐在这座四合院的树荫下，疼爱地抱起那只猫喃喃自语时，很容易令人联想起"功成身退"这个词，联想到四合院所体现的人生态度：内敛，闲适，与世无争。

其实这样的时刻对刘香成来说仍然是一种奢侈的享受。虽然他不必再像从前那样做刀尖之舞——他曾亲身见证了两伊战争、阿富汗战争、印度锡克教与印度教的冲突、斯里兰卡泰米尔猛虎组织与政府之间的战争等，但他的身份注定了他仍然将拼搏在名利场中，商场之惊心动魄并不亚于战场。

刘香成说，自己住在四合院可以说是隐居，但绝非避世，他是要在四合院里寻找"接触点"——工作与生活之间的"接触点"，东方文化与西方文化的"接触点"，这个接触点就是平衡点，杠杆的两头要平衡，否则人生就不丰满。

每到周末闲暇，刘香成就去北海或者景山散步，走在昔日皇家的园林中，跟皇城根下的邻里相互招呼，相处融洽。混同在人群中，大家很快就不再以功利来衡量对方，而是以一个自然人的心态进行交往，这个时候微笑和真诚才是最重要的。从本质上来讲，刘香成更像一个艺术家，他始终没有忽视心灵的充盈。也许正因为拥有这样的心态，才造就了刘香成跻身20世纪全球顶级新闻人行列的成就。

贲卦讲求的是文，慎重，收敛和自持。人生能力高低，成就必有大小，与人的个人修养密切相关，素质即能力，能力即前途。也就是看看你自己个人的素质，如何注重提高。

所以在提高自己个人修养、自持自律时，应做到以道义为先，取法乎上，坚持道义，勿随波逐流；注重实效，不计一时之得失，要知道修养的质不在文，返璞归真。

提高个人修养应注重实效，不要计较一时之得失。人生的修养主要来自两个方面；书本知识和社会生活实践。没有书本知识，你脑子里只是一片空白；没有生活实践，不到一定的年龄，也无法领悟生活的真正含义。年轻人多的只是幻想，中年以后，才会真正知道应该怎样去生活，其原因便在于此。经历各种生活，饱尝各种艰辛和快乐，才会成为真正的"人"。

人生修养的最高境界是返璞归真，即不以功名富贵为怀，不以成功为怀。成则可喜，败亦不馁，坦然处之。因为人生的成败祸福，谁都无法预料。惟尽其心以为之，坦然以处之，才能在任何成功或挫折面前保持镇定，而不致乱了心性。富贵于我如浮云，并不是一句空话。

模拟天地之美

东汉末年,袁绍在官渡败给曹操,他的儿子袁熙也被人杀害。当时袁绍的夫人与袁熙的妻子甄氏都在邺城中。曹丕攻破邺城进入袁府后,看到甄氏时,被她的美貌惊呆了。他当即让甄氏理了理头发,递过干净的毛巾让她擦脸。他在离开的时候,还派卫兵保卫袁府。袁绍夫人看到曹丕的举动,暗暗高兴。她在曹丕走后,对甄氏说:"咱们的命保住了!"

不久,曹丕派人把甄氏接到自己的府里,对她宠爱无比。后来曹丕称帝时,立甄氏为皇后。那时,甄氏已经四十多岁了,为了得到曹丕的宠爱,她每天都花费很多时间来打扮自己。在甄皇后宫室前的庭院中,饲养了一条绿蛇,嘴里含着一颗红珠。甄皇后每次打扮时,它就在甄皇后的面前盘成奇巧的形状。

有一天,甄皇后梳妆打扮完之后心情很好,就仔细观察这蛇盘的形状,觉得非常漂亮。便命人将其头发之形梳成绿蛇所盘之状。

第二天一看,绿蛇所盘之形又和昨天不一样了。经过长期的观察之后,她发现绿蛇所盘的形状从来都不重复。于是,甄皇后每天的头发就按照绿蛇所盘的形状来梳理。

时间一久,甄皇后所梳理的头发精致巧妙胜过天然,她每天的发型都不相同。曹丕见了,觉得她总是很漂亮,于是对她倍加宠爱。

但是,再精妙的梳妆,也不能改变时间的消逝,更无法改变甄皇后的失宠。后来,郭皇后代替了她的地位。再后来,甄皇后被曹丕下诏赐死。可见,修饰可以让美的事物更美,但是却无法违背自然规律。

通用电气的再次腾飞

现在,通用电气已遍布世界的各个角落,通用电气公司成了成功的代名词。上世纪80年代,发动变革、裁撤冗员、业务重组这些策略使通用电气的面貌大为改观,但过多的管理层带来了过多的控制,从而限制了公司管理者,降低了他们的决策效率,阻碍他们跟上日新月异的经营环境的变化步伐。韦尔奇针对这种情况,对通用进行进一步的改革,为通用的再一次腾飞奠定了基础。

通用电气的管理结构显得异常臃肿,几乎公司的每一个人都或多或少有个头衔:大约有25000位经理;500位高级经理;130位副总裁以上职位的人员。这些经理们的主要工作就是监督其下一级经理的工作行为。各种公司文件在他们之间层层上报又层层下达,韦尔奇认为这些不必要的工作只能大大降低决策效率。经理们会因为过度忙于阅读这些文件,不能在问题出现的第一时间有所觉察。"减少层次"这一策略计划实施的最基本功能是:塑造韦尔奇极力倡导的雷厉风行的企业实干精神。

在80年代,通用电气的事业部主管按规定必须向资深副总裁汇报工作,资深副总裁按规定向执行副总裁汇报,而所有这些资深副总裁和执行副总裁又各自拥有自己的下属员工和职责范围。韦尔奇废除了这些繁文缛节，要求业务主管们直接对韦尔奇和他的两位副董事长负责并汇报工作。

通过废除横亘于CEO和各事业部主管们之间的管理层次，韦尔奇可以直接与其业务主管们交流，可以在第一时间发现问题及潜在的商机，从而尽快地做出正确的决策。

通过通用电气减少的管理层次，韦尔奇决定将落实公司经营策略的职能从高级经理转移到事业部主管身上，从而使整个程序变得精简而迅捷。正因为这些，通用总能在第一时间抓住机遇，占尽先机，得到飞速发展。

就这样，通用在电气行业又一次腾飞，其经营业绩再创新高。

天下初定，叔孙通炮制朝纲朝仪

中国人素来以“礼仪之邦”自豪，但是到了当代，国门一旦大开，才发现不对劲，现代社交礼仪在中国已是稀缺品，国人须重新开始向洋人引进所谓的时尚礼仪。一些海外的顶级礼仪培训机构也抓住机会捷足先登，在中国这块古老的文明之地发现了新的需求和商机。是中国人失掉礼仪了吗？几千年的文化传承脱节了吗？

古代先贤在《周易》贲卦中阐释了“礼仪”：为建立与维持秩序，制定文明的规矩，规范个人的行为，是不可少的文饰。然而，一切人为的文饰，应当恰如其分，重内涵的实质，实际的效用不在外表的形式。应当高尚而不流于粗俗，不要被外表的形式迷惑，不可因一时得失动摇，不可因虚荣而铺张，陷入繁琐，失去意义。应当领悟，一切文饰都是空虚的道理，唯有重实质，有内涵的朴实面目，才是文饰的极致。

历史上有许多讲究礼仪的故事。如“孔融让梨”，写的是孔融年幼就知礼让他人；“张良拾鞋”，说的是张良能为一位老人到桥下去拾鞋，并且恭恭敬敬地给老人穿上。这些生动感人的故事都教育人们要以礼待人，还有叔孙通以朝纲朝仪安天下的故事，更是在民间广为流传。

高祖刘邦当了皇帝后，他手下的一班功臣也多犬马之辈、沽酒之徒，加上刘邦也是出身市井，见识鄙陋，因而君臣上下举止粗俗，无规无矩，不成体统。君臣无序，刘邦对此也很头疼。

一天，秦朝的博士叔孙通对刘邦道：“现在天下已定，朝仪不可不正，臣愿到孔夫子老家鲁地征集儒生，让他们和我的弟子一道，来京都讲习朝仪。”刘邦欣然同意了。

叔孙通受命至鲁召集了二三十个儒生，回来后，与鲁地儒生、自家弟子共同商定，逐条演习。待新的朝仪定下来以后，又奏请刘邦同意，派文吏先到郊外学习。到文吏学的差不多了，又请刘邦当面视察。总的说来，这套朝仪反映的宗旨是尊君抑臣，上宽下严。刘邦看后颇觉满意，这才降诏，让群臣观礼学习。

转眼间新年来临了。刚巧新皇宫长乐宫已竣工。元旦那天，各诸侯王和大小文武百官，均到新修建的长乐宫朝贺。天刚蒙蒙亮，便有专门的仪官引着诸侯群臣依次进入，并按尊卑排列于东西两阶。殿中早已陈列齐备，仪仗威严，气氛庄重。

不同等级的司仪官肃立殿旁，一切准备停当之后，只见高祖刘邦乘着专车慢慢来到殿前，登上宫殿，面南而坐。这时，诸侯百官按等级渐次进入，以不同朝仪进行拜贺，尔后依次分座人宴。宴席旁立有临察数人，诸侯百官个个谨小慎微，唯恐失仪，所以只是象征性地饮宴，不敢放肆。只有在按礼敬酒之后，才能略为放松。酒过三巡，有的便放松下来，稍有越轨行为，立即被司礼官请出，不准再坐。汉朝开国以来，如此秩序井然的宴会，还真是第一次。这一套礼仪，差不多在中国实行了2000多年，整个封建社会运用的基本上都是这些礼节。

宴罢席散，刘邦退入内廷，不由一阵大喜："我今日方知皇帝的尊贵了。"遂重赏叔孙通等人。

如果没有叔孙通制定朝仪，任凭一班功臣在朝廷上一直闹将下去，朝廷的朝政还怎么去实施呢？无规矩不成方圆，无礼不成朝政。任何时代，任何国家，任何实体，都要有自己的规范、秩序，否则就不能成大事。

"礼仪"指的是由一定社会的道德观念和风俗习惯形成的，为大家共同遵守的礼节。它是一个人乃至一个民族、一个国家文化修养和道德修养的外在表现形式，是做人的基本要求。中华民族自古以来就非常崇尚礼仪，号称"礼仪之邦"。孔夫子曾说过："不学礼，无以立。"就是说一个人要有所成就，就必须从学礼开始。可见，礼仪教育对培养文明有礼、道德高尚的高素质人才有着十分重要的意义。在现实生活中，不少人对应有的礼仪不重视，礼仪观念淡薄，导致思想品德滑坡。

崇尚礼仪，培养文明有礼的言行举止应该是我们中华民族永久的时尚，这样不仅有利于人们自身的发展，也更有利于当今和谐社会的形成。

剥卦第二十三　䷖

【经文】

坤下艮上　剥[①]不利有攸往[②]。

初六　剥床以足，蔑贞凶[③]。

六二　剥床以辨，蔑贞凶[④]。

六三　剥之，无咎[⑤]。

六四　剥庆以肤，凶[⑥]。

六五　贯鱼，以宫人宠，无不利[⑦]。

上九　硕果不食，君子得舆，小人剥庐[⑧]。

【注释】

①剥：卦名。通行本为第二十三卦，帛书本为第十一卦。"剥"是剥落、剥蚀之义，此卦上《艮》下《坤》，山出于地。以其自高于地，故见剥蚀削损；反之则为《谦》卦，山入于地，自我减损谦抑。"以其善下之，故能为百谷王"（《老子·六十六章》），故《谦》卦"亨"而"有终"；"高而倚者崩"（《黄帝四经》），故《剥》卦"不利有攸往"。

山见剥落，则日久必覆，所谓"高而不已，天将蹶之"（《黄帝四经》），故《归藏》作《仆》，《象传》也说"山附于地"。剥、仆、附并与"仆"或"踣"同，谓倾覆也（说详

《象传》注）。

②不利有攸往："往"谓前往、谓进。处《剥》之时，不宜进宜退，进则不利，退则有利；退而自损，厚下安宅，可转而亨通。上卦《艮》，亦是"止"而不宜往进之象。

③剥床以足，蔑贞凶："以"犹之。"足"，床腿。"蔑"，小（《方言·二》"小，江淮陈楚之内谓之蔑"）。此言剥蚀床腿，占问小有凶险。剥床之足，虽小有凶险，但积微成大，至四爻则大凶矣。卦象取义于山之剥，爻辞则取义于床之剥，大抵皆为忧患之事。《太平御览》卷七〇六云"梦床所坏者，为忧妻也"，反映的是同样的心理。高亨、李镜池读"蔑"为"梦"，可参考。初爻在下，故以"足"取喻。

④剥床以辨，蔑贞凶："辨"，床足与床身分辨之处（《周易正义》）。此当指床腿与床架衔接处的榫头。六二居下卦中位，故取喻床身与床腿之间交接之处。此亦未及人身，故其占为小有凶险。

⑤剥之，无咎：帛书无"之"字，似以有"之"字为是。"之"指代初及二的"足"和"辨"。床腿、榫头均被剥蚀而占曰"无咎"者，因六三上有上九为其应援。此谓问卦者处于剥时，幸得贵人之助。

⑥剥床以肤，凶："肤"，骨肉的表面称"肤"（《释名·释形体》"肤，布也，布在表也"），此指布在床之表面的席子（《周易集解》引崔憬曰"床之肤谓荐席"）。"凶"是承初、二之"蔑贞凶"而说，则此"凶"谓"大贞凶"，言其占大凶。床上荐席已被剥蚀掉，眼看就要剥蚀人身体，故占曰大凶。另外，古代习俗，以床上无荐席为大忌；因为死者的睡席随葬，故死者用过的床无荐席；凡遇床上无席之事或梦，均为大凶之兆。如《后汉书·袁术列传》"（术）坐箦床而叹曰：袁术乃至是乎？因愤慨结病，呕血死"，唐李贤注"箦，第也，谓无茵席也"。又《魏书·尒朱彦伯传》载世隆梦入房中，见床上无席，以为不祥之兆，不久果被杀。

⑦贯鱼，以宫人宠，无不利："贯鱼"当即"鱼贯"，言鱼依次相续而进。"以"犹之。"宠"，帛书作"笼"，同"罩"（或作"箪"），捕鱼之竹器。此言群鱼依次相续而进入宫人捕鱼笼中，此为无所不利之占。四已剥尽，至五则剥势已衰。六五为尊位，与阳刚上九相比、相承而得助，问卦者因而得吉兆。古人以得鱼为吉祥太平、百事如意之兆。如《诗·鱼丽》"鱼丽于罶"，毛传"太平而后微物众多"。又《敦煌遗书·周公解梦书》云"梦见得鱼，百事如意"。

⑧硕果不食，君子得舆，小人剥庐："硕果不食"为筮象，"君子得舆，小人剥庐"为占辞。《剥》卦仅上九一阳爻，象硕果未被剥蚀之象。上《艮》为山，山上有树，树必有果，故《说卦》云"艮为山，为果蓏"。"食"同"蚀"，剥蚀（《丰》卦"月盈则食"，《释文》"食或作蚀"）。"君子得舆"，谓君子得舆马车服之封赐，言大吉也。《敦煌遗书》伯三一〇五条云"梦见果树及食，大吉"即此之类。"小人剥庐"，谓小人被剥夺宅第，言小人大凶。

【译文】

剥卦：剥落时期，不利于君子的任何行动。

初六：床脚已经剥落，若持漠视态度，必然凶险。

六二：床辨剥落，若仍持漠视态度，必然更凶险。

六三：床虽然剥落，还可以支撑一时。

六四：床的表面已经剥落，十分凶险。

六五：如同贯穿在一起的鱼，后妃依次承宠于君王，当然不会不利。

上九：硕果仅存，没有被吃掉；君子当政则出门有车坐，小人得势则连起码的茅庐也将失去。

明　矾红鱼藻纹盖罐

【解读】

本卦阐述了身处腐败时期的应世原则。一味追求虚荣的礼仪修饰，必然导致腐败的产生。这一物极则反的规律，是人力所不能逆转的。历史上许多曾经显赫一时的帝国，均莫能逃出这一规律。处在小人势盛、君子势歇的腐败时期，君子只有顺应时势，谨慎应付，谋求自保，以等待恶势力的自行消解，或者等待有才德的领袖人物出现，以结束这一腐败黑暗的时期。

【经典实例】

进退之术

《剥卦》阐释应对腐败时期的原则。物极必反，当一味注重形式，虚伪达到极点时，就面临不可救药的黑暗时期。这一消长盈亏的必然演变过程，人力无法挽救。这时，小人势力不断扩张，君子日益被迫害，达到凶险的程度，虽然也有人不同流合污，但也难以发生作用。君子只有顺应时势，谨慎隐忍，以求自保了。

西汉人疏广，字仲翁，任为太子太傅，他的侄子疏受，任太子少傅。为官几年后，疏广对疏受说："我听人说过，知道满足的人不会受到侮辱，知道停下的人不会遭受危险，成就了功名勇退，这是合乎规律的。现在已功成名就，不肯离开，将来怕有后悔的时候。"过几天，两人都称生病了，向皇帝上书请求回家安度晚年。请求同意了。皇帝赐给他们黄金 20 斤，太子赐给他们 50 斤。大臣和朋友们在京城门外举行送别仪式，送他们的有 100 多辆车子。人们都说："这两个大夫真贤能。"

进退之术在现实生活中，也并没有过时，须臾不可离开；中国有，外国也不例外，只不过表现形式不同罢了。

赫蒙是美国有名的矿冶工程师，毕业于美国的耶鲁大学，又在德国的佛莱堡大学拿到了硕士学位。可是，当赫蒙带齐了所有的文凭去找美国西部大矿主赫斯特的时候，却遇到了大麻烦。那个大矿主是个脾气古怪又很固执的人，他没有文凭，所以就不相信有文凭的人，更不喜欢那些文质彬彬又专爱讲理论的工程师。当赫蒙前去应聘递上文凭时，满以为老板会乐不可支，没想到赫斯特很不礼貌地对赫蒙说："我之所以不想用你，就是因为你曾经是德国佛莱堡大学的硕士，你的脑子里装满了一大堆没有用的理论，我可不需要什么文绉绉的工程师。"聪明的赫蒙听了不但没有生气，相反心平气和地回答说："假如你答应不告诉别人的话，我要告诉你一个秘密。”赫斯特表示同意，于是赫蒙对赫斯特小声说：“其实我在德国的佛莱堡并没有学到什么，那三年就好像是稀里糊涂地混过来一样。”想不到赫斯特听了笑嘻嘻地说：“好，那明天你就来上班吧。”就这样，赫蒙以退为进，轻易地在一个非常顽固的人面前通过了面试。

也许有人认为赫蒙那样做不十分合适，问题是能不能做到既没有伤害别人又能把问题解决。就拿赫蒙来说，他贬低的是自己，他自己的学识如何，当然不在于他自己的评价，就是把自己的学识抬得再高，也不会使自己真正的学识增加一分一毫，反过来贬得再低也不会使自己的学识减少一分一毫。

美国著名政治家帕金斯30岁那年就任芝加哥大学校长，有人怀疑他那么年轻是不是能胜任大学校长的职位，他知道后只说了一句：“一个30岁的人所知道的是那么少，需要依赖他的助手兼代理校长的地方是那么的多。”就这短短一句话，使那些原来怀疑他的人一下子就放心了。人们遇到了这样的情况，往往喜欢尽量表现出自己比别人强，或者努力地证明自己是有特殊才干的人，然而，一个真正有能力的领袖是不会自吹自擂的，所谓“自谦则人必服，自夸则人必疑”就是这个道理。

《剥卦》讲，让步其实只是暂时的退却，为了进一尺有时候就必须先做出退一寸的忍让，为了实现伟大的抱负就不应计较吃点小亏，这样做的结果非但没有降低自己，反而赢得了众人的敬佩和拥护。

沙松冰箱爆炸引起的

1988年7月20日晚10点，南京发生了全国唯一的一起电冰箱爆炸事件。140立升的沙松电冰箱在南京城西一用户家中突然爆炸。刚刚还运转正常的电冰箱瞬间就炸开了花。冰箱门飞出两米远砸在对面墙上，冰箱后座把紧挨冰箱的那面墙也砸了几个窟窿。冰箱内部冷藏的物品东奔西闯、四面开花。冰箱的主人一家四口更是侥幸捡了条命。上午刚刚出院的产妇搂着才出生四天的婴儿，就睡在紧挨冰箱的床上，侥幸没被伤着。男主人因当时正在另一处洗澡，才算逃过了厄运，否则，后果不堪设想。女佣人在几分钟前还站在冰箱前忙乎，幸好当时离开，才能幸免于难。

1988年7月22日，南京《扬子晚报》根据用户投诉，刊出了《一台沙松冰箱爆炸》的消息，还附有现场照片。这条“爆炸”新闻在南京几十万用户中掀起了一场轩然大波。他们纷纷给报社打电话询问冰箱爆炸的原因，一些用户则诚惶诚恐，急忙把冰箱搬出卧室。少数购买沙松冰箱的用户，则更是胆战心惊，惶惶不可终日。一时间，“沙松”驻南京办事处挤满了前来询问冰箱爆炸原因的各界公众，有《扬子晚报》记者、《新华日报》记者，南京电视台记者、《中国消费者报》记者，还有众多的冰箱用户……

面对这一突发的“爆炸”事件，厂领导决定立即组织由该厂总工程师、法律顾问、日本技术专家和驻南京办事处主任组成的事件处理小组，日夜兼程赶赴南京。

到那里后，他们不是急于做技术性说明，推诿有可能承担的责任，而是先在宣武门饭店包下了一个会场，专门接待"无冕皇帝"。他们一再向记者表示：爆炸原因查清楚后，一定公布于众，并将全部情况告知新闻单位。如果属于冰箱质量问题，一定向南京人民交代清楚，让几十万冰箱用户放心。为了增加透明度，事件处理小组决定，对爆炸现场进行的各项检查，都由南京电视台进行实况录像，并将其结果转播给公众。这种谦逊而富有诚意的态度，首先赢得了记者和用户各方公众的好感，使他们确信沙松电冰箱厂对"爆炸"事件的处理肯定会"让用户放心"。

经过调查，该冰箱爆炸，并非产品质量原因，而是用户缺少安全知识，将丁烷瓶放置冰箱内部所致。尽管如此，当那个用户提出赔偿的要求时，沙松电冰箱厂也还是一口就答应了下来。调查过程还发现，已被炸掉了门的冰箱仍然在继续制冷。真相大白之后，该厂组织召开了由物价局、消费者协会、标准计量局、保险公司和制冷专家参加的论证会，各方记者也都应邀出席会议。会上，他们请那个用户自己讲出了真情，并将现场检查的实况录像公布于众，让公众了解了事件处理的全部过程。各家报纸又都纷纷刊出消息，替沙松冰箱洗清了不白之冤。南京电视台还在晚上黄金节目时间播放了论证会的实况录像。

南京市民们通过各种新闻媒介知道了事实真相后，他们得出的结论是："沙松够意思，仁至义尽"。"沙松冰箱质量不错，门都炸掉了，还在制冷"。沙松冰箱厂及其产品不仅没有因为这次"爆炸"事件毁掉形象和信誉，相反，其知名度和美誉度还大为提高，这可真是"塞翁失马，因祸得福"。

协调企业与外部公众之间的关系，解决矛盾，处理纠纷，这是企业公关的重要职能。当企业受到外部突发事件的冲击，有损企业利益，危害企业形象时，如何妥善处理，以缓解矛盾，扭转公众对企业的不利看法，这正是危机公关的首要任务。沙松电冰箱总厂对冰箱爆炸这一事件的处理非常成功。他们遵循了"一切从维护消费者利益出发""让公众被告知"的公共关系原则，将解决问题的视点始终放在新闻媒介和消费者公众身上，诚心诚意地站在用户利益上考虑问题，不急于做技术性说明，不推诿可能承担的责任，而是虔诚地向公众表明：我们对这件事的处理一定会让用户放心。并将让用户放心的一系列解决问题的环节真实地告知各方公众，用事实真相消除了公众的误解，用诚恳的态度赢得了公众的信任。树立了企业良好的组织形象，提高了企业的信誉度和美誉度。

乐百氏创始人集体退出

作为创业者和经营者，何伯权无疑是极具个人魅力、同时也是富有现代企业管理观念并善于造势的领袖人物。1989 年，年仅 28 岁的何伯权与杨杰强等 5 人，由中山市小榄镇政府出资 95 万元办厂，很快组建了中山乐伯氏保健品有限公司。当时"乐百氏"商标的所有者是广州乐百氏实业有限公司，何伯权租用其商标使用权，租期 10 年。

1992 年在北京大学征名组建今日集团。何对"乐百氏"这个牌子喜爱之至，在短短几年内推广做大，投入了3亿多元人民币的广告费，将乐百氏奶的销售额由1989年的几百万元迅速提升到1997年的15亿元，使乐百氏品牌家喻户晓。

何伯权不喜欢追求偶然性的成功，他坚持认为：企业的冒险要控制在企业能够承受的范围内。但何的牌技的确高超，会选择最佳时机抛出王牌取胜，而达到最终控制局面的目的。

2000年3月，广东乐百氏集团宣布与法国达能合作。双方共同组建乐百氏（广东）食品饮料有限公司，由达能控股，但达能并不派员参与管理，乐百氏仍拥有商标权、管理权、产品及市场开拓权。针对合并之事，当时何伯权就明确主张：赢利是硬道理。是的，对于按市场规则运作的公司而言，这的的确确是唯一的真理，利润就是企业生存的理由。

2001年11月30日何伯权宣布他和杨杰强、王广、李宝磊、彭燕芬等五位创业者集体辞职的消息。人们在感到震惊、惋惜、甚至伤感之余，不能不心生由衷的敬意。虽然何伯权在接受记者采访时坦陈：合作之时并未预料今日之结果。但同时也表明之所以辞职是因为与控股方达能（资本）对今后的发展战略有严重分歧，而公司今年的业绩增长没有达到预期的目标。五人在发展战略、经营思想等方面都有一致认识，所以做出一致选择，对公司今后的发展将更有好处。对于双方在发展战略认识上的具体分歧，无论是何伯权、还是达能集团都称：基于商业理由，不便透露。而乐百氏集团进一步的正式公布消息则要等到适当时候。作为媒体，我们理解当事者的苦衷，我们也不便对一些小道消息而妄加揣测，我们仅从以往的相关公开报道上可以发现一些线索。

早在2001年8月，乐百氏组织结构调整完成之际，何、杨等五位创业元老，就一下变成了1个总裁和5个总经理，除何伯权总裁职务不变外，原营销总部总经理杨杰强变成了市场拓展总部总经理；原生产技术部总经理王广变成人力资源部总经理；原供应总部总经理李宝磊变成行政总部总经理；原财务部总经理彭艳芬变成总裁助理。业内人士称，这早已为五元老退出江湖，埋下伏笔。

从现有情况来看，何伯权等五位创业者都十分尊重控股方的利益，对于自己的企业发展战略与控股方产生的矛盾，他们并未自恃开山元老，而意气用事，而是遵循市场游戏规则办事。用何伯权自己的话说："这是中国加入WTO之后给我上的第一课。中国企业要融入世界，就要接受西方企业的游戏规则，以前只是听得多，现在发生在自己身上，更有感触，更能直接地理解。我感到对中外企业来说，都有太多的东西要学习，这次经历对我自己来说，也是一笔宝贵的财富。"

何伯权们对资本的尊重意识，即对出资人权利的尊重，确实体现出这方面中国企业家少有的成熟和高明。

从与达能签约伊始，何伯权和他的伙伴就已意识到角色的转变，从原来的创业型老板，到现在的股东兼职业经理人，作为股东，你有与股权份额相当的决策权；但是，作为总经理，必须不折不扣地执行董事会的决定，包括战略目标和业绩指标。当你觉得没有办法或不应该执行时，你有选择离去的自由，但绝不能收了投资人所给的薪俸而不执行董事会的决定。尊重资本意志，即是遵守职业经理人的本分，即是遵守游戏规则，而在市场经济的秩序构建中，后者是绝对关键的。

资本的属性决定了经营者的操作方式,也规定了经理人的职业命运。《羊城晚报》记者孙玉红将何伯权等五人的辞职称为精彩一退,是对中国企业的贡献一退。是的,规则比感情更重要,规则比个案更重要。为了维护制度而损失个人的机会,虽然非常遗憾,何伯权们还是选择潇洒地离开,在这里不会发生在中国企业中反复上演的投资者与经理人反目的悲剧。他们以自我牺牲去拥抱新的规则,也向世界展示了中国企业家的风范。

企业家行为的本质,就是及时发现在投入和产出的相对关系中潜在的、尚未被利用的机会,并且灵活地充分利用这一机会。市场经济有约定的游戏规则,如资本意志决定一切。也有资本本身流动的规律,资本最为渴望的是能够源源不断有生金蛋的母鸡。资本终将汇集到深谙市场法则的,能熟练运作货币资本和人力资本的经营者手中。也许这就是乐百氏事件对我们的启示。

剥:即剥落侵蚀之意,该卦为阴盛阳衰,象征形势不妙,事业失败。当此衰败之时,最好的决策准则便是谨慎行事,隐忍待机,而不要自己行动。由于形势不妙,君子此时应顺应时势,暂停行动,观察变化,懂得一切事物都有消有长,有盈有虚,这是天地自然之道,而非人力所挽回。你要知道,花到盛时,必然凋谢,事业发展至顶端,必开始走下坡路,人生、事业一般处到鼎盛时期之后必然跌落,看你在这事业人生走向衰败时如何应对。

所以,当形势不妙、事业因顿时,你应当记住以下准则见微知著,及时防范,不做无把握的对抗,在无力回天时,则独善其身,知祸患切身,当奋起反击,扭转局势。

祸起萧墙

春秋五霸之一的齐桓公,是春秋时期的风云人物。他曾经在"尊王攘夷"的口号下,"九合诸侯,一匡天下",但是却怎么也没有想到自己最终会被饿死。

当他的贤相管仲将要去世时,齐桓公问管仲:"什么人可以继承相位呢?"

管仲说自己很了解大臣们,请齐桓公提出人选来。齐桓公举出了易牙、开方和竖刁三个人来征求管仲的意见。管仲说:"易牙曾经把儿子杀死,做成美味的羹献给您,用来讨您的开心,这个人是不近人情的;开方是卫国的公子,他背叛了自己的亲人来做您的大臣,也是不近人情的;竖刁为了得到您的亲近把自己阉割了,更是不近人情的。您不但不要重用他们,还要远离他们。"

管仲死了一年之后,齐桓公把管仲的遗言抛到了一边,重用了这三个人。

齐桓公选立继位人也不果断。他曾经与管仲商量立郑姬的儿子姜昭为太子。而卫共姬想让自己的儿子无亏当太子。她通过易牙与竖刁暗中活动,终于使齐桓公答应立公子无亏为太子。

后来,当齐桓公病重之时,无亏等五公争夺君位,而易牙与竖刁趁机作乱。他们堵塞宫门,加高宫墙,不让任何人进入王宫。齐桓公病重在宫中没有人照顾。有一个宫女翻墙进入宫中,来到了齐桓公的居室。当时齐桓公又饿又渴,宫女告诉他易牙和竖刁堵塞了宫门,拿不到任何东西。齐桓公这才叹息自己用错了人,死后无颜去见管仲。因此用衣服蒙住了眼睛,饿死在宫中。

明眼人都能看得出,造成齐桓公晚年局面失控的因素,是在很早之前就开始积累了。阴邪之气积蓄,是有一个过程的,我们必须防微杜渐。

员工的满足感托起弗兰克·康塞汀的梦想

现代管理大师普遍认为,员工是帮老板实现梦想的最强有力的工具。弗兰克·康塞汀——美国国家罐头食品有限公司的总裁,他就深知这个道理,使这家公司成为世界上第三大罐头食品公司。

他的信条是:"多跟员工进行交流,多给他们地位、被认可感和满足感……让他们在一个温馨的环境中工作,让他们以企业的兴衰为自己的荣辱。"由于有这个信条,这家公司从来不担心招聘不到好员工。当他们在俄克拉荷马城的分厂需100个工作职位时,在招聘广告发布后,竟然收到了2000份申请。也难怪,这个新工厂充满了家庭气息,有野餐,工作中还洋溢着抒情的音乐。作为一位员工,还有什么比这更快乐的呢?

在亚利桑那的费尼克斯的工厂成绩卓著。公司为了进一步激起员工的自豪感,就搭起了一个露天马戏场让员工们工作之余开心快乐。在马戏场建起的那一天,94名工人的日产量达到了100万个罐头的目标。那一天,马戏场成了欢乐的大本营。而3年以后,工人们将日产量提高到了差不多是200万个罐头。

公司还建立了心脏保健计划。有600多名受过训练的员工将负责心脏病紧急救护。他们已经成功地挽救了一些工友的宝贵生命。

康塞汀为了能让员工在心理上获得满足,把管理人员找来,跟他们讲:"管理人员的工作就是把员工们放在合适的岗位上。如果你把适当的人安排在适当的岗位,他们就会得到心理上的满足,这种满足是他们在他们所不能胜任的更高一点的职位上也得不到的。"

有的管理人员说:"我们的工作太忙了,也没有太多的时间考虑他们的想法。"

"错了,我们对员工的关注花费并不大,而利益却在员工的忠诚和高度信心下自然而然地增长,你们的任务之一就是把人性的优点运用到同员工打交道的日常事务中去。"

康塞汀常常说:"我们公司也许不会成为同行业中最大的一家公司,但是只要我们诚心地对待职员,就能最大限度地激起员工对工作的自豪感,为公司创造相当多的财富。"

美国国家罐头食品有限公司无疑在为员工们创造了一个温馨的工作环境。公司在不断地壮大。

狄仁杰迂回自保

花开花落,月盈月亏,这是《周易》阐释的不以人的意志为转移的自然法则,当阴长阳消的时候,阳宜静不宜动,不可妄自进取以致自取其辱,这也是剥卦中蕴涵的道理。古人所谓"识时务者为俊杰",也是同出一辙。

唐朝武则天为了专权，给自己当皇帝扫清道路，先后重用来俊臣、周兴、武三思、索元礼等一批酷吏。她以严刑峻法、奖励告密等手段，实行高压统治，对抱有反抗意图的李唐宗室、贵族和官僚进行严厉的镇压，先后杀害李唐宗室、大臣贵戚数百人，至于所杀的中下层官吏，就多得无法统计。武则天曾下令在都城洛阳四门设置“匦”(即意见箱)接受告密文书。对于告密者，告密核实后，对告密者封官赐禄；告密失实，并不反坐。这样一来，告密之风大兴，无辜被株连者不下千万，朝野上下，人人自危。

狄仁杰当上宰相后，武则天并不是十分信任他。长寿元年(公元692年)，酷吏来俊臣诬陷平章事狄仁杰等人有谋反的行为。来俊臣出其不意地先将狄仁杰逮捕入狱，然后上书武则天，建议武则天降旨诱供，说什么如果罪犯承认谋反，可以减刑免死。狄仁杰突然遭到监禁，既来不及与家里人通气，也没有机会面奏武后说明事实，心中不由焦急万分。审讯的日期到了，来俊臣在大堂上宣读完武后诱供的诏书，就见狄仁杰已伏地告饶，嘴里还不停地说：“罪臣该死，罪臣该死！大周革命使得万物更新，我仍坚持做唐室的旧臣，理应受诛。”狄仁杰不打自招的这一手，反倒使来俊臣弄不懂他到底唱的是哪一出戏了。既然狄仁杰已经招供，来俊臣将计就计，判了他个“谋反是实”，免去死罪，听候发落。

一天，具体负责案子的判官王德寿悄悄地对狄仁杰说：“你可以把平章事杨执柔等几个人牵扯进来，就可以减轻自己的罪行了。”狄仁杰听后，感叹地说：“皇天在上，后土在下，我既没有干这样的事，更与别人无关，怎能再加害他人？”说完一头向大堂中央的顶柱撞去，顿时血流满面。王德寿见状，吓得急忙上前将狄仁杰扶起，送到旁边的厢房里休息，又赶紧处理柱子上和地上的血渍。狄仁杰见王德寿出去了，急忙从袖中抽出手绢，蘸着身上的血，将自己的冤屈都写在上面，写好后，又将棉衣里子撕开，把状子藏了进去。一会儿，王德寿进来了，见狄仁杰一切正常，就再也不提此事了。

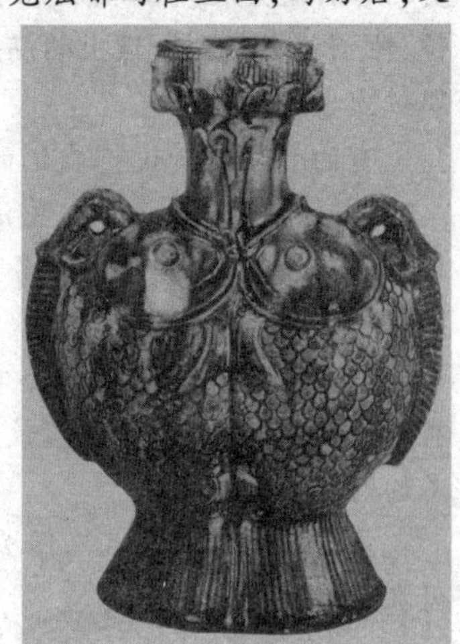

唐　三彩双鱼形细颈壶

狄仁杰趁机对王德寿说：“天气这么热了，烦请您将我的这件棉衣带出去，交给我家里人，让他们将棉絮折了洗洗，再给我送来。”王德寿看他是将要死的人了，就答应了他的要求。狄仁杰的儿子接到棉衣，听说父亲要他将棉絮折了，心想这里面一定有文章。他送走王德寿后，急忙将棉衣折开，看见血书，才知道父亲遭人诬陷。他几经周折，托人将状子递到武则天那里，武则天看后，就派人把来俊臣召来询问。来俊臣做贼心虚，一听说太后要召见他，知道事情不好，急忙找人伪造了一张狄仁杰的“谢死表”奏上，并编造了一大堆谎话，将武则天应付过去。

此时，曾被来俊臣妄杀的平章事乐思晦的儿子也出来替父申冤，并得到武则天的召见。武则天在过问乐思晦的案子时，稍稍有些醒悟，不由得想起狄仁杰一案，于是把狄仁杰招来，不解地问道：“你既然有冤，为何又承认谋反呢？”狄仁杰回答说：“我若不承认，可能早就死于严刑酷法了。”武则天又问:“那你为什么又写‘谢死表’上奏呢?”狄仁杰断然否认这事,武则天拿出“谢死表”核对了狄仁杰的笔迹,发觉完全不同,才知道是来俊臣从中做了手脚,于是下令将狄仁杰和七名同案犯释放,并让狄仁杰做了彭泽县令。

狄仁杰的做法告诉我们,要按剥卦所告诉我们的道理去做,掩饰刚强直率的性格与对手周旋,是斗争中的良策。相反,以硬碰硬,会让自己自取其辱的,这样做无论从哪方面来讲都是不明智的。

张良退而保身

西汉建国后,张良曾悉心研究军事,整理了春秋以来的182种军事著作,编写了汉初传世的各类兵书,为我国古代军事科学的弘扬和发展做出了杰出的贡献。在汉朝初创之时,张良谨慎行事,隐忍待机,遇到非人力所可挽回的局势时,退身自保,著书立说,所以取得了这样的成就。这在局势混乱的年代真可谓难能可贵。

张良系文弱之士,不曾挥戈迎战,却以军谋家著称。天下初定后,功勋卓著的张良没有邀功请赏,而是托辞多病,闭门不出,屏居修炼道家养生之术,并随着刘邦皇位的渐次稳固,刘邦曾以高官厚禄请张良临朝,但张良置荣利而淡之,假托神道,可谓用心良苦。逐步从“帝者师”退居“帝者宾”的地位,在汉初刘邦剪灭异姓王的残酷斗争中,张良极少参与谋划。在西汉皇室的明争暗斗中,张良也恪守“疏不间亲”的古训。

公元前197年,汉王朝上层出现了一场新的危机。高祖欲废吕后之子太子刘盈,改立戚夫人之子越王如意,因遭大臣反对而没有结果。吕后让其兄建成侯吕泽强劫张良,令其谋划。张良无奈,只得说出了心里话。汉十二年(公元前195年)的一天,高祖刘邦设宴群臣,太子刘盈跪在身边侍候,忽见四位须眉皓齿、衣冠楚楚的老人跪在太子身后,这就是刘邦仰慕已久而屡求不应的四位隐士。宴后,刘邦无可奈何地对戚夫人说:“我想换太子,但这四人辅佐他,羽翼已成,难动啊!”

这四位隐士是张良推举给太子刘盈的谋士,张良此术不仅帮助太子巩固了其自身的地位,对其自身而言,也是一个绝妙的金蝉脱壳的计策。

此后,张良索性托病不朝,杜门谢客,直至汉惠帝六年(公元前189年)在长安病逝。

张良死后,人也多有诗文赞颂张良的智慧及其一生所为。张良最为明智的做法就是:在不能改变险恶的局势时,退身自保,以求得其他方面的发展。这或许是张良不自觉地运用了“剥卦”中的道理。

复卦第二十四　䷗

【经文】

震下坤上　复[①]亨,出入无疾,朋来无咎[②],反复其道,七日来复[③],利有攸往[④]。

初九　不远复,无祗悔,元吉[⑤]。

六二　休复[6]，吉。

六三　频复，厉，无咎[7]。

六四　中行独复[8]。

六五　敦复，无悔[9]。

上六　迷复，凶，有灾眚[10]；用行师，终成大败，以其国君凶，至于十年不克征[11]。

【注释】

①复：卦名。通行本第二十四卦，帛书本为第三十九卦。《复》卦与《剥》卦是卦爻翻覆的关系，故次列于《剥》卦后。

“复”兼含“反”与“返”二义，即一方面包含事物发展至极端而向相反的方向转化；另一方面又包含事物经肯定、否定再复归于肯定（亦即否定之否定）阶段的意思；这个“复”与老子的“反者道之动”的“反”意思完全一样（老子的“反”也是既包含向对立面的转化，同时又包含复归），或许可以说老子的“反”就是来于《易》的“复”，所以老子说“观复”，《系辞》说“复，德之本也”与老子“反者道之动”是一样的思路。

从卦爻上看，《剥》卦䷖阴剥阳，阳将剥尽；然剥极必反，《复》便是向对立面的转化，开始了阳剥阴的过程；同时，阳刚也从亢极的位置复返于下，重新开始生命力的培育。从卦象上看，雷本在地中，春暖之时，雷出于地而成《豫》卦；冬寒之时，又回复到地中而成《复》卦。

“复”既是运动转化，又是循环再生。回复是生生的培育，转化是质的飞跃。

②出入无疾，朋来无咎：“出”，出行。“入”，归来。此取象于雷之以时出入，时序正则人无疾病。“朋”或释为“朋贝”之“朋”，或释为“朋友”之“朋”。按：当释为“朋贝”，即钱财。本卦上《坤》下《震》，《坤》卦说“丧朋”，《震》卦说“丧贝”，可见“朋”指“朋贝”之“朋”。“朋来”，即赚到钱财。“无咎”，没有遇到歹人打劫一类的麻烦。《坤》卦说赚得钱财“括囊无咎”，本卦说赚得钱财及时归家“无咎”。

③反复其道，七日来复：“反复”即“返复”即“复”。“复其道”即《小畜》的“复自道”，谓从熟悉的旧路返回。“七日来复”，七日之内返家则吉，超过七日则不吉。为何必在七日之内？因“七”为一卦六爻往复之期，超过七日，则非《复》卦，既逾复期，则必然有咎；上六之“迷复”，当是指超过复返之限期，故迷失归途而有凶。

④利有攸往：按时复返，则再往有利；反之，不按时之“迷复”，则再往不利，必待“十年”而后可往。“来”（“入”）以时“无咎”，“往”（“出”）亦能有“利”。有“来”有“往”自然有利，《系辞》所谓“往来不穷谓之通”。下《震》为动往，上《坤》为顺利。

⑤不远复，无祇悔，元吉：“祇”同“抵”，至、至于。“元”，大。离家出行不过远即折返，则不至于悔恨，并有大吉。过远则迷，则超过复期，则有凶。

⑥休复：“休”，止，象人之倚木休止（见《说文》）。此承初九而说，六二比于阳爻初九，犹如“倚木”；初九不远即复，六二依于初九，亦行之不远即止而还复。

⑦频复，厉，无咎：“频”读为“颦”，忧惧（《释文》：“马云：频，忧也”）。行之不远，即忧惧而返，则虽危无害（“厉”，危险）。《乾》卦九三“终日乾乾，夕惕若，厉无咎”与本卦六三爻辞立意相同。六三处下卦之终，为《震》动之极，故须忧惧远而迷

失,及时还复。下卦之终,知忧而无咎;上卦之终,执迷而有凶。

⑧中行独复:"中行",出行的半途中。全卦五阴爻,独六四与阳爻初九正应,故独六四应和初九之"不远复"。不言占辞,或与初九同。

⑨敦复,无悔:"敦"是质朴之貌,《老子·十五章》"敦兮其若朴"(注:"敦者,质厚")。"敦"又同"沌"(《淮南子·天文训》注"敦,沌也"),《老子·二十章》"沌沌兮若婴儿之未孩"(据马叙伦校),王弼注:"沌沌,无所分别"。上六迷而不复,故《复》卦至五,是复之终极,故云还复于朴。

⑩迷复,凶,有灾眚:"迷复",谓迷失归路,不能复返。初爻"不远"故能复,上爻之"迷"是行之过远,知进不知退,往而不复;五爻质朴无求而能复,上爻贪而多求,故"迷"而失去自性,不能自返。如此,则有灾祸("灾眚"即灾祸)。六爻之中,仅此一爻有凶,他爻均因能复而免咎。

⑪用行师,终有大败,以其国君凶,至于十年不克征:"以其",与其、及其。"克",能。"十"亦是数之极,与"七"同;"七"之极数就卜师筮占言,"十"之极数就百姓日用说。雷出于地,则为《豫》,故《豫》卦卦辞言"利行师"(《杂卦》"震,起也"、《说卦》"坤为众"。则《豫》卦象起众行师);反之则为《复》卦,不利行师,宜安众静养。《复》为十一月卦,《吕览·仲冬季》云:"(仲冬之月),无起大众,以固闭藏"。复之时,宜早复不宜行远,宜质朴不宜贪求;行师征国,是既行远又贪求,故有凶丧之祸。

【译文】

复卦:阳刚之气去而复返,亨通顺利,自下而上的行进不会遭到任何阻碍,朋友前来也不会有什么危害,因为阴阳的去而复返遵循每七天便来回一次的规律,有利于事物的生长不息。

初九:不走远就返回,即使有过失也不严重,因而无后悔,大吉大利。

六二:向善的回归,乃是吉庆之事。

六三:频繁地失误,又能屡屡回复正道,这样虽然有危险,因为每次都能改正过错,所以不会有灾祸。

六四:在行进的中途,独自返回到正道。

六五:真心实意地返回正道,没有懊悔。

上六:迷途不知返,必生凶险,甚至酿成大灾难;在这种情况下领兵打仗,结果必是大败,甚至国君遭难,十年之内不能重振军威。

【解读】

本卦通过"不远复""休复""频复""独复""敦复""迷复"等的系统分析,阐述了剥落腐败之后如何恢复元气走上正道的原则。认为要恢复元气,必须根绝以往的错误;恢复元气的工作必须在腐败刚开始还不很严重的时候,否则便要积重难返;恢复中难免要犯错误,但必须及时改正并谨防一犯再犯;恢复时期往往吉凶难以意料,志士仁人应该坚定信念,为所当为,以迎接元气得以恢复的局面早日到来;至于那些执迷不悟逆潮流而动的人,不会有好下场。

【经典实例】

李嘉诚的改错精神

陕西出土的秦始皇兵马俑:武士俑

人不可能永远不犯错误,一旦犯了错误,就要在认识之后,迅速以实际行动改正,并尽快回到正确的轨道上来。否则,因此而受害的只能是自己。君不见,但凡成功的人士,一般都是那种勇于并善于改正自己错误之人。如华人首富李嘉诚,倘若他没有这种知错必改的精神,几乎可以断定,他就不会有今天的成就。

创业初期的李嘉诚年少气盛,急于求成,一味追求数量,而忽略了企业信誉的关键——质量。所以,创业不久,一帆风顺的李嘉诚遭到当头棒击,长江塑胶厂遭到重大挫折。

一家客户宣布李嘉诚的塑胶制品质量粗劣,要求退货。

多米诺骨牌效应出现,接二连三的客户纷纷拒收长江塑胶厂的产品,还要长江厂赔偿损失!

仓库里堆满因质量欠佳和延误交货退回的玩具成品。

索赔的客户纷至沓来。还有一些新客户上门考察生产规模和产品质量,见这情形扭头就走。

“不怕没生意做,就怕做断生意”,李嘉诚此时的处境正是后者。客户是企业的衣食父母,不由李嘉诚不急如热锅上的蚂蚁。

屋漏偏遭连夜雨。银行知悉长江塑胶厂陷入危机,立即派员催还贷款。

全厂员工人人自危,士气低落。黑云压城城欲摧。长江塑胶厂面临着遭银行清盘、遭客户封杀的生死存亡的严峻局势。

质量就是信誉,信誉是企业的生命。李嘉诚竟然铸成如此大错,他深为自己盲目冒进痛心疾首。

李嘉诚在母亲的开导下,痛定思痛,以坦诚面对现实,力挽狂澜。

于是,李嘉诚开始“负荆拜访”。

首先要稳定内部军心,为此,李嘉诚向员工坦率地承认自己的经营错误,并保证绝不损害员工的利益,希望大家同舟共济,共渡难关。

李嘉诚言出必信,因此,员工的不安情绪基本得到稳定,士气不再那么低落。

后方巩固之后,李嘉诚就一一拜访银行、原料商、客户,向他们认错道歉,祈求原谅,并保证在放宽的期限内一定偿还欠款,对该赔偿的罚款,一定如数付账。李嘉诚坦言工厂面临的空前危机,随时都有倒闭的可能,恳切地向对方请教拯救危机的对策。

李嘉诚的诚实,得到他们中的大多数人的谅解。大家都是业务伙伴,长江塑胶

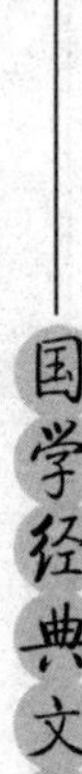

厂倒闭，对他们同样不利。银行、原料商和客户一致放宽期限，使李嘉诚赢得了收拾残局、重振雄风的宝贵时间。

1977年，李嘉诚购入大坑虎豹别墅的部分地皮计15万平方英尺。

虎豹别墅为大名鼎鼎的星系报业胡氏家族的祖业。胡氏家族，即是全球华人无人不晓的“斧标祛风油”的创始者。

虎豹别墅，其实不是一座私人花园住宅，而是规模宏伟、饶有特色的公园。现在成了中国香港一处著名的旅游胜地。

李嘉诚购得地皮后，在上面兴建了一座大厦。游客们议论纷纷，指责大厦与整个别墅风格不统一。

李嘉诚得知后，立即停止在那块地皮上继续大兴土木，尽量保留别墅花园原貌。

李嘉诚知道，如果知错不改，不顾公众舆论，一意孤行，就会损害自己的形象，降低自己的信誉。

失去公众，就等于失去顾客；失去顾客，就等于自绝财路。

每一个人都难免犯错误。成功者之所以成功，也不是他不犯错误，而是他能吸取错误的教训，并作为宝贵的经验。当再次面临同样的问题时，他能运用以往的经验而不再犯以前犯过的错误。聪明人不是不犯错误，而是绝不犯同一个错误。

张瑞敏举铁锤砸冰箱

《复卦》阐释归复的原则。归复的原则，必须根绝过去的错误，重新回复善道。恢复的法则，应当在腐败开始过失尚未严重之前，及时反省改善，否则积重难返。而且，必须彻底检讨，周详策划，谨慎行动，不可重蹈覆辙，一错再错，仁人志士在复归天道的过程中，应当洁身自爱，不同流合污，坚持原则，不计个人利害，为所当为，以促使整个社会恢复时期的早日到来。天道循环，大势所趋，如果执迷不悟，必然凶险。

1984年，青岛市东风电机厂陷入了严重的经营困难之中，全厂已亏损147万元，当月的工资已无法向工人兑付，企业面临着倒闭的危险。经营上的困境引起人心上的不稳，全厂800多名员工，几乎有一半人想调离，生产、管理工作已无法正常进行，工人们在车间里就大小便……谁能想到，这样一个烂摊子就是中国家电第一品牌海尔集团的前身。

这一年的12月26日，时任青岛市家电公司副经理的张瑞敏受上级委派组建青岛电冰箱总厂并出任厂长。他在上任以后制定的第一条规章制度就是“不准在车间随地大小便”。

在张瑞敏组建青岛电冰箱总厂时，国内电冰箱市场上商家林立，各种牌号的电冰箱挤满了市场。在这种情况下，要寻求生路，在市场上争得一席之地，谈何容易！张瑞敏的压力很大。

海尔诞生了，但如何才能在竞争激烈的家电市场上拥有一席之地，张瑞敏果断提出：“要么不干，要干就要争第一，创名牌”。“名牌战略”的核心是产品的高质

量。专业化名牌之路，要在一个近乎瘫痪，一切都处于无序状态下的企业发展起来，其难度之大可想而知，在张瑞敏看来，最重要的是员工观念的转变。如何转变员工的观念呢？

张瑞敏做出了一个惊人的举动，这就是著名的“海尔砸冰箱”事件。当时海尔刚开始生产冰箱，由于生产技术方面的问题，冰箱产品的质量差距比较大。有一次，一个用户找上门来，说冰箱买回去，用了之后发现有很大的毛病。海尔领导让顾客到仓库里去挑。当时仓库内有400多台冰箱，用户挑了好多台，没有一台满意的。当用户走了之后，海尔领导叫人把余下的所有冰箱检查一遍，检查后发现总共有76台冰箱存在不同程度的缺陷。海尔领导层就把这76台冰箱集中在一起搞了一个展览会，每一台冰箱上贴了一个条子，记载它有什么缺陷和问题，例如“门关不好”“有划伤”等，是从谁手中干出来的。从功能上，这些冰箱都不受影响，都可以作为等外品处理。海尔领导层请全厂员工来参观这些冰箱，参观完之后，把如何处理这些冰箱交给工人们讨论，大多数工人认为这些冰箱既然可以使用，是不是可以便宜些处理给职工。“如果这样处理了，明天就可能会出现760台、7600台这样有缺陷的产品，如果现在打开这样一个口子，永远会有不合格冰箱流出来！”“从此海尔冰箱不分一二三等，只有优质品和不合格品之分”。张瑞敏第一个抡起大锤向冰箱砸去……

看着一台台冰箱被砸成了废铁，工人们流泪了。当时一台冰箱的价格差不多有800多元钱，职工的平均月工资只有40元钱，如果把这些冰箱处理卖了还能赚些钱，砸了是一笔很大的损失呀！锤子砸在冰箱上，敲击在工人们的心上。这件事强烈地震撼了他们，使他们意识到质量问题的重要性，从此在生产上再也不敢掉以轻心。海尔产品的质量从此有了转机，并于1988年首次拿到质量金牌。更重要的是，张瑞敏挥锤砸冰箱的事件在《人民日报》刊登出来后，引起了强烈的社会反响，海尔给消费者留下了重质量的深刻印象，“海尔”这个名字在全国消费者的心目中占据了相当重要的位置。在家电产品大搞价格战中，海尔一直维持价格不变，就是其无可挑剔的质量赢得了消费者的信赖。

对于当时的企业来讲，树立这个观念就等于跳过了生死线。因为20世纪80年代许多行业的产品还分一、二、三等品，只要生产出来，就能出厂。质量上留有“后路”，使员工丧失了追求高质量高标准的意识。而这一锤，砸醒了全体员工，使他们的生产责任心迅速增强，从而使企业有了坚实的质量管理基础。为海尔日后进入海外市场打下了基础。

张瑞敏在把铁锤砸向不合格冰箱的同时，也使企业回复到正确的发展方向上了。张瑞敏举起的铁锤，实际上是如“复卦”所讲的，是一种回复天道——在当时来讲即自愿地顺应经济规律的标志。只有回复到天道，做人才有根基，事业才可能发展。

越　狱

2001年4月1日，巴西圣保罗警方在紧靠圣保罗市中心的卡兰迪鲁监狱发现了一条偷挖的地道。地道全长400米,从监狱附近的一所房屋开始,一直通到牢房地下。

这条地道还没有打通就被发现了。警方在监狱的那所房屋中发现了三个男人和一个女人。还发现了水泵、照明灯、工作服和运送渣土的车辆。这是个非常明显的越狱信号。可是在监狱附近偷挖地道,协助犯人越狱的事情实在太多了。所以卡兰迪鲁监狱官员并没有对此给予高度重视。

可惜的是,卡兰迪鲁监狱的官员在同一个地方摔倒了两次。

当地时间11月26日上午10时,一名狱警前往犯人们制作扫帚的工房进行例行性巡视。他从窗户里往里一看,顿时惊呆了。一个小时前他还巡视过一次,发现这里一切正常,100多名犯人仍在认真地干活。现在居然大门紧闭,锁将军牢牢地把着门,工房里竟然只剩了几个人!

狱警立即拉响了警钟,监狱官员们全都跑出来,不知发生了什么事。他们走进工房,才恍然大悟:工房墙角处露出一个洞口。显然,又一条地道挖到监狱,犯人们越狱了!

倪萍抢话筒

在现场直播过程中,主持人遇到的最大困难是很多事情无法预料的。因此,就会出现各种束手无策的情况,那种尴尬、无奈真是令主持人难堪。有一次,倪萍专门为几对金婚的老年朋友举办一期《综艺大观》,他们都是我国各行各业卓有成就的科学家。其中有一位是我国第一代气象专家,曾多次受到毛主席、周总理的亲切接见。

在直播现场,当倪萍把话筒递给这位老科学家时,她顺势就接了过去。对于直播中的主持人来说,如果把话筒交给采访对象,就意味着失职,因为你手中没有了话筒,现场的局面你就无法掌握了。更严重的是,对方如果说了不应该说的话,你就更被动!但那时众目睽睽,倪萍根本无法把话筒再要回来。

"我首先感谢今天能来到你们中央气象台!"这位老专家第一句话就说错了。全场观众大笑。倪萍伸出手去,想把话筒接回来,但老专家躲开了。后来倪萍又两次伸出手去,但老专家还是没将话筒还给她。舞台上出现了倪萍和老专家来回夺话筒的情况。台下的导演急得直打手势,倪萍更是浑身出汗。

直播结束后,不少观众来信批评倪萍:"不应该和老科学家抢话筒,要懂得尊重别人……"倪萍认真地检查了自己,她知道这是她作为节目主持人的失职。面对上亿观众,她绝对不应该抢话筒,更不应该随便打断别人的讲话,更何况是年轻人对长者。但观众们又何尝知道,直播节目的时间一分一秒都是事先周密安排的。如果这位长者占了太长的时间,后面的节目就没法连接了。

问题发生后,倪萍没有刻意去推脱责任,反而主动承担了这次失误的责任。接着,她仔细回忆了当时的情景,试图从中找到失败的原因。人不怕犯错误,就怕接连犯相同的错误。她经过反复的思考和总结,得出了这样的体会:如果自己在直播前,能和这位长者多交流交流,了解她的个性,掌握她的说话方式,那天就不会出现这类

尴尬的场面。

世界上没有一个人能保证自己永远不犯错误。对于社会里的每一个人来说，我们应当牢记的一个法则是：不要犯同一错误。

相声大师侯宝林说过一段相声，叫《空城计》。说的是在戏园子里，不知哪位观众吃完烤红薯，随手把红薯皮扔到了台子上。演司马懿的演员正有板有眼地演着，没注意一脚踩上了，结果摔了个仰面朝天。

经过救场，这场戏总算没砸，于是继续演。演着演着，司马懿脱开戏本"哦呀呀"地发出了怪声——原来，他又看见了那块曾让他们面朝天的红薯皮。

这意味着他不会再踩上去，又一次让自己仰面朝天了。这就是"吃一堑，长一智"的道理。

每一个人都难免犯错误。成功者之所以成功，也不是他不犯错误，而是他能汲取错误的教训，并作为宝贵的经验。当再次面临同样的问题时，他能运用以往的经验而不再犯以前犯过的错误。聪明人不是不犯错误，而是决不犯同一个错误。

一代贤相田稷

战国时期，有一个人叫田稷，他当时任齐国的相国。田稷有很大的才能，所以能够很好地辅佐国君，受到许多人的尊敬。

田稷手下有一个人，虽然没有才能，但家境却十分富有。尽管这样，他仍想图个一官半职。怎么办呢？这个问题困扰了他好多天。一天，他终于想出来一个好主意。他想，当今相国田大人身居高位，若向他请求，此事就有希望了。高兴之余，他便穿戴整齐，登门拜访田稷。他小心地向田稷说明了情况，并当场送给田稷黄金百镒(古代重量单位。一般认为二十两为一镒。一说二十四两为一镒)。田稷当时也不在意，就收下了黄金。

田稷是个有名的大孝子。他为相所得的俸禄多半也交给母亲。这一次他一下子得了这么多金子，就马上派人给母亲送去。田母是个有贤德的人，她深知做人的尊严，便一直严格教导儿子要光明磊落地做人。她见到儿子送来的黄金，起先感到欣慰，认为儿子还是够孝顺的。后来，她便有了疑问：不对啊，儿子身为相国以来，一直廉守奉公，他的俸禄本来不多，为何会突然有这么些金子啊？不行，我得弄清楚才行。

第二天，田稷来看望母亲，田母正色地说道："儿啊，你为相三年，想那俸禄也不多，你从哪儿来这么多金子给为娘啊？你可要说实话。"田稷不敢隐瞒，就回答说："是儿属下一个小吏送来的。"田母追问道："一个小吏怎会无缘无故地送你黄金？是你强制人家，还是他对你有所求？"

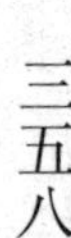

此时，田稷已经知道错了。他扑通一声跪倒在母亲面前，低声说道："母亲，他请求儿子许给他一个官职，儿子想这也不是难事儿，就答应了。等职位有了空缺，我就准备给他。"

田母听了，不禁气从心头起，伤心得掉下泪来。她气愤地用手指着田稷说道："为娘虽是妇道之人，却也听说君子应修身养性，不义之财，不入于家。你身为相

国,身居高位,理应廉洁才是,要做到位高而德显啊!这样才能上无愧于君亲,下无愧于百姓。可是,你却不听为娘的话,肆意收受贿赂。如此不忠不孝的人不是我的儿子,永远不要再踏进我的家门!”说罢,田母伤心地掩面而泣,慢慢地走进内室去了。

田母的话似当头棒喝,使田稷猛然惊醒。他羞愧难当,想向母亲认错,田母也不理睬。他只能拿上黄金,把它还给了小吏。他认识到了自己的错误,觉得自己应受到惩罚,就上朝拜见齐宣王。

齐宣王一直很信任田稷。上朝后,齐宣王发现田稷低着头跪在地上,就说道:“爱卿请起,有何要事要奏啊?”田稷抬起头来,满面羞愧,说道:“臣有罪,请大王惩罚!”齐宣王一听觉得有些纳闷。平时田相国勤于政事,廉洁奉公,没有什么可以挑剔的,这是怎么一回事呢?当下问道:“相国,这话从何说起?你要仔细说与本王听。”田稷叹了口气,说道:“大王,臣私下收受属下小吏的黄金百镒,想为他安排一个职位,触犯了国法。起初臣并不在意,经慈母大人一番教训,才知道事情的严重性。现如今臣虽然已经退还了贿赂,但臣渎于职守、贪赃枉法已是事实,实属大罪,请大王定罪!”

齐宣王十分欣赏田稷的才华,不忍惩罚他,说道:“爱卿身为相国,收受贿赂,确是不应该。既然你已退还了赃金,想是有了悔改之心。念爱卿辅佐本王治国有功,就饶恕了这一次,下不为例。希望你今后能廉洁自守,不要重蹈覆辙了!”

田稷听了,大为感动。他大声对齐宣王说:“谢大王。臣今后一定痛改前非,若再有这样的事情发生,请大王严惩!”

齐宣王哈哈大笑。他十分赞赏田母的贤德,命人取来黄金百镒,送给田稷说道:“相国有此贤母,实是我朝的荣耀。这些黄金,是赏赐给你母亲的,这次可要她收下啊!哈哈哈!”

田稷连忙谢恩。回到家中,他把齐宣王的赏赐送给了母亲,认认真真地向母亲认了错。田母看到儿子的诚心,就原谅了他。

从此以后,田稷勤于政事,不敢有丝毫大意。他牢记母亲的话,廉洁奉公,严格要求自己。当有人又向他行贿时,遭到他严词拒绝,并且他还给行贿人以严惩。自此,大家都知道田稷不收受贿赂,也不敢再行贿了。而且,田稷的行为也影响了其他人。田稷精心辅佐齐宣王,得到了其他官员的认可。同时,他积极关心百姓疾苦,为百姓做了许多好事,深得百姓敬重,田稷终于成为一代贤相。

魏新重塑北大“方正”

1999年魏新加入北大方正集团公司,任副董事长,对集团业务及管理架构进行了卓有成效的整合,并在2000年成功主持了方正数码在中国香港的上市。2001年任方正科技董事长兼总裁,在主业PC竞争激烈的大势下,推出新的管理架构和运营模式,使方正电脑取得不俗业绩。2001年10月31日接任北大方正集团董事长。2002主持收购浙江证券。2003年收购苏钢集团,2003年9月收购重庆合成。可以说,魏新带领方正走过了方正跌宕起伏的4年,方正也成就了魏新。

回想当初接手方正的情形,可谓是每两年一次的"人事地震"。魏新分析后认为根本原因在于,高层领导之间对一些重大问题的认识不统一以及个别高层领导人得不到大家的充分信任有关。于是魏新承诺三条:第一,在董事长这个职位上,决不谋求个人私利;第二,承诺决不结党营私,拉帮结派;第三,我会努力工作。魏新解释说:"过去为什么会有那么多问题,就是因为高层中有人总是被怀疑在谋求个人利益,除了我个人不谋求私利之外,我也会坚决反对和制止任何其他人把个人利益凌驾于公司利益之上。我坚决反对任何人搞企业政治,企业是搞经营的,不是搞政治的;我个人能力虽然有限,但我会竭尽全力、竭尽所能把我该做的事情做好。如果我做得到这三条,大家就可能和我群策群力了。有了这三条,我想大家就愿意和我一起把方正做好。我想告诉方正全体员工:哪些是我们提倡的,哪些是我们反对的,大伙在这些问题上要统一,如果我违反了,所有员工都可以举报。"

记者问到他是否愿意成为一个有魅力的企业领袖?他说:一个有魅力的企业领袖固然对企业是一件好事,但是它也可能成为坏事,因为一旦是有魅力的领袖,很可能形成"一言堂",而一个企业的长治久安应该是一个企业有一个报时的人,不如企业自己造一个钟。比如3M企业的总裁很少人知道,但3M企业却非常好,它取决于早期制订的制度。魏新一再强调制度要比人好。"我们要造钟,我们一直致力于造钟,比如我调走了,不在这个企业,造个钟仍然可以报时"。2002年年初,管理混乱、亏损严重的电子分销业务被独立出来,成立了独立的方正世纪公司,方正世纪的业务也开始紧缩,很多不赚钱的产品线被砍掉,赚钱的业务得到了加强。今年方正世纪这块亏损了快4年的业务终于"有了赢利的可能"。机构重组和人事安排完成之后,为强化这些管理变革的实施,魏新开始推行一个新的监督措施:稽查,先从方正科技开始。目前,在方正科技的所有业务公司内,每个月都会有总公司派来的稽查人员,从账目、流水到库存以及管理程序的执行进行全面稽查。魏新略有欣慰地说:"现在方正科技的日常事情我就不怎么管了,只是在重大问题上我会管。"

方正现在主要的工作重点是重塑方正集团的企业文化。魏新说,现在大伙都认为方正科技做的效果比较好,所以现在集团开始要求:"控制权上移,经营权下放,财权、人权、投资管理权、内控权、公关宣传品牌市场的权力要做到5统一。"

过去方正起家于王选老师的"激光照排",由于方正在这一领域掌握了80%以上的市场,所以给方正带来了巨额利润,也给方正带来了辉煌。企业有了钱就想扩张,虽然方正也涉足过稀土、精细化工、房地产等行业,但终归不成功。

魏新认为有两大问题导致这些做得不很成功。第一,当初走多元化道路,没有事前想好,没有框架,没有整体思路;第二,专业化的事没有用专业化的人来做,而让做IT的人转行去做多元化,这是很大的失误。

有了前车之鉴,方正确定了今后的大思路:坚持以IT为主的高科技产业作为主导产业,同时结合金融资本,有选择地介入一些传统行业并寻求跨越式发展机遇,把方正做实、做大,逐步成为一个国际化的企业财团。魏新提出了向纵深发展的多元化道路,他说方正仍会义无反顾地做高科技,并选择了第三代移动通信领域作为技术创新的重点,他坚信第三代移动通信技术将会给方正集团带来发展的新

机遇。同时他也意识到高科技具有高投入、高回报、高风险的特点,受经济波动的影响较大,要把高科技企业基础做稳,就需要传统行业的支撑,他坚信世界是物质的,像钢铁这样的行业尽管不是暴利行业,但它被用在任何领域,受经济波动的影响较小。为此,方正就选择了像钢铁、证券,医药等,即:资源性、牌照性以及关系到国计民生的上升性行业作为打造高科技企业的基础。

魏新很崇尚GE,他曾仔细分析过GE这个拥有多个领域的公司,发现GE的精髓是在每一个领域走的都是专业化之路,对于中国企业而言,多元化是不少成功企业发展到一定阶段后的必由之路,正确的多元化发展可以为企业开辟新的利润空间,有效降低市场风险,但是,这种多元化的发展并不能草率和盲目,不能为多元化而多元化。

企业多元化发展需要3个基本条件:首先是要正确选择具有良好发展潜力的市场领域,其次是要对准备进入的市场非常了解,最后还必须拥有优秀的专业管理团队,如果三者缺一,就不能轻举妄动。在这一点上,魏新说方正集团或者方正科技不会盲目冒进,而是谋定而后动,这样才会为企业带来新的增长点。这也是魏新为什么到方正集团4年才动,一动就让业界为之震惊的原因。

《复卦》强调是经营者从挫折和困顿中重新恢复生气时采取的对策。世间任何事物的发展有衰必有涨,有挫折必有成功,成功是暂时的,失败也是暂时的,二者相互交替,循环不已,个人,企业,组织,民族,国家也是如此。当人生的挫折和事业的衰败达到极点时,我们便应当往这个时机恢复壮大和繁荣自己的事业,这就看你的方针策划如何。

所以,当自己经历了事业和人生的艰难困苦,熬过了最苦的时刻,准备恢复壮大自己的事业,应抓住时机,发挥发动性,积极行动,做事果断,坚决。切忌犹豫,目标定下,便应坚持到底,必须注意奋起反击,胜过坐以待毙,执迷不悟,必致其凶。

塞翁失马

古时候有一个老头,因为他住在边塞上,所以人们都叫他塞翁。

有一天,塞翁家的马忽然跑到塞外去了。邻居们都来安慰他,可塞翁一点也不着急,反而高兴地说:“丢了一匹马没有关系,怎能知道这不会是一件好事呢?”邻居们都不能理解,只好摇摇头离开了。

过了一段时间,那匹马自己回来了,而且还带来了一匹匈奴的骏马。邻人们都来向他庆贺,可是塞翁并不为此而感到高兴,说:“虽然白白得了一匹好马,怎么能知道这不会变成一件坏事呢?”邻居们虽然依旧不理解,但是这次毕竟验证了塞翁前一次说过的话,所以都半信半疑。

塞翁的儿子很喜欢骑马。一天,他骑上那匹骏马出去游玩,一不小心从马上摔下来,把腿摔断了。邻居们又来安慰,可是塞翁并不难过,他说:“这没有什么,孩子的腿虽然摔断了,怎么能知道这不会成为一件好事呢?”邻居们很佩服塞翁的远见,但是却猜不出将来会发生什么事。

过了不久,匈奴大军大举进攻,边塞上的青壮年都被征去当兵,大部分都死在

战场上了。塞翁的儿子因为伤了腿,不能去当兵打仗,反而保全了性命。

“塞翁失马”的故事说明,福与祸是可以相互转化的,一时的损失也有可能在将来带来好处。生活中像塞翁这样凑巧的事可能不会很多,但是事物是以波浪式的方式前进却是一般的规律。所以,生活中不要走极端,要学会用辩证的眼光看问题。

瑞士钟表再度称霸

瑞士钟表,最初是从家庭手工业开始的,钟表技术世代相传,至今已有400多年的历史,瑞士也因此被誉为“钟表王国”。自1876年引进美国的机械技术后,瑞士钟表更是如虎添翼,飞跃发展。20世纪60年代,瑞士年产各类钟表1亿只左右,产值40多亿瑞士法郎,行销世界150多个国家和地区,世界市场占有率约在50%~80%之间。到70年代前期,仍保持40%以上的占有率。然而,70年代中期到80年代初这一期间,由于资本主义经济危机的猛烈冲击和日本、中国香港、美国、韩国等国家和地区竞争对手的迅速崛起,它开始走下坡路。更糟糕的是,日本、中国香港等地的钟表厂商凭借一块块随时可以丢弃、价值10美元左右的石英表抢占了巨大的市场份额,夺得了有利的战略先机,瑞士钟表更是一落千丈。

瑞士钟表行业的损失是惨重的,付出的代价是昂贵的。究其原因可以发现,瑞士钟表厂商长期以来陶醉在“机械表”的巨大胜利中,没有察觉到外面的世界已发生了巨大的变化,没有料到被他们忽略的“石英表”竟成了“机械表”强有力的竞争对手。他们更忽视了这样一个事实:从性能、价格上看,一块价值10美元左右的石英表月误差不超过15秒;而价格昂贵的“机械表之王”劳力士,月误差却不少于100秒,两者相比,石英表无疑占有绝对优势。

为扭转急剧下滑的局面,以瑞士银行和瑞士联合银行为首的7家银行,筹集10亿瑞士法郎,于1983年组建了阿斯钟表康采恩,重新进行产品的战略定位。其名为“弃旧图新”的定位策略主要包括以下三方面内容:

一、产品结构上:弃“以机械表为主”,图“以电子表为主”,以需求量大、准确、物美价廉的石英电子钟表为主打产品。

二、产品组合策略上:弃“多品种、小批量”的策略,改为“少品种、大批量”的战略,降低了生产成本,质量也因标准化的提高得以稳定。

三、弃“单纯累积式发展”,改为“高科技跳跃式发展”,发展用于航空工业、深水作业以及大型国际体育比赛用的高精确钟表,抢占新技术制高点。

经过重新的战略布局,瑞士钟表在钟表行业的市场占有率急剧上升,夺回了失落的“钟表王国”桂冠,再度称霸世界。

刘湛迷途不返终被诛

刘湛生性多疑,且妒忌心较强。这就造成了他迷途不知返,遭遇杀身之祸。

刘湛由殷景仁引他入朝,做了官。刘湛上任后,认为殷景仁的地位原来不比自已高，现在却排在他前面，心中总是不平。

当时，他们二人都被文帝刘义隆所宠信。刘湛认为殷景仁专门负责内部事务，会在自己与皇帝之间挑拨离间，逐渐心生猜疑。他知道皇帝十分信任殷景仁，改变皇帝的心意是十分困难的，而当时彭城王刘义康专权，刘湛曾经做过刘义康的上佐，就尽力与他结交，想让刘义康改变皇帝的心意，罢黜殷景仁，使自己一个人负责朝廷事务。

刘宋元嘉十二年（公元435年）四月，刘义隆任殷景仁为中书令、中护军，并且可以在自己的府邸办公。刘义隆还加封刘湛为太子詹事，但刘湛就是觉得委屈，心里更加愤恨，让刘义康在刘义隆面前诋毁殷景仁。刘义隆不听谗言，反而更加器重殷景仁。

殷景仁不想与刘湛计较，便声称有病，要求辞职。上奏了好几次，刘义隆都不批准，只让他在家安心养病。

刘湛想派人假扮成强盗，乘殷景仁外出时杀掉他，那样就算皇帝知道了，总还是有办法解脱，刘义隆不至于为了殷景仁而伤害与刘义康的兄弟之情。

但刘湛没有悔改的意思，他还跟刘义康的幕僚及依附自己的人私下里约定，谁也不准登殷景仁的门。彭城王主簿刘敬文的父亲刘成，不了解内情，去殷景仁那里请求担任郡守。

刘敬文知道后，马上去刘湛那里谢罪，说："父亲老糊涂了，竟然到殷铁那儿求职。都是因为我愚蠢浅薄，辜负了您的大恩，我们全家都很惭愧，简直无地自容。"

殷景仁无奈，在家养病，不去上朝，刘湛还是不放心，为了巩固自己的势力，他与刘义康相互勾结，准备加害殷景仁。后来，刘义隆知道了这事，他怕刘义康的势力太强大，会对自己的统治不利，决定先诛杀刘湛。

其实，殷景仁卧病五年，虽然没有朝见刘义隆，但每天都有十几次密信往来，朝廷里的大小事务，刘义隆都询问他的意见。行动非常隐秘，没有一个人知道。

逮捕刘湛那天，殷景仁让家人整理衣冠，家人都不明白他的用意。当天夜里，刘义隆在华林国延贤堂召见殷景仁。殷景仁还说脚有毛病，用小椅子抬进宫就座。刘义隆把诛杀和处罚刘湛党羽的事情，全都委任殷景仁处理。

殷景仁逮捕了刘湛，并依法诛杀了他。刘湛一错再错，终于落得自取灭亡的下场。

鲁班放弃造云梯和战车

一天，墨子拜见鲁班说："有人侮辱了我，特意来请你去把那个侮辱我的人杀掉。"

鲁班生气地说："你知道我为人慈善，怎么会去杀人呢？"

墨子说："那是过去的事了，现在已不同，很快就会经你的手杀掉成百成千的人呢，我要请你杀的只是一个呀。"

鲁班不解地说："怎么会有这样的事情？"

墨子说："你是天下最优秀的木匠，过去盖房子、做器具造福于人民。可是，现

在你却在为楚国的军队做云梯、战车、攻城武器，让楚军攻城占地，杀害其他国家的人民，这岂不是比杀一个人更严重吗？而且，楚军下一个进攻的目标就是我的祖国啊。"

鲁班明白后，表示不再为楚军做事了。墨子赞赏地说："造福人民，名垂千秋，鲁班还是好样的。"

做了错事，并不是有意识的，这在我们的生活中司空见惯。不过，一旦意识到自己做错了，就应该马上纠正才对。只有这样，才能避免造成更大的损失。

军校浪子回头

宋朝的时候，郭进任山西巡检，有个军校到朝廷控告他。

宋太祖召见了这个人，审讯后，知道他是诬告，就将他押送回山西，交给了郭进，让郭进处置他。

当时，正赶上北汉国入侵，郭进就对那人说："你竟敢诬告我，说明你确实还有点胆量。现在我赦免你的罪过，如果你能出其不意，消灭敌人，我将向朝廷推荐你。如果你被打败了，就自己去投河，不要弄脏了我的剑。"

那个军校见郭进如此大度，很受感动，在战斗中奋不顾身，英勇杀敌，打了大胜仗，郭进就向朝廷推荐了他，使他得到提升。

"浪子回头金不换"，一个人过去有过错并不可怕，重要的是现在如何去改进。"改过宜勇，迁善宜速"，这是古人的经验之谈。有许多人有自识的能力，但是如果只是停留在自识阶段而不落实于行动，那只能是自我作茧式地品味痛苦。

杨修一错再错

三国时的杨修为人恃才放旷，数犯曹操之忌，结果在炫耀中迷失自我，落个被杀头的下场。

有一年魏国工匠为丞相曹操建造相府大门。当门框做好后，正准备做门顶的椽子，恰好这时曹操走出来观看，曹操不置褒贬，只取笔在门上写一"活"字。杨修说："门内添活字，是阔字，丞相嫌门做大了。"于是工匠们拆掉重做。曹操再看后很高兴，但当知是杨修分析出他的意思后，内心已嫉恨杨修了。

一天，有人给曹操一杯奶酪，曹操喝了几口，便在杯盖上写了一个"合"字，然后递给一位文臣。文臣看了不解其意，众人相互传看也不明白是什么意思。当杯子传到杨修手里，他便喝了一口奶酪，然后说："诸位，这'合'字即是'人一口'，丞相是叫我们每人喝一口呀！"

曹操怕人暗杀他，常吩咐手下的人说，他好做杀人的梦，凡他睡着时不要靠近他。一日他睡午觉，把被子蹬落地上，有一近侍慌忙拾起给他盖上。曹操跃起来拔剑杀了近侍，然后又上床睡。不久他起来后，假意问谁人杀了近侍。大家告诉他实情。他痛哭一场，命厚葬之。因此众人都以为曹操梦中杀人，只有杨修知曹操的心，于是便一语道破天机。

三国 斗舰(模型)

还一次,曹操由杨修陪同出外游览,经过一处,看见一块烈女曹娥墓碑,碑的背面刻有八个字:“黄娟幼妇,外孙齑臼。”曹操问杨修:“杨主簿(负责文书的官,曹操的参谋),你懂这八个字的含义吗?”杨修很自信地回答:“丞相,在下懂得。这……”

曹操未等杨修说明,便打断他的话头说:“杨主簿别急嘛!待老夫想想。”接着他们离开墓碑,大约走到离碑三十里外,曹操这时才说:“老夫已明白墓碑背面那八个字的意思。”并叫杨修转过身去,两人分别记下自己所懂的意思,然后一对,两个意思果然一样。

于是曹操感叹地说:“老夫的才智与杨主簿相差三十里呀!”他们对“黄绢幼妇,外孙齑臼”这八字所解的意思是:黄绢色丝,“丝”“色”并在一起即是“绝”字;年幼妇女就是少女,“女”“少”并在一起即是“妙”字;外孙是女儿的子女,“女”“子”并在一起即是“好”字;齑臼是用来盛五种辛辣调味品的器皿,这是舌辛,即是“辞”字。因此,这八个字的含义便是“绝妙好辞”。

建安二十四年(219 年),曹操与刘备争夺当中,屡遭失败,曹军不知道是进还是退,曹操便以“鸡肋”二字为夜间口令。将士们都不解其意,唯有杨修明白:“鸡肋乃是鸡肋间的肉,吃起来没有什么味道,丢掉了又觉得可惜。丞相的意思是叫撤兵回去。”他便私下告诉大家收拾行装,诸将也随之准备回去的打算。

没多久,曹操果然下令撤军了,曹操知道是杨修把机密告诉大家的,便以“漏泄言教,交关诸侯”的罪名,将杨修斩首。

杨修之死,植根于他的聪明才智。一错再错,不知警醒。“门”内添“活”事件,曹操对杨修是“心甚忌之”;“一口酥”事件是“心恶之”;“梦中杀人”事件是“愈恶之”。一次比一次憎恨杨修,借着乱传军令,曹操名正言顺地斩了宿怨。后人有诗叹杨修,其中有两句是:“身死因才误,非关欲退兵。”这是很切中杨修之要害的。

韩侂胄不可救药

韩侂胄在南海县任县尉时,曾聘用了一个贤明的书生,韩侂胄对他十分信任。韩侂胄升迁后,两人就断了联系。宁宗时,韩侂胄以外戚的身份,任平章,秉国政。当他遇到棘手的事情时常常想起那位书生。

一天,那位书生忽然来到韩府,求见韩侂胄。原来,他早已中了进士,为官一任后,便赋闲在家。韩侂胄见到他,十分喜欢要他留下做幕僚,给他丰厚的待遇。这位书生本不想再入官海,无奈韩侂胄执意不放他走,他只好答应留下一段时日。

韩侂胄视这位书生为心腹，与他几乎无话不谈。不久，书生就提出要走，韩侂胄见他去意甚坚，便答应了，并设宴为他饯行，两人一边喝酒，一边回忆在南海共事的情景，相谈甚欢。到了半夜，韩侂胄据退左右，把座位移到这位书生的面前，问他："我现在掌握国政，谋求国家中兴，外面的舆论怎么说？"

这位书生立即皱起了眉头，端起一杯酒，一饮而尽，叹息着说："平章的家族，面临着覆亡的危险，还有什么好说的呢？"

韩侂胄知道他从不说假话，因而不由得心情沉重起来。他苦着脸问："真有这么严重吗？这是什么缘故呢？"

这位书生用疑惑的眼光看了韩侂胄一下，摇了摇头，似乎为韩侂胄至今毫无察觉感到奇怪，说："危险昭然若揭，平章为何视而不见？册立皇后，您没有出力，皇后肯定在怨恨您；确立皇太子，也不是出于您的努力，皇太子怎能不仇恨您？朱窘、彭龟年、赵汝愚等一批理学家被时人称作'贤人君子'，而您欲把他们撤职流放，士大夫们肯定对您不满。您积极主张北伐，倒没有不妥之处，但战争中，我军伤亡颇重，三军将士的白骨遗弃在各个战场上，全国到处都能听到阵亡将士亲人的哀哭声，军中将士难免要记恨您；北伐的准备使内地老百姓承受了沉重的军费负担，贫苦人几乎无法生存，所以普天下的老百姓也会归罪于您。平章，您以一己之身怎能担当起这么多的怨气仇恨呢？"

韩侂胄听了大惊失色，汗如雨下，一阵沉默后，又猛灌了几杯酒，才问："你我名为上下级，实际上我待你亲如手足，你能见死不救吗？您一定要教我一个自救的办法！"

这位书生再三推辞，韩侂胄仗着几分酒意，固执地追问不已。这位书生最后才说："有一个办法，但我恐怕说了也是白说。"

书生诚恳地说："我也衷心希望平章您这次能采纳我的建议：当今的皇上倒还洒脱，并不十分贪恋君位，如果您迅速为皇太子设立东宫建制，然后，以昔日尧、舜、禹禅让的故事，劝说皇上及早把大位传给皇太子，那么，皇太子就会由仇视您转变为感激您了。太子一旦即位，皇后就被尊为皇太后，那时，即使她还怨恨您，也无力再报复您了。然后，您趁着辅佐新君的机会，刷新国政。您要追封在流放中死去的贤人君子，抚恤他们的家属，并把活着的人召回朝中，加以重用，这样，您和士大夫们就重归于好了。你还要安靖边疆，不要轻举妄动，并重重犒赏全军将士，厚恤死者。这样，您就能消除与军队间的隔阂。您还要削减政府开支，减轻赋税，尤其要罢黜以军费为名加在百姓头上的各种苛捐杂税，使老百姓尝到起死回生的快乐。这样，老百姓就会称颂您。最难做到是最后这一步棋，就是你再选择一位当代的大儒，把平章的职位交给他，自己告老还家。您若做到这些，或许可以转危为安，变祸为福了。"

韩侂胄一来贪恋权位，不肯让贤退位；二来他北伐中原，统一天下的雄心尚未消失，所以，他明知自己处境危险，仍不肯急流勇退。他只是把这个书生强行留在自己身边，以便及时应变。这位书生见韩侂胄不可救药，岂肯受池鱼之殃，没过多久就离去了。

后来，韩侂胄发动"开禧北伐"，遭到惨败。南宋被迫向北方的金国求和，金国

则把追究首谋北伐的“罪责”作为议和的条件之一，开禧三年，在朝野中极为孤立的韩侂胄被南宋政府杀害。他的首级被装在匣子里，送给了金国。

桓温宁愿遗臭万年

据《晋书·桓温传》记载，桓温在东晋王朝中权倾朝野，威震君主，但他仍不满足，“以雄武专朝，窥觎非望”。他曾在中夜抚枕起叹：“既不能流芳后世，不足复遗臭万载邪！”其野心勃勃，意在受禅。

为了邀功固权，他在国家未振、形势窘迫之际，置朝廷上下的意见于不顾，率兵北伐，在枋头战役中，慕容啤军队八千铁骑追击，“温军败绩，死者三万人”。从此朝野震动，国家日趋衰亡。桓温功名未就，反受咎害，不久病死。

很多人对自己的过错固执不改，并且还认为在犯了错误以后继续走下去是自己性格坚毅的证明；有的在内心为自己的错误而悔恨而外表却原谅自己的错误。在犯错之始，他们被认为是不专心，但在未了时却被认为是愚人。一时的轻率许诺和错误决定不应该永远限制住我们，然而有的人继续他们的愚行，并以他们的短视行事，这是因为他们想成为实足的愚人。

不管什么样的错误，什么样的罪孽，就在你初犯的时候，已把你束缚住。但在开始的时候，它对你的束缚很松，就像蜘蛛网。如果你重犯这个罪孽，那这个网就会变成丝线，再变成麻绳。如果你一而再再而三地犯这个罪孽，它就会缠住你，开始是绳索，而后是铁链。所以，不要轻视小过错，更不要错上加错，一错再错，知错后要立即改正过来。

阮籍有错即改免遭祸

据说，司马昭与阮籍有一次同上早朝，忽然有侍者前来报告：“有人杀死了母亲！”放荡不羁的阮籍不假思索便说：“杀父亲也就罢了，怎么能杀母亲呢？”

此言一出，满朝文武大哗，认为他“有悖孝道”。阮籍也意识到自己言语的失误，忙解释说：“我的意思是说，禽兽才知其母而不知其父。杀父就如同禽兽一般，杀母呢？就连禽兽也不如了。”

一席话，竟使众人无可辩驳，阮籍避免了杀身之祸。

“人有失言，马有失蹄。”在人际交往过程中，无论凡人名人都免不了随时可能发生言语失误。虽然个中原因有别，但它造成的后果却是相似的：或贻笑大方，或纠纷四起，有时甚至不可收拾。此时，就要采取一定的补救措施或者矫正之术，去避免言语失误带来的难堪局面。故事中阮籍的借题发挥之术就是一种很好的办法。

做了错事并不是有意的，这在我们的生活中是司空见惯的。但是，一旦意识到自己做错了，就应该马上改正过来。这样才能避免更大的损失。

周处洗心革面改过自新

周处是晋朝义兴县人。他在年轻的时候,脾气粗暴,好惹是生非,经常与人打架斗殴,危害乡里,被当地人们视为祸害。

那时候在义兴县境内的大河里出现了一条蛟龙,同时在义兴县山里又有只斑额吊睛猛虎,它们都时常在河里、在山上侵害老百姓。当地人们都把周处同蛟龙、猛虎一起看作是"三个祸害",而这"三个祸害"中又以周处更加厉害。为了除掉侵害老百姓的祸害,曾经有人劝说周处上山去杀死那只斑额吊睛猛虎,到河里去斩除那条危及乡里的蛟龙。

周处听人劝说后,立即上山去杀死了斑额吊睛猛虎,接着又下山来到有蛟龙作恶的河边。当蛟龙露出水面准备向他扑过来的那一刹那间,说时迟,那时快,周处转眼间便跳下河去举起手中锋利的砍刀,向作恶多端的蛟龙头上砍去。那蛟龙为了躲避周处的刺杀,时而浮出水面,时而沉入水底,在大河里游了几十里路远。周处一直紧紧地跟着它,同样是时而浮出水面,时而沉入水底。就这样,三天三夜过去了,地方上的人都认为周处已经死了。人们都在为这"三个祸害"的灭亡而奔走相告,互相庆贺。

谁知周处在杀死了蛟龙后,又突然浮出水面,游到了岸边。当他上到岸上来时,看到人们正奔走相告,都在为他已不在人世而互相庆贺,这时他才晓得自己早已被人们认为是祸害了。这是为什么呢?他扪心自问,经过一番仔细的反省之后终于有了改过自新的念头。于是,他到吴郡去寻找陆机、陆云两兄弟。因为陆家兄弟是当时远近闻名的受人尊敬的大文人、大才子,周处是想请陆家兄弟开导思想,指点迷津。

周处头脑中带着疑惑来到吴郡陆家的时候,陆机不在家,正好会见了陆云,于是他就把义兴县人为什么恨他的情况全部告诉了陆云,并说明自己想要改正错误重新做人,但又恨自己年纪已经不小了,恐怕不能干出什么成就,因此请陆家兄弟指点迷津。陆云开导他说:"古人认为,一个人如果能在早晨懂得真理,那么即使是在晚上死去,也是可贵的;何况你现在还年轻,前程还是满有希望的。"

陆云接着说:"一个人怕只怕没有好的志向。有了好的志向,又何必担心美名不能够传播开去呢?"

周处听了陆云这番话后,从此洗心革面、改过自新。经过自己艰苦的努力,后来终于成了名扬四方的忠臣孝子。

一个人有了缺点错误并不可怕,只要敢于正视、敢于改正自己的缺点错误,重新确立好的志向,一样可以成为一个有用之才。

格林尼亚浪子回头

著名化学家维克多·格林尼亚于1871年5月6日出生在法国瑟儿堡一个有名望的资本家家庭。他的父亲经营一家船舶制造厂,有着万贯家财。

在格林尼亚青少年时代，由于家境的优裕，加上父母的溺爱和娇生惯养，使得他在瑟儿堡整天游荡，盛气凌人。他没有理想和大志，根本不把学业放在心上，倒是整天梦想当上一位王公大人。由于他长相英俊，生活奢侈，瑟儿堡不少年轻美貌的姑娘，都愿意和他谈情说爱。

然而，在一次午宴上，他受到了沉重的一击。一位刚从巴黎来到瑟儿堡的美丽女伯爵竟然不客气地对他说："请站远一点儿，我最讨厌被你这样的花花公子挡住视线！"这句话如同针扎一般刺疼了他的心。他猛然醒悟，开始悔恨自己过去荒唐的行为，产生了羞愧和苦涩之感。他立志发奋学习，要追回过去虚度的光阴。

于是，格林尼亚离开了曾使他堕落的家庭，留下了一封信，写道："请不要探询我的下落，容我刻苦努力地学习，我相信自己将来会创造出一些成就来的。"格林尼亚来到里昂，拜路易·波韦尔为师。经过两年刻苦学习，终于补上了过去所耽误的全部课程，进入了里昂大学。

在大学学习期间，格林尼亚的苦学态度赢得了有机化学权威菲利普·巴尔的器重。在巴尔的指导下，他把老师所有著名的化学实验重新做了一遍，并准确地纠正了巴尔的一些错误和疏忽之处。终于，在这些大量的平凡的实验中格氏试剂诞生了。

格林尼亚一旦打开了科学的大门，他的科研成果就像泉水般地涌了出来，仅从1901年至1905年，他就发表了200篇左右的论文。鉴于他的重大贡献，瑞典皇家科学院授予他1912年度诺贝尔化学奖。

人非圣贤，孰能无过？事实上非但是常人，即使圣贤也不能无过。只是圣贤比常人更善于改过迁善，所以他显得比别人伟大而英明。

常言道：临崖勒马收缰晚，船到江心补漏迟。人生在世，总有过错的时候，重要的是能否及时地改正它、改善它，寻找到真实而正确的路走。古人说的好："改过宜勇，迁善宜速。"有许多人有自识的能力，但是如果只是停留在自识阶段而不落实于行动，那只能是自我作茧式地品味痛苦。

此外，我们还应该宽容地对待别人的过失与错误，抱着与人为善的态度，在不伤别人自尊心的原则下，诚恳而婉转地加以解释，安慰他们的苦恼，鼓励他们改正。如果是自己吃了亏，只要以后小心提防，不再上当就行了，不必因此而跟对方结下深仇大恨，应留给对方一个悔改的余地。

容人的海量莫过于一个人得罪了你，你不但不跟他计较，不向他报仇，反而原谅他、宽恕他，必要时，还要去帮助他，在一般情形下，他多半会对你十万分地感激，十二万分地惭愧，往往也会因此受了你的感化，痛改前非。

一般来说，对我们造成过失的或错误的人与我们并非不共戴天，大多数人所犯的错误都是可以原谅的，也是可以改正的。因此我们应本着容让的原则，妥善地处理好这类事情。

历经坎坷，张璨一路高歌

人生，充满了丰富深邃的内涵；人生，闪烁着天上彩虹的色彩。每个人的经历虽然不尽相同，有的如柏油马路平坦笔直，有的如盘山小道九曲回肠，有的如钱塘江潮汹涌澎湃，有的如西子湖水波光潋滟：不管是哪种境界，都值得思索，都值得品味。

一个人不可能做什么事都一帆风顺，困难和挫折是在所难免的。但是，我们不被困难吓怕，而是要用理智面对它，冷静地找到战胜它的方法。这也就是复卦告诉我们的道理。

"人生自古谁无死，留取丹心照汗青。"这是追求人生永恒价值者的呐喊。

张璨于1964出生于一个军人家庭。15岁那年，一次北京大学之行，"做个北大学生"成了她的梦想。可是，1981年高考时，张璨状态不佳，成绩不理想，被东北地区一所大学录取。一心想进北大的张璨没去东北那所学校报到，1982年第二次报考北大，将报考专业由生物改为国际政治。那年秋天，她终于如愿以偿地跨进了北大校门。

在大学里，张璨是个活跃分子。1984年，在北京大学举行的第一届大学生演讲大赛中，张璨以《我与中华同崛起》为题，获得了第一名。当时20岁的张璨还当上了北大学生会文化部的副部长。那时，她的梦想是当一名出色的外交官、一名女大使。幸与不幸有时只有一线之隔。正当张璨编织着自己瑰丽的北大骄子梦时，1985年，北大注销了她的学籍——根据当时的有关规定，被高校录取而不去报到的学生停考一年。

"那时的感觉真是从天堂坠到地狱"，事情过了这么多年，张璨仍然抑制不住有些激动。这件事对张璨打击很大，张璨为了恢复自己的学籍，不停地写申诉材料，找人谈话，一直折腾到毕业，这事也没有解决。

张璨的事在学校传开后，许多人都同情她、支持她，用他们的经验和智慧帮她出谋划策，大到陪她上访，甚至教她怎么进大门怎么去申诉，小到帮她定进度表，要她坚持上课。

"这件事至少让我懂得了一个道理，"张璨说，"就是遇到什么事都不能哭，遇到什么问题都要想尽办法去解决。"张璨暗暗对自己说："一定要坚强，一定要坚定，一定比别的北大同学读更多的书。"

人生就是要经受挫折，只有承受痛苦才能成长。

1986年7月，同学们毕业了，很多人被分到中央国家机关，这让张璨很是羡慕。她自己也完成了学业，却因为没有文凭，只得到一纸说明，大意是说她被注销了学籍，但坚持上课，成绩合格，学校不管她的分配。

张璨一离开校门就开始在中关村到处找工作。她鼓励自己说：没有工作也许会更有前途，因为自己面对的机会会更多。

一天，她揣着推荐信，到中关村的四通公司求职。路上遇见了在大学时的同学，同学对她说："你为什么不能自己干？"

22岁的张璨真的自己干了起来。租农民的房子，借别人公司的名字，借别人的电脑拿到自己店里当样品，有人买电脑谈妥价，交上钱，她再买来零件自己组装。因此，她不得不常常熬到夜里两三点，累了就打地铺休息一会儿。就是凭着这样坚强的意志，张璨淘到了人生的第一桶金。

她的第一桶金是从废品里拣出来的。她得知沈阳一家国有大公司的仓库要处理一批物资，便以几百元的价格买回了一卡车的印刷纸板、油印机、油墨等印刷设备。对于张璨来说，这车"破烂"的意义却非同小可。她倒腾了两天两夜，才将那些物资运回北京。经过一番清洗、整理、油漆、上光，一下子竟卖了5万元。不过，张璨真正赚到的第一笔巨额财富应该说是来自做电脑的生意。当时电脑在中关村还没有品牌的概念，电脑的品牌概念应该说是由她的公司推出来的。

她把目光瞄准了当时正如火如荼的计算机市场。她注册了一家电脑贸易公司，她给公司起名"达因"。达因，取自英文"DYNE"一词，意即"力的最小单位"。那时的达因公司，当然很小，也很弱。但正因为小，才能面向广大的发展空间。

张璨聪明、机敏而又踏实能干，在人生曲折坎坷的旅途上一路高歌。如今，达因公司已经成为拥有40多家分公司，净资产上亿美元的大型集团公司。

从张璨的人生发展的崎岖道路中，我们可以看出：对绝大多数人来讲，成才之路都是崎岖坎坷且布满荆棘的。尽管有成功的光环在前方召唤，但追求成功的过程却是艰难的。这好比在波涛中前进的航船，前方虽有光明的灯塔，但通往灯塔之路却随时会出现漩涡、暗礁，会有抛锚停船也会有船翻落水的危险，但只要认定目标，勇往直前，就一定能走向成功的彼岸。

选择怎样的人生之路，谱写怎样的人生篇章，完全是由你自己决定的。只有对自我做出恰如其分的评估，正确地规划自己的人生目标。面对命运的挑战，选择做生活的强者，紧紧扼住命运的咽喉，在立志成才的道路上一定能披荆斩棘，勇往直前。

无妄卦第二十五 ䷘

【经文】

震下乾上　无妄[1]元亨，利贞。其匪正有眚；不利有攸往[2]。

初九　无妄，往吉[3]。

六二　不耕获，不菑畬。则利有攸往[4]。

六三　无妄之灾，或系之牛，行人之得，邑人之灾[5]。

九四　可贞，无咎[6]。

九五　无妄之疾，勿药有喜[7]。

上九　无妄，行有眚，无攸利[8]。

【注释】

①无妄：卦名。通行本为第二十五卦，帛书本为第七卦。

《无妄》卦有三意象：其一为卦爻辞之意象，其二为《彖传》意象，其三为《象传》意象。

先说卦爻辞之意象。上卦《乾》天，下卦《震》雷，天下轰响着雷霆，以象征天威，人当戒其容止，恐惧修省，不敢妄为，故卦名《无妄》，卦爻辞皆说"无妄"之事；《震·象》"洊雷，震。君子以恐惧修省"就是这个意思。此源于古人的自然崇拜。《吕氏春秋·仲春季》"（仲春之月），日夜分，雷乃发声，始电……先雷三日，奋木铎

以令于兆民曰:雷且发声,有不戒其容止者,生子不备,必有凶灾”。古俗还有“二月打雷,须禁一切事务”等说法。尤其是表现在农耕上的禁忌,如《吕氏春秋·仲春纪》“(仲春之月),雷乃发声……耕者少舍”(郑注《礼记·月令》云“舍,止也”);在彝族,雷鸣的日子不能下地生产,否则会遭旱灾;普米族,雷鸣不下种;布依族,每年头次闻雷三天内不耕作;水族每年立春后第一次闻雷时忌耕作(见《西南少数民族风俗志》《中国民俗辞典》)。这些亦与本卦六二爻辞“不耕获,不菑畬”有一定联系。

《彖传》意象为《震》动《乾》天,谓行动要顺应“天命”(即天道),不得妄为。

《象传》兼含卦爻辞之意象,谓天下雷行,示威于人,人不得妄为;同时,雷鸣则“蛰虫咸动,开户始出”(《吕氏春秋·仲春纪》),“雷出则万物出”(《太平御览》一三引《洪范五行传》),故当顺应天时以养育万物。雷未动而作,是妄作,是逆时,《老子》所谓“静曰复命……妄作凶”(十六章);雷已动而不作,亦是妄,是逆时,故《象传》教人顺时而作,助天成物。

②其匪正有眚,不利有攸往:“其”犹若,假若。“匪”,非。“眚”,灾。“正”为“妄”之反,不正则为妄,妄行妄为。此言处无妄之时,若妄为妄作则有灾祸,自然不利于有所行往。老子“不知常,妄作凶”即此。

③无妄,往吉:“往”,行,行动。初九为《无妄》之初,要上行发展;阳爻居刚位,是得正;不邪妄,顺时而动,动能得正,故可获吉。卦辞“元亨利贞”、《彖传》“大亨以正,天之命也”即指此爻。

④不耕获,不菑畬,则利有攸往:“菑”,初垦一岁的荒田;“畬”,已耕三岁的熟田。不耕种也不图收获,不开垦也不谋良田,谓无虚妄之求。二比于初,故“不耕获,不菑畬”实为初爻“无妄”之另一种说法。六二阴爻处柔位,亦得正;故初爻得正而云“往吉”,六二得正亦云“利有攸往”。初、二处《无妄》之初,动之始,故“往”皆吉利。此与上爻失正、动则有凶相对照。又按:前引古代民俗中有雷鸣忌耕种之说,故疑“耕获”本作“耕种”,《吕氏春秋·辨土》“营而无获”,注:“获或作种”,是其证。“不耕种,不菑畬”,谓不犁地播种,不开垦田地,即《吕氏春秋》“耕者少舍”之意。

⑤无妄之灾,或系之牛,行人之得,邑人之灾:“之灾”,有灾(《古书虚字集释》“之犹有”)。“或”犹“若”(《古书虚字集释》),如同。“无妄”并非均吉,六三阴爻处刚位,失正;居下卦之终,为动之极,故以“有灾”示警:无妄尚有灾,妄则可知,这便是《系辞》所说的“三多凶”。然已无妄行,则牛之失在人不在己;既不在己,则不妄追索或可失而复得,此九五所谓“无妄之疾,勿药有喜”,《睽》卦所谓“丧马勿逐自复”也。

⑥可贞,无咎:“可贞”即“利贞”,《谦》上六“利用行师”,《小象》云“可用行师”(说详《谦》卦)。九四处上卦之初,本为“多惧”之位(《系辞》“四多惧”);又阳爻处柔位,又能得正守雌。如此,自然有利于占问,而无邪妄之灾。《象传》据其爻位而释“可贞无咎”为“固有之也”,这是十分正确的。

⑦无妄之疾,勿药有喜:“之疾”即“有疾”。“疾”,小病。“药”,吃药治病。“喜”,豫乐。古以生病为“不豫”,病愈为“有喜”。没有邪妄之行而染疾,则不治自

愈;若妄治,反而疾重。此所谓"妄"即《礼记·月令》所谓"戒容止""去声色,禁嗜欲"之类。"有喜"有双重含义:一层含义是"喜"谓豫,"有喜"谓疾愈;一层含义是"喜"谓庆、福庆,"有喜"谓有庆、有福。就爻位来说,九五与六二相同,皆居中得正,动静适中,顺时守正,故二有利而五有庆,《系辞》所谓"二多誉,五多功"也。

⑧无妄,行有眚,无攸利:此与初九正相为对。初九为《无妄》之初,行动有吉,上九为《无妄》之终,行动有灾;初九得正,动则有利,上九失正(阳爻处柔位),动则不利。虽皆"无妄",而有此差异,时不同也。无妄尚且"行有眚",而况妄乎?此正《淮南子》所谓"善尚不可为,而况不善乎"。初爻戒人顺时而动,时既已过,则上九戒人顺时而静;初爻以正,故卦辞言"元亨利贞"、《彖传》言"天之命也",上爻失正,故卦辞言"匪正有眚,不利有攸往"、《彖传》言"天命不佑行矣哉"。卦辞、《彖传》言其始终,正是所谓"叩其两端""原始要终"。"无攸利",即卦辞"不利有攸往"之省文。爻至上九,穷极无路,本无可往,而况其"匪正"乎?

【译文】

无妄卦:不虚伪的行动,必然大大亨通,有益而合乎正道。倘若不正,必生灾祸,去做任何事情都不会成功。

初九:不虚伪,前途吉祥。

六二:不耕耘播种就想收获,不开垦荒地就想得到熟地,这种期望是过分的空想,发展下去能有什么好处呢?

六三:有时候不虚妄也会有灾,例如一头牛拴在路旁的树桩上,被过路的人顺手牵走,住在周围的人都被怀疑,遭受不白之冤。

九四:坚持不虚伪的正道,不会有什么灾祸。

九五:偶尔得病,不胡思乱想,不吃药也能恢复健康。

上九:不妄为,而行动遭祸患,不会有什么利益。

清乾隆时农耕图瓷器

【解读】

本卦阐述的是不虚伪谬乱的道理,为人做事讲求真实,不虚伪谬乱,对于事业的成功是有利的,但是它并不确保在所有的场合都能一帆风顺,有时也会有意料之外的灾难光临。为人处世,虽应该刚健无私,讲究真实,但也不能一味坚持己见而不知变通,而应该顺时而变,否则,无妄走到了极端,同样寸步难行。

【经典实例】

吴琼的"无妄之灾"

无妄就是没有虚妄,在行为上不轻举妄动,在语言上以低姿态说话,否则就可能遭到"无妄之灾"。生活中常有这样的情形,一些莫名其妙的事情会莫名其妙地落到到头上。

吴琼是公司的部门主管,带着八个人一起工作。她最近可是碰上了不少麻烦。最近公司人事有些调整,吴琼的部门又加了两个人,工作也加重不少。她忙了

好一阵子,两个多月后,才逐渐理出头绪,生活也恢复正常。就在她刚能喘一口气的时候,竟发现她最得力的副手兼好友小美,和新来的一位俊男似乎在谈恋爱。

于是吴琼决定采取措施,那天午餐时间,她特别单独约了小美出去吃饭,才问了不到三句话,她就全说出来了。没错,她现在正在热恋中。难怪,她最近做事老是情绪不稳,吴琼起先还以为她是因为工作量太大了呢。吴琼先以开玩笑的方式劝她,这个男生太帅啦!和他谈恋爱多累呀!趁现在陷得不深,赶快撤退!可是她却说:“来不及啦!已经爱上了。”吴琼只好拿出做长官的架子说:“如果你们还要继续谈恋爱,我只好把他调到别的单位。”她的副手差点没气疯了,眼泪一直掉,吴琼看了也跟着难受。

她改而循循善诱,说这个男生才调来这个部门没几天,工作都还未必熟练,就开始和同部门的人谈恋爱,你要是做他的长官,会怎么评价他?再说你是我的副手,也算他的半个直属主管,若遇到什么情况,你要怎么做,才能让别的同事相信你是公平的?

可是,从饭吃完了那一刻起,副手就再没有主动跟她讲过一句话。那个男生见了她,就像老鼠见了猫,总是低着头匆匆走过;甚至有一次,吴琼正准备进茶水间拿茶时,在门口听见她的副手在和另一个部门的职员说话,她说吴琼和她在抢男朋友,因为男生不喜欢她,她竟威胁要把那个男生调走!吴琼不想再听下去,转身离开。无妄之灾就这样来了。

回到办公室,吴琼把已经送出去要调走那个男生的公文收了回来,心里却不知是什么滋味。现在,他们在办公室大方的一面谈恋爱,一面工作。而吴琼,却在愈来愈多异样的眼光下,考虑着是不是该辞职呢?她在想,难道自己真的错了吗?

无妄卦反复强调不轻举妄动。六三爻还讲了个故事,说有人将牛系在路边,被过路人顺手牵走了,结果住在附近的邻居受到怀疑。这对于邻人来说是“无妄之灾”。吴琼也受了无妄之灾,可是她“受灾”是有原因的,这个原因就是态度问题。我们无论何时何地,都应审度对方的观点如何,我们对付别人,应常常提出“对方何以如此?”的问题,或反身自问“我如果处于对方地位,将会如何?”这样,在人际交往中才可以消除许多无谓的误会,获得许多真挚的好友。

许多“无妄之灾”并非没有原因,虽有“身正不怕影子歪”这句话,但这种灾还是尽量避免的好。过于直白、不能以低姿态去说话做事,走“无妄”的极端,则“无妄之灾”往往会降临到自己头上。

范仲淹刚正无私

《无妄卦》阐释不虚伪的道理。当一切恢复正常,又回到真实、不虚伪的无妄时期。不虚伪,当然有利。不虚伪,是天理、人道必然应当如此的道理;因而,立身处世,必须刚正无私,不造作,不逞强,不存非分的奢望,不计较得失,当为则为,尽其在我,才能够心安理得。

北宋大文学家、名臣范仲淹幼时家境贫寒，但是从小就以诚实忠厚、勤奋刻苦而闻名乡里，许多人愿意与他交往，甚至一些年纪大的人也愿与他结成忘年交。

范文正公文集

范仲淹的家乡有个阴阳术士，是个风趣幽默、知识广博的人。范仲淹在读书之余常向他讨教天文地理、阴阳八卦之类的知识，两人相处得很融洽。可惜这位阴阳术士患有痨病，加上他没日没夜地钻研炼丹术，就更加重了他的病情。在他临终前那天，他让人把范仲淹请来，做了最后一次谈话。

术士对范仲淹说："我早就看出你是个不寻常的青年，将来一定会干一番大事业，可惜我看不到那一天。不过，我要你答应我一件事。"范仲淹说："您讲吧，只要我能办到，我一定尽力去做！"

术士严肃地说："不是尽力去办，而是一定要办到。你要不论遇到什么困难，都不能放松对自己的要求，要勤奋地读书，诚实地做人，将来去干一番大事，不要像我，一辈子碌碌无为。"范仲淹含泪道："我一定做到。"

术士又叫人拿来一个用火漆封了口，并加盖印章的裹囊，交到范仲淹手里。说："这里面有我祖传提炼'白金'的秘方，还有一斤炼成的'白金'。我儿子年幼无知，传给他，我不放心。现在我把它交给你，希望它日后能对你有所帮助。"

范仲淹推辞说："您的好意我感激不尽，可这样的宝物我不能接受。您可让家人收藏，日后再传给小兄弟。"

术士见他推辞，急得直瞪眼，又剧烈地咳嗽起来，他挣扎着说："你若不收……我死……也不能瞑目了。"

术士死了。范仲淹捧着这裹囊，泪如雨下。他知道术士看他生活艰难，想帮助自己，才将这珍贵的遗产传给自己，而术士家里也不富裕。只有发奋读书，才能不负他的这番美意。

此后，范仲淹更加勤奋读书，并常以那裹囊来激励自己，但从来没想过要用这笔财富来改善自己的生活。

一些富家听说他藏有神奇的秘方，都想花大钱买，却被他一口回绝。连当时皇上的宠臣和太监想借那个炼白金的秘方看看都不成。待那术士的儿子长大后，范仲淹才将裹囊原封不动地交给那位术士的儿子。

如果当初范仲淹见利忘义，妄心一动，贪心一起，打开那个裹囊，昧心贪财，还会一如始终地刻苦攻读吗？还会最终一举成名，做出一番大事业而名垂千古吗？我们后人还知道千年以前还有个范仲淹吗？术士与其说是以金相资助，不如说是

在试探范仲淹,范仲淹最终经受了考验。

用低姿态去说话

不到30岁的史强,居然当上了罗茜莎西餐厅的总经理?

当然,如果不是其岳父操控了罗茜莎西餐厅的控股权,寒门出生的史强即使能力再强,人再帅气也不会这么快坐上总经理的位子。其岳父手一指,原为分店店长的史强成为全公司的总经理了。

史强非等闲之辈,名牌大学食品专业毕业又在国外待过两年,回国后又从底层干起,从领班,到店长,对餐厅的经营,早有“经国之大志”。

所以才上任,史强就带领各分店店长,到日韩做了考察,而且立刻有了收获。

“看看汉城那家小火锅连锁店,多发!多赚!”在回程飞机上史强特别从头等舱走到经济舱,对二十多位店长宣布:“我现在已经决定,回去就发展这种小火锅,我连韩国制造火锅的厂商都搞清楚了,保证成功,而且这是创举,在国内一定能轰动。”

机舱里立刻爆发一片掌声,但掌声一落下,有一个人就拉着嗓子喊:

“史总啊!可是你要想想咱们是西餐厅,桌椅都是进口的材料,又是高级地毯,你这火锅往上一放,水开了,蒸气再往上跑,涮的时候,又难免溅出来,这损失不就大了吗?”

下面开始交头接耳,听见一些低低的附和:“对呀!可不是吗!”

“而且,西餐厅里讲究的是气氛,东一锅、西一锅,既冒火、又冒烟,不是不伦不类吗?”

“什么不伦不类?”史强火了:“你吃过瑞士火锅没有?不但冒水气,还冒油烟呢。一句话,我这么决定了,下个月就进货,立刻印海报,登广告,百分之百成功!”

突然间,各报都刊出了大幅的小火锅广告。

每家连锁店前,除了挂满大彩条、大海报,还插满了旗子,推出期间,特价优待。

这特价优待,原定两个星期,没想到,欲罢不能,居然持续了半年。

这欲罢不能是不得已呀!

推出第一天,明明是元月,偏偏热得跟盛夏一样,客人进来,都喊热;还有好多,抬头一看是小火锅,转身就出去了。

接着,又是梅雨,加上小火锅一蒸一烤,墙上的壁纸居然自己开口,从顶上脱落,害得各分店急着用胶条把壁纸黏回去。

黏回去?多难看!可是跟桌、椅、地毯比起来还算好看呢!正中了余庆说的,豪华的家具全完了,才半年,这高级西餐厅不但变得不伦不类,老顾客不再上门。连有限的几位捧小火锅场的顾客都不来了,说这餐厅太老旧、不求进步。

其中唯一的例外,是余庆负责的那家店。

余庆虽然好像服从总公司的命令,进了一批小火锅,可是他不宣传,更不推荐,只当小火锅不存在。甚至碰上看广告要来尝新的顾客，余庆都摇摇手笑笑，小声说："讲句实话，我自己都不敢恭维这种东西，我劝您，还是点西餐吧！我们是西餐厅嘛！哈哈！对不对？"

余庆那家的生意居然一天比一天好，每月一次的店长会议，余庆在下面，虽不说话，他的笑，却一次比一次……让史强不舒服。

"当然啦！有些不喜欢看到火锅的客人，会一起跑去火锅少的分店，这不是那家店好，是走歪运。"史强安慰大家："继续坚持，什么新东西，要造成风气，都得花点时间。"

只是，话才说完，有一家店就出了乱子。火锅下面的小瓦斯炉，先是点不着，点一次两次，居然轰一声，蹲在那儿点火的店员立刻进了医院。

跟着另一家店也发生意外，是壁纸没黏牢，掉下来，正碰上下面小火锅的火，着了起来，虽没酿成大祸，救火车一浇，却全"泡了汤"。

偏偏这时候余庆的餐厅被市政府选为卫生安全评奖的第一名，余庆自己发了新闻，还开了庆功宴。

庆功宴居然发请帖给各分店的店长，以及史总经理。

听说大家都去了，除了史总之外。

史强头疼了，思前想后，几天失眠。人不用说话，数字会说话，从他上任半年来，公司的业绩跌了三分之二。

"我错了！"史强主动去见老岳父："我做了错误的决策，我想明天就宣布，各分店全部放弃小火锅。"

刘老头铁青着脸，正盯着财务报表看，听史强这么说，那铁青突然变成通红，狠狠拍一下桌子，霍地站了起来：

"你没错！你现在宣布改回去，就真错了！"

史强把原来写好的公文压下了，换上另一张——

"××分店不配合总公司决策，有违团队精神，也有损公司整体形象。经董事会决议，店长余庆应予免职，即日生效。"

余庆走人了，他那家副店长很识时务，立刻搬出小火锅。

只是，才端出，就接到史总经理办公室秘书的电话：

"你们分店维持原来的经营方式，不必推出小火锅。"

又过几天，新的命令又发布：

"经测试，推出小火锅的时机尚未成熟，下周起，各店均撤销小火锅，并进行全面整修。"

本卦反复强调不轻举妄动。六三爻还讲了个故事，说有人将牛系在路边，被过路人顺手牵走了，结果住在附近的邻居受到怀疑。这对于邻人来说是"无妄之灾"。用真诚的爱去温暖他的心，换取他的信任，在人际交往中，是非常重要的。我们无论何时何地，都应审度对方的观点如何，我们对付别人，应常常提出"对方何以如此？"的问题，或反身自问"我如果处于对方地位，将会如何？"这样，在人际交往中才可以消除许

多无谓的误会,获得许多真挚的好友。而余庆的失误在于他事情做对了,但态度错了。

比尔·盖茨以质取胜

1979 年比尔·盖茨在一次演讲会上,第一次听到了有关图形操作的前景。后来,他又在苹果电脑公司见到了一套图形操作系统。此后,比尔·盖茨便一直对图形操作有着无限憧憬,并做了一系列准备。

1985 年初,比尔·盖茨把"微软视窗"提到了公司的头等大事地位。在这年 6 月份,微软公司对外发布了"微软视窗"1.0 版。

刚开始,比尔·盖茨对视窗系统寄予特别大的希望,可是,市场的反应并不像他想象中那样热烈,市场继续是 MS-DOS 的天下。后来,比尔·盖茨认为,视窗的初版问题很多,无法有效地在个人电脑上操作。

比尔·盖茨领导全体员工彻底改造视窗系统,1990 年微软推出视窗 3.0 版。比尔·盖茨对宣传推广重锤出击,结果,这次成功了,视窗 3.0 版大受欢迎。它最大的优点是使用容易,不必像 DOS 那样记忆指令,使用容易明了的图形就可以操作。

微软视窗 3.0 版不仅仅是一个升级版本,而且它开辟了一个崭新的天地。微软视窗 3.0 版拥有高达 16M 扩充内存的直接存取,提供了可将硬件空间作为虚拟内存的存储管理,并提供了多任务管理和一组功能很强的应用程序,美观大方的图标和富有立体感的逼真的按钮以及丰富的屏幕显示,种类繁多的字形,方便实用的数据交换。微软公司投入巨大的代价也收到了相当大的回报。Windows3.0 顿时成为超级畅销软件,它以每月 10 万套的速度在全球出售,雄踞世界软件排行榜榜首。在其新版本 Windows3.1 推出的 1992 年以前,Windows3.0 版本的发售量已达 700 万套的天文数字。

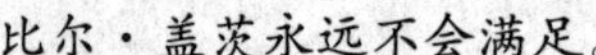

比尔·盖茨永远不会满足。

1995 年 3 月,比尔·盖茨推出了 Windows95 试行版,给全球带来了开天辟地般的震撼。同年 8 月 24 日,比尔·盖茨宣布在 8 月 24 日 0 点将向全球同时推出 12 种语言的 Windows95,而中文、日文等其他 17 种语言的版本在 1995 年底也陆续上市。

1995 年,微软公司的市场价值远远超过了通用,成为世界上市场价值最大的公司。

舜行为光明正大

舜是古代传说中的圣贤,据说他父亲瞽叟是个糊里糊涂的人,母亲过早地去世了。他有个后母,还有一位后母生的弟弟名叫象。后母心地偏狭,兄弟傲慢蛮狠。

舜在家里的地位和处境，自是不言而喻了。

舜体贴父亲，原谅后母，宽容弟弟，尽管劳动辛苦，又缺衣少食，但他毫无怨言，乡里们都说："能够孝敬父母和友爱兄弟的人，将来必定有出息"。

舜帝画像

可是有几次家里的人都想害死他，舜只好逃了出来，跑到一座名叫历山的山脚下开荒种地。历山下的乡亲们主动让出了土地和渔场，舜在历山下，用水合泥制作成许多盛水用的陶罐分给乡亲们。乡亲们爱他，乐意跟随他，只要他住过的地方，便很快成为熙熙攘攘的村庄。

舜的生活好起来了，他主动接双亲和弟弟来历山居住，照顾他们。舜这个举动传来传去传到统治天下的尧帝耳朵里。当时，尧帝年老，儿子丹朱却愚钝而无能，难于继承治理天下的大事，他决定物色一个继承人。助手们异口同声地推荐舜，于是尧帝送他一张琴，还将两个女儿娥皇、女英嫁给他，又派九个儿子去协助舜，考验他的品德和才能。

乡亲们见尧帝如此信任舜，都很高兴。弟弟象却怀着鬼胎，他要害死哥哥，霸占两位嫂嫂。便和母亲相商，叫糊涂的父亲把舜找来，说是要修补屋顶，以防漏雨。这天，舜搬来一把梯子，又带了两个大斗笠，爬上屋顶去修房。弟弟象见四下无人，偷偷地把梯子搬走，又在房屋四周点着火。顿时，火借风威，风助火势，熊熊大火呼啦啦地烧起来了。舜情急智生，连忙将两个大斗笠系在胳臂上，就像大鸟展翅一样往下跳，终于脱险了。

弟弟一计不成，又生一计。他要父亲去找哥哥，说是要打一口井。舜明知弟弟不怀好意，还是带着斧子、铲子和绳子去挖井。他在井里先挖出一个洞穴，然后继续往深处打井。就在这时，只听得轰轰隆隆的响声不绝，一块又一块大石块砸下来了。舜赶忙躲进洞穴。好久好久，舜见井上没有动静，才摸着绳子爬出井来。弟弟的阴谋又落空了。

舜趁着月色回到家里，从门缝里听见弟弟正向父母闹嚷着。弟弟说："哥哥已经被我用石块砸死了，我要与你们分家。"话音未落，只听得吱呀一声，舜推门进来了。他若无其事地拜见过父母，然后转身说道："弟弟，我还有许多事情要做，以后你多多帮忙料理家事吧！"

弟弟听罢，禁不住热泪盈眶，表示今后要悔过自新。双亲也觉得很惭愧，对不起这么一个好儿子。从此，家里和和睦睦，舜为百姓办事的劲头更足了。

尧帝经过多年的观察考验，见舜果然是一位值得信赖的人，在百姓中有很高威望，便把帝位禅让给他。舜50岁时开始代替尧帝行天子事。舜61岁时，尧帝死，便正式登位。

也许在今人看来，大舜的这种仁德有些“傻气”。其实，他的心里对一切恶行都是了如指掌。但他并没有以恶抗恶地去报复，而是以仁德来感化“恶”。这种行为不仅需要宽如大海的心胸，更需要“仁”来作支撑。

春申君利令智昏

春申君黄歇在楚国做了二十二年的令尹（相当于宰相），楚考烈王因黄歇不能击退秦军，有些不信任他，君臣之间越来越疏远。

黄歇的门客朱英进言，认为根据秦楚之间的形势，秦强楚弱，楚国应迁都寿春（今安徽寿县）以避秦国锋芒。朱英同时告诫春申君，应马上回到自己的封地吴县（今江苏苏州）去，在那里兼行令尹之事，方可免祸。春申君采纳了他的意见，一方面迁都，一方面回自己的封地，果然无事。

当时楚考烈王没有儿子，春申君非常忧虑。他为楚王物色了许多善于生育的女子，可是仍然没能生出儿子来。事情说来也巧，当时赵国有个叫李园的人，他的妹妹长得很漂亮。李园想把她献给楚王，可又听说楚王不能生育，怕时间长了要失去楚王的宠爱，就想了个诡计。

他假装投到春申君黄歇的门下做家臣。不久，李园请假回家，又故意迟归。春申君问他为何迟归，李园说：“齐王派使者来聘我的妹妹。我陪使者饮酒，所以来迟了，请相君恕罪。”春申君想，被齐王求婚的女子长得肯定很娇美，就随口问道：“订婚了没有？”李园回答：“还没有。”春申君有些动心，便对李园说：“你能将她带来让我看看吗？”李园忙说：“完全可以。”

过了几天，李园便将妹妹带来拜见春申君。春申君一见，果然姿色不凡，立即将她收为侍妾，不久就怀孕了。李园和他妹妹密谋，制定下一步行动计划。

一天晚上，李园的妹妹找个机会对春申君说：“楚王非常宠爱你，就是对他的兄弟也没有待你这么好。你做楚相二十多年，但大王无子，若一旦去世，继位的必然是他的兄弟。新君自然会重用他所喜欢的人，这样你就不得宠了。再说，你长期掌权，对楚王的兄弟们多有得罪，他们若继位，你还会有杀身之祸呢。”这一番话，正中春申君的心病。

李园的妹妹察言观色后，大胆地接着说：“我现在已经怀上了你的孩子了。因为时间还不长久，外面的人还看不出来。你将我献给楚王，大王他必定宠爱我，若有幸生的是男孩，那你的儿子就是未来的国君，整个楚国都是你的了。”

春申君利令智昏，认为这个办法很妙，就把她推荐给楚王。楚王把她召去同房，后来果真生了个儿子，被立为太子，楚王就封她为王后，并重用李园。李园的权力越来越大，后来找个理由将春申君全家灭掉，将楚国大权一手揽住。

我们主张做人要坦荡磊落，做事正大光明。但毕竟还存在极少数人为一己之私，施展卑鄙手段。单纯的人们往往以己度人，无法想象别人竟然会利用自己，暗算自己。但这是实际存在的情形。在实际生活中，玩弄权术地说不准什么时候就把目标对准了你，而你一定要引起警戒心，不给对方留缝隙钻空子。如果能够保持自身的完美无缺，不过分看重自身的利益，就不会被人以利诱惑，以至于利令智昏、身败名裂。

陈淳祖身正不怕影子歪

南宋理宗时期，贾似道等大臣乘理宗贪恋美色等特点，渐渐地把持了朝政。在贾似道当政时，许多文人投入其门下成为其门客，为贾似道出谋划策。

在众多门客中，有一位叫陈淳祖的人，此人正直而且很有豪气，与别的门客大不一样，因此门客们都想法排挤他，贾似道的家人也不喜欢他。

有一天，贾似道的诸姬争宠，有人就把一位姬子的鞋子偷走，藏在了陈淳祖的床下，意欲借机陷害两人。贾似道在陈淳祖的房间里发现了自己爱妾的鞋子，但他没有立刻发火下令把陈淳祖抓起来，而是不动声色地退了出来。

当天夜里，贾似道把爱妾叫到自己跟前，在她耳边轻声说了几句，她面色绯红、站着不动。贾似道又凑其跟前，说了几句，她才胆战心惊地朝外走去。

她走到陈淳祖的房门前站住了，她抬起玉手，轻轻地叩了一下门。陈淳祖正在灯下看书，听见敲门声，就放下书，问道："是哪位？有何事？"

她轻声说道："是小女子，今晚无事，想来先生处一坐，想必先生是愿意的。"

陈淳祖是个正直的人，听见是贾似道小妾的声音，连忙回答道："夫人，夜已晚，我已睡下，请回吧。"

她又用言语挑逗陈淳祖，陈淳祖一声不吭，不予理会。双方相持了一会，陈淳祖见她还不离开，就大怒道："夫人，晚生为人正直，绝不做偷鸡摸狗之事，夫人请自重，不然，晚生明天就将此事禀告宰相大人。"

这女子轻声笑了笑，就离开了。躲在暗处的贾似道见陈淳祖没有他意，就解除了心中的疑团。第二天，他询问了一位使女，得知内情后，就更加看重陈淳祖了。

贾似道在陈淳祖房间里发现自己爱妾的鞋子后，为了进一步弄清事情的真相，了解陈淳祖的真实想法，就采取了"投石问路"的计策，派爱妾去试一试，终于弄清了陈淳祖的真实意图。而陈淳祖自身正直，也就不怕任何方式的考验，结果免去了一场灾难。

用心险恶、手段卑劣，虽有时候能获取蝇头小利和短暂的好处，但毕竟不是正道；只有内心仁德和平，行为光明正大，才是能够成就大事、行之久远的正确的做人做事途径。

无中生有的忧愁

有一个人以为自己得了癌症，便跑去看医生。

医生问他："你觉得哪里不舒服？"

他回答说："好像没有哪里不舒服。"

医生又问："你感觉身体哪里疼？"

他说："感觉不到疼。"

医生又问："你最近体重有没有减轻？"

他说："没有。"

"那你为什么觉得自己得了癌症？"医生忍不住这么问他。

他说："书上说癌症的初期毫无症状，我正是如此啊！"

对这种人，富兰克林曾以失眠做比喻。他说："失眠者睡不着，因为他们担心会失眠，而他们之所以担心，正因为他们不睡觉！"

有这样一段老笑话：

黑夜里，一个生意人驾车行驶在僻静的郊野，突然车胎瘪了，他想换一个新的，却发现没带千斤顶。幸好不远处有一间农舍还亮着灯，他便朝农舍走去。

他一边走，一边心里打鼓："屋里会不会没人？""也许他根本就没有千斤顶。""就算有，这家伙也可能就是不肯借给我。"他越想越焦躁，越想越生气，最后，当农舍的门打开时，他劈头就给了农夫一拳，嘴里还吼叫着："收起你那该死的玩艺儿吧！"

这个故事的可笑之处是因为它取笑了那些胡思乱想的人。你大概也经常听到自己内心里的这类自艾自怨吧。这种消极情绪比任何别的力量都更能影响我们的生活。你如果想生活得更加愉快，应当找到保持良好思想情绪的方法。

马克·吐温晚年时感叹道："我的一生大多在忧虑一些从未发生过的事，没有任何行为比无中生有的忧愁更愚蠢了。"

子夏义胜体胖

曾子见到子夏，奇怪地问："过去，你瘦得很可怜，现在怎么这么胖了？"

子夏说："义胜，我胖。"

曾子说："这是什么意思啊！"

子夏说："过去，我认为先人的崇高道德能够使人快乐，又同时认为优越的条件和社会地位能够使人快乐。这二者在我的脑子里斗来斗去，难分胜负，把我折磨得瘦骨嶙峋。后来，在我的头脑里，义战胜了利，我也就胖起来了。"

曾子说："我明白了，义利相争，心情难平。当你树立起了正确的义利观，心情升华到了一个新的境界，结果就大不一样了。"

子夏说："正是这样啊。"

义和利总是缠绕在人们的生活里，很难把它们截然分开，更不能将它们完全抛弃。只有正确面对，适当处置，才是正确的。

人没有了健康的思想，就不能拥有健康的身体。当你觉得身体不舒服时，要维持积极心态就很困难。记住，在工作中不忘娱乐，心理与身体的活动并重，运动时

兼顾休息与放松，进食也偶尔禁食，脾气中有严肃也不忘幽默。

思想的力量真是不可思议，它对人体的影响相当深远。我们要学会利用思想的力量来影响并获取身体的健康，并且同时以食物疗法及积极的生活态度来促进健康。如果你能执行每个保持健康的必要步骤，你的态度就会改善。当你有了正面的态度，你就能维持健康的生活形态，这与你身体和心理健康上的影响是密不可分、互相受益的。

在生活中，我们要明白人的身体和心理健康是密不可分、互相受益的，我们要保持积极健康的心理，不要胡思乱想。“心病还需心来医”，要知道，由消极情绪而引起的心理疾病是用药所不能治愈的。

小人物使大人物栽跟头

刘邦建国后曾诛杀过三位大功臣，即淮阴侯韩信，梁王彭越，淮南王英布。这三个人都是叱咤风云的一代名将，统率着千军万马，身经百战，出生入死，为汉王朝立下了赫赫战功，最终落到这种不幸的下场，究其原因，实在十分复杂，姑且不论。不过有一个十分有趣的事实是，将他们送上死亡之路的第一个人，不是旗鼓相当的政治上的对手，而是自己身边的、名不见经传的细微小人。

先说韩信。当刘邦夺去了他的楚王爵位降为淮阴侯以后，他的心情郁郁寡欢，遂有反叛之心，便与派往外地任职的将军陈稀相约里应外合，袭击吕后及太子。此时刘邦统兵在外，京城长安空虚，以韩信的杰出才能，若真的起事，刘邦能否再回长安恐怕还得另作别论。可偏偏此时韩信一个名叫谢云的门客得罪了韩信，韩信将他囚禁起来，准备杀掉他。谢云伺机逃出，向吕后告发了韩信，吕后与相国萧何密商之后，将韩信骗至宫中立即斩首。

再说彭越。汉朝立国后，他被封为梁王，一次刘邦率兵讨伐叛将陈稀，要求彭越发兵相助，其时彭越正在病中，便令部将领兵前往。刘邦怒其不恭，派人前来谴责他，他很是恐慌，准备亲自前去向刘邦请罪。他的属将扈辄劝道：“大王开始没去，如今陛下派人来谴责，大王倒去了。他岂能饶恕你？此去必为他所擒，不如发兵反叛！”彭越并没有听从他的。后来他属下有个太仆犯法，彭越要将他斩首，这位太仆逃到刘邦那里，将扈辄对彭越的一番话告发了，终于导致了彭越之死。他死后，刘邦将他的尸体作成肉酱遍赐大臣。

最后说淮南王英布。他与韩信、彭越是一体同功之人，这两个人的先后被杀，使他感到极大的恐慌，便暗中布置军队。正在此时，英布所宠幸的一个姬妾生了病，出宫就医。医生家的对门住了一个名叫贲赫的人，此人在淮南王府中担任侍中，是英布的近臣。他大约以此自恃有点不避形迹，对这位美姬多有馈赠，且与她一同在医生家饮酒。这位美姬对贲赫很有好感，便在英布面前对他大加夸赞。英布由此怀疑贲赫与自己的姬妾有染，要逮捕他。他便逃了出来，告发了英布，于是英布被迫起兵，最后败于刘邦之手。

大人物固然值得重视，可若是忽略了无足轻重的小人物，同样能栽大跟头。要知小人物做糖不甜做醋酸，一旦你得罪了他们，他们的报复心是最强的，必置你死地。这是许多大人物致祸的原因之一，但常为人所忽视。

两声口哨换来50年牢狱之灾

在1786年春天的一个夜晚，法国国王路易十六的王后，玛丽·安东尼来到巴黎戏剧院观看戏剧。当她仪态万方地出现在剧场里时，全场观众全部站了起来，一片沸腾的景象。

顷刻之后，欢声笑语逐渐平息，剧场将要恢复安静，正在这时，观众群里有个年轻的奥古斯丁公爵，自以为风流倜傥，他站起来向王后"咻！""咻！"吹了两声很响的口哨。奥古斯丁万万没有想到，这两声口哨给他带来了牢狱之灾。

此事被路易十六国王知道了，他勃然大怒："哪里来的毛头小子，竟敢调戏王后！"当即下令将奥古斯丁抓起来，未经过任何审判程序，年轻的公爵就被关进了监狱。

奥古斯丁在监狱待了3年以后，外边的世界已发生天翻地覆的变化。1789年7月14日，巴黎人民摧毁了巴士底监狱，引发了一场声势浩大的法国革命，可这似乎与奥古斯丁毫无关系。又过了4年，路易十六和王后玛丽·安东尼相继上了断头台，然而还是没有人想到替奥古斯丁申冤。

后来拿破仑执政，在1841年下令彻底清查旧案，为冤狱翻案。官员们这才发现土牢里有个因吹口哨而被监禁的公爵。谁知正当要办释放手续时，拿破仑失势被流放到了厄尔巴岛。于是这件事随之被耽搁下来，等到拿破仑再度执政掌权时，谁也不记得奥古斯丁的冤案了。

直到1836年，被关押了50年之久，年纪已经72岁的奥古斯丁才被释放。奥古斯丁只因吹了两声口哨，竟换来了50年的牢狱之灾。

要想不让悲剧重演，就要时时刻刻都要注意自己平时的行为习惯，要用较为规范的、文明的、约定俗成的行为习惯来严格要求自己，这样就不至于在社交场合失误。

都是红裤子惹的祸

1988年美国总统竞选，在乔治·布什粉墨登场之前，大出风头的是加里·哈特。他经过了一系列紧张的竞争，一路过关斩将，成为民主党内的领先者。正当哈特庆幸他的胜利时，他怎么也想不到，噩梦已经开始。

在北迈阿密海滩至比米利的海面上，"恶作剧"号高级游轮欢快地行进着。船上坐着四个人，其中一个便是哈特，他身着鲜红的运动裤，看起来神采飞扬。上岸后，四人中的一位叫唐娜赖斯的漂亮女郎（全美大学优秀生联谊会成员）

偎依在哈特的怀里。

记者拍下了这个时刻，这个历史性的瞬间使哈特的身价大跌。“恶作剧”号成了哈特倒霉的预兆，“甜蜜的开端”将以“苦涩的结尾”而告终。《迈阿密先驱报》刊登了哈特这一“桃色新闻”，使哈特陷入了重围。

新闻舆论界就哈特爱穿“红裤子”这一点大做别出心裁的文章，他们说：“穿着红裤子的花哨的参议员，是否适合坐在白宫？”这一质问，看似平平淡淡，实际上力重千钧，结果使哈特一败涂地，狼狈地退出了竞选。

“千里之堤，溃于蚁穴”；“千古英名，毁于一旦”。英雄们可能为自己的失败设计过无数壮烈的场面，却不曾想到会失败在一个小事上。阴沟里翻船，这也许是英雄们最为遗憾的事，也是时人引以为戒的事。

徐世勣品行不变

隋唐时代的徐世勣是李密的部将，深受李密重用。武德二年(619年)，李密被王世充打败，率部投降了李渊。

李密原来所辖之地东至于海，南至长江，西到汝州，北到魏郡，由徐世勣据守。于是，徐世勣对长史郭孝恪说：“魏公(李密)既然归顺大唐，我们现在据有的这些地方，是魏公所统辖的。如果上表献给大唐，即是趁主人失败的机会自己为自己表功，以求取富贵，我认为这是非常可耻的事情。现在应该具录州县名数及军人户口，汇集起来启奏魏公，让魏公自己献给大唐，那么这就是魏公的功劳了。”于是派使者启告李密。

使者刚到时，唐高祖听说徐世勣没有上表，只有书信给李密，感到很奇怪。使者把徐世勣的意思告诉唐高祖。唐高祖高兴地说：“徐世勣感德推功。确实是个非常纯正的人。”于是对他大加重用，授他黎阳总管、上柱国、莱国公。不久，又加右武侯大将军，改封曹国公，赐姓李氏，因避太宗李世民的讳，改名李勣。

李密是徐世勣的老领导，李渊是徐世勣的新领导。对于一些见风使舵的人来说，老领导不得势了，他们马上就会转向新领导示好，这种人走茶凉的事太多了。徐世勣的确是个很正直的人，这样的人不管到哪里都是可以信赖的中坚力量。

徐世勣本来是在瓦岗寨做事，以前的上司是翟让，后来换了李密，现在李密归唐，他的上司又变成了李渊。岗位变了，上司变了，但徐世勣的人品没有变。

一个人做事是成功还是失败，是越做越大还是越做越小，他的品行显得非常重要。没有伴随品格而生的智慧，往往会优先追求眼前可以带来快乐或其他甜头的事物而失去长远的发展。所以，做人一定要端正自己的品行，恪守一定的原则。社会上的诱惑很多，做人光明正大，能在成功的道路上走得更远。

武则天以德报怨

武则天作为中国历史上唯一的女皇，其心术权谋，手段残忍，真是令人发指。

但她惜才、爱才，对于有能力辅佐她的人却不惜以德报怨，进行感化，并使之成为自己的“心腹”。这是她的优点。

唐 三彩绞胎骑射俑

李唐时期五言诗“上官体”的鼻祖上官仪是唐初重臣，曾一度官任宰相，参与高宗的废后行动后被武则天发觉，上官仪与其子被斩，上官仪的孙女上官婉儿与母则为宫婢。上官婉儿14岁那年，太子李贤与大臣裴炎、骆宾王等策划倒武政变，上官婉儿为了报仇也积极参与。但事情败露，太子被废，裴炎被斩，骆宾王死里逃生。但上官婉儿则为武则天所赦。

有一天，上官婉儿做的一首《彩书怨》诗被武则天无意中发现。武则天不相信这么好的诗会出自一位女孩之手，便以室内剪彩花为题，让她即兴做出一首五律来，同时要用《彩书怨》同样的韵。上官婉儿略加凝思，就很快写出：“密叶因裁吐，新花逐剪舒。攀条虽不谬，摘蕊讵知虚。春至由来发，秋还未肯疏。借问桃将李，相乱欲何如？”

武则天看后，连声称好，并夸她是一位才女。但对“借问桃将李，相乱欲何如”装作不解，问上官婉儿是什么意思。上官婉儿答道：“是说假的花，是以假乱真。”“你是不是在有意含沙射影？”武则天突然问道。

上官婉儿十分镇静地回答：“天后陛下，我听说诗是没有一定的解释的，要看解释的人心境如何。陛下如果说我在含沙射影，奴婢也不敢狡辩。”“答得好！”武则天不但没生气，还微笑着说：“我喜欢你这个倔强的性格。”

接着她又问上官婉儿：“我杀了你祖父，也杀了你父亲，你对我应有不共戴天之仇吧？”上官婉儿依旧平静地说：“如果陛下以为是，奴婢也不敢说不是。”武则天又夸她答得好，还表示正期待着这样的回答。

接着，武则天赞扬了她祖父上官仪的文才，指出了上官仪起草废后诏书的罪恶，期望上官婉儿能够理解她、效忠她！然而，上官婉儿不但没有效忠武则天，却出于为家人报仇的目的又参与了政变。司法大臣提出按律“应处以绞刑”，若念其年幼，也可施以流刑，即发配岭南充军。

武则天认为：据其罪行，应判绞刑，但念她才十几岁，若再受些教育，是可以变好的。所以，不宜处死。而发配岭南，山高路远，又环境恶劣，对一个少女来说，也等于要了她的命。所以,也太重些。尤其是她很有天资,若用心培养,一定会成为非常出色的人才。

鉴于此,武则天决定对上官婉儿处以黥刑,即在她的额上刺一朵梅花,把朱砂涂进去。并把上官婉儿留在自己身边,"用我的力量来感化她"。武则天还表示:如果我连一个十几岁的女孩子都不能感化,又怎么能够"以道德感化天下"呢?

武则天确实把上官婉儿感化了。该杀而不杀,反而留在自己身边,这已使上官婉儿感激涕零。此后,武则天又一直对上官婉儿悉心指导,从多方面去感化她、培养她、重用她。

上官婉儿从武则天的言行举止中,了解了她的治国天才、博大胸怀和用人艺术,对她彻底消除了积怨和误解,代之以敬佩、尊重和爱戴,并以其聪明才智,替她分忧解难,为她尽心尽力,成了她最得力的心腹人物。

我们从这里可以看出,以德报怨,常常能够以很小的代价换来敌人的信赖,并忠心耿耿地甘愿为你付出,成为你可以依靠的人。

左宗棠视公事如己事

左宗棠一生戎马生涯,驰骋南北,尽忠国事。到了晚年,他又被召入京师在中枢任职。中央是个权力争夺激烈的地方,尤其是李鸿章对他颇多掣肘,但左宗棠在其位,即尽其责,仍为国事忧劳。

左宗棠对外国的鸦片输入向来深恶痛绝。第二次鸦片战争后,清政府在西方列强的坚船利炮威逼下被迫接受了鸦片贸易"合法化"的事实,左宗棠个人的能力无法解决。清政府为减少鸦片输入和白银外流所造成的经济损失,于同治七年(1868 年)与英国驻华公使协商,欲将进口鸦片的征税由旧额增加 20%。但十几年过去了,增税的问题一直受到外国鸦片贩子的阻挠而未能实现。

左宗棠像

左宗棠痛恨鸦片烟毒给中国社会带来的严重危害,他提出以加税捐的办法来阻绝鸦片的建议,对于试图解决积重难返的鸦片流毒问题具有积极的意义。可是,仅凭他一人之力是无法扭转形势的,他只能感到痛心和无奈。

尽管左宗棠在入京辅政期间成绩斐然,且有目共睹,但他却被政敌排斥出中央,调任两江总督。他不以个人荣辱为意,而是尽力多做实事,在两江总督任上为加强海防和投入新的抗法斗争而努力拼搏。

左宗棠生活俭朴,家教甚严,他要求亲属,"在督署住家,要照住家规模,不要沾

染官场习气、少爷排场，一切简约为主”。他胸怀坦荡，人格受人尊敬。

左宗棠在历史上是一个刚正、爱国、务实、有魄力的形象，他是一个有责任感的人，能做到“视公事如己事”。这是一种伟大的品格，是一种做人的胸襟，更是一种处世的大智慧。

古语说得好：“寸心不昧，万法皆明。”“平生正直无曲私，何问天公饶不饶。”用心险恶、不择手段，毕竟不是正道，即使偶得小利，也必不会长久，且终不得安宁；内心始终抱有仁德，以和为贵，行为光明，才能够成就大事，才能够获得永久的幸福与财富。

“正直的人格就是力量。”在一种更高的意义上说，这句话比知识就是力量更为贴切。没有灵魂的精神，没有行为的才智，没有善行的聪明，虽说也会产生影响，但是它们都只会产生不大的影响。正直不仅是一个人处世应有的基本品质，而且还能够使人达到一个人人都渴望达到的目标。

正直意味着有勇气坚持自己的信念。这一点包括有能力去坚持你认为是正确的东西，在需要的时候义无反顾，并能公开确认错误的东西。马丁·路德在他被判死刑时面对着他的敌人说：“去做任何违背良知的事，既谈不上安全稳妥，也谈不上谨慎明智。我坚持自己的立场，上帝会帮助我，我不能做其他的选择。”

正直意味着自觉自愿地服从自己所选择的符合社会要求的良好道德规范。从某种意义上说，这是正直的核心，没有谁能迫使你按高标准要求自己，也没有谁能强迫你献身。同样，没有谁能勉强你服从自己的良知。然而，不管怎样，一位正直的人却自觉地做到了这些，从而使他具有伟大的信念和力量。

人类之所以充满希望，其原因之一就在于人们似乎对正直具有一种近于本能的识别能力，而且不可抗拒地被它所吸引。正直会给一个人带来许多好处：友谊、信任、钦佩和尊重。

刘悝得小利而失大义

刘悝是东汉章帝的曾孙，质帝时被封为渤海王。延熹八年（165年）因犯谋逆之罪，被贬官。当时正是桓帝时，中常侍王甫在朝中权势极大。刘悝为了恢复渤海王之位，对王甫许愿，说只要帮助他恢复王位，他就以五千万钱相报。

王甫还未来得及活动，桓帝就死了。因为刘悝是桓帝的弟弟，所以桓帝特留下遗诏，恢复刘悝的渤海王之位。这个巧合，使王甫将不费力白得五千万钱。

不料刘悝知道了自己王位的失而复得不是王甫的功劳，便毁弃前约，一文钱也没给他。王甫从此对刘悝怀恨在心，暗地里寻找他的过错。桓帝死后，灵帝即位。灵帝即位时，朝内外就流传说，刘悝认为自己应该即位，他对灵帝即位非常不满。王甫便开始利用这个流言为刘悝罗织罪名。

当时朝内还有两个人也很骄横，一个是中常侍郑飒，一个是中黄门董腾。他们与朝内外权势互相交结，结党营私。这两个人都与刘悝关系极密。王甫便密告司隶校尉段颎，说郑飒图谋不轨。

熹平元年(172 年),郑飒被逮捕入狱。王甫又让尚书令廉忠诬陷郑飒等图谋立刘悝为帝,大逆不道。灵帝于是下诏,让冀州刺史将刘悝收监审讯。刘悝被逼无奈,自杀。其妃妾 11 人、子女 70 人,使女 24 人皆死于狱中。

常言道:宁可得罪君子,不可得罪小人。忽略了无足轻重的小人物,就会栽大跟头。要知小人物做糖不甜做醋酸,一旦你得罪了他们,他们的报复心是最强的,必置你于死地。这是许多大人物致祸的原因之一,但常为人所忽视。

张飞栽在小人物手上

三国时期蜀国名将张飞作战勇猛,武艺高强,百万军中取上将首级如探囊取物。当阳桥上一声吼,喝断了桥梁水倒流,那是何等的英雄气概！可他的死,一点也不壮烈。

张飞有一个致命的缺点,便是对待部下过于严厉,小有过失,便重加鞭笞,因此将士人人都怀恐惧之心,他也终因此而付出了生命的代价。

关于他的死,史书记载十分简略,《三国演义》却有详细地描述,虽然是小说家言,却也有一定的历史真实性。

据说关羽死后,张飞痛不欲生,旦夕号泣,部将们以酒劝解,他喝醉了之后,心情更加恶劣,对身边的人动辄加以鞭挞,有的甚至被鞭打致死。

为了给关羽报仇,张飞主动请兵讨伐东吴。出师之日,刘备警告他说:"我知道你的老毛病,一喝了酒便要发脾气,随便打人,打了后又将他们依旧留在身边,这可是取祸之道呀！从今以后,你一定要改一改你的毛病!"

然而,张飞却将刘备的话当耳旁风。回到军中之后,命令手下在三天之内制办白旗白甲,三军挂孝伐吴。帐下两位末将范疆、张达说:"三天时间太少,请宽限几日!"

这本是实情,张飞听了却勃然大怒说:"你们竟敢违反我的将令!"他下令将二人绑在树上,各鞭打五十,并严令道:"二天一定要备齐,若超过了时限,就将你二人斩首示众!"

两个人被打得浑身鲜血淋漓,回到营中商量对策。范疆说:"此人性如烈火,明天要是备不齐,咱俩的命是保不住了!"张达说:"与其让他杀了咱们,倒不如咱们杀了他!"二人计议已定,暗中等待时机。

当晚张飞在帐中又同部将饮酒,不觉大醉,卧在帐中。范疆、张达二人半夜里各怀短刀潜入帐中,听得张飞鼾声如雷,便用短刀刺入他的腹中。一代名将,就这么窝囊地死了。

古语云:死有轻于鸿毛、重于泰山之分。一代名将张飞的死法,不能不让人扼腕痛惜,也留给我们这样一个教训:千万不要忽视你身边的那些小人物。这里涉及一个领导者如何处理与下属关系的问题。

任何一名上司,总免不了要对部属进行惩处,有的出以公心,有的也难免由于

私仇;有的处理得当,有的也难免执法不公。受惩处的人,有的心服口服,有的则难免结下怨仇。当你官高位重、权势在手的时候,他拿你无可奈何,只好忍气吞声。但是官场波澜反复,三十年河东,三十年河西,你不会永远得志,他也不一定终生沉沦下僚。一旦彼此地位有所变化,当年的制人者就会受制于人了。

脱靴之辱葬送了李白的前程

在一次宫廷酒宴中,李白曾于酒酣耳热之际,做《清平调》三首,歌颂杨玉环的美貌。他在做这三首诗时要杨国忠亲自为他磨墨,还命皇帝宠信的太监高力士为他脱靴。太监的地位是卑贱的,但得宠的太监就不同了。高力士因此深以为耻,对李白怀恨在心。

李白在诗中把杨玉环描写得花容月貌,像仙女一样。杨玉环十分喜欢,常常独自吟诵。李白在诗中提到了赵飞燕,李白绝不存在丝毫讽刺的意思,他只是就赵飞燕的美丽与得宠同杨玉环相比较。这使怀恨在心的高力士看到了报复的契机。

一天,高力士又听到杨玉环在吟诵《清平调》,便以开玩笑的口吻问道:"我本来以为您会因为这几首诗把李白恨入骨髓,没想到您竟喜欢到如此地步。"杨贵妃听后吃了一惊,不解地问道:"难道李翰林侮辱了我吗?"高力士说:"难道你没注意?他把您比作赵飞燕。赵飞燕是什么样的女人,怎么能同娘娘您相提并论。他这是把您看得同赵飞燕一样淫贱啊!"

在当时杨玉环已是"后宫佳丽三千人,三千宠爱在一身",她的哥哥、姐妹也都位居显要,声势显赫。她唯一担心的便是自己的地位是否稳固,绝不希望被人看作像赵飞燕那样淫贱,更害怕落到她那样的下场。高力士摸透了杨玉环的心思,因此也就在她最软弱处下了刀子。他轻而易举地便把李白的诗同赵飞燕的下场嫁接起来,一下子使赞美的诗篇成了讥嘲的证据,激起了杨玉环的反感与憎恨。后来唐玄宗曾三次想提拔李白,但都被杨玉环阻止了。高力士靠此手段达到了报复脱靴之辱的目的,一次小报告,葬送了李白的前程。

在李白看来,像高力士这样的小人根本不配与自己为伍,正邪势不两立,正人君子自然疾恶如仇。正是在这一思想支配下,不仅没有适时地说两句低声下气套近乎的话,李白还巧借醉酒之机在大庭广众之下侮辱了高力士,没给他留丝毫的面子,这样做虽可泄一时之愤,但他却没想到由此而产生的严重后果。两人相斗,笑到最后的还是高力士。李白后来虽然被唐玄宗"赐"金放还,全身而退,但毕竟被彻底赶出了他梦想施展抱负的政治舞台。从此他借酒消愁,赋诗抒怀,落魄于江湖。

孔子说:"惟女子与小人难养也,近之则不逊,远之则怨。"小人不择手段,肯用下三滥的诡计,斩尽杀绝,而君子做事讲究光明磊落,也就没有办法对付小人。小人成事不足,败事有余,更是吃不得亏的,有些"小亏"不妨自己吃了算了,对自己也损失不大,不然被小人盯上麻烦就大了。做人应当牢记:宁可得罪十个君子,不

得罪一个小人。

妄言失信，齐襄公身死国亡

无妄卦阐释不虚伪的道理。当一切恢复正常，又回到真实、不虚伪的无妄时期。不虚伪，当然有利。不虚伪，是天理、人道必然应当如此的道理；因而，立身处世，必须刚正无私，不造作，不逞强，不存非分的奢望，不计较得失，当为则为，尽其在我，才能够心安理得。《荀子·议兵》中说的“政令信者强，政令不信者弱”，就是这个道理。

春秋时期，齐国的齐襄公时候，卫国发生内乱，卫侯朔被仇人所逼流亡国外。卫侯朔胸怀大志，虽然流落他乡，仍不忘报仇雪恨，矢志复国，夺回自己失去的一切。于是，他想方设法结交诸侯，以取得各国诸侯对他的信任、同情与支持。齐襄公对卫侯朔尤为信赖，答应帮他完成复国大任，便约会宋、鲁、陈、蔡四国出兵攻打卫国。五国联军浩浩荡荡地向卫国进军。卫国自知势单力薄，寡不敌众，急忙向周天子求救。尽管周天子派重兵营救，但是五国联军人数众多，周天子所派之兵也不能与之抗敌，节节失利。五国联军长驱直入，很快便帮卫侯复了国。

虽然齐襄公打了胜仗，可他以诸侯之兵抵抗天子之兵，于情不通，于理更不容。对此，齐襄公忧心忡忡，担心周天子会纠集诸侯来兴师问罪。群臣见状，纷纷建议襄公选派猛将带重兵去戍守齐国要塞葵丘，因为这是进入齐国的必经之地，葵丘防守好了，齐国就没有了危险，襄公自然可以高枕无忧了。葵丘远离国都，地广人稀，谁都不愿去那种地方，更不用说抛家离子了。

派谁去戍守葵丘呢？襄公思来想去，觉得众人中连称和管至父二人最为合适，他们二人不但勇武有力，而且智谋多端，由此二人去戍守，任他千军万马也奈何不了齐国了。于是，他命人找来连称和管至父，和气地对他们说：“二位将军身手不凡，寡人一向对你们另眼相看。如今，国家危急，葵丘非你二人不得戍守，请准备一下出发吧！”国君之命怎敢违抗？于是，他们两人对望一下，恭恭敬敬地回答说：“感谢国君对我们的器重，臣马上就前往驻地。只是，臣下想斗胆问一句，我们何时可以回来复命于国君呢？”

齐襄公一时语塞，忽然看见桌子上切开的大瓜，便指着瓜说：“等明年瓜上市的时节，我派人去接替你们，那时你们就可以回来了。我说话算话，绝不食言！”

连称和管至父听到襄公的诺言后，很高兴地出发了。到任以后，他们果然没有辜负齐襄公的厚望，一方面组织百姓修筑了防御工事，一方面加强了军备训练，周天子虽然对齐国耿耿于怀，可看到齐国防守森严，无机可乘，也只好悻悻然作罢，不敢对齐国有非分之想了。

转眼之间，一年过去了，又是瓜成熟的季节。管至父与连称很高兴，因为马上就可以回到都城和家人团聚了。可是，时间一天天过去了，接替他们的人还没有到来。他们天天翘首等待，天天失望而归。最后，他们实在不能再等下去了，就派人

去求见襄公,还特意让人带了许多新上市的瓜给襄公,希望这样能够提醒襄公,记起先前的诺言。使者见到了襄公,献上了新瓜。襄公品尝着新瓜,对派人接替连称与管至父之事却只字不提。

连称与管至父实在无法可施,只得亲自求见齐襄公。他们将来意说明,不料襄公听了却勃然大怒,竟然厚颜无耻地教训起他们来:"你们身为人臣,怎么可以向君长提出如此无理的要求呢?简直是岂有此理!你们先回去吧,等瓜再熟的时候,再考虑接替你们的事。"

襄公不但不信守诺言,反而背信毁约,出尔反尔,甚至还将他们教训了一顿,连称与管至父听了怒火中烧,回去后便商量如何对付齐襄公。正在这时,一直想找机会造反的公孙无知来了。公孙无知是襄公堂弟,一心想要除掉襄公,只是时机未到,他只好隐忍不发,相时而动,以成就大业。管至父与连称见到公孙无知,说起对襄公的种种不满。听完他们的叙说,公孙无知暗自高兴。他趁机鼓动二人背叛襄公,立他为君,并许诺高官厚禄和金钱美女。管至父与连称两人正因襄公不守信用而生气,听完公孙无知的建议,立即决定以牙还牙,除掉襄公,以解心头之恨。

这年冬天,齐襄公在贝丘打猎,一只野猪突然站立在他的马前嚎叫,吓得他跌下马背,扭伤了脚,只好回宫休养。公孙无知得知这个消息后,认为这是发动叛乱的绝好机会,于是通知连称与管至父带兵杀进宫来。

齐襄公听到宫内喊声四起,知道发生了暴乱,急忙藏在床下,可是情急之中,一只脚露在了外面。公孙无知的侍卫发现了他,举剑猛刺,割下了他的脑袋。

齐襄公贵为一国之君,却背弃诺言,出尔反尔,一欺而再欺,终于惹祸上身,造成身首异处的惨剧。

对一国之君来说,不信守诺言,出尔反尔,臣下也会反戈一击,严重的甚至会造成身败名裂。按照儒家的说法,只有具备仁、义、礼、智、信这五种最基本的道德要求,才有资格被人尊称为君子,才能够受到世人尊重,才能成就一番事业。在儒者心中,守信是对一个人最起码的道德要求,是衡量君子与小人的一个基本准则。对普通人来说,失去他人信任,便失去了生存的基点。因此,我们一定要引以为戒,切不可毁弃诺言,更不可自欺欺人,视诺言如儿戏。否则,众叛亲离,成功之路就寸步难行了。

大畜卦第二十六 ䷙

【经文】

乾下艮上　大畜[1]利贞,不家食吉[2],利涉大川。

初九　有厉,利已[3]。

九二　舆说輹[4]。

九三　良马逐,利艰贞;日闲舆卫,利有攸往[5]。

六四　童牛之牿，元吉[⑥]。

六五　豶豕之牙，吉[⑦]。

上九　何天之衢，亨[⑧]。

【注释】

①大畜：卦名。通行本为第二十六卦，帛书本为第十卦。《大畜》卦与《无妄》卦是卦爻翻覆的关系，故次序列于《无妄》卦之后。

《大畜》卦上《艮》下《乾》，艮为山、为畜止；乾为日气、云气。《大畜》卦象云气在山下，为山所畜止，故名“大畜”；而《小畜》卦则象云气随风聚散，所畜不多，故名“小畜”（☴下乾上巽）。云气为山所畜，象征贤人为朝廷所畜养；若上下卦颠倒为上《乾》下《艮》，云气出于山，不为山所畜止，则为《遁》卦，象征贤人隐遁也。

从卦爻上看，《大畜》卦上九“何天之衢”而亨通之后则变而为阴，如此则该卦变为《泰》，正象阴阳交通、君臣遇合、君子进用；而《遁》卦则九三随阴长即将变而为阴，如此则该卦变为《否》，正象阴阳不交、君臣不遇、君子隐遁。

畜之极则通（“何天之衢，亨”），通则泰，故《泰》来于《大畜》也。

②利贞，不家食吉：“不家食”即“不家而食”，“家”谓闲居于家。“食”谓食奉禄于朝廷，在朝为官（《国语·晋语》注“食，禄也”）。筮得此卦，不闲居于家而食奉禄于朝则吉。《损》卦上九“贞吉，利有攸往，得臣无家”亦与此同。《彖传》释“不家食”为“养贤”是正确的。

③有厉，利已：“已”，止，停止。

④舆说輹：“舆”，在此指车箱、车身。“说”同“脱”。“輹”，缚轴之物，在此指轴。车身与车轴脱离，亦是不宜行进而留止之义。初、二之止而不进，乃为上卦四、五二阴所阻。初阳弱，二阳居柔，故皆宜须时而进，待二阴就缚，方可上行，《杂卦》“大畜，时也”当即就初、二而发。欲畜贤，必当先去不肖，故四、五二阴被缚之后，方有贤人显达之时。

⑤良马逐，利艰贞；日闲舆卫，利有攸往：“良马”，喻贤人。九三纯乾，《说卦》“乾为良马”即指此。“逐”，驰骋。上有四、五二阴，故云“艰贞”；而九三阳爻居刚位，为下《乾》之最有力者，又与上九合志，故云“利”。“日”，每日、经常。“闲”，练习。“舆”，作动词，指驾车。“卫”，防卫。九三一方面乘马驰骋，以遂其志；一方面又要日习驾术，以备不肖。“日闲舆卫”与《乾》卦九三“终日乾乾”之立意相近，也含有“用之行而舍则藏”之意。

⑥童牛之牿，元吉：“童牛”，小牛，此喻小人。“牿”，在此做动词，指拴住（《说文》“牿，牛马牢也。周书曰：今惟牿牛马”）。童牛阴四被拴住，则初九贤人可行

矣,故为大吉。

⑦豮豕之牙,吉:"豮豕",当指大猪。《书·大传》注"责,大也",从"贲"之字多有"大"义,如大陵谓之"坟",大鼓谓之"鼖",故大猪亦谓之"豮"也。"豮豕",在此喻奸佞。"牙"同"互",即"枑",圈牲之围栏,在此指圈住(徐锴《说文系传》"枑,交互其木,以为遮阑")。豮豕阴五被圈住,则九二贤人可进矣,故曰吉。

⑧何天之衢,亨:"何"与《噬嗑》上九"何校灭耳"之"何"同,通"荷",承受、获得。"天衢",通天大路,在此喻显达。畜极则通,故畜至上九,终获显达,至为亨通。通则变而为《泰》。四阴被"牿",五阴被"枑",故上九得以显达。

【译文】

大畜卦:大的积聚,有益于坚持正道;贤者不在家里吃自已耕种收获的粮食,这是好事,有利于涉渡大河。

初九:前进有危险,停止才会有利。

九二:车子脱落輹,自动停了下来。

九三:仕途就像良马竞逐场,只会有利于那些艰辛的正规训练者;又像操练舆卫的军卒,每日苦练,才能无往不利。

六四:给刚刚长角的牛犊安装防止触人的横木,这是大吉大利的措施。

六五:被阉割的猪虽有牙齿却不再伤人,这是吉祥的措施。

上九:背负青天鹏程万里,前途畅通无阻。

【解读】

本卦阐述了蓄积的原则。最大的蓄积是蓄德积善。蓄积不仅有当进则进的一面,也有当止则止的另一面,只有准确地把握进与止,才是真正的蓄积。蓄德积善与防患止恶相辅相成;防患须于未然,止恶须于未形。不时正本清源,注重于对邪恶采取釜底抽薪的措施,才能确保仁、德之政的秩序。倘若对蓄德积善作教条化的理解,疏于防范,以致隐患爆发罪恶泛滥,则虽有蓄德积善之仁政,亦属枉然。迨至不得不大肆杀戮,则已失仁、德之本意了。

【经典实例】

张思民辞职办公司

张思民属于20世纪60年代那场全国大饥荒之后成长起来的一代人,1962年他出生于北国雪都长春一个普通的老师之家,四兄弟妹中他算老大。

要说阅历,张思民30多年生涯可以用"单纯"二字概括,与许多成功者在成功之前一般都有一段大起大落的坎坷经历不一样,他单纯而绝非平庸。

1979年,张思民高中仅读了一年,16岁便考进哈尔滨工业大学这座被誉为工程师摇篮的名牌学府，在那里加入了共产党，连续三年被评为三好学生。

1983年8月，他毕业分配到北京航天部207所从事军品的开发和研究。

1986年5月，他调到国内外享有盛誉的中国国际信托投资公司总部。

他的每一步人生之路都走得那么一帆风顺，都是让人眼热的大单位。然而张思民背靠大树不乘凉，人要走进阳光，他说“要太阳注视我”！

“要想干大事，还是要办自己的公司”，他终于在一天早上起床之后把所有的问题都翻来覆去想通想透了。“到深圳去，那里改革的大潮正猛，是大展宏图之地”。他把这个严肃的决定告诉新婚不久的妻子时，得到的是理解和支持的目光。

此时，正值中信公司派员赴深圳投资部工作。张思民积极报名并获批准。

1988年11月，他怀揣美丽的梦想，携妻离开了首都，离开了刚刚营造好的小家。

一日，一个人手拿着一个海洋开发的科技项目来到了中信公司深圳分公司，声称海洋开发是一个新兴的领域，只要稍做投资便可大获收益。财大气粗的中信也许是正忙于更大宗买卖而无暇他顾，或许是觉得这个项目太小而不值得花太多功夫，便拒绝了来人的要求。

张思民在一旁暗暗着急，他凭直觉觉得这是一个大有可为的项目，海洋开发当时在国内虽属刚刚起步但却有着无限的潜力，这是一个千载难逢的机会。

这个项目就是日后闻名全国的海洋滋补保健品，也是海王集团拳头产品的金牡蛎。

张思民思虑再三，决定脱离中信公司出来单干，他邀约了几个志同道合的朋友，联合了珠海一家公司，成立了深珠海洋滋补保健食品工贸公司，开始了金牡蛎的研制工作。

1989年5月，26岁的张思民郑重地向中信投资部递了辞呈，同年7月8日，属于他自己的深圳工贸公司（海王集团前身）在蛇口石云村住宅楼里的3间普通民房里宣告成立。开始迈出了商海生涯的第一步。

不展翅何以高飞？

一天，有个男孩将一只鹰蛋带回到他父亲的养鸡场。他把鹰蛋和鸡蛋混在一起让母鸡孵化。后来母鸡孵化成功。于是一群小鸡里出现了一只小鹰。小鹰与小鸡们一样生活着，极为平静安适，小鹰根本不知道自己不同于小鸡。

小鹰长大了，发现小鸡们总是用异样的眼神看着自己。它想：我绝不是一只平常的小鸡，我一定有什么不同于小鸡的地方。可是它却无法证明自己的怀疑，为此十分烦恼。直到有一天，一只老鹰从养鸡场上飞过，小鹰看见老鹰自由舒展翅膀，顿时感觉自己的两翼涌动着一股奇妙的力量，心里也激烈地震荡起来。它仰望着高空自由翱翔的老鹰，心中无比羡慕。它想：要是我也能像它一样该多好，那我就可以脱离这个偏僻狭小的地方，飞上天空，栖在高高的

山顶之上,俯瞰大地和人间。

可是怎么能够像老鹰一样呢?我从来没有张开过翅膀,没有飞行的经验。如果从半空中坠下岂不粉身碎骨吗?犹豫、徘徊、冲动,经过一阵紧张激烈的自我内心斗争,小鹰终于决定甘冒粉身碎骨的风险,展翅高飞。

它终于起飞了,飞到了空中。它带着极度的兴奋,再用力往高空飞翔,飞翔……

小鹰成功了。它这才发现:世界原来这么广阔,这么美妙!

“不考”的福特

美国南北战争的硝烟还未散尽,迪尔本的威廉·福特家中传出一阵婴儿的啼哭声,一个小男孩诞生了,他就是亨利·福特。让亨利出生在农民家庭很可能是上帝与威廉·福特开的玩笑。美国早期政治家托马斯·杰斐逊不喜欢欧洲那种拥挤不堪的城市生活,他主张把美国建设成美丽、富饶、自给自足的农业国度。威廉·福特是杰斐逊理念的拥护者,他于1847年移居美国,经过十多年奋斗,成为一个拥有170英亩土地的富裕农民。他希望儿子长大后继承父业,做一个殷实的农场主,但亨利·福特从小就对农田劳动一点儿兴趣都没有,看到庄稼和果木就头疼。他上小学时成绩平平,唯独对各种机械装置充满好奇心,喜欢刨根问底,经常自己动手制作简单的机械装置。

13岁时,亨利·福特与父亲一起参观费城建城一百周年发明成果展览会,那是他第一次出远门。展览会让亨利·福特大开眼界,他看到了蒸汽机、火车头、机床,还有用燃气驱动的内燃机,它可以带动水泵和印刷机。此后,他对机械如醉如痴。

1880年,年满17岁的亨利·福特再也不愿待在农村,独自到底特律打工去了,无论家人怎样劝说都不肯回来。底特律位于休伦湖和伊利湖之间,是美国的机械制造中心,工厂和轮船烟囱冒出的黑烟像一团团黑雾一样笼罩着整座城市。那时,不论是政府还是居民都没有环保意识,反而把烟雾视为工业文明的象征,“环保主义”还是个闻所未闻的名词。

亨利·福特从来没有当过学徒,他是天生的机械师,很快就在密歇根火车厢制造厂找到一份工作,但只干了6天就被除名,不是因为技术不好,而是因为他太聪明,第一天就解决了工头和技工们耗费一整天都解决不了的技术难题,使他们大失面子。由于妒忌,他们无法容忍这位心灵手巧的年轻人,把他赶走了。

底特律到处都需要熟练技工,亨利·福特没费多少工夫又找了一份工作,他在杰罗姆—费劳尔公司做铣工,那是一家小型机械公司。在这里,他无师自通地学会了看图纸和制作阀门。不久,他又转到船坞蒸汽机厂,当上了马达组装工。他对机械一往情深,达到痴迷程度,经常废寝忘食地阅读机械杂志,研究机械问题。

亨利·福特报名参加了底特律金匠商学院的夜校，学习速记打字和财会，每星期上两次课。

亨利·福特的父亲依然没有放弃要儿子回家务农的念头。亨利·福特在外面闯荡2年后，勉强遵从父命，返回迪尔本。但他身在农村心在城市，对机械的兴趣有增无减。他在农场上盖了一间房子，制作各种机具，为农民修理农用机械，还从底特律的一些机械制造公司承接设计活儿。

不久，亨利·福特结识了克拉拉·布莱思。一般女人很难爱上亨利·福特，因为他性情执拗，整天埋在机械堆里，奇想连篇，不停地敲打金属片，把家里弄得像个加工厂。克拉拉是唯一能够理解并支持亨利·福特实现梦想的女人，能够忍受敲打金属的叮当声。1888年4月，亨利·福特与她结为夫妻。

在19世纪80年代至90年代的美国，轮船、火车、大型农用机械已经相当普及，它们全都使用体型笨重、噪音巨大的蒸汽机作动力，马和马车依然是人们的主要代步工具。但是，汽车已经成为人们常谈论的话题，只是工程师们还未设计和制造出马力足够大的小型发动机。

亨利·福特制造汽车的梦想就产生在这一时期，他设计并制作了两种小型蒸汽发动机，其中一台仅向前爬行了40英尺，另一台待在原地轰轰作响，纹丝不动。

后来，他在一家汽水厂里看到一台汽油发动机，有一种芦塞顿开的感觉，回家后立即设计出一份草图，并告诉妻子他再也不愿待在农村，要到底特律去，只有在那里，他才能找到灵感，创造出属于自己的天地。

妻子服从了他，1888年9月与丈夫告别家人，一起坐上了去底特律的马车。亨利·福特很快就在爱迪生照明公司底特律分公司找到了工作，并在附近租了一套房子。那时，底特律还是一个新兴工业中心，总共只有1650户人家，爱迪生照明公司是当地的电力供应商，为1200户居民提供照明电。亨利·福特整天与直流发电机、配电盘和蒸汽发动机打交道，他对机械有极高的悟性，触类旁通，在机器的轰鸣声中，他有一种如鱼得水的感觉。

《大畜》不是讲一般的蓄聚，而是讲世界上最大的蓄聚；一个人的学问、品德蓄到一定的程度，又不自守家庭的小天地；而是走向社会，在社会的大天地中有所作为。这样的人，于国于己都有利。“大畜”不是为一家一己蓄私利，不是“三十亩地一头牛，老婆孩子热炕头”；也不是现在有些人炫耀的有别墅、开小车、养“小蜜”之类的蓄。他们的蓄是将其学问和道德的积聚与国家的进步、社会经济发展的大业相连；他们凭其所蓄，涉事业之大川，利民族与国家。

唐太宗力行节俭

唐太宗李世民在位时，注重节俭，而这主要是由于他汲取了隋朝灭亡的教训。

李世民带兵攻下洛阳城时，看到隋朝繁华的宫殿，就对手下人说：“如此奢

华的宫殿本来就是隋朝灭亡的根源，咱们一定要牢牢记住这一教训。”他下令拆除了一些宫殿，又将宫中美女三千多人放还回家。这样一来，城里显得清静多了。

一次，新罗国派使者和唐朝修好，送给太宗两个能歌善舞的美女。邑林国知道太宗喜好玩鸟就献上了稀有的五色鹦鹉。太宗见了，微微一笑，并没有收下。他命令使者把礼物带回去，说道：“使百姓辛劳，使他人不辞辛苦来供自己享乐，这是亡国之道，朕是不会走这条路的。”

贞观四年(630年)，经过太宗的励精图治，国家太平，人民安居乐业。太宗便下令整修洛阳的乾元殿，以供日后游乐之用。大臣张玄素听说后，极力反对，说道：“陛下当初攻进洛阳时，曾下令烧了此殿，是因为要以炀帝奢侈丧国的事实引以为鉴。为臣也一直谨记于心。现在，十年的时间还没有过去，陛下怎就忘记了呢？陛下大兴土木以图玩乐，必会劳民伤财，这样做陛下又和炀帝有什么区别？”太宗听了，起初很生气，他想：你怎能把我和炀帝做比较呢？转念又一想，对啊，我若这样做下去，岂不就成了第二个隋炀帝了吗？当下又觉得很高兴，因为张玄素能及时向自己进谏，能使自己有机会改正错误。于是，太宗高兴地接受了劝告，下令停止这项工程。同时，又下旨赐给张玄素五色绸二百匹，作为对他的奖励。后来，在谈起这件事情的时候，他又对大臣们说：“若不是张玄素，朕恐怕要做出违背初衷的事情来了。今后去洛阳，即使要露宿野外，朕也不会再做这劳民伤财的事。”

又有一次，太宗本来打算到南山去看风景、游玩，便下旨让手下人准备好。当出发的日子到来的时候，太宗又决定不去了，大臣魏徵便问：“陛下既已决定出行，此番为何又改了主意？”太宗笑着说：“朕是怕你进谏说我不节俭，所以才不敢去了。”于是，君臣心照不宣地哈哈大笑，转而谈论起别的事情来了。

太宗不仅自己注重节俭，他还严格要求手下人，一旦发现有人大肆讲究奢华，就严惩不贷。

这一年，太宗要到蒲州(今山西)去巡视。蒲州刺史赵元楷接到旨意后，心中窃喜，认为自己获得升迁的机会来了。他决定想尽一切办法让太宗高兴，太宗一高兴，自己的好事也就会有了。于是，他便下令招募民工整修蒲州的宫殿，又特为太宗新建了富丽堂皇的巡宫。宫殿建成后，赵元楷又命人把搜罗到的珠器宝玩一一摆设了进去。这样一来，宫殿就变得更加豪华了。有了宫殿，还得有宫女才行。于是，赵元楷又下令四处选择美女佳人，民间的许多好人家的姑娘都被迫进宫伺候。赵元楷还命人准备好山珍海味供太宗享用。而这一切的花销都是搜刮百姓得来，弄得百姓怨声载道，日子过得苦不堪言。

太宗到达蒲州后，看到赵元楷为自己苦心准备的一切，心中已是很不愉快。表面上他什么也没有说，私下里就派人去调查。当他得知这大操大办背后的真相时，大为恼火，当下命人把赵元楷找来。看着赵元楷，太宗不动声色地说：“你为了朕真是费了不少心思吧？辛苦你了！”赵元楷战战兢兢地说：“这是下官的职责所在，只要陛下高兴就好。”“那你为什么不听朕的话呢？朕说过要去奢从俭，以谨记隋朝灭亡的教训，你又是如何做的？”赵元楷无话可说，他知道自己的此番苦心已惹得龙颜大怒，心中后悔不已。别说升官发财了，这下更惨，太宗判了他个撤职查办，这下有苦头儿吃了。

太宗知道，天下太平之时，便容易滋生奢侈的不良习惯，而节俭的美德是万万不能丢的。于是，他决定进行严肃的整顿。他下令王公以下的贵族不得住在豪华的大房子里。王公贵族的婚丧仪式不应举行得过于隆重，违令者严惩。这样一来，奢华的风气得到很有效的控制，大臣们也纷纷响应，倡导节俭之风。

太宗常对大臣们说：“朕贵为皇帝，普天之下莫非王土，四海之内，都是朕的财富。朕要满天下游玩，搜罗天下所有的宝物，难道不容易办到吗？但朕却不愿意去这样做。因为朕一出行，必然要连累到当地的百姓。为了一己之私欲而劳累天下的百姓，炀帝做得出来，朕是断不能这样做的，你们也不应做出有悖节俭之德的事情来。”

太宗借鉴隋炀帝丧身灭国的教训，提倡、力行节俭，以身作则，使得唐朝保持了较长时间的稳定和经济繁荣，可以说是既利于自身的修养，又利于国家的发展，是一种英明的举措，值得肯定。

足球玩不得

2003 年 7 月，盛夏的哈尔滨酷热难耐。一个头戴鸭舌帽的中年汉子在体育场外卖力地吆喝：“谁要球票，10 元钱一张。”偌大的体育场外行人稀少，企盼已久的甲 B 新军哈尔滨兰格队主场迎战浙江绿城队，竟落得如此凄凉，中年汉子的心越来越冷。然而，他仍然卖力地吆喝着，带着一种无力回天的悲壮。没有人敢相信，此人就是兰格集团的董事长、8 年前意气风发地宣称要改写黑龙江足球历史的刘志圣。

从富甲一方的民营企业家，沦落到为几元钱门票卖力吆喝的“黄牛党”，刘志圣抑制不住满脸的悲戚和沧桑。“足球是个深不可测的赌局，摧残的是人的意志、心理、厚黑程度，以及大把的钞票，即便什么都具备了，但结果你还得看赌博的运气。你越是抱着希望去玩转它，你就越会掉入一个巨大的漩涡……”

20 世纪 90 年代中期，在这个以冰雪闻名的哈尔滨，我大小还算个“人物”。那时我旗下有一个年创利税 2000 多万元的制药厂，同时，我还有诸如装饰公司、房地产公司等多家企业。

在生活中，我唯一的爱好便是足球。这个东西既锻炼人的技艺，又考验人的意志，更重要的是，这种竞技运动往往容易让人产生激情。有一次，我出差到北京，在工人体育场看了一场甲 A 比赛，现场那排山倒海的呐喊声以及血脉偾张的人群让人震撼无比。在那个时期，国内的足球俱乐部开始纷纷涌现，我便想着什么时候也在家乡搞一个足球俱乐部。

于是在 1996 年 12 月 26 日，我成立了省内第一家足球俱乐部——兰格足球俱

乐部。

俱乐部成立后两年间,我总共投入了1600多万元,但由于球队未能晋级甲B,等于一切打了水漂。

1998年到2001年的4年间,我先后投入8000多万元,开始展开一系列办足球学校、修训练基地、聘请高水平教练等大笔动作,这在整个黑龙江省几乎史无前例。些朋友在得知我涉足足球产业后,纷纷跷起了大拇指:老刘,你真牛!

2002年,我手下的3支队伍开始向不同级别的比赛发起冲刺,兰格足球队参加全国足球乙级联赛,而二、三线队伍也参加了全国U-17、U-15及青少年足球联赛。为了让"圈内人"认同我们,我们还承办了有20支队伍参加、近200场比赛的全国青少年足球(东北赛区)比赛。

苍天有眼,兰格队在经过4年的精心准备后,夺得了当年全国乙级联赛的冠军,球队也因此顺利晋级甲B,这是黑龙江50多年来破天荒的第一回。成功之日,哈尔滨市大街小巷都响起了热闹的鞭炮声,球迷们还自发上街游行,省委书记以及省长在第一时间内向我发来贺电,称我为白山黑水争了光。那一刻,我觉得前途一片光明。

尽管美梦成真,但在兴奋之余,我却有了一种莫名的担忧。为了介入足球行业,我几乎将整个集团的资金全部用来修基地、办球队,几年间,我前前后后投入了近亿元资金。由于"抽血"过度加上精力分散,我的业务几乎全线萎缩。在2002年9月足球冲击甲B的关键时刻,还是我卖了那辆刚买不久的凌志车,才勉强让队员们打完比赛。而当球队晋级甲B成功之时,我的腰包里已经没有一分钱了……

刘志圣说,当球队晋级时,他曾以为碰到了天堂,到现在他才真正明白,从那一刻起,他实际掉进了一个深不可测的地狱。7年的时间,像是经历了一个轮回,从起点回到起点,他又成了一无所有的穷光蛋。

国内的足球俱乐部表面看起来风光无限,可没有一个不是在大把地烧钱玩心跳。目的不外乎两个:一是通过足球这种火热的方式来打广告,提升本企业的知名度;二是通过搞俱乐部,能够赢得政府的欢心并获得政策上的支持,墙内损失墙外补。可对于兰格这种既没有全国性产品,又没有雄厚实力,获得政策的支持也有限的中小民营企业来说,也许从搞足球的那一天开始,便已经注定了它的结局。刘志圣声称,只怪自己没有搞清楚规则。

兰格集团原本风光无限的制药厂早已倒闭,其他公司也全线崩溃。唯一值钱的资产便是那些花巨资修建起来的大大小小的方块足球场,可球队降级了,这些球场已经变得没有任何实际意义。10月份一到,哈尔滨便天降大雪,将足球场覆盖了。刘志圣说,这样也好,要不他每每一看到那空旷的场地便心酸。

几年前的今天,兰格队冲击甲B失败时有人问刘志圣,是否还会继续介入足球,刘志圣斩钉截铁地回答:"兰格集团将永远留在足球圈内。"而今,当记者将相同的问题抛给刘志圣时,电话那头先是长久的沉默,而后传来深深的叹息:"玩什么,别玩足球!”

当你的事业发展力量迅速增强的形势下,应如何把握自己的力量,保持清醒头脑,避免轻举妄动,以保事业正常发展,人生在世,胜不骄,败不馁,要言行有度。

所以,当你的事业发展到大畜之时,那你应该适可而止。勿贪得无厌,要自我抑制,千万不要恃强冒进。谨慎小心,以防不测,养成持重稳健的作风,并要妥善运用自己的力量,知此则可有大作为。

成功之际,力量雄厚之时,尤当牢记“知足常乐”。否则,“人心不足蛇吞象”,继续求索不已,很可能趋向愿望的反面。因为事物一旦发展至其极端,便必然要走下坡路,最好的办法是常使其“不足”留一定的余地。否则,水满将溢,月满则食,好事反而会变成坏事。事业如此,人生也是如此。

苏轼厚积薄发

北宋仁宗时,有一位著名的画家姓文,名同,字与可,四川人。他的诗、文、书法都非常好。他喜欢画花鸟虫鱼写生画,尤其擅长画竹子。他画的竹子栩栩如生,清秀逼真,很受人们的赞扬。人们送他“墨竹大师”的称号。

他学画认真刻苦,一丝不苟。为了学习画竹子,他在自己家的房前屋后种满了各式各样的竹子。一年四季不论是风吹雨打,还是烈日当头,他只要有时间就会去院落里观察竹子。他要了解竹子在不同季节里,不同气候里的变化情况:清晨是什么样子,傍晚是什么样子,晴天是什么样子,雨天是什么样子……他都一一记在心中。

通过长期的种植实践和细心观察,文与可不仅对竹子的特性了如指掌,而且在他的心中形成并积累了各式各样的竹子的形象。正因为这样,在他动笔画竹子之前,怎样构图、怎样着墨,心中早就有了轮廓。根本不用费尽心机去反复思索。所以,他在画竹子的时候,能够一挥而就,挥洒自如,各色各样的竹子栩栩如生。

苏轼被贬之后,也非常喜欢画墨竹图。文与可的画竹经验使苏轼受到了好多启示。他认为画竹子之前要仔细观察竹子,在胸中形成竹子的形态,这样经过长期的积累,才能一挥而就。

不仅画画如此,做其他事情也是如此。我们只看到大师们有某种专长,却往往忽略了他们都是经过了长期积累的。

田单攻守结合败燕复齐国

公元前284年,燕昭王任命乐毅为上将军,统率六国军队攻齐。齐愍王未料到燕国会联合诸国攻齐,匆忙之中率军在济水之西展开决战。结果齐军一触即溃,遭到惨败,主力被消灭,齐王被迫出逃至莒。

乐毅攻克临淄后,兵分五路,仅六个月的时间,就攻取了齐国70多座城池,只剩下莒和即墨两城未被攻克。

公元前283年,齐王之子法章为齐襄王,守莒抗燕,并号召民众抵抗。乐毅又重新调整部署,集中右军和前军攻莒,左军和后军攻即墨。即墨军民在守将战死之后,共推齐宗室田单为将。田单充分运用孙武的善守还需善攻的制胜之道,坚守抗燕,静待反攻良机,形成两个抗燕的坚强堡垒。燕军围攻莒和即墨一年未下,乐毅改用攻心战,命燕军撤至距两城九里的地方设营筑垒,并下令凡城中居民有出来的不加拘捕,有困难的予以赈济,以争取齐民。如此相持三年,两城依然未被攻下。

公元前279年,燕昭王死,惠王继位。惠王做太子时便对乐毅不满,且对三年攻齐不下又有怀疑,田单乘机派人入燕进行间谍活动,宣扬说乐毅借攻齐为名,想控制军队在齐国为王。燕惠王果然中计,派骑劫代替乐毅。乐毅被撤换,不仅使田单少了一个难以对付的敌手,且使燕军将士愤愤不平,军心涣散。

骑劫到任后,一反乐毅的做法,改用强攻。由于齐国军民的顽强抵抗,未能奏效。田单为进一步激励士气,诱使燕军行暴,便散布谣言说齐军最怕割鼻子、挖祖坟。骑劫果然中计。即墨军民看到燕军的暴行,个个愤怒异常,纷纷要求同燕军决一死战。同时,田单积极进行反攻的准备工作,先命精壮甲士全部隐伏起来,以老弱、妇女登城守望,使燕军误以为齐军少壮已伤亡殆尽,然后派人向燕军诈降。燕军信以为真,一心坐待受降,更加麻痹松懈。

田单觉得反攻时机已经成熟,便收集了千余头牛,在牛角扎上锋利的尖刀,身披五彩龙纹的外衣,牛尾绑上渗透油脂的芦苇,并在城脚挖好几十个洞,直通城外。又挑选了5000名精壮勇士,扮成神怪模样,并令全城军民备好锣鼓以便出击时呐喊助威。

一切准备就绪。一天夜间,田单命令点燃牛尾上的芦苇,驱赶1000多头火牛从城墙洞中向燕营猛冲狂奔,5000勇士随之杀出,全城军民擂鼓击器以壮声势,一时火光通明,杀声震天。燕军将士从梦中惊醒,仓皇失措,四处逃命,死伤无数,骑劫在混乱中也被杀,围攻即墨的燕军主力彻底溃败。田单奇袭获胜后,立即大举反攻,齐国民众纷纷响应,很快将燕军逐出国境,收复沦陷的70多座城池。

此战,即墨田单在保卫战中积极防御,巧施反间计,以诈降手段麻痹对方,然后实施夜间奇袭,先坚守后反攻,最终一举击败燕军,取得了复国的胜利。

刘秀积蓄力量　兄死犹笑颜

东汉末年,王莽篡权,统治腐朽,天下大乱。各地农民纷纷起义,南阳蔡阳(今湖北省枣阳西南)人刘演、刘秀兄弟乘机起兵,以重建汉朝为旗帜,四处招兵买马。

两人后来率领自己的队伍加入了绿林军。他们的同族人刘玄,起初参加平林兵,被推为更始将军,后来也与绿林军合并。

公元23年,刘玄称帝,年号更始。随着王莽统治的灭亡,他迁都长安,很快就背叛绿林军起义，调转矛头杀戮农民军。刘秀的兄长刘演，就在这时被刘玄杀害。

刘玄知道，刘秀肯定不会放过自己，一定会找他报杀兄之仇，所以他心里一直希望刘秀尽快替兄报仇，以便找到理由杀掉刘秀。

可是他一直未能如愿。因为刘秀有自己的考虑，他不但没有找刘玄算账，反而表面上不动声色，若无其事。当他朝见刘玄时，表情如平时，低声相应，从来没有提过关于兄长的一句话。而且他不穿孝服，不举丧事，言谈饮食也犹如平日。所以刘玄一直没有找到借口除掉刘秀。

汉光武帝刘秀像

刘秀心中当然清楚，他的哥哥本是有功之臣，只因争权被杀，他内心一直愤愤不平，深为兄长难过。他虽然白天淡如平常，夜晚却常常泪流不止，心中发誓一定要完成兄长未完成的事业。

可是刘秀知道目前他毕竟是刘玄的属臣，如果不能克制自己，质问刘玄，以自己现在的实力，还不是刘玄的对手。如果贸然行事，很可能就会失败被杀，落得与兄长一样的下场。那样更没有什么宏图大业可图了！为兄报仇的目的又怎能实现？

同时他也知道自己是有功之臣，在昆阳大战中，他亲率13人突围求援，为刘玄建立奇功。刘玄也很清楚这一点，不会贸然杀掉自己。此时如果重提那段历史，或许会讨好刘玄，增加他对自己的信任程度，但刘秀却只字不提。这正是一种无为无不为的策略。

刘玄见刘秀如此宽宏大量，深感惭愧，于是下令任命刘秀为破虏大将军，加封琥信侯。

刘秀见此，趁机扩充自己的军事势力。公元23年，刘秀到河北一带活动，废除王莽苛政，释放囚徒，深得民心。接着，他以恢复汉家天下为口号，取得当地官僚、地主的支持，势力越来越强。他同时镇压并收编铜马等农民起义军，力量不断壮大。刘秀觉得实现自己宏图大志的时机已到，便与刘玄决裂，起兵讨伐刘玄。

经过长期斗争，刘秀终于打败刘玄，替兄长报仇并最终取得天下，建立东汉王朝，是为光武帝。

韬光养晦，楚庄王一鸣惊人

“不积跬步，无以致千里，不积细流，无以成江河。”只有努力巩固和充实自己的学识、经验和财富，为自己的奋发积蓄力量，才能真正有所作为。在中国历史上，有一个著名的韬光养晦的史事，这就是春秋时期的楚庄王“三年不鸣，一鸣惊人”

的故事。

楚庄王的祖父楚成王在城濮之战中被晋国打败,便一蹶不振。公元前262年,太子商臣逼迫成王上吊自杀,即位为楚穆王。穆王在位十二年由其子侣即位,这就是楚庄王。

年轻的楚庄王并未像其他新君上任那样雷厉风行地干一些事情,而是不问国政,只顾纵情享乐,无日无夜地沉浸在声色犬马之中。每逢大臣们进宫汇报国事,他总是不耐烦地回绝,任凭大夫们自己办理。他根本不像个国君,朝野上下也都拿他当昏君看待。看到这种情况,朝中一些正直的大臣都感到十分着急,许多人都进宫去劝谏,可楚庄王不仅不听劝告,反觉得妨碍了他与内宫嫔妃们嬉闹的兴趣。后来干脆发了一道命令:谁再来进谏,杀无赦。

三年过去了,朝中的政事乱成一团,在这期间,楚庄王的两个老师斗克和公子燮攫取了很大的权力,两人心怀不满,因此串通作乱。他俩派子孔、潘崇去征讨外族,又把二人的家财分掉,并派人刺杀二人。刺杀未成功,潘崇和子孔就回师讨伐,斗克和公子燮竟挟持庄王逃跑,逃到庐地时,当地守将战黎杀掉了斗克和公子燮,庄王才得以回郢都亲政。就是经历了这样的混乱,楚庄王仍无悔改之意。

大夫伍参再也忍不下去,冒死去晋见楚庄王。他到宫殿一看,只见庄王左手抱着郑国的姬妾,右手搂着越国的美女,纸醉金迷,面前是钟鼓齐鸣,轻歌曼舞。庄王看到伍参进来,很不高兴,当头问道:"你难道不知道违抗我的命令是死罪吗?"

伍参抑制住慌张,连忙赔笑说:"大王,我不是来进谏的,只是有一个谜语,猜了许久也猜不出,知道大王天生智慧,想请大王猜一猜,也好给大王助兴。"

楚庄王这才露出笑脸,说道:"那你就说说看。"

伍参说:"高高的山上,有只奇怪的鸟,身披鲜艳的五彩羽毛,美丽而又荣耀,只是一停三年,三年不飞也不叫,人人猜不透,实在不知是只什么鸟!"

楚庄王听后思考了一会儿,说:"三年不飞,一飞冲天;三年不鸣,一鸣惊人。此非凡鸟,凡人莫知。"

伍参听后非常高兴,知道庄王心中有数,就又趁机进言道:"还是大王的见识高,一猜就中,只是此鸟不飞不鸣,恐怕猎人会射暗箭啊!"

楚庄王听后身子一震,随即就叫他下去了。

伍参回去后就跟大夫苏从商量,认为庄王不久即可觉悟,没想到几个月过去后,楚庄王仍一如既往,不仅没有改过,还越发不成体统了。苏从再也忍耐不住了,就闯进宫去对庄王说:"大王身为楚国国君,即位三年,不问朝政,如此下去,恐怕会像桀纣一样招致亡国灭身之祸啊!"

庄王一听,立刻竖起浓眉,露出一副暴君的形象,抽出长剑指着苏从的心窝说:"你难道没听到我的命令,竟敢辱骂我是桀纣,是不是想死?"

苏从沉着从容地说:"如果我的死能使大王振作起来,能使楚国强盛,我甘愿就死。我死了还能落个为国而死的美名,大王却会成为一个暴君而遭世人唾骂。"说完,面不改色,请求庄王处死他。

楚庄王被镇住了，他凝视了苏从几分钟，突然扔下长剑，不顾君臣之礼，抱住苏从激动地说："好哇，苏大夫，我等待了多年，竟无一个冒死进谏之臣，我的心都快凉了。你能以死报国，正是我多年寻找的社稷栋梁之臣！"庄王说完，立刻斥退那些惊恐莫名的舞姬歌妃，拉着苏从的手谈了起来。两人越谈越投机，竟至废寝忘食。

在与庄王的谈话之中，苏从惊异地发现，庄王虽三年不理朝政，但对朝中大事及诸侯国的情势都了如指掌，对于各种情况也都想好了对策，这一发现使苏从不禁激动万分。

原来，这是庄王的韬光养晦之策。他即位时十分年轻，不明世事，朝中诸事尚不明白，也不知如何处置，况且人心复杂，尤其是若敖氏专权，不明所以，他更不敢轻举妄动。无奈之中，想出了这么一个自污以掩人耳目的方法，静观其变。在这三年中，他默默地考察了群臣的忠奸贤愚，也测试了人心。他颁布劝谏者死的命令，也是为了鉴别哪些是甘冒杀身之险而正直敢言的耿介之士，哪些是只会阿谀奉承、只图升官发财的小人。如今，三年过去，他的年龄已长，经历已丰，才干已成，人心已明，他也现出庐山真面目了。

第二天，他就召集百官开会，任命了苏从、伍参等一大批德才兼备的大臣，公布了一系列的法令，还采取了削弱若敖氏权势的措施，并杀了一批罪大恶极的犯人，以安定人心。从此，这只"三年不鸣"的"大鸟"开始励精图治，争霸中原，后来楚庄王平定了国内的若敖氏叛乱，对外进行了长期的战争，终于成为春秋五霸之一。

在力量不足时保全自己，蓄积自己的各种能力。在困境之中，平心静气地坐下来思考，通常会有许多较为正确、理性的想法出现，工作中有正确的思路，做什么事情也就事半功倍了。

颐卦第二十七　䷚

【经文】

震下艮上　颐[①]贞吉。观颐，自求口实[②]。

初九　舍尔灵龟，观我朵颐，凶[③]。

六二　颠颐，拂经，于丘颐，征凶[④]。

六三　拂颐，贞凶。十年勿用，无攸利[⑤]。

六四　颠颐，吉。虎视眈眈，其欲逐逐，无咎[⑥]。

六五　拂经，居贞吉。不可涉大川[⑦]。

上九　由颐，厉吉，利涉大川[⑧]。

【注释】

①颐：卦名。通行本为第二十七卦，帛书本为第十五卦。《颐》卦从爻画上看，初、上二阳，象人之上下颚，中包四阴，合而观之，正像人的口颊，故卦名为《颐》。从卦象上看，下《震》动、上《艮》止，像人之咀嚼食物时下颚动而上

颚不动；人通过咀嚼食物以养生，故《序卦》云“颐，养也”。人之谋生取物，皆各有其活法，不求其一律，但以正道谋生、取之有道者为上，故《杂卦》云“颐，养正也”。

“颐”谓口颊，卦辞、初九爻辞及六二“颠颐”即用其义；口颊有食，所以养身谋生，故引申有“养”义，三、四、上及六二“丘颐”即用其义。《颐》卦“颐”之由口而引申谓口实之养与《履》卦“履”之由鞋而引申谓鞋之所履是一样的；《颐》卦诸“颐”字不必同义与《履》卦诸“履”字不必同义也是一样的道理。

②贞吉，观颐，自求口实：“观颐”，观看其口颊，此当是就问蓍者而说。“自求口实”，能自己谋求到口中食物，即有独自谋生的能力。此为古代所谓的骨相之法，《艺文类聚·人部》引《吴录》“孙权方颐大口”，又引《相书杂要》“口大容手，赤如朱丹，贵且寿”。今语亦有“嘴大吃八方”之说。

③舍尔灵龟，观我朵颐，凶：“舍”同“捨”，抛弃。“尔”，指初九，即问蓍者。龟之生存，不食谷而食气，故曰神龟（“灵”，神）。“我”，筮者自称，在此泛指他人、别人。“朵”，本谓花叶下垂的样子（《说文》“朵，树木垂朵朵也”），此指口颊上下张合（李鼎祚《周易集解》“朵，颐垂下动之貌”）。舍弃你自己的谋生之道而羡慕别人口中嚼食，其结果不是坐以待毙就是铤而走险，故占曰“凶”。

④颠颐，拂经，于丘颐，征凶：“颠颐”读为“填颐”，犹言糊口、填饱肚皮（采焦循、高亨说）。《礼记·玉藻》“盛气颠实”，注“颠读为阗”，疏：“颠，塞也”，《汉书·武帝纪》集解：“阗，音填塞之填”。《鼎》卦初六“颠趾”，帛书即作“填止”。“拂经”读为“弗经”，不去自己动手经营。“拂”字《释文》引《子夏传》作“弗”（帛书作“柫”）。《庄子·渔父》释文云“经，经营也”。“于”，往。“丘”，高坡，指高贵富有者（《吕览·季夏纪》注“丘，高也”），从爻位上看，是指六五，《贲》卦六五云“贲于丘园”即其证。“于丘颐”，谓往求高贵者收养。然二与五为敌应，且六五亦为不经营者，故前往有凶（“征”，往、行）。想要糊口却不动手经营，而去乞食，求养于人，非谋生之正道；自己动手，丰衣足食，方是六二应选择的谋生之道。

⑤拂颐，贞凶。十年勿用，无攸利：“拂”同“弗”。“弗颐”，不能养活自己。初与二，本能自养而不自养，三则根本不能自养。要之，皆缺乏生存能力，故占问皆“凶”。“十年”，多年、很长时间。“勿用”，不能有所作为。“无攸利”即谓发展下去很不利。

⑥颠颐，吉。虎视眈眈，其欲逐逐，无咎：“颠”同“填”。“虎视”二句是补充解释“吉”的原因。“眈眈”或作“耽耽”，谓目不转睛地注视。“逐逐”，迫切强烈。六四既不旁顾徒羡，又不仰上乞食，而是如虎之觅食，专注迫切，故能自填口颐，吉而无咎。

⑦拂经，居贞吉。不可涉大川：“拂经”同“弗经”，不去经营。“居贞吉”，占问安居吉利。“涉大川”，谓涉险济世。六五居中处尊，承比上九，得尊贵者相养，故不事经营，家居养尊，亦可获吉。二求养于五而获凶，因五亦“弗经”；三本应上，因五已近比于上，故三之“弗颐”获凶。五“弗经”而获吉是倚赖他人之养，终不如上九的“由颐”，故不能涉险济世。

⑧由颐,厉吉,利涉大川:"由颐",走上谋生的正路(《方言·六》"由,正")。找到生存的正道,必历经危难,故云"厉吉"。唯有寻到生存正道者能涉险济世,故又云"利涉大川"。所谓涉险济世,也包括扶济赈养中间四阴爻所象之众人。六五、六四、六三互体为《川》(《坤》),上九之"利涉大川"盖亦指此而说。

【译文】

颐卦:颐养必须坚持正道,才会吉祥;观人美餐,不如自己寻食。

初九:放弃你自己的美味龟肉不吃,却羡慕我的口中之食,这种行为很凶险。

六二:违反自力更生的求食常理,或依赖于下属的奉养,或寄希望于位高势重者的施舍,其前景必然凶险。

六三:违反颐养之道的事情充满着危险,始终都不要去做,因为这种行为不会得到什么好处。

六四:藏富于民而又养贤于民,一定吉祥。追求自己的目标时即便像老虎捕食那样其视眈眈,凶猛追逐,也没有什么过错。

六五:不得违反常理求助于人,如果动机纯正便能吉祥,但是不可以去做冒险的事情。

陕西出土的唐代鎏金银龟盒,古代以龟为长寿之物

上九:百姓依靠他的颐养而生存,所以能够逢凶化吉,遇难呈祥,如同顺利地渡过大河一样。

【解读】

本卦阐述了养育的原则。养育应该依靠自己,坚持自力更生,不应羡慕他人,更不可依赖他人,而应该运用自己的智慧和能力,不仅自养,还可以养人。养生应循常理,采取正当的手段,如果事非得已,亦可变通而求养于人,然须动机纯正。养育他人是一件值得称颂的善事,即便有危险,也应不遗余力坚持做下去。

【经典实例】

不要贪占别人的便宜

《颐卦》讲自养,讲守正,也就是说,不能靠别人,更不能占别人的便宜。常言道,拿人家手短,吃人家嘴软。千万不要因为贪图一点儿实惠而把自己置于进退两难之地。

战国时代,孟子名气很大,府上每日宾客盈门,这一天,接连来了两位神秘人物,一位是齐王的使者,一位是薛国的使者。

齐王的使者给孟子带来赤金100两，说是齐王所赠的一点小意思。孟子见其没有下文，坚决拒绝齐王的馈赠。使者灰溜溜地走了。

隔了一会儿，薛国的使者也来求见。他给孟子带来50两金子，说是薛王的一点心意，感谢孟先生在薛国发生兵难的时候帮了大忙。孟子吩咐手下人把金子收下。左右的人都十分奇怪，其中一个叫陈臻的问道："齐王送你那么多的金子，你不肯收；薛国才送了齐国的一半，你却接受了。如果你刚才不接受是对的话，那么现在接受就是错了，如果你刚才不接受是错的话，那么现在接受就是对了。"

孟子回答说："都对。在薛国的时候，我帮了他们的忙，为他们出谋设防，终于平息了一场战争。我也算个有功之人，为什么不应该受到物质奖励呢？而齐国人平白无故给我那么多金子，是有心收买利用我，君子是不可以用金钱收买利用的，我怎么能吃人嘴软呢？"

左右的人听了，都十分佩服孟子的高明见解和高尚操守。

我们祖先的古训是：君子不言利。但亚圣孟子早在战国时期就打破这种观念，对它做了正确的理解。他说过，对于钱财，可以取也可以不取，取和不取的分界，在于会不会损害自己的廉洁。用我们今天的话说，只要是合法所得，岂有不取之理。所以齐国有贿赂之嫌，孟子拒收它的金子。薛国奉送的是报酬，因此孟子坦然接受。

有人求你帮忙办事，只要是合法的事，你挺身而出，救人水火，最终总会得到人家的回报。按照"礼尚往来"的传统和规矩，这也是应该的。如果在人际交往中，你向别人付出的多，而不给人家一个回报的机会，反倒会伤害人家的感情。

俗话说："销财免灾"。这句话如果反过来讲，也是有一定道理的，那就是：贪财招灾。越是大利在前，越应该小心谨慎，因为大利背后可能隐藏着巨大的陷阱，一不留神，你就会上当受骗。

颐养获益

《颐卦》阐释养的原则。当物资蓄积富足之后，就可以养育天下了。养育应靠自己，不可依赖，不可羡慕，应当运用智慧，使天下得到供养。养育必须依循常理，采取正当的手段，不可违背正道。然而，当不得已时，只要光明正大，不妨取之于民，用之于民，但应威而不猛，公正严格。只要动机纯正，甚至可以权宜行事，也不妨违背原则。

卜式是西汉武帝时的一个大商人兼大牧主。他以贩卖羊发了大财。当时正值西汉王朝连续派兵反击匈奴侵扰，战争开支庞大，国家财政有困难。作为商人的卜式，致富不忘国家，主动上书朝廷，"愿输家财之半助边"支援国家抵御外来侵略，这一举动，引起朝廷的注意，汉武帝为此派遣官员前来调查他的动机和目的。

官员问他："欲为官乎？"

卜式答："自小牧羊，不习仕宦，不愿也。"

官员又问："你家里可有冤情，你是否想告白一下？"

卜式说："我与人无所争，乡里中穷人我借钱给他，品行不好的人我开导他，我住的地方，人们都听我的话，我没什么冤情。"

使臣感到很奇怪，便说："既然如此，您的目的是什么呢？"

卜式说："天子击杀匈奴，我认为有才能之士应该奋不顾身地去效命，有财产之人应该散财资助，如此匈奴可灭也。"

官员这才知道，卜式上书愿输家财之半以支援国家反击匈奴的战争，并非欲有所图，而完全是出自一个爱国商人的爱国之心。

过了一年多，山东等地发生水灾，贫民大增，饥饿已极，甚至发生了人吃人的现象。偏偏此时，各级政府的仓库已空。卜式得知这一灾情后，遂持钱20万予河南太守，以给灾民。事后，河南太守将富人捐钱济助灾民的名单呈报给朝廷。汉武帝从名单中看到了卜式，便联想到他一年前上书输财之事，感到卜式确是一个仗义疏财爱国爱民的人，于是进行嘉赏。由此，卜式每年可得钱12万。但是卜式在得钱后，"又统统给了朝廷"，以供地方财政之需。卜式不以利重，把致富和国家兴亡的前途联系起来，把自己的富有和救济广大贫苦人民联系起来，数次要求施财以助官府。

卜式的举动，终于感动了汉武帝，拜卜式为中郎，赐爵左庶长，田十顷，并且"布告天下，尊显以风百姓"。但是卜式捐钱并不是为了做官，便坚决推辞。汉武帝觉得卜式虽然是牧羊卖羊的商人，但懂得做官治民之道，不是一般的商人，便任命他为缑氏县令。卜式到缑氏后，勤政爱民，政绩显著，武帝又调他到成皋任县令，并兼管漕运。卜式任职后又做出了显著的成绩。由此，汉武帝认为他有才有德，提为齐王相，协助齐王治理政事。

后来，卜式在抗击匈奴的战争中挺身而出，表示愿和儿子一起开赴前线。卜式的这一爱国壮举，是那些惯享利禄，贪生怕死的王公和官僚们连想也不敢想的。汉武帝即下诏表彰了卜式。同时，提升卜式为朝廷御史大夫。

卜式在国家困难时，主动拿出半数家产支持国家，完全出于一个商人的爱国之心，他的一再付出，也为他赢得了贤名，这和一味追逐利益的商人，实在有天壤之别。卜式为国家大义而舍个人小利，赢得了后人的尊重。

商人做生意而求利，这是天经地义的人之道，但并不是天之道。天之道是让普天之下的人都能过上好日子。要想顺利地践行人之道，就必先顺从天之道。

清康熙年间，浙江人乐尊育在北京创办了同仁堂。开始生意并不太好。后来他在大栅栏胡同东口竖立了一座金光闪闪的铜牌楼，上书五个斗大的字——同仁堂药店。很快，药店的生意就兴旺起来了，但是乐尊育还是不满足，又想出了办法。

每逢有庙会的日子，同仁堂就在隆福寺、护国寺、蟠桃宫、白塔寺等地，摆上茶桌，夏天准备有绿豆汤，向游客免费供应茶汤。很快，在整个北京城，无论贫富贵贱，男女老幼，都知道大栅栏有座药铺叫同仁堂。来这里抓药的人越来越多，而前门大街的几家大药铺倒落个冷冷清清。

每逢朝廷会试，各地举子络绎不绝地来到京城，他们聚集在前门内外的旅馆里，一边休息，一边跃跃欲试地等待考期的到来。这时，同仁堂便在各主要路口设置带有“乐”字的大红灯笼，做路灯照明用。各地举子只要走到十字路口，便自然会想起同仁堂。同仁堂还给来自各地的每位举子送上一盏带有“乐”字的小灯笼，供夜晚走路照明用。同时，同仁堂还给每位举子免费送上一剂平安药，预防水土不服，以免因病而误了考试。这样，人们一见提有“乐”字小红灯笼的人，便知道是应试的举子，同时也想到了同仁堂，各地的举子离京时，都纷纷到同仁堂致谢，有人还买上几剂成药带回。

就这样，同仁堂在竭诚给予人方便的同时，自己也获益良多。

人没有不想在社会中获得利益的，但是目光不可太短浅。一人得利万人失利的事情，有违天之道，是不会长久的。分利予人，与众人同乐，才符合天之道，是真正的颐养获益。这正是“颐卦”所要向人们揭示的。

没有人会带你

魏特利9岁时，在圣地亚哥他家附近，有一个陆军制空炮兵团，驻扎的士兵和他成了好友，他们会送魏特利一些军中纪念品，像陆军伪装钢盔、枪带及军用水壶，魏特利则以糖果、杂志等作为回赠。

魏特利永难忘怀那一天，他回忆道：

“那天我的一位士兵朋友说：‘星期天上午5点，我带你到船上钓鱼。’我雀跃不已，高兴地回答：‘哇哈！我好想去。我甚至从未靠近过一艘船，我总是梦想，有一天我能在船上钓鱼。噢，太感谢你了！我要告诉我妈妈，下星期六请你过来吃晚饭。’

周六晚上我兴奋地和衣上床，为了确保不会迟到，还穿着网球鞋。我在床上无法入眠，幻想着海中的石斑鱼和梭鱼，在天花板上游来游去。清晨3点，我爬出卧房窗口，备好渔具箱，另外带着备用的鱼钩及鱼线，将钓竿上的轴上好油。带了两份花生酱和果酱三明治。4点整，我就准备出发了。钓竿、渔具箱、午餐及满腔热情，一切就绪——坐在我家门外的路边，摸黑等待着我的士兵朋友出现。

但他失约了。

那可能就是我一生中，学会要自立自强的关键时刻。

我没有因此对人的真诚产生怀疑或自怜自艾，也没有爬回床上生闷气或懊恼不已，向母亲、兄弟姐妹及朋友诉苦，说那家伙没来，失约了。相反地，我跑到附近汽车戏院空地上的售货摊，花光我帮人除草所赚的钱，买了那艘上星期在那儿看过、补缀过的单人橡胶救生艇。近午时分，我才将橡皮艇吹满气，我把它顶在头上，里头放着钓鱼的用具，活像个原始狩猎人。我摇着桨，滑入水中，假装我将启动一艘豪华大油轮，航向海洋。我钓到一些鱼，享受了我的三明治，用军用水壶喝了些果汁，这是我一生中最美妙的日子之一。那真是生命中的一大高潮。”

魏特利经常回忆那天的光景，沉思所学到的经验，即使是在9岁那样稚嫩的年纪,他也学到了宝贵的一课:“首先学到的是,只要鱼儿上钩,世上便没有任何值得烦心的事了。而那天下午,鱼儿的确上钩了！其次,士兵朋友教给我了,光有好的意图并不够。士兵朋友要带我去,也想着要带我去,但他并未赴约。”

然而对魏特利而言,那天去钓鱼,却是他最大的希望,他立即着手设定计划,使愿望成真。

账　目

约翰·戴·洛克菲勒出生于1839年,父亲威廉是美国纽约一个偏僻小镇的富商。威廉是犹太人,非常能干,生活也很富有。

在洛克菲勒眼里,父亲性格古怪。因为,他常以奇特的方式教育孩子。有一次,约翰·洛克菲勒从高高的椅子上纵身跳入父亲的双臂。在他还满以为父亲会用他的双手接住他时,自己已经重重地摔在了地上。原来他父亲就是想用这种近乎残酷的方式教育他:人人都要靠自己,不要轻信他人。这使他明白了从商的信条,不依赖他人。

威廉对于他所有的孩子,有时很大方,有时又很吝啬。每当孩子们向他要一点钱时,哪怕是学校应缴纳的学费,他都一律拒绝。但是威廉却独特地提出了一个解决的办法:用劳动挣钱。

从此,包括幼小的洛克菲勒在内的所有孩子都得参加家庭劳动,因为他们想通过自己的亲自劳动获得报酬。

在他11岁时,父亲因逃避一个案件而离开了家。一天,当夜深人静的时候,父亲悄悄地潜入家里。面带忧虑的父亲把3张1元新钞塞进约翰的手中,约翰就向父亲摊开他的记账本,算起账来。那些本子上详细记着,他何时在田里干活、干了多长的时间;是种马铃薯,还是种玉米;是挤牛奶,还是割麦草。然后威廉以1小时3角7分的价钱,把工资付给儿子。威廉算工资的时候,总是特别的狡黠,而洛克菲勒也是一副寸利必争的样子。之后,洛克菲勒照例把他得到的钱,放进他的瓷罐里。

又有一次,父亲回家,发现儿子的瓷罐非常轻,心中感到非常的纳闷:“瓷罐里的钱上哪儿去了?”

这时洋洋得意的洛克菲勒告诉父亲,他把瓷罐中的50美元贷给了农民,加上利息一年后就能得到53.75美元。听到这一切,威廉开心地笑了。在他看来从小就培养洛克菲勒的一种对于金钱的正当获取途径是十分必要的。因为他原本就是要通过启蒙教育,使洛克菲勒懂得商场争战的法则,也同时让他学会单独一个人在逆境中求生的本领,从而为他日后的成功奠定基础。

怀揣着打工挣来的800美元,洛克菲勒邀请了朋友克拉克,并提出双方各出股资2000美元成立一个公司。当时,他仅有的800美元,离他预定的资金还有不小的差距。于是他不得不去找父亲帮忙。但是他的方式非常特别:他请求提前支取

21 岁生日的 1000 美元礼物。

听到了这样一个特殊借口，威廉感到非常高兴。因为，在他眼里，洛克菲勒极具独立能力。有心成全他的威廉当然也未忘记他的原则，并清清楚楚地把账目记了下来。

搬　砖

一个乞丐来到一个庭院，向女主人乞讨。这个乞丐很可怜，他的右手连同整条手臂断掉了，空空的袖子晃荡着，让人看了很难过，碰上谁都会慷慨施舍的，可是女主人毫不客气地指着门前一堆砖对乞丐说："你帮我把这砖搬到屋后去吧。"

乞丐生气地说："我只有一只手，你还忍心叫我搬砖。不愿给就不给，何必捉弄人呢？"

女主人并不生气，俯身搬起砖来。她故意只用一只手搬了一趟说："你看，并不是非要两只手才能干活。我能干，你为什么不能干呢？"

乞丐怔住了，他用异样的目光看着妇人，尖突的喉结像一枚橄榄上下滑动了两下，终于，他俯下身子，用他那唯一的一只手搬起砖来，一次只能搬两块。他整整搬了两个小时，才把砖搬完，累得气喘如牛，脸上有很多灰尘，几绺乱发被汗水濡湿了，歪贴在额头上。

妇人递给乞丐一条雪白的毛巾。乞丐接过去，很仔细地把脸和脖子擦一遍，白毛巾变成了黑毛巾。

妇人又递给乞丐 20 元钱。乞丐接过钱，很感激地说："谢谢你。"

妇人说："你不用谢我，这是你自己凭力气挣的工钱。"

乞丐说："我不会忘记你的，这条毛巾也留给我做纪念吧。"说完他深深地鞠一躬，就上路了。

过了很多天，又有一个乞丐来到这庭院。那妇人把乞丐引到屋后，指着砖堆对他说：把砖搬到屋前就给你 20 元钱。这位双手健全的乞丐却鄙夷地走开了，不知是不屑那 20 元还是别的什么。

妇人的孩子不解地问母亲："上次你叫乞丐把砖从屋前搬到屋后，这次你又叫乞丐把砖从屋后搬到屋前。你到底想把砖放在屋后，还是放在屋前？"

母亲对他说："砖放在屋前和放在屋后都一样，可搬不搬对乞丐来说可就不一样了。"

此后还来过几个乞丐，那堆砖也就在屋前屋后来回了几趟。

若干年后，一个很体面的人来到这个庭院。他西装革履，气度不凡，跟那些自信、自重的成功人士一模一样，美中不足的是，这人只有一只左手，后边是一条空空的衣袖，一荡一荡的。

来人俯下身用一只独手拉住有些老态的女主人说："如果没有你，我还是个乞丐，可是现在，我是一家公司的董事长。”

妇人已经记不起来是哪一位了，只是淡淡地说：“这是你自己干出来的。”

独臂的董事长要把妇人连同她一家人迁到城里去住，做城市人，过好日子。

妇人说：“我们不能接受你的照顾。”

“为什么？”

“因为我们一家人个个都有两只手。”

董事长伤心地坚持着：“夫人，你让我知道了什么叫是人格，那房子是你教育我应得的报酬！”

妇人终于笑了：“那你就把房子送给连一只手都没有的人吧。”

此卦讲的是养与自养的问题，在于启示我们树立自力更生，自食其力的自立精神。柯林斯说：“人不会自立，则一无所能；过于自立，则一无所立。”记住：靠自己的力量，实现自己大大小小的梦想，别人——任何人都可能会对你失约，只有你自己才能挽救一切。

从小霸王到步步高

曾几何时，小霸王学习机横扫天下，一度成为国内学习机行业的霸主，年产值达数亿元。然而就在小霸王事业处于巅峰时期，小霸王主帅段永平却挂印而去，在东莞长安镇成立了“步步高电子有限公司”，向小霸王一统天下的国内学习机市场发起挑战！

斗转星移，如今的小霸王已经变得越来越小，而横空出世的步步高却在步步登高。

产权不清，“打工皇帝”走人。

表面上看起来，小霸王的衰退是由于主帅的易位而引起的，但是导致小霸王主帅出走的原因又是什么呢？

平心而论，如果单纯从物质利益上来说，小霸王的主管领导在当时的条件下，能够给段永平二八利润分成，使他拥有上千万的个人资产，这在中国已经是破天荒了。段永平不仅被誉为“打工皇帝”，而且还被评为“广东省十大杰出青年”和“全国优秀青年企业家”。可谓是名利双收，该很知足了，换了张瑞敏这样拿基本工资的企业老总，早该喊“理解万岁”了。

但是，段永平毕竟是段永平，不是张瑞敏。他一语道破了自己的不满：“这个企业没有游戏规则，小霸王的产权关系是一笔糊涂账，说不清是国有的，还是集体的。”

作为公司总经理的段永平曾经遇到种种怪事：例如集团公司经常把小霸王的现金赢利抽走，搞得急需资金扩大再生产的段永平毫无办法。段永平思前想后，终于提出以股份制明确小霸王产权关系，让大家都有一套可以遵循的游戏规则。说白了，段也想按照自己的实际贡献拥有公司相应的股份，以此获得经营上的自主

权,同时,也使自己与公司的利益分配关系用法律形式固定下来。

为段永平提供了发展舞台的搭台者的想法却是:"企业经营得好,并不意味着你就可以拥有这个企业,说到底,你还是一个打工仔!"

段永平的要求没有下文,他不等了,于1995年8月28日向小霸王提出辞职。

小霸王尽管拥有一定的实力基础和一定的市场影响的品牌知名度,"离了段永平地球照转",但由于经营者的出走,毕竟使企业的元气受到了损伤,因而,段永平一离开,就开始出现了效益下滑、市场份额下降、广告声势减弱的局面。虽然它另聘人才后又重新发展,但无疑增加了机会成本,并且增加了一个强有力的竞争对手。有人戏言:"在段永平步步登高的同时,小霸王却是在步步变小!"

回顾小霸王当时的境况,投资者和经营者要以双方都认同的条件进行股份制改造,在体制以及双方的认识上都有一定差距,难以达成一致。即便小霸王上级领导再开明,让段永平拥有他认为应该持有的股份,我们现有的体制也绝对不可能允许段永平占有控股地位,而这恰恰是段永平之辈想要达到的目标。否则,不管是段永平,还是全永平,他们拥有产权后,除了自己多获得一点个人利益之外,在公司经营决策上还是很难让个人尽情挥洒,这就决定了他们最终都不可能在这个位置上待得太久!

这才是段永平之所以要舍弃现成的巨额收入,只身到体制外去寻求发展的根本原因。在这个意义上说:段永平的辞职出走,看似偶然,实属必然。

段永平辞职后,依靠自己在小霸王创业期间建立起来的"名人效应",使原小霸王开发与销售、工程等骨干也纷纷加盟步步高。1996~1997年步步高学习机、电话和VCD通过中央电视台黄金时段的广告在中国展开了迅猛的销售攻势,与小霸王一起成长起来的许多经销商转眼之间都成了步步高的经销商,使步步高在短短的时间内,就迅速在全国建立起了产品开发、生产、销售一体化的网络系统。

鉴于过去小霸王产权关系不清,没有游戏规则的教训,也鉴于打工者的共同心境,段永平为了避免小霸王的历史在步步高重演,从公司开始注册之际,就以股份制形式让100多人成为公司股东,以产权为纽带与他们结成利益共同体。参股者不仅有步步高的管理干部和代理商,还有宏碁电脑公司19%的股份,段永平以私人参股,而且是最大的股东。段集董事长与总裁于一身,声称"现在有了真正的游戏规则"。他凭借自己的经营才能,除了学习机之外,又向电话机、VCD等相关领域发起进攻,业务越做越大,成为比尔·盖茨访深期间,特邀会晤的中国电子四大巨头之一。

步步高的成功,从反面证明了类似小霸王这类靠一个人带起一个企业的新兴技术密集型企业,如果在产权制度上不能迈出关键的一步——给经营者(包括科技企业中重要的科技开发人员)以相应的股份和自主的经营权,那么迟早会先失去一个企业家,从而最终失去整个企业的。假如段永平如今仍旧在小霸王执帅印,那么小霸王现在占有的市场份额可能就是小霸王+步步高之和了,这样即便小霸王的集团股份比例下降了,但它凭占有的股份获得的利益总额却会随着小霸王的增大而

增大,进而成为行业中的大霸王。

颐卦象以张开的口,上下牙齿相对。以颐卦的道理“通过人体汲取营养,充实自己”向你说明提高个人素质,养育人才,积蓄力量,壮大事业的方法。国家、企业也如此道理。人和自然有生存和发展同一之理,都要不断地吃进食物或吸收营养以维持自身的生存和发展,你多学习,多吸取经验,目的是为了发展自己的事业,学得多,必须有其功。

与其临渊羡鱼,不如归而结网,扩大力量须手段正当,用正当手段求人,助人要量力而行,必要时值得冒险。

徒然羡慕别人的成功,而不知道发挥自身的潜力,从自身寻找幸福和成功,便永无成功的希望,祈求带来的成功和生活的幸福是人之常情,但若仅是羡慕,不知行动,不懂得以别人为榜样去努力拼搏,就像站在河边呆望着河中的游鱼,望一万年也无济于事。唯有自己去行动、去追求,才能和别人一样获得成功。

有时,为发展自己的事业,我们需要寻求别人的帮助。这时,一定要找该找的人,即有可能真心愿意帮助你的人,而不找不该找的人,否则会有凶险。是否精确,当然全凭自己把握。只要知道人心难测,行动之前多加考虑,便会减少失误。

君子爱吃,取食有道

春秋时期,有一年齐国发生了严重的饥荒,庄稼颗粒无收,老百姓们都吃不上饭,有很多人都饿死了。

有一个叫作黔敖的财主,家里积蓄了很多粮食。看到灾情这样严重,手下就有人向他提议说:“外面的饥民都是好多天没有饭吃的,您要是做一点儿稀粥给他们喝,他们就会对您感恩戴德,您一定能得到一个好名声。”

黔敖听了,觉得非常有道理,就真的在路边架了口大锅,做了稀粥,施舍给那些过路的饥民。那些饥民一个个都饥饿得受不了啦,见黔敖施舍,都非常感激。黔敖心中得意,觉得自己就是这些人的救命恩人,忍不住就趾高气扬起来。

这时又有一个饿汉走了过来,只见他用破烂的衣袖掩着脸,脚上拖着一双破鞋,走起路来东倒西歪的,浑身没有一点儿力气。一看就知道,他一定是好几天没有吃东西了。黔敖见了,就用勺子击打着锅边,对那个人叫道:“喂,过来吃吧!”语气中充满了居高临下的得意。奇怪的是,饿汉对锅里的稀饭连看都不看一眼,只是扬起脸,注视着黔敖,说:“我就是因为不吃这种轻蔑地呼唤来吃的东西,才饿成现在这个样子的。我宁可饿死,也不会去吃的!”饿汉说完,就蹒跚地向前走了。后来,这个人真的被饿死了。

可见,生命诚可贵,尊严价更高。君子爱吃,但取食有道。

吕蒙勤学才更高

颐卦说只有坚持用正确的方法养育他人和保养自己，才能获得吉祥“研究养生之道”，并不是仅仅观察一个人是怎样养活自己的，更重要的是看他怎样培养自己的德行和能力。一个人现阶段水平如何，是由他以前的时光决定的。但一个真正有抱负和有上进心的人，总能通过努力让自己不断提高，并且能够积极发挥自己的才德，做出贡献。三国时，东吴名将吕蒙就是这样一个典型的例子。

在众多的东吴将领中，吕蒙打起仗来非常勇敢，但是文化水平低，每次孙权和吕蒙一同讨论打仗的方案，吕蒙总是说不出多少自己的见解。孙权想：这些打仗勇敢的将领应该提高文化，增长才能才是。对于吕蒙，孙权也不敢委以重任。

一次，孙权对吕蒙说：“你现在带兵打仗，身上的担子很重，应该多读点书，努力提高自己的水平。”

东汉　击鼓说唱陶俑

吕蒙回答道：“我都这么大年纪了，况且军队里的事务过于繁忙，哪里还有时间读书啊！”

孙权说：“你比我小啊，如果说忙，难道你们比我还忙吗？我小时候读过《诗经》《礼记》《左传》《国语》；管理国家大事以后，又读了许多历史和兵法之类的书籍，都觉得受益匪浅。我希望你多学点历史知识，还可以读读兵法之类的书。像你们这样天资聪颖的人，又加上有多年的战争经验，只要抓紧时间学，就一定会有收获的。”

吕蒙说：“哎，年龄大了，学习起来会有很多的困难。”

孙权说：“学习与年龄没有什么关系，从前光武帝在打仗的时候都手不释卷。还有曹操，年纪愈大愈好学。你又有什么顾虑呢？”

吕蒙听了孙权的话，就开始读书学习。开始总是提不起兴趣，但他仍坚持不懈怠。就这样，天长日久，对看书也有兴趣了，渐渐地，吕蒙成为一个知识渊博、有智有谋的人。

一次，鲁肃经过吕蒙的驻地去执行任务，就顺便去看望吕蒙。俩人谈起关羽，说这个人很厉害，不可轻视。当时鲁肃把守的区域正好与关羽是互相邻接的。

吕蒙问鲁肃：“你现在离关羽的驻地这么近，准备用什么策略对付关羽啊？”鲁肃原本认为吕蒙是个武将，内心根本看不起他，所以也不想跟他谈论战事，因此，就随口回答：“现在不管了，到时候再说吧。”

吕蒙对鲁肃这种态度很不满，就批评他说：“你如此大意不行啊！关羽智勇双

全,而且他特别好学,尤其对《左传》研究得很为深透。现在东吴和西蜀交好只是表面现象,我们要时时警惕,防止不测。”

鲁肃很是不屑地问道:“你有高见?”吕蒙见鲁肃的态度稍有转变,就献上了三条计策,引经据典,讲得有条有理。

鲁肃一听大为惊讶,没有想到吕蒙会有这样高的水平。他连连点头,极为赞赏说:“老弟啊! 我原来只知道你是个一介武夫,把你当作一个粗人,谁知道如今你的学识已有这样高的水平,再也不是从前的吕蒙了! 士别三日,当刮目相看啊!”

事后鲁肃把这件事告诉了孙权。孙权很高兴,感叹地说:“像吕蒙这样的武将,读书学习之后,有这样大的进步,实在是没有想到啊!”

后来,孙权以吕蒙为榜样,鼓励其他将士也要多读点书,抽时间学习,以提高自身的水平。

吕蒙不仅能够接受孙权的训导,积极上进,不断地丰富自己的才学,而且能够根据实际需要去运用,以发挥现实功效,充分遵循了颐卦所指示的理义。吕蒙后来功勋卓著,与此关系极大。

大过卦第二十八 ䷛

【经文】

巽下兑上　大过[①]栋桡,利有攸往,亨[②]。

初六　藉用白茅,无咎[③]。

九二　枯杨生稊,老夫得其女妻[④],无不利。

九三　栋桡,凶[⑤]。

九四　栋隆,吉,有它,吝[⑥]。

九五　枯杨生华,老妇得其士夫,无咎无誉[⑦]。

上六　过涉灭顶,凶,无咎[⑧]。

【注释】

①大过:卦名。通行本为第二十八卦,帛书本为第四十八卦。此与《颐》卦(䷚)为卦爻反对的关系(即《颐》卦阳爻变阴、阴爻变阳即成《大过》,《蛊》与《随》也是这样),故次列于《颐》卦后。

《大过》卦上《兑》泽,下《巽》木,古人“筑土构木以为宫室”(《淮南子·泛论训》),水泽过盛,淹毁宫室,此为《大过》卦之取象。上爻“过涉灭顶”,是水泽太过之意,故题其卦名为《大过》。

②栋桡,利有攸往,亨:此“桡”字及九四之“隆”字帛书均作“䦆”。按:帛书九四之“䦆”为“隆”字之假,卦辞之“䦆”涉彼而讹,当从通行本作“桡”(或作“挠”)。“桡”,曲木。“栋桡”,屋栋被水泽浸渍向下弯曲,即将塌陷。从字面上看,水淹房屋,栋桡将坍,弃屋出行则有利而亨;然而联系《小过》卦辞“可小事,不可大事”来看,则《大过》卦正是当大有作为之时。挽狂澜于既倒,拯危溺于既没,安危定倾之

功就在于此,故曰“利有攸往,亨”。

③藉用白茅,无咎:“藉”,垫,以某种东西作衬垫。初爻最下,故曰“藉”,与上爻之“顶”相照。礼神的祭品多以白茅衬垫,以示洁诚。屋将倾没,虔诚祭神以祷平安无害。初在最下,力弱而不足以拯溺,但有心诚而已。

④枯杨生稊,老夫得其女妻:“稊”同“荑”,树木新生之芽叶。“女妻”,年少的妻子。此二句是比喻的写法,是说于《大过》之时,能抖擞精神,因而出现一线生机,有了向好的方向转化的希望,所以说这样做没有什么不好。

⑤栋桡,凶:栋桡屋陷,皆在泽水最盛之时,故下卦之极与上卦之极皆“凶”。区别是,三爻之凶为栋桡将陷,上爻之凶则已陷而灭顶。时在九三,凶多吉少。《敦煌遗书·斯六二〇·屋宅篇第二十三》云“梦见屋栋折,死;落者,凶;降者,凶”。

⑥栋隆,吉,有它,吝:“隆”,向上拱起。“它”,意外之患。“吝”,艰难。九四能拱撑屋栋于将陷之时,有由凶转吉之望。但福祸不可测,处大过之时,大势如此,只有知其不可而为之,其灾患艰难无可避免。

⑦枯杨生华,老妇得其士夫,无咎无誉:“华”同“花”。“士夫”,年壮的丈夫。“无咎”,没有什么不好可言。“无誉”,没有什么好可言。此与九二取喻相同,皆谓抖擞精神,以求转机。然二之“稊”有发展壮大、转危为安之可能;而五之“花”则转瞬即谢,不过聊尽扶危定倾之志,故云“无咎无誉”。老子云“草木之生也柔脆,其死也枯槁”,杨既已枯,其势必死,生稊生花,尽人事而已。二、五之杨枯,皆比喻栋挠将陷;生稊生花,则象征拯溺于既没的努力。

⑧过涉灭顶,凶,无咎:“过”,谓水泽之势过大。水泽倾栋没屋,只有力涉方能求存。灭顶之凶不可避免,而寻求新生常常置之死地而后可,故复占曰“无咎”;若遇灭顶之凶而自甘放弃,急流勇退,则无“无咎”可言;凶而能转为无咎,是以敢于蹈火赴汤、死不旋踵为前提的,卦辞“往”而“亨”即是就本爻“无咎”而说的。

【译文】

大过卦:大的过度,就像栋梁受重压向下弯曲,即使充满危机,仍然有利于进步,并且一路亨通。

初六:祭祀时在供品下面铺上一层洁白的茅草,如此恭敬不会有过错。

九二:枯杨树生幼芽,老汉娶得女娇娃,没有什么不利。

九三:栋梁受压向下弯曲,势属凶险。

九四:栋梁隆起,能负重荷,所以吉祥;然而其他栋梁不胜负荷,所以牵连危险。

九五:枯杨树开花朵,老太婆嫁给少年哥,既不会有祸害,也不值得称道。

上六:涉渡过深之水,以致淹没了头顶,虽然其象凶险,但不会遭受指责。

【解读】

本卦阐述了在蓄积、壮大力量之后,为实现理想而以求一逞的行动原则。

大的过度，必然充满着危机，但是只要敬而慎之，便不会发生灾难；在过渡时期，应该不拘常规，团结一切可以团结的力量，寻求发展；倘若因为刚愎自用而成为孤家寡人，必然危险万分。应该注意对周围环境的分析，不去做那些华而不实的表面文章。在不得不为的情况之下，明知不可为也得为之，即使失败，其精神仍然可嘉。

【经典实例】

东京凯悦酒店依靠“非常之举”取胜

《大过卦》阐释非常行动的原则。当大有蓄积，能够培养实力，到达壮大的时刻，就可以采取非常行动，以实现理想了。但非常行动，必然危险；因而，也应当非常慎重，必须刚柔相济，使人乐于顺从才能得一切的助力。不可拘泥于常理，应当采取非常手段；但也不可过度自信，应结合一切的力量；但也不可包容邪恶，被其牵累。虽然是非常行动，手段仍应当正当，才能赢得荣誉。

1994年不是在东京开办豪华酒店的好时机，因为自1991年日本经济衰退以来，东京大多数酒店的开房率下降，亏损日增。雪上加霜的是，日元的升值使海外游客大都喜欢下榻廉价酒店。可是拥有178间客房的豪华酒店——东京凯悦酒店却在此时开张了，业内人士普遍摇头。酒店的地理位置也欠佳——位于新宿区一幢52层摩天大楼的顶上14层，远离东京的政府所在地及传统商业和豪华商务中心。东京凯悦酒店在天时和地利方面不但没有优势，反而处于劣势。

酒店总经理乌德尔和职员在一开始向日本和海外的旅行社推介该酒店时，他们大都说：“在新宿区开豪华酒店？这不是把水和油搅在一块，徒劳无功吗？”

但是，出人意料的是，1995年4月，一份商业权威杂志的评比显示，开张不到6个月的东京凯悦酒店已跻身于东京五佳酒店之一。在设施方面，它已成为最好的酒店之一。在服务质量、舒适程度和餐饮供应上，都位于前三名。

尽管日本仍笼罩在经济衰退的阴霾之下，东京凯悦酒店平均每间可用住房的收入依然高达217美元，从1995年1月至7月始终高踞东京酒店业榜首，其后的主要竞争对手的收入为193美元。

正如市场营销专家迈克尔和弗莱德所说，市场领先者善于将特定价值推销给精选的顾客。乌德尔及其经营班子成功地拓展了一种酒店新概念。他们不是瞄准深受市场压力的普通顾客市场，而是盯着最高层次的最终用户市场，因为这些用户把市场衰退看作是一场暂时困难，而不是生存死亡的问题。东京凯悦酒店首先把自己的服务提高到新的高度，并使这种优质服务超出顾客的预期，从而在目标市场中建立起一批忠实的顾客。

酒店的市场营销主要以个人推销和展示酒店设施等创意活动方式为主。员工还采用一些软推销方式来宣传酒店，如通过亲朋好友及家人介绍，免费邀请潜在顾客来参加联欢宴会。酒店也经常为经过精选的顾客举办各类诸如美食、时装表演

等社交活动。

乌德尔认为酒店本身就是一笔最好的营销资产，因为它"更像私家住宅，而不像城市酒店"。他说："我们努力营造出一种宾至如归的气氛，服务员个个无微不至，同时又不让客人感到一举一动受到监视。"虽然酒店空间有限，但仍设一间2200平方英尺的健身中心，房间从地面到顶部全都敞开以供观景。这是东京最大的一间酒店房间。酒店墙上还悬挂着艺术珍品。

"我们所做的一切，虽与短期利益南辕北辙，但都切中我们想营造的那种酒店的要求。财务分析家认为我们简直是发疯，但我们始终坚持要给顾客以优质的服务，让他们拥有空间宽敞的感觉而不是尽量多放几张桌子。"

东京凯悦酒店时时将客户置于心上，不断追求更高的品位，提供优质的服务超越顾客的期待，建立让顾客满意的企业文化，每个人都愿意发自内心地关心顾客，提供最好的服务来满足顾客，这就是他们制胜的法宝。

东京凯悦酒店已证明，要想取得非常之功，就得依靠非常之举。《大过卦》向人们揭示了要想干一番大事业，在必须符合客观规律的同时，要有大的过人之举。

转　变

初到深圳孟凡并没有太多的奢望。她明白自己的专业不是什么紧缺和热门的专业，长相更是普普通通。在万花筒一般的南方都市里，能有自己的一方立足之地就不错了。

在一家房地产公司，她获得了电脑打字员的工作。她只是埋头努力工作，只为了挣够每天的一日三餐……她每天都有打不完的材料。

工作认真刻苦是她唯一可以和别人一争短长的资本了。而且，在公司里，她也处处为公司打算。打印纸从来都不舍得浪费一张。如果不是要紧的文件，一张打印纸都是两面都用。后来，一次吃饭的时候，老板告诉孟凡，他特别欣赏她这种节俭的作风。

一年之后，受大气候影响，深圳的房地市场大滑坡，在全深圳都很难找到一家生意景气、红火的房地产公司。老板在一项工程上投入的2000万元被牢牢套死。资金运作困难重重，员工的工资开始告急。

"良禽择木而栖"——许多职员纷纷跳槽。到第二年5月底，公司总经理办公室的人员就只剩下孟凡一个了。人少了，她的工作量也陡然加重，除了打字，还要管接听电话、为老板整理文件等杂乱活儿。

孟凡却无一丝怨言。公司还没有彻底垮掉，那些人就纷纷背叛，孟凡从心里瞧不起这种不忠诚的人。

有一天，孟凡直截了当地问老板："您认为您的公司已经垮了吗？"

老板很惊讶，说："没有！"

"既然没有，您就不应该这样消沉。现在的情况确实不好，可许多公司都面临

着同样的问题,并非只是我们一家。而且,虽然你的2000万砸在了工程上,成了一笔死钱,可公司并没有全死呀！在珠海,我们不是还有一个公寓项目吗？只要好好做,这个项目就可以成为公司重整旗鼓的开始。”

她说完,拿出关于珠海项目的策划方案。老板埋头看了好一会儿,然后,抬起头,满脸都是惊讶:“对不起,我真是没有想到。以前,我太有眼无珠了!”

几天之后,孟凡被派往珠海。在珠海,她整整干了两个月。结果,那片位置并不算好的公寓全部先期售出。她带着3800万元的现金支票,飞回深圳。

公司终于有了起色。在以后的4年时间里,孟凡一直被提任到公司副总。

“大过”之时,环境动荡,形势失去控制,非常时期需要有独立精神的人有所作为,才能亨通。危机也是一种机会。在职场上,也许平时你一直默默无闻,不为人重视,在人才济济的环境中显得黯淡无光,而一旦公司出现了大动荡,甚至“曲终人散”的时候,要先看清楚了,然后再定去留,俗话说,乱世出英雄,这也许正是你一展身手的好时机呢!

失意的人最需要的也许不是帮助而是支持和陪伴。再坚持一下,于公,你是最忠心的职员,于私,你是最义气的朋友!

宋朝弟:“四跳”名满天下

1998年的冬天出奇地暖和,有人戏言:“这都是一本书,一个公司给闹的。”“一本书”指的是《学习的革命》,“一个公司”指的是科利华。

1996年11月,美国《商业周刊》撰文指出,北京科利华公司因其“占据着迅速增长着的教育软件市场30%的份额,与国家教委保持着密切的合作关系”而成为中国软件市场的五大决定性力量之一。这一评论在当时为多数人所忽略。

时隔两年之后,一件事使人们重新注意到了《商业周刊》当年所做的“恰如其分”的分析。

1998年12月9日,科利华集团总裁宋朝弟对外界宣布,科利华将投资1亿元人民币,推广发行1000万本《学习的革命》一书。

科利华的这一举措带来了1998年末的最强冲击波。教育界、出版界乃至商界的人士都震惊不已！对科利华比较陌生的人们急于了解科利华的过去;而熟悉科利华总裁宋朝弟运作手法的人们则想做另一番探寻(尽管科利华以常人难以理解的“量子理论”为指导,以非连续的出人意料的跳跃式发展著称)。这一探寻就是:宋朝弟,下一步跳向何方?

即使在中关村这个藏龙卧虎、每天都孕育着奇迹的地方,科利华仍显得卓尔不凡。它诡异的发展思路、大手笔的营销策划都让中关村人称羡不已。而科利华的这两大特质都与其创始人、集团总裁宋朝弟有着密不可分的联系。

宋朝弟给人的感觉更像是一个极富思想的学者,而不是一个世故练达的企业管理者。这位37岁的年轻人拥有中国科技大学和清华大学的双重学历,是一位软

件设计高手,更是一个享誉中关村和中国信息产业的“理论家”。科利华执行总裁薛建国评价宋朝弟:“在对未来的把握、产品的设计上,在对市场需求与开拓的领悟上,应该说,他都是超人的。”客观地说,科利华的成功跳跃都是宋朝弟的杰作。

1991年,硕士毕业下海一年的宋朝弟带着思考的成果,满心欢喜地和北京一所著名中学的校长聊了一个下午“校长办公系统”该怎么做,临走,校长送给宋朝弟一句话:“五年以后再做吧,不着急。”

但宋朝弟不信“指点”,靠着600元起家,在1991年11月20日成功研制出“CSC校长办公系统”,从而率先确定了自己在教育软件这一巨大市场的领先地位。作为纪念,宋朝弟把这一天定为科利华的成立日。

1993年12月,宋朝弟突然有了为家庭做一套价位在2000元的软件的灵感。公司10多人开始论证,会议从下午3点,一直开到第二天早上3点,除了宋,所有人都持否定态度。理由是家用电脑不普及,2000元的价位,家庭承受不了。宋朝弟对他的副总们说:“你们不能就说行,我的决心已经定了,不行也得行。”

1994年,“CSC电脑家庭教师”问世。

宋朝弟出了个主意,在军事博物馆排开500台电脑,请来首都2万名中学生,不断上机使用这个软件。学生们喜欢得不得了。科利华告诉学生家长,使用这套软件,考不上大学,科利华赔款2000元。一个月下来,两万套软件出了手。

目前,“CSC电脑家庭教师”(3.0版)软件用户已达20万,科利华一跃成为国内最大的教育软件企业。

1996年夏天,科利华兼并了北京赫赫有名的晓军电脑公司。这一次宋朝弟瞄准了管理软件的开发,而首先开发出来的是餐饮管理软件。

根据过去的经验,软件业进军餐饮,无不铩羽而归。为什么?餐饮业不需要花几万块钱去买电脑,这已经成为一种思维定式。

宋朝弟发动员工想招数,用餐券换电脑的点子“闪”了出来。

于是,500多套电脑和软件“卖”出去,3000万餐券换回来,通过折价转让,科利华成了赢家。科利华人戏称:观念挣钱,一个点子3000万。

管理软件的成功推出,使科利华向软件集团企业迈出了坚实的一步。

1998年6月5日,宋朝弟在逛书店时偶然看到了《学习的革命》一书,这本书让他想到了一个伟大的计划。

上海三联书店的总编陈保平听到宋朝弟一次性出版500万册《学习的革命》时颇有些吃惊,他几次建议第一次最多印100万册。但宋朝弟坚持自己的做法,认为一次性出版500万册可以打击盗版。斥巨资卖一本书的尝试,使科利华的影响从教育界扩大到出版界,为国人所共知。

大过:即过度过分。凡事物的发展陷入某种困境不采取某些特殊的手段和措施难以使局面改观时,都可称作为非常时期。这种局面的出现并不一定是坏现象,它对人的智慧和才能是一种挑战。

所以,当你事业和人生在非常时期为了摆脱困境时,你应谨慎周详,胆大心细,

敢于打破常规,采取非常行动,兼听则明,不要过度自信,独断专行,先立足自身,千万不要妄求于人,应合于道义,措施得当,有百分之一的希望,做百分之百的努力。

处于非常之时,应更加谨慎而不可盲动,务必考虑周详,采取非常行动需要相当胆量和勇气。愈大而心愈细,智欲圆而行欲方,事先先将各种可能的后果都考虑到,并不妨碍你做出大胆的决策。而高超的经营者,正是在这一点上胜过常人。

大丈夫“独立不惧”

战国时,各国之间争战不断。一些人审时度势,提出弱国应当联合起来,共同抵抗强大的秦国,这种策略叫“合纵”:还有人提出,弱国应当随秦国进攻其他弱国,这种策略叫“连横”。各国都派出了好多说客,来宣扬自己的主张。公孙衍和张仪就是当时专门游说各国服从秦国的说客。

有一天,一个崇尚纵横之术的人,名叫景春,他问孟子:“公孙衍和张仪应当算得上是真正的大丈夫吧,他们一说话,不少弱国都点头称是:他们一发怒,各个国家都很害怕;他们一安静,则天下太平无事。”

孟子想了想,回答说:“这如何算得上大丈夫呢?作为大丈夫,男子应当懂得礼仪法度,以仁义为做事的根本,这是最大的原则。当得志的时候,能不脱离百姓,和百姓一起循着大道前进,使百姓愿意跟从他;不得志的时候,也能独自坚持自己的原则,不随波逐流,阿谀奉承。做到了这些,才是真正的大丈夫。”

越是动荡不安,就越要坚定自己的意志,不管遇到什么考验,都要“独立不惧”,才能称得上孟子所谓的“大丈夫”。

独具一格:起用司马松平叛乱

王有龄在湖州时,他统辖的一个县城发生民变。乱民杀死县官,攻占县城,竖起大旗,自称“无敌大王”。消息传到湖州,王有龄大为恼火,召集幕僚征询办法,手下幕僚大都言剿,王有龄也支持这种想法。

然而有一个叫司马松的幕士却反对这种办法。他认为,如今官兵久不训练,不知拼杀之事,乱军风头正劲,不与之相争才是上策。否则,一旦官兵失败,只怕四处乱民都会响应,况且民乱事出有因,当以抚为上,既可安抚民生,也可平定民乱。

王有龄不予理睬,派营官领兵1000前去镇压。

果不出司马松所料,1000官兵在半途便中了埋伏,死伤大半,其他饥民见官兵如此不堪一击,也纷纷起来闹事,响应“无敌大王”。王有龄大惊失色,召集众幕僚,再商对策。众幕士说来说去,都没有好主意,再想请司马松时,却发现他告假养病在家,坚辞不就。

胡雪岩听完王有龄的叙述,认定司马松就是平乱所需的英才。他解释道:司马

松面相端正，属善良忠直之辈；眉间英气凝聚，有传世之才；行动愚钝，大智若愚，不表于色，心计必定极深沉。他平时少言寡语，不善辞令，但献计用抚不用剿，确实为计深远，非一般人所及。他平素藏而不露，到危难之际挺身而出，大展才智，才是中用之人，其所以隐忍不发，不愿为王氏效命，是因为王有龄以寻常眼光对之，未发现这一人才而已。

事实上，司马松命苦多难。他是遗腹子，全靠母亲把他辛辛苦苦养大，后来又给他娶妻。谁知老母却一病不起，过了几年，妻子留下几个儿女，也跟他人私奔了。司马松既要照顾老母，又要照顾孩子，欠债不计其数。有朋友见他可怜，便通过种种关系把他介绍到王有龄的衙门，却一直不受重视。平日他颇有怀才不遇之感，这一次给王有龄出计献策，王有龄刚愎自用，根本不把他放在眼里，使他大为恼怒。

胡雪岩了解这一切后，亲自登门拜访，为司马松还清旧债，临走又留下五百两银票，以备司马松日常开支。回来后，胡雪岩见到王有龄，将司马松的困窘备说详细，又劝王夫人以养婢赠予司马松为续弦。这一切令司马松感激涕零，第二天前来拜谢，胡雪岩便把王有龄的意思告诉他，司马松一听，主动要求去与乱民谈和。

司马松果然厉害，舌战乱民，很快就瓦解了乱民的斗志，乱民各自散去。王有龄闻讯大喜，奏明朝廷，朝廷令他就任民变的县城县令。司马松在任上，治理有方，很快就把人心平定，又大力发展生产，一时间政通人和。此时王有龄才意识到："司马松素日在同僚中备遭非议，原来果真是奇才！"

李愬雪夜袭蔡州

唐宪宗元和九年（公元814年）闰八月，淮西节度使吴少阳卒，其子吴元济隐匿少阳死亡的消息，径自接掌军务，拥兵自立。淮西一镇仅有蔡、申、光三州之地，周围都是唐朝州县，势孤力单。十月，唐宪宗决定对淮西用兵，讨伐吴元济。

起初，吴元济在唐军的四面围攻下负隅顽抗，并派人向成德王承宗、淄青李师道求援，唐军因缺乏最高统帅，难以协调行动，被逐一击破。但宪宗决意继续用兵，并以名将李晟之子太子詹事李愬为西路唐军统帅。

元和十二年，宪宗下令停止对成德用兵，决心集中力量，先平定淮西。这时，北路李光颜率唐军进至郾城，吴元济十分恐慌，将亲兵及蔡州守军全部调往北线，增援洄曲。淮西军的主力和精锐都被吸引到了北线，为西路唐军奇袭蔡州创造了条件。

李愬抵达唐州后，采取种种措施，为奇袭成功奠定了基础。首先，他慰问将士，安抚伤病员，稳定军心。同时，故作柔弱懈惰，麻痹敌军，使淮西军掉以轻心。其次，增强西线的军事力量，同时设县安置淮西百姓，争取淮西民心，孤立、瓦解吴元济。再次，李愬优待俘虏，大胆重用降将李佑，很快摸透了敌方的情况。最后，攻占城池，扫除外围，孤立蔡州，建立接近蔡州的基地，主力进驻距蔡州仅60里的文城栅。

十月初十，风雪交加，李愬命李祐率敢死队3000人为前锋，自己率3000人为中军，命李进城率3000人随后。军队的行动十分秘密，除个别将领外，全军上下均不知行军的目的地和任务，只知向东。

东行30里后，唐军在夜间抵达张柴村，乘守军不备，全歼守军。稍事休整后，李愬留500人守城，500人切断通往洄曲和其他方向的桥梁，并下令全军立即开拔。诸将问军队开往何处，李愬才说入蔡州直取吴元济。诸将闻言大惊失色，但军令如山，众将只得率部向东南方向疾进。此时夜深天寒，风雪大作，旌旗为之破裂，人马冻死者相望于道。张柴村以东的道路，唐军无人认识，人人自以为必死无疑，但众人都畏惧李愬，无人敢违令。

夜半，雪愈下愈大，唐军行军30里，抵达蔡州。近城处有鸡鸭池，李愬令士兵击鸡鸭以掩盖行军声。自从吴少阳抗拒朝命，唐军已有30余年未到蔡州城下，所以蔡州毫无戒备。四更时，李愬军到达蔡州城下，守城者仍未发觉。李祐、李忠义在城墙上掘土为坎，身先士卒，登上外城城头，杀死守门士卒，只留下巡夜者，让他们照常报更，以免惊动敌人。

李枯等打开城门，迎纳大唐军。接着，又依法袭取内城。鸡鸣时分，雪渐止，李愬进至吴元济外宅。这时，有人觉察情形有异，急告吴元济官军来了。吴元济高卧未起，笑着回答俘囚作乱，天亮后当杀尽。接着，又有人报告城已陷。元济仍漫不经心地说，这一定是洄曲守军的子弟向我索求寒衣。起床后，吴元济听到唐军传令，响应者近万人，才有惧意，率左右登牙城抗拒。

十二日，唐军再次攻打牙城，蔡州百姓争先恐后地负柴助唐军焚烧牙城南门。黄昏时分，城门坏，吴元济投降。申、光二州及诸镇兵2万余人亦相继降唐，淮西遂平。

胡志标的悲剧

1999年4月7日《羊城晚报》报眼发布一则“律师声明”直接针对胡志标。发难者竟是当年出资2000元与胡志标各占爱多45%股份(另外10%股份为爱多工厂所在地的东升镇益隆村所有)却始终没有参与爱多任何经营行为的儿时玩伴陈天南。

胡志标一向以爱多创始人和当家人自居，事实上以他对爱多的贡献之大确实也不应作第二人想，可是放到资本结构上来考虑却不是这么回事了，他只占有爱多45%的股份，当陈天南与益隆村联合起来的时候，他除了愤怒便别无良策。艰苦谈判20天，胡志标被迫让出董事长和总经理的位子，新标王在加冕一年多之后便黯然退位。

此时的爱多已经成了讨债人和新闻记者的天下。几乎是一夜之间，数十名记者把爱多从屋顶到楼底翻了一个遍，各种探讨“爱多悲剧”的文章频频出现。一向

以传媒策划自豪的胡志标万万没有料到，就是那些昨天还站在他面前高唱赞歌的人们，现在又是第一批朝他丢石子的人。那些原本被捂在抽屉里的官司也纷纷冒出了水面，一些讨债企业所在的地方法院纷纷赶来中山东升镇强制执行，珠海法院还一度把爱多的办公楼给查封了。

5月，中山市政府对爱多公司的初步调查审计结果公布，爱多现有固定资产8000万元，库存物料近2亿元，负债4.15亿元，不计无形资产，公司资不抵债达1.35亿元。7月，爱多与一家最大的债权企业谈判失败。8月，爱多最后一位副总经理出走。12月，中山中级人民法院依法受理东莞宏强电子公司等申请债务人广东爱多破产还债一案，广东爱多进入破产程序。就这样，命运再一次以突兀而冷酷的方式给成长中的中国民营企业以致命一击。

当爱多被宣布破产之后，胡志标并没有放弃努力，而他的整个挣扎过程就是一个四处兜售爱多品牌的过程。2000年初，一家新组建的由胡志标担任"总顾问"的中山爱多公司自然宣布以1000万元的价格从原来的广东爱多公司受让到了爱多商标。2月16日，蓝色火焰一纸诉状将中山爱多推上法庭，就此，引发了一场谁才是爱多主人的大风波。

4月18日，胡志标突然遭到汕头警方的拘捕，其原因据说是胡志标在与汕头一家原料供应商的合作过程中，因三千多万元贷款的赊欠向对方出具空头支票，涉嫌商业欺诈。

2003年8月，一代标王胡志标因涉嫌商业欺诈被判刑，他的商业生涯就这样像流星一样耀眼地迅疾划过。

不合法度的事不要做，宁可不做官不发财也不要为自己招祸。一个危险往往导致另一个更大的危险，最后使我们处于灾难性边缘。有的人因其气质或出身而生性莽撞，他们很容易惹事，结果让别人也处于危险的境地。但是头脑清醒的人则善于审时度势，他们明白真正的勇敢在于善于躲避危险而不在于征服危险。他们明了匹夫之勇的愚鲁，所以不想重蹈覆辙。

赵高恶有恶报

秦始皇死后，奸臣赵高当道。赵高利用职权杀害了许多人，以报其私怨，大臣们个个都害怕遭他的谗言。赵高还唆使二世皇帝大肆杀戮甚至押下握有最高权力的李斯，予以严刑拷打，终于使李斯服罪受死。

李斯在临死之前曾对二世皇帝说："赵高只不过是个卑贱的小人，并不懂得治国平天下的道理。他贪得无厌追逐利益没完没了，他的地位权势简直和陛下不相上下，他的嗜好和欲望也无穷无尽。所以臣说，这样太危险了！"

李斯死后，二世皇帝拜赵高为中丞相，大小事务皆由赵高裁决。其后，秦帝国便迅速迈入没落之途。以陈胜、吴广领导所唤起的农民起义军在前，项羽、刘邦的大军在后，穷途末路之际赵高杀二世，随后立二世哥哥的儿子子婴为秦王，将二世当作平民来埋

葬。要子婴斋戒，以便入太庙祭祖，接掌传国玉玺。

当斋戒进入第五天的时候，子婴与他的两个儿子商议说：“丞相赵高杀了二世，怕臣子们杀他，就假装依道义来拥立我登基。我听说赵高竟然与楚国相约要灭秦朝皇室，然后在关中称王，现在要我斋戒，以便入太庙，就是希望借此在太庙中杀我，我想届时装病不去，那丞相一定会自己来找我，等他一来就杀了他。”

秦始皇兵马俑

到了要入太庙的时候，赵高派人去请子婴等人，子婴不去。赵高果然自己前来，说道：“宗庙之事，非常重要，大王为何不去呢？”子婴趁此时在斋宫中杀了赵高，并灭了赵高三族。

有时一个人做了恶，而另一个或一些人为了抗击这种恶，却找不到任何更好的办法，只有以另一种形式的恶来对付，这就是他们所说的惩罚。人们的不幸大多是由于那些陷于罪孽的人认为自己有惩罚的权力：“我遭到报复，本人将给以回敬。”于是人们不断想出巧妙的理由来论辩他们根据什么和为了什么目的要实行惩罚，但实际上他们的惩罚几乎总是出于同一种原因，即认为惩罚他人对自己有利。

成济当了替罪羊

三国时期的魏国后期，曹髦当上了皇帝，但他实际上是一名傀儡，朝中大权全被大将军司马昭所控制，而且此人还正在紧锣密鼓进行着篡位的准备工作。

曹髦是一个很有自尊自强之心的年轻人，他不甘心于当傀儡失去君位，他要维护自己的地位与尊严，他要以武力去讨伐这个权臣。可是，他早已被架空了，手下无兵无将，孤掌难鸣；他毕竟又太年轻(只有十几岁)，缺乏宫廷斗争的经验与谋略，仅凭着一股年轻人的血气之勇，轻率起事，率了宫中一批执役的宦官、宫奴，便去向司马昭兴师问罪。

司马昭派了中护军贾充前来迎战。君臣之间便在皇宫的南门外对上阵了。虽然古人说“上下一日百战”，但像这样皇帝亲自上阵，与臣下直接交手的事，却还是闻所未闻。贾充手下的将领们不知这个仗如何个打法，如果伤害了曹髦则犯下弑君大罪。

太子舍人成济问贾充道：“没料到天子亲自出马，捉不能捉，杀更不能杀，如何是好？”

贾充气冲冲地说：“司马公平日蓄养你们不正是为了今日？事已至此还说什么天子不天子？今日之事有他无我，此儿不死大将军之事不成，你们谁能免掉灭族之祸？”成济道：“明白了！”他冲出队列，直至曹髦车前，挥戈猛刺，曹髦顿时死于车下。

司马昭篡权的对手排除了,他自然十分高兴,但他不愿意承担“弑君”的恶名。第二天他召集来朝中大臣,装出一副悲痛的样子问如何处理此事。司马昭此时是朝廷的实际执政者,手握生杀予夺大权,谁也不敢指责他。有人说:“只有斩了贾充才可以向天下人谢罪!”

司马昭正处在篡权的关键时刻,像贾充这种既死心塌地效忠自己又广有谋略的人物,他还正用得着,自然不肯舍弃,便问:“看看还有没有其他的办法?”大臣们表示除此以外别无他法。司马昭既不肯抛出贾充,又不能不有所表示以遮掩天下人的耳目,最后拉出了成济作为替罪羊,以“大逆不道”的罪名,将成济斩首灭族。

在那个皇上就是天的封建社会里,有什么还比“杀国君”更危险的事做呢!可怜成济替人卖命,最后还当了替罪羊,不过他死得一点也不冤。

陈义作恶自毙

清代山东人陈义客游北京时,途中遇到壮士鲁胜。陈义见他义气慷慨,说话投机,便结为兄弟。原来鲁胜是个强盗。过不久,盗情事发,鲁胜被抓关进了监狱。

陈义到狱中探望,鲁胜对他说:“某不幸犯罪,无人相救。承兄弟平日相爱,有句心腹话,要与兄说。”陈义说:“感蒙不弃,兄有见托,必当尽心。”

鲁胜便说道:“吾有白金千余,藏在某处,兄可去取了,用些手脚营救我出狱。万一不能救出,便只求兄照管我狱中衣食,不使缺乏。他日死后,只要兄葬埋了我,剩下的东西任凭兄取了。只此相托,再无余言。”说罢泪如雨下。

陈义说:“且请宽心,自当尽力相救。”于是告别鲁胜,依着鲁胜所说,到某处取得了千金。陈义见钱眼开便想独吞,于是想了一番说:“若不救他,他若教人问我,无可推托,把他惹怒了,万一攀扯出来,我这钱财得也得不稳。何不结果了他,倒是落得干净。”正是:转一念,狠一念。

于是,他便送给两个狱吏30两银子,说鲁胜是自己的仇人,要他们借机杀了鲁胜。从此陈义白白地得了千金,又无人知他来历,摇摇摆摆,在北京受用了三年,用了七八成之后,便下了潞河,搭船回家。

到了船中,与同船之人正在舱里说闲话。忽然,陈义跌倒了,一会儿爬起来,睁起双眸,大喝道:“我乃北京大盗鲁胜也。陈义天杀,得我千金反害我性命,现在要还我命来!”

同船之人见他声音与先前不同,又说出这些话来,晓得陈义有负心之事,便好言劝慰了一番,并求陈义不要死在船上,免得害同船之人不得干净,要吃没头官司。陈义歇息一下,回家里后,终因做贼心虚,船上犯的那毛病又犯了,并且比先前更严重了。最后自己拿刀把自己杀了。

陈义遭报应的故事虽说有些离奇和极端,但细想一下,也属必然。鲁胜为盗遭捕遭杀,从一定程度上也有这方面的因素。但陈义的报应,却是因为他的行为已偏离道义太远,那种迫使他自戮的力量,既来自他自身内部,更来自“天”,即道义力量的强大施压。

人生在世,不合时宜的事情不要做,即使它能够满足你一时的欲望和虚荣。现实中,一个危险往往导致另一个更大的危险,最后使我们处于灾难性边缘。生性莽撞的人很容易惹事,结果让别人也处于危险的境地。真正的大智之人善于时刻保持冷静清醒的头脑,遵守一定之规,严格要求自己,以躲避危险。

魏徵无惧而立

"大过"之时,社会动荡,人心惶惶。这时,就很需要能独立潮头而无惧的人来力挽狂澜,才能干出一番非凡的事业。其实,历史上很多大有作为的人都是在"大过"之时脱颖而出的,唐朝贤相魏徵就是其中一位。

公元 618 年,李渊父子建立了大唐王朝,但天下初定,仍是群雄割据的逐鹿局势。魏徵怀着勃勃雄心来到长安,但因职位低微,一时不为李渊所知。魏徵认为眼前动荡的局势正是自己建立功名,求取仕进的好机会。十一月,他自请前往山东(包括今河北、河南及山东等地区),招降瓦岗军旧部归唐。李渊非常高兴,就任命魏徵为秘书丞(掌管国家图书之职),乘驿车东下。

魏徵画像

不到一个月,魏徵就到了黎阳,先给据守此城的徐世勣写信陈述形势利害:"当初魏公(李密)举旗反隋,振臂一呼便拥众几十万,声威所及,半于天下。一败不振,终降唐朝,由此可知天命之所归也。现在你身处兵家必争之地,不早做自图,就可能错失机会,前途有危了。"徐世勣看过信之后,前思后想,决计归唐。他一面将所辖地区的郡县户口、士马人数造册登记,派人送往长安,一面运送粮草接济唐将淮安王李神通。此时,李神通因被河北义军窦建德所败,自相州退至黎阳,遂与徐世勣合兵守城,保存实力。此后不久,魏徵又前往魏州(即武阳郡),劝说自己的老上司元宝藏归降了。

魏徵在山东地区的招抚活动,以得到徐世勣所占据的李密旧地 10 郡及 20 万众为最大成绩,这对李唐平定中原地区起着奠基的作用。

第二年二月,自称长乐王的窦建德在山东聊城擒杀了自称皇帝的宇文化及。十月,又举兵南下攻克黎阳,李神通、徐世勣父子及魏徵等人,全都当了俘虏。窦建德早就闻听了魏徵的名气,便任命魏徵担任起居舍人(记录皇帝言行的官职)。

武德四年(公元 621 年)五月,秦王李世民在统帅大军东征的战事中击败并活捉窦建德,窦建德失败后,魏徵与隋朝旧官裴矩一同回到关中。皇太子李建成听说魏徵有才干,召他主管东宫的经籍图书,任太子洗马职务。

“玄武门之变”后，李世民执掌朝政后，立即传召魏徵。因为魏徵是李建成的亲信下属，众人都替魏徵的性命捏一把汗。但魏徵却并不惊慌，坦然前往。李世民一见魏徵，就怒声责问：“你离间我们兄弟，该当何罪？”魏徵面不改色，从容答道：“如果先太子早听从我的建议，就不会有如今的下场。臣下尽忠为主，这有什么过错呢？春秋时管仲辅佐齐桓公创立霸业，但他在做齐桓公哥哥公子纠的师傅时，还曾用箭射伤齐桓公呢。”李世民听后，无言反驳。看到魏徵不卑不亢的态度，满腹的嫌怨也消去了大半。随后，李世民任命魏徵为詹事主簿（掌管文书之职）。登基称帝后，李世民又提升魏徵任谏议大夫，这是专门负责向皇帝提意见的官职。以后，魏徵又屡次升迁，权倾朝野。

唐朝初年是一个动荡的岁月，政治的变动影响着一代人的生活。在这样一个动荡年代中，成功变得既简单又复杂，有些人在乱世中崛起，有些人在乱世中沉沦。贫富的差距、亲人的命运有时候会因为一阵兵马的厮杀而瞬间改变。魏徵在这动荡年代能乘风破浪，无惧而立，积极发挥自己的聪明才智，做出了“拓荒者”般的贡献，在很大程度上，很是符合大过卦所揭示的规律。